新譯後漢書(八)傳七

魏連科等　注譯

三民書局　印行

國家圖書館出版品預行編目資料

新譯後漢書(八)傳㈦／魏連科等注譯.－－初版一刷.－－臺北市：三民，2013
面； 公分.－－(古籍今注新譯叢書)

ISBN 978-957-14-5788-8 (平裝)

1.後漢書 2.注釋

622.201 102005834

© 新譯後漢書(八)傳㈦

注譯者	魏連科等
責任編輯	張加旺
美術設計	陳宛琳
發行人	劉振強
著作財產權人	三民書局股份有限公司
發行所	三民書局股份有限公司
	地址 臺北市復興北路386號
	電話 (02)25006600
	郵撥帳號 0009998-5
門市部	(復北店) 臺北市復興北路386號
	(重南店) 臺北市重慶南路一段61號
出版日期	初版一刷 2013年6月
編號	S 033800

行政院新聞局登記證局版臺業字第〇二〇〇號

ISBN 978-957-14-5788-8 (平裝)

http://www.sanmin.com.tw 三民網路書店

新譯後漢書　目次

第八冊

卷八十一

獨行列傳第七十一

【題解】本書〈獨行列傳〉為范曄新創的類傳之一。所謂「獨行」，即志節高尚，不隨俗浮沉的人。故傳中所列，都是「操行高潔」之士；范曄對他們是特別推崇的。清王鳴盛說：「宰相多無述，而特表逸民；公卿不見采，而唯尊獨行。」（《十七史商榷・范蔚宗以謀反誅》）此可看出范曄對獨行人物的態度。傳中所列之獨行人物，有忠於漢室，不事二姓者；有為救護上司，敢於自我犧牲者；有篤於友情，幽明共心者；有代人承擔罪名，自甘受苦者；有蹈義陵險，死生等節者；有至誠感動天地者；有深明大義，母子皆為忠烈者；有慷慨解囊，助人於危難者等等。作者認為獨行人物之所為，「雖非通圓，良其風軌有足懷者。」對於這些人物事跡，若擱置不載，則事有所遺漏，若參雜記載，則其事不成系統，故將其總為〈獨行列傳〉，希望能起到「備諸闕文，紀志漏脫」的作用。〈獨行列傳〉收錄三十九人，是一道「獨行君子」的畫廊。

孔子曰：「與其不得中庸，必也狂狷乎！」又云：「狂者進取，狷者有所不為也。」❶此蓋失於周全之道，而取諸偏至之端者也。然則有所不為，亦將有所必為者矣；既云進取，亦將有所不取者矣。如此，性尚❷分流，為否❸異適❹矣。

中世❺偏行❻一介之夫，能成名立方❼者，蓋亦眾也。或志剛金石，而剋扞於強禦❽。或意嚴冬霜，而甘心於小諒❾。亦有結朋協好，幽明❿共心，蹈義陵險，死生等節⓫。雖事非通圓⓬，良⓭其風軌⓮有足懷者。而情迹殊雜，難為條品⓯；片辭特趣，不足區別。措之則事或有遺，載之則貫序⓰無統⓱。以其名體⓲雖殊，而操行俱絕⓳，故總為獨行篇⓴焉。庶㉑備諸闕文，紀志漏脫云爾㉒。

【章　旨】以上為本卷之引言。作者認為：由於人的「性尚分流，為否異適」，才有不同的價值觀，為其寫〈獨行列傳〉張本。次寫其作〈獨行列傳〉的原因與目的。

【注　釋】❶與其不得中庸五句　見《論語・子路》。第一句與此稍異，為「不得中行而為之」。意謂不能與言行合乎中庸的人相交往，也一定要與激進的人和狷介的人交往。激進的人一意向前，狷介的人不肯做壞事。中庸，儒家倫理思想，指處理事情不偏不倚，無過之和不及。認為是最高的道德標準。狂狷，指志向高遠的人與謹慎自守不肯同流合汙的人。何晏《集解》引包咸曰：「狂者，進取於善道；狷者，守節無為。」❷性尚　本性的愛好與崇尚。❸為否　指取與不取，為與不為。❹適　歸從；歸向。意有所必從曰適。❺中世　亦稱中古，指次於上古的時代。此蓋指周代以後之世。❻偏行　獨特的操守。❼立方　立德。❽強禦　強暴有勢力。❾小諒　小的信用。❿幽明　生死。⓫等節　志節不變；等同。⓬通圓　通達事理。⓭良　甚。⓮風軌　風範；作風。⓯條品　條列品評。⓰貫序　序次；按順序排列。⓱統　頭緒。⓲名體　名位與身分。⓳絕　卓絕。⓴獨行篇　即〈獨行列傳〉。㉑庶　副詞。希望；但願。㉒云爾　亦作「云耳」，用於語尾，表示如此而已。

【語　譯】孔子說：「不能與言行合乎中庸之道的人相交往，也一定要與進取於善道和謹慎自守的人相交往！」又說：「進取於善道的人一意向前，謹慎自守的人有不屑於做的事。」狂與狷，也許有失於周全之道，而僅取了偏至的一面。然而有所不為，也就將必有所為；既然是有所追求，一意進取，亦必將有所不取。這樣看來，人們的性情和好尚不同，而分別發展，或取與不取，或為與不為，各有所適。

中古時期，我行我素的一介之夫，能成名立德的，大有人在。或意志堅如金石，敢於抗擊強暴。或志氣嚴似冬霜，而滿足於小的信用。也有的人，結交朋友志趣相投，生死同心，信守大義，不畏險阻，而生死堅守節操。雖然事非通達圓滿，但他們的高風懿行，的確有令人懷念之處。其情致事跡殊異複雜，難於條列品評；用簡短的語言，對那些志趣特異的人，又不能加以區分。若擱置不載，則其事或將被遺漏；若參雜記載，則前後難於連貫且其事不成系統。雖然他們的名位身分不同，但他們的節操言行卻都卓絕當世，所以將其總為〈獨行列傳〉。希望能起到補備闕文和記載脫漏的作用罷了。

1 譙玄，字君黃，巴郡閬中❶人也。少好學，能說易、春秋。仕於州郡。成帝永始❷二年，有日食之災，乃詔舉敦樸遜讓有行義者各一人。州舉玄，詣公車❸，對策高第，拜議郎❹。

2 帝始作期門❺，數為微行。立趙飛燕❻為皇后，后專寵懷忌，皇子多橫夭❼。玄上書諫曰：「臣聞王者承天，繼宗統極❽，保業延祚，莫急胤嗣，故易有幹蠱之義❾，詩詠眾多之福❿。今陛下聖嗣未立，天下屬望⓫，而不惟社稷之計，專念微行之事，愛幸用於所惑，曲意留於非正。竊聞後宮皇子產而不育⓬。臣聞之怛然，痛心傷剝⓭，竊懷憂國，不忘須臾。夫警衛不脩，則患生非常。忽有醉酒狂夫，分爭道路，既無尊嚴之儀，豈識上下之別？此為胡狄起於轂下⑭，而賊亂發於左右也。願陛下念天下之至重，愛金玉之身，均九女⑮之施，存無窮之福，天下幸甚。」

3 時數有災異，玄輒陳其變。既不省納，故久稽郎官。後遷太常丞⑯，以弟服⑰去職。

4 平帝元始元年，日食，又詔公卿舉敦朴直言。大鴻臚⑱左咸舉玄詣公車對策，復拜議郎，遷中散大夫⑲。四年，選明達政事能班化⑳風俗者八人，時並舉玄。為繡衣使者㉑，持節，與太僕㉒王惲等分行天下，觀覽風俗，所至專行誅賞。事未及終，而王莽㉓居攝㉔，玄於是縱使者車，變易姓名，間竄歸家，因以隱遁。

5 後公孫述㉕僭號於蜀，連聘不詣。述乃遣使者備禮徵之；若玄不肯起，便賜以毒藥。太守乃自齎璽書至玄廬，曰：「君高節已著，朝廷垂意，誠不宜復辭，自招凶禍。」玄仰天歎曰：「唐堯㉖大聖，許由㉗恥仕；周武至德，伯夷㉘守餓。彼獨何人？我亦何人？保志全高，死亦奚恨！」遂受毒藥。玄子瑛泣血叩頭於太守曰：「方今國家東有嚴敵，兵師四出，國用軍資或不常充足，願奉家錢千萬，以贖父死。」太守為請，述聽許之。玄遂隱藏田野，終述之世。

6 時兵戈累年，莫能脩尚學業，玄獨訓諸子勤習經書。建武㉙十一年卒。明年，天下平定，玄弟慶以狀詣闕自陳。光武美之，策詔本郡祠以中牢㉚，勑所在還玄家錢。

7 時亦有犍為㉛費貽，不肯仕述，乃漆身為厲㉜，陽㉝狂以避之，退藏山藪十餘年。述破後，仕至合浦㉞太守。

8 瑛善說易，以授顯宗，為北宮衛士令㉟。

【章　旨】以上為〈譙玄傳〉。先寫其籍貫、學問，又寫其仕宦情況：為議郎、遷太常丞、中散大夫，後為繡衣使者，持節巡行天，聞王莽居攝，逃跑，歸鄉隱居。後寫其不應公孫述之聘，寧受毒藥，不受高官厚祿。旨在讚揚譙玄對漢的忠貞不貳。附述犍為人費貽事跡。

【注　釋】❶巴郡閬中　巴，郡名。秦惠文王滅巴國，置巴、蜀、漢中三郡。巴郡治今重慶北嘉陵江北岸。閬中，縣名。秦置。位於嘉陵江中游，故城在今四川閬中西。❷永始　西漢成帝年號，西元前一六—前一三年。❸公車　漢代官署名。衛尉的下屬機構。設公車令，掌管宮殿中司馬門的警衛工作。臣民上書和徵召都由公車接待。❹議郎　官名。西漢置，掌顧問應對，屬光祿勳，為郎官的一種，但不入直宿衛，秩六百石。東漢時地位更高，得參與朝政。❺期門　漢武帝時選隴西、天水、安定、北地、上郡、西河等六郡良家子組成。武帝微行，他們執兵器護衛，期諸殿門，故稱。屬光祿勳。❻趙飛燕　（？—西元一年），漢成帝皇后。本長安宮人，學歌舞於陽阿公主家，以體輕，故稱「飛燕」。成帝微行，過陽阿公主家，見飛燕，召入宮。先為婕妤，許后廢，立為皇后。與其妹昭儀專寵十餘年。哀帝立，尊為皇太后。平帝即位，廢為庶人，自殺。傳見《漢書・外戚傳》。❼橫夭　意外死亡。❽極　最高的地位，特指帝王之位。❾易有幹蠱之義　意謂《周易》有兒子繼承父業的原則。《易・蠱卦》：「幹父之蠱。」即繼承父業。幹，借為「貫」。《爾雅・釋詁》：「貫，習也。」蠱，即「故」。事也。❿詩詠眾多之福　《詩・螽斯》：《詩・序》曰：「螽斯，后妃子孫眾多也。言若螽斯，不妒嫉則子孫眾多也。」詩中說：「螽斯羽詵詵兮，宜爾子孫振振兮。螽斯羽薨薨兮，宜爾子孫繩繩兮。螽斯羽揖揖兮，宜爾子孫蟄蟄兮。」詵詵、振振、繩繩、揖揖、蟄蟄，皆眾多成群之貌。薨薨，成群飛的聲音。螽斯，一作「斯螽」。昆蟲名，以翅摩擦發聲。食農作物，其害輕於蝗蟲。以螽斯之眾多成群，比喻子孫之盛。以前常以「螽斯衍慶」作為祝人子孫眾多之辭。⓫屬望　注目。屬，同「矚」。⓬竊聞後宮皇子產而不育　唐李賢注：「前書成帝宮人曹偉能、許美人皆生子，趙昭儀皆令殺之。」⓭傷剝　十分悲痛。⓮轂下　指京城。⓯九女　指帝王眾多的妃子。⓰太常丞　官名。為太常卿之佐貳。秩比千石。掌凡行禮及祭祀，總署曹事。⓱弟服　弟弟去世。服，指在居喪期間。⓲大鴻臚　官名。九卿之一，秩中二千石。西漢武帝時改典樂為大鴻臚，原主管民族事務，後漸變為贊襄禮儀之官。東漢依然。⓳中散大夫　官名。屬光祿勳，秩六百石。掌顧問、應對，無定員。⓴班化　頒布教化。㉑繡衣使者　即繡衣直指。官名。漢武帝末年，漢廷特派官員，衣繡衣，稱繡衣直指或稱直指繡衣使者。《漢書・百官公卿表》：「侍御史有繡衣直指，出討姦猾，治大獄，武帝所制，不常置。」注：服虔曰：「指事而行，無阿私也。」師古曰：「衣繡衣者，尊寵之也。」㉒太僕　官名。始於春秋，秦漢沿置，為九卿之一，秩中二千石。本書〈百官志〉曰：掌車馬，天子每出，奏駕上鹵簿，用大駕則執馭。㉓王莽　（西元前四五―西元二三年），字巨君，西漢元城（今河北大名）人。元帝皇后之姪。父曼早死，叔伯皆封列侯，莽獨孤貧。折節讀書，敬事諸父，結交名士，聲譽甚盛。平帝立，以莽為大司馬，元后以太皇太后臨朝稱制，委政於莽，號安漢公。平帝死，立孺子嬰為帝，莽自稱攝皇帝，三年即真，改國號曰「新」。紛事改革，土地皆稱王田，禁民買賣，鹽酒鐵錢等皆由官營，法令苛細，犯輕罪者，往往至死；又連年征戰，勞役頻繁，民不聊生。王莽地皇四年（西元二三年）十月，新市、平林等農民軍攻入長安，王莽被殺。㉔居攝　因皇帝年幼，不能親政，由大臣代居其位，叫做「居攝」。㉕公孫述　（?―西元三六年），字子陽，東漢初扶風茂陵（今陝西興平）人。哀帝時以父任為郎。王莽天鳳時為導江卒正（蜀郡太守），後起兵據益州稱帝，號成家。建武十二年（西元三六年）為漢軍所破，被殺。詳見本書卷十三。㉖唐堯　即堯。姓伊祁，也作伊耆，名放勳。古帝名，帝嚳之子，初封於陶，又封於唐，號陶唐氏。居平陽（今山西臨汾）。參閱《史記・五帝本紀》。㉗許由　上古高士。隱於箕山。相傳堯讓以天下，不受，遁耕於箕山之下。堯又欲召以為九州牧，許由不欲聞之，乃洗耳於潁水之濱。參閱《莊子・逍遙遊》、皇甫謐《高士傳》。㉘伯夷　商末孤竹國（商之諸侯國，今河北盧龍）君之長子。相傳孤竹君欲傳位於其三子叔齊，孤竹君死，叔齊讓位於伯夷，伯夷不受。叔齊亦不願為君，國人乃立孤竹君之中子為君。伯夷、叔齊逃至周國。武王伐紂，他二人叩馬諫阻。周武王滅商，他二人恥食周粟，乃逃至首陽山，採薇而食，餓死於山裡。封建社會把伯夷、叔齊當做高尚守節的典型。傳見《史記・伯夷列傳》。㉙建武　東漢光武帝劉秀年號，西元二五—五六年。㉚中牢　祭祀以豬羊二牲。㉛犍為　郡名。漢武帝建元六年置。治今四川彭山縣東。㉜漆身為厲　厲，同「癩」。惡瘡；痲瘋。漆，有毒，接觸皮膚多患瘡腫如病癩。㉝陽　通「佯」。假裝。㉞合浦　郡名。漢武帝元鼎六年置。治今廣西合浦東北。㉟北宮衛士令　官名。秩六百石，掌北宮衛士。有丞一人，員吏七十二人，衛士四百七十二人。屬衛尉。北宮，明帝永平三年建，在洛陽城中（今洛陽東北）。

【語　譯】譙玄，字君黃，巴郡閬中縣人。少時，好學不倦，能解說《周易》、《春秋》。曾在州郡擔任過官職。成帝永始二年，發生日蝕。於是成帝乃詔令州郡，各推舉一名敦樸遜讓、品性高潔之士，以輔國政。巴郡推舉了譙玄，他趕到公車官署，在朝廷對策中，名列前茅，於是授予譙玄議郎的官職。

2 當時，成帝開始設立期門官，經常身著便服外出。又立趙飛燕為皇后，趙飛燕博得成帝的專寵，她忌恨別的嬪妃，所生皇子，多意外的早死。譙玄於是上書進諫說：「臣聞王者承受天命，繼承祖宗之大統，登上帝位，保護國家，延續國祚，沒有比培育後嗣更緊迫的事了。所以《周易》有子繼父業的原則，《詩》有歌詠子孫眾多之福。現在陛下尚未有太子，普天之下都在關心此事，但陛下卻沒有考慮國家大計，心裡只是想著微行外出遊樂之事，恩澤施於迷惑自己的人，心裡只留意於不正當的遊樂。臣私下聽說，後宮所生之皇子都沒有活下來。臣得知之後，極為驚恐悲傷，私懷憂國之情，一刻也沒有忘記。國家如不整治警衛之事，那麼禍患就會發生於非常。陛下經常微行外出，一旦有醉酒狂夫爭吵於道路，陛下身著便裝，既沒有尊嚴的儀容，他哪裡知道上下之別呢？這就是胡狄之禍起於身邊，盜賊之亂生於左右。希望陛下考慮江山社稷之至重，愛護自己的金玉之體，把恩愛均施於後宮嬪妃，保留無窮無盡的福祚，就是天下人的大幸。」

3 那時，國內經常發生災害變異之事，譙玄總是上書陳述招致變異的原因。但朝廷一概不予理睬，因此譙玄久居郎官之職，不得升遷。後來才升為太常丞，因為弟弟去世，辭官歸家。

4 平帝元始元年，日蝕，帝乃詔令公卿推舉敦樸直言之士。大鴻臚左咸推舉譙玄到公車署對策，於是朝廷復以譙玄為議郎，遷中散大夫。元始四年，朝廷選八名明達政事能頒布教化扭轉世風的官吏，大家都推舉譙玄。於是譙玄被任命為繡衣使者，手持符節，與太僕王惲分別巡視天下，考察社會風俗，所到之處可以專行誅殺貪惡，獎賞善良。譙玄巡行尚未結束，便發生了王莽居攝之事，於是譙玄便中途丟棄自己乘坐的車子，改名換姓，偷偷逃回家鄉，從此隱遁於民間。

5 後來公孫述於蜀中稱帝，接連聘請譙玄去他那裡任官，譙玄不肯。公孫述最後派使者，帶上禮品到譙玄家中召請；如果譙玄仍不肯出山，就賜他毒藥，令其服毒自殺。太守乃親自帶上公孫述的璽書來到譙玄家中，對他說：「您的高風亮節遠近皆聞，朝廷既然選中了您，您不應再三推辭，否則，是自招凶禍。」譙玄於是仰天而歎，曰：「唐堯是偉大的聖人，但許由還恥於在他手下為官；周武王是至德的君主，但伯夷還是寧肯餓死而不食周粟。他們是什麼人？我又是什麼人？保全志節，死又何憾！」即接受了毒藥。其子譙瑛痛哭流涕，叩頭對太守說：「現在國家東有強敵，軍旅四出，軍需開支或許不太充足，我們願獻上家財千萬，以贖父死。」太守為譙玄請求，公孫述允許。譙玄於是隱藏於荒野田間，直至公孫述滅亡。

6 那時候，連年戰亂，沒有人能修習重視學業，唯獨譙玄訓導兒子們刻苦攻讀經書。建武十一年，譙玄去世。第二年，天下平定，譙玄之弟譙慶赴京師陳述了譙玄的事跡。光武帝大為讚美，策令巴郡以中牢之禮祭祀譙玄，敕令所在地方歸還譙玄的家財。

7 當時有一個叫費貽的人，亦不肯在公孫述那裡做官，於是以漆塗身為癩，假裝癲狂以逃避，退藏山林十餘年。公孫述被消滅後，他官至合浦太守。

8 譙瑛善於講述《周易》，曾以《周易》授東漢明帝，擔任北宮衛士令。

1 李業，字巨游，廣漢梓潼❶人也。少有志操，介特。習魯詩❷，師博士許晃。元始❸中，舉明經❹，除為郎。

2 會王莽居攝，業以病去官，杜門不應州郡之命。太守劉咸強召之，業乃載病詣門。咸怒，出教曰：「賢者不避害，譬猶彀弩射市❺，薄命者先死。聞業名稱，故欲與之為治，而反託疾乎？」令詣獄養病，欲殺之。客有說咸曰：「趙殺鳴犢，孔子臨河而逝❻。未聞求賢而脅以牢獄者也。」咸乃出之，因舉方正❼。王莽以業為酒士❽，病不之官，遂隱藏山谷，絕匿名迹，終莽之世。

3 及公孫述僭號，素聞業賢，徵之，欲以為博士，業固疾不起。數年，述羞不致之，乃使大鴻臚尹融持毒酒奉詔命以劫業：若起，則受公侯之位；不起，賜之以藥。融譬旨❾曰：「方今天下分崩，孰知是非，而以區區之身，試於不測之淵乎！朝廷❿貪慕名德，曠官缺位，于今七年，四時珍御⓫，不以忘君。宜上奉知己，下為子孫，身名俱全，不亦優乎？今數年不起，猜疑寇心⓬，凶禍立加，非計之得者也。」業乃歎曰：「危國不入，亂國不居⓭。親於其身為不善者，義所不從⓮。君子見危授命⓯，何乃誘以高位重餌哉？」融見業辭志不屈，復曰：「宜呼室家⓰計之。」業曰：「丈夫斷之於心久矣，何妻子之為？」遂飲毒而死。述聞業死，大驚，又恥有殺賢之名，乃遣使弔祠，賻⓱贈百匹。業子翬逃辭不受。

4 蜀平，光武下詔表其閭，益部紀載其高節，圖畫形象。

5 初，平帝⑱時，蜀郡⑲王皓為美陽⑳令，王嘉為郎。王莽篡位，並棄官西歸。及公孫述稱帝，遣使徵皓、嘉，恐不至，遂先繫其妻子。使者謂嘉曰：「速裝，妻子可全。」對曰：「犬馬猶識主，況於人乎！」王皓先自刎，以首付使者。述怒，遂誅皓家屬。王嘉聞而歎曰：「後之哉！」乃對使者伏劍而死。

6 是時犍為任永及業同郡馮信，並好學博古。公孫述連徵命，待以高位，皆託青盲㉑，以避世難。永妻淫於前，匿情無言；見子入井，忍而不救。信侍婢亦對信姦通。及聞述誅，皆盥洗更視曰：「世適㉒平，目即清。」淫者自殺。光武聞而徵之，並會病卒。

【章旨】以上為〈李業傳〉。先寫其籍貫、志行、學問、舉明經，為郎。王莽居攝，李業隱居不仕。後寫其不應公孫述之徵聘，公孫述的威脅利誘，不動其心，飲毒而死。旨在頌揚李業忠於漢朝，不事二姓的凜然正氣。後附王皓、王嘉、任永、馮信諸人事跡，旨在讚揚他們對漢朝的忠貞。

【注釋】❶廣漢梓潼　廣漢，郡名。西漢高祖六年置。東漢治今四川廣漢北。梓潼，縣名。漢置。屬廣漢郡。治今四川梓潼。❷魯詩　《詩》今文學派之一。為魯人申培所傳。漢文帝時立為博士，在齊、魯、韓三家《詩》中最為先出。申培受《詩》於浮丘伯，以《詩》訓詁傳教弟子，遇有疑問，則缺而不傳。此後，傳《魯詩》的有瑕丘江公、劉向等。西漢時傳授最廣，至西晉亡佚。❸元始　西漢平帝劉衎年號，西元前一—西元五年。❹明經　通曉經術。漢代以明經射策取士。❺彀弩射市　拉滿弓以射市人。❻趙殺鳴犢二句　《史記・孔子世家》：孔子既不得用於衛，將西至晉見趙簡子（晉六卿之一），至黃河，聞晉之賢大夫竇鳴犢、舜華為趙簡子所殺。乃臨河而歎曰：「美哉水，洋洋乎！丘之不濟此，命也夫！」子貢不解其意，問孔子，孔子曰：「竇鳴犢、舜華晉國之賢大夫也。趙簡子未得志之時，須此兩人而後從政，及其已得志，殺之乃從政。丘聞之也，刳胎殺夭則麒麟不至郊，竭澤涸漁則蛟龍不合陰陽，覆巢毀卵則鳳皇不翔。何則？君子諱傷其類也。夫鳥獸之於不義也尚知避之，而況乎丘哉！」乃還。❼方正　漢代選拔官吏的科目之一。西漢文帝時詔舉「賢良方正能直言極諫者」，由地方舉薦，被舉薦之人行為、品性之正直無邪為重要標準。後成為科制之一。❽酒士　王莽時，酒歸官營，故置酒士之官。❾譬旨　以天子旨意曉諭勸導。時公孫述已稱帝，故有此稱。❿朝廷　指公孫述之朝廷。⓫珍御　供御用的珍貴食物。⓬寇心　賊心；邪心。⓭危國不入二句　不進入危險的國家，不居住禍亂的國家。語出《論語・泰伯》。孔子曰：「危邦不入，亂邦不居。」⓮親於其身二句　語出《論語・陽貨》。子路曰：「昔者由也聞諸夫子曰：『親於其身為不善者，君子不入也。』」⓯君子見危授命　君子遇到危險時便肯付出生命。語出《論語・憲問》。子路問成人，子曰：「見利思義，見危授命，久要不忘平生之言，亦可為成人矣。」⓰室家　泛指家庭中的人，如父母妻子兒女等。⓱賻　以財物助喪事。⓲平帝　西漢第十二帝，元帝庶孫，名衎。西元前一—西元五年在位。⓳蜀郡　郡名。戰國秦置。治今四川成都。⓴美陽　古縣名。戰國秦孝公置。治今陝西武功西。㉑青盲　俗稱青光眼。症狀為視力漸退，漸至失明，但眼睛外觀沒有異常。㉒適　始；方才。

【語譯】李業，字巨游，廣漢郡梓潼縣人。從小就有志向操守，耿介而特出。習《魯詩》，從師於博士許晃。元始年間，舉明經，任命為郎官。

2 正值王莽居攝，李業因病辭官，閉門不應州郡徵召之命。太守劉咸強行招聘，李業帶病見太守劉咸。劉咸怒，出教令說：「賢者不避害，就像拉滿弓弩射市上之人，薄命的人中箭先死。我聞李業名聲，所以想與他共同治理本郡，為什麼他反而假託有疾病呢？」便令李業在獄中養病，想要殺掉他。賓客中有人勸劉咸說：「趙簡子殺竇鳴犢，孔子到了黃河邊而離去。沒聽說求賢者反而用監獄去威脅他的。」劉咸於是放出李業，舉他為方正。王莽任命李業為酒士，李業託病不至官，乃隱藏於山谷之中，絕名匿跡，直至王莽滅亡。

3 等到公孫述僭號稱帝，他一向聽聞李業賢能，徵召李業，想任他為博士，李業堅決以疾病推辭，不應。幾年過去了，公孫述以請不到李業為羞恥，乃使大鴻臚尹融帶著毒酒，捧著詔命，以威脅李業，告訴他：若應詔，則授以公侯之位；若不應，則賜之毒酒。尹融勸導李業說：「方今天下分崩離析，尚不知誰是誰非，您要以微小的身軀，試探不測之深淵嗎！朝廷仰慕您的名德，空缺官位以等待您，至今已經七年，四時御用珍餚，從不忘您。您應對上事奉知己，對下為子孫計，這樣，身名俱全，不是很好嗎？而您數年不起，猜疑你有寇亂之心，凶禍會馬上臨頭，你這樣做，可不是保全之計啊。」李業於是歎道：「不進入危險的國家，不居住禍亂的國家。親近身行不善的人，從道義上講，是不能跟從他的。君子見危而獻身，為何以高位重餌引誘我呢？」尹融見李業推辭的意志堅定，又說道：「您應該喚出家人共同商討此事。」李業說：「大丈夫心中早有所決斷，喚妻子兒女做什麼？」於是飲毒藥而死。公孫述得知李業死去，大為吃驚，又怕有殺賢之名，於是派遣使者弔唁祭祀，贈助喪布百匹。李業子李翬逃避不受。

4 蜀地平定之後，光武帝下詔表彰李業之閭，命《益部紀》載李業之高節，並圖畫其形象。

5 當初，平帝時，蜀郡人王皓任美陽令，王嘉為郎。王莽篡位後，他們都棄官西歸。公孫述稱帝後，派遣使者徵召王皓、王嘉，恐怕他們不來，於是先扣押他們的妻子兒女。使者對王嘉說：「快速整裝出發，妻子兒女可以保全。」王嘉回答說：「犬馬猶識其主人，何況人呢！」王皓首先自刎，把頭交付使者。公孫述怒，於是誅殺王皓的家屬。王嘉聞而歎道：「我死在王皓的後邊了！」於是面對使者伏劍而死。

6 當時犍為郡人任永及李業的同郡人馮信，皆好學而通曉古代事物。公孫述連發徵召命令，以高位等待，二人皆藉口患青光眼，以避世難。任永妻在任永前與人淫亂，任永隱匿真情，不說什麼，只裝看不見；見兒子掉進井裡，任永也忍心不救。馮信的侍婢亦在馮信前與人通姦。等到聽說公孫述被誅，任永、馮信皆盥手洗面，恢復了視力，說：「世道平安了，眼睛也看清楚了。」淫亂者自殺。光武帝得知後徵召他們，正巧此時二人皆病卒。

1 劉茂，字子衛，太原晉陽❶人也。少孤，獨侍母居。家貧，以筋力❷致養，孝行著於鄉里。及長，能習禮經❸，教授常數百人。哀帝時，察孝廉，再遷五原屬國❹侯❺，遭母憂❻去官。服竟後為沮陽❼令。會王莽篡位，茂棄官，避世❽弘農❾山中教授。

2 建武❿二年，歸，為郡門下掾⓫。時赤眉二十餘萬眾攻郡縣，殺長吏及府掾史。茂負太守孫福踰牆藏空穴中，得免。其暮，俱奔盂縣⓬。晝則逃隱，夜求糧食。積百餘日，賊去，乃得歸府。明年，詔書求天下義士，福言茂曰：「臣前為赤眉所攻，吏民壞亂，奔走趣⓭山，臣為賊所圍，命如絲髮，賴茂負臣踰城，出保盂縣。茂與弟觸冒兵刃，緣山負食⓮，臣及妻子得度死命⓯，節義尤高。宜蒙表擢，以厲⓰義士。」詔書即徵茂拜議郎，遷宗正丞⓱。後拜侍中⓲，卒官。

3 延平⓳中，鮮卑⓴數百餘騎寇漁陽㉑，太守張顯率吏士追出塞，遙望虜營烟火，急趣之。兵馬掾㉒嚴授慮有伏兵，苦諫止，不聽。顯蹙令進，授不獲已，前戰，伏兵發，授身被十創，歿於陣。顯拔刃追散兵，不能制，虜射中顯，主簿㉓衛福、功曹㉔徐咸遽赴之，顯遂墮馬，福以身擁蔽，虜并殺之。朝廷愍授等節，詔書褒歎，厚加賞賜，各除㉕子一人為郎中㉖。

4 永初㉗二年，劇賊畢豪等入平原㉘界，縣令劉雄將吏士乘船追之。至厭次河㉙，與賊合戰。雄敗，執雄，以矛刺之。時小吏所輔前叩頭求哀，願以身代雄。豪等縱雄而刺輔，貫心洞背即死。東郡㉚太守捕得豪等，具以狀上。詔書追傷之，賜錢二十萬，除父奉為郎中。

【章　旨】以上為〈劉茂傳〉。先寫其籍貫、家境、孝行、學問及仕宦情況，次寫劉茂為郡門下掾，救護太守事，後寫劉茂徵拜議郎、宗正丞、侍中等。旨在讚揚劉茂的節義與操行。附述嚴授、衛福、徐咸等抵抗鮮卑，捍蔽太守，為國捐軀事及平原縣小吏所輔代縣令劉雄死難事。旨在讚揚他們為國抗敵、視死如歸的高尚志節。

【注　釋】❶太原晉陽　太原，郡、國名。戰國秦莊襄王置。治今山西太原西南。晉陽，古縣名。秦置。治所晉陽，為太原郡治（今山西太原晉原鎮）。❷筋力　猶言體力，勞作。❸禮經　即《儀禮》。古文經學家也有叫《周禮》為《禮經》的。❹五原屬國　漢於邊郡置屬國。《史記・衛將軍驃騎列傳正義》：「以來降之民徙置五郡，各以本國之俗而屬於漢，故言屬國也。」漢於屬國設都尉管理屬國事務。」《漢書・武帝紀》：元狩二年（西元前一二一年）秋，匈奴昆邪王殺休屠王，率眾四萬人降漢。漢安置於安定、天水、上郡、西河、五原五屬國。五原屬國屬五原郡（治今內蒙古包頭西北），東漢初匈奴南單于分部眾屯此。❺候　官名。《漢書・百官公卿表》：「典屬國，掌蠻夷降者。武帝元狩三年，昆邪王降，復增屬國，置都尉、丞、候、千人。」❻憂　特指父母的喪事。❼沮陽　古縣名。治今河北懷來東南。東漢屬上谷郡。❽避世　隱居不仕。❾弘農　縣名。漢武帝元鼎三年置。治今河南靈寶北。❿建武　東漢光武帝劉秀年號，西元二五—五六年。⓫門下掾　郡守、國相的屬官。漢以後，職權較重的官職都有掾屬，分曹治事，通稱掾史。⓬盂縣　古縣名。西元前五一四年晉國置。治今山西陽曲東北。漢屬太原郡。⓭趣　同「趨」。⓮緣山負食　翻山越嶺背負食物。⓯度死命　得以不死；過了死這一關。⓰厲　同「勵」。勉勵；表揚。⓱宗正丞　宗正，官名。始於秦，漢沿置。九卿之一，多由皇族中人充任，為皇族事務機關的長官，秩中二千石。丞，官名。多為佐官之稱。漢代中央各官署設有丞，所屬各署皆有令有丞，縣令之下亦有丞。宗正丞，秩比千石。⓲侍中　官名。秦始置，兩漢沿置。為自列侯至郎中的加官，無定員。侍從皇帝左右，出入宮廷。初僅伺應雜事，由於接近皇帝，地位逐漸重要。⓳延平　東漢殤帝劉隆年號，殤帝在位僅一年，為西元一〇六年。⓴鮮卑　古族名，東胡的一支。秦漢時游牧於今西喇木倫河與洮兒河之間，附於匈奴。北匈奴西遷後，進入匈奴故地，併其餘眾，勢力漸強。桓帝時，其首領檀石槐，建庭立制，組成軍事行政聯合體，分為中、東、西三部，各置大人統領。檀石槐死，聯合體瓦解。西晉南北朝時，有慕容、乞伏、宇文、拓跋等部，先後在華北、西北地區建立政權。內遷的鮮卑人多轉向農業生產，漸與漢族及其他民族融合。㉑漁陽　郡名。戰國燕置。秦漢時治今北京密雲西南。㉒兵馬掾　官名。郡守屬官。㉓主簿　官名。漢代中央及郡縣官署均置此官，以典領文書，辦理事務。㉔功曹　官名。即功曹史，郡守佐吏，相當於郡守的總務長。除掌人事外，得與聞一郡的政務。㉕除　拜官授職。㉖郎中　官名。郎官的一種，始於戰國，秦漢沿置，屬光祿勳。管理車騎門戶，內充侍衛，外從作戰。㉗永初　東漢安帝劉祜年號，西元一〇七－一一三年。㉘平原　縣名。秦置。屬平原郡。治今山東平原縣南。㉙厭次河　李賢注：「厭次縣之河也。」厭次，古縣名。秦置。東漢治今山東惠民東桑落墅。屬平原郡。㉚東郡　郡名。秦置。治今河南濮陽西南。

【語譯】劉茂，字子衛，太原郡晉陽縣人。早年喪父，獨與母居。家貧，劉茂勞作以奉養母親，孝行聞名於鄉里。劉茂年長，能通《禮經》，教授常數百人。哀帝時，劉茂舉孝廉，再遷為五原屬國候，遭母喪去官。喪服期滿，任沮陽縣令。正值王莽篡位，劉茂棄官，隱居於弘農山中教授生徒。

2 建武二年，劉茂歸鄉，為郡門下掾。當時赤眉軍二十餘萬人攻打郡縣，殺長吏及官府掾史。劉茂背負太守孫福越牆藏於空穴中，得免於難。夜幕降臨，他們一起逃奔盂縣。白天隱藏，夜出尋找糧食。一百多天後，赤眉離開這裡，他們才得歸郡。第二年，光武帝下詔尋求天下義士，孫福乃上書推薦劉茂，說：「臣前為赤眉所攻，吏民壞亂，逃奔山中，臣為賊所圍，命懸一線，全仗劉茂背負臣逾城而出，走保盂縣。劉茂與其弟觸冒兵刃，爬山越嶺，背負食物，臣與妻子得以活命，節義尤為高尚。應給予褒揚擢拔，以激勵義士。」光武帝下詔，即徵召劉茂拜為議郎。遷宗正丞。後劉茂拜為侍中，卒於官任。

3 延平年間，鮮卑人數百騎侵掠漁陽，太守張顯率吏士追擊出塞，遠遠望見敵營煙火，便催軍速進。兵馬掾嚴授恐敵人有伏兵，苦苦諫止，張顯不聽。張顯急令進軍，嚴授不得已，上前與鮮卑戰，鮮卑伏兵殺出，嚴授負傷十餘處，戰死陣中。張顯拔刀追逃散之兵，不能制止，又被敵人射中，主簿衛福、功曹徐咸急忙上前救護，張顯跌落馬下，衛福以身遮蔽張顯，敵人將他們一起殺死。朝廷哀憫嚴授等人為國盡節，下詔褒揚，厚加賞賜，任命他們每人的一個兒子為郎中。

4 永初二年，巨賊畢豪等入平原縣界，縣令劉雄率吏士乘船追擊。追到厭次縣的河邊，與賊交戰。劉雄敗，被賊俘獲，賊以矛刺他。這時小吏所輔上前叩頭哀求，願以身代劉雄受死。畢豪等放掉劉雄而刺所輔，矛頭洞貫所輔胸背，所輔當即死去。東郡太守捕獲畢豪等人，將所輔之事詳細奏上。安帝下詔追傷所輔，賜錢二十萬，任命其父所奉為郎中。

1 溫序，字次房，太原祁❶人也。仕州從事❷。建武二年，騎都尉❸弓里戍將兵平定北州❹，到太原，歷訪英俊大人，問以策謀。戍見序奇之，上疏薦焉。於是徵為侍御史❺，遷武陵❻都尉❼，病免官。

2 六年，拜謁者❽，遷護羌校尉❾。序行部至襄武❿，為隗囂⓫別將⓬苟宇所拘劫。宇謂序曰：「子若與我并威同力，天下可圖也。」序曰：「受國重任，分當效死，義不貪生苟背恩德。」宇等復曉譬之。序素有氣力，大怒，叱宇等曰：「虜何敢迫脅漢將！」因以節⓭檛⓮殺數人。賊眾爭欲殺之，宇止之曰：「此義士死節，可賜以劍。」序受劍，銜鬚於口，顧左右曰：「既為賊所迫殺，無令鬚汙土。」遂伏劍而死。

3 序主簿韓遵、從事王忠持屍歸斂。光武聞而憐之，命忠送喪到洛陽，賜城傍為冢地，賻穀千斛、縑⑮五百匹，除三子為郎中。長子壽，服竟為鄒平侯相⑯。夢序告之曰：「久客思鄉里。」壽即棄官，上書乞骸骨歸葬。帝許之，乃反舊塋焉。

【章　旨】以上為〈溫序傳〉。先寫溫序初仕州為從事，後為侍御史、武陵都尉、謁者、護羌校尉等官職，次寫溫序視察所部，為魏囂別將所劫，不屈而死。旨在頌揚溫序對漢朝的忠貞不貳。

【注　釋】❶祁　縣名。漢置。治今山西祁縣東南。屬太原郡。❷從事　官名。漢以後三公及州郡長官皆自辟屬僚，多以從事為稱。如從事史、從事中郎、別駕從事、治中從事之類皆是。❸騎都尉　官名。次於將軍的武官。漢武帝元鼎二年置，以李陵為之。宣帝時，以騎都尉監羽林騎，屬光祿勳。後掌駐屯騎兵，也領兵征伐。秩比二千石，無定員。❹北州　指北方幽、并等州郡。本書〈彭寵列傳〉：「更始立，使謁者韓鴻持節徇北州。」李賢注：「謂幽并也。」❺侍御史　官名。漢沿秦置，在御史大夫下，或給事殿中，或彈劾非法，或督察郡縣，或奉使外出執行指定的任務。❻武陵　郡名。漢高祖置。治今湖南漵浦南。東漢移治今湖南常德。❼都尉　官名。戰國始置，輔佐郡守，掌全郡的軍事。西漢景帝改郡都尉為都尉。秩比二千石。❽謁者　官名。始置於春秋、戰國時，為國君掌管傳達。秦漢沿置。本書〈百官志〉：「謁者僕射一人，比千石，為謁者臺率主。常侍謁者五人，比六百石，主殿上時節威儀；給事謁者四百石；灌謁者郎中比三百石，掌賓贊受事及上章報問，將、大夫以下之喪事使弔。本員七十人，中興但三十人。初為灌謁者，滿歲為給事謁者。」屬光祿勳。❾護羌校尉　官名。西漢始置，東漢沿置。執掌西羌事務。秩比二千石。❿襄武　隴西郡屬縣。治今甘肅隴西東南。⓫隗囂　（？—西元三三年），字季孟，東漢初天水成紀（今甘肅秦安）人。新莽末，被當地豪強擁立，據有天水、武都、金城等郡。一度依附劉玄。不久，自稱西部上將軍。建武九年（西元三三年），以屢為漢軍所敗，憂憤而死。詳見本書卷十三。⓬別將　配合主力軍作戰的部隊將領。⓭節　符節。古代使者持以為憑證。⓮檛　擊。⓯縑　雙絲織成的細絹。⓰鄒平侯相　鄒平，侯國。西漢置縣。屬濟南國。治今山東鄒平北。侯國相，相當於縣令。

【語譯】溫序，字次房，太原郡祁縣人。在郡中擔任從事。建武二年，騎都尉弓里戍率兵平定北州，到太原，遍訪才智傑出的長者，以問策謀。弓里戍見到溫序，認為他有奇才，乃上表推薦他。於是徵溫序為侍御史，遷武陵都尉，因病免官。

2 建武六年，任命溫序為謁者，遷護羌校尉。溫序巡行所部至襄武，被隗囂別將苟宇所拘劫。苟宇對溫序說：「您若與我協威同力，天下可以謀取。」溫序說：「我受國家重任，應當效死，在道義上不能苟且貪生，有背朝廷恩德。」苟宇等又勸說他。溫序一向有氣力，大怒，喝斥苟宇等說：「賊虜何敢迫脅漢將！」於是以節擊殺數人。賊眾爭著要殺溫序，苟宇制止他們，說：「這個義士想要以死守節，可賜給他一把劍。」溫序接過劍，將鬍鬚銜於口中，對左右說：「既為賊所迫殺，不要讓土弄髒我的鬍鬚。」於是伏劍而死。

3 溫序的主簿韓遵、從事王忠護持其屍體歸殯。光武帝聞而哀憐他，命王忠送喪至洛陽，賜城旁之地為其墓地，賜助喪穀一千斛、縑五百匹。任命溫序的三個兒子為郎中。溫序長子溫壽，喪服期滿為鄒平侯相。夜夢其父告訴他說：「長期客居在外，思念故鄉。」溫壽即辭官，上書乞求歸葬其父。光武帝允許，溫壽乃將其父遺骨返葬其家鄉舊墓地中。

1 彭脩，字子陽，會稽毗陵❶人也。年十五時，父為郡吏，得休，與脩俱歸，道為盜所劫，脩困迫，乃拔佩刀前持盜帥曰：「父辱子死，卿不顧死邪？」盜相謂曰：「此童子義士也，不宜逼之。」遂辭謝而去。鄉黨稱其名。

2 後仕郡為功曹。時西部都尉宰鼂行❷太守事，以微過收吳縣獄吏，將殺之。主簿鍾離意爭諫甚切，鼂怒，使收縛意，欲案之，掾史莫敢諫。脩排閤❸直入，拜於庭，曰：「明府❹發雷霆於主簿，請聞其過。」鼂曰：「受教三日，初❺不奉行，廢命不忠，豈非過邪？」脩因拜曰：「昔任座面折文侯❻，朱雲攀毀欄檻❼，自非賢君，焉得忠臣？今慶明府為賢君，主簿為忠臣。」鼂遂原意罰，貰❽獄吏罪。

3 後州辟從事。時賊張子林等數百人作亂，郡言州，請脩守吳令。脩與太守俱出討賊，賊望見車馬，競交射之，飛矢雨集。脩障扞太守，而為流矢所中死，太守得全。賊素聞其恩信，即殺弩中脩者，餘悉降散。言曰：「自為彭君故降，不為太守服也。」

【章旨】以上為〈彭脩傳〉。先寫其少年時的膽略，次寫其為郡功曹，以詼諧幽默的語言，引經據典，勸諫太守。後寫其守吳縣令，與太守討賊，障捍太守，中流矢而死。旨在突出彭脩的膽略、智慧、恩信及臨危不懼。

【注釋】❶會稽毗陵　會稽，郡名。秦始皇二十五年於原吳、越地置。治今江蘇蘇州。東漢順帝時移治今浙江紹興。毗陵，縣名。西漢置。治今江蘇常州。屬會稽郡。❷行　兼代官職。小官兼代大官職事為守某官；大官兼小官職事為行某官。❸閤　小門。❹明府　漢代對郡守的尊稱，即「明府君」的省稱。❺初　副詞。與否定詞「無」、「不」連用表示「本來不」、「從來不」。❻任座面折文侯　事見《呂氏春秋・自知》：魏文侯飲宴，命諸大夫評論自己。有人說君仁，有人說君義，有人說君智。輪到任座，任座說：「君為不賢文君。取得中山後，不封給君之弟，而封給自己的兒子，因此知君為不賢之君。」文侯不高興，變了臉色。任座急忙走了出去。又輪到翟黃，翟黃說：「君為賢君。臣聽說『君主賢者其臣直言。』今任座直言，因此知君為賢君。」魏文侯很高興，說：「可讓任座回來嗎？」翟黃說：「怎麼不可？」乃召任座，任座人，魏文侯下階迎接他，終以任座為上客。面折，當面批評、指責。❼朱雲攀毀欄檻　事見《漢書・朱雲傳》：成帝時，丞相故安昌侯張禹以成帝的老師，位至特進，甚受尊重。朱雲上書求見成帝，當著眾公卿的面說：「現在朝廷的大臣，上不能匡正主上之失，下無益於百姓，都是尸位素餐之人。希望陛下賜臣尚方斬馬劍，斬佞臣一人，以激勵其餘的人。」成帝問：「佞臣是誰？」朱雲回答說：「安昌侯張禹。」成帝大怒，說：「小臣居下而誹上，在朝廷上侮辱師傅，罪死不赦。」御史乃架著朱雲下殿。朱雲抓住殿上的欄杆，欄杆折斷。左將軍辛慶忌苦苦進諫，以朱雲為直臣，不可誅。朱雲得免於死。後當修治殿欄，成帝命勿修，用以表彰直臣。朱雲，字游，魯人。徙平陵。少任俠，元帝時為博士、杜陵令、槐里令。數忤權貴，以是獲罪被刑。攀毀欄檻之後，朱雲不仕，居家教授。年七十餘，卒於家。❽貰　赦免；寬縱。

【語　譯】彭脩，字子陽，會稽郡毗陵縣人。年十五時，其父為郡吏，正當休假，與彭脩一起歸家。途中父子為強盜所劫，彭脩困迫，乃拔刀上前抓住強盜的首領說：「父親受辱，兒子應該去死，你不怕死嗎？」強盜們互相議論說：「此童子是義士，不應逼迫他。」強盜們乃謝罪而去。鄉親們因此而稱讚彭脩。

2 彭脩後仕郡為功曹。當時西部都尉宰鼂兼行太守事，因小過失逮捕吳縣獄吏，將要把他殺掉。主簿鍾離意極力爭諫，宰鼂怒，使人逮捕鍾離意，欲定其罪，掾史無人敢諫。彭脩推門直入，當庭下拜說：「明府發雷霆之怒於主簿，請告訴我他的過錯。」宰鼂說：「我發出教令三日，他從不奉行，廢命為不忠，難道不是過錯嗎？」彭脩於是下拜說：「從前任座面折魏文侯，朱雲直言而攀毀欄檻，若不是賢君，怎能得忠臣？今慶賀明府為賢君，主簿為忠臣。」宰鼂於是不罰鍾離意，赦免獄吏之罪。

3 後州辟彭脩為從事。當時賊人張子林等數百人作亂，郡報告於州，請彭脩暫代吳縣縣令。彭脩與太守同出討賊，賊望見官軍車馬，急忙齊向官軍放箭，箭飛如雨。彭脩乃以身障蔽太守，被流矢射中而死，太守得以保全性命。賊素聞彭脩恩信，當即殺了射中彭脩之人，其餘或投降或散走。他們說：「我們為彭君之故而降，不是被太守所征服的。」

1 索盧放，字君陽，東郡人也。以尚書教授千餘人。初署郡門下掾。更始❶時，使者督行郡國，太守有事，當就斬刑。放前言曰：「今天下所以苦毒王氏❷，歸心皇漢者，實以聖政寬仁故也。而傳車❸所過，未聞恩澤。太守受誅，誠不敢言，但恐天下惶懼，各生疑變。夫使功者不如使過❹，願以身代太守之命。」遂前就斬。使者義而赦之，由是顯名。

2 建武六年，徵為洛陽令，政有能名。以病乞身，徙諫議大夫❺，數納忠言，後以疾去。

3 建武末，復徵不起，光武使人輿之，見於南宮雲臺❻，賜穀二千斛，遣歸，除子為太子中庶子❼。卒於家。

【章旨】以上為〈索盧放傳〉。先寫其籍貫及其以《尚書》教授生徒，署郡門下掾諸事；更始使者督行郡國，太守犯事，當斬，索盧放申明大義，勸諫使者，願代太守死，使者感義赦之。索盧放後為洛陽令、諫議大夫等職。旨在寫索盧放的才智、賢能。

【注釋】❶更始　劉玄的年號。西元二三—二五年。劉玄（？—西元二五年），字聖公，南陽郡蔡陽（今湖北棗陽）人。西漢遠支皇族。赤眉攻入長安時投降。不久，被絞死。❷王氏　指王莽。❸傳車　古代驛站的專用車輛。此指使者。❹使功者不如使過　使用有功的人，不如使用有過的人。❺諫議大夫　官名。西漢置諫大夫，掌議論，無定員，屬光祿勳。東漢改稱諫議大夫。秩六百石。❻雲臺　漢宮中的高臺名，在洛陽南宮。明帝圖畫中興功臣二十八將於其上。❼太子中庶子　太子屬官。周有庶子官，掌諸侯卿大夫庶子的教育管理。漢以後為太子屬官，職如侍中（侍從左右，應對顧問），秩六百石。

【語譯】索盧放，字君陽，東郡人。他以《尚書》教授弟子千餘人。起初，試充郡門下掾。更始時，使者巡視郡國，太守犯事，當被處斬。索盧放上前進言說：「如今天下所以怨恨王氏而歸心皇漢，實是由於聖政寬仁之故。而使者傳車所過之處，沒聽說帶來什麼恩澤。太守受誅，我們的確不敢說什麼，但恐天下因此惶懼，各生疑變。任用有功的人，不如任用有過的人，我願以身代太守之命。」說完，便往就刑。使者以為索盧放是忠義之士而寬赦了太守，索盧放由是顯名。

2 建武六年，索盧放被徵為洛陽令，為政有賢能之名。因病乞歸，徙為諫議大夫，多次進忠言，後因疾病辭官。

3 建武末年，索盧放又被徵召，因病，不能起。光武帝派人以車載至洛陽，召見於南宮雲臺。賜穀二千斛，遣歸，任命其子為太子中庶子。後索盧放卒於家中。

1 周嘉，字惠文，汝南安城❶人也。高祖父燕，宣帝❷時為郡決曹掾❸。太守欲枉殺人，燕諫不聽，遂殺囚而黜燕。因家守闕❹稱冤，詔遣覆考，燕見太守曰：「願謹定文書，皆著燕名，府君但言時病而已。」出謂掾史曰：「諸君被問，悉當以罪推燕。如有一言及於府君，燕手劍相刃。」使者乃收燕繫獄。屢被掠楚❺，辭無屈橈。當下蠶室❻，乃歎曰：「我平王之後，正公玄孫❼，豈可以刀鋸之餘❽下見先君？」遂不食而死。燕有五子，皆至刺史、太守。

2 嘉仕郡為主簿。王莽末，郡賊入汝陽⑨城，嘉從太守何敞討賊，敞為流矢所中，郡兵奔北，賊圍繞數十重，白刃交集，嘉乃擁⑩敞，以身扞之。因呵賊曰：「卿曹皆人隸也。為賊既逆，豈有還害其君者邪？嘉請以死贖君命。」因仰天號泣。群賊於是兩兩相視，曰：「此義士也！」給其車馬，遣送之。

3 後太守寇恂⑪舉為孝廉，拜尚書侍郎。光武引見，問以遭難之事。嘉對曰：「太守被傷，命懸寇手，臣實駑怯，不能死難。」帝曰：「此長者也。」詔嘉尚公主，嘉稱病篤，不肯當。

4 稍遷零陵⑫太守，視事七年，卒，零陵頌其遺愛，吏民為立祠焉。

5 嘉從弟⑬暢，字伯持，性仁慈，為河南尹⑭。永初⑮二年，夏旱，久禱無應，暢因收葬洛城傍客死骸骨凡萬餘人，應時澍雨，歲乃豐稔。位至光祿勳⑯。

【章　旨】以上為〈周嘉傳〉。先寫其籍貫及追述其高祖父周燕為太守承擔罪名事，次寫周嘉仕郡為主簿，從太守討賊，以身蔽太守事。又寫周嘉舉孝廉、拜尚書侍郎，詔周嘉尚公主，周嘉稱病不肯。後寫周嘉為零陵太守，卒，民為立祠。旨在寫周嘉忠義、謙遜、不攀高結貴和以仁愛治民。附周嘉從弟周暢為河南尹，掩埋客死骸骨萬餘具，感天降雨事。

【注　釋】❶汝南安城　汝南，郡名。西漢高祖四年置。治今河南上蔡。東漢移治今河南平輿。安城，侯國名。屬汝南郡。治今河南正陽東北。❷宣帝　西漢第八帝，名詢。西元前七四－前四九年在位。❸決曹掾　郡守屬吏，主管獄訟事。❹守闕守候於宮門。❺掠楚　拷打。❻當下蠶室　謂判處宮刑，割掉生殖器官。本書〈光武紀〉李賢注：「蠶室，宮刑獄名。受刑者畏風，須暖。作窨室蓄火如蠶室，因以為名。」❼平王之後二句　王先謙《後漢書集解》引惠棟曰：「《世系》云：平王少子烈食采汝墳，秦滅周，併其地，遂為汝南著姓。漢興續周之嗣，封烈之後仁為汝墳侯，賜號正公。以汝南下濕，徙安城。」❽刀鋸之餘　謂受刑之後活下來的人。❾汝陽　縣名。西漢置。因在汝水之北得名。治今河南商水縣西北。❿擁　保護。⓫寇恂（？—西元三六年），字子翼，東漢初上谷昌平（今屬北京）人。世為地方豪強。劉秀據有河內，他被任為太守。後歷任潁川、汝南太守，封雍奴侯。建武十二年卒，謚威侯。為雲臺二十八將之一。詳見本書卷十六。⓬零陵　郡名。西漢武帝元鼎六年置。東漢移治今湖南永州。⓭從弟　同一祖父的弟弟，伯父或叔父之子。⓮河南尹　政區名、官名。本書〈郡國志・河南尹〉，南朝梁劉昭注：「秦三川郡，高帝更名。世祖都雒陽，建武十五年改曰河南尹。」尹，治理。亦為官名。商、西周時為輔弼之官。春秋時楚國長官多稱尹。漢代始以京城的行政長官稱尹，有京兆尹、河南尹。河南尹治今河南洛陽。⓯永初　東漢安帝劉祜年號，西元一〇七—一一三年。⓰光祿勳　官名。秦稱郎中令。漢武帝改為光祿勳。九卿之一，秩中二千石。掌領宿衛、侍從之官。

【語　譯】周嘉，字惠文，汝南郡安城人。其高祖父周燕，宣帝時為郡決曹掾。太守欲濫殺罪不應死之人，周燕諫，不聽，於是太守殺掉囚犯而罷黜周燕。死者家屬至京城守候於宮門訴冤，宣帝下詔命重新審理此案，周燕便見太守說：「希望您謹慎審定文書，在文書上全署上我的名字，您只說當時患病而已。」周燕出來，又對掾史們說：「審案者若問諸君，諸君即將罪責全推給我。如果你們有一言涉及府君，我便以劍斬諸君之頭。」使者將周燕逮捕，下獄，屢次進行拷問，周燕始終沒有屈撓之辭。審理的結果，周燕當受宮刑，於是周燕歎道：「我是平王之後，正公之玄孫，怎能可以在受刑之後下地去見祖先？」乃絕食而死。周燕有五子，皆官至刺史、太守。

2　周嘉仕郡為主簿。王莽末年，群賊進入汝陽城，周嘉隨太守何敞討賊。何敞為流矢所中，郡兵逃散。賊人包圍他們有幾十重，鋒利的刀槍交集，周嘉保護何敞，以身遮蔽著他。大聲呵斥賊眾說：「您們都是下層百姓，做賊已是大逆，怎能再害府君呢？我請求以死贖府君之命。」說完，乃仰天號泣。群賊於是兩兩相視，說：「此人是義士啊！」便給其車馬，遣送回郡。

3 後太守寇恂舉周嘉為孝廉，拜尚書侍郎。光武帝召見他，問其以前遭難之事。周嘉回答說：「太守受傷，性命懸於賊寇之手，臣實怯懦無能，不能死難。」光武帝對左右說：「此人有長者之風啊。」下詔命周嘉娶公主，周嘉稱病重，不肯受詔。

4 後周嘉逐漸升遷為零陵太守，在任七年，去世，零陵人頌揚其遺德，吏民為他建立祠廟。

5 周嘉的堂弟周暢，字伯持，性仁慈，為河南尹。永初二年，夏旱，長久求雨而天無感應。周暢便將洛陽城旁客死的骸骨一萬餘具收埋，天立即下雨，當年獲得豐收。周暢官至光祿勳。

1 范式，字巨卿，山陽金鄉❶人也，一名氾。少遊太學❷，為諸生，與汝南張劭為友。劭字元伯。二人並告歸鄉里。式謂元伯曰：「後二年當還，將過拜尊親，見孺子焉。」乃共剋期日。後期方至，元伯具以白母，請設饌以候之。母曰：「二年之別，千里結言，爾何相信之審邪？」對曰：「巨卿信士，必不乖違。」母曰：「若然，當為爾醞酒。」至其日，巨卿果到，升堂拜飲，盡歡而別。

2 式仕為郡功曹。後元伯寢疾篤，同郡郅君章、殷子徵晨夜省視之。元伯臨盡，歎曰：「恨不見吾死友❸！」子徵曰：「吾與君章盡心於子，是非死友，復欲誰求？」元伯曰：「若二子者，吾生友耳。山陽范巨卿，所謂死友也。」尋而卒。式忽夢見元伯玄冕垂纓屣履❹而呼曰：「巨卿，吾以某日死，當以爾時葬，永歸黃泉❺。子未我忘，豈能相及❻。」式怳然覺寤，悲歎泣下，具告太守，請往奔喪❼。太守雖心不信而重違其情，許之。式便服朋友之服❽，投❾其葬日，馳往赴之。式未及到，而喪已發引❿，既至壙⓫，將窆⓬，而柩不肯進。其母撫之曰：「元伯，豈有望邪？」遂停柩移時，乃見有素車白馬，號哭而來。其母望之曰：「是必范巨卿也。」巨卿既至，叩喪言曰：「行矣元伯！死生路異，永從此辭。」會葬者千人，咸為揮涕。式因執紼⓭而引，柩於是乃前。式遂留止冢次⓮，為脩墳樹，然後乃去。

3 後到京師，受業太學。時諸生長沙⓯陳平子亦同在學，與式未相見，而平子被病將亡，謂其妻曰：「吾聞山陽范巨卿，烈士也，可以託死。吾歿後，但以屍埋巨卿戶前。」乃裂素為書，以遺巨卿。既終，妻從其言。時式出行適還，省書見瘞⓰，愴然感之，向墳揖哭，以為死友。乃營護平子妻兒，身自送喪於臨湘。未至四五里，乃委素書於柩上，哭別而去。其兄弟聞之，尋求不復見。長沙上計掾史⓱到京師，上書表式行狀，三府並辟，不應。

4 舉州茂才⓲，四遷荊州⓳刺史。友人南陽⓴孔嵩，家貧親老，乃變名姓，傭為新野縣㉑阿里街卒。式行部到新野，而縣選嵩為導騎迎式。式見而識之，呼嵩，把臂謂曰：「子非孔仲山邪？」對之歎息，語及平生。曰：「昔與子俱曳長裾㉒，遊息帝學，吾蒙國恩，致位牧伯㉓，而子懷道隱身，處於卒伍，不亦惜乎！」嵩曰：「侯嬴長守於賤業，晨門肆志於抱關㉔。子欲居九夷，不患其陋㉕。貧者士之宜，豈為鄙哉！」式敕縣代嵩，嵩以為先傭未竟，不肯去。

嵩在阿里，正身厲行㉖，街中子弟皆服其訓化㉗。遂辟公府。之京師，道宿下亭，盜共竊其馬，尋問知其嵩也，乃相責讓曰：「孔仲山善士，豈宜侵盜乎！」於是送馬謝之。嵩官至南海㉘太守。

式後遷廬江㉙太守，有威名，卒於官。

【章　旨】以上為〈范式傳〉。先寫其少游太學與張劭深篤的友情，次寫張劭死，范式奔喪，為執紼引柩，留止冢旁，修墳植樹，然後去。旨在寫范式篤於友情，生死不變的信士之行。附寫范式故友孔嵩傭為新野縣阿里街卒，正身厲行，子弟皆服其訓化諸事。

【注　釋】❶山陽金鄉　山陽，郡國名。西漢景帝中元六年分梁國置山陽國。武帝建元之間改為郡。治今山東金鄉西北。金鄉，縣名。秦置東緡縣，東漢分置金鄉縣，屬山陽郡。治今山東嘉祥南。❷太學　中國古代的大學。西周已有太學之名。漢武帝元朔五年（西元前一二四年）設《五經》博士，置弟子五十人，為西漢太學建立之始。東漢太學大為發展，質帝時，太學生達三萬人。❸死友　謂交情深厚，至死不相負的朋友。❹屣履　拖著鞋子走路。喻匆忙。本書卷五十二〈崔駰傳〉李賢注：「謂納履曳之而行，言匆遽也。」❺黃泉　指死後埋葬的地穴。亦指陰間。❻豈能相及　豈，同「其」。表祈使。相及，趕上；到達。❼奔喪　奔赴喪事。❽便服朋友之服　第一個「服」做「穿」解。第二個「服」為「喪服」。喪服，按與死者的關係遠近分為斬衰、齊衰、大功、小功、緦麻五種。朋友之服，《儀禮・喪服》：「朋友麻。」鄭玄注：「朋友雖無親，有同道之恩，相為服緦之經帶。」賈公彥疏：「緦是五服之輕，為朋友之經帶約與之等。故云緦之經帶。」經帶，古代喪服中的麻布帶子，在首為首絰，在腰為腰絰。❾投　至；到。❿發引　出殯時柩車出發，送葬者執紼引導，稱為「發引」。⓫壙　墓穴。⓬窆　下葬。⓭執紼　送葬時牽引靈柩。紼，引柩的繩索。⓮次　近；旁邊。⓯長沙　郡名。秦置。治臨湘（今湖南長沙）。⓰瘞　埋；埋葬。此指墳堆。⓱上計掾史　即上計吏。上計，戰國、秦、漢時年終考核地方官成績的方法。漢代由縣令（長）將該縣的戶口、墾田、錢穀出入等為計簿，呈送郡、國，郡守、國相再加彙編，用副本上計中央的丞相。縣級上計由縣丞代行，郡級由郡丞代行，東漢時改派地位較高的掾史。凡入京執行上計的人員，稱為「上計吏」或簡稱「計吏」。⓲茂才　即「秀才」。東漢時為避光武帝劉秀名諱，改稱「茂才」。⓳荊州　西漢武帝所置「十三刺史部」之一。東漢治今湖南常德東北。⓴南陽　郡名。秦昭王置。治今河南南陽。㉑新野縣　西漢置。屬南陽郡。㉒裾　衣服的前襟，亦稱大襟。㉓牧伯　古時州牧與方伯的合稱，指封疆大吏。此指刺史。㉔侯嬴長守於賤業二句　侯嬴長期做卑賤的事，守門的人願意做那監門的工作。言外之意，不以自己為阿里街卒為羞恥。侯嬴（？—西元前二五七年），戰國時魏國人。隱士，年七十，家貧，為大梁（魏國都城，今河南開封）夷門（東門）守門小吏。魏公子無忌（信陵君）聞其賢，往請，欲厚遺之，侯嬴不受，曰：「臣修身潔行數十年，終不以監門困故而受公子財。」後被信陵君迎為上客。魏安釐王二十年（西元前二五七年），秦圍趙之邯鄲，魏派將軍晉鄙率軍救趙，晉鄙屯兵不進。侯嬴獻計信陵君，竊得兵符，又推薦勇士朱亥，擊殺晉鄙，奪得兵權，信陵君率軍救趙，大敗秦軍。賤業，謂做看守城門的卑賤之業。晨門，管早晚開關城門的人。語出《論語・憲問》：子路宿於石門（魯城外門），晨門曰：「奚自？」子路曰：「自孔氏。」肆志，隨心；願意。抱關，守門。㉕子欲居九夷二句　語出《論語・子罕》：子欲居九夷，或曰：「陋，如之何？」子曰：「君子居之，何陋之有？」九夷，此謂淮夷。古時謂夷有九種。本書卷八十五〈東夷傳〉：「夷有九種，曰畎夷、于夷、方夷、黃夷、白夷、赤夷、玄夷、風夷、陽夷。」㉖厲行　砥礪操行。厲，通「礪」。㉗訓化　教化；訓誨。㉘南海　郡名。秦置。治今廣東廣州。秦漢之際，地入南越，漢武帝元鼎六年滅南越後復置。㉙廬江　郡名。楚漢之際分秦九江郡置。治今安徽廬江縣西南。

【語譯】范式，字巨卿，山陽郡金鄉縣人，一名汜。少時讀書於太學，為儒生，與汝南人張劭為友。張劭字元伯。二人同時請假回家鄉。范式對張劭說：「兩年後，當還京城，到時，我路過您家，將拜見尊親，看看令郎。」於是兩人共同約定好了時間。兩年後，約定的日期快到了，張劭把此事告訴母親，請準備酒菜等候范式。其母說：「分別已二年了，相隔又在千里之外，雖有約定，你怎麼還如此深信不疑呢？」張劭說：「巨卿是守信用的人，一定不會失約的。」其母說：「果真如此，我當為你釀酒。」到了那一天，范式果然來了，於是升堂拜飲，盡歡而別。

2 范式仕郡為功曹。後元伯病重，同郡郅君章、殷子徵早晚盡心護理。元伯臨終，歎道：「遺憾的是不能見到我的死友！」子徵說：「我與君章對您盡心盡力，這還不算死友，您還想找誰呢？」元伯說：「您們二位是我生時的朋友，山陽范巨卿才是我所說的死友啊。」不久，元伯死。范式忽然夢見元伯戴著黑色的帽子，帽纓下垂，拖著鞋子，匆匆走來，喊道：「巨卿，我在某日去世，當在某個時候埋葬，永歸黃泉，您沒有忘記我，希望您在我殯葬的那天到達。」范式驚醒，悲歎泣下。他將此事盡告太守，請求往汝南奔喪。太守雖然不相信，而又不忍心違背他的一片真情，便同意了他的請求。范式乃穿上為朋友送葬的喪服，按照元伯所說的葬期，馳往送葬。范式還沒有趕到，而元伯的靈柩已經發引。到達墓穴之後，將要下葬，而棺材不肯進墓穴。其母手撫棺材說：「元伯，難道你還有什麼心事嗎？」遂停止下葬。過了一段時間，遠遠傳來一陣哭聲，望見有素車白馬，奔馳而來。其母望見說：「這一定是范巨卿啊。」范式到後，下車，手拍靈柩哭道：「走吧，元伯！死生異路，從此永別。」送葬者一千餘人，都為之揮淚。范式於是執紼引柩，靈柩這才向前。安葬完畢，范式乃留下來，止於墓旁，給墳墓培土種樹，然後才離開。

3 後范式又到京師，再次就讀於太學。當時有位叫陳平子的長沙儒生，也在太學讀書，與范式未見過面。而平子染病將亡，乃對其妻說：「我聽說山陽范巨卿是位節烈之士，可託以死後之事。我死後，你將我埋在巨卿的門前。」於是撕下一塊素帛，給范式寫了一封信。平子死後，其妻按照他的吩咐做了。當時范式正好外出回來，讀了陳平子的信，看到門前的墳堆，不禁悲從中來，向墳作揖哭泣，認為陳平子是自己的死友。於是范式乃盡心照料平子的妻兒，親身將平子的靈柩送至臨湘。距離陳家只有四、五里路的時候，范式乃將平子的遺書放到靈柩上，哭泣著告別而去。平子的兄弟聞訊趕來，卻沒有見到范式。長沙郡上計掾史到京師，上書表彰了范式的事跡，三公府聞知，競相徵辟，范式都沒有接受。

4 後范式被州舉為茂才，經四次升遷做了荊州刺史。其友人南陽孔嵩，家貧親老，乃改變姓名，受雇傭為新野縣阿里街卒。范式巡察所部至新野縣，縣選孔嵩為導騎以迎接范式。范式一見，便認出了孔嵩，招呼他，上前握住孔嵩的手說：「您不是孔仲山嗎？」相對感慨歎息，談起二人平生的交往。范式說：「從前與您一起拖著大襟衣服在國家的太學裡讀書，我蒙受國恩，做了州牧，而您卻懷道隱身，仍處於卒伍的地位，不是很可惜嗎！」孔嵩說：「戰國時，侯嬴長年當門卒，做著卑賤的職業，守門的人願意以抱關為志向。孔子想到九夷那裡去居住，不在乎那裡簡陋偏僻。貧窮乃是士人的命運，豈能以為卑賤呢！」范式命新野縣更換孔嵩，孔嵩認為原先所定的雇工日期尚未完結，因而不肯離開。

5 孔嵩在阿里，正身厲行，街中子弟皆聽從他的教導，佩服他的為人。孔嵩遂為公府召辟。他便往京城，在途中他夜宿於下亭之中，盜賊們偷去了他的馬，後來強盜們聞知所偷之馬是孔嵩的，乃互相責備說：「孔仲山是善士，怎可偷他的馬呢！」於是把馬送回，並向他道歉。後孔嵩官至南海太守。

6 范式後遷廬江太守，有威信名望，卒於官任。

1 李善，字次孫，南陽淯陽❶人，本同縣李元蒼頭❷也。建武中疫疾，元家相繼死沒，唯孤兒續始生數旬，而貲財千萬，諸奴婢私共計議，欲謀殺續，分其財產。善深傷李氏而力不能制，乃潛負續逃去，隱山陽瑕丘❸界中，親自哺養，乳為生湩❹，推燥居溼，備嘗艱勤。續雖在孩抱，奉之不異長君，有事輒長跪請白，然後行之。閭里感其行，皆相率脩義。續年十歲，善與歸本縣，脩理舊業。告奴婢於長吏，悉收殺之。時鍾離意❺為瑕丘令，上書薦善行狀。光武詔拜善及續並為太子舍人❻。

2 善，顯宗時辟公府，以能理劇❼，再遷日南❽太守。從京師之官，道經淯陽，過李元冢。未至一里，乃脫朝服，持鉏去草。及拜墓，哭泣甚悲，身自炊爨，執鼎俎以脩祭祀。垂泣曰：「君夫人，善在此。」盡哀，數日乃去。到官，以愛惠為政，懷來異俗。遷九江❾太守，未至，道病卒。

3 續至河閒❿相。

【章旨】以上為〈李善傳〉。先寫其籍貫、出身、哺養故主李元孤子及復修李元舊業諸事，又寫瑕丘縣令鍾離意薦李善，詔拜太子舍人，遷日南太守，後寫李善祭祀李元及為官以愛惠為政諸事。旨在寫李善不忘故主的忠義之行和以愛惠為本的治民方法。

【注釋】❶淯陽　也作「育陽」。漢縣名。屬南陽郡。故城在今河南南陽南。❷蒼頭　亦作「倉頭」。古代私家所屬之奴隸。❸瑕丘　縣名。西漢置。治今山東兗州東北。❹湩　乳汁。❺鍾離意　字子阿，會稽郡山陰（今浙江紹興）人。少為郡督郵，舉孝廉，辟大司徒侯霸府。出為瑕丘令、堂邑令，為政仁和寬緩。明帝即位，徵為尚書，轉尚書僕射。鍾離意敢於爭諫，常當車諫明帝般樂游田事，以為「從禽廢政」。由於數諫，帝不能用，然知其至誠，亦以此故，不得久留京師，出為魯相。鍾離意在魯視事五年，以愛利為化，人多殷富。以病卒於官。詳見本書卷四十一。❻太子舍人　官名。太子屬官。本書〈百官志〉：「二百石，無定員，更直宿衛，如三署郎中。」❼劇　繁難；繁重。❽日南　郡名。西漢元鼎六年置。治今越南廣治省廣治河與甘露河合流處。❾九江　郡名。秦置。治今安徽壽縣。東漢治今安徽定遠西北。❿河閒　郡、國名。漢高祖置郡，文帝改國，其後或為郡或為國。治今河北獻縣東南。

【語譯】李善，字次孫，南陽郡淯陽縣人。本是同縣李元家的奴僕。建武年間，當地發生瘟疫，李元一家人相繼染病身亡，只剩下一個出生剛剛數十天的嬰兒李續。李元家資財千萬，奴婢們乃私下計議，想殺死李續，瓜分李家的財產。李善非常為李家傷心，而自己又無力制止這種不義行為。於是便偷偷地帶著李續逃走，隱藏於山陽郡瑕丘縣地界，李善親自哺養，其雙乳居然生汁。為撫養李續，他把乾燥處讓給李續，自己居於潮濕之處，備嘗艱辛。李續雖然是個幼兒，但李善對他如同長君，有事即跪下稟告，然後去辦。當地的鄉閭被李善的行為所感動，都跟著修行禮義。李續年滿十歲，李善和他一起回到故鄉，修復李家舊業，並向當地長官告發當年那些奴婢們的罪行，當地官吏即把那些奴婢捉來殺掉。當時鍾離意任瑕丘縣令，上書向朝廷報告了李善的事跡。光武帝於是下詔拜李善及李續皆為太子舍人。

2 李善在明帝時被公府徵辟，因為他能治理繁重的政事，再遷為日南太守。李善從京師到日南上任，道經淯陽，拜祭了李元之墓。距離墓地還不到一里路，李善乃脫下朝服，持鋤去草。及拜墓，哭泣甚悲，親自炊爨，執鼎俎以行祭祀之禮。哭訴說：「君、夫人，李善在這裡祭拜。」充分表現了自己的哀痛，數日才離去。李善到任，以惠愛百姓為治政之本，招徠遠方不同風俗的人。又改任九江太守，未到任，在路上病故了。

3 李續官至河間相。

王忳，字少林，廣漢新都❶人也。忳嘗詣京師，於空舍中見一書生疾困，愍而視之。書生謂忳曰：「我當到洛陽，而被病，命在須臾，腰下有金十斤，願以相贈，死後乞藏骸骨。」未及問姓名而絕。忳即鬻金一斤，營其殯葬，餘金悉置棺下，人無知者。後歸數年，縣署忳大度亭長。初到之日，有馬馳入亭中而止。

其日，大風飄一繡被，復墮忳前，即言之於縣，縣以歸忳。忳後乘馬到雒縣❷，馬遂奔走，牽忳入它舍。主人見之喜曰：「今禽盜矣。」問忳所由得馬，忳具說其狀，并及繡被。主人悵然良久，乃曰：「被隨旋風與馬俱亡，卿何陰德而致此二物？」忳自念有葬書生事，因說之，并道書生形貌及埋金處。主人大驚號曰：「是我子也。姓金名彥。前往京師，不知所在，何意卿乃葬之。大恩久不報，天以此章卿德耳。」忳悉以被馬還之，彥父不取，又厚遺忳，忳辭讓而去。時彥父為州從事，因告新都令，假忳休，自與俱迎彥喪，餘金俱存。忳由是顯名。

仕郡功曹，州治中從事。舉茂才，除郿❸令。到官，至斄亭❹。亭長曰：「亭有鬼，數殺過客，不可宿也。」忳曰：「仁勝凶邪，德除不祥，何鬼之避！」即入亭止宿。夜中聞有女子稱冤之聲。忳呪曰：「有何枉狀，可前求理乎？」女子曰：「無衣，不敢進。」忳便投衣與之。女子乃前訴曰：「妾夫為涪❺令，之官過宿此亭，亭長無狀，賊殺妾家十餘口，埋在樓下，悉取財貨。」忳問亭長姓名。女子曰：「即今門下游徼❻者也。」忳曰：「汝何故數殺過客？」對曰：「妾不得白日自訴，每夜陳冤，客輒眠不見應，不勝感恚，故殺之。」忳曰：「當為汝理此冤，勿復殺良善也。」因解衣於地，忽然不見。明旦召游徼詰問，具服罪，即收繫，及同謀十餘人悉伏辜，遣吏送其喪歸鄉里，於是亭遂清安。

【章旨】以上為〈王忳傳〉。先寫其籍貫及營葬一病死書生並與書生父迎喪諸事，後寫王忳除郿縣令，之官，夜宿斄亭，女鬼訴冤，王忳收捕圖財害命的門下游徼及同謀十餘人。突出寫王忳的為人廉潔及斷事如神。

【注釋】❶新都　縣名。漢置。在成都平原，屬廣漢郡。治今四川新都。❷雒縣　縣名。西漢置。治今四川廣漢北。❸郿　縣名。秦置。西東漢皆屬右扶風。治今陝西眉縣東。❹斄亭　一作「郃亭」。在今陝西扶風東南。❺涪　縣名。西漢置。治今四川綿陽東北，涪江東岸。❻游徼　古代鄉官。秦置。掌一鄉的巡察緝捕。

【語譯】王忳，字少林，廣漢郡新都縣人。王忳有一次至京城，在途中一所空房中見一個書生為疾病所困，便憐憫而照看他。書生對王忳說：「我本想到洛陽去，而生了病，命在旦夕。我腰下有金十斤，願以此相贈，我死後希望您將我埋葬。」王忳還沒有來得及問他姓名，書生便死去。王忳即賣掉一斤黃金，作為安葬他的費用，把剩下的黃金都放在他的棺材之下，沒有人知道。王忳歸家幾年後，縣中讓他試為大度亭長。王忳初到之日，有一匹馬跑入亭中而止。這一天，大風又吹來一條繡花被子，落在王忳面前。王忳立即報告縣中，縣令將馬與被都給了他。王忳後來乘馬到雒縣，馬於是奔跑起來，把王忳帶到一家住戶。主人見了高興地說：「今天捉住盜馬之人了。」便問王忳從哪裡得來的這匹馬。王忳便把經過詳述一遍，還說了大風吹來繡被的事。主人悵然多時說：「我家的繡被和馬都是被旋風吹走的，您有何陰德而能得到此二物？」王忳想起有葬書生之事，於是便對主人說了，又說了書生的長相和埋金之處。主人大驚，號哭說：「那書生是我的兒子，姓金名彥。前往京師，如今不知其下落，沒想到您把他埋葬了。我久不報您的大恩，上天便以此來彰顯您的大德啊。」王忳將馬及繡被送還，金彥之父不受，又厚贈王忳錢物，王忳辭讓離去。金彥之父為州從事，於是便告知新都縣令，給王忳假期，和王忳一起迎還金彥之喪，見剩餘之金俱在。王忳由此而顯名。

王忳後為郡功曹，又任州治中從事。舉茂才，任命為郿縣縣令。王忳赴任，至斄亭。亭長說：「亭中有鬼，多次殺害過客，不可在亭中過夜。」王忳說：「仁能戰勝凶邪，德可去除不祥，為什麼要避鬼！」即入亭歇宿。夜間聽到有女子喊冤之聲。王忳祝告說：「有何冤情，可以上前說明讓我給你審理嗎？」女子說：「我沒穿衣服，不敢進去。」王忳便將衣服扔過去。女子乃上前訴說：「妾夫為涪令，赴任經過此亭而宿，亭長賊狠，殺妾家十餘口，埋在樓下，將財貨據為己有。」王忳問亭長的姓名，女子說：「就是現在的門下游徼。」王忳又問：「你為何多次殺害過客？」女子說：「妾不能白天訴冤，每夜間陳訴，過客皆睡眠不應。妾不勝感憤，所以殺了他們。」王忳說：「我當為你申冤，你不要再殺善良人了。」女子便解衣於地，忽然不見。天亮，王忳乃召游徼審問，游徼全部招認。王忳立即將其逮捕，其同謀十餘人亦全都伏罪。王忳遣人送涪令之喪歸鄉里，於是這個亭就清淨無事了。

張武者，吳郡由拳❶人也。父業，郡門下掾，送太守妻子還鄉里，至河內亭，盜夜劫之，業與賊戰死，遂亡失屍骸。武時年幼，不及識父。後之太學受業，每節，常持父遺劍，至亡處祭醊❷，泣而還。太守第五倫❸嘉其行，舉孝廉。遭母喪過毀❹，傷父魂靈不返，因哀慟絕命。

【章　旨】以上為〈張武傳〉。先寫其籍貫及其父與賊戰死，屍體亡失事，次寫張武舉孝廉，以母喪過毀，又傷其父靈魂不返，哀慟而死。突出寫張武傷父思母的感情。

【注　釋】❶吳郡由拳　吳郡，楚漢之際分會稽郡置。漢文帝後廢，東漢復置。治今江蘇蘇州。由拳，縣名。秦置。治今浙江嘉興南。❷醊　祭祀時以酒酹地。❸第五倫　字伯魚，京兆長陵（今陝西咸陽）人。其先齊田氏，諸田徙園陵者多故以次第為氏。初為京兆尹主簿，舉孝廉，補淮陽國醫工長，受到光武帝的賞識。後歷任會稽、蜀郡太守。在會稽時，查禁巫祝，禁止妄殺耕牛；在蜀，裁遣富吏，更選孤貧志行之人。章帝時，任司空。曾上書，要求抑制外戚驕奢擅權。元和三年（西元八六年）賜策罷，以二千石俸終其身，年八十餘卒。❹過毀　居喪期間由於心情過度悲哀而損害身體。

【語　譯】張武，吳郡由拳縣人。其父張業，為郡門下掾。一次，送太守妻子回鄉里，到河內某亭時，強盜黑夜搶劫他們的財物。張業與賊戰死，屍骸亦不知去向。張武時年幼，還不能認識其父。張武長大，受業於太學，每至節日，常持父親所佩的寶劍，至父亡處祭奠，哭泣而還。太守第五倫嘉美他的孝行，舉他為孝廉。後張武遭母喪，悲哀過度以致傷了身體，又傷其父魂靈不返，因此哀慟絕命。

1 陸續，字智初，會稽吳❶人也。世為族姓。祖父閎，字子春，建武中為尚書令。美姿貌，喜著越布單衣，光武見而好之，自是常勑會稽郡獻越布。

2 續幼孤，仕郡戶曹史❷。時歲荒民飢，太守尹興使續於都亭❸賦民饘粥❹。續悉簡閱其民，訊以名氏。事畢，興問所食幾何？續因口說六百餘人，皆分別姓字，無有差謬。興異之，刺史行部，見續，辟為別駕從事。以病去，還為郡門下掾。

3 是時楚王英❺謀反，陰疏❻天下善士，及楚事覺，顯宗得其錄，有尹興名，乃徵興與詣廷尉獄。續與主簿梁宏、功曹史駟勳及掾史五百餘人詣洛陽詔獄就考，諸吏不堪痛楚，死者大半，唯續、宏、勳掠考五毒，肌肉消爛，終無異辭。續母遠至京師，覘候❼消息，獄事特急，無緣與續相聞，母但作饋食，付門卒以進之。

續雖見考苦毒，而辭色慷慨，未嘗易容，唯對食悲泣，不能自勝。使者怪而問其故。續曰：「母來不得相見，故泣耳。」使者大怒，以為門卒通傳意氣，召將案之。續曰：「因食餉羹，識母所自調和，故知來耳，非人告也。」使者問：「何以知母所作乎？」續曰：「母嘗截肉未嘗不方，斷蔥以寸為度，是以知之。」使者問諸謁舍❽，續母果來，於是陰嘉之，上書說續行狀。帝即赦興等事，還鄉里，禁錮終身。續以老病卒。

4 長子稠，廣陵❾太守，有理名。中子逢，樂安❿太守。少子褒，力行好學，不慕榮名，連徵不就。褒子康，已見前傳⓫。

【章旨】以上為〈陸續傳〉。先寫其籍貫、家世及仕郡為門下掾，太守為楚王英案件牽連，陸續亦詣詔獄受拷問，五毒俱備，終無異辭。又寫陸續在獄中見母饋食，悲不自勝。後赦還鄉里，以老病卒。旨在寫陸續的聰慧，堅持正義，思母情深。

【注釋】❶吳　縣名。今江蘇蘇州。❷戶曹史　官名。郡守屬吏。主管民戶、祠祀、農桑。❸都亭　戰國時，國與國之間為防禦敵人，在邊境上設亭，置亭長。秦漢時，在鄉村每十里設一亭，置亭長。掌治安，捕盜賊，理民事，兼管停宿旅客。設於城內和城廂的亭稱「都亭」，亦置亭長，職責同。❹饘粥　稠粥。❺楚王英　（？—西元七一年）光武帝子，許美人所生。建武十五年（西元三九年）封楚公，十七年進爵為王，二十八年就國。英母無寵，故英之封國最為貧小。英少好游俠，交通賓客，晚節更喜黃老，為浮屠齋戒祭祀。後英交通方士，作金龜、玉鶴，刻文字以為符瑞。永平十三年（西元七〇年）為人告發。有司上奏：「英招聚姦猾，造作圖讖，擅相官秩，置諸侯王公將軍二千石，大逆不道，請誅之。」帝不忍，廢英楚王，徙丹陽，明年英至丹陽，自殺。楚獄至累年，其辭語相牽連自京師親戚、諸侯、州郡豪傑及考案吏阿附相陷，坐死者以千數。楚王英傳見本書卷四十二。❻疏　記。❼覘候　窺視；探聽。❽謁舍　客舍。❾廣陵　郡、國名。西漢元狩三年改江都國為廣陵國。治今江蘇揚州。❿樂安　郡、國名。東漢和帝永元七年（西元九五年）改千乘郡置國。治今山東高青。⓫已見前傳　〈陸康傳〉見本書卷三十一。

【語譯】陸續，字智初，會稽郡吳縣人。陸家世世代代為當地大族。祖父陸閎，字子春，建武年間任尚書令。陸閎姿容美，喜歡穿越布單衣，光武帝看見十分愛好，從此常令會稽郡貢獻越布。

2 陸續幼年喪父，仕郡為戶曹史。當時歲荒民飢，太守尹興命陸續在都亭以饘粥賑濟飢民。陸續檢查飢民，問其姓氏。事畢，太守問他供給了多少人？陸續於是說出災民六百餘人的姓名，無一差錯。尹興為之驚奇。州刺史來郡視察，見到陸續，辟為別駕從事。因病去職，還為郡門下掾。

3 當時楚王英謀反，暗記下天下善士之名，以便與之聯絡。及其陰謀暴露，明帝得到楚王英的文簿，上有尹興之名，於是傳訊尹興，關進廷尉獄中。陸續與郡主簿梁宏、功曹史駟勳及掾史五百餘人一起押進洛陽詔獄受拷問。諸吏經不起折磨，死者大半。唯陸續、梁宏、駟勳三人，雖受盡了種種殘酷的刑罰，以致肌肉消爛，卻終究沒有承認罪名。陸續之母遠從家鄉趕來京城，探聽兒子的消息，由於案情嚴重，母子不能相見。其母只好做了點飯菜，託獄卒轉交陸續。陸續雖然遭受毒刑，而辭色慷慨，未嘗形於面色，唯對著獄卒帶來的飯菜，悲不自勝，泣不成聲。使者怪問其故，陸續說：「母親來了，不能見上一面，因此悲泣。」使者大怒，以為獄卒暗通消息，把獄卒叫來，將要審問他。陸續說：「我看到飯菜，認出是我母親親手烹調的，所以知道母親來了，並非有人告訴我。」使者問道：「你怎麼知道此飯菜是你母親親手做的呢？」陸續答道：「我母親切肉總是切成方塊，切蔥都是一寸來長，因此我知道母親來了。」使者便往客棧詢問，果然陸母來了，於是心中暗暗稱許陸續，乃上書報告了陸續的事跡，明帝當即赦免了尹興等人，釋放歸還鄉里，禁錮終身。陸續後以老病卒。

4 陸續長子陸稠，官至廣陵太守，政績有名。中子陸逢，官至樂安太守。少子陸襃，力行好學，不慕榮名，多次徵召不往。陸褒之子陸康，已見於前面的傳記。

1 戴封，字平仲，濟北剛❶人也。年十五，詣太學，師事鄮❷令東海❸申君。申君卒，送喪到東海，道當經其家。父母以封當還，豫為娶妻。封暫過拜親，不宿而去。還京師卒業。時同學石敬平溫病❹卒，封養視殯斂，以所齎糧市小棺，送喪到家。家更斂，見敬平行時書物皆在棺中，乃大異之。封後遇賊，財物悉被略奪，唯餘縑七匹，賊不知處，封乃追以與之，曰：「知諸君乏，故送相遺。」賊驚曰：「此賢人也。」盡還其器物。

2 後舉孝廉，光祿主事❺，遭伯父喪去官。詔書求賢良方正直言之士，有至行能消災伏異者，公卿郡守各舉一人。郡及大司農❻俱舉封。公車徵，陛見，對策第一，擢拜議郎。遷西華❼令。時汝、潁❽有蝗災，獨不入西華界。時督郵❾行縣，蝗忽大至，督郵其日即去，蝗亦頓除，一境奇之。其年大旱，封禱請無獲，乃積薪坐其上以自焚。火起而大雨暴至，於是遠近歎服。

3 遷中山❿相。時諸縣囚四百餘人，辭狀已定，當行刑。封哀之，皆遣歸家，與剋期日，皆無違者。詔書策美焉。

4 永元⓫十二年，徵拜太常⓬，卒官。

【章旨】以上為〈戴封傳〉。先寫其護送師喪，料理同學喪，以實際行動感化強盜諸事，次寫其仕宦情況，突出其為西華令時，蝗蟲不入西華界；天旱不雨，戴封積薪自焚，火起而大雨暴至。旨在寫戴封感動上天的一片赤誠之心。

【注釋】❶濟北剛　濟北，國名。為西漢之舊國。西漢文帝封東牟侯劉興居為濟北王。治今山東長清南。東漢和帝永元二年（西元九〇年）分泰山郡置濟北國。剛，縣名。漢置。屬濟北國。治今山東寧陽東北。❷鄮　縣名。秦置。今浙江鄞縣。❸東海　郡名。秦置。治今山東郯城北。❹溫病　中醫學病名，又稱「溫疾」。感受風寒而引起的熱病的總稱。《素問．生氣通天論》：「冬傷於寒，春必溫病。」張仲景《傷寒論．傷寒例》：「中而即病者名曰傷寒，不即病者，寒毒藏於肌膚，至春變為溫病，至夏變為暑病。」❺光祿主事　本書〈張霸列傳〉：「舉孝廉，光祿主事。」李賢注：「光祿勳之主事也。見《漢官儀》。」《漢官儀》：「光祿勳有南北廬主事、三署主事。於諸郎之中察茂才高第者為之，秩四百石。」❻大司農　官名。秦置治粟內史，漢景帝時改為大農令，漢武帝時改稱大司農。掌租稅、錢穀、鹽鐵和國家的財政收支。為九卿之一。❼西華　縣名。秦置長平縣，漢分置西華縣。治今河南西華南。❽汝潁　即汝水、潁河流域一帶地區。❾督郵　官名。郡守佐吏。代表郡守督察各縣，傳達教令，兼司獄訟捕亡等事。有的郡分二部或四部，各部有一督郵。❿中山　郡、國名。漢高祖置郡，景帝改為國。治今河北定州。⓫永元　東漢和帝劉肇年號，西元八九—一〇五年。⓬太常　官名。秦置奉常，漢景帝改太常，為九卿之一。掌宗廟禮儀，兼掌選試博士。

【語譯】戴封，字平仲，濟北國剛縣人。年十五，到太學讀書，師事鄮令東海人申君。申君去世，戴封送喪至東海，途中經過自己的家。父母以為戴封當還，乃事先為其娶妻。戴封暫過，拜見雙親，不宿而去。送喪後，又回到京城，繼續完成學業。當時同學石敬平患溫病卒，在他活著的時候，戴封看望他照顧他，死後又為之裝殮，用自己所帶之資糧為其買了小棺材，送喪至其家。其家更殮時，發現石敬平走時所帶的衣物都在棺中，非常驚異。戴封後來遇賊，財物全被掠奪，只有七匹縑，賊沒有發現，沒有掠走。戴封便取出追上賊人說：「我知諸位窮乏，所以將此物也送給你們。」眾賊大驚，說：「這是賢人啊。」便將所掠之物全部歸還。

2 後戴封舉孝廉，任光祿主事，遭伯父喪去官。朝廷下詔求賢良方正直言之士和有至行能消災除異的人，讓公卿郡守各舉一人。郡守及大司農都推舉戴封。朝廷以公車徵召，拜見皇帝，戴封對策第一，擢為議郎。遷西華縣令。當時汝潁地區發生蝗災，蝗蟲獨不入西華縣界。督郵巡行至此，蝗蟲忽然大至，督郵當日即去，蝗蟲亦頓時消失，一境都以為奇事。這年又大旱，戴封祈禱無有結果，乃積薪坐其上以自焚。火起而大雨暴至，於是遠近之人皆歎服其德。

3 後戴封遷中山國相。當時諸縣囚禁四百餘人，罪狀已定，只待行刑。戴封哀憐他們，都讓他們回家探親，與他們約定返回日期。竟無一人違期，全都按時返回。朝廷下詔書褒美戴封。

4 永元十二年，徵戴任為太常，卒於官任。

1 李充，字大遜，陳留❶人也。家貧，兄弟六人同食遞❷衣。妻竊謂充曰：「今貧居如此，難以久安，妾有私財，願思分異。」充偽酬之曰：「如欲別居，當醞酒具會，請呼鄉里內外，共議其事。」婦從充置酒讌❸客。充於坐中前跪白母曰：「此婦無狀，而教充離間母兄，罪合遣斥。」便呵叱其婦，逐令出門，婦銜涕而去。坐中驚肅，因遂罷散。充後遭母喪，行服墓次，人有盜其墓樹者，充手自殺之。服闋，立精舍❹講授。

2 太守魯平請署❺功曹，不就。平怒，乃援❻充以捐❼溝中，因謫❽署縣都亭長。

不得已，起親職役。後和帝⑨公車徵，不行。延平中，詔公卿、中二千石⑩各舉隱士大儒，務取高行，以勸後進，特徵充為博士⑪。時魯平亦為博士，每與集會，常歎服焉。

3 充遷侍中⑫。大將軍鄧騭⑬貴戚傾時，無所下借⑭，以充高節，每卑敬之。嘗置酒請充，賓客滿堂，酒酣，騭跪曰：「幸託椒房⑮，位列上將，幕府初開，欲辟天下奇偉，以匡不逮，惟諸君博求其器。」充乃為陳海內隱居懷道之士，頗有不合。騭欲絕其說，以肉啖之。充抵肉於地，曰：「說士猶甘於肉！」遂出，徑去。騭甚望⑯之。同坐汝南張孟舉往讓充曰：「一日⑰聞足下與鄧將軍說士未究，激刺面折，不由中和⑱，出言之責，非所以光祚子孫者也。」充曰：「大丈夫居世，貴行其意，何能遠為子孫計哉？」由是見非於貴戚。

4 遷左中郎將⑲，年八十八，為國三老⑳。安帝㉑常特進見，賜以几杖㉒。卒於家。

【章旨】以上為〈李充傳〉。先寫其籍貫、家境及出妻、教授生徒諸事，次寫朝廷特徵李充為博士，遷侍中，面折大將軍鄧騭諸事。旨在突出李充「貴行其意」，不畏權貴的豪壯之行。

【注釋】❶陳留　郡名。漢武帝元狩元年置。治今河南開封東南。❷遞　交替。❸讌　宴會；宴請。❹精舍　學舍；書齋。

❺署　代理；暫任或試充官職。❻援　拉。❼捐　棄。引申為推。❽讁　同「謫」。罰。❾和帝　名肇，章帝第四子。西元八九—一〇五年在位。❿中二千石　漢代內自九卿郎將，外至郡守的俸祿等級都是二千石。分三等：中二千石，月得一百八十斛；二千石，月得一百二十斛；比二千石，月得百斛。本書〈百官志〉，九卿皆中二千石。《漢書・宣帝紀》：神爵四年四月，「潁川太守黃霸以治行尤異，秩中二千石。」注：「漢制，秩二千石者，一歲得一千四百四十石，實不滿二千石也。其云中二千石者，一歲得二千一百六十石，舉成數言之，故曰中二千石。中者，滿也。」⓫博士　中國古代的學官名。源於戰國。《漢書・百官公卿表》：「博士，秦官，掌通古今。」秦及漢初，博士所掌為古今史事，待問及書籍典守。漢武帝時，置《五經》博士，置弟子員。自後博士專掌經學教授，與以前的博士制度不同。⓬侍中　官名。秦始置，西漢沿置。為列侯以下至郎中的加官，無定員。侍從皇帝左右，出入宮廷。初僅伺應雜事，由於接近皇帝，地位漸形貴重。⓭鄧騭　（？—西元一二一年），字昭伯，南陽新野人。鄧禹之孫。妹為和帝皇后。和帝死，安帝即位，太后臨朝，他任大將軍，專斷朝政。太后死，安帝與宦官李閏合謀誅滅鄧氏，他自殺。詳見本書卷十六。⓮下借　假借；寬假。下，通「假」。⓯椒房　漢代后妃所居住的宮室，用椒和泥塗壁，取其溫暖有香氣，兼有多子之意，故名。泛指后妃所居住的宮室。此指皇后。⓰望　怨恨；責怪。⓱一日　昨日。⓲中和　中庸之道的主要內涵。儒家認為能「致中和」，則天地萬物能各得其所。⓳左中郎將　官名。秦置中郎，至西漢分五官、左、右三署。各置中郎將。以統領皇帝的侍衛。隸屬光祿勳。本書〈百官志〉：「左中郎將，比二千石，主左署郎。」⓴國三老　相傳古代設三老五更之位，以示優養老人。天子以父兄養之，示天下之孝悌也。本書〈明帝紀〉：「尊事三老，兄事五更。」㉑安帝　名祜，清河王劉慶之子，章帝孫。西元一〇六—一二五年在位。㉒几杖　几案與手杖，以供老年人平時靠身和行路時扶持之用。故賜几杖為敬老之禮。

【語　譯】 李充，字大遜，陳留人。家貧，兄弟六人未曾分家，一件衣服出入更替著穿。其妻悄悄對他說：「現在貧窮到這個樣子，是無法長期過下去的。我還有些私房錢，希望您還是考慮分家的問題。」李充假意答應，說：「如想分家，應先釀一些酒，請來鄉里內外，共議其事。」妻子聽其吩咐，乃擺酒宴客。席間，李充從座中起身，跪在母親前面說：「此婦品德不好，竟教唆我疏遠母親和兄弟，論罪，應當把她休棄。」於是便呵斥其妻出門，妻子流著眼淚走了。在座的鄉親們大為吃驚，氣氛頓時緊張起來，因而罷散酒席。後來，李充的母親去世。李充在母親墓旁建廬守孝，有人盜其墓樹，李充親手殺死盜樹之人。守孝期滿，李充建精舍，開始收徒講學。

2 太守魯平徵請李充代理郡功曹，李充不就。魯平怒，便拉著李充將其推入溝中，因而謫罰他代理都亭亭長。李充不得已，只好就職。後來和帝公車徵召李充，李充沒有去。延平年間，詔令公卿、中二千石各推舉隱士大儒，要求一定要選拔高行之士，以激勵後進。特徵李充為博士。當時魯平亦為博士，每次集會，對李充的操行表示歎服。

3 李充升遷為侍中。當時大將軍鄧騭身為貴戚，權傾一時，從不寬容於人。因李充的高風亮節，他卻謙卑地敬重李充。曾設宴請李充，賓客滿堂，正值眾人飲酒高興之時，鄧騭跪在席間對眾人說：「我幸運地託身於太后，位列上將軍，衙署初設，欲召辟天下奇偉之士，以匡正我的過失，希望大家為我博選這樣的人才。」李充乃為之陳述海內隱居懷道之士。所舉人選，多不合鄧騭的心意。鄧騭想打斷他的話，便拿肉給他吃。李充擲肉於地，說：「我論說天下的高士勝過吃肉！」說完徑直而去。鄧騭因此怨恨李充。第二天，同座的汝南人張孟舉來到李充家中，責備李充說：「昨日聽到足下與鄧將軍論說人才，還沒有什麼結論，您卻激烈地面折將軍，有失中和之德，說出口的話，造成的後果，是不能夠為子孫增輝造福的啊。」李充回答說：「大丈夫在世，貴在按照自己的意志行事，哪能遠為子孫著想呢？」李充由此便受到貴戚們的責難。

4 李充後來遷為左中郎將。年八十八被選為國三老，安帝時，常被特召進見，賜以几案和手杖。後李充在家中去世。

1 繆彤，字豫公，汝南召陵❶人也。少孤，兄弟四人，皆同財業。及各娶妻，諸婦遂求分異，又數有鬭爭之言。彤深懷憤歎，乃掩戶自撾曰：「繆彤，汝脩身謹行，學聖人之法，將以齊整風俗，柰何不能正其家乎？」弟及諸婦聞之，悉叩頭謝罪，遂更為敦睦之行。

2 仕縣為主簿。時縣令被章見考❷，吏皆畏懼自誣，而彤獨證據其事。掠考苦毒，至乃體生蟲蛆，因復傳換五獄，踰涉四年，令卒以自免。

3 太守隴西❸梁湛召為決曹史。安帝初，湛病卒官，彤送喪還隴西。始葬，會西羌反叛，湛妻子悉避亂它郡，彤獨留不去，為起墳冢，乃潛穿井旁以為窟室，晝則隱竄，夜則負土，及賊平而墳已立。其妻子意彤已死，還見大驚。關西❹咸稱傳之，共給車馬衣資，彤不受而歸鄉里。

4 辟公府，舉尤異，遷中牟❺令。縣近京師，多權豪，彤到，誅諸姦吏及託名貴戚賓客者百有餘人，威名遂行。卒於官。

【章旨】以上為〈繆彤傳〉。先寫其籍貫及家庭狀況，次寫其為縣主簿，甘受苦毒，為縣令辯冤；為郡決曹史，送太守隴西歸葬。後寫其為中牟縣令，誅殺姦吏及託名貴戚賓客者百餘人。旨在寫繆彤能正其家，堅持正義，頑強廉潔，不畏權豪。

【注釋】❶召陵　古邑名、縣名。春秋楚邑。治今河南郾城東。❷被章見考　被彈劾，被拷問。❸隴西　郡名。戰國秦置。因在隴山以西而得名。治今甘肅臨洮。❹關西　古地名。漢唐等時代泛指函谷關或潼關以西地區。❺中牟　縣名。漢置。東漢屬河南尹。治今河南中牟東。

【語譯】繆彤，字豫公，汝南郡召陵縣人。年幼喪父，兄弟四人，共守家產。及各自娶妻，諸婦要求分家，為此經常發生爭吵。繆彤滿懷憤怨，便關起門來自己打自己，說：「繆彤，你平日修身謹行，學聖人之法，將用來齊整風俗，怎麼連一個家庭都管不好呢？」其弟及諸婦聞見，都叩頭謝罪，從此，一家人開始和睦相處，互相友愛。

2 繆彤任縣主簿，這時縣令被彈劾而受到拷問，諸吏皆貪生怕死，一個個都屈意誣服，繆彤卻獨自為縣令辯護作證。為此，他受到殘酷的拷打，以至於傷口都生了蛆蟲。一連轉換了五處監獄，案子拖延了四年，終於真相大白，縣令免於治罪。

3 太守隴西人梁湛召繆彤為決曹史。安帝初年，梁湛因病卒於任內，繆彤便護送梁湛的靈柩至隴西。剛開始營葬，正值西羌反叛，梁湛的妻子兒女皆避亂於他郡，繆彤卻獨自留下來，為梁湛築墳冢。繆彤在井壁上挖了一個窟室，白天躲在洞裡，夜裡便負土修墳，到叛亂過後，墳已修築成了。梁湛的妻兒以為繆彤已死，繆彤回來他們見到都大為吃驚。繆彤的美德在關西傳頌開來，人們給他提供車馬、衣服和路費，繆彤不受而回歸家鄉。

4 繆彤受到公府的徵召，被推舉為成績優異的人，升為中牟縣令。縣鄰近京城，境內多權貴豪族。繆彤到任，誅殺了奸吏及託名貴戚賓客的一百餘人，於是威名大行。後繆彤於官任上去世。

1 陳重，字景公，豫章宜春❶人也。少與同郡雷義為友，俱學魯詩、顏氏春秋❷。太守張雲舉重孝廉，重以讓義，前後十餘通記，雲不聽。義明年舉孝廉，重與俱在郎署❸。

2 有同署郎負息錢數十萬，責主❹日至，詭求無已，重乃密以錢代還。郎後覺知而厚辭謝之。重曰：「非我之為，將有同姓名者。」終不言惠。又同舍郎有告歸寧❺者，誤持鄰舍郎絝以去。主疑重所取，重不自申說，而市絝以償之。後寧喪者歸，以絝還主，其事乃顯。

3 重後與義俱拜尚書郎❻，義代同時人受罪，以此黜退，重見義去，亦以病免。

4 後舉茂才，除細陽❼令。政有異化，舉尤異，當遷為會稽太守，遭姊憂去官。後為司徒❽所辟，拜侍御史，卒。

【章　旨】以上為〈陳重傳〉。先寫其籍貫、所學及與雷義的友情，次寫其代同署郎償債諸事。又寫其為細陽令，政績突出，舉為優異之人。旨在寫陳重與雷義的友情及為郎時的義行，為細陽令時的政績。

【注　釋】❶豫章宜春　豫章，郡名。楚漢之際置。治今江西南昌。宜春，縣名。漢置。治今江西宜春。❷顏氏春秋　西漢顏安樂所傳之《春秋》，屬公羊學派。《漢書・儒林傳》：「嚴彭祖與顏安樂俱事眭孟，孟弟子百餘人，唯彭祖、安樂為明，質問疑誼，各持所見。孟曰：『《春秋》之意，在二子矣！』孟死，彭祖、安樂各顓門教授，由是《公羊春秋》有顏、嚴之學。」《漢書・藝文志》著錄有《公羊顏氏記》十一篇。❸俱在郎署　都在郎署為郎官。郎署，漢時郎官分五官、左、右三署。❹責主　同債主。責，古「債」字。所欠的財物。❺告歸寧　告假回家辦理父母喪事。寧，守父母之喪。❻尚書郎　官名。東漢之制，取孝廉中有才能者入尚書臺，在皇帝左右處理政務。初入臺稱守尚書郎中，滿一年稱尚書郎，三年稱侍郎。❼細陽　縣名。東漢屬汝南郡。治今安徽太和東南。❽司徒　官名。三公之一。西周始置，掌國家的土地和人民。金文多作「司土」。西漢哀帝時丞相改稱大司徒，東漢改稱司徒。

【語　譯】陳重，字景公，豫章郡宜春縣人。少與同郡雷義為友，同學《魯詩》、《顏氏春秋》。太守張雲舉陳重為孝廉，陳重以讓雷義，前後發信十餘封，張雲不許。雷義第二年被舉為孝廉，陳重與他俱為郎官。

2 有同署郎官欠人利息錢數十萬，債主日至，責求不已。陳重乃暗中以己錢代還。同署郎發覺後，乃深深地感謝陳重。陳重說：「不是我代還的，可能是與我同姓名的人所為。」始終不言自己的德惠。又有同屋的郎官告假回家辦理父母的喪事，誤將鄰舍郎官的褲子帶走，失主懷疑為陳重所拿，陳重也不申辯，便買了一條褲子還他。後來奔喪的郎官歸來，將褲子還給失主，此事乃真相大白。

3 陳重後與雷義俱拜尚書郎，雷義代同時人承擔罪名，因此被黜退。陳重見雷義已去，也以病免歸。

4 後陳重被舉為茂才，任命為細陽縣令。政績突出，被舉薦為優異之人，當遷會稽太守，適逢姐姐去世辭官。後又為司徒所徵辟，拜侍御史，去世。

1 雷義，字仲公，豫章鄱陽❶人也。初為郡功曹❷，嘗擢舉善人，不伐其功。義嘗濟人死罪，罪者後以金二斤謝之，義不受，金主伺義不在，默投金於承塵❸上。後葺理屋宇，乃得之，金主已死，無所復還，義乃以付縣曹。

2 後舉孝廉，拜尚書侍郎，有同時郎坐事當居刑作，義默自表取其罪，以此論司寇❹。同臺郎覺之，委位自上，乞贖義罪。順帝詔皆除刑。

3 義歸，舉茂才，讓於陳重，刺史不聽，義遂陽狂❺被髮走，不應命。鄉里為之語曰：「膠漆自謂堅，不如雷與陳。」三府同時俱辟二人。義遂為守灌謁者❻。使持節督郡國行風俗，太守令長坐者凡七十人。旋拜侍御史，除南頓❼令，卒官。

4 子授，官至蒼梧❽太守。

【章　旨】以上為〈雷義傳〉。先寫雷義為郡功曹，擢舉善人，不誇己功，救人死罪，不受其金。次寫雷義為尚書侍郎，代人承擔罪名。後寫三府徵辟雷義，為守灌謁者，持節督察郡國。旨在寫雷義為人清正廉潔，與陳重的密切友情及持節督察郡國的情況。

【注　釋】❶鄱陽　古縣名。治今江西鄱陽東。❷功曹　官名。即功曹史，郡守佐吏。相當於郡守的總務長，除掌人事外，還與聞一郡的政務。❸承塵　指藻井、天花板。❹論司寇　論，定罪。司寇，漢代刑名。罰往邊地戍守防敵。為二年徒刑。司，同「伺」。❺陽狂　同「佯狂」。裝瘋。陽，假裝。❻守灌謁者　守，漢制，官吏試用為某職稱守。試用為灌謁者，稱守灌謁者。灌謁者，又稱「灌謁者郎中」。官名。見〈溫序傳〉注。❼南頓　縣名。西漢置。治今河南項城西。❽蒼梧　郡名。漢武帝元鼎六年（西元前一一一年）置。治今廣西梧州。

【語　譯】雷義，字仲公，豫章郡鄱陽縣人。初為郡功曹史，曾舉薦善人而不誇己功。雷義曾救過一個被定為死罪的人，那人後以黃金二斤感謝雷義，雷義不受。那人乘雷義不在，偷偷地將黃金放在天花板上。後雷義修繕房屋，發現了黃金。此時那人已死，無法歸還，雷義便將黃金交與縣裡的有關部門。

2 雷義後被舉為孝廉，拜尚書侍郎。有同時郎犯罪當判勞作，雷義默默自上表代領其罪，因此，被判為「伺寇」之刑。同臺郎發現後，委棄官位自上表，乞求贖雷義之罪。順帝下詔，皆免除其刑。

3 雷義歸家，被舉為茂才。雷義讓於陳重，刺史不許，雷義乃佯狂披髮而走，不應命。鄉里人評論說：「膠漆自謂堅，不如雷與陳。」三公府同時徵辟他們二人。雷義遂為守灌謁者。朝廷讓他持節督察郡國，巡視風俗，太守令長被他糾舉獲罪者凡七十人。不久，雷義拜侍御史，任命為南頓縣令，卒於官任。

4 雷義的兒子雷授，官至蒼梧太守。

1 范冉❶，字史雲，陳留外黃❷人也。少為縣小吏，年十八，奉檄迎督郵，冉恥之，乃遁去。到南陽，受業於樊英❸。又遊三輔❹，就馬融❺通經，歷年❻乃還。

2 冉好違時絕俗，為激詭之行。常慕梁伯鸞❼、閔仲叔❽之為人。與漢中❾李固❿、河內⓫王奐⓬親善，而鄙賈偉節⓭、郭林宗⓮焉。奐後為考城⓯令，境接外黃，屢遣書請冉，冉不至。及奐遷漢陽⓰太守，將行，冉乃與弟協步齎麥酒⓱，於道側設壇⓲以待之。冉見奐車徒駱驛，遂不自聞，惟與弟共辯論於路。奐識其聲，即下車與相揖對。奐曰：「行路倉卒，非陳契闊⓳之所，可共到前亭宿息，以敘分隔。」冉曰：「子前在考城，思欲相從，以賤質自絕豪友耳。今子遠適千里，會面無期，故輕行⓴相候，以展㉑訣別。如其相追，將有慕貴之譏矣。」便起告違，拂衣㉒而去。奐瞻望弗及，冉長逝不顧。

3 桓帝㉓時，以冉為萊蕪㉔長，遭母憂，不到官。後辟太尉府，以狷急不能從俗，常佩韋㉕於朝。議者欲以為侍御史，因遁身逃命於梁沛㉖之間，徒行敝服，賣卜於市。

4 遭黨人禁錮㉗，遂推鹿車㉘，載妻子，捃拾㉙自資，或寓息客廬，或依宿樹蔭。如此十餘年，乃結草室而居焉。所止單陋，有時粮粒盡，窮居自若，言貌無改，閭里歌之曰：「甑㉚中生塵范史雲，釜㉛中生魚范萊蕪。」

5 及黨禁解，為三府所辟，乃應司空命。是時西羌反叛，黃巾作難，制諸府掾屬不得妄有去就。冉首自劾退，詔書特原不理罪。又辟太尉府，以疾不行。

6 中平二年[32]，年七十四，卒於家。臨命遺令敕其子曰：「吾生於昏闇之世，值乎淫侈之俗，生不得匡世濟時，死何忍自同於世！氣絕便斂，斂以時服，衣足蔽形，棺足周身，斂畢便穿，穿畢便埋。其明堂[33]之奠，干飯寒水，飲食之物，勿有所下。墳封高下，令足自隱[34]。知我心者李子堅[35]、王子炳[36]也，今皆不在。制之在爾，勿令鄉人宗親有所加也。」於是三府各遣令史奔弔。大將軍何進[37]移書陳留太守，累行論謚，僉曰宜為貞節先生。會葬者二千餘人，刺史郡守各為立碑表墓焉。

【章旨】以上為〈范冉傳〉。旨在寫范冉違時絕俗的激詭之行：恥為縣小吏，遁去；避慕貴之譏，不與故友敘闊別之情；為萊蕪長，遭母喪，不到官；辟太尉府，逃亡；黨錮起，四處流浪，窮居自若，言貌無改；黨禁解，辟司空府，自劾免職；辟太尉府，以疾不行等等。

【注釋】❶范冉　「冉」或作「丹」。王先謙《後漢書集解》引惠棟曰：「眾《漢書》及《貞節先生碑》皆作『丹』，獨范《史》作冉，疑誤。」❷外黃　古縣名。秦置。治今河南民權西北。❸樊英　字季齊，南陽魯陽（今河南魯山縣）人。少受業三輔，習《京氏易》，兼明《五經》，又善風角（古時占卜術的一種，占候四方、四隅的風，以測吉凶）、星算、《河》《洛》（即《河圖》《洛書》。儒家關於《周易》卦形來源及《尚書・洪範》「九疇」創作過程的傳說。）、七緯，推步災異。隱於壺山（今河南魯山縣）之陽，受業者四方而至。州郡禮請，不應。公卿舉賢良方正、有道，皆不行。永建二年（西元一二七年）順帝策書切責郡縣，駕載上道。英不得已，到京，稱病不肯起。乃強輿入殿，猶不以禮屈。帝怒之而敬其名，使出就太醫養疾，月致羊肉酒。後告歸。朝廷每有災異，輒下問變復之效，所言多驗。年七十餘，卒於家。詳見本書卷八十二。❹三輔　西漢景帝二年（西元前一五五年），分內史為左、右內史，與主爵都尉同治長安城中，所轄皆京畿之地，故合稱「三輔」。武帝太初元年（西元前一〇四年），改左、右內史、主爵都尉為左馮翊、京兆尹、右扶風，轄境相當今陝西中部地區。後世政區雖有時更改，但直至唐，習慣上仍稱這一地區為「三輔」。❺馬融　（西元七九—一六六年），字季長，右扶風茂陵（今陝西興平）人。東漢經學家、文學家。曾任校書郎、議郎、南郡太守等職。遍注《周易》、《尚書》、《毛詩》、《三禮》、《論語》、《孝經》，使古文經達到成熟的境地。生徒常有千餘人。鄭玄、盧植皆出其門下。他除注群經外，兼注《老子》、《淮南子》。其著作已佚。清馬國翰《玉函山房輯佚書》、黃奭《漢學堂叢書》都有輯錄。馬融另有賦二十一篇。有集已佚，明人有《馬季長集》。詳見本書卷六十。❻歷年　數年。《集解》引惠棟曰：「干寶云，丹遂至南郡，轉入三輔，從英賢游學，十三年乃歸，家人不復識。」又，《貞節先生陳留范史雲銘》：「屈為縣吏，非其好也。退不可得，乃託死遁去，親戚莫知其謀。遂隱竄山中，涉《五經》，覽書傳，尤篤《易》、《尚書》，學立道通，久而後歸。」（《蔡邕集》卷下）❼梁伯鸞　名鴻，字伯鸞，東漢初右扶風平陵（今陝西咸陽）人。家貧博學，與妻孟光隱居霸陵山中。曾因事出關，過洛陽，見宮室侈麗，作〈五噫之歌〉，對統治者有所諷刺，因而為朝廷所忌。他遂改變姓名，東竄齊魯。後往吳（今江蘇蘇州）依大家皋伯通，居廊下小屋內，為人傭工舂米。每歸，孟光為具食，舉案齊眉，以示敬愛。不久病死。著書十餘篇，皆不傳。詳見本書卷八十三。❽閔仲叔　名貢，字仲叔，東漢初太原人。建武年間應司徒侯霸之聘，既至，投劾而去。復徵博士，不至。客居安邑，老病家貧，不能得肉，日買豬肝一斤，屠或不與。安邑令聞，敕市吏常給。仲叔怪而問之，乃知。歎曰：「閔仲叔豈以口腹累安邑乎！」遂去。客沛，以壽終。❾漢中　郡名。秦惠王置。治今陝西漢中。❿李固　（西元九四—一四七年），字子堅，漢中南鄭（今屬陝西）人。因上疏直陳外戚、宦官專權之弊，為議郎。順帝永和年間任荊州刺史、太山太守、將作大匠、大司農。沖帝即位，任太尉，與大將軍梁冀參錄尚書事。因立帝問題，為梁冀所忌，被免職。後為梁冀所誣，被殺。詳見本書卷六十三。王先謙《後漢書集解》以為與范冉為友者為另一李固。已有人辨之，見《後漢書集解校補》。⓫河內　郡名。楚漢之際置。治今河南武陟西南。⓬王奐　李賢注引謝承《後漢書》：「奐字子昌，河內武德人。明《五經》，負笈追業，常賃灌園，恥交勢利。為考城令，遷漢陽太守，徵拜議郎，卒。」⓭賈偉節　名彪，字偉節，潁川定陵人。少遊京師，志節慷慨，初仕州郡，舉孝廉，任新息長。黨錮事起，說竇武等援救黨人。終因禁錮卒於家。詳見本書卷六十七。⑭郭林宗　（西元一二八—一六九年），名泰，字林宗，太原介休人。家世貧賤，早孤。母勸其給事縣廷，林宗曰：「大丈夫焉能處斗筲之役乎？」遂就成皐屈伯彥學三年，業畢，博通墳籍。善談論，美音制。乃遊於洛陽，見河南尹李膺，遂相友善。於是名震京師。後歸鄉里，衣冠諸儒送至河上，車數千輛。黨錮事起，他閉門教授，弟子達數千人。建寧二年卒，年四十二。詳見本書卷六十八。⑮考城　縣名。本周之戴國，秦置穀縣，東漢章帝改為考城。治今河南民權東北。西元一九五四年與蘭封縣合併，稱蘭考縣（今河南東部）。⑯漢陽　郡名。東漢明帝永平十七年（西元七四年）改天水郡置。治今甘肅甘谷東南。⑰麥酒　用麥釀造的酒。⑱壇　土臺。⑲契闊　久別的情愫。⑳輕行　輕裝疾行。㉑展　陳述；表示。㉒拂衣　猶甩袖。表示惱怒。㉓桓帝　名志。東漢第十帝，章帝曾孫，父蠡吾侯劉翼。西元一四六—一六七年在位。㉔萊蕪　縣名。漢置。屬泰山郡。治今山東淄博南。㉕韋　柔皮，去毛熟治的皮革。佩柔皮以警惕自己的狷急。㉖梁沛　今河南商丘、江蘇沛縣之間。㉗黨人禁錮　東漢桓帝時，宦官專權，侵犯士族地主的利益，世家大族官僚李膺等人與太學生聯合抨擊宦官集團。延熹九年（西元一六六年），有人勾結宦官誣告他們「誹訕朝政」，李膺等二百餘人被稱為「黨人」，逮捕入獄。後雖釋放，但禁錮終身，不許為官。稱為第一次「黨錮之禍」。靈帝即位，外戚竇武掌權，起用「黨人」，並與太傅陳蕃謀誅宦官，事洩，被殺。建寧二年（西元一六九年），靈帝在宦官侯覽、曹節挾持下，收捕李膺、杜密等百餘人下獄，並陸續殺、流徙、囚禁六七百人。熹平五年（西元一七六年）靈帝在宦官挾持下，又命令凡「黨人」的門生故吏，父子兄弟，都免官禁錮，連及五族，稱為第二次「黨錮之禍」。中平元年（西元一八四年）黃巾起兵，中常侍呂強言於帝曰：「黨錮久積，人心多怨，若久不赦宥，輕與張角合謀，為變滋大，悔之無救。」帝懼其言，乃大赦「黨人」，誅徙之家，皆歸故郡。㉘鹿車　古時的一種小車。本書〈趙憙傳〉李賢注引《風俗通》：「俗說鹿車窄小，載容一鹿。」㉙捃拾　拾取。㉚甑　古代蒸食炊器。底部有透氣的空格置於鬲或釜上蒸食。㉛釜　炊器。斂口圓底，或有兩耳。置於灶口，上置甑以蒸食。盛行於漢代。㉜中平二年　即西元一八五年。㉝明堂　指墓穴內。㉞隱　李賢注引《前書》劉向曰：「延陵季子葬子，其高可隱。」《音義》：「謂人可隱肘也。」即令墳有半人多高。㉟李子堅　子堅，李固字。㊱王子炳　子炳，王奐字。㊲何進　（？—西元一八九年），字遂高，南陽宛（今河南南陽）人。以妹為靈帝皇后，任大將軍。靈帝死，他立少帝，專斷朝政。因謀誅宦官，事洩，為宦官所殺。詳見本書卷六十九。

【語　譯】范冉，字史雲，陳留郡外黃縣人。少時為縣小吏，年十八，受命迎接督郵，他感到恥辱，便偷偷地逃走了。到南陽，受業於樊英。後遊學三輔，就馬融習經書，數年才回家。

2 范冉喜歡做違時絕俗、激烈詭奇之事。常仰慕梁伯鸞、閔仲叔之為人。與漢中人李固、河內人王奐友善，而鄙視賈偉節、郭林宗。王奐後為考城縣令，考城境接外黃縣，王奐多次致書請范冉來考城，范冉不至。到王奐升遷為漢陽太守時，將赴任，范冉與其弟范協步行，帶上麥酒，在路旁設壇，以等待王奐。當范冉見到王奐車馬眾多時，又不想自通姓名，只是與其弟在路旁辯論事理。王奐聽出了范冉的聲音，立即下車，對范冉作揖問候。王奐說：「行路倉促，這裡不是暢敘別情的場所，可共同乘車到前面的亭中住下來，以敘闊別之情。」范冉說：「您前在考城，我曾想前去追隨左右，只是因為自己資質低賤，自絕於發迹的老友。現在您遠去千里，會面無期，所以我才輕裝疾行，來此等候，以表送別之意。如果我追隨而去，恐怕要受到羨慕富貴的譏諷了。」說完，起身告辭，拂袖而去。王奐目送范冉的身影，直至看不見了，而范冉卻揚長而去，頭也不回。

3 桓帝時，任命范冉為萊蕪縣長，遭母喪，未到任。後又被太尉府徵辟，因為其性格狷介耿直，不能隨波逐流，經常在朝會時，佩戴軟皮以警惕，當時朝廷有人欲推薦他為侍御史，他聞聽後，遁身逃命於梁、沛之間。徒步而行，身穿破衣，靠在市上為人算命以維持生活。

4 黨錮事起，范冉受到牽連。他推著鹿車，載著妻子兒女，四處流浪，靠揀穀穗麥穗維持生活。有時寄寓客店，有時依宿樹蔭。這樣過了十餘年，才搭了個草棚住下。住處簡單鄙陋，有時家無一粒米，他卻泰然自若，口無怨言，面無憂色。閭里的人們為其作歌說：「甑中生塵范史雲，釜中生魚范萊蕪。」

5 黨錮事解，范冉為三公府所徵辟，他接受了司空府的徵辟。這時西羌反叛，黃巾作亂，詔令諸府掾屬不得隨便行動。范冉首先自行彈劾，請求免職，詔書特地寬恕了他不治罪。後又受到太尉府的徵辟，因為有病，未應。

6 中平二年，范冉七十四歲，在家中去世。臨終告誡其兒子說：「我生於昏暗之世，遭逢淫侈之俗，生不能匡世濟時，死怎能忍心與世人相同！我氣絕便殮，殮以時服，衣足以蔽形，棺足以容身，殮畢便掘墓，掘畢便埋。墓穴內的祭奠之物，乾飯生水，飲食之物，一概勿用。墳堆大小，有半人多高即可。了解我的人只有李子堅、王子炳，如今他們皆不在。諸事皆由你們操持，不要讓親戚朋友再有所負擔了。」他死後，三公府都派令史弔唁，大將軍何進致書陳留太守，根據范冉生平以定其謚號。經多次討論，都說應謚為貞節先生。參加范冉葬禮的有二千餘人，刺史、郡守各為其立碑表墓，以示崇敬。

戴就，字景成，會稽上虞❶人也。仕郡倉曹掾❷，揚州刺史歐陽參奏太守成公浮臧❸罪，遣部從事薛安案倉庫簿領❹，收就於錢唐縣❺獄。幽囚考掠，五毒參至。就慷慨直辭，色不變容。又燒鋘❻斧，使就挾於肘腋。就語獄卒：「可熟燒斧，勿令冷。」每上彭考❼，因止飯食不肯下，肉焦毀墮地者，掇而食之。主者窮竭酷慘，無復餘方，乃臥就覆船下，以馬通❽薰之。一夜二日，皆謂已死，發船視之，就方張眼大罵曰：「何不益火，而使滅絕！」又復燒地，以大鍼刺指爪中，使以把土，爪悉墮落。主者以狀白安，安呼見就，謂曰：「太守罪穢狼藉，受命考實，君何故以骨肉拒扞邪？」就據❾地荅言：「太守剖符❿大臣，當以死報國。卿雖銜命，固宜申斷冤毒，柰何誣枉忠良，強相掠理，令臣謗其君，子證其父！薛安庸騃⓫，忸⓬行無義，就考死之日，當白之於天，與群鬼殺汝於亭中。如蒙生全，當手刃相裂！」安深奇其壯節，即解械，更與美談，表其言辭，解釋郡事。徵浮還京師，免歸鄉里。

太守劉寵⑬舉就孝廉，光祿主事，病卒。

【章　旨】以上為〈戴就傳〉。先寫其籍貫及仕郡為倉曹掾。刺史奏太守有贓罪，遣部從事逮捕戴就拷問，酷刑參至，戴就終無異辭，部從事為之感動，乃將戴就之申辯表奏朝廷，解除了這一案件。旨在寫戴就不做「臣謗其君，子證其父」的不義之事。

【注　釋】❶上虞　縣名。秦置。治今浙江上虞。❷倉曹掾　郡守屬吏，為諸曹掾史之一。❸臧　同「贓」。❹簿領　官府記事的簿冊或文書。❺錢唐縣　秦置。治今浙江杭州西靈隱山麓。唐代以唐為國號，始加土旁為「塘」。❻鋘　一般都解釋同「鏵」。耕田起土的農具。《後漢書集解校補》：「鋘斧本各為一器，而傳文上言『燒鋘斧』，下乃言『燒斧』，則是止一斧也。當係斧之有兩刃者。」❼彭考　受刑。彭，同「篣」。杖刑；拷打。❽馬通　馬糞。❾據　撐；按。❿剖符　古代帝王分封諸侯、功臣，把符節剖分為二，雙方各持其半，作為信守的憑證。⓫庸騃　庸下愚蠢。騃，痴呆、愚笨的樣子。⓬忸　同「狃」。習慣。⓭劉寵　字祖榮，東萊牟平人。齊悼惠王（劉邦庶長子劉肥）之後。父丕，學號通儒。劉寵少受父業，以明經舉孝廉，除東平陵（今山東章丘）令，以仁惠為吏民所愛。後四遷為豫章太守，又三遷為會稽太守。寵除去煩苛，禁察非法，郡中大化。徵為將作大匠。轉為宗正、大鴻臚。桓帝延熹四年（西元一六一年），代黃瓊為司空。後免官，復為將作大匠、宗正。靈帝建寧元年（西元一六八年），代王暢為司空，頻轉司徒、太尉。二年，以日蝕免歸鄉里。劉寵前後歷宰二郡，累登卿相，而廉約省素，家無貨積，以老病卒於家。詳見本書卷七十六。

【語　譯】戴就，字景成，會稽郡上虞縣人。在他為郡倉曹掾時，揚州刺史歐陽參奏太守成公浮有貪贓之罪，朝廷派遣部從事薛安稽查倉庫文書帳簿，逮捕戴就，押在錢唐縣監獄。幽囚拷掠，五毒備至。戴就慷慨陳辭，臉不變色。獄卒又燒燙斧頭，使戴就夾於肘腋之下。戴就說：「可將斧頭燒得燙些，勿使冷卻。」每次受刑之後，他都不肯吃飯，其身上的肉，都燒得焦糊，一塊塊墮於地上，他都揀起來吃了。審案者用盡了各種殘酷的毒刑，實在無法可施，乃使戴就臥於覆船之下，然後點燃馬糞薰他。薰了一夜兩天之後，認為戴就已死，於是翻過船來察看，戴就竟睜大眼睛罵道：「為何不把火燒大些，卻使火熄滅了！」行刑者於是又在地上點起大火，把大針刺進他的指甲中，使他用手抓土。他的指甲都脫落了。負責拷問的人把情況報告薛安，薛安便傳訊戴就，對他說：「太守贓罪累累，我受命前來審理此案，您何故以血肉之軀拼死抵抗呢？」戴就雙手按地答道：「太守是國家剖符大臣，當以死報國。您既是受命而來，本來應該申明冤情，為什麼誣枉忠良之士，施刑逼供，叫我做出臣謗其君、子誣其父的不義之事呢！你薛安真是庸碌愚蠢，慣於行此不義之舉，我被拷致死之日，一定要向上天申訴，與其他冤鬼一起殺你於亭中。如果我幸免一死，亦當親手把你劈死！」薛安非常敬重戴就的壯烈節操，便為他解下刑具，與他開懷暢談。於是將戴就的申辯上報朝廷，解除會稽郡的這一案件。徵成公浮還京師，免去其太守的職務，使歸鄉里。

繼任太守劉寵舉戴就為孝廉，任光祿主事。後病卒。

1 趙苞，字威豪，甘陵東武城❶人。從兄忠❷，為中常侍❸，苞深恥其門族有宦官名埶，不與忠交通。

2 初仕州郡，舉孝廉，再遷廣陵❹令。視事三年，政教清明，郡表其狀，遷遼西❺太守。抗厲威嚴，名振邊俗。以到官明年，遣使迎母及妻子，垂當到郡，道經柳城❻，值鮮卑萬餘人入塞寇鈔，苞母及妻子遂為所劫質，載以擊郡。苞率步騎二萬，與賊對陣。賊出母以示苞，苞悲號謂母曰：「為子無狀，欲以微祿奉養朝夕，不圖為母作禍。昔為母子，今為王臣，義不得顧私恩，毀忠節，唯當萬死，無以塞罪。」母遙謂曰：「威豪，人各有命，何得相顧，以虧忠義！昔王陵母對漢使伏劍❼，以固其志，爾其勉之。」苞即時進戰，賊悉摧破，其母妻皆為所害。苞殯斂母畢，自上歸葬。靈帝❽遣策弔慰，封鄃侯。

3 苞葬訖，謂鄉人曰：「食祿而避難，非忠也；殺母以全義，非孝也。如是，有何面目立於天下！」遂歐❾血而死。

【章　旨】以上為〈趙苞傳〉。寫趙苞的為人及仕宦情況。重點寫其為遼西太守時，迎母及妻子至郡，路為鮮卑劫質，載以攻遼西，趙苞破鮮卑，母妻皆被害事。趙苞葬母後，嘔血而死。旨在讚揚趙苞的忠孝及其母的凜然大義。

【注　釋】❶甘陵東武城　甘陵，東漢清河國治所，此指清河國。西漢高祖置清河郡。治今河北清河縣。東漢改為國，移治今山東臨清東。東武城，縣名。戰國趙地，在山東武城西北，漢置東武城縣。治今河北清河縣東北。❷忠　即趙忠。少給事省中，桓帝時為小黃門，以參與誅梁冀功封都鄉侯。靈帝時為中常侍，與曹節、王甫等相為裡表。曹節死，趙忠領大長秋。張讓、趙忠說桓帝每畝地多收十錢，以修宮室。桓帝常說：「張常侍是我父，趙常侍是我母。」其得志受寵如此。詳見本書卷七十八。❸中常侍　官名。秦置。西漢沿置。常為列侯至郎中的加官。出入宮廷，侍從皇帝。東漢時期專用宦官為中常侍，以傳達詔令和掌理文書，權力極大。❹廣陵　縣名。秦置。治今江蘇揚州西北。❺遼西　郡名。戰國燕置。秦漢治今遼寧義縣西。❻柳城　縣名。西漢置。治今遼寧朝陽南。❼王陵母對漢使伏劍　王陵（?—西元一八一年），沛縣（今屬江蘇）人。西漢初大臣。始為縣豪，高祖微時，兄事王陵。王陵為人少文，任氣，好直言。劉邦起沛，入至咸陽，王陵亦自聚黨數千人，據南陽，不肯從劉邦。及劉邦為漢王，還擊項羽，王陵乃以兵歸劉邦。項羽取王陵母置軍中，王陵使至，項羽欲王陵母招陵。陵母私送使者，泣曰：「為老妾語陵，謹事漢王，漢王長者也。無以老妾故持二心，妾以死送使者。」遂伏劍而死。王陵終於助高祖定天下，封安國侯。惠帝時為右丞相。王陵反對呂后王諸呂，罷改任太傅，實不用王陵。王陵怒，謝疾免。杜門不朝請，七年而卒。王陵事見《史記・陳丞相世家》及《漢書・王陵傳》。❽靈帝　名宏，東漢第十一帝，章帝玄孫。父劉萇為解瀆亭侯。桓帝崩，無子，皇太后與父竇武定策迎立為帝。西元一六八－一八九年在位。❾歐　同「嘔」。

【語　譯】 趙苞，字威豪，甘陵東武城人。其堂兄趙忠為中常侍，趙苞深為家族中有宦官的名聲與權勢感到恥辱，不與趙忠來往。

2　趙苞初仕州郡，舉孝廉，再遷廣陵縣令。在任三年，政教清明，郡表其功，遷遼西太守。趙苞抗直猛烈有威嚴，名振邊俗。他到官第二年，派人接其母親、妻子，將至郡，道經柳城，正遇上鮮卑萬餘人入邊塞搶掠，將趙苞的母親、妻子劫為人質，用車載著她們，進攻遼西。趙苞率步騎二萬人，與敵對陣。賊出其母以示趙苞，趙苞悲號，對其母親說：「兒子不好，想以微薄的俸祿朝夕奉養母親，沒想到卻給母親帶來大禍。昔日兒為母之子，今日兒為王之臣，義不得顧私恩，毀忠節。即使兒萬死，亦難逃罪責。」其母遙望趙苞，說：「威豪，人各有命，怎能為我而虧忠義！從前王陵之母對漢使伏劍而死，以固其志，你當為國效力，奮力殺敵。」趙苞即時進戰，將賊全部摧破，其母及妻皆為賊所害。趙苞殯殮其母畢，乃上表求歸葬。靈帝派遣使者，帶著策文，弔唁慰問，封趙苞為鄃侯。

3　趙苞葬母完畢，對鄉親們說：「吃俸祿而逃避國難，不忠；傷害母親以保全忠義，不孝。像我這樣，有何面目活在世上！」乃嘔血而死。

1　向栩，字甫興，河內朝歌❶人，向長❷之後也。少為書生，性卓詭❸不倫。恆讀老子，狀如學道。又似狂生，好被髮，著絳綃頭❹。常於竈北坐板牀上，如是積久，板乃有膝踝足指之處。不好語言而喜長嘯❺。賓客從就，輒伏而不視。有弟子，名為「顏淵」、「子貢」、「季路」、「冉有」❻之輩。或騎驢入市，乞匃❼於人。或悉要諸乞兒俱歸止宿，為設酒食。時人莫能測之。郡禮請辟，舉孝廉、賢良方正、有道❽，公府辟，皆不到。又與彭城❾姜肱、京兆韋著並徵，栩不應。

2 後特徵，到，拜趙相❿。及之官，時人謂其必當脫素從儉⓫，而栩更乘鮮車，御良馬，世疑其始偽。及到官，略不視文書，舍中生蒿萊⓬。

3 徵拜侍中，每朝廷大事，侃然正色，百官憚之。會張角作亂，栩上便宜，頗譏刺左右，不欲國家興兵，但遣將於河上北向讀孝經⓭，賊自當消滅。中常侍張讓讒栩不欲令國家命將出師，疑與角同心，欲為內應。收送黃門北寺獄⓮，殺之。

【章　旨】以上為〈向栩傳〉。先寫其籍貫及其少時的卓詭不倫與怪誕之行，郡及公府徵辟皆不到。特徵，拜趙相，即到。又徵拜侍中。張角作亂，向栩上書，不欲國家發兵，提出「遣將至河上北向讀《孝經》，賊自當消滅」。中常侍張讓疑其與張角同謀，收捕送黃門北寺獄殺之。旨在突出向栩的詭異行徑。

【注　釋】❶朝歌　縣名。西漢置。治今河南淇縣。❷向長　字子平，河內朝歌人。隱居不仕，性尚中和，好通《老》、《易》。貧無資金，好事者更饋，受之，取足而反其餘。王莽大司馬王邑辟之，連年乃至。欲薦之於王莽，固辭乃止。隱遁於家。建武中，男女嫁娶既畢，敕斷家事。於是肆意與同好北海禽慶俱遊五岳名山，不知所終。詳見本書卷八十三。❸卓詭　高超特異。❹綃頭　同「帩頭」。古時包頭髮的紗巾。❺嘯　撮口發出長而清越的聲音。《說文》：「嘯，吹聲也。」❻顏淵子貢季路冉有　皆孔子弟子之名。❼匃　為「丐」的異體。❽有道　漢代選舉科目之一。選有道德有才藝之人。❾彭城　郡、國名。西漢地節元年（西元前六九年）改楚國為彭城郡。東漢章和二年（西元八八年）改為彭城國。治今江蘇徐州。❿趙相　趙，郡、國名。漢高祖四年改邯鄲郡為趙國。治今河北邯鄲。相，王國的行政長官，職位相當於郡守。⓫脫素從儉　簡易樸素，行為節儉。⓬蒿萊　野草；雜草。⓭孝經　儒家經典之一。十八章。作者各說不一。以孔門後學所作一說較為合理。論述封建孝道，宣傳宗法思想，漢代列為《七經》之一。今《十三經注疏》本《孝經》為唐玄宗注，宋邢昺疏。⓮黃門北寺獄　東漢黃門署屬下的監獄，主鞫禁將相大臣。因署在宮省北，故名。

【語譯】向栩，字甫興，河內郡朝歌縣人，乃向長之後代。少為書生，性高超特異，不同倫輩。他常讀《老子》，狀如學道。又似狂生，好披髮，戴大紅色綃頭。他常坐在灶北的板床之上，天長日久，板床上留下他膝踝足趾的痕跡。他不好語言而喜歡長嘯，有賓客來，他都伏而不見。他的弟子們，都給他們取「顏淵」、「子貢」、「季路」、「冉有」這樣的名字。他有時騎驢入市，向人乞討。有時將諸乞兒請到家中住宿，為他們設置酒食。時人莫能測其用意。郡以禮徵辟，舉孝廉、賢良方正、有道，公府徵辟，他都不應。又與彭城人姜肱、京兆人韋著同時被徵，他也不到。

2　後向栩被特別徵召，他這才前往，拜為趙國相。及其至官，時人認為他一定是簡易樸素，行為節儉，而他卻乘良馬駕馭的豪華車子，世人於是懷疑他當初的作為都是偽裝的。他到任之後，根本不看文書，官舍中長滿野草。

3　後來，向栩被徵拜為侍中，每當朝廷有大事，他都表現出剛直的神色，百官都有些憚畏他。張角作亂時，向栩奏上便利事宜之奏章，頗刺譏左右大臣，不欲國家發兵平亂，只遣將在黃河邊上向北朗讀《孝經》，賊人就會自行消滅。中常侍張讓進讒言說向栩不欲國家命將出師，懷疑他與張角同謀，欲為內應。最後逮捕向栩，把他關進黃門北寺獄，殺掉。

諒輔，字漢儒，廣漢新都❶人也。仕郡為五官掾❷。時夏大旱，太守自出祈禱山川，連日而無所降。輔乃自暴庭中，慷慨呪曰：「輔為股肱❸，不能進諫納忠，薦賢退惡，和調陰陽，承順天意，至今天地否隔❹，萬物焦枯，百姓喁喁❺，無所訴告，咎盡在輔。今郡太守改服責己，為民祈福，精誠懇到，未有感徹❻。輔今敢自祈請，若至日中不雨，乞以身塞❼無狀❽。」於是積薪柴聚茭茅以自環，搆火❾其傍，將自焚焉。未及日中時，而天雲晦合，須臾澍雨，一郡沾潤。世以此稱其至誠。

【章　旨】以上為〈諒輔傳〉。寫其仕郡為五官掾，時夏大旱，祈禱無效，諒輔於庭中，慷慨陳詞，積薪將自焚，須臾澍雨，一郡沾潤。旨在寫諒輔的精誠，感動上天。

【注　釋】❶新都　縣名。漢置。治今四川新都。❷五官掾　郡守佐吏。署功曹及諸曹事。❸股肱　此指輔弼的臣子，亦即郡守的佐吏。❹否隔　隔絕不通。❺喁喁　仰望期待之貌。❻感徹　猶感通。❼塞　抵塞；彌補。❽無狀　無善狀；無善政。❾搆火　聚起柴草生火。

【語　譯】諒輔，字漢儒，廣漢郡新都縣人。仕郡為五官掾。時夏天大旱，太守親自出去祈禱山川求雨，一連幾天，總是不降雨。諒輔便自暴於庭院之中，慷慨禱告說：「諒輔為郡中股肱之臣，不能進諫納忠，薦賢退惡，調和陰陽，承順天意，以至於使天地隔絕不通，萬物焦枯，百姓仰望期待，無處訴告，罪全在我諒輔身上。今太守改服自責，為民祈福，精誠懇切周到，未有感通。諒輔今大膽私自祈請，如果日中仍不降雨，乞求以我的身體抵塞無善政之罪。」於是把薪柴茭茅聚集在自己周圍，在旁邊點起火來，將要自焚。未及日中時，天暗雲合，不一會便下起大雨來，全郡受益。世人因此稱頌他的至誠。

1 劉翊，字子相，潁川潁陰❶人也。家世豐產，常能周施而不有其惠。曾行於汝南界中，有陳國❷張季禮遠赴師喪，遇寒冰車毀，頓滯道路。翊見而謂曰：「君慎終赴義，行宜速達。」即下車與之，不告姓名，自策馬而去。季禮意其子相也，後故到潁陰，還所假乘。翊閉門辭行，不與相見。

2 常守志臥疾，不屈聘命。河南种拂臨郡❸，引❹為功曹，翊以拂名公之子❺，乃為起焉。拂以其擇時而仕，甚敬任之。陽翟❻黃綱恃程夫人權力，求占山澤以自營植。拂召翊問曰：「程氏貴盛，在帝左右，不聽則恐見怨，與之則奪民利，為之柰何？」翊曰：「名山大澤不以封❼，蓋為民也。明府聽之，則被佞倖之名矣。若以此獲禍，貴子申甫，則自以不孤❽也。」拂從翊言，遂不與之。乃舉翊為孝廉，不就。

3 後黃巾賊起，郡縣飢荒，翊救給乏絕，資其食者數百人。鄉族貧者，死亡則為具殯葬，嫠獨則助營妻娶❾。

4 獻帝❿遷都西京⓫，翊舉上計掾。是時寇賊興起，道路隔絕，使驛稀有達者。翊夜行晝伏，乃到長安。詔書嘉其忠勤，特拜議郎，遷陳留太守。翊散所握珍玩，唯餘車馬，自載東歸。出關數百里，見士大夫病亡道次，翊以馬易棺，脫衣斂之。

又逢知故困餒於路，不忍委去，因殺所駕牛，以救其乏。眾人止之，翊曰：「視沒不救，非志士也。」遂俱餓死。

【章　旨】以上為〈劉翊傳〉。先寫其籍貫、家世及其周濟人而不宣其惠，次寫劉翊為上計掾，歷盡艱辛，到達長安，拜議郎，遷陳留太守。東歸途中，逢故友困餒於路，不忍離去，終與之同餓死。旨在頌揚劉翊扶危濟困的美德及與朋友生死與共的精神。

【注　釋】❶潁川潁陰　潁川，郡名。秦置。治今河南禹州。潁陰，縣名。西漢初置。治今河南許昌。❷陳國　東漢諸侯王國名。秦置郡，西漢改為淮陽國，東漢章和二年（西元八八年）改為陳國。治今河南淮陽。❸臨郡　來到潁川郡為郡守。种拂為潁川太守事，其傳不載。〈种拂傳〉見本書卷五十六。❹引　薦舉。❺翊以拂名公之子　种拂之父种暠，曾為司徒。為人慷慨清正，推達名臣。故有此稱。〈种暠列傳〉見本書卷五十六。❻陽翟　縣名。秦置。治今河南禹州。❼封　封閉。❽不孤　古時幼年喪父為孤。孤子受到長輩對其如父親般的照顧，稱為「不孤」。❾嫠獨則助營妻娶　寡婦和孤獨的人，即幫助他們娶妻配夫。❿獻帝　名協，靈帝中子。西元一八九—二二〇年在位。曹丕篡漢，建立魏國，廢獻帝為山陽公。⓫西京　長安。

【語　譯】劉翊，字子相，潁川郡潁陰縣人。家世富有，常周濟捨施而不求有施惠之名。劉翊曾於汝南邊界遇到陳國人張季禮遠赴師喪，遇寒冰車毀，困頓停滯於半途之中。劉翊對他說：「君慎終赴義，應該迅速到達。」便將自己的車給他，不告姓名，便策馬而去。張季禮料想他必是劉翊，後來特地到潁陰，將所借之車歸還。劉翊卻關閉門戶，辭以外出，不肯與之相見。

2　劉翊常守志臥病，不屈從應聘赴命。河南人种拂為郡守，薦舉劉翊為功曹史，劉翊以為种拂為名公之子，便起身應聘。种拂認為劉翊擇時而仕，對他特別敬重信任。陽翟人黃綱依仗程夫人的權力，求占山林湖泊自為營植。种拂召劉翊問道：「程氏貴盛，在帝左右，若不依從黃綱的請求，則恐被她怨恨，若依黃綱，則是奪民之利，怎麼辦？」劉翊說：「不封名山大澤，乃是為民。您若依從黃綱，則蒙受佞幸之名。若不依從而招禍，則您的公子申甫也會得到人們父親般的照顧。」种拂聽從劉翊之言，遂不依從黃綱之請求。种拂舉劉翊為孝廉，劉翊不應。

3 後黃巾賊起，郡縣饑荒。劉翊救濟乏絕之人，有數百人靠他的資給才有飯吃。劉翊對鄉族中的貧者，死亡則為具殯葬之需，寡婦和孤獨之人則幫他們娶妻配夫。

4 獻帝遷都長安，劉翊被舉為上計掾。當時賊寇興起，道路隔絕，使者乘驛站的車馬難以抵達京城。劉翊夜行晝伏，才到長安。獻帝下詔書嘉其忠勤，特拜他為議郎，遷陳留太守。劉翊散盡自己所有的珍玩之物，只留下車馬，自己駕車東歸。出關幾百里，見一士大夫病死於道旁，劉翊乃賣掉自己的乘馬購置棺木，脫下自己的衣服將其殯殮。又見故友困餒於道路，不忍棄之而去，於是殺掉駕車之牛，以救其困。眾人制止他，他說：「見死不救，不是志士。」最終與故友一起餓死。

王烈，字彥方，太原人也。少師事陳寔❶，以義行稱。鄉里有盜牛者，主得之，盜請罪曰：「刑戮是甘，乞不使王彥方知也。」烈聞而使人謝之，遺布一端❷。或問其故，烈曰：「盜懼吾聞其過，是有恥惡之心。既懷恥惡，必能改善，故以此激之。」後有老父遺劍於路，行道一人見而守之，至暮，老父還，尋得劍，怪而問其姓名，以事告烈。烈使推求，乃先盜牛者也。諸有爭訟曲直，將質❸之於烈，或至塗而反，或望廬而還。其以德感人若此。

察孝廉，三府並辟，皆不就。遭黃巾、董卓❹之亂，乃避地遼東❺，夷人尊奉之。太守公孫度❻接以昆弟之禮，訪酬政事。欲以為長史❼，烈乃為商賈自穢，得免。曹操❽聞烈高名，遣徵不至。建安❾二十四年，終於遼東，年七十八。

【章　旨】以上為〈王烈傳〉。先寫其籍貫及其感化時人的義行，次寫王烈不受三府徵辟，避亂遼東，不應太守公孫度的聘請及曹操的徵辟。旨在頌揚王烈感化時人的德義及不慕榮利的節操。

【注　釋】❶陳寔　（西元一〇四—一八七年），字仲弓，潁川許縣（今河南許昌）人。初為縣吏，曾入太學讀書，後任太丘長。黨錮之禍起，被牽連，餘人多逃亡。他說：「吾不就獄，眾無所恃。」自請囚禁。黨錮解，大將軍何進、司徒袁隗召辟，皆辭不就。詳見本書卷六十二。❷端　古代布帛長度單位。其制不一。有二丈、一丈六尺、五丈、六丈、八丈之說。《資治通鑑》漢獻帝初平二年，胡三省注：「布帛六丈曰端，一曰八丈曰端。按古以二丈為端。」❸質　評斷。❹董卓　（？—西元一九二年），字仲穎，隴西臨洮（今甘肅岷縣）人。本為涼州豪強。靈帝時為并州牧。昭寧元年（西元一八九年），率兵入洛陽，廢少帝，立獻帝，專斷朝政。曹操與袁紹等起兵反對，他挾獻帝西遷長安，自為太師。殘暴專橫，縱火焚燒洛陽周圍數百里，使生產受到嚴重破壞。後為王允、呂布所殺。❺遼東　郡名。戰國燕置。治今遼寧遼陽。❻公孫度　字升濟，遼東襄平人。舉有道，除尚書郎，稍遷為冀州刺史，以謠言免。同郡徐榮為董卓中郎將，薦度為遼東太守。後公孫度自為遼東侯、平州牧。度死子康繼位。傳見《三國志・魏書》卷八。❼長史　官名。秦置。西漢時，丞相、太尉、御史大夫之屬官均有長史，東漢太尉、司徒、司空三公府亦設長史，職任頗重，號為三公輔佐。兩漢與少數民族鄰接各郡太守的屬官有長史，輔佐太守，掌一郡兵馬。兩漢將軍之屬官亦有長史，以總理幕府。❽曹操　（西元一五五—二二〇年），字孟德，譙（今安徽亳州）人。東漢末年政治家、軍事家。在平定黃巾軍的過程中逐步擴充軍事力量，占據兗州，分化誘降青州黃巾軍的一部分，編為「青州兵」。建安元年（西元一九六年），迎獻帝都許（今河南許昌東）。以獻帝的名義發號施令，先後削平呂布、袁紹等割據勢力，統一北方。建安十三年（西元二〇八年）進位丞相，率軍南下，被孫權、劉備聯軍擊敗於赤壁。後封魏王。子曹丕篡漢，追尊為魏武帝。❾建安　東漢獻帝劉協年號，西元一九六—二二〇年。

【語　譯】王烈，字彥方，太原人。少時師事陳寔，以義行著稱。鄉里有盜牛者，被牛主捉住，盜請罪說：「我甘願受刑戮之罰，只是請求勿使王彥方知道此事。」王烈聞知之後，便使人向他道謝，並送他布一端。有人問王烈為什麼這樣做，王烈說：「盜賊怕我聞知其過，這說明他有羞恥之心。既有羞恥之心，必能改惡從善，故我以此激勵他。」後有一老父將劍丟失在路上，一行路人見而守在劍旁，天晚了，老父回來，找到了他的劍。怪而問守劍者的姓名，並將此事告訴王烈。王烈使人尋求，才知道就是原先盜牛的那個人。鄉里間有爭訟曲直的人，將請王烈為他們評斷是非，但有的人中途而返，有的人看到王烈的房屋便回去了。王烈就是如此以德行感人。

王烈被舉為孝廉，三公府都徵辟他，他皆不就。遭黃巾、董卓之亂，王烈乃避難於遼東，那裡的夷人也尊奉他。太守公孫度以兄弟之禮接待他，向他訪求政事。又想以他為長史，王烈乃為商賈以自汙，得免。曹操聽說王烈的高名，遣使徵召，他不應。建安二十四年，王烈於遼東去世，年七十八歲。

贊曰：乘方不忒❶，臨義罔惑❷。惟此剛絜❸，果行育德❹。

【章旨】以上為作者對獨行君子的讚頌。

【注釋】❶乘方不忒　依據正道，無有差錯。乘，奉行。方，正道；常規。忒，差錯。❷臨義罔惑　臨義，面對正義。罔惑，不惑。謂面對正義，行動毫不猶豫。❸剛絜　剛強純潔。絜，同「潔」。❹果行育德　以果斷的行動培養高尚的道德。

【語譯】史官評議說：依據正道，無有差錯。面對正義，毫不猶豫。唯有此類剛強純潔之人，以果斷的行動培育高尚的道德。

【研析】〈獨行列傳〉正傳載二十四人，附見十五人，共三十九人。作者寫來，這些人都操行高尚，把名節操行看得比生命還重要。正所謂「爵祿可辭，白刃可蹈」，名節不可喪失。分析此三十九人的行事，有的確實「乘方不忒，臨義罔惑」；有的則舉事不當，盜名欺世：

(1)不事二姓，忠於漢朝，為名節之大者。有譙玄、李業、費貽、王皓、王嘉、任永、馮信、溫序等人，作者自有感情充乎其間。譙玄曰：「保志全高，死亦奚恨！」李業曰：「親於其身為不善者，義所不從。君子見危授命。」王嘉曰：「犬馬猶識主，況於人乎！」任永、馮信曰：「世適平，目即清。」溫序曰：「受國重任，分當效死，義不貪生苟背恩德。」這都是他們的心聲，也是作者寄意之所在。他們災禍不避，視死如歸。孟子曰：「生亦我所欲，所欲有甚於生者，故不為苟得也；死亦我所惡，所惡有甚於死者，故患有所不避也。」（《孟子・告子上》）鮑照詩曰「時危見臣節，世亂識忠良」（〈代出自薊北門行〉），此之謂也。

(2)篤於友情，以范式、陳重、雷義為代表。范式確為信士，可託死生，其與張劭友情之深篤，可謂「死友」。然其事夾雜夢幻與張劭下葬時靈柩不肯進等荒唐無稽之事，如同神怪小說。陳重、雷義二人品德雖高，然其二人之間只是互相推讓孝廉、茂才，無感人事跡。同舍郎告歸寧者，誤持鄰舍郎褲以去，失主疑陳重，陳重買褲償之。此與直不疑事相同。直不疑事見《史記・萬石張叔列傳》。直不疑為「金」，此為「褲」。司馬遷用之，自然切合實際。范曄再用，即有堆砌之感。把代人還債等好事都加在陳重身上，越發覺得其中有假。真正重於友情者，乃潁川劉翊。遇知故困餒於路，不忍委去，殺牛以救其乏，與俱餓死。臨義罔惑，千古一人！

(3)本卷還以大量篇幅寫荒誕離奇之事。如王忳「馬馳入亭」、「風飄繡被」、「夜宿斄亭，女鬼訴冤」；天旱不雨，戴封、諒輔將自焚而雨暴至；周暢埋洛城旁客死骸骨萬餘具，應時澍雨。事皆不經，滿是神鬼作祟、天人感應。此類問題寫入史書，亦可看出當時之社會心理。子不語「怪力亂神」。《山海經》、〈禹本紀〉所有怪物，司馬遷「不敢言之」。范曄言之，蓋亦「好奇之過也」。

(4)堅持正義，為其上司辨冤，嚴刑不能使之屈服。其代表人物為陸續、繆肜、戴就。皮焦肉爛，終無異辭，使冤情大白。以血肉之軀維護正義，是「獨行君子」，亦是剛強鐵漢。

(5)在危難之際救護上司或代上司死，以劉茂、衛福、所輔、彭脩、索盧放、周嘉為代表。從其上下級關係來說，他們都是忠臣，但以於國於民的貢獻來衡量，其意義則不大。

(6)為追求虛名，亦有舉事不當或不擇手段者。周燕代替枉殺犯人的太守承擔罪責，為舉事不當，甘願自汙而作無謂的犧牲。孟子曰：「可以死可以無死，死傷勇。」（〈離婁下〉）周燕行事，近似癲狂。李充為了虛名，在妻子身上打主意，可謂不擇手段。孔子曰：「不教而殺謂之虐，不戒視成謂之暴。」（《論語．堯曰》）李充對其妻，既不教，又不戒，真可謂暴虐！

(7)趙苞一門忠烈，母子大義凜然。觀母子之對話，已抱必死之心。事至今一千八百餘年，趙苞母子之音容，宛然在目，讀之令人垂淚，其凜然正氣不泯。

(8)李善不忘故主；王烈以德行感人。

(9)范冉自甘刻苦，以「激詭之行」而得為名士，其事卻平平淡淡。

(10)向栩盜名欺世，其行狂悖。郡、公府徵辟不到；與人同徵亦不到。一般的徵召做不了大官，故不到。他越是不到，名氣就越高。特徵便到，到即拜趙國相。「乘鮮車，御良馬」，原形畢露。連徵不到，是一個討價還價的過程。黃巾起，他不欲國家命將出師，但「遣將於河上北向讀《孝經》」黃巾自當消滅。此與王莽自知當敗，率群臣至南郊「以哭厭之」何異。愚蠢之至！王先謙之評論，至為恰當：「向栩誕譎，非情難近。以詭見售，累致徵辟。漢季尚聲，積偽成怪，斯則然矣。猥頌《孝經》，冀消賊焰。非聖無法，罪在不赦。廁諸〈獨行〉，范氏為傎。」（《後漢書集解．向栩》）（王明信注譯）

卷八十二上

方術列傳第七十二上

【題　解】本卷是一篇類傳，因篇長，分為上、下二分卷。其以方術名篇，意謂世間那些非常規思維所可理喻的特殊技藝和擅長這類技藝的一批人。通篇上起兩漢之交，下迄東漢末葉及三國初期，且以京師洛陽周圍地區為中心，旁涉魯晉冀、川陝甘、閩皖鄂、蘇浙贛，並用單人獨載、多人合載、連帶言及的方式，總共記述了五十四名術士（方士）的事跡。篇中藉由卷前引言溯源討流與舉要撮凡，特將「推變尤長」者作為主體部分予以重點記述，又把「異術之士」列於傳末進行彌合補綴，介乎二者之間，則以醫師群體來承上啟下，而且通過篇中論、篇末贊來畫龍點睛。從而凸顯出中國前期方術發展演變的縱剖面和階段性特點，亦即肇自遠古傳說時代《易經》與陰陽推步之學兩極互持又齊頭並進；歷周秦而主幹確立又分支流衍，迄兩漢而神仙術與讖緯學遞次盛行又諸術不絕如縷，各占一席之地。此其一。其二，集中展示出東漢一代的方術橫切面與內部構成和具體類型，亦即預測術首當其衝而甚囂塵上；醫術自成一軍而出神入化，長壽登仙術別成洞天而轉盛愈熾，神異法術紛披歧出而花樣翻新。其三，全面顯現出東漢術士的群體風貌，亦即精於一術或兼通多術；主要在國家政治、戰亂浩劫、軍事鬥爭、突發事件、防洪抗旱、治病療疾、健身延年、日常生活、慈善事業、個人命運中分別施用。其四，揭示出東漢方術盛行和術士輩出的根本原因在於：「後進希之以成名，世主禮之以得眾。」其五，指明了方術自身的重大弊病為：神祕玄奧，「詭俗穿鑿」，實則不能「通物方，弘時務」；

而術士的共同缺陷又是：恃能炫耀。

1 仲尼稱易有君子之道四❶焉，曰「卜筮❷者尚其占❸」。占也者，先王所以定禍福，決嫌疑❹，幽贊❺於神明❻，遂知來物❼者也。若夫陰陽推步❽之學，往往見於墳記❾矣。然神經怪牒❿，玉策金繩⓫，關扃⓬於明靈之府⓭，封縢⓮於瑤壇⓯之上者，靡得而闚也。至乃河洛之文⓰，龜龍之圖⓱，箕子之術⓲，師曠之書⓳，緯候之部⓴，鈐決之符㉑，皆所以探抽冥賾㉒，參驗人區㉓，時有可聞者焉。其流又有風角㉔、遁甲㉕、七政㉖、元氣㉗、六日七分㉘、逢占㉙、日者㉚、挺專㉛、須臾㉜、孤虛㉝之術，及望雲省氣㉞，推處祥妖㉟，時亦有以效於事也。而斯道隱遠，玄奧難原㊱，故聖人不語怪神㊲，罕言性命㊳。或開末而抑其端，或曲辭㊴以章其義，所謂「民可使由之，不可使知之㊵」。

2 漢自武帝㊶頗好方術，天下懷協道蓺㊷之士，莫不負策抵掌㊸，順風而屆㊹焉。後王莽㊺矯用符命㊻，及光武㊼尤信讖言㊽，士之赴趣時宜者，皆騁馳穿鑿，爭談之也。故王梁㊾、孫咸㊿名應圖籙(51)，越登槐鼎(52)之任，鄭興(53)、賈逵(54)以附同稱顯，桓譚(55)、尹敏(56)以乖忤淪敗(57)，自是習為內學(58)，尚奇文(59)，貴異數(60)，不乏於時矣。

是以通儒61碩生，忿其姦妄不經，奏議慷慨，以為宜見藏擯62。子長亦云：「觀陰陽之書，使人拘而多忌。」63蓋為此也。

3 夫物之所偏，未能無蔽，雖云大道64，其硋65或同。若乃詩之失愚66，書之失誣67，然則數術68之失，至於詭俗69乎？如令溫柔敦厚70而不愚，斯深於詩者也；疏通知遠71而不誣，斯深於書者也；極數知變72而不詭俗，斯深於數術者也。故曰：「苟非其人，道不虛行73。」意者多迷其統74，取遺75頗偏，甚有雖流宕76過誕亦失也。

4 中世77張衡78為陰陽之宗79，郎顗80咎徵81最密，餘亦班班82名家焉。其徒亦有雅才偉德，未必體極藝能。今蓋糾83其推變尤長，可以弘補84時事，因合表85之云。

【章　旨】以上為本卷的引言。始則綜括列示以《易經》為軸心的古代方術的主幹與分支，繼而扼要敘述兩漢時期登仙成神術和讖緯內學盛極一時的情狀，接下來對照式論說數術的偏失之處和矯正準繩，最後說明撰寫本篇類傳的擇錄標準與處理方式。

【注　釋】❶君子之道四　君子今本《易傳．繫辭上》作「聖人」。無論君子或聖人，均指認知事物和事理最全面又最深刻的人。四謂依據《周易》所展開的四個方面的活動，即：「以言者尚其辭，以動者尚其變，以制器者尚其象，以卜筮者尚其占。」❷卜筮　通過灼龜辨兆以定吉凶謂之卜，運用蓍草演算以定吉凶謂之筮。這裡泛指各類預測活動。❸占　指預測得出的具體結果而言。❹嫌疑　謂極易混淆而殊難辨別清楚的事情。❺幽贊　暗中得到幫助。贊，贊助；幫助。語出《易傳．說卦》：「昔者聖人之作《易》也，幽贊於神明而生蓍。」❻神明　神靈。❼來物　未來之事。物，事。語出《易傳·繫辭上》：「無有遠近幽深，遂知來物。」❽推步　依據天象推算曆法。古以日月運轉於天，如同人之行步，可以推算得知。唐李賢注：「推步謂究日月五星之度，昬旦節氣之差。」❾墳記　指古代典籍和解說經典的著述。古傳三皇之書為《三墳》，漢稱解經之作為傳記。❿神經怪牒　神奇的經書和怪異的典籍。牒，書寫用的板片，這裡指代圖籍。⓫玉策金繩　玉質的簡冊和用以封識的金絲線繩。二者在此處亦指代圖籍。⓬關扃　這裡為鎖閉之義。⓭明靈之府　天庭的藏書處所。明靈原指聖明的神靈。⓮封縢　封緘。⓯瑤壇　用美玉砌成的高臺。這裡意謂神仙住地的藏書處所。⓰河洛之文　指《河圖》與《洛書》。二者在西周初期便已存在，最早見於《尚書·顧命》的記載，到孔子還在慨歎「河不出圖」(《論語·子罕》)，但都被作為天賜吉祥物來看待，帶有神話傳說的色彩。漢儒則予以發揮，認為在伏羲時代，有龍馬從黃河中躍出，伏羲遂模仿其花紋，創制出八卦，由此而將其原型謂之為《河圖》。到大禹時代，又有神龜在洛水中出現，背上顯示出文字，大禹遂加以摹寫，創制出《尚書·洪範》「九疇」(治國安邦的九條根本大法)，由此而將其原型謂之為《洛書》。讖緯學者進一步編寫出緯書《河圖》九篇、《洛書》六篇。這裡所說的《河圖》《洛書》，實指緯書而言。這些緯書迄今仍有輯本行世。⓱龜龍之圖　指由神龜和黃龍出示的象徵帝王受命皇天的祥瑞靈圖。李賢注引緯書《尚書中候》：「堯沉璧於洛，玄龜負書，背中赤文朱字，止壇。舜禮壇於河畔，沉璧，禮畢，至於下昃，黃龍負卷舒圖，出水壇畔。」⓲箕子之術　謂據《尚書·洪範》推闡五行定律及其兆應的方術。箕子為商紂王的叔父，因忠諫被貶作奴隸，關入牢獄，以致披髮裝瘋。孔子譽之為殷末「三仁」之一。《尚書·洪範》載箕子於周滅商後對答武王問曰：「天乃錫禹洪範九疇，彝倫攸敘。初一曰五行。」⓳師曠之書　古代雜占之類的書籍。師曠，春秋時期晉國的音樂家，因其曾圍繞軍事行動作過音占，故後世遂借其名用作書名。《漢書·藝文志》中《諸子略·小說家》和《兵書略·陰陽》分別載有《師曠》六篇、《師曠》八篇，久佚。⓴緯候之部　泛指屬於讖緯一大部類的書籍。緯，指包括《孝經》在內的七經緯。候，指《尚書中候》這部緯書。㉑鈐決之符　謂僅限內部掌握的用隱祕文字書寫的兵法謀略。鈐決，兵法謀略。符，隱祕文字。《六韜·龍韜·陰符》：「主與將有陰符。凡八等：有大勝克敵之符，長一尺；破軍殺將之符，長九寸；降城得邑之符，長八寸；卻敵報遠之符，長七寸；誓眾堅守之符，長六寸；請糧益兵之符，長五寸；敗軍亡將之符，長四寸；失利亡士之符，長三寸。諸奉使行符稽留者，若符事泄，聞者、告者皆誅之。八符者，主將祕聞，所以陰通言語不泄、中外相知之術。敵雖聖智，莫之能識。」類似於當今的軍用密電碼。㉒冥賾　深奧的義理。㉓人區　即人間、世間。區，區域；地域。㉔風角　通過察驗八方來風以占測吉凶的一種方術。角，謂四隅，即東北、東南、西南、西北。風角方術亦將東南西北四方包括在內。對八方來風，古代謂之為八風。李賢凡兩注「風角」，一曰「角，隅也。觀四隅之風，占之也。」二曰「風角謂候四方四隅之風，以占吉凶也。」早自西漢，翼奉即已撰有《風角》一書，此書久已失傳，其佚文如：「庶人之風，揚塵轉削，若是屏障，何由可轉？」又如：「木落歸本，水流歸末，故木利在亥，水利在辰，盛衰各得其所，故樂也。水窮則無隙不入，木上出，窮則旁行，故為姦邪。」北周庾季才《靈臺祕苑・風・序略》：「前世風角，自為一家，有二說。先儒以風從四方四隅來，故謂之角。世傳以巽為風，於五行在木，在八音為角。」㉕遁甲　全稱奇門遁甲，為順應陰陽變化規律而利用時間和空間因素來使人趨吉避凶的一種方術。其前身當係《易經》緯書《乾鑿度》的太乙行九宮法。它以十天干中的乙、丙、丁為三奇，以戊、己、庚、辛、壬、癸為六儀。三奇六儀則分置九宮，而甲在十天干中最為尊貴，統領三奇六儀但不獨占一宮而常隱於六儀之中。經過天盤、人盤、地盤的排布，察識六甲即六十甲子中以甲為首的六個旬首所加臨之處，推導其吉凶，以便趨避，故而名之為遁甲。或說遁即「循」字，遁甲當解釋為循甲，謂以六甲循環推數。㉖七政　根據日、月、五星的變化情況測斷人事得失的一種方術。《尚書・堯典》：「在璿璣玉衡，以齊七政。」偽《孔傳》：「在，察也。璿，美玉。璣衡，王者正天文之器，可運轉者。七政，日月五星各異政，舜察天文，齊七政，以審己當天心與否。」孔穎達疏：「七政，其政有七，於璣衡察之，必在天者，知七政謂日月與五星也。」㉗元氣　依照陰陽始分、天地形成的理論推測時事的一種方術。元氣被古人視為超越時空的先天之氣，由它構成陰陽二氣與中和氣的初始本體，屬於天、地、人及萬物產生的根源與延續的基質。如《周易》緯書《乾鑿度》：「有太易，有太初，有太始，有太素。太易者，未見氣；太初者，氣之始；太始者，形之始；太素者，質之始。氣形質具而未相離，故曰渾淪，言萬物相渾淪而未相離。視之不見，聽之不聞，循之不得，故曰易也易無形埒也。易變而為一，一變而為七，七變而為九。九者，氣變之究也，乃復變而為一。一者，形變之始，清輕上為天，濁重下為地。」又李賢注引《河圖》：「元氣闓陽為天。」㉘六日七分　指按卦爻分別主宰時日節氣的搭配方式進行占斷的一種方術。它由西漢《易》學家孟喜首次提出，其後京房等人都依從該說加以運用。具體講就是把六十四卦中的〈坎〉、〈離〉、〈震〉、〈兌〉作為四正卦，依次與春夏秋冬相配，各自主宰一個季節，而每卦由六爻組成，每爻又依次同二十四節氣相配，各自主宰一個節氣。除去四正卦，尚餘六十卦，六十卦共計三百六十爻，每爻再與一年三百六十日相配，各自主宰一日，則每卦主宰六日。但全年實際是三百六十五又四分之一日，對這剩餘的五又四分之一日，再將每日分成八十分，則五日為四百分，四分之一日為二十分，合計四百二十分。用四百二十分除以六十，則每卦適得七分，七分加六日，即所謂六日七分。《易經》緯書《稽覽圖》：「甲子卦氣起中孚，六日八十分日之七。」鄭玄注：「六以候也。八十分為一日之七者，一卦六日七分也。」㉙逢占　遇人前來詢問而隨機性作出占斷的一種方術。《漢書．東方朔傳贊》：「朔之詼諧，逢占射覆。」唐顏師古注引如淳：「逢占，逢人所問而占之也。」且謂：「此說非也。逢占，逆占事，猶云逆刺也。」㉚日者　卜筮掌日的一種方術。如《墨子．貴義》：「子墨子北之齊，遇日者。日者曰：『帝以今日殺黑龍於北方，而先生之色黑，不可以北。』子墨子不聽，遂北而反焉。日者曰：『我謂先生不可以北。』子墨子曰：『南之人不得北，北之人不得南，其色有黑者，有白者，何故皆不遂也？且帝以甲乙殺青龍於東方，以丙丁殺赤龍於南方，以庚辛殺白龍於西方，以壬癸殺黑龍於北方。若用子之言，則是禁下行者也。是圍心而虛天下也。子之言不可用也。』」詳見《史記．日者列傳》。㉛挺專　古代流行於楚國的把靈草編結在八段竹上進行占斷的一種方術，即折竹卜。如《楚辭》所載屈原〈離騷〉即有詩句稱：「索藑茅以筳篿兮，命靈氛為余占之，曰兩美其必合兮，孰信修而慕之？」東漢王逸《章句》曰：「索，取也。藑茅，靈草也。筳，小折竹也。楚人名結草折竹以卜曰篿。」又云：「靈氛，古明占吉凶者也」，其占斷結果乃是：「以忠臣而事明君，兩美必合。楚國誰能信明善惡，修行忠直，欲相慕及者乎？已宜以時去之也。」㉜須臾　對陰陽吉凶立刻就得出占斷結果的一種方術。《隋書．志第二十九．經籍三》子部五行類載有〈武王須臾〉二卷。㉝孤虛　占卜中推算日時的一種方法。十天干為日，十二地支為辰，日辰不全為孤虛。孤指干支相配而成的每旬（十天）中所餘下的兩個地支，虛謂與孤構成相沖關係的兩個地支。如甲子旬中，戌亥便無天干與之相配，即為孤，而辰巳則為虛。古代常用孤虛法推算吉凶及事之成敗。《史記．龜策列傳》：「日辰不全，故有孤虛。」南朝宋裴駰《集解》：「駰案：甲乙謂之日，子丑謂之辰。六甲孤虛法：甲子旬中無戌亥，戌亥即為孤，辰巳即為虛；甲戌旬中無申酉，申酉為孤，寅卯即為虛；甲申旬中無午未，午未為孤，子丑即為虛；甲午旬中無辰巳，辰巳為孤，戌亥即為虛；甲辰旬中無寅卯，寅卯為孤，申酉即為虛；甲寅旬中無子丑，子丑為孤，午未即為虛。劉歆《七略》有《風后孤虛》二十卷。」唐張守節《正義》：「按：歲月日時，孤虛並得上法也。」㉞望雲省氣　通過觀察雲氣變化以及城廓、人畜的氣色來占斷吉凶禍福的一種方術。漢代在太史之下設有專職的名為望氣的官員。《墨子．迎敵祠》：「凡望氣，有大將氣，有小將氣，有往氣，有來氣，有敗氣。能得明此者，可知成敗吉凶。」至《史記．天官書》：「凡望雲氣，仰而望之，三四百里；平望在桑榆上，千餘二千里；登高而望之，下屬地者三千里。雲氣有獸居上者，勝。自華以南，氣下黑上赤。嵩高、三河之郊，氣正赤。恆山之北，氣下黑上青。勃、碣、海、岱之間，氣皆黑。江淮之間，氣皆白。」而唐人邵諤《望氣經》：「凡望氣占候，皆在子午卯酉之時。太乙初移宮，皆有氣見，可以測之。夕則日入時，朝則日出時，夜則夜半時，中則午時。」㉟祥妖　吉祥與凶殃。㊱原　推求；究尋。㊲怪神　怪異之事和鬼神之事。《論語．述而》：「子不語怪力亂神。」魏何晏《集解》引王氏注：「怪，怪異也。力謂若奡盪舟、烏獲舉千鈞之屬。亂謂臣弒君，子弒父。神謂鬼神之事。或無益於教化，或所不忍言。」㊳性命　指人的天賦本性和生來即被注定的命運。《論語・公治長》：「子貢曰：『夫子之言性與天道，不可得而聞也。』」魏何晏《集解》：「性者，人之所受以生也；天道者，元亨日新之道，深微，故不可得而聞也。」又〈子罕〉載：「子罕言利與命。」魏何晏《集解》：「罕者，希也。利者，義之和也。命者，天之命也。」㊴曲辭　意謂措辭委婉。《論語・述而》：「子疾病，子路請禱。子曰：『有諸？』子路對曰：『有之。誄曰禱爾於上下神祇。』子曰：『丘之禱久矣。』」魏何晏《集解》引孔氏注：「子路失指。誄，禱篇名。」㊵民可使由之二句　此係《論語・泰伯》載錄的孔子之言。李賢注引鄭玄注：「由，從也。言王者設教，務使人從之。若皆知其本末，則愚者或輕而不行。」魏何晏《集解》則謂：「由，用也。可使用而不可使知者，百姓能日用而不能知。」㊶武帝　指西漢除呂后之外的第五代皇帝劉徹。卒諡孝武。《史記》卷十二、《漢書》卷六分別為〈孝武本紀〉、〈武帝紀〉。〈孝武本紀〉：元鼎四年（西元前一一三年）夏季冊封方士欒大「為樂通侯，賜列侯甲第，僮千人，乘輿斥車馬帷帳器物以充其家，又以衛長公主妻之，齎金萬斤，更名其邑曰當利公主。於是五利常夜祠其家，欲以下神，神未至而百鬼集矣，然頗能使之。其後治裝行，東入海，求其師云。大見數月，佩六印，貴振天下，而海上燕齊之間，莫不搤捥而自言有禁方，能神僊矣。」㊷道蓺　謂各類方術。㊸負策抵掌　攜帶書籍，高談闊論。抵掌，即擊掌。形容談論中的酣暢情形。抵，側擊。㊹屆　至；到。㊺王莽　西漢末期的外戚權臣，代漢自立的新朝皇帝。《漢書》在卷九十九，亦即全書事實上的最後一卷特立〈王莽傳〉，且分上、中、下。㊻符命　皇天所降示的帝王應受命統治天下的證兆。㊼光武　指東漢王朝的創建者劉秀。光武為其諡號。㊽讖言　隱晦而又帶有徵驗性的預言。如本書〈光武帝紀〉所載《河圖赤伏符》：「劉秀發兵捕不道，四夷雲集龍鬬野，四七之際火為主。」李賢注：「四七二十八也。自高祖至光武初起，合二百二十八年，即四七之際也。漢火德，故火為主也。」㊾王梁　東漢初期跟隨光武帝平定天下的南宮雲臺中興二十八將之一，本書卷二十二有傳。內載：世祖「即位，議選大司空，而《赤伏符》：『王梁主衛作玄武』。帝以野王，衛之所徙；玄武，水神之名；司空，水土之官也，於是擢拜梁為大司空，封武彊侯。」㊿孫咸　東漢初期擔任平狄將軍的一名武將。本書卷二十二〈景丹傳〉：「世祖即位，以讖文用平狄將軍孫咸行大司馬。」又輯本《東觀漢記・孫咸傳》：「讖曰『孫咸征狄』，今以平狄將軍孫咸行大司馬事。咸以武名官，以應圖讖。」51圖籙　圖讖一類的文籍。52槐鼎　喻指三公。槐謂三槐，鼎乃國家重器。相傳周代於宮廷外種植三棵槐樹，作為三公朝見天子所在位置的標誌，後世遂以之比喻三公；鼎則三足，亦同此意。《周禮・秋官・朝士》：「掌建邦外朝之灋。左九棘，孤卿大夫位焉。群士在其後；右九棘，公侯伯子男位焉，群吏在其後；面三槐，三公位焉，州長眾庶在其後。」鄭玄注：「槐之言懷也。懷來人於此，欲與之謀。」[53]鄭興　兩漢之際尤明《春秋左氏傳》和《周禮》並擅長曆數的古文經學家，本書卷三十六有傳。內載：「帝嘗問興郊祀事曰：『吾欲以讖斷之，何如？』興對曰：『臣不為讖。』帝怒曰：『卿之不為讖，非之邪？』興惶恐，曰：『臣於書有所未學，而無所非也。』帝意乃解。」[54]賈逵　東漢以傳承家學而活躍於明帝、章帝、和帝時期而與鄭興齊名的古文經學家，本書卷三十六有傳。內載其〈上章帝條奏「左氏傳」大義書〉：「又《五經》家皆無以證圖讖、明劉氏為堯後者，而《左氏》獨有明文。《五經》家皆言顓頊代黃帝而堯不得為火德，《左氏》以為少昊代黃帝，即圖讖所謂帝宣也。」[55]桓譚　兩漢之際的政論家、古文經學家、音樂家和《新論》一書的作者。本書卷二十八有傳。內載：「其後有詔，會議靈臺所處。帝謂譚曰：『吾欲讖決之，何如？』譚默然良久，曰：『臣不讀讖。』帝問其故，譚復極言讖之非經。帝大怒曰：『桓譚非聖無法！』將下斬之，譚叩頭流血，良久乃得解。出為六安郡丞，意忽忽不樂，道病卒。」[56]尹敏　東漢初期的古文經學家，本書卷七十九〈儒林列傳〉：「帝以敏博通經記，令校圖讖，使蠲去崔發所為王莽著錄次比。敏對曰：『讖書非聖人所作，其中多近鄙別字，頗類世俗之辭，恐疑誤後生。』帝不納。敏因其闕文增之，曰『君無口，為漢輔』。帝見而怪之，召敏問其故。敏對曰：『臣見前人增損圖書，敢不自量，竊幸萬一。』帝深非之，雖竟不罪，而亦以此沉滯。」[57]淪敗　淪落毀敗。指政治命運而言。[58]內學　指圖籙讖緯方面的專學。因其所言諸事隱祕，故稱內學。[59]奇文　神奇的祕文。[60]異數　奇特的術數。[61]通儒　博洽多聞的儒士。東漢應劭《風俗通義》：「儒者，區也。言其區別古今，居則玩聖哲之詞，動則行典籍之道，稽先王之制，立當時之事，綱紀國體，原本要化，此通儒也。若能納而不能出，能言而不能行，講誦而已，無能往來，此俗儒也。」[62]藏擯　收藏起來摒棄掉。本書卷五十九〈張衡傳〉：「初，光武善讖，及顯宗、肅宗，因祖述焉。自中興之後，儒者爭學圖緯，兼復附以妖言。衡以圖緯虛妄，非聖人之法，乃上疏曰：『臣聞聖人明審律歷以定吉凶，……且律歷、卦候、九宮、風角，數有徵效，世莫肯學而競稱不占之書，譬猶畫工，惡圖犬馬而好作鬼魅，誠以實事難形而虛偽不窮也。宜收藏圖讖，一禁絕之，則朱紫無所眩，典籍無瑕玷矣。』」[63]子長亦云三句　子長謂西漢史學家、中國第一部紀傳體通史《史記》的作者司馬遷，字子長。《史記．太史公自序》載其父司馬談〈論六家之要指〉：「嘗竊觀陰陽之術，大祥而眾忌諱，使人拘而多所畏。」[64]大道　猶言最高法則。[65]硋　窒礙；妨害。[66]詩之失愚　《詩》，即《詩經》。失謂教化不得法，沒有節制。愚謂使人變愚蠢，即借詩怒斥朝廷，痛罵當世。[67]書之失誣　《書》，即《尚書》。誣謂導致古史失真，往事失實。[68]數術　又稱術數，指運用陰陽五行生克制化原理推測人事吉凶禍福的各種方術。具體包括天文、曆譜、五行、蓍龜、雜占、形法等。數，數理。術，方術。《漢書・藝文志・數術略》：「數術者，皆明堂、羲和、史、卜之職也。」[69]詭俗　欺惑世人。[70]溫柔敦厚　意為面色溫潤，性情柔和，態度誠懇忠厚。這是儒家所定立的以《詩》進行教化應取得的功效與達到的目標。[71]疏通知遠　意為列示帝王文告的大綱要目，使人了解遠古時代的美好情狀。這是儒家所定立的以《尚書》進行教化應取得的功效與達到的目標。以上《詩》、《尚書》云云，俱本《禮記・經解》為說。[72]極數知變　意為極盡蓍草和卦爻的數目，通達變化的道理。《易傳・繫辭上》：「極數知來之謂占。」又：「知變化之道者，其知神之所為乎？」[73]苟非其人二句　語出《易傳・繫辭下》。[74]統　這裡為綱領之義。[75]取遣　謂相信與否。李賢注：「陰陽之術，或信或不信，各有所執，故偏頗也。」[76]流宕　無所制約。李賢注：「以為甚有者雖流宕失中，過稱虛誕者，亦為失也。」[77]中世　猶言中期。主要指東漢安帝、順帝時代。[78]張衡　東漢大科學家和著名辭賦家。本書卷五十九有傳。[79]宗　指在特定領域最具權威性的領袖人物。[80]郎顗　東漢中後期的讖緯學者與占筮術士。本書卷三十有傳。[81]咎徵　指皇天以氣候異常對帝王惡行做出的譴責性回應。語出《尚書・洪範》：「曰咎徵：曰狂，恆雨若（隨之而至）；曰僭，恆暘若；曰豫，恆燠若；曰急，恆寒若；曰蒙，恆風若。」偽《孔傳》：「敘惡行之驗。」唐孔穎達疏：「其所致者，皆順其所行。」[82]班班　顯著的樣子。[83]糾　聚集；聚合。[84]弘補　廣為補益。[85]表　凸顯之義。

【語　譯】孔子說《易》包含四個方面的君子之道在裡面，其中之一就叫做「進行占卜的人看重它那具體的預測結果」。占卜這類活動，屬於古代的聖帝明王用來判定禍福，辨明混淆不清的事項，暗中從神靈那裡得到幫助，隨即明瞭未來事態的一種方式。至於推算陰陽變化和天象曆法的學問，常常在古代典籍中可以見到相關的記載。然而神奇的經典和怪異的圖書，玉質的簡冊和用金絲線繩纏起的祕笈，卻被鎖閉在天庭的府庫中，又被封存在神仙住地的處所裡，沒有辦法見得到啊。至於《河圖》、《洛書》上面的祕文，玄龜黃龍顯示的靈圖，箕子推闡的五行定律及其兆應的方術，師曠關於雜占的書籍，歸入讖緯一大部類的撰述，用隱祕文字書寫的兵法謀略，都是用來探求深奧的義理，對人間事務進行察核參證，並不時聽說確實真有靈驗效應的東西。它們的分支又衍化出名為風角、遁甲、七政、元氣、六日七分、逢占、日者、挺專、須臾、孤虛之類的方術，以及觀望察識雲形氣色，推知吉祥或凶殃，也時常在人事上得到驗證。但這些方術隱祕幽遠，玄虛深奧，很難究尋，因而聖人不談怪異和鬼神之事，也很少講論世人的天賦本性和生來即被注定的命運問題。只是有時開啟一下末端但不推求那起始狀況，有時措辭委婉，用來彰明義旨所在，這正如聖人所講的那樣：「民眾可以讓他們照著去做，但不能叫他們知道那樣去做的緣由」。

2 漢朝從武帝開始特別喜好方術，天下各地掌握某種方術的士人，無不攜帶書籍，高談闊論，像承順東風似地來到京師。後來王莽借用皇天所降示的理應受命統治天下的符兆登上帝位，到光武帝時，愈發信從讖語，舉凡迎合當時需要而想撈取一官半職的士人，全都奔來竄去，穿鑿附會，競相談論這方面的事情。因而王梁、孫咸的姓名符合圖讖上的字眼，就越級登上三公的高位，鄭興、賈逵憑藉附和適應君主倡導圖讖的意旨而名聲顯赫，桓譚、尹敏卻因違逆抵觸天子信從圖讖的心願而淪落毀敗，自此以後便都不約而同地致力於讖緯內學，推崇神奇的祕文，看重奇特的術數，在各個時期都不乏其人了。所以博洽多聞的儒士書生，對圖讖奸詐虛妄不雅正的那套說法深為憤恨，所上奏疏慷慨激昂，認為應把圖讖收藏起來摒棄掉。司馬遷也說過：「觀閱陰陽家的書籍，會使人行動受拘束並增添許多忌諱。」大概正是出於以上的緣故啊。

3 事物一旦偏向一邊，就不能沒有弊病，即使號稱最高法則，它們窒礙的地方也有的完全相同。至於《詩》教化不得法而產生的偏失則是使人變得愚蠢起來，《尚書》教化不得法而產生的偏失則是導致古史失真，既然如此，那麼數術在施用中而產生的偏失就是滑向欺惑世人了吧？如果能讓人面色溫潤，性情柔和，態度誠懇忠厚而不愚蠢，這才夠得上對《詩》確實理解深的人；如果能列示帝王文告的大綱要目，使人了解遠古時代的美好情狀而不導致古史失真，這才夠得上對《尚書》確實理解深的人；如果能極盡蓍草和卦爻的數目，通達變化的道理而不欺惑世人，這才夠得上對數術確實理解深的人。所以說：「倘若不是合適的人選，道術決不會白白讓他成功地施展出來。」望文生義的人大都弄不清它的統緒，在吸收和擯棄上就出現偏失，甚至有人認為它無所制約，未免太荒誕了，這也是一種偏執的看法。

4 在東漢中期張衡是陰陽占測領域最具權威性的領袖人物，郎顗在推論災異徵兆方面最為精密，其餘的術士也卓然自成一家。這批人也具有典雅的才華和高尚的品德，未必僅僅是對方術掌握得極其純熟。現今特將最擅長推導變化吉凶而對時事頗有補益的那些人物聚集起來，合在一起記述，凸顯他們的事跡。

1 任文公，巴郡❶閬中❷人也。父文孫，明曉天官❸風角祕要。文公少修父術，州❹辟從事❺。哀帝❻時，有言越巂太守❼欲反，刺史❽大懼，遣文公等五從事檢行❾郡界❿，潛伺虛實。共止傳舍⓫，時暴風卒⓬至，文公遽趣白⓭諸從事促去，當有逆變⓮來害人者，因起駕速驅。諸從事未能自發，郡果使兵殺之，文公獨得免。

2 後為治中從事⓯。時天大旱，白刺史曰：「五月一日，當有大水，其變已至，不可防救，宜令吏人豫為其備。」刺史不聽，文公獨儲大船，百姓或聞，頗有為防者。到其日旱烈，文公急命促載，使白刺史，刺史笑之。日將中，天北雲起，須臾大雨，至晡時⓰，湔水⓱涌起十餘丈，突壞廬舍，所害數千人。文公遂以占術馳名。辟司空掾⓲。平帝⓳即位，稱疾歸家。

3 王莽篡後，文公推數⑳，知當大亂，乃課㉑家人負物百斤，環舍趨走，日數十，時人莫知其故。後兵寇並起，其逃亡者少能自脫，惟文公大小負糧捷步㉒，悉得完免。遂奔子公山，十餘年不被兵革。

4

公孫述㉓時，蜀㉔武擔㉕石折。文公曰：「噫！西州㉖智士死，我乃當之。」自是常會聚子孫，設酒食。後三月果卒。故益部㉗為之語曰：「任文公，智無雙。」

【章　旨】以上為〈任文公傳〉。記述任文公的籍貫、家學淵源、供職州部的主要仕履和避亂家居的大體經過，藉此凸顯其擅長天文和風角方術的「西州智士」的顯著特徵和方術施用的典型事例。

【注　釋】❶巴郡　郡名。治今重慶嘉陵江北岸。❷閬中　縣名。今四川閬中。❸天官　猶言天文或天象，指恆星在天空中的分布格局與具體位置。古代流行官制象天說，故稱之為天官或星官。❹州　漢代自武帝時所設置的監察區，共分十三州部，州設刺史。❺從事　州部屬官，全稱從事史，協助刺史處理事務。❻哀帝　指西漢皇帝劉欣。卒諡孝哀。詳見《漢書・哀帝紀》。❼越巂太守　越巂，郡名。治今四川西昌東南。❽刺史　一州長官，負責監察所屬諸郡的施政情況。❾檢行　察看巡視。❿郡界　指歸一郡管轄的區域，即各個縣。郡為漢代所設的地方一級行政區之稱。此處指越巂郡而言。⓫傳舍　負責傳遞公文和接待往來官員及商旅的專設場所，即驛站。⓬卒　通「猝」。猛然；忽然。⓭趣白　快速通知。⓮逆變　反叛變亂之人。⓯治中從事　州部屬官，簡稱治中。掌管選署及眾事。⓰晡時　指午後三時至五時，亦即晚飯的時候。晡，下午三至五時。⓱湔水　江水名。其上游當指今四川汶水與灌縣之間岷江支流白沙河，中游當指今灌縣與金堂之間清白江，下游即今金堂以下沱江。《水經注》：「湔水出綿道玉壘山。」⓲司空掾　在司空手下供職的官吏。其正職曰掾，副職曰屬。⓳平帝　西漢皇帝劉衎。卒諡孝平。詳參《漢書・平帝紀》。⓴數　歷運之數，即王朝氣數、歷史際運。㉑課　督促。㉒捷步　健步。捷，健。㉓公孫述　王莽末年起兵而在巴蜀稱帝徑與劉秀爭天下的人物。本書卷十三有傳。㉔蜀　對四川地區的古稱與別稱。㉕武擔　山名。在今成都境內。晉常璩《華陽國志・蜀志》：「武都有一丈夫，化為女子，美而豔，蓋山精也。蜀王納為妃，不習水土，欲去，王必留之，乃為《東平之歌》以樂之。無幾，物故。蜀王哀之，乃遣五丁之武都，擔土為妃作塚。蓋地數畝，高七丈，上有石鏡，今成都北角武擔是也。後王悲悼，作《臾邪歌龍歸之曲》。其親埋作塚者，皆立方石，以志其墓。成都縣內有一方折石，圍可六尺，長三丈許。去城北六十里曰毗橋，亦有一折石，亦如之。長老傳言，丁士擔土擔也。公孫述時，武擔石折，故治中從事任文公歎曰：『噫！西方智士死，吾其應之。』歲中卒。」㉖西州　對處於中國西南部的益州地區的異稱。㉗益部　從監察區角度而對益州地區所形成的別稱。益州，漢代十三州部之一。東漢時治所設在雒縣。位於今四川廣漢北。

【語譯】任文公，巴郡閬中縣人。他父親任文孫通曉天文、風角方術的奧祕與要領。任文公從年輕時就修明父親的方術，益州州部把他召聘為從事。到哀帝時，有人說越巂太守要反叛，刺史對此感到非常恐懼，就派任文公等五位從事去越巂郡內察看巡視，暗中打探虛實。他們一行人共同住在驛站裡，這時一陣暴風猛然刮來，任文公立刻快速通知其他幾位從事馬上離開，會有叛逆者前來殺人，隨即就駕車飛奔而去。其他幾位從事未能逃走，越巂郡果然派兵殺死了他們，只有任文公一個人幸免於難。

2 後來他擔任治中從事。當時天旱非常厲害，就向刺史稟告說：「五月一日那天，會有洪水，這種災變已成定局，沒辦法防止，應當讓官吏百姓預先做好準備。」刺史拒不聽從，任文公則獨自預備下大船，百姓中有人聽到了他的這一舉動，不少人也就跟著採取了防備措施。到五月一日那天，旱情格外嚴重，任文公命令快快裝載家中的東西，並派人去稟告刺史，刺史聽後感到很可笑。將近中午時，天空北面捲起了烏雲，不一會兒就下起了大雨，到晚飯時分，湔水漲高十幾丈，沖毀房屋，淹死了好幾千人。任文公由此而以占測術聞名遐邇。被徵召為司空掾。到平帝即位時，他以身體有病為理由，回到了家鄉。

3 王莽篡位以後，任文公推算際運氣數，知道天下會隨之大亂，就督促家人背上百斤重的物件，繞著房屋練快走，每天要練幾十圈，周圍人弄不清他這樣做的緣由。後來戰亂與強盜同時興起，那些逃亡的人很少能有脫身的，唯獨任文公一家老小背著糧食快步走，全都保全了性命，躲過了禍害。於是乾脆奔入子公山，十多年沒受到戰亂的騷擾。

4 在公孫述占領巴蜀地區時，蜀地武擔山的長方形大墓石折斷了。任文公說：「哎呀！這預示西州要有智士死去，正該輪在我身上。」從此以後就經常和子孫們聚會，大擺酒宴。過了三個月，他果真去世了。因而益州人給他編順口溜說：「任文公，智無雙。」

1 郭憲，字子橫，汝南宋[1]人也。少師事東海[2]王仲子。時王莽為大司馬[3]，召仲子，仲子欲往。憲諫曰：「禮有來學，無有往教之義[4]。今君賤道畏貴，竊所不取。」仲子曰：「王公至重，不敢違之。」憲曰：「今正臨講業[5]，且當訖事。」仲子從之，日晏[6]乃往。莽問：「君來何遲？」仲子具以憲言對，莽陰奇之。及後篡位，拜憲郎中[7]，賜以衣服。憲受衣焚之，逃于東海之濱。莽深忿恚[8]，討逐不知所在。

2 光武即位，求天下有道之人，乃徵憲拜博士[9]。再遷，建武[10]七年，代張堪[11]為光祿勳[12]。從駕南郊[13]。憲在位，忽回向東北，含酒三潠[14]。執法[15]奏為不敬。詔問其故。憲對曰：「齊國[16]失火，故以此厭[17]之。」後齊果上火災，與郊同日。

3 八年，車駕西征隗囂[18]，憲諫曰：「天下初定，車駕未可以動。」憲乃當車拔佩刀以斷車靷[19]。帝不從，遂上隴[20]。其後潁川[21]兵起，乃回駕而還。帝歎曰：「恨不用子橫之言。」

4 時匈奴[22]數犯塞，帝患之，乃召百僚廷議[23]。憲以為天下疲敝，不宜動眾。諫爭不合，乃伏地稱眩瞀[24]，不復言。帝令兩郎[25]扶下殿，憲亦不拜。帝曰：「常聞『關東[26]觥觥[27]郭子橫』，竟不虛也。」憲遂以病辭退，卒於家。

【章　旨】以上為〈郭憲傳〉。記述郭憲的籍貫、師承淵源和平生的五宗事跡。其中僅有含酒三潠厭齊火的舉動屬於方術。真正表現出的乃是一個「關東觥觥郭子橫」的儒士本色。

【注　釋】❶汝南宋　汝南，郡名。治今河南平輿。宋，全稱宋公國，即原來的新郪縣，治今安徽太和。本書〈志第二十・郡國二・豫州・汝南郡〉：「宋公國，周名郪丘，漢改為新郪，章帝建初四年徙宋公於此。有繁陽亭。」❷東海　郡名。治今山東郯城北。❸大司馬　原稱太尉，自漢武帝更名為大司馬，掌管軍政與征戰。❹禮有來學二句　語本《禮記・曲禮上》：「禮聞來學，不聞往教。」鄭玄注：「尊道藝。」孔穎達疏：「禮聞來學者，凡學之法，當就其師處，北面伏膺。不聞往教者，不可以屈師親來就己。故鄭云尊道藝也。」❺講業　向弟子講授學業。❻日晏　太陽快落山的時候。❼郎中　漢代郎官之一種，掌持戟值班，宿衛殿門，出充車騎。❽忿恚　憤恨。恚，怨恨。❾博士　官名。秩比六百石。負責在太學講授儒家經典，培養學生。朝廷遇有疑難之事詢問，則進行對答。《漢書・成帝紀》：「詔曰：『古之立太學，將以傳先王之業，流化於天下也。儒林之官，四海淵原，宜皆明於古今，溫故知新，通達國體，故謂之博士。』」❿建武　東漢光武帝年號，西元二五—五六年。⓫張堪　東漢初期破蜀有功後又擊破匈奴的郡守級官員。本書卷三十一有傳。⓬光祿勳　漢代九卿之一，負責保衛宮禁安全及培植官吏人才等事宜。其屬官有郎官、羽林（皇帝侍衛隊）、大夫、謁者等。⓭南郊　謂在京師洛陽城南七里處舉行的祭天大禮。⓮潠　噴吐。⓯執法　官名。原稱御史，王莽新朝將其改稱執法。負責察舉非法，監督並糾劾重大典禮中有失威儀的舉止行為。⓰齊國　東漢封國名。治今山東淄博東北臨淄鎮北。⓱厭　鎮服之義。⓲隗囂　王莽末年起兵而以隴西為根據地與劉秀爭天下的人物。本書卷十三有傳。⓳車靷　引車前行的革帶。李賢注：「靷在馬胸。」⓴隴　指隴山，又稱「隴阪」、「隴首」。今陝西隴縣、寶雞與甘肅清水縣、張家川回族自治縣之間。北入沙漠，南止渭河，為關中平原西部屏障。㉑潁川　郡名。治今河南禹州。㉒匈奴　活動於中國古代北方的游牧部族。其社會組織以部落聯盟為主，最高首領稱為單于。自西漢宣帝時分裂為東、西兩部，東匈奴降漢。迄至東漢初期，又分裂為南、北兩部。㉓廷議　在朝堂舉行的百官會議。㉔眩瞀　昏憒；迷亂。瞀，亂。㉕兩郎　謂兩名郎官。郎是對宮禁守衛者和皇帝侍從人員的統稱，包括郎中、中郎、侍郎（合稱三署郎）、議郎等。多從高官及富家子弟中選拔上來，無定員，常至千人。㉖關東　泛指位於今河南靈寶東北的古函谷關以東地區。㉗觥觥　剛直的樣子。

【語　譯】郭憲，字子橫，是汝南郡宋國人。他從年輕時敬拜東海郡王仲子為師長。當時王莽正擔任大司馬，要召見王仲子，王仲子打算前去。郭憲於是勸諫說：「禮制中有學生要前來求教而沒有師長前去施教的規定。如今您看輕道義，懼怕權貴，我個人覺得這是不可取的。」王仲子說：「王公權勢極大，不敢違抗他。」郭憲說：「眼下您正向弟子講授學業，姑且把內容講完再說。」王仲子聽從了這一勸諫，到太陽快落山的時候才去拜見王莽。王莽問道：「您為什麼來得這麼晚呢？」王仲子完整詳盡地將郭憲那番話覆述了一遍，王莽內心深感郭憲是個奇士。到日後王莽篡奪帝位，就任命郭憲當郎中，還拿衣服賜給他。郭憲領受完衣服，便把它燒掉了，逃到東海海邊上。王莽深為憤恨，派人追捕他卻搞不清他究竟藏在什麼地方。

2 光武帝即位以後，搜求天下擅長道術的人士，於是徵召郭憲，將他任命為博士。經過兩次升遷，到建武七年代替張堪就任光祿勳一職。郭憲跟從光武帝的車駕去參加祭天大禮。他在本人所處的站立位置上突然把頭轉向東北方向，口含清酒噴吐了三次。負責禮儀督察的官員劾奏郭憲犯下不敬的罪過。詔書隨後下達，詢問其中的原由。郭憲回答說：「齊國發生了火災，所以用這種方法鎮服它。」此後齊國果真上報本地有火災發生，時間與祭天大禮是同一日。

3 建武八年，光武帝親自西進，征討隗囂，郭憲勸阻說：「天下剛剛安定下來，御駕不可以輕易出動。」他竟當面攔住天子乘坐的專車，拔出佩刀砍斷了引車前行的革帶。但光武帝拒不聽從，隨即進發到隴山。事後潁川郡發生叛軍作亂事件，於是掉頭返回。光武帝由此歎息說：「遺憾的是沒採納子橫的建議。」

4 這時匈奴屢屢進犯邊塞地區，光武帝對這種局勢深感憂慮，就召集文武百官在朝堂上商議對策。郭憲認為天下疲憊凋敝，不應興師動眾去討伐。由於諫諍得不到贊同，他就趴在地上說自己頭腦迷亂了，再也不講一句話。光武帝命令兩名郎官把他扶下朝堂去，郭憲也不進行叩拜。光武帝見此情景說：「總聽說『關東觥觥郭子橫』這句話，果然一點兒也不假。」郭憲隨後以身體有病為理由，辭去了官職，離開了朝廷，最後在家中去世。

1 許楊，字偉君，汝南平輿❶人也。少好術數。王莽輔政，召為郎，稍遷酒泉都尉❷。及莽篡位，楊乃變姓名為巫醫❸，逃匿它界。莽敗，方還鄉里。

2 汝南舊有鴻郤陂❹，成帝❺時，丞相翟方進❻奏毀敗之。建武中，太守鄧晨❼欲修復其功，聞楊曉水脈❽，召與議之。楊曰：「昔成帝用方進之言，尋而自夢上天，天帝怒曰：『何故敗我濯龍淵❾？』是後民失其利，多致飢困。時有謠歌曰：『敗我陂者翟子威，飴我大豆，亨我芋魁❿。反乎覆⓫，陂當復。』昔大禹⓬決江⓭疏河⓮以利天下，明府⓯今興立廢業，富國安民，童謠之言，將有徵於此。誠願以死效力。」晨大悅，因署楊為都水掾⓰，使典其事。楊因高下形埶，起塘⓱四百餘里，數年乃立。百姓得其便，累歲大稔⓲。

3 初，豪右⓳大姓因緣⓴陂役，競欲辜較㉑在所，楊一無聽，遂共譖楊受取賕賂。晨遂收楊下獄，而械輒自解。獄吏㉒恐，遽白晨。晨驚曰：「果濫矣。太守聞忠信可以感靈，今其效乎！」即夜出楊，遣歸。時天大陰晦，道中若有火光照之，時人異焉。後以病卒。晨於都宮㉓為楊起廟，圖畫形像，百姓思其功績，皆祭祀之。

【章　旨】以上為〈許楊傳〉。記述許楊的籍貫、好術數與通巫醫的特長，反對王莽篡位，特別是在東漢建國初期興建鴻郤陂水利工程的事跡。從興建鴻郤陂水利工程來看，顯現的是傳主憑藉「曉水脈」本領襄助「富國安民」之舉的效死精神和極力抵制地方豪強乘機中飽私囊的高尚品格。

【注　釋】❶平輿　縣名。為漢代汝南郡郡治所在，今河南平輿北。❷酒泉都尉　地方武職之稱。酒泉為兩漢河西四郡之一，漢武帝元狩二年（西元前一二一年）始置。治今甘肅酒泉市。都尉，係一郡武官。協助郡守掌領武職甲卒，負責治安，防遏盜賊。❸巫醫　巫師和醫師。巫師以迎神驅邪為主，醫師以方藥療疾為主，但巫師往往亦通醫術，醫師也大多知曉巫術，二者經常扮演雙重角色。自古以來便巫醫不分，一身二任。❹鴻郤陂　亦作「鴻郄陂」或「鴻隙陂」，又名「鴻池陂」或「洪陂」。由淮北諸水溢而為陂。陂，水塘湖泊。具有蓄水和灌溉的功用。故址原在汝陽縣東十里處，汝陽縣治所則位於今河南商水縣西北。❺成帝　西漢皇帝劉驁。卒諡孝成。詳參《漢書・成帝紀》。❻丞相翟方進　丞相，輔佐皇帝料理國政的首席大臣。秦統一後設立左、右丞相，漢初則置一名丞相。其品秩為萬石，負責典領百官，於政務無所不統。翟方進，西漢後期身為儒宗、位至宰輔的一位人物。《漢書》卷八十四載：「初，汝南舊有鴻隙大陂，郡以為饒。成帝時，關東數水，陂溢為害。方進為相，與御史大夫孔光共遣掾行視，以為決去陂水，其地肥美，省隄防費而無水憂，遂奏罷之。及翟氏滅，鄉里歸惡，言方進請陂下良田不得，而奏罷陂云。王莽時常枯旱，郡中追怨方進。童謠曰：『壞陂誰？翟子威！飯我豆食羹芋魁。反乎覆，陂當復。誰云者？兩黃鵠。』」❼鄧晨　光武帝劉秀的姐夫。以功封拜西華侯。本書卷十五載：「晨興鴻郤陂數千頃田，汝土以殷，魚稻之饒，流衍它郡。」❽水脈　指水流的分布狀況和變動規律等。❾濯龍淵　神龍洗浴的淵潭。以上許楊所云，乃係傳說，於《漢書》無證。❿芋魁　芋根。此句和上句的意思是說，田地無水灌溉而不長粳稻，又無黍稷，只能種些大豆和芋頭當飯吃。⓫反乎覆　事態反覆無常，禍福相倚。⓬大禹　古代傳說中的治水英雄和夏王朝的創建者。⓭江　指長江。⓮河　指黃河。⓯明府　漢代對郡守、州刺史的一種尊稱。李賢注：「郡守所居曰府。府者，尊高之稱。《前書》韓延壽為東郡太守，門卒謂之明府，亦其義也。」魏晉以後仍被沿用。⓰都水掾　郡設屬官，主管河道的巡查和水利工程的營建等事宜。⓱塘　堤堰；堤防。⓲大稔　大豐收。⓳豪右　地方上的豪強勢家。⓴因緣　這裡為利用之義。㉑辜較　搜刮聚斂。指對財物的掌控。㉒獄吏　牢獄的看管人員。㉓都宮　疑謂祭祀水神的處所。

【語　譯】許楊，字偉君，是汝南郡平輿縣人。他從年輕時就喜好各種方術。到王莽輔佐朝政時，把他徵召為郎官，逐漸升任酒泉都尉。到王莽篡奪帝位後，許楊就改換姓名去做巫醫，逃到別的地方隱藏起來。王莽敗亡後，他才返回到故鄉。

2 汝南郡境內原來有處鴻郤陂，在西漢成帝時，丞相翟方進奏請把它毀壞了。到建武年間，汝南太守鄧晨打算修浚並重新發揮鴻郤陂的功用，聽說許楊懂得水流的分布狀況和變動規律，就召請並同他籌劃這宗事。許楊說：「過去成帝聽信翟方進的主意，隨即便夢見自己登上天庭，天帝怒斥道：『因何原因竟然毀壞了我那濯龍淵？』自此以後百姓便失去了它所帶來的益處，致使很多人挨餓受窮。當時出現歌謠說：『毀壞我們陂塘的人就是那個翟子威，結果叫我們只能種些大豆和芋頭填肚皮。禍福反覆無常兩相倚，該把陂塘重新修好哩。』大禹在從前開通長江，疏導黃河，來使天下人獲取到福利，明府您如今要把廢棄的功業再度振興起來，讓國家富足，叫百姓安定，當年童謠所吟唱的內容，眼看著就在此時此刻得到回應了。我確實願意拿性命為您效力。」鄧晨聽後萬分高興，隨即任命許楊擔當都水掾，叫他掌管這宗事。許楊根據地形高低，修建了四百多里長的堤堰，歷時好幾年才竣工。百姓得到了實惠，接連好多年獲得糧食大豐收。

3 起初，豪強勢家利用修建堤堰的施工機會，都爭著想在自身所處的地段內搜刮聚斂發橫財，許楊沒讓他們任何一家得逞，於是就共同誣陷許楊收取賄賂。鄧晨便抓起許楊並將他關入牢獄中，可刑具卻總自動脫落。牢獄的看管人員見此情景很害怕，急忙稟告給鄧晨。鄧晨聞訊吃驚地說道：「果真冤枉好人了。我聽說忠貞和誠信可以感動神靈，眼前正是具體驗證吧！」隨即連夜便把許楊放出來，讓他回家。當時天色異常陰沉黑暗，路上好像有火光在給他照路，人們對此深感驚異。後來許楊因病去世。鄧晨特意在都宮為他修建廟宇，繪製出他的畫像，眾百姓懷念許楊的功績，全都祭祀他。

高獲，字敬公，汝南新息❶人也。為人尼首方面❷。少遊學京師❸，與光武有舊。師事司徒歐陽歙❹。歙下獄當斷，獲冠鐵冠，帶鈇鑕❺，詣闕請歙。帝雖不赦，而引見之。謂曰：「敬公，朕欲用子為吏，宜改常性。」獲對曰：「臣受性於父母，不可改之於陛下。」出便辭去。

三公爭辟不應。後太守鮑昱❻請獲，既至門，令主簿❼就迎，主簿但使騎吏❽迎之，獲聞之，即去。昱遣追請獲，獲顧曰：「府君❾但為主簿所欺，不足與談。」遂不留。時郡境大旱。獲素善天文，曉遁甲，能役使鬼神。昱自往問何以致雨，獲曰：「急罷三部督郵❿，明府當自北出，到三十里亭⓫，雨可致也。」昱從之，果得大雨。每行縣⓬，輒軾其閭⓭。獲遂遠遁江南⓮，卒於石城⓯。石城人思之，共為立祠。

【章　旨】以上為〈高獲傳〉。記述高獲的籍貫、特殊長相、同光武帝的舊友關係、善天文曉遁甲又能役使鬼神的方術專長，特別是詣闕營救師尊歐陽歙及為汝南郡祈雨的兩宗事跡。

【注　釋】❶新息　縣名。治今河南息縣。❷尼首方面　尼首，謂頭部頂端略似尼丘山，中間低，四方高。方面，正方形臉型，俗稱田字臉。❸京師　指故都長安，今陝西西安。❹司徒歐陽歙　司徒，東漢所設三公之一。掌管全國民政等事務。歐陽歙，生活在兩漢之際的今文學派《歐陽尚書》的第八代傳人。本書卷七十九〈儒林列傳〉：「建武五年，坐事免官。明年，拜揚州牧，遷汝南太守。推用賢俊，政稱異跡。九年，更封夜侯。歙在郡，教授數百人。視事九歲，徵為大司徒，坐在汝南臧罪千餘萬，發覺，下獄。諸生守闕為歙求哀者千餘人，至有自髡剔者。」❺鈇鑕　古代對罪犯執行腰斬死刑所使用的刑具。鈇，鍘刀。鑕，為罪犯裸身所俯臥的砧。❻鮑昱　東漢前期奉法守正的大臣。本書卷二十九載：明帝「永平五年，坐救火遲免。後拜汝南太守。」十七年，「代王敏為司徒。」❼主簿　郡設屬官。掌管文書事務。❽騎吏　負責車馬的佐吏。❾府君漢代對郡守、諸侯國相的一種敬稱。後世仍予沿用。❿三部督郵　郡設屬官。負責監察各縣，管制地方奸猾豪強，形同太守的耳目。因按地理位置將全郡諸縣劃分成三個監察區域，各設督郵一名，故稱三部督郵。若按東西南北中分成五部，則稱五部督郵。⓫亭　漢代基層行政組織。即百戶為里，十里為亭。⓬行縣　視察下屬各縣。⓭軾其閭　意謂面向他所居住的地方手扶車前橫木敬行注目禮。⓮江南　泛指長江以南地區。⓯石城　石頭城。故址在今南京清涼山。

【語　譯】高獲，字敬公，是汝南郡新息縣人。他的頭頂長得中間低，四周高，臉型酷似田字形。從年輕時就在京師長安求學，同光武帝曾是好朋友。他敬拜歐陽歙為師長。歐陽歙被關進監獄，等待定罪判刑，高獲便頭戴鐵冠，披帶腰斬死囚所用的刑具，來到宮門前特為歐陽歙求情。光武帝雖然沒有赦免歐陽歙，但卻召見了高獲。對他說道：「敬公啊，朕想任用你當朝廷官員，你應改一改原來的脾氣秉性。」高獲對答說：「臣下我從父母那裡承受到脾氣秉性，不可能在陛下這裡改掉它。」說完就告辭離去了。

三公競相聘用高獲，他都不予理會。後來汝南太守鮑昱召請高獲，當他抵達衙署門口時，鮑昱就派主簿去迎接，主簿又只讓騎吏去迎接，高獲聽說這種情況後，馬上轉身走了。鮑昱派人追趕上去把他再請回來，高獲掉頭說：「府君您被主簿所欺蒙，不足以和您談論什麼。」於是沒作停留就揚長而去了。當時郡內出現嚴重的旱災，高獲一向熟悉天文，通曉遁甲方術，能夠驅使鬼神聽差遣。鮑昱便親身前去詢問讓天下雨的辦法，高獲說：「立刻撤銷三部督郵，明府您要由北出城，一直走到三十里外的郵亭，這樣就能讓天下雨了。」鮑昱照此去做，大雨果然降下來了。此後鮑昱只要去視察下屬各縣，就面向高獲所居住的地方手扶車前橫木敬行注目禮。高獲隨後遠遠地來到江南一帶隱遁起來，最終在石城去世。石城人思念他，共同為他修建了祠堂。

王喬者，河東❶人也。顯宗❷世，為葉令❸。喬有神術，每月朔望❹，常自縣詣臺朝❺。帝怪其來數❻，而不見車騎，密令太史❼伺望之。言其臨至，輒有雙鳧❽

從東南飛來。於是候鳧至，舉羅❾張之，但得一隻舄❿焉。乃詔尚方⓫訡視⓬，則四年中所賜尚書⓭官屬履也。每當朝時，葉門下⓮鼓不擊自鳴，聞於京師。後天下⓯玉棺於堂前，吏人推排，終不搖動。喬曰：「天帝獨召我邪？」乃沐浴服飾寢其中，蓋便立覆。宿昔⓰葬於城東，土自成墳。其夕，縣中牛皆流汗喘乏，而人無知者。百姓乃為立廟，號葉君祠。牧守⓱每班錄⓲，皆先謁拜之。吏人祈禱，無不如應。若有違犯，亦立能為祟。帝乃迎取其鼓，置都亭⓳下，略無復聲焉。或云此即古仙人王子喬⓴也。

【章　旨】以上為〈王喬傳〉。記述王喬的籍貫、縣官身分和神仙方術。神仙方術涉及到「隻舄化雙鳧」，令鼓自鳴，夜役群牛築墳墓。

【注　釋】❶河東　郡名。治今山西夏縣西北禹王城。❷顯宗　指東漢皇帝劉莊。卒諡孝明，廟號顯宗。詳見本書卷二。❸葉令　葉縣縣令。葉，縣名。治今河南葉縣西南舊縣鎮。令，縣令。為一縣長官。漢制，縣萬戶以上稱縣令，不滿萬戶稱縣長。❹朔望　農曆初一日和十五日。這裡指每逢朔望需朝謁的禮制。❺臺朝　尚書臺與朝堂。❻來數　前來頻繁之義。❼太史　全稱太史令。其品秩為六百石，掌管天象觀測、曆法制定和時節禁忌等。❽雙鳧　一對狀如家鴨的水鳥。鳧，俗稱野鴨，羽毛呈青色，背上帶有花紋。❾羅　捕鳥的網具。❿舄　用木當覆底的一種鞋。⓫尚方　專為皇室製作刀劍和玉器等物品的官署。其長官稱尚方令。⓬訡視　察看；省視。訡，同「診」。⓭尚書　尚書臺所屬官員的一種官稱。尚書臺又稱中臺，是東漢時專設的一個協助皇帝處理政務的機構，下分六曹，每曹均設尚書一人，各掌其事。尚書意為執掌文書，秩低權重，為其特徵。詳見本書〈志第二十六・百官三〉。⓮門下　指縣衙正門前方。⓯天下　從天空中降落下來的意思。⓰宿昔　夜晚；夜間。⓱牧守　刺史和郡守。⓲班錄　長官首次到任後對本轄區的官員按級別進行點名和集體會見的例行活動。錄，官員花名冊。⑲都亭 都邑中的傳舍。漢制，郡縣治所設立都亭，位於城郭之下。⑳王子喬 傳說中的仙人。李賢注引西漢劉向《列仙傳》：「王子喬，周靈王太子晉也。好吹笙，作鳳鳴。遊伊、洛間，道士浮丘公接上嵩山。三十餘年後，來於山上，告桓良曰：『告我家，七月七日待我緱氏山頭。』果乘白鶴，駐山顛，望之不得到，舉手謝時人而去。」

【語　譯】王喬，河東郡人。在明帝時期，他擔任葉縣縣令。王喬會施展神奇的方術，每月初一日和十五日，經常從葉縣到尚書臺與朝堂去謁見。明帝對他頻繁前來可卻看不到他有車馬感到很奇怪，就祕密命令太史暗中做觀察。結果奏報說：王喬每次快抵達時，就有一對形狀如家鴨的水鳥從東南方向飛來。隨後等這對水鳥飛到時，張布網具圈住了牠們，但僅僅得到了一只用木當覆底的鞋。於是詔書發下來，命令尚方察看，結果是四年當中賜給尚書臺屬官的朝靴。而每次要按禮制去朝謁時，葉縣縣衙正門前方的那面鼓沒人敲擊就自動響起來，連京師都能聽得見。日後從天空中降下一口玉棺來，落在了縣衙大堂前，官吏們一齊推挪它，但卻始終紋絲不動。王喬說道：「這是天帝在召我前去吧？」於是洗淨全身，穿好衣服，戴好飾物，端端正正躺臥到裡面，玉棺棺蓋立刻就合上了。當天夜晚就下葬在縣城東面，泥土自動形成了墳堆。就在這一夜，縣中的耕牛全都累得流汗喘粗氣，可卻沒人知道這種情況。百姓於是為他修建起廟宇，起名叫葉君祠。刺史和郡守只要首次到任召集全體下屬官員點名會見，都先到祠中拜祭王喬。官吏和百姓向他祈禱，沒有不如願的。如果有誰冒犯，立刻招來殃祟。明帝派人去迎取那面鼓，放置在都亭下面，卻不再自動發出響聲了。有人說王喬這個人就是古代的仙人王子喬。

1 謝夷吾，字堯卿，會稽山陰❶人也。少為郡吏，學風角占候。太守第五倫❷擢為督郵。時烏程❸長有臧釁❹，倫使收案❺其罪。夷吾到縣，無所驗❻，但望閣伏哭而還。一縣驚怪，不知所為。及還，白倫曰：「竊以占候，知長當死。近三十日，遠不過六十日，遊魂假息❼，非刑所加，故不收之。」倫聽其言，至月餘，果有驛馬❽齎長印綬❾，上言暴卒。倫以此益禮信之。

2 舉孝廉❿，為壽張⓫令，稍遷荊州⓬刺史，遷鉅鹿⓭太守。所在愛育人物，有善績。及倫作司徒⓮，令班固為文薦夷吾曰：「臣聞堯登稷⓯、契⓰，政隆太平；舜用皋陶⓱，政致雍熙⓲。殷⓳、周⓴雖有高宗㉑、昌、發㉒之君，猶賴傅說㉓、呂望㉔之策，故能克崇其業，允協大中㉕。竊見鉅鹿太守會稽謝夷吾，出自東州，厥土塗泥㉖，而英姿挺特㉗，奇偉秀出。才兼四科㉘，行包九德㉙，仁足濟時，知㉚周萬物。加以少膺儒雅，韜含六籍㉛，推考星度㉜，綜校圖錄，探賾㉝聖祕㉞，觀變歷徵㉟，占天知地，與神合契㊱，據其道德，以經王務。昔為陪隸㊲，與臣從事，奮忠毅之操，躬史魚㊳之節，董㊴臣嚴綱，勖㊵臣懦弱，得以免戾㊶，寔賴厥勳。及其應選作宰㊷，惠敷百里㊸，降福彌異，流化若神，爰牧荊州，威行邦國。奉法作政，有周、召㊹之風；居儉履約，紹公儀㊺之操。尋功簡能，為外臺㊻之表；聽聲察實，為九伯㊼之冠。遷守鉅鹿，政合時雍㊽。德量績謀㊾，有伊㊿、呂、管(51)、晏(52)之任；闡弘道奧，同史蘇(53)、京房(54)之倫。雖密勿(55)在公，而身出心隱，不殉名以求譽，不馳騖(56)以要寵，念存遜遁，演志箕山(57)。方之古賢，實有倫序(58)；採之於今，超焉絕俗[59]。誠社稷之元龜[60]，大漢之棟甍[61]。宜當拔擢，使登鼎司[62]，上令三辰[63]順軌於歷象[64]，下使五品[65]咸訓[66]于嘉時，必致休徵[67]克昌之慶，非徒循法奉職[68]而已。臣以頑駑[69]，器非其疇[70]，尸祿負乘[71]，夕惕若厲[72]。願乞骸骨[73]，更授夷吾，上以光七曜[74]之明，下以厭[75]率土[76]之望，庶令微臣塞咎免悔。」

3 後以行春[77]乘柴車[78]，從兩吏，冀州[79]刺史上其儀序失中，有損國典，左轉[80]下邳[81]令。豫剋死日，如期果卒。勑其子曰：「漢末當亂，必有發掘露骸之禍。」使懸棺[82]下葬，墓不起墳[83]。

4 時博士勃海[84]郭鳳亦好圖讖，善說災異[85]，吉凶占應。先自知死期，豫令弟子市棺斂具，至其日而終。

【章　旨】以上為〈謝夷吾傳〉。記述謝夷吾的籍貫、由郡督郵歷任縣令、刺史、太守的仕履及所作所為。從中反映出其研習風角和占候方術的具體情況，集中表現在預測他人和自身死期與末世戰亂浩劫上。重點則是班固的〈為司徒第五倫薦謝夷吾表〉。透過這篇表文，可知明帝和章帝承襲光武帝尤重圖讖的思想文化政策。除傳主之外，還附帶載錄了博士郭鳳善說災異、自知死期的簡要事跡。

【注　釋】❶會稽山陰　會稽，郡名。治所在山陰縣。山陰，縣名。即今浙江紹興。❷第五倫　東漢前期以廉潔正直著稱的大臣。第五乃係複姓。本書卷四十一載：其自東漢明帝永平十一年升任蜀郡太守，總共「視事七歲」。❸烏程　縣名。治今浙江湖州南下菰城。❹臧釁　貪贜枉法的嫌疑。臧，「贜」的古字。❺收案　抓起來審問。❻驗　查證核實。❼假息　苟延殘喘。❽驛馬　謂驛站中騎馬傳遞公文的人。❾印綬　印章和繫印的絲帶。漢制規定，縣令縣長佩帶銅印黃綬。詳見本書〈志第三十・輿服下〉。❿孝廉　漢代選拔官吏的科目之一。得入此選者，往往躋身尚書郎的行列。《漢書・武帝紀》：「元光元年冬十一月，初令郡國舉孝廉各一人。」⓫壽張　縣名。原名壽良，東漢改稱壽張。治今山東東平。⓬荊州　東漢所設十三州之一。治今湖南常德。⓭鉅鹿　郡名。治今河北平鄉。⓮司徒　據本書卷三〈肅宗孝章帝紀〉、卷四〈孝和孝殤帝紀〉、〈第五倫傳〉及其他相關人物傳記的記述，第五倫在其本人八十多年的生命歷程中從未擔任過司徒一職，全都載為司空，在位共十一年，即：始任於章帝即位也就是明帝永平十八年十一月戊戌日，罷免於章帝元和三年五月丙子日。則僅見於此的「司徒」，必為「司空」之誤。⓯稷　以擅長農藝著稱的姬姓周人的始祖。相傳其在堯舜時代曾任農師。⓰契　輔佐大禹治水有功又善於教化的子姓殷人的始祖。相傳其在帝舜時代曾任司徒。⓱皋陶　傳說中的舜帝的法官。詳參《尚書・皋陶謨》。⓲雍熙　和樂太平。⓳殷　中國歷史上繼夏而起的第二個王朝。又稱商。從商湯至商紂王共傳十七世，三十一王，歷時六百年左右。⓴周　中國歷史上繼商而起的第三個王朝。從周武王至周幽王共傳十二王，是為西周，歷時二百七十六年。㉑高宗　指殷朝第二十三位國王武丁。其在位五十九年間使殷朝重新振興，臻於極盛。因他德高可尊，故被後世稱作高宗。㉒昌發　指周文王姬昌和周武王姬發。㉓傳說　輔佐殷高宗建立中興功業的賢臣。㉔呂望　又名呂尚，本姓姜，俗稱姜太公。輔佐周武王滅商的軍事統帥，齊國的始祖。其事跡主要見之於《史記・齊太公世家》。㉕大中　意謂極其適中的最高準則與唯一尺度。《尚書・洪範》：「五曰建用皇極。」偽《孔傳》：「皇，大；極，中也。凡立事當用大中之道。」㉖塗泥　土質溼潤之義。《尚書・洪範》：揚州「厥土惟塗泥。」偽《孔傳》：「地泉濕。」㉗挺特　出類拔萃的意思。㉘四科　孔子培養人才的四種類型，即德行、言語（口才）、政事、文學（文獻之學）。《論語・先進》謂：「德行，顏淵、閔子騫、冉伯牛、仲弓；言語，宰我、子貢；政事，冉有、季路；文學，子游、子夏。」㉙九德　謂賢人所具備的九種優良品格。具體所指不一。《尚書・皋陶謨》稱九德為：「寬而栗（嚴肅），柔而立（立事），願（樸實）而恭，亂（治理）而敬，擾（馴順）而毅，直而溫，簡而廉，剛而塞（充實），強而義。」《左傳・昭公二十八年》所載晉大夫成鱄宣明的九德是：「心能制義曰度，德正應和曰莫，照臨四方曰明，勤施無私曰類，教誨不倦曰長，賞慶刑威曰君，慈和偏服曰順，擇善而從之曰比，經緯天地曰文。」《逸周書・常訓》則謂：「九德：忠、信、敬、剛、柔、和、固、貞、順。」又同書〈文政〉復曰：「九德：一忠，二慈，三祿，四賞，五民之利，六商工受資，七祗民之死，八無奪農，九足民之財。」㉚知　通「智」。智慧；明智度。㉛六籍　即儒家《六經》。㉜星度　指恆星的空中分布位置及行星的天區運行軌道。㉝探賾　探索奧妙之處。㉞聖祕　指孔子祕經。亦即讖緯學者為抬高身價而託名孔子製作的書籍。本書卷十三〈公孫述傳〉：「孔子作《春秋》，為赤制而斷十二公。明漢至平帝十二代，歷數盡也。」《春秋公羊傳》唐徐彥疏則謂：「必知孔子制《春秋》以授漢者，案《春秋說》：『伏羲作八卦，丘合而演其文，瀆而出其神，作《春秋》，以改亂制。』又云『丘覽史記，援引古圖，推集天變，為漢帝制法，陳敘圖錄。』又云『丘水精，治法為赤制功。』又云『黑龍生為赤，必告示象，使知命。』又云『經十有四年春，西狩獲麟。赤受命，蒼失權周矣。』」㉟歷徵　歷數際運的徵兆。㊱合契　密合無間。㊲陪隸　奴隸，實謂屬員，即上文所說的「郡吏」、「督郵」。㊳史魚　名鰌，字子魚。春秋時期衛國的大夫。《論語・衛靈公》：「子曰：『直哉史魚！邦有道如矢，邦無道如矢。』」孔穎達疏：「言不隨世變曲也。」㊴董　督率；統領。㊵勖　激勵。㊶免戾　避免違背事理的錯誤舉動。㊷宰　指一縣之長。古稱主管卿大夫封邑者或國君城邑者為宰，如《論語・雍也》所載「子游為武城宰」及〈子路〉所載「仲弓為季氏宰」之類。㊸百里　指代一縣的轄區。㊹周召　指周公和召公。周公名旦，為西周初期的大政治家，魯國的始祖。為周文王第四子、武王之弟，因其采邑在周（今陝西岐山縣），故稱周公。成王時官任太師。事跡主要見於《尚書・周書》諸篇及《史記・周本紀》、卷三十三〈魯周公世家〉。召公名奭，食邑於召（今陝西岐山縣西南），故稱召公。為周王室的代表人物，戰國燕國的始祖。成王時官任太保。事跡主要見於《尚書・召誥》及《史記・周本紀》、卷三十四〈燕召公世家〉。㊺公儀　指戰國前期魯國繆公的國相公儀休。公儀乃係複姓。《史記・循吏列傳》：「客有遺相魚者，相不受。客曰：『聞君嗜魚。遺君魚。何故不受也？』相曰：『以嗜魚，故不受也。今為相，能自給魚；今受魚而免，誰復給我魚者？吾故不受也。』」食茹而美，拔其園葵而棄之。見其家織布好，而疾出其家婦，燔其機，云：『欲令農士工女，安所讎其貨乎？』」㊻外臺　指刺史之職。漢制，刺史下設別駕、治中及諸曹掾屬，稱作外臺。㊼九伯　天下九州的各州長官。這裡意為封疆大吏，即刺史。《左傳・僖公四年》載召陵之戰中管仲之語：「五侯九伯，女實征之，以夾輔周室。」杜預注：「五等諸侯，九州之伯，皆得征討其罪。」㊽時雍　和睦。語本《尚書・堯典》：「黎民於變時雍。」偽《孔傳》：「時，是；雍，和也。言天下眾民皆變化從上，是以風俗大和。」㊾績謀　政績與謀略。《尚書・皋陶謨》中「庶績其凝」與「謨明弼諧」的縮語和轉語。謨，即謀。㊿伊　指輔佐商湯滅夏的伊尹。(51)管　指輔佐齊桓公在春秋時期首次成就霸業的管仲。《史記》卷六十二有傳。(52)晏　指春秋時期輔佐齊景公執政的賢臣晏嬰。《史記》卷六十二有傳。(53)史蘇　春秋時期晉國擅長卜筮的史官。《左傳・僖公十五年》載有其對晉獻公嫁伯姬於秦而依據《周易》所作的結果「不吉」的占例。(54)京房　西漢《易》學中善以陰陽五行學說講論災異的開宗立派的重要人物。《漢書》卷七十五有傳。(55)密勿　勤勉努力。(56)馳騖　奔走鑽營。(57)箕山　地名。故址在今河南濮陽。以形似簸箕而得名，素來為高士隱居的處所。《呂氏春秋・求人》：「昔者堯朝許由於沛澤之中，曰：『十日出而焦火不息，不亦勞乎！夫子為天子，而天下已治矣，請屬天下於夫子。』許由辭曰：『為天下之不治與？而既已治矣，自為與？啁噍巢於林，不過一枝；偃鼠飲於河，不過滿腹。歸已君乎！惡用天下？』遂之箕山之下，潁水之陽，耕而食，終身無經天下之色。」58倫序　對等的地位。59絕俗　超越流俗。60元龜　大龜。喻指高明的謀臣。《尚書・西伯戡黎》載祖伊之言曰：「格人元龜，罔敢知吉。」孔穎達疏：「格訓為至，至人謂至道之人，有所識解者也。至人以人事觀殷，大龜有神靈，逆知來物，故大龜以神靈考之。」61棟甍　棟梁，喻指堪當重任的人。李賢注：「甍亦棟也。」62鼎司　指輔政重臣所主管的直屬機構，即三公高位。63三辰　日、月、星的合稱。64歷象　意為觀測推算的正確結果。65五品　指五種倫理道德信條，即父義、母慈、兄友、弟恭、子孝。66訓　依順；依從。67休徵　美好吉祥的兆應。語出《尚書・洪範》：「曰休徵：曰肅，時雨若（隨之而至）；曰乂，時暘若；曰哲，時燠若；曰謀，時寒若；曰聖，時風若。」偽《孔傳》：「敘美行之驗。」68循法奉職　這是司馬遷在《史記・循吏列傳》中對循吏亦即後世所稱良吏提出的看法和確立的標準。69頑駑　頑劣愚笨。70疇　類屬；類別。71負乘　意謂本人行事不當，自召禍殃。負謂身背物品。乘謂乘坐車馬。身背物品又乘坐在車馬之上，則使人一見便知該物品珍貴，故而容易招來強盜劫奪。語本《周易・解卦》六三（倒數第三陰爻）爻辭：「負且乘，致寇至。」72夕惕若厲　意謂時刻保持高度戒懼的意念。厲，險情；災禍。語出《周易・乾卦》九三（倒數第三陽爻）爻辭。73乞骸骨　請求退休。74七曜　日、月和五大行星的合稱。75厭　滿足。76率土　四海之內；整個國家。《詩・北山》：「溥天之下，莫非王土。率土之濱，莫非王臣。」《毛傳》：「溥，大。率，循。濱，涯也。」77行春　指太守巡視各縣督促春耕生產的專項公務活動。本書〈志第二十八・百官五・州郡〉：「本注曰：凡郡國皆掌治民，進賢勸功，決訟檢姦。常以春行所主縣，勸民農桑，振救乏絕。」78柴車　簡陋的車子。79冀州　東漢所設十三州之一。治今河北臨漳。鉅鹿郡則在冀州刺史的監察範圍以內。80左轉　降級安置。81下邳　縣名。治今江蘇睢寧。82懸棺　棺槨內不放置任何物品。懸，空虛。83墓不起墳　墓，塋域。墳，築土。84勃海　郡名。治今河北南皮。85災異　指上天以各種罕見的反常現象或嚴重的自然災害，對人間王朝政治黑暗發出的警告與譴責。《白虎通義・災變》：「災異者，何謂也？《春秋潛潭巴》：『災之言傷也，隨事而誅。異之言怪，先感動之也。』」

【語　譯】謝夷吾，字堯卿，是會稽郡山陰縣人。他從年輕時擔任郡中的吏員，學習風角和其他占測吉凶的方術。太守第五倫將他提拔為督郵。這時烏程縣縣長有貪贓枉法的嫌疑，第五倫就派謝夷吾去把烏程縣縣長抓起來，審問他所犯下的罪行，謝夷吾到達烏程縣後，並沒採取任何查證核實的行動，只是面向閣樓趴在地上哭了一陣就打道回府了。全縣人對此都感到驚訝奇怪，不知道他這樣做究竟是為了什麼。回到郡府以後，他向第五倫稟報說：「我私自測算了一下，推知烏程縣長就要死掉了，期限早則三十天，最晚也超不過六十天去。眼下只是遊移的魂魄讓他苟延殘喘罷了，沒必要再施加刑罰，所以就沒把他抓起來審訊。」第五倫相信謝夷吾的說法，經過一個多月，果然有驛站中騎馬傳遞公文的人攜帶烏程縣縣長的印綬交上來，稟報說縣長突然死掉了。第五倫通過這件事更加信賴禮遇謝夷吾了。

2 謝夷吾被保舉為孝廉，出任壽張縣縣令，逐漸升任荊州刺史，又調任鉅鹿太守。在各個任所，他都愛護化育人才以及百姓，取得了美好的政績。到第五倫就任司徒時，便責成班固撰寫章表推薦謝夷吾說：「臣下我聽說唐堯把稷、契安排在重要的職位上，朝政就興隆，達到天下太平；虞舜任用皋陶，朝政就形成天下和樂的局面。殷商、西周儘管賴有殷高宗、姬昌、姬發那樣的聖明君主，但仍要依靠傅說、呂望這些賢臣的計策，因而才能擴展他們的功業，符合那極其適中的最高準則。臣下我發現，鉅鹿太守會稽人氏謝夷吾，早從東部州郡脫穎而出，那裡土地溼潤，而他英才的風姿出類拔萃，奇特偉岸獨樹一幟，才華兼備四科，品行包納九德，仁愛足以拯救當世，智慧能夠遍知萬物。再加上他從年輕時就景仰儒學雅士，胸中韜略涵蓋了《六經》，還會推算考察星辰的分布位置與運行軌道，綜合研討圖讖文籍，探索孔子為大漢所作祕經的奧妙之處，觀察歷數際運的變化徵兆，上知天心，下知地意，同神靈密合無間，依憑自身的道德，用來籌劃處理好屬於國家的大政要務。從前他就任屬吏，跟隨臣下我處理政事，振揚起忠誠剛毅的操守，踐行史魚那樣的直節，助我嚴明綱紀，對我懦弱不足的地方予以激勵，得以免除違背事理的錯誤舉動，委實仰仗他所建立的勳績。等到他符合保舉條件當上縣宰，又把朝廷的恩惠施布到整個轄區以內，給民眾帶來的吉福越來越與眾不同，播揚教化如同神靈一般。等到出任荊州刺史，威懾力發揮到各個郡國。在遵守國法、履行職責上，顯出當年周公、召公的風範；在生活儉樸、嚴於律己上，繼承了公儀休那樣的節操。考核功績與才能，他屬於州部刺史的表率；循名責實，他屬於地方大員的第一名。調任鉅鹿太守後，又在施政上達到了民風和睦的理想狀態。

才德政績與謀略，具有當年伊尹、呂望、管仲、晏嬰的效能；推闡弘揚道術的奧祕，足以和史蘇、京房這些人相提並論。儘管為公家勤勉努力，身在公家卻有隱士心胸，不為名聲拼命而去謀取榮譽，不到處奔走鑽營而去騙得寵信。內心常想隱遁，把志向投注在像許由那樣隱居在箕山深處。同古代賢人相比擬，確實占有對等的地位；拿當代人做比較，遠遠超越了流俗。他的確夠得上國家的高明謀臣，大漢堪當重任的人才。應當對他進行提拔，讓他登上三公的高位，往上致使日、月、星辰總在觀測推算的正確結果內正常運行，往下致使五種倫理道德信條都在美好的時代得到奉行，必定會招來吉祥的兆應和國家昌盛的喜慶，並不只是遵守國法、履行職責而已。臣下我出於頑劣愚笨的原因，在才德上並不是當三公的材料，白白領受俸祿，自招禍殃，故而時刻保持著高度戒懼的心念。願意請求退休，由朝廷把職位另外授予給謝夷吾，上而能使日、月、五星的光輝更加燦爛，下而能滿足全國各地的願望，使臣下我這樣渺小的人差不多能夠抵償罪責，免去禍難。」

3 後來謝夷吾在巡視各縣督促春耕生產活動中乘坐簡陋的車子，只有兩名吏員隨從，冀州刺史便劾奏謝夷吾禮儀不適當，有損國體，結果朝廷把他降職為下邳縣縣令。他預先算準了自己的死亡日期，到那一天果然去世了。臨終前吩咐兒子說：「到大漢末期，將會發生動亂，必定會遇上掘墓棄屍的禍患。」隨即命令兒子不在棺槨內放置任何物品，墓地也不堆土成墳。

4 當時一位原籍渤海郡的博士郭鳳，也喜好靈圖讖語，善於講論災異現象和對吉凶做出預測與驗核。他預先便知道自己的死亡日期，提前讓弟子買好棺材和殮葬的一應用具，到了那一天，果真去世了。

楊由，字哀侯，蜀郡❶成都人也。少習易，并七政、元氣、風雲占候。為郡文學掾❷。時有大雀夜集於庫樓❸上，太守廉范❹以問由。由對曰：「此占郡內當有小兵，然不為害。」後二十餘日，廣柔縣❺蠻夷反，殺傷長吏，郡發庫兵擊之。

又有風吹削哺❻，太守以問由。由對曰：「方當有薦木實❼者，其色黃赤。」頃之，五官掾❽獻橘數包。

由嘗從人飲，勑御者曰：「酒若三行，便宜嚴駕❾。」既而趣去。後主人舍有鬬相殺者，人請問何以知之。由曰：「向社❿中木上有鳩⓫鬬，此兵賊之象也。」其言多驗。著書十餘篇，名曰其平⓬。終于家。

【章　旨】以上為〈楊由傳〉。記述楊由的籍貫、郡教官身分，供職期間和日常生活中施用《易》占術與風占術的三樁事例。其中有關傳主著書而命名為《其平》的記載，很有代表性地表現出東漢術士的一大特徵來。

【注　釋】❶蜀郡　郡名。治今四川成都。❷郡文學掾　簡稱郡文學，為郡屬佐吏。秩百石，無定員，掌管郡立學校和教授諸生等。❸庫樓　貯存武器盔甲的處所。❹廉范　東漢前期以氣俠立名、轉任多處的地方郡守。本書卷三十一：章帝「建初中，遷蜀郡太守。」❺廣柔縣　縣名。治今四川理縣。❻削哺　刮削簡札所掉下的碎屑。李賢注引《風角書》：「庶人之風，揚塵轉削。」❼木實　樹木結出的果實。❽五官掾　郡設屬官。掌管功曹及諸曹事務。❾嚴駕　做好車馬啟程的一切準備。❿社　民間祭祀土地神的場所。⓫鳩　斑鳩之類。⓬其平　原書已佚。

【語　譯】楊由，字哀侯，是蜀郡成都縣人。他從年輕時研習《易經》以及七政、元氣、風角、望氣等占測方術。在郡中擔任文學掾。當時有一群體形很大的鳥雀在夜間聚集在兵庫樓上，太守廉范就拿這件事向楊由做詢問。楊由對答說：「這從占斷結果上看，郡內將會出現規模較小的武裝叛亂，但是不構成禍害。」經過二十多天，廣柔縣境內的異族部落果然造反，殺傷長吏，蜀郡派遣看守兵庫的士兵前去擊破他們。又趕上有陣風吹走了刮削簡札所掉下的碎屑，太守又拿這件事向楊由做詢問。楊由對答說：「眼下會有人進獻樹上結出的果實，顏色是黃紅色的。」過了一會兒工夫，五官掾就前來獻上幾包橘子。

楊由曾跟人喝酒，入坐前命令駕車人說：「等酒喝過三巡，就要做好車馬啟程的一切準備。」三巡過後，他便急忙告辭離開。接下來在主人的住處便發生了打鬥殺人的事情，人們問他怎麼預先就知道會這樣的，楊由說：「不久前土地廟裡的樹上有斑鳩在相鬥，這是用兵刃相互殺害的預兆啊。」他所作出的占測，多數都很靈驗。曾寫下由十多篇內容組成的書籍，命名為《其平》。楊由最後在家中去世。

李南，字孝山，丹陽句容❶人也。少篤學，明於風角。和帝❷永元❸中，太守馬棱❹坐盜賊事被徵，當詣廷尉❺，吏民不寧，南特通❻謁賀。棱意有恨，謂曰：「太守不德，今當即罪，而君反相賀邪？」南曰：「旦有善風❼，明日中時應有吉問❽，故來稱慶。」旦日，棱延望景晏❾，以為無徵；至晡❿，乃有驛使⓫齎詔書原停⓬棱事。南問其遲留⓭之狀。使者曰：「向度宛陵⓮浦里沆⓯，馬蹶足⓰，是以不得速。」棱乃服焉。後舉有道⓱，辟公府⓲，病不行，終於家。

南女亦曉家術，為由拳縣⓳人妻。晨詣爨室⓴，卒有暴風，婦便上堂從姑㉑求歸，辭其二親。姑不許，乃跪而泣曰：「家世傳術，疾風卒起，先吹竈突㉒及井，此禍為婦女主爨者，妾將亡之應。」因著其亡日。乃聽還家，如期病卒。

【章旨】以上為〈李南傳〉。記述李南的籍貫、精通風角方術的專長，以此項專長特向待罪太守預報得免追究之喜訊。還附帶載錄了李南之女「亦曉家術」而據疾風突起和所吹方向，自知身死及亡日的較為詳細的情況。

【注釋】❶丹陽句容　丹陽，郡名。治今安徽宣城。句容，縣名。治今江蘇句容。❷和帝　指東漢皇帝劉肇。卒謚孝和。詳見本書卷四。❸永元　東漢和帝劉肇年號，西元八九—一〇五年。❹馬棱　東漢開國元勳馬援的族孫。本書無傳。❺廷尉　漢代九卿之一。掌管重大案件和全國各地疑難案件的審判。兵獄同制，故稱廷尉。❻特通　專門請求通報。❼善風　顯示吉兆的一股風。❽吉問　吉慶的消息。❾景晏　太陽光變成斜射的狀態，即日影偏西。景，通「影」。日影。晏，晚。❿晡　該吃晚飯的時候。⓫驛使　驛站派出的使者。⓬原停　免予追究之義。⓭遲留　延遲；耽擱。⓮宛陵　丹陽郡郡治所在。⓯浦里航　渡口名。航，坐船渡過的意思。⓰踠足　馬腳被拐傷。⓱有道　漢代選拔官吏的科目之一。⓲公府　指三公府。⓳由拳縣　縣名。治今浙江嘉興南。⓴爨室　廚房。爨，燒火做飯。㉑姑　婆婆。㉒竈突　煙囪；煙筒。

【語譯】李南，字孝山，是丹陽郡句容縣人。他從小時候就專心學習，對風角方術相當精通。在和帝永元年間，丹陽郡太守馬棱因盜賊之事獲罪而將被押往京師，要去廷尉那裡受審，官吏和百姓由此騷動不安，而李南卻專程請求通報，謁見致賀。馬棱心中頓生惱恨的情緒，對他說：「太守我不仁德，眼看就要被治罪，可您反倒祝賀我嗎？」李南說：「今天早晨刮起了顯示吉兆的一股風，到明天中午時分會有好的消息傳來，所以前來向您祝賀。」第二天，馬棱伸長脖子在盼望，一直到日影偏西還不見蹤影，便認為李南所說的並不靈驗；可到該吃晚飯的時候，竟有驛使攜帶詔書宣布對馬棱的事情免予追究。李南向驛使詢問耽擱的原因，使者說：「前一段在宛陵浦里航轉渡時，馬腳被拐傷了，因而沒辦法快速前行。」馬棱於是對李南信服了。後來李南被保舉為有道科目的人選，受到三公府的召聘，但因身體有病未能上路，最後在家中去世。

李南的女兒也通曉家傳的方術，嫁給由拳縣某個人為妻。她早晨到廚房去，突然刮起了一陣暴風，隨後就進入堂屋向婆婆請求回娘家，以便和生身父母訣別。婆婆卻不答應，她就跪下哭泣說：「我家世代傳授方術，說是疾風突然刮起，先吹向煙囪，再吹到水井，這是主持做飯的婦女的災禍，是賤妾我即將死去的預兆。」隨後講明了自己死亡的具體日期。於是婆婆讓她快回娘家去，到了那一天，她果真病死了。

1 李郃，字孟節，漢中南鄭❶人也。父頡，以儒學稱，官至博士。郃襲父業，遊太學❷，通五經❸。善河洛風星，外質朴，人莫之識。縣召署幕門候吏❹。

2 和帝即位，分遣使者，皆微服❺單行，各至州縣，觀採風謠❻。使者二人當到益部，投郃候舍。時夏夕露坐，郃因仰觀，問曰：「二君發京師時，寧知朝廷遣二使邪？」二人默然，驚相視曰：「不聞也。」問何以知之。郃指星示云：「有二使星❼向益州分野❽，故知之耳。」

3 後三年，其使者一人拜漢中太守，郃猶為吏，太守奇其隱德❾，召署戶曹史❿。時大將軍竇憲⓫納妻，天下郡國⓬皆有禮慶，郡亦遣使。郃進諫曰：「竇將軍椒房⓭之親，不修禮德，而專權驕恣，危亡之禍可翹足而待，願明府一心王室，勿與交通⓮。」太守固遣之，郃不能止，請求自行，許之。郃遂所在留遲，以觀其變。行至扶風⓯，而憲就國自殺，支黨⓰悉伏其誅，凡交通憲者，皆為免官，唯漢中太守不豫焉。

4 郃歲中舉孝廉，五遷尚書令，又拜太常⓱。元初⓲四年，代袁敞⓳為司空⓴，數陳得失，有忠臣節。在位四年，坐請託事免。

5 安帝㉑崩，北鄉侯㉒立，復為司徒。及北鄉侯病，郃陰與少府㉓河南㉔陶範、步兵校尉㉕趙直謀立順帝㉖，會孫程㉗等事先成，故郃功不顯。明年，坐吏民疾病，仍有災異，賜策㉘免。將作大匠翟酺㉙上郃「潛圖大計，以安社稷」，於是錄陰謀之功，封郃涉都侯㉚，辭讓不受。年八十餘，卒於家。門人上黨㉛馮胄獨制服㉜，心喪㉝三年，時人異之。

6 胄字世威，奉世㉞之後也。常慕周伯況㉟、閔仲叔㊱之為人，隱處山澤，不應徵辟㊲。

7 郃子固，已見前傳㊳。弟子歷，字季子。清白有節，博學善交，與鄭玄㊴、陳紀㊵等相結。為新城㊶長，政貴無為㊷。亦好方術。時天下旱，縣界特雨。官至奉車都尉㊸。

【章　旨】以上為〈李郃傳〉。記述李郃的籍貫、家學傳統、通曉儒家《五經》又擅長《河洛》風星方術的特長，其由縣吏而位至三公的仕履及其他四項事情。這是本篇類傳中唯一一位官至三公的人物，還附帶載錄了其門人馮胄隱居山澤，其姪兒李歷居官祈雨的概況。

【注　釋】❶漢中南鄭　漢中，郡名。治所在南鄭縣（今陝西漢中）。南鄭，縣名。為漢中郡郡治所在。❷太學　設於京師的國家最高學府。西漢自武帝時始置太學，東漢太學則大為發展。順帝時有二百四十房，一千八百五十室。質帝時，太學生達三萬人，成為一支重要的政治力量。❸五經　對儒家經典《周易》、《尚書》、《詩》、《儀禮》、《春秋》的合稱。❹幕門候吏　低級吏員的一種稱謂。負責迎送來賓和盤查過往行人等。幕門，搭設帳篷而形成的一處辦公地點。候，迎候。❺微服　改穿常服。特指官方人士為達到某一特定目的而隱藏其真實身分，避人耳目，以求便於行動。❻風謠　民間歌謠。《漢書・藝文志・六藝略》：「古有采詩之官，王者所以觀風俗，知得失，自考正也。」❼使星　謂流星。本書〈志第十・天文上〉：「流星為貴使。星大者使大，星小者使小。」《晉書・天文志》：「流星，天使也。自上而降曰流，自下而升曰飛，大者曰奔，奔亦流星也。星大者使大，星小者使小。」❽分野　指星區與地域的對應關係。就天文而言，稱作分星；就地面而言，稱作分野。分野是根據空中星象變化來占斷人間各地吉凶禍福的方法。由於劃分天區具有不同的座標體系，因而分野便有不同的匹配對應模式。隨著行政區劃在不同時代的變化，不同時代的分野模式也不盡相同。這裡所講的分野，指二十八宿分野而言。二十八宿是古人所選擇的用作觀測日月五星運行之座標的二十八個恆星組合群。它們環列於日月五星的四方，頗似日月五星的棲宿場所，故被命名為二十八宿。按其排列次序，又將它們分作四組，每組七宿，既與四面方位相配，稱作東宮、南宮、西宮、北宮；又同四種動物形象相配，即東宮蒼龍、南宮朱雀、西宮白虎、北宮玄武（龜蛇），合稱四象、四靈或四陸。《史記・天官書》：「觜、觿、參，益州。」❾隱德　指替對方始終保守祕密而不做任何聲張的品質。❿戶曹史　郡設屬吏。掌管民戶、農桑等事務。其地位低於掾、屬。⓫大將軍竇憲　大將軍，原為漢代掌管領兵征伐之事的最高將領，後來變成文職的宰輔之官，又由榮譽稱號變成權勢極大的實職，多由外戚充任。竇憲，東漢章帝竇皇后的兄長，和帝的非直系舅父。和帝時位至大將軍，權傾朝野。本書卷二十三有傳。⓬國　指東漢皇子的封地，由中央派相去治理。⓭椒房　后妃的代稱。椒房為皇后所居的宮殿，殿內以花椒子和泥塗壁，代表溫暖、芬芳、多子。⓮交通　串通；勾結。這裡則為攀附巴結之義。⓯扶風　三輔的組成部分，即右扶風，為拱衛京師長安的政區之一。東漢時其治所設在槐里縣，今陝西興平東南南佐村。⓰支黨　黨羽。⓱太常　漢代九卿之一，掌管祭祀社稷、宗廟和朝會、喪葬諸禮儀以及皇帝的寢廟園陵等事宜。⓲元初　東漢安帝劉祜年號，西元一一四－一二〇年。⓳袁敞　東漢中期廉勁而不取悅於外戚權貴的大臣。詳見本書卷四十五。⓴司空　東漢所設三公之一，掌管全國建築工程等事務。㉑安帝　東漢第六代皇帝。名祜，卒諡孝安。詳見本書卷五。㉒北鄉侯　指東漢章帝玄孫劉懿。〈孝安帝紀〉：「四年三月「乙酉，北鄉侯即皇帝位。」又本書〈皇后紀・安思閻皇后紀〉：「少帝立二百餘日而疾篤，顯兄弟及江京等皆在左右。京引顯屏語曰：『北鄉侯病不解，國嗣宜時有定。前不用濟陰王，今若立之，後必當怨。又何不早徵諸王子，簡所置乎？』顯以為然。及少帝薨，京白太后，徵濟北河閒王子。未至，而中黃門孫程合謀殺江京等，立濟陰王，是為順帝。」㉓少府　漢代九卿之一，掌管皇室財務和皇帝車輦、服飾、寶貨、珍膳等物。㉔河南　指東漢河南尹亦即京師地區。治今河南洛陽。㉕步兵校尉　東漢所設五校尉之一。其品秩為二千石。負責率領本部軍士戍衛京師及宮廷。㉖順帝指東漢第七代皇帝劉保。卒諡孝順。詳見本書卷六。㉗孫程　擁立順帝的宦官。本書卷七十八〈宦者列傳〉：「至二十七日，北鄉侯薨。閻顯白太后徵諸王子簡為帝嗣。未及至，十一月二日，程遂與王康等十八人聚謀於西鐘下，皆截單衣為誓。四日夜，程等共會崇德殿上，因入章臺門。時江京、劉安及李閏、陳達等俱坐省門下，程與王康共就斬京、安、達。以李閏權埶，積為省內所服，欲引為主，因舉刃脅閏曰：『今當立濟陰王，無得搖動。』閏曰：『諾。』於是扶閏起，俱於西鐘下，迎濟陰王立之，是為順帝。」㉘策　漢代皇帝所頒發的一種文書，用以任免諸侯王、三公及對臣下有所詢問或進行祝禱與哀祭等。策乃教令於上、驅策於下之義。東漢蔡邕《獨斷・上》：「策書：策者，簡也。《禮》：『不滿百文，不書於策』。其制長二尺，短者半之。其次一長一短。兩編，下附篆書。起年月日，稱皇帝曰，以命諸侯王、三公。其諸侯王、三公之薨於位者，亦以策書誄諡其行而賜之。如諸侯之策，三公以罪免，亦賜策文，體如上策，而書以一尺木，兩行，唯此為異者也。」㉙將作大匠翟酺　將作大匠，漢代二千石官，亦簡稱大匠。掌管宗廟、宮室、陵園等重要工程的建造。翟酺，東漢中後期對太學建設做出突出貢獻的朝臣。本書卷四十八有傳。㉚涉都侯　按功勞授予的一種爵位封號。漢制規定，功大者以縣為其食邑，功小者以鄉、亭為其食邑。㉛上黨　郡名。治今山西長治北古驛。㉜制服　穿孝服守喪。㉝心喪　學生在師長逝世後用以表達哀悼之情的一種特殊方式。即不穿孝服，心存追思。《禮記・檀弓上》：「事師無犯無隱，左右就養無方，服勤至死，心喪三年。」鄭玄注：「心喪，戚容如父而無服也。凡此以恩義之間為制。」㉞奉世　西漢宣帝時的前將軍。事詳《漢書・馮奉世傳》。㉟周伯況　名黨，字伯況。兩漢之際拒不受祿而隱居黽池、從事著書活動的高士。本書卷八十三有傳。㊱閔仲叔　名貢，字仲叔。東漢初期安貧樂道的節士。本書於卷五十三序論中略述其事跡。㊲徵辟　漢代選用人才的一種制度。徵，皇帝下詔聘召，有時亦稱特詔或特徵。辟，公卿或州郡徵調某人為其下屬官員，亦稱辟召、辟除。皇帝所徵對象均係社會著名人物，公卿州郡所辟對象多為賢達之士。徵辟帶有禮請的性質，不具備強制力，因而被徵辟者可以應聘，也可藉故辭謝不就。㊳前傳　指本書卷六十三所立〈李固傳〉。㊴鄭玄　東漢晚期揉合今古文經學而遍注群經、成就最高的經學家。本書卷三十五有傳。㊵陳紀　東漢末葉恪守正道、撰著《陳子》的士大夫。本書卷六十二有傳。㊶新城　縣名。治今河南伊川縣。㊷無為　意謂順其自然，不過多地進行人為干涉。㊸奉車都尉　漢代武官之稱。秩比二千石。掌管皇帝車駕，亦奉命屯駐外地或領兵征伐。

【語　譯】李郃，字孟節，是漢中郡南鄭縣人。他父親李頡，憑藉儒學知名，官職做到博士。李郃繼承父親的學業，在太學中求學，通曉《五經》，擅長《河圖》、《洛書》、風角和星占方術，但他外表質樸，沒人知道他的真本事。縣裡聘用他充當一名幕門候吏。

2 和帝登上帝位，分頭派遣使者，改穿便服，獨立行動，各自抵達既定的州縣，採集民間歌謠。其中兩名使者應按任務到益州，結果就在李郃迎送來賓的處所住下。當時正值夏夜，露天坐定乘涼，李郃仰望星空，詢問道：「二位從京師動身時，知道不知道朝廷派出了兩位使者呢？」他二人一時間都不說話，驚訝地互相看了看，然後說：「沒聽說。」接下來就問他是怎麼知道的，李郃手指星星告訴他們說：「天上正有兩顆使者星飛向益州所在的觜宿、觽宿、參宿分野，所以知道這檔事。」

3 三年過後，兩位使者中有一人被委任為漢中太守，李郃到這時仍在當幕門候吏，這位新太守對他始終保守當年祕密而不做任何聲張的品質深感驚奇，就把他抽調上來任命為戶曹史。當時大將軍竇憲正迎娶妻室，全天下各個郡國都送上禮物去慶賀，漢中郡也派使者前往。李郃上前勸阻說：「竇將軍是皇親國戚，卻不修明禮法和德業，反而專擅朝權，驕奢放縱，敗亡的災禍眼看就要降臨了，但願明府您一心效忠帝室，不要攀附巴結他。」太守執意要派使者去，李郃無法阻止，便請求自己做使者前往，得到了太守的同意。李郃於是在路上故意耽擱，以便觀察事態的變化。當抵達右扶風時，竇憲被勒令到其封國居住而自殺，所有黨羽全被處死，凡是攀附巴結過竇憲的官員一律被免職，只有漢中太守沒包括在內。

4 李郃在這一年中被保舉為孝廉，經過五次升遷，就任尚書令，又被任命為太常。安帝元初四年，代替袁敞出任司空。他多次陳奏朝政得失，顯現出忠臣的本色。總共在司空位上供職四年，因接受請託替人辦事獲罪而被免職。

5 安帝死去後，北鄉侯被扶立為新皇帝，李郃又擔任司徒。到北鄉侯患病時，李郃暗中與少府河南人陶範、步兵校尉趙直謀劃，擁立順帝，但恰巧趕上孫程等人成功在先，因而李郃的功勞並不顯赫。第二年，因官吏百姓得到傳染病，同時還有災異發生，被頒布策書免職。將作大匠翟酺上奏李郃「祕密謀劃新皇帝登基繼位，以求安定國家」，於是追念李郃祕密謀劃的功勞，冊封他為涉都侯，但他辭謝推讓，拒不接受。到八十多歲時，便在家中去世了。原籍上黨郡的門人馮胄，卻為李郃穿孝服守喪，心存哀悼之情滿三年，當時人對他這一舉動都覺得難能可貴。

6 馮胄字世威，是西漢大臣馮奉世的後裔。他一向仰慕本朝高士周伯況、閔仲叔的做人風節，隱居在山林水澤當中，拒不接受朝廷與官府的徵召聘用。

7 李郃的兒子李固，已經在前面的傳記中做了記述。李郃的姪兒李歷，字季子。他清廉純正，頗有節操，學識廣博，善於擇選友人，同鄭玄、陳紀等人結成好朋友。他擔任新城縣縣長，施政重在無為。同時喜好方術。當時天下旱災嚴重，可他所在的縣區卻偏偏下雨。官職最終做到奉車都尉。

段翳，字元章，廣漢新都❶人也。習易經，明風角。時有就其學者，雖未至，必豫知其姓名。嘗告守津吏❷曰：「某日當有諸生二人，荷擔問翳舍處者，幸為告之。」後竟如其言。又有一生來學，積年，自謂略究要術，辭歸鄉里。翳為合膏藥，并以簡書❸封於筒中，告生曰：「有急發視之。」生到葭萌❹，與吏爭度，津吏檛破❺從者頭。生開筒得書，言到葭萌，與吏鬭頭破者，以此膏裹之。生用其言，創者即愈。生歎服，乃還卒業。翳遂隱居竄跡❻，終于家。

【章旨】以上為〈段翳傳〉。記述段翳的籍貫、以隱士和民間方術教師的身分，習《易經》、明風角的專長，其預知求學者姓名及報到日期和葭萌渡口將有爭執發生且傷人的事例。

【注釋】❶廣漢新都　廣漢，郡名。治今四川廣漢。新都，縣名。治今四川新都。❷守津吏　看管渡口的小吏。津，渡口。

❸簡書　寫在竹簡上的信件。❹葭萌　縣名。原稱葭明，東漢改作葭萌。治今四川廣元。❺檛破　擊破。❻竄跡　隱匿行蹤。

【語　譯】段翳，字元章，是廣漢郡新都縣人。他熟悉《易經》，通曉風角方術。當時有前來跟他學習的人即使還沒到達，他能預先知道這些人的姓名。他曾告訴看管渡口的小吏說：「在某天會有兩名學生，挑著擔子詢問我的住處，希望你能替我告訴給他們。」後來果真同他所說的一模一樣。又有一位學生前來學習，一年時間後，自認為對方術要領已經掌握得差不多了，就告辭回歸故鄉。段翳在行前為他配製了一副膏藥，同時把寫在竹簡上的一封信件封緘在竹筒裡面，囑咐這名學生說：「遇到緊急情況就打開來看它。」這名學生走到葭萌縣境內時，與官吏爭搶著要先過河，看管渡口的小吏擊破了隨從人的頭部。這名學生打開竹筒一看信上面說抵達葭萌會與官吏打起來，對那個被擊破頭部的人，要用這副膏藥給他包紮起來。這名學生按照信上所說的去做，被擊破頭部的人立刻就沒事了。這名學生不禁驚歎佩服，於是又折返回來，完成全部學業。段翳到處改變行蹤，隱居世間，最後在家中去世。

1 廖扶，字文起，汝南平輿人也。習韓詩❶、歐陽尚書❷，教授常數百人。父為北地❸太守，永初❹中，坐羌❺沒郡下獄死。扶感父以法喪身，憚為吏。及服終❻而歎曰：「老子❼有言：『名與身孰親？』吾豈為名乎！」遂絕志世外。專精經典，尤明天文、讖緯❽，風角、推步之術。州郡公府辟召皆不應。就問災異，亦無所對。

2 扶逆知❾歲荒，乃聚穀數千斛❿，悉用給宗族姻親，又斂葬遭疫死亡不能自收者。常居先人冢側，未曾入城市⑪。太守謁煥⑫，先為諸生，從扶學，後臨郡，未到，先遣吏脩門人之禮，又欲擢扶子弟，固不肯，當時人因號為北郭先生。年八十，終于家。

3 二子，孟舉、偉舉，並知名。

【章　旨】以上為〈廖扶傳〉。記述廖扶的籍貫、以隱士和民間儒學教師的身分，兼明儒典、讖緯和天文、風角、推步方術的特長，其預測饑荒將至而對宗族姻親採取的營救措施，葬埋野骨的行動，謝絕入仕門人提拔任用自己親屬的事跡。附帶載錄了其二子俱為名士的情況。

【注　釋】❶韓詩　西漢《詩》學中今文學派的一個分支。其創立者為韓嬰，故而世稱《韓詩》。今存《韓詩外傳》。❷歐陽尚書　西漢《尚書》學中今文學派的一個分支。其開宗立派者為秦博士伏生的嫡傳高足歐陽生，故而世稱《歐陽尚書》。❸北地　郡名。治今寧夏吳忠西南黃河東岸。❹永初　東漢安帝劉祜年號，西元一〇七－一一三年。❺羌　中國古代西部的一個游牧民族。起源甚早，主要活動於河湟地區（今青海東部黃河與湟水之間）及甘、陝一帶。至東漢後期，羌人反抗苛政的武裝抗爭持續不斷，其中第一次大規模武裝抗爭便發生在安帝時期，延續十二年之久。❻服終　守喪期滿，改穿常服。❼老子　姓李，名耳，字伯陽，諡曰聃。先秦道家學派的創始人。《史記》卷六十三有傳。這裡所引老子之語，出自《道德經》。❽讖緯　指圖讖與緯書。圖讖以隱語形式預決興亡吉凶，有時帶圖，故稱圖讖。讖，充滿應驗色彩的假託天意的預言。緯書則是運用神祕學說解釋儒家經典的書籍，此類書籍以輔翼經典的姿態出現，故被稱作緯書。❾逆知　推知。❿斛　古代的容積單位。十斗為一斛。⓫城市　城邑與集市。⓬謁煥　人名。謁為其姓。

【語　譯】廖扶，字文起，是汝南郡平輿縣人。他熟悉《韓詩》和《歐陽尚書》，手下常有幾百名學生聽他授課。他父親曾任北地郡太守，在安帝永初年間，因西羌攻陷北地郡城獲罪而被關進監獄死去。廖扶對父親在國法之下喪命頗有感觸，害怕充任官吏。到守喪期滿後歎息說：「老子說過這樣的話：『名聲與身體哪一個更重要呢？』我哪能去為名聲拼命呢！」於是決心不問世事。專心精通儒學經典，更通曉天文、讖緯、風角、推算曆法的方術。州郡和三公府徵召聘用他，全都予以謝絕。向他詢問災異方面的對策，也不作回答。

2 廖扶推知會有饑荒年景到來，就積聚了好幾千斛糧食，全都拿來周濟宗族成員和遠近親戚，又把遭受瘟疫死去卻沒人給收屍的人葬埋好。他時常住在祖先墳墓的旁邊，從不到城邑和集市。汝南郡太守謁煥以前當學生時，曾跟隨廖扶學習，後來到汝南就任郡守，還沒抵達任所，就先派官吏向廖扶修明弟子之禮，又想提拔任用廖扶的子弟，廖扶堅決不答應，因此當時人稱他為北郭先生。到八十高齡時，在家中去世。

3 膝下兩個兒子，依次是廖孟舉、廖偉舉，都名聲遠揚。

1 折像，字伯式，廣漢雒❶人也。其先張江者，封折侯，曾孫國為鬱林❷太守，徙廣漢，因封氏❸焉。國生像。

2 國有貲財二億，家僮❹八百人。像幼有仁心，不殺昆蟲，不折萌牙。能通京氏易❺，好黃老言❻。及國卒，感多藏厚亡❼之義，乃散金帛資產，周施親疏。或諫像曰：「君三男兩女，孫息❽盈前，當增益產業，何為坐自殫竭乎？」像曰：「昔鬬子文❾有言：『我乃逃禍，非避富也。』吾門戶殖財日久，盈滿之咎❿，道家⓫所忌。今世將衰，子又不才。不仁而富，謂之不幸⓬。牆隙而高，其崩必疾也。」智者聞之咸服焉。

3 自知亡日，召賓客九族⓭飲食辭訣，忽然而終。時年八十四。家無餘資，諸子衰劣如其言云。

【章旨】以上為〈折像傳〉。記述折像的籍貫、家世、通曉《京氏易》的專長、喜好黃老言的傾向，其廣散家財、周濟他人和明瞭子孫衰劣又自知死亡日期等事跡。

【注釋】❶雒　縣名。為東漢廣漢郡郡治和益州州治所在。❷鬱林　郡名。治今廣西桂平西南古城。❸封氏　意為把封爵作為本家族的姓氏。❹家僮　專供役使的青少年。❺京氏易　西漢傳授《易經》的今文學派中的分支之一。京氏，京房。❻黃老言　指黃老學派的理論學說。黃老學派是道家的一個分支，起源於戰國，盛行於西漢初期，自武帝獨尊儒術後走向衰落。它將傳說中的黃帝同老子相配，共同尊之為本學派的鼻祖，力倡清靜無為，融入名法之要，在形神關係上則重神輕形，對先秦道家貴生養神的思想有所發揮。❼多藏厚亡　語本《老子》：「甚愛必大費，多藏必厚亡。」河上公《章句》：「甚愛色，費精神；甚愛財，遇禍患。所愛者少，所亡者多，故言大費。生多藏於府庫，死多藏於邱墓，生有攻劫之憂，死有掘塚探柩之患。」魏王弼注：「甚愛不與物通，多藏不與物散，求之者多，攻之者眾，為物所病，故大費、厚亡也。」❽孫息　指孫子孫女等第三代人。❾鬭子文　全名鬭穀於菟，字子文。春秋前期楚國的令尹（國相）。《國語・楚語下》：「成王每出子文之祿，必逃，王止而後復。人謂子文曰：『人生求富，而子逃之，何也？』對曰：『夫從政者，以庇民也。民多曠者而我取富焉，是勤民以自封也，死無日矣。我逃死，非逃富也。』」❿盈滿之咎　語本《老子》：「持而盈之，不如其已。揣而銳之，不可長保。金玉滿堂，莫之能守。富貴而驕，自遺其咎。」河上公《章句》：「盈，滿也；已，止也。持滿必傾，不如止也。」魏王弼注：「持謂不失德也。既不失其德，又盈之，勢必傾危，故不如其已者，謂乃更不如無德無功者也。」⓫道家　先秦百家爭鳴中所形成的一個重要學派。該學派以「道」為核心構築起自身的理論體系，主張清靜無為，摒棄禮義等，對中國道教影響極深。⓬不仁而富二句　《左傳・襄公二十八年》載魯國大夫叔孫穆子曰：「善人富，謂之賞；淫人富，謂之殃。」又《禮記・大學》：「仁者以財發身，不仁者以身發財。」⓭九族　凡兩說：一說父族四、母族三、妻族二為九族；一說以自身為本位，往上推至四世高祖，往下推至四世玄孫為九族。

【語譯】折像，字伯式，是廣漢郡雒縣人。他的祖先叫張江，被封為折侯。到曾孫張國出任鬱林太守，就舉家遷徙到廣漢郡，隨後將封爵作為本家族的姓氏。折國生下折像。

2 折國擁有兩億資財，家僮多達八百人。折像從幼年時代就有仁慈的心腸，不殺昆蟲，不折斷正在萌芽的草木。他通曉《京氏易》，喜好黃老學派的理論學說。到折國去世後，他對積蓄多也喪失多的道理頗有體悟，就散發金銀布帛等資產，向親疏遠近普遍進行周濟。有人勸阻折像說：「您有三個兒子，兩個女兒，面前又孫兒眾多，本應增擴家產家業，為什麼自己將它弄得一無所有呢？」折像回答說：「從前鬬子文說過這樣的話：『我是在逃避災禍，並不是在躲避富貴啊。』我家積攢財富已經時間很長了，過於富足會帶來禍殃，這正是道家所忌諱的事情。如今世道眼看要衰敗下去，兒子們又不成器。不仁德卻富足，這正叫做不幸。牆有裂縫卻建得很高，它必定崩塌得更快。」聰明人聽到這番答話都很敬服他。

3 折像預先知道自己的死亡日期，於是召請賓客和九族以內的親友宴飲訣別，突然就去世了。終年八十四歲。家中沒有留下多餘的資產，幾個兒子庸劣無能，跟他生前所講的一模一樣。

1 樊英，字季齊，南陽魯陽❶人也。少受業三輔，習京氏易，兼明五經。又善風角、星筭，河洛七緯❷，推步災異。隱於壺山❸之陽，受業者四方而至。州郡前後禮請不應；公卿舉賢良方正、有道，皆不行。

2 嘗有暴風從西方起，英謂學者曰：「成都市火❹甚盛。」因含水西向漱之，乃令記其日時。客後有從蜀都來，云「是日大火，有黑雲卒從東起，須臾大雨，火遂得滅」。於是天下稱其術藝。

3 安帝初，徵為博士。至建光❺元年，復詔公車❻賜策書，徵英及同郡孔喬、李昺❼、北海郎宗❽、陳留楊倫❾、東平王輔❿六人，唯郎宗、楊倫到洛陽⓫，英等四人並不至。

4 永建⓬二年，順帝策書備禮，玄纁⓭徵之，復固辭疾篤。乃詔切責郡縣，駕載上道。英不得已，到京，稱病不肯起。乃強輿⓮入殿，猶不以禮屈。帝怒，謂英曰：「朕能生君，能殺君；能貴君，能賤君；能富君，能貧君。君何以慢朕命？」英曰：「臣受命於天。生盡其命，天也；死不得其命，亦天也。陛下焉能生臣，焉能殺臣！臣見暴君如見仇讎，立其朝猶不肯，可得而貴乎？雖在布衣之列，環堵⓯之中，晏然自得，不易萬乘之尊，又可得而賤乎？陛下焉能貴臣，焉能賤臣！臣非禮之祿，雖萬鍾⓰不受；若申其志，雖簞食⓱不厭也。陛下焉能富臣，焉能貧臣！」帝不能屈，而敬其名，使出就太醫⓲養疾，月致羊酒。

5 至四年三月，天子乃為英設壇席⓳，令公車令⓴導，尚書奉引，賜几杖，待以師傅之禮，延問㉑得失。英不敢辭，拜五官中郎將㉒。數月，英稱疾篤，詔以為光祿大夫㉓，賜告歸。令在所送穀千斛，常以八月致牛一頭，酒三斛；如有不幸，祠以中牢㉔。英辭位不受，有詔譬旨勿聽。

6 英初被詔命，僉㉕以為必不降志，及後應對，又無奇謨深策㉖，談者以為失望。初，河南張楷㉗與英俱徵，既而謂英曰：「天下有二道，出與處也。吾前以子之出，能輔是君也，濟斯人也。而子始以不訾㉘之身，怒萬乘之主；及其享受爵祿，又不聞匡救㉙之術，進退無所據矣。」

7 英既善術，朝廷每有災異，詔輒下問變復㉚之效，所言多驗。

8 初，英著易章句㉛，世名樊氏學，以圖緯教授。潁川陳寔㉜少從英學。嘗有疾，妻遣婢拜問，英下牀荅拜。寔怪而問之。英曰：「妻，齊也，共奉祭祀，禮無不荅㉝。」其恭謹若是。年七十餘，卒於家。

9 孫陵，靈帝㉞時以諂事宦人為司徒。

10 陳郡㉟郤巡學傳英業，官至侍中㊱。

【章　旨】以上為〈樊英傳〉。記述樊英的籍貫、通曉儒學群經和多種方術的特長，以壺山隱士和著名的圖緯方術民間教師的身分，其執教和家居期間特別是被強行徵召入朝後的主要事跡，蒙受到的高規格禮遇，社會輿論的反映，等等。其中真正涉及到方術的，僅有一條，即潄水化作黑雲大雨，撲滅千里之外的成都集市上的嚴重火災。除去傳主之外，還附帶載錄了其嫡孫樊陵、門徒郤巡的仕進情況。

【注　釋】❶南陽魯陽　南陽，郡名。治今河南南陽。魯陽，縣名。治今河南魯山縣。❷七緯　依次指《易》緯《稽覽圖》、《乾鑿度》、《坤靈圖》、《通卦驗》、《是類謀》、《辨終備》；《書》緯《璇璣鈐》、《考靈曜》、《刑德放》、《帝命驗》、《運期授》；

《詩》緯《推度災》、《記歷樞》、《含神霧》；《禮》緯《含文嘉》、《稽命徵》、《斗威儀》；《樂》緯《動聲儀》、《稽耀嘉》、《叶圖徵》；《孝經》緯《援神契》、《鉤命決》；《春秋》緯《演孔圖》、《元命包》、《文耀鉤》、《運斗樞》、《感精符》、《合誠圖》、《考異郵》、《保乾圖》、《漢含孳》、《佐助期》、《握誠圖》、《潛潭巴》、《說題辭》。❸壺山　又名大胡山、大湖山、大孤山。在今河南泌陽東北。東漢張衡〈南都賦〉所云「天封大狐」，即此。❹市火　市場中發生的火災。❺建光　東漢安帝劉祜年號，西元一二一年。❻公車　漢代九卿之一衛尉的下屬機構，掌管宮殿警衛及受理天下上書和徵召事宜。❼孔喬李昺　東漢中後期拒不入仕的儒士。李賢注引謝承《書》：「喬字子松，宛人也。學《古文尚書》、《春秋左氏傳》。常幽居修志，銳意典籍，至乃歷年身不出門，鄉里莫得瞻見。公車徵，不行。卒於家。」又載：「昺字子然，鄮人也。篤行好學，不羨榮祿，習《魯詩》、《京氏易》。室家相待如賓。州郡前後禮請，不應。舉茂才，除召陵令，不到官。公車徵，不行，卒。」❽北海郎宗　北海，東漢封國名。治今山東昌樂。郎宗，東漢中後期的讖緯學者與占筮術士。李賢注引謝承《書》：「宗字仲綬，安丘人也。善《京氏易》、風角、星筭，推步吉凶。常負笈荷擔，賣卜給食，瘠服間行，人莫得知。安帝詔公車徵，策文曰：『郎宗、李昺、孔喬等，前此徵命，未肯降意。恐主者玩弄，禮意不備，使難進易退之人，龍潛不屈其身，各致嘉禮，遣詣公車，將以補察國政，輔朕之不逮。』青州被詔書，遣宗詣公車，對策陳災異，而為諸儒之表。拜議郎，除吳令。到官一月，時卒暴風，宗占以為京師有大火，定火發時，果如宗言。諸公聞之，表上，博士徵。宗恥以占事就徵，文書未到，夜懸印綬，置廳上遁去，終於家。」❾陳留楊倫　陳留，郡名。治今河南開封東南陳留城。楊倫，東漢中後期研習《古文尚書》的著名學者。詳見本書卷七十九。❿東平王輔　東平，東漢光武帝之子東平王劉蒼的封國。治今山東東平。王輔，東漢中後期的讖緯學者與占筮術士。李賢注引謝承《書》：「輔字公助，平陸人也。學《公羊傳》、《援神契》，常隱居野廬，以道自娛。辟公府，舉有道，對策拜郎中。陳災異，甄吉凶有驗，拜議郎，以病遜。安帝公車徵，不行。卒於家。」⓫洛陽　東漢京都。今河南洛陽。⓬永建　東漢順帝劉保年號，西元一二六—一三二年。⓭玄纁　黑色與淺紅色的布帛。指代延聘賢士所用的禮品。⓮強輿　硬行推扶到車上。輿，車。⓯環堵　四周各以一方丈為限所圍起的土牆。用以形容住處狹窄簡陋。《莊子・庚桑楚》：「至人屍居環堵之室，而百姓倡狂不知所如往。」又《禮記・儒行》：「儒有一畝之宮，環堵之室，篳門圭窬，蓬戶甕牖，易衣而出，並日而食，上答之不敢以疑，上不答不敢以諂，其仕有如此者。」鄭玄注：「環堵，面一堵也。五版為堵。」⓰鍾　古代的容積單位。即十斛為一鍾；或說六斛四斗為一鍾。⓱簞食　粗糙的飯食。簞，是古代用竹或葦草編成的圓形盛食器具。《論語・雍也》：「子曰：『賢哉回也！一簞食，一瓢飲，在陋巷。』」魏何晏《集解》引孔氏曰：「簞，笥也。」⓲太醫漢代九卿之一少府的屬官，掌管醫事，負責為皇室及大臣治病。⑲壇席　築壇設座席。這是表示特殊禮遇的一種方式。⑳公車令　公車官署的長官。㉑延問　請教詢問。㉒五官中郎將　漢代九卿之一光祿勳的屬官，負責率部守衛宮殿，出充車騎。㉓光祿大夫　光祿勳的屬官。秩比二千石，掌顧問應對，唯詔令所使。㉔中牢　猶言少牢。為祭品的一種規格，即豬羊二牲。若加牛，則稱太牢。㉕僉　皆；全。㉖奇謨深策　奇特精妙的解決辦法。㉗張楷　東漢儒士與術士。本書卷三十六：「漢安元年，順帝特下詔，告河南尹曰：『故長陵令張楷，行慕原憲，操擬夷齊，輕貴樂賤，竄跡幽藪，高志確然，獨拔群俗。前此徵命，盤桓未至，將主者翫習於常，優賢不足，使其難進歟？郡時以禮發遣。』楷復告疾不到。」㉘不訾　極其寶貴。㉙匡救　匡正補救。㉚變復　又稱「消伏」。謂將災異扭轉改變過來，使一切恢復到正常狀態。㉛易章句　原書已佚。㉜陳寔　東漢後期的縣級官員與名士。本書卷六十二有傳。㉝禮無不荅　體現禮尚往來原則的一種日常交往規範。《禮記．曲禮下》：「凡非弔喪非見國君，無不荅拜者。」鄭玄注：「喪，賓不荅拜，不自賓客也。國君見士，不荅其拜，士賤。」㉞靈帝　東漢皇帝。名宏，卒謚孝靈。詳見本書卷八。㉟陳郡　原稱陳國，至東漢末葉改為陳郡。治今河南淮陽。㊱侍中　漢代侍中寺的屬官，秩比二千石，掌侍皇帝左右，贊導眾事，顧問應對。

【語　譯】 樊英，字季齊，是南陽郡魯陽縣人。他從年輕時在三輔地區求學，熟悉《京氏易》，同時通曉《五經》，又擅長風角、星算方術，《河圖》與《洛書》及七緯內學，對災異進行推導的方法。他隱居在壺山南側，向他學習的人從四方各地來到。州郡先後按禮儀聘請他，他都不做回應；三公九卿把他保舉為賢良方正和有道科目的人選，他也都不去應試。

2　曾有暴風從西面颳起，樊英對學生們說：「這時成都城內市場上正發生火災燒得厲害。」隨即往口中吮含清水朝西面噴了出去，便叫大家記下日期和時辰。後來有位從蜀郡郡城來的客商，說是「正在那一天燃起大火，猛然間從東面升起一股黑雲，不一會兒就下起了大雨，於是大火得以熄滅了」。從此，天下各地都稱讚樊英的法術。

3　安帝即位不久，徵召樊英就任博士。到建光元年，又向公車下達詔書，責成該機構頒賜策書，徵召樊英以及和他同郡的孔喬與李昺、北海國的郎宗、陳留郡的楊倫、東平國的王輔總共六人，但只有郎宗、楊倫來到了洛陽，樊英等其他四人都沒去。

4 永建二年，順帝用策書和隆重的禮儀，拿黑色與淺紅色的布帛作禮品徵召樊英，他又藉口身患重病堅決予以推辭。於是朝廷對樊英所在郡縣下達詔書，嚴厲命令哪怕把他裝在車上也要啟程。樊英沒辦法，只好抵達京師，但又聲稱有病不肯上朝。於是便硬行將他推扶到車上，帶入宮殿中，可他仍然不肯屈從。順帝勃然大怒，對樊英說：「我既能讓你活，也能殺死你；既能叫你尊貴，也能叫你低賤；既能使你富足，也能使你貧困。你為什麼慢待我的命令？」樊英回答說：「臣下我的性命是老天爺賜給的。讓我活完一生，那是老天爺說了算；讓我提前死掉，那也是老天爺說了算。陛下怎能叫臣下我活在世上，又怎能殺死臣下我呢！臣下我看到殘暴的君主就像看到了仇敵，我不肯站在他那朝堂上，怎麼能使我尊貴呢？臣下我雖然躋身在平民百姓的行列中，住在狹窄簡陋的居室裡，但卻安然自得，就是拿帝王那般的尊貴地位來交換我都不肯，又怎能讓我變低賤呢？陛下怎能讓我尊貴，又怎能讓我低賤呢！臣下我對那種根本不符合禮法的俸祿，即使豐厚到極點，也絕不領受它；倘若能使自己的志向得到伸張，即使飯食粗糙到最低限度，也絕不討厭它。陛下怎能做到讓臣下我變富足，又怎能做到讓臣下我變貧困呢！」順帝沒辦法讓樊英屈服，然而敬重他的名聲，就叫他下殿，到太醫那裡去養病，每月送給他羊和酒。

5 到永建四年三月，天子專為樊英築壇設座席，命令公車令充當前導，尚書在身邊恭敬地引領，賜給几案手杖，用對待師長的禮節對待他，向他請教詢問朝政的得失。樊英不敢推辭，被委任為五官中郎將。幾個月過後，樊英聲稱自己病情沉重，朝廷便下達詔書，賜給光祿大夫的官銜，批准他的請求，讓他返回原籍。還命令他所在的地方官府送給他一千斛糧食，每逢八月，都要給他獻上一頭牛，三斛酒；如果他突然去世，就用豬羊二牲的禮儀規格祭奠他。樊英對賜給的官銜予以推辭，不肯接受，對此又有詔書下達，要求體悟天子的旨意，不答應他的這一請求。

6 當樊英開始接到詔令時，大家都認為他肯定不會改變既定的志向，等到後來應對詢問，又沒有什麼奇特精妙的策略，喜歡議論的人都感到大失所望。起初，生在河南尹的張楷與樊英一起受到徵召，事後張楷對樊英說：「天下對士人擺出了兩條道路，也就是出仕與隱居啊。我開始還以為您出仕以後能夠輔助當朝天子，給生活在這個時代的人們帶來好處。然而您最初拿極其寶貴的生命，激怒當朝天子，等到享受官爵俸祿，又沒聽說拿出什麼匡正補救的有效辦法來，這就屬於出仕還是隱居，根本沒有準則了。」

7 樊英既擅長方術，朝廷每逢災異降現，就下達詔書，向他詢問將災異扭轉改變過來，使一切恢復到正常狀態的具體辦法，他所提出的具體辦法多數都很靈驗。

8 最初，樊英著有《易章句》，世人把它稱為樊氏學。他專用圖讖和緯書來向學生做傳授。潁川郡的陳寔從年輕時就跟隨樊英學習方術。樊英曾有一次染上疾病，他妻子派婢女前來問候，樊英下床進行答拜。陳寔對這一舉動感到奇怪，就問樊英。樊英說：「妻是齊的意思，夫妻倆共同承擔祭祀祖先的責任，按照禮制沒有不作答拜的。」樊英恭敬謹慎，差不多都像這樣。到七十多歲時，他在家中去世。

9 樊英的孫子樊陵，在靈帝時通過卑躬屈膝地侍奉宦官當上了司徒。

10 陳郡的郤巡研習承傳樊英的學業，官職做到侍中。

論曰：漢世之所謂名士者，其風流❶可知矣。雖弛張趣舍，時有未純，於刻情❷修容，依倚道蓺，以就其聲價，非所能通物方❸，弘時務也。及徵樊英、楊厚❹，朝廷若待神明，至竟無它異。英名最高，毀最甚。李固、朱穆❺等以為處士❻純盜虛名，無益於用，故其所以然也。然而後進希之以成名，世主禮之以得眾，原其無用亦所以為用❼，則其有用或歸於無用矣。何以言之？夫煥乎文章❽，時或乖用；本乎禮樂，適末或疎。及其陶搢紳，藻心性，使由之而不知者❾，豈非道邈用表⑩，乖之數跡⑪乎？而或者忽不踐之地⑫，賒⑬無用之功，至乃誚譟遠術⑭，賤斥國華⑮，以為力詐⑯可以救淪敝⑰，文律⑱足以致寧平，智盡於猜察⑲，道足於法令，雖濟萬世，其將與夷狄⑳同也。孟軻有言曰：「以夏變夷，不聞變夷於夏。」㉑況有未濟者乎！

【章旨】以上范曄的評論指出了東漢術士階層注重品德修養和道藝專精的整體性特徵，點出了他們事實上並不能「通物方，弘時務」的根本缺陷，同時肯定了他們不失為「國華」的社會地位，強調禮樂教化才是首要的確有功效的治國之道，反對一味使用武力、詐術、法律、政令挽救衰世弊害的作法；更道破了方術興行的原因所在：「後進希之以成名，世主禮之以得眾。」

【注釋】①風流　風節；品格。②刻情　意謂著力培養和確定本人的情志。③物方　指事物的變化原理。④楊厚　東漢中後期的讖緯學者與占筮術士。本書卷三十有傳。⑤朱穆　東漢中後期的剛正朝臣與地方大員。本書卷四十三有傳。⑥處士　具有才德而不做官的人。⑦為用　加以利用之義。《莊子．外物》：「惠子謂莊子曰：『子言無用。』莊子曰：『知無用，而始可與言用矣。夫地非不廣且大也，人之所用容足耳，然則廁足而墊之（挖掘它），致黃泉，人尚有用乎？』惠子曰：『無用。』莊子曰：『然則無用之為用也，亦明矣。』」⑧煥乎文章　語本《論語．泰伯》所載錄的孔子讚頌帝堯之言，原謂十分美好的禮樂制度，這裡乃以「文章」、「禮樂」對舉，下文又言及「文律」、「法令」，則在范曄眼裡，是把「文章」作為相當完備的法律條文來看待的。自此以下四句，李賢注認為：「文章雖美，時敝則不用也。禮樂誠貴，代末則廢。」⑨由之而不知者　此係《論語．泰伯》載錄的孔子之言「民可使由之，不可使知之」的緊縮語。⑩道邈用表　意謂根本性的法則宏闊深遠，所起作用遠在日常事務的表象之外。自此以上二句，李賢注認為：「言文章禮樂，其道邈遠，出於常用之表，不可以數跡求也。」⑪數跡　猶言數理，即數術原理。⑫不踐之地　指未曾涉足的領域。⑬賒　削弱；排除。⑭遠術　長久的治國方法。這裡指禮樂教化而言。⑮國華　國家的優秀人才。這裡指隱居民間的術士而言。⑯力詐　武力與詐術。⑰淪敝　沒落衰敗。⑱文律條文嚴苛細密的法律。⑲猜察　猜忌苛察。⑳夷狄　古代對周邊落後部族的一種蔑稱。㉑孟軻有言曰三句　孟軻是繼孔子之後儒家學派最有影響的代表人物，被後世奉為亞聖。《史記》卷七十四有傳。這裡所引兩句話，見《孟子．滕文公上》，字句略有出入。趙岐注：「當以諸夏之禮義，化變蠻夷之人耳。未聞變化於夷蠻之人，同其道也。」

【語　譯】史家評論說：漢代所謂的名士，他們的風節可想而知了。儘管張弛取捨上，還時常出現不夠精純的地方，但卻著力培養和確定本人的情志，修整外在的形象，圍繞方術來行事，用來贏得名聲，不過仍舊貫通不了事物的變化原理，對國家面臨的大政要務無法振興起來。到樊英、楊厚蒙獲徵召時，朝廷把他們當作神明來看待，可到最後也沒顯出特別奇異的妙處來。樊英名聲最高，受到的詆毀也最厲害。李固、朱穆等人認為處士純屬盜取虛名，對解決現實問題沒什麼補益，所以他們才表現出那種狀況來。然而後來想進身的人企圖借助方術成就名聲，帝王希望通過禮遇術士獲取到眾多人的擁護，由此推究起來，那些對解決現實問題並不能派上用場的東西反而被加以利用，而真正能派上用場的東西卻被歸入對現實問題並無用處的東西了。根據什麼這樣講呢？相當完備的法律條文，碰上衰敗時代就發揮不出作用來；依照禮樂制度去推行教化，適逢末世就被擱置到一邊。至於那使士大夫受到陶冶，心性獲得洗滌，讓百姓照著去做卻不明白為何那樣去做的，難道不是根本性的法則宏闊深遠，所起作用遠在日常事務的表象之外，正和數術原理大不相同嗎？但有人卻忽視未曾涉足的領域，削弱對現實問題並不能派上用場的那類東西的功效，甚至亂哄哄地譏誚禮樂教化這一長久的治國方略，貶斥術士這類優秀的國家人才，認為憑藉武力和詐術就可以挽救沒落衰敗的社會，依靠條文嚴苛細密的法律就足以實現天下太平的局面，心智全部用在猜忌苛察上，道術極力投注在法律政令上，這即便能給千秋萬代帶來好處，仍然會同周邊落後部族一模一樣。孟軻早就說過這樣的話：「用華夏文明去使落後部族得到改變，從沒聽說過落後部族對華夏進行改變的。」何況還有沒給社會帶來好處的人呢！

卷八十二下

方術列傳第七十二下

1 唐檀，字子產，豫章南昌❶人也。少遊太學，習京氏易、韓詩、顏氏春秋❷，尤好灾異星占。後還鄉里，教授常百餘人。

2 元初七年，郡界有芝草❸生，太守劉祇❹欲上言之，以問檀。檀對曰：「方今外戚豪盛，陽道❺微弱，斯豈嘉瑞乎？」祇乃止。永寧❻元年，南昌有婦人生四子，祇復問檀變異之應。檀以為京師當有兵氣❼，其禍發於蕭牆❽。至延光❾四年，中黃門❿孫程揚兵殿省⓫，誅皇后⓬兄車騎將軍閻顯⓭等，立濟陰王⓮為天子，果如所占。

3 永建五年，舉孝廉，除⓯郎中。是時白虹貫日⓰，檀因上便宜⓱三事，陳其咎徵。書奏，棄官去。著書二十八篇，名為唐子⓲。卒於家。

【章　旨】以上為〈唐檀傳〉。記述唐檀的籍貫、民間方術教師及郎官的身分、通曉儒典和災異推導與星占術的專長，特別是針對白虹貫日提出的三項消救辦法。

【注　釋】❶豫章南昌　豫章，郡名。治所在南昌縣。南昌，縣名。治今江西南昌。❷顏氏春秋　漢代《春秋》公羊學的一個分支。顏謂顏安樂。他師事魯地大儒眭孟，得其真傳，與嚴彭祖齊名。《漢書・儒林列傳》：眭孟「弟子百餘人，唯彭祖、安樂為明，質問疑誼，各持所見。孟曰：『《春秋》之意，在二子矣。』孟死，彭祖、安樂各顓門教授，由是《公羊春秋》有顏、嚴之學。」唐顏師古注：「顓與專同。專門，言各自名家。」❸芝草　即靈芝。古代將其視為瑞應之一。《白虎通義・封禪》：「德至山陵，則景雲出，芝實茂。」❹劉祗　人名。本書無傳。❺陽道　即君道。指權力行使而言。❻永寧　東漢安帝劉祜年號，西元一二〇—一二一年。❼兵氣　指預示戰事的雲氣。❽蕭牆　分隔內外的門屏。用以喻指內部。《論語・季氏》載孔子曰：「吾恐季孫之憂，不在顓臾而在蕭牆之內也。」魏何晏《集解》引鄭氏：「蕭之言肅也。牆謂屏也。君臣相見之禮，至屏而加肅敬焉，是以謂之蕭牆。」❾延光　東漢安帝劉祜年號，西元一二二—一二五年。❿中黃門　東漢由宦官擔任的官職。掌給事禁中。黃門，宮門。宮門皆黃闥，故名。⓫殿省　指崇德殿和宮內公卿朝臣辦公的處所。⓬皇后　指安帝皇后閻姬。本書卷十〈皇后紀〉：安帝死於葉縣，其與胞兄胞弟及江京、樊豐等密不發喪，返京後被尊為「皇太后。皇太后臨朝，以顯為車騎將軍，儀同三司。太后欲久專國政，貪立幼年，與顯等定策禁中，迎濟北惠王子北鄉侯懿，立為皇帝。」⓭車騎將軍閻顯　車騎將軍，武官名號，地位比同公一級，掌管征伐叛逆者。閻顯，安帝在位時的外戚權臣。襲封北宜春侯，改封長社侯，與胞弟閻景、閻耀、閻晏並為卿校，典領禁兵。安帝死後與胞妹閻皇后擇立少帝，剷除耿氏家族，任車騎將軍，不久又在宦官發動的擁立順帝的宮廷政變中被殺，閻氏家族亦徹底覆滅。⓮濟陰王　指順帝。其太子地位被廢黜後貶為濟陰王。本書卷五〈孝安帝紀〉：延光三年「九月丁酉，廢皇太子保為濟陰王。」唐李賢注：「常侍江京等譖之也。」⓯除　授職；任命。⓰白虹貫日　白色長虹穿日而過的一種奇異天象。本書卷三十〈郎顗傳〉：「凡日傍氣色白而純者名為虹。貫日中者，侵太陽也。」《開元占經・虹蜺貫日二》引西漢京房《對災異》：「虹蜺近日，則姦臣謀；貫日，客伐主。其救也，釋女樂，戒非常，正股肱，入賢良。」又同卷〈白虹貫日四〉引《詩》緯書《推度災》：「撓弱不立，邪臣蔽主，則白虹刺日，為政無常天下逆。」⓱便宜　意謂合乎時宜，有利國家。⓲唐子　原書已佚。

【語　譯】唐檀，字子產，是豫章郡南昌縣人。他在年輕時到京師太學求學，研習《京氏易》、《韓詩》和《顏氏春秋》，特別喜好災異推斷和星占術。後來回到故鄉，經常有一百多名學生聽他講授方術知識。

2 在安帝元初七年，豫章郡內生出了一株靈芝，太守劉祗打算上報給朝廷，為此詢問唐檀的意見。唐檀對答說：「眼下外戚權大勢盛，天子力量薄弱，這難道算得上美好吉祥的兆應嗎？」於是劉祗就打消了上報的念頭。到安帝永寧元年，南昌縣有位婦女一胎生下了四個嬰兒，劉祗又向唐檀詢問這是什麼奇異事件的徵兆。唐檀認為京師將要產生預示戰事的氣氛，禍亂會從宮中興起。到安帝延光四年，中黃門孫程在崇德殿和臺省動用武力，殺死了閻皇后的兄長車騎將軍閻顯等人，擁立濟陰王為天子，果然同唐檀所預測的一模一樣。

3 到順帝永建五年，唐檀被保舉為孝廉，授予郎中的官職。當時出現了白色長虹穿日而過的奇異天象，唐檀就此上奏三宗合乎時宜、有利國家的大政要務，指明皇天從氣候異常上對帝王惡行做出的譴責徵兆。這通奏疏進呈以後，他就棄官而去。唐檀撰寫下書籍，共計二十八篇，命名為《唐子》。他最後在家中去世。

1 公沙穆，字文乂，北海膠東❶人也。家貧賤。自為兒童不好戲弄，長習韓詩、公羊春秋❷，尤銳思河洛推步之術。居建成山❸中，依林阻為室，獨宿無侶。時暴風震雷，有聲於外呼穆者三，穆不與語。有頃，呼者自牖❹而入，音狀甚怪，穆誦經自若，終亦無它妖異，時人奇之。後遂隱居東萊山❺，學者自遠而至。

2 有富人王仲，致產千金。謂穆曰：「方今之世，以貨自通❻，吾奉百萬與子為資，何如？」對曰：「來意厚矣。夫富貴在天❼，得之有命，以貨求位，吾不忍也。」

3 後舉孝廉，以高第❽為主事❾，遷繒相❿。時繒侯劉敞，東海恭王⓫之後也，所為多不法，廢嫡立庶，傲很⓬放恣。穆到官，謁曰：「臣始除之日，京師咸謂臣曰『繒有惡侯』，以弔小相⓭。明侯⓮何因得此醜聲之甚也？幸承先人之支體⓯，傳茅土⓰之重，不戰戰兢兢，而違越法度，故朝廷使臣為輔。願改往修來，自求多福。」乃上沒⓱敞所侵官民田地，廢其庶子，還立嫡嗣。其蒼頭⓲兒客犯法，皆收考之。因苦辭諫敞。敞涕泣為謝，多從其所規。

4 遷弘農⓳令。縣界有螟蟲⓴食稼，百姓惶懼。穆乃設壇謝曰：「百姓有過，罪穆之由，請以身禱。」於是暴雨，既霽㉑而螟蟲自銷，百姓稱曰神明。永壽㉒元年，霖雨㉓大水，三輔以東莫不湮沒。穆明曉占候，乃豫告令百姓徙居高地，故弘農人獨得免害。

5 遷遼東㉔屬國都尉㉕，善得吏人歡心。年六十六卒官。六子皆知名。

【章旨】以上為〈公沙穆傳〉。記述公沙穆的籍貫、隱士和民間方術教師及中下級地方官員的身分、通曉儒典與《河圖》、《洛書》尤其是推步占候方術的專長，其入仕前後的五宗主要事跡。

【注釋】❶膠東　東漢侯國名。治今山東平度。❷公羊春秋　即《春秋公羊傳》，是先秦以來解釋《春秋經》的重要典籍之一。在漢代形成系統完備的《春秋》公羊學，居於顯學的地位。❸建成山　山名。今河北交河縣境內。❹牖　窗口；窗戶。

❺東萊山　山名。今山東掖縣一帶。古以此山同華山、首山、太室山、泰山合稱五大名山，相傳為黃帝之所常遊並與神仙會見的地方。❻以貨自通　憑藉錢物賄賂而做官。❼富貴在天　語出《論語・顏淵》所載子夏之言。❽高第　謂優秀的等級。❾主事　全稱光祿勳主事，通稱光祿主事。為漢代九卿之一光祿勳的屬官。李賢注引《風俗通》：「光祿奉肹上就為主事。」❿繒相　繒為東漢封國之一。治今山東蒼山縣。相是中央派往封國協助諸侯王治理其國的官員，職如郡守。⓫東海恭王　指光武帝的長子、郭皇后所生的劉彊。詳見本書卷四十二。⓬傲很　傲慢執拗。很，通「狠」。⓭小相　對派往較小封國的國相的一種稱謂。⓮明侯　對皇室所封同姓諸侯的一種敬稱。⓯支體　軀體。這裡意為血統。⓰茅土　謂王、侯封爵。古以白茅包裹五色土中的一色土，授給相應封區的受封者，作為其有國建社的象徵。東漢蔡邕《獨斷・下》：「天子太社，以五色土為壇。皇子封為王者，受天子之社土。以所封之方色，東方受青，南方受赤，他如其方色。苴以白茅授之，各以其所封方之色，歸國以立社，故謂之受茅土。漢興，以皇子封為王者，得茅土；其他功臣及鄉亭他姓公侯，各以其戶數租入為限，不受茅土，亦不立社也。」⓱上沒　收繳追回。⓲蒼頭　奴僕。唐顏師古《漢書注》引孟康：「黎民黔首，黎、黔皆黑也。下民陰類，故以黑為號。漢名奴為蒼頭，非純黑，以別於良人也。」又引臣瓚：「《漢儀注》：官奴給書計，從侍中已下為蒼頭，青幘。」⓳弘農　縣名。治今河南靈寶東北故函谷關城。⓴螟蟲　蛀食農作物的害蟲。㉑霽　雨止天晴。㉒永壽　東漢桓帝劉志年號，西元一五五－一五八年。㉓霖雨　連綿不斷的大雨。《左傳・隱公九年》：「凡雨，自三日以往為霖。」㉔遼東　郡名。治今遼寧遼陽老城區。㉕屬國都尉　兩漢在邊遠地區所設立的轄領前來歸附的少數部族的官員。秩比二千石，其治民權和領兵權如郡太守。

【語　譯】公沙穆，字文乂，是北海國膠東侯國人。出身貧寒低賤。他從兒童時代起就不喜歡玩耍嬉鬧，長大後研習《韓詩》和《公羊春秋》，更對《河圖》、《洛書》和推算天文曆法的方術用力鑽研。居住在建成山中，傍靠茂密沒通道的樹林搭建起房屋，獨自睡在裡面，沒找任何人做伴。當時暴風襲來，雷聲大作，在屋外傳來三次呼叫他姓名的聲音，他一直不答話。過了一會兒，那個呼叫他姓名的傢伙從窗戶蹦了進來，聲音和形狀都特別怪異，公沙穆仍舊只管誦讀經書，到最後也沒發生什麼兇險的事情。當時的人們都覺得公沙穆很奇特。後來他又隱居在東萊山，向他求學的人竟從遠方趕到這裡。

2　有位名叫王仲的富翁，積聚財產多達千金。他對公沙穆說：「眼下這年月，只要通過錢物賄賂就能做官。

我送您一百萬錢去疏通，怎麼樣？」公沙穆回答說：「您向我表達的情意太深厚了。可富貴在天，得到它全由命數決定，用錢物去求取官位，我不忍心這樣做。」

3 後來他被保舉為孝廉，憑藉考試優等擔任光祿勳主事，又升任繒國相。當時的繒侯劉敞是東海恭王的後裔，幹下許多違法的事情，竟然廢棄嫡子，把庶子定立為封爵繼承人，又傲慢執拗，放縱恣肆。公沙穆到任以後，謁見劉敞，說道：「臣下我剛被任命為繒國相的那一天，京師裡的人就都對我說『繒國有個兇惡的王侯』，看來日後只能前來憑弔我這渺小的國相了。您是什麼原因得到這麼醜惡的名聲的呢？您幸運地延續了先人的血統，繼承了王侯的封爵，卻不保持高度戒懼，反倒違反和超越法令制度規定，因而朝廷派遣臣下我前來擔任您的輔佐。希望您改正過去的行為，做好將來的事情，自求多福。」於是收繳追回了劉敞所侵占的公家和百姓的田地，取消了他那個庶子繼承封爵的資格，把嫡子重新定立為封爵繼承人。劉敞的奴僕和賓客觸犯法律，也都將他們抓起來審問。隨後便用懇切的言詞勸導劉敞。劉敞流淚向他道歉，大多接受公沙穆的規諫。

4 公沙穆又調任弘農縣縣令。全縣範圍內發生了螟蟲蛀食莊稼的災害，百姓們陷入一片恐慌當中。公沙穆於是設置祭壇，向皇天謝罪說：「眾百姓出現過錯，罪責都是由我公沙穆一手造成的，我請求用我的性命來禱告上蒼。」就在這時候，暴雨便降了下來，雨過天晴之後，螟蟲自動都不見了，百姓們全說縣太爺夠得上神明。到桓帝永壽元年，大雨連綿不斷，引發了洪水，三輔以東地區沒有不被淹沒的。公沙穆通曉占測方術，預先就通知並命令百姓搬到高地上去居住，因而只有弘農縣的百姓得以免遭水災的危害。

5 他又升任遼東屬國都尉，能贏得官吏和百姓的歡心。到六十六歲時，在任內去世。他六個兒子都聞名於世。

許曼者，汝南平輿人也。祖父峻，字季山，善卜占之術，多有顯驗，時人方之前世京房。自云少嘗篤病，三年不愈，乃謁太山❶請命，行遇道士❷張巨君，授以方術。所著易林❸，至今行於世。

曼少傳峻學。桓帝❹時，隴西❺太守馮緄❻始拜郡，開綬笥❼，有兩赤蛇分南北走。緄令曼筮之。卦成，曼曰：「三歲之後，君當為邊將，官有東名，當東北行三千里。復五年，更為大將軍，南征。」延熹❽元年，緄出為遼東太守，討鮮卑❾，至五年，復拜車騎將軍，擊武陵蠻賊❿，皆如占。其餘多此類云。

【章旨】以上為〈許曼傳〉。記述許曼的籍貫、家學淵源、精通《易》占的特長，他為隴西太守馮緄的仕途前程所進行的卜斷，即所謂祿命官運之占。

【注釋】❶太山　即泰山。為五嶽名山中的東嶽和歷代帝王舉行封禪大典的處所，位於山東中部，盤亙於泰安、長清與歷城之間。古傳泰山掌管世人的生死，故而這裡說「乃謁太山請命」。東漢應劭《風俗通》：「古封泰山，禪梁甫。舊說岱宗上有金篋玉策，能知人年壽修短。漢武帝探策得十八，因倒讀曰八十，其後果壽長八十。」又西晉張華《博物志》：「泰山一曰天孫，言為天帝孫也。主召人魂魄。東方萬物始成，故知人生命之長短。」❷道士　有道術之士。❸易林　原書已佚。清儒何焯懷疑世傳《焦氏易林》即為許峻所著。❹桓帝　名志，卒諡孝桓。東漢皇帝。詳見本書卷七。❺隴西　郡名。治今甘肅臨洮。❻馮緄　東漢後期的高級將領。本書卷三十八有傳。❼綬笥　盛放官印和繫印絲帶的盒匣。❽延熹　東漢桓帝劉志年號，西元一五八－一六七年。❾鮮卑　東胡部落之一，因遷至鮮卑山（今內蒙古科爾沁右翼中旗西）而得名。南鄰烏桓，至東漢陸續占領匈奴故地，並向塞內移動，對漢時降時叛。詳見本書在卷九十。❿武陵蠻賊　武陵，郡名。治今湖南常德。蠻賊，指武裝造反的南方少數部族與部落。本書卷八十六〈南蠻西南夷列傳〉：蠻夷「有邑君長，皆賜印綬，冠用獺皮。名渠帥曰精夫，相呼為姎徒。今長沙武陵蠻是也。」

【語　譯】許曼，是汝南郡平輿縣人。他祖父許峻，字季山，擅長占卜這類方術，大多具有明顯的效驗。周圍人把他比成西漢的京房。他自稱在年輕時曾患重病，歷時三年都沒痊癒，就到太山去拜祭，請神求命，在路上遇見了道士張巨君，便把方術傳授給他了。許峻撰寫的《易林》，到如今還在世上流傳。

許曼從小時候就承傳起許峻的占斷之學。到桓帝時，隴西太守馮緄剛剛接到當郡守的委任令，打開盛放官印盒匣一看，裡面有兩條赤蛇，一個頭朝南、一個頭朝北爬行過去。馮緄便讓許曼替他算一卦。卦象形成之後，許曼說道：「三年過後，您將擔任邊地將領，官職中帶有『東』字，會朝東北方向趕赴三千里。再過五年，您將改任大將軍，到南方去征討。」就在桓帝延熹元年，馮緄被調往塞外，就任遼東太守，討伐鮮卑部落。到延熹五年，又被任命為車騎將軍，去進擊武陵一帶造反的南方少數部族，完全同許曼當年的占測結果相吻合。其他方面的占測活動，大多像這事一樣。

趙彥者，琅邪❶人也。少有術學。延熹三年，琅邪賊勞丙與太山賊叔孫無忌殺都尉❷，攻沒琅邪屬縣，殘害吏民。朝廷以南陽宗資❸為討寇中郎將❹，杖鉞❺將兵，督州郡合討無忌。彥為陳孤虛之法，以賊屯在莒❻，莒有五陽之地❼，宜發五陽郡❽兵，從孤擊虛以討之。資具以狀上，詔書遣五陽兵到。彥推遁甲，教以時進兵，一戰破賊，燔燒屯塢❾，徐兗❿二州一時平夷。

【章　旨】以上為〈趙彥傳〉。記述趙彥的籍貫、民間隱士的身分、精通孤虛和遁甲方術的特長，他為討寇中郎將宗資獻呈的擊破小股農民武裝力量的戰法與戰術。

【注　釋】❶琅邪　封國名。治今山東臨沂。❷都尉　郡設武官。秩比二千石，協助郡守掌領武職甲卒，負責治安，防遏盜賊。❸宗資　東漢後期以信義得士的郡守與朝臣。本書無傳。李賢注引謝承《書》：「宗資字叔都，南陽安眾人也。家代為漢將相名臣。祖父均，自有傳。資少在京師，學《孟氏易》、《歐陽尚書》。舉孝廉，拜議郎，補御史中丞、汝南太守，署范滂為功曹，委任政事，推功於滂，不伐其美。任善之名，聞於海內也。」❹討寇中郎將　臨時擬定的武職稱謂。中郎將則是漢代九卿之一光祿勳的常設屬官，負責率部守衛宮殿，出充車騎。逢有戰事，則任征伐。❺杖鉞　執持斧鉞，亦即代表朝廷全權行使指揮權之義。斧鉞，兩種兵器和儀仗物品，由朝廷授予給統帥，象徵軍前生殺權力。❻莒　縣名。治今山東莒縣。❼五陽之地　指莒縣所鄰近的城陽、南武陽、開陽、陽都、安陽五個城邑而言。這是孤虛方術著眼於空間因素和地名巧合之處作出的一種判斷。❽五陽郡　郡名中帶有「陽」字的五個郡，謂山陽、廣陽、漢陽、南陽、丹陽郡之類。❾屯塢　指屯駐的城堡與營壘。塢，用作防禦的小型堡壘及障礙性設施等。❿徐兗　東漢所設十三州中的兩個州。徐州，治今山東郯城。兗州，治今山東金鄉。

【語　譯】趙彥，是琅邪國人。他從年輕時就掌握了方術的一套理論。在桓帝延熹三年，琅邪盜賊勞丙與太山盜賊叔孫無忌殺死了郡國都尉，攻陷了琅邪國的下屬各縣，殘害官吏和百姓。朝廷任命南陽人宗資擔當討寇中郎將，執持斧鉞統領軍隊，指揮州郡聯合征討叔孫無忌。趙彥特向宗資進獻運用孤虛方術破敵獲勝的辦法，強調賊兵屯駐在莒縣，而莒縣恰恰鄰近五個帶「陽」字的城邑，應該調發郡名中帶「陽」字的五個郡的兵馬，由屬於「孤」的地支方位直搗與「孤」構成相沖關係的屬於「虛」的地支方位，前去討伐賊兵。宗資把趙彥所進獻的計策詳盡地上奏給朝廷，朝廷下達詔書，將帶有「陽」字的五個郡的兵馬調集到宗資帳下。趙彥便推演遁甲法術，讓他們按時進兵，一仗就擊敗了賊軍，燒毀了對方屯駐的城堡與營壘，徐州和兗州一時間便平定下來了。

樊志張者，漢中南鄭人也。博學多通，隱身不仕。嘗遊隴西，時破羌將軍段潁❶出征西羌，請見志張。其夕，潁軍為羌所圍數重，因留軍中，三日不得去。夜謂潁曰：「東南角無復羌❷，宜乘虛引出，住百里，還師攻之，可以全勝。」潁從之，果以破賊。於是以狀表聞。又說其人既有梓慎❸、焦、董❹之識，宜翼聖朝，咨詢奇異。於是有詔特徵，會病終。

【章旨】以上為〈樊志張傳〉。記述樊志張的籍貫、民間隱士的身分、博學多通的特長，他向破羌將軍段潁提出的乘虛衝出重圍、回師再戰的破敵之策。

【注釋】❶破羌將軍段潁　破羌將軍，漢代雜號將軍的一種稱謂，職在征伐。段潁，東漢後期的邊地將領和太尉。本書卷六十五有傳。❷復羌　重重包圍的羌兵。❸梓慎　春秋時期魯國擅長星占、望氣和夢占等方術的大夫。事見《左傳・襄公二十八年》至〈昭公二十四年〉所述。❹焦董　指焦延壽和董仲舒。前者為西漢獨得隱士之說的《易》學家，京房的老師。《漢書・儒林傳》略述其事。後者為西漢儒學一代宗師，《春秋》公羊學的代表人物。《史記》卷一二一、《漢書》卷五十六分別為其立傳。

【語譯】樊志張，是漢中郡南鄭縣人。他學問廣博，了解多方面的知識，隱居在民間，不去做官。他曾到隴西一帶遊歷，當時破羌將軍段潁正率兵征討西羌，就邀請樊志張來見面。當天晚上，段潁的軍隊被羌兵團團包圍住，他便留宿在軍中，一連三天沒辦法離去。夜裡他對段潁說：「東南角沒有重重包圍的羌兵，應該利用這虛弱的部位率軍衝出去，到百里以外的地方停下來，再指揮部隊掉轉頭來進攻羌兵，這樣就能大獲全勝。」段潁聽從這一建議，果然擊破了賊軍。於是段潁進呈章表，把樊志張助軍取勝的情況奏報給朝廷，還說他具有當年梓慎、焦延壽和董仲舒那樣的才識，應該讓他輔佐聖明的王朝，向他諮詢奇異的對策。於是便有詔書下達，專程徵召他進京入朝，不巧他卻病逝了。

單颺，字武宣，山陽湖陸❶人也。以孤特❷清苦自立，善明天官、筭術。舉孝廉，稍遷太史令❸，侍中。出為漢中太守，公事免。後拜尚書，卒於官。

初，熹平❹末，黃龍❺見譙❻，光祿大夫橋玄❼問颺：「此何祥也？」颺曰：「其國當有王者興。不及五十年，龍當復見，此其應也。」魏郡❽人殷登密記之。至建安❾二十五年春，黃龍復見譙，其冬，魏受禪❿。

【章　旨】以上為〈單颺傳〉。記述單颺的籍貫、擅長天文和算術的特長，供職中央與地方的簡要經歷，其對黃龍顯現於譙縣所作的「當有王者興」的占斷。

【注　釋】❶山陽湖陸　山陽，郡名。治今山東金鄉。湖陸，縣名。治今山東魚台。❷孤特　孤直勁挺。❸太史令　官名。品秩為六百石，掌管天象觀測、曆法制定和時節禁忌等。❹熹平　東漢靈帝劉宏年號，西元一七二—一七八年。❺黃龍　古代傳說的一種神物，被視為關涉帝室的吉兆。❻譙　縣名。治今安徽亳州。譙縣是三國魏政權的奠基人曹操的原籍所在，故而下文作出「當有王者興」的占斷。❼橋玄　東漢後期明達剛直的大臣。本書卷五十一有傳。❽魏郡　郡名。治今河北臨漳西南鄴鎮。❾建安　東漢獻帝劉協年號，西元一九六—二二〇年。❿魏受禪　這是一種諱飾的說法。指曹操長子曹丕以武力為後盾廢黜東漢獻帝、正式登上帝位、建立魏政權的行動。

【語　譯】單颺，字武宣，是山陽郡湖陸縣人。他憑藉孤直勁挺和清苦自守的品行在社會上立身，擅長天文和推算方術。被保舉為孝廉，逐漸升任太史令、侍中。後來離開朝廷，就任漢中太守，因公事被免職。後來又被任命為尚書，最後在任內去世了。

起初，正值靈帝熹平末年時，有條黃龍出現在譙縣，光祿大夫橋玄特向單颺詢問說：「這是一種什麼樣的徵兆？」單颺說：「在那一地區會有稱王天下的人興起。用不了五十年，黃龍還會出現，這就是目前情況的兆應。」魏郡人殷登悄悄記下了這番話。到獻帝建安二十五年春季，黃龍又在譙縣出現。就在這年冬天，曹魏接受了帝位的禪讓。

韓說，字叔儒，會稽山陰人也。博通五經，尤善圖緯之學。舉孝廉。與議郎蔡邕❶友善。數陳灾眚❷，及奏賦、頌、連珠❸。稍遷侍中。光和❹元年十月，說言於靈帝，云其晦日❺必食❻，乞百官嚴裝❼。帝從之，果如所言。中平❽二年二月，又上封事❾，剋期❿宮中有灾。至日，南宮⓫大火。遷說江夏⓬太守，公事免。年七十，卒於家。

【章旨】以上為〈韓說傳〉。記述韓說的籍貫、仕履、友人、通曉儒家《五經》和讖緯內學及擅寫文章的特長，其先後準確地預測日蝕和皇宮災禍的主要事跡。

【注釋】❶議郎蔡邕　議郎，漢代郎官之一種，掌顧問應對，無常事，唯詔令所使。蔡邕，東漢後期的文學家與藝術家。本書卷六十有傳。❷灾眚　災殃；災禍。❸賦頌連珠　均為文體名。其中連珠起於漢代，通篇借助譬喻委婉表達其意，文辭簡練精美，歷歷如貫珠，故稱。《文選》李善注引傅玄《敘連珠》：「所謂連珠者，興於漢章之世。班固、賈逵、傅毅三子，受詔作之。其文體辭麗而言約，不指說事情，必假喻以達其旨，而賢者微悟，合於古詩諷興之義。欲使歷歷如貫珠，易看而可悅，故謂之連珠。」如蔡邕之作：「道為知者設，馬為御者良，賢為聖者用，辨為知者通」一類。❹光和　東漢靈帝劉宏年號，西元一七八－一八四年。❺晦日　農曆月末那一天。❻食　指日蝕。本書卷八〈孝靈帝紀〉：光和元年冬十月「丙子晦，日有食之。」又本書〈志第十八・五行六・日蝕〉：「十月丙子晦，日有蝕之，在箕四度。箕為後宮口舌，是月上聽讒，廢宋皇后。」❼嚴裝　全副戎裝。意謂保持高度警惕和戒備。❽中平　東漢靈帝劉宏年號，西元一八四－一八九年。❾封事帶有保密性質的奏章。為防止內容洩露，上奏時特用皂囊封緘，故稱封事。李賢注：「宣帝始令群臣得奏封事，以知下情。封有正有副，領尚書者先發副封，所言不善，屏而不奏。後魏相奏去副封，以防壅蔽。」⑩剋期　算定準確日期。⑪南宮　洛陽城中的一處皇宮，與北宮相對而稱。唐張守節《史記正義》引《括地志》：「南宮在雒州雒陽縣東北二十六里洛陽故城中。」又引《輿地志》：「秦時已有南北宮。」李賢注引蔡質《漢典職儀》：「南宮至北宮，中央作大屋複道三道行。天子從中道，從官夾左右，十步一衛。兩宮相去七里。」本書卷八〈孝靈帝紀〉：中平二年「二月己酉，南宮大災火，半月乃滅。」又本書〈志第十四・五行二・災火〉：「中平二年二月己酉，南宮雲臺災。庚戌，樂城門（南宮中門）災，延及北闕道，西燒嘉德和歡殿。案雲臺之災，自上起。榱題數百，同時並然（燃），若就縣（懸）華鐙。其日燒盡，延及白虎威興門、尚書、符節、蘭臺。」⑫江夏　郡名。治今湖北新洲。

【語譯】韓說，字叔儒，是會稽郡山陰縣人。他全面通曉儒家《五經》，更擅長圖讖緯書內學。被保舉為孝廉，與議郎蔡邕結下親密的朋友關係。他多次陳奏災異，並進獻賦、頌、連珠等文章。逐漸升任侍中。在光和元年十月，韓說特向靈帝稟報說，本月最後一天必定會發生日蝕，請命令文武百官保持高度的警惕和戒備狀態。靈帝採納了這一意見，屆時果真同他所講的分毫不差。到靈帝中平二年二月，他又進呈祕密奏章，算定皇宮在某日準會出現災害。到了那一天，南宮真的發生嚴重火災。朝廷又把韓說任命為江夏太守，因公事被免職。到七十歲時，他在家中去世。

1 董扶，字茂安，廣漢綿竹❶人也。少遊太學，與鄉人任安❷齊名，俱事同郡楊厚，學圖讖。還家講授，弟子自遠而至。前後宰府❸十辟，公車三徵，再舉賢良方正、博士、有道，皆稱疾不就。

2 靈帝時，大將軍何進❹薦扶，徵拜侍中，甚見器重。扶私謂太常劉焉❺曰：

「京師將亂，益州分野有天子氣。」焉信之，遂求出為益州牧❻，扶亦為蜀郡屬國都尉，相與入蜀。去後一歲，帝崩，天下大亂，乃去官還家。年八十二卒。

3 後劉備❼稱天子於蜀，皆如扶言。蜀丞相諸葛亮❽問廣漢秦密❾董扶及任安所長。密曰「董扶褒秋毫之善，貶纖介之惡。任安記人之善，忘人之過」云。

【章　旨】以上為〈董扶傳〉。記述董扶的籍貫、民間方術教師和中級朝臣的身分，精通讖緯內學的特長，他對宗室劉焉所作的益州在亂世中會有天子降現而極需應合的推斷。

【注　釋】❶綿竹　縣名。治今四川德陽。❷任安　東漢後期通曉群經和讖緯內學的儒士。本書卷七十九有傳。內載：「少遊太學，受《孟氏易》，兼通數經。又從同郡楊厚學圖讖，究極其術。時人稱曰：『欲知仲桓問任安。』」❸宰府　指三公府。❹何進　東漢末期的外戚權臣，靈帝何皇后的同父異母兄長。本書卷六十九有傳。❺劉焉　東漢末期的宗室成員。本書卷七十五和《三國志．蜀書一》有傳。❻益州牧　掌管益州軍政大權的最高長官，其性質已與過去主要負責監察的州刺史截然不同。本書〈劉焉傳〉：「時靈帝政化衰缺，四方兵寇，焉以為刺史威輕，既不能禁，且用非其人，輒增暴亂，乃建議改置牧伯，鎮安方夏，清選重臣，以居其任。焉乃陰求為交阯，以避時難。議未即行，會益州刺史郤儉在政煩擾，謠言遠聞，而并州刺史張懿、涼州刺史耿鄙並為寇賊所害，故焉議得用。出焉為監軍使者，領益州牧；太僕黃琬為豫州牧，宗正劉虞為幽州牧，皆以本秩居職。州任之重，自此而始。」❼劉備　東漢末期的宗室成員，三國蜀漢政權的建立者。事跡詳見《三國志．蜀書二．先主備》。❽諸葛亮　輔佐劉備建立蜀漢政權的主要謀臣，三國時期的著名政治家與軍事家。事跡詳見《三國志．蜀書五》本傳。❾秦密　東漢末葉和蜀漢政權時期的蜀中才士。《三國志．蜀書八》有傳。

【語　譯】董扶，字茂安，是廣漢郡綿竹縣人。他在年輕時到京師太學求學，與同鄉人任安齊名，一起拜同郡人楊厚為師，學習圖讖和緯書內學。後來回到家鄉從事講學活動，弟子們從遠方趕到他門下來學習。先後受到三公府的十次聘請，公車的三次徵召，又接連被保舉為賢良方正、博士、有道的人選，他都用身體有病做理由而不赴職就任。

2 到靈帝時，大將軍何進特向靈帝推薦董扶，於是把他徵召入朝，任命為侍中，對他十分器重。董扶私下對太常劉焉說：「京師將要發生動亂，益州分野湧生出新天子降現的雲氣。」劉焉相信這種推斷，就請求離開朝廷，去當益州牧，董扶也隨同出任蜀郡屬國都尉，和他一起來到蜀地。離開京師一年後，靈帝便去世了，天下隨之大亂，董扶就辭去官職，返回家中，活到八十二歲時才去世。

3 後來劉備在蜀地登基稱帝，正和董扶當年所預測的一樣。蜀國丞相諸葛亮向廣漢郡的秦密詢問董扶和任安兩人的各自長處所在。秦密說道：「董扶對人的細小優點都予以褒讚，也對微不足道的缺點進行貶斥。任安只知道記住人的長處，而忘掉他的過失。」

郭玉者，廣漢雒人也。初，有老父不知何出，常漁釣於涪水❶，因號涪翁。乞食人間，見有疾者，時下針石，輒應時而效，乃著針經、診脈法❷傳於世。弟子程高尋求積年，翁乃授之。高亦隱跡不仕。玉少師事高，學方診六微之技❸，陰陽隱側❹之術。和帝時，為太醫丞❺，多有效應。帝奇之，仍試令嬖臣❻美手腕者與女子雜處帷中，使玉各診一手，問所疾苦。玉曰：「左陽右陰，脈有男女，狀若異人。臣疑其故。」帝歎息稱善。

玉仁愛不矜，雖貧賤廝養❼，必盡其心力，而醫療貴人❽，時或不愈。帝乃令貴人羸服❾變處，一針即差❿。召玉詰問其狀。對曰：「醫之為言意也。腠理⓫

至微，隨氣用巧，針石之間，毫芒即乖⑫。神存於心手之際，可得解而不可得言也。夫貴者處尊高以臨臣，臣懷怖懾⑬以承之。其為療也，有四難焉：自用意而不任臣，一難也；將身⑭不謹，二難也；骨節不彊，不能使藥，三難也；好逸惡勞，四難也。針有分寸⑮，時有破漏⑯，重以恐懼之心，加以裁慎⑰之志，臣意且猶不盡，何有於病哉？此其所為不愈也。」帝善其對。年老卒官。

【章　旨】以上為〈郭玉傳〉。記述高明醫師郭玉的籍貫、師承關係，擔任太醫丞期間所表現出的善於辨別脈象和一針即病除的超凡醫術，對貧民奴僕也盡心治療的高尚醫德，以及「醫之為言意」的獨到見解特別是醫治貴人四難論。

【注　釋】❶涪水　今四川嘉陵江支流涪江。❷針經診脈法　兩書俱已久佚。❸方診六微之技　根據人體病變原理進行診斷和開處方予以治療的技藝。六微一語源自《素問・六微旨大論篇》，指病理的微妙之處，即寒、暑、燥、溼、風、火這天之六氣作用於人體而導致疾病發生的原由所在及施治方法。該篇講：「少陽之上，火氣治之，中見厥陰。陽明之上，燥氣治之，中見太陰。太陽之上，寒氣治之，中見少陰。厥陰之上，風氣治之，中見少陽。少陰之上，熱氣治之，中見太陽。太陰之上，溼氣治之，中見陽明：所謂本也。」❹隱側　隱伏。❺太醫丞　漢代九卿之一少府所轄太醫署的屬官，地位在太醫令之下，負責為皇室成員及大臣治病。❻嬖臣　受寵幸的近臣。❼廝養　供人役使幹粗活雜務的奴僕。❽貴人　東漢六宮的一種名號，地位僅次於皇后，佩金印紫綬。❾羸服　改穿破舊衣服之義。❿差　痊癒。⓫腠理　皮下肌肉之間的空隙和皮膚、肌肉的紋理，為滲洩與血氣流通灌注的地方。⓬乖　意謂適得其反。⓭怖懾　害怕而多加小心。⓮將身　將養身體；調護身體。⓯分寸　深淺程度。⓰破漏　指適合治療與否的日期。李賢注：「日有衝破者也。」⓱裁慎　審慎。

【語　譯】郭玉，是廣漢郡雒縣人。開始時，有位不知道原籍是哪裡的老翁，經常在涪水邊上釣魚，於是人們把他稱作涪翁。涪翁靠討飯為生，看到生病的人，他就給扎針灸，針灸一扎完，病立刻就好了，於是撰寫下《針經》、《診脉法》兩本醫書，流傳於世。他的學生程高跟他學習了好多年，涪翁這才把醫術傳授給他。程高也遁跡民間，不去做官。郭玉從小時候就拜程高為師，學習根據人體病變原理進行診斷和對症下藥的技藝，陰陽隱伏變化的醫理醫術。到和帝時，他擔任太醫丞，治病很有效果，和帝覺得他挺奇特，就試著同時讓手腕柔美的寵幸近臣同一個女子交錯待在帷帳裡面，然後叫郭玉一起給他們分別伸出的那隻手切脈，問得了什麼病。郭玉說道：「左手為陽脈，右手為陰脈，脈象中存在著一男一女的區別，好像是兩個人。臣下我懷疑這是故意偽裝的。」和帝聽後不禁歎息稱妙。

郭玉天性仁愛而不矜持，即使是貧窮低賤的人和供人役使幹粗活雜務的奴僕，也一定竭盡自己的心力替他們看病，但給後宮貴人治療，有的卻總是治不好。和帝就讓貴人改穿破舊的衣服，轉換地點去叫郭玉治療，郭玉一針扎下去，當下就痊癒了。和帝召見郭玉，詰問其中的情由。他對答說：「醫這套技藝，是講主治者怎樣用心啊。皮下肌肉之間的空隙和皮膚、肌肉的紋理極其微細，要隨同血氣的流轉施展技巧，在針灸過程中，出現一絲一毫的偏差，結果就適得其反。神思寄予在心和手之間，能夠明白是怎麼一回事但卻講不出來。貴人擺出高高在上的尊貴架式來支配臣下我，臣下我心中害怕而多加小心地侍奉她。這在治療上就形成了四種難處：她自有一套想法卻不按臣下我的意見辦，這是第一種難處；她將養調護身體不謹慎，這是第二種難處；她筋骨天生不強健，沒辦法用藥，這是第三種難處；她貪圖安逸，厭惡勞作，這是第四種難處。針扎下去有深有淺，施治的日期有合適不合適的時候，再加上心存畏懼，還有審慎施治的責任感，這使臣下我的用心做不到高度集中，對病情又能起什麼作用呢？這是治不好她那疾病的具體原因。」和帝聽後認為郭玉的對答很有道理。郭玉到年老時在任內去世。

1 華佗，字元化，沛國❶譙人也，一名旉。遊學徐土❷，兼通數經。曉養性❸之術，年且百歲而猶有壯容，時人以為仙。沛相陳珪舉孝廉，太尉黃琬❹辟，皆不就。

2 精於方藥，處齊❺不過數種，心識分銖❻，不假稱量。針灸❼不過數處。若疾發結於內，針藥所不能及者，乃令先以酒服麻沸散❽，既醉無所覺，因刳破❾腹背，抽割❿積聚⓫。若在腸胃，則斷截湔洗⓬，除去疾穢⓭，既而縫合，傅⓮以神膏，四五日創愈，一月之間皆平復。

3 佗嘗行道，見有病咽塞⓯者，因語之曰：「向來道隅⓰有賣餅人，萍齏⓱甚酸，可取三升飲之，病自當去。」即如佗言，立吐一蛇，乃懸於車而候佗。時佗小兒戲於門中，逆見⓲，自相謂曰：「客車邊有物，必是逢我翁也。」及客進，顧視⓳壁北，懸蛇以十數，乃知其奇。

4 又有一郡守篤病久，佗以為盛怒則差。乃多受其貨而不加功⓴。無何㉑棄去，又留書罵之。太守果大怒，令人追殺佗，不及，因瞋恚㉒，吐黑血數升而愈。

5 又有疾者，詣佗求療，佗曰：「君病根深，應當剖破腹。然君壽亦不過十年，病不能相殺也。」病者不堪其苦，必欲除之，佗遂下療，應時愈，十年竟死。

6 廣陵㉓太守陳登忽患匈中煩懣，面赤，不食。佗脈之，曰：「府君胃中有蟲，欲成內疽㉔，腥物㉕所為也。」即作湯㉖二升，再服，須臾，吐出三升許蟲，頭赤而動，半身猶是生魚膾㉗，所苦便愈。佗曰：「此病後三朞㉘當發，遇良醫可救。」登至期疾動，時佗不在，遂死。

7 曹操㉙聞而召佗，常在左右。操積苦頭風眩㉚，佗針，隨手而差。

8 有李將軍者，妻病，呼佗視脈。佗曰：「傷身而胎不去。」將軍言聞㉛實傷身，胎已去矣。佗曰：「案脈，胎未去也。」將軍以為不然。妻稍差，百餘日復動，更呼佗。佗曰：「脈理如前，是兩胎。先生者去，血多，故後兒不得出也。胎既已死，血脈不復歸，必燥著㉜母脊。」乃為下針，并令進湯。婦因欲產而不通㉝。佗曰：「死胎枯燥，埶不自生。」使人探之，果得死胎，人形可識，但其色已黑。佗之絕技㉞，皆此類也。

9 為人性惡㉟，難得意，且恥以醫見業㊱，又去家思歸，乃就操求還取方，因託妻疾，數期不反。操累書呼之，又勑郡縣發遣，佗恃能厭事，猶不肯至。操大怒，使人廉㊲之，知妻詐疾，乃收付獄訊，考驗首服㊳。荀彧㊴請曰：「佗方術實工，人命所懸，宜加全宥㊵。」操不從，竟㊶殺之。佗臨死，出一卷書與獄吏，曰：「此可以活人。」吏畏法不敢受，佗不強與，索火燒之。

10 初，軍吏李成苦欬，晝夜不寐。佗以為腸癰㊷，與散兩錢服之，即吐二升膿血，於此漸愈。乃戒之曰：「後十八歲，疾當發動。若不得此藥，不可差也。」復分散與之。後五六歲，有里人如成先病，請藥甚急，成愍㊸而與之，乃故往譙更從佗求，適值見收，意不忍言。後十八年，成病發，無藥而死。

【章　旨】以上為〈華佗傳〉。記述神醫華佗的籍貫、高齡、性格缺陷、通曉儒家經典和養生術，尤其是擅長外科手術、針灸療法、脈診與方藥的卓異專長，研製出全身麻醉劑「麻沸散」的首創性重要發明，七樁頗具代表性的治療案例，以及最後被殺害的經過。從中足以看出傳主不分貴賤貧富而唯以病情為轉移的救死扶傷精神，鄙視富貴的品格和傲視權臣的風操。

【注　釋】❶沛國　東漢封國名。治今安徽濉溪縣。❷徐土　徐州境內。徐州，東漢所設十三州之一。治今山東郯城。❸養性　猶言養生。性，通「生」。養生即按照一定原則，通過多種方法來調養和保養生命，達到健康與長壽的目的。❹太尉黃琬　太尉，東漢三公之一，掌管全國軍政等事務。黃琬，東漢後期明曉政事的鯁直大臣。本書卷六十一有傳。❺處齊　所開的處方與藥劑。❻分銖　古代的重量單位。一兩的百分之一為一分；一兩的二十四分之一為一銖。這裡用以形容對藥量掌握的精確程度。《三國志・魏書・華佗傳》：「其療疾，合湯不過數種，心解分劑，不復稱量，煮熟便飲，語其節度，舍去輒愈。」❼針灸　中國傳統醫學所創造的臨床治療疾病的一整套獨特的方法與手段。針謂針法，指運用各種針形器具刺入經絡、腧穴或病變部位來治療疾病的技法。灸謂灸法，指用艾葉燒灼或溫烤腧穴或病變部位來治療疾病的技法。針法與灸法經常配合使用，故將二者合稱針灸。《三國志・魏書・華佗傳》：「若當灸，不過一兩處，每處七八壯，病亦應除。若當針，亦不過一兩處，下針言『當引某許，若至，語人』。病者言『已到』，應便拔針，病亦行差（眼看著就要痊癒）。」❽麻沸散　由華佗發明的一種口服麻醉藥品，其製作方法久已失傳。❾刳破　剖開。❿抽割　局部切割。⓫積聚　猶現代醫學所說的病灶。⓬斷截湔洗　謂切除病變部位，清洗易被感染的地方。⓭疾穢　指同疾病有關的一切髒東西。⓮傅　塗敷。⓯咽塞　喉嚨堵塞咽不下食物。⑯道隅　道邊；路旁。⑰萍齏　用浮萍搗成的碎末，作調料來使用。《三國志・魏書・華佗傳》則作「蒜齏」。⑱逆見　迎面看到。⑲顧視　轉視；回視。⑳加功　認真加以治療。㉑無何　沒多久。㉒瞋恚　憤怒怨恨。㉓廣陵　郡名。治今江蘇揚州西北蜀崗之上。㉔內疽　腹內的腫塊。疽，腫塊；腫瘤。㉕腥物　指葷腥之類的食物。㉖湯　指湯藥。㉗生魚膾　夾生的魚肉絲。㉘三朞　滿三年。一週年曰朞。㉙曹操　三國魏政權的奠基人和建安文學的傑出代表。事跡詳見《三國志・魏書・武帝操》。㉚頭風眩　頭痛發暈的一種疾病。㉛間　不久前。㉜燥著　枯燥地附著在。㉝欲產而不通　意謂出現臨盆感卻生不下胎兒來。㉞絕技　神妙超凡的醫術。詳參《三國志・魏書・華佗傳》。㉟性惡　脾氣暴躁愛發火。㊱見業　被人視為謀生的職業。㊲廉　察證核實。㊳考驗首服　經過審訊，結果認罪。㊴荀彧　三國形成過程中協助曹操統一北方的重要謀士。事跡詳見本書卷七十和《三國志・魏書・荀彧傳》。㊵全宥　保全赦免。㊶竟　到最後。《三國志・魏書・華佗傳》：「佗死後，太祖頭風未除。太祖曰：『佗能愈此。小人養吾病，欲以自重。然吾不殺此子，亦終當不為我斷此根原耳。』及後愛子倉舒病困，太祖歎曰：『吾悔殺華佗，令此兒彊死也。』」㊷腸癰　疾病名。指腸道癰疽膿腫。㊸愍　憐憫。

【語　譯】華佗，字元化，是沛國譙縣人，一名旉。他在徐州境內求學，同時熟悉好幾部儒家經典。更通曉養生的原則與方法，年齡將近一百歲卻面色卻仍像壯年人，當時的人們把他當成神仙。沛國國相陳珪保舉他當孝廉，太尉黃琬聘請他來供職，他都不去。

2　華佗對醫方藥理十分精通，開方用藥不過幾種，內心曉得劑量多少，根本不用再稱量。給人扎針灸也不過就幾個部位。疾病如果是在患者體內發作而針灸用藥又都無濟於事的，他就先讓患者用酒服下麻沸散，等到全身麻醉沒有知覺後，趁勢剖開患者的腹部或背部，把長期存在的病灶切去。疾病要是在患者腸胃裡鬱結，那就切除病變部位，清洗容易被感染的地方，除淨和疾病有關的全部髒東西，然後把刀口縫好，塗敷上神奇的藥膏，經過四五天，刀口就癒合了，在一個月之內，一切都恢復正常了。

3　華佗曾在路上行走，看到一個喉嚨堵塞咽不下食物的病人，隨即對他說：「在我剛才過來的路邊上有個賣餅人，他用浮萍末做成的餅汁特別酸，可以買上三升喝下去，病就自然會好了。」這位病人按照華佗的話去做，立刻吐出一條蛇來，於是將蛇懸掛在車上到華佗住處去等候華佗。這時華佗的幾個小兒子正在門內玩耍，迎面看到後，互相說：「客人車上掛著東西，肯定是遇到了我們的老爹爹。」等到客人進來後，他轉頭看見北面牆壁上懸掛著十幾條蛇，這才明白華佗的神奇之處。

4 又有一位郡守長期重病纏身，華佗認為讓他怒火衝天就會痊癒，於是故意向他收取高昂的醫藥費卻不認真給他治療，沒多久又扔下他不管，抬腿走人，同時留下一封信肆意辱罵他。這位太守果然大怒，派人去追殺華佗，但沒追上，由此憤怒怨恨到極點，吐出好幾升黑血，而病隨後便好了。

5 又有一位患者，專程到華佗這裡請求治療。華佗說：「您得的疾病病根很深，應當把腹部剖開進行醫治。然而您的壽命不超過十年，疾病本身也不能提前叫您死亡。」這位患者忍受不了病痛的折磨，堅決要求替他除掉病根，華佗便給他治療，立刻就痊癒了，十年後他也真的去世了。

6 廣陵太守陳登猛然間感到胸中煩躁鬱悶，面色發紅，吃不下東西。華佗給他切脈，說道：「府君您胃中有寄生蟲，眼看要形成體內的腫瘤了，這是由葷腥一類的食物引發的。」隨即配製煎好二升湯藥，讓他分兩次服用下去，一會兒工夫就吐出了三升左右的寄生蟲，蟲頭呈紅色，還在擺動，下半身依舊是一團生魚塊，於是病痛便解除了。華佗囑告說：「這種病滿三年還會復發，遇到良醫就能夠救治。」陳登到三年後果真病又發作，但當時華佗不在，於是就死了。

7 曹操聽說華佗醫術高明，就把他召來，讓他經常在身邊侍候。曹操長期被頭痛發暈這種病所困擾，華佗給他扎針，一扎就好。

8 有位李將軍，妻子得了病，就請華佗給她切脈。華佗說：「這是身子骨受到損傷，胎兒還沒生下來。」這位將軍說，不久前的確是身子骨受到了損傷，可胎兒已經生下來了。華佗說：「根據脈象看，胎兒還沒生下來。」這位將軍認為診斷得不正確。他妻子病情略有好轉，可經過一百多天病情又發作，再次請華佗醫治。華佗說：「脈象顯現的情況和從前一樣，這是雙胞胎。頭一個胎兒落地時，母腹流血太多，因而後一個胎兒沒辦法生下來。已經胎死腹中了，血脈不能再流轉到死胎身上去，他必定會乾枯地附著在母親後脊梁下半部的部位上。」於是給她扎針灸，並且讓她喝湯藥。結果這名婦女出現臨盆感卻生不下胎兒來。華佗見此情景說：「死胎已經乾枯，勢必無法自動生下來。」隨後叫人往體內去探摸，果然探摸出一個死胎來，仍可辨認出人的形狀，可顏色已經變黑了。華佗神妙超凡的醫術，大多和這類病例醫案一個樣。

9 華佗脾氣暴躁愛發火，很難實現自己的意願，並且把憑藉醫術而被世上看成是給人治病的郎中當作恥辱，再加上離家久很想回去，就用取處方做理由到曹操那裡請求返鄉回家，隨後藉口妻子生病，一再拖延日期不回來。曹操接連寫信命他速歸，又責成郡縣打發他上路，但華佗倚仗自己本事大，討厭侍奉人，仍舊不肯到來。曹操由此大怒，派人查證核實，得知他妻子生病純屬欺詐，就把華佗抓起來關進監獄審訊，經過勘問，結果華佗認罪，聽憑處置。荀彧請求說：「華佗醫術確實精湛，在他身上栓繫著世人的性命，應當加以保全赦免。」曹操拒不聽從，最後還是斬殺了他。華佗臨死前，拿出一卷醫書書稿送給看管監獄的吏員，說道：「這本書可以讓人活命。」這名吏員害怕受到法律懲處不敢接受，華佗也並不強送給他，要來一把火，將書稿燒掉了。

10 起初，軍吏李成被咳嗽折磨得相當厲害，晝夜睡不成覺。華佗認為這是得了腸道癰疽膿腫病，就給他兩錢散劑叫他服下，隨即吐出兩升膿血來，自此以後便逐漸痊癒了。華佗告誡他說：「十八年過後，病會復發，如果得不到這種藥，那就治不好了。」於是又拿出一部分散劑給他留著用。五六年後，有個當地一塊住的人像李成原先那樣咳嗽個不停，萬分急迫地尋求能治病的藥物，李成看他病得可憐就把散劑給了他，然後又特意去譙縣再向華佗求取這種藥，可正遇上華佗被抓起來，不忍心再提要藥的事。十八年過後，李成舊病復發，無藥可治便死去了。

1 廣陵吳普、彭城❶樊阿皆從佗學。普依準佗療，多所全濟。

2 佗語普曰：「人體欲得勞動❷，但不當使極耳。動搖則穀氣❸得銷，血脈流通，病不得生，譬猶戶樞❹，終不朽也。是以古之仙者為導引❺之事，熊經鴟顧❻，引挽腰體，動諸關節，以求難老。吾有一術，名五禽之戲：一曰虎，二曰鹿，三曰熊，四曰猨❼，五曰鳥。亦以除疾，兼利蹏足❽，以當導引。體有不快，起作一禽之戲，怡❾而汗出，因以著粉，身體輕便而欲食。」普施行之，年九十餘，耳目聰明，齒牙完堅。

3 阿善針術。凡醫咸言背及匈藏❿之間不可妄針，針之不可過四分，而阿針背入一二寸，巨闕⓫匈藏乃五六寸，而病皆瘳⓬。阿從佗求方可服食益於人者，佗授以漆葉青黏散⓭：漆葉屑一斗，青黏十四兩，以是為率⓮。言久服，去三蟲⓯，利五藏，輕體，使人頭不白。阿從其言，壽百餘歲。漆葉處所而有。青黏生於豐⓰、沛、彭城及朝歌⓱間。

【章旨】以上記述華佗門下高徒吳普與樊阿的籍貫、二人或恪遵師法、或發揚光大華佗針灸療法而治病救人的事跡，分別側重動功養生或藥物養生的經歷與經驗。其中對華佗所創設的五禽戲的描述，彌足珍貴；而有關漆葉青黏散的配伍比例標準，亦頗有價值。

【注釋】❶彭城　東漢封國名。治今江蘇徐州。❷勞動　猶言活動、運動。❸穀氣　進食後積聚在人體內的氣流。既包括營養素，又包括排泄物。❹戶樞　門軸。❺導引　指氣功中的動功修煉術而言，亦即通過肢體運動進行自我身心鍛煉以求益壽延年的各種功法。❻熊經鴟顧　像熊一樣攀枝而自懸其上，如鴟鷹般軀體不動而回頭望。《莊子・刻意》：「吹呴呼吸，吐故納新，熊經鳥申，為壽而已矣。此道引之士，養形之人，彭祖壽考者之所好也。」❼猨　猴。❽蹏足　腿腳。❾怡　暢快；痛快。❿匈藏　即「胸臟」。指前胸和五臟部位。⓫巨闕　人體穴位名。在臍上六寸。⓬瘳　病癒。⓭漆葉青黏散　一種混合配製而成的內服散劑製劑。漆葉具有補虛驅蟲的效能。青黏，即黃芝。具有補虛祛溼的功用。南朝宋裴松之《三國志注》引〈佗別傳〉：「青者，一名地節，一名黃芝，主理五藏，益精氣。本出於迷入山者，見仙人服之，以告佗，佗以為佳，輒語阿，阿又祕之。近者人見阿之壽而氣力彊盛，怪之，遂責阿所服，因醉亂誤道之。法一施，人多服者，皆有大驗。」⓮率　謂比例標準。⓯三蟲　人體內的三種寄生蟲。⓰豐　縣名。治今江蘇豐縣。⓱朝歌　縣名。治今河南淇縣。

【語　譯】廣陵郡的吳普和彭城國的樊阿都師從華佗學醫。吳普依照華佗的方法進行醫療，治好救活了許多人。

2　華佗曾對吳普說：「人體需要活動，只是不應過度勞累。一活動，進食後積聚在人體內的氣流就能擴散開來，血脈得到流通，疾病就無從產生，這正像門軸，維持轉動就朽爛不了。所以古代求仙的人致力於導引方術的修煉，像熊一樣攀援樹枝而把自身懸掛在上面，宛如鴟鷹般紋絲不動而回頭顧盼，牽引伸展腰背身軀，使各處關節活動起來，以便達到延緩衰老的目的。我有一套健身術，名為五禽戲：一叫虎戲，二叫鹿戲，三叫熊戲，四叫猿戲，五叫鳥戲。也能拿它祛除疾病，同時讓腿腳變得更靈活，可以當作導引方術來使用。身體感到不舒服，就起身做它個一禽戲，結束後筋骨變得暢快又出一身汗，接下來塗些爽身粉，身體頓感輕快靈便而且想吃東西。」吳普照此去做，一直活到九十多歲時，仍然耳聰目明，牙齒一顆未掉還挺堅固。

3　樊阿擅長針刺療法。只要是醫師，全都強調背部以及前胸到五臟之間不可輕易施針，施針也不能超過四分深，但樊阿卻在患者背部施針，深度達到一兩寸，至於巨闕穴和前胸到五臟的部位竟達五六寸，然而疾病都給治好了。樊阿向華佗求取可以內服而對人身體有益的藥方，華佗便把漆葉青黏散傳授給他，也就是：漆葉屑一斗，青黏十四兩，將這作為配伍的比例標準。還說長期服用，能夠驅除體內三種寄生蟲，對五臟有好處，使身體輕快靈便，叫人頭髮不變白。樊阿按照這番話去做，壽齡超過了一百歲。漆葉到處都有。青黏生長在豐縣、沛國、彭城國和朝歌縣這一帶地區。

漢世異術之士甚眾，雖云不經，而亦有不可誣，故簡❶其美者列于傳末：

泠壽光❷、唐虞❸、魯女生三人者，皆與華佗同時。壽光年可百五六十歲，行容成公❹御婦人法❺，常屈頸鷮息❻，須髮盡白，而色理❼如三四十時，死於江陵❽。唐虞道赤眉❾、張步❿家居里落，若與相及，死於鄉里不其縣⓫。魯女生數說顯宗時事，甚明了，議者疑其時人也。董卓⓬亂後，莫知所在⓭。

【章　旨】以上記述泠壽光、唐虞、魯女生三人壽齡至少高達一百五十歲以上的情狀。這給今人一定的啟示。

【注　釋】❶簡　擇取；選取。❷泠壽光　亦作冷壽光或靈壽光。❸唐虞　或作唐霄。❹容成公　傳說中的古代仙人。他被後世奉為房中養生術的鼻祖。託名西漢劉向撰《列仙傳》：「容成公者，自稱黃帝師，見於周穆王，能善補導之事，取精於玄牝，其要谷神不死，守生養氣者也。髮白更黑，齒落更生，事與老子同，亦云老子師也。」《漢書‧藝文志‧方技略‧房中》著錄有《容成陰道》二十六卷。❺御婦人法　指房中術。《漢志》：「房中者，情性之極，至道之際，是以聖王制外樂以禁內情，而為之節文。傳曰：先王之作樂，所以節百事也。樂而有節，則和平壽考；及迷者弗顧，以生疾而隕性命。」李賢注：「謂握固不瀉，還精補腦也。」❻屈頸鷮息　導引術的一種修煉方式。意謂屈頸如鷮鳥般引氣呼吸。鷮為野雉之屬，長尾，走且鳴，羽毛可做裝飾品。❼色理　皮膚的顏色與紋理。❽死於江陵　江陵，縣名。治今湖北江陵。《雲笈七籤》引東晉葛洪《神仙傳》：「靈壽光者，扶風人也。年七十餘，乃得石英丸方，合而服之，年如二十許。建安元年，已年二百二十歲。後死於江陵胡岡家。殯埋百餘日，人見之，在小黃寄書與岡。岡得書，掘視之，棺中空無所有，釘亦不脫，惟故履存焉。」❾赤眉　新莽末期一支農民軍的稱號。其首領為山東琅邪人樊崇，主要活動於今山東、江蘇、安徽、河南諸省交界的地區，又西進攻入長安，後東歸，降於業已稱帝的銅馬軍統帥劉秀。為在作戰中與敵軍相區別，其部眾將眉毛染紅，故稱赤眉軍。❿張步　王莽末年起兵而占據齊地（今山東沿海一帶）、受封齊王、始終與劉秀爭天下的人物。本書卷十二有傳。⓫不其縣　縣名。

治今山東嶗山縣。上文所稱張步，即為該縣人。⑫董卓　東漢末葉擁兵擅政的暴虐權臣。本書卷七十二和《三國志・魏書六》有傳。⑬所在　存身的地方。東晉葛洪《神仙傳》：「魯女生者，長樂人也。服胡麻餌術，絕穀八十餘年。甚少壯，一日行三百餘里，走逐麞鹿。鄉里傳世見之二百餘年，入華山中。去時故人與女生別，後五十年入華山廟，逢女生乘白鹿，從後有玉女數十人也。」

【語　譯】漢代懷有奇異方術的人非常多，雖然說起來不合常理，但也有不可視為完全虛妄的，因而選取其中突出的人物，載列在本篇類傳的末尾：

冷壽光、唐虞、魯女生這三個人，都與華佗生活在同一時期。冷壽光年齡將近一百五六十歲，行用古代仙人容成公的房中養生術，還經常彎轉頸部，像鴟鳥般引氣呼吸，鬍鬚和頭髮全部變白了，但皮膚的顏色與紋理卻同三四十歲的人差不多，他最後死在江陵縣。唐虞講述當年赤眉軍的情況和齊王張步的家庭狀況及故里聚落，如同和他們在同一個年代生存過似地，他最後死在原籍不其縣。魯女生列舉陳說顯宗皇帝在位期間的事情，十分清晰詳盡，喜歡談論的人懷疑他就是那個時代的人。董卓之亂以後，沒人知道他去了什麼地方。

1 徐登者，閩中❶人也。本女子，化為丈夫。善為巫術❷。又趙炳❸，字公阿，東陽人，能為越方❹。時遭兵亂，疾疫大起，二人遇於烏傷❺溪水之上，遂結言約，共以其術療病。各相謂曰：「今既同志，且可各試所能。」登乃禁溪水，水為不流，炳復次禁枯樹，樹即生荑❻，二人相視而笑，共行其道焉。

2 登年長，炳師事之。貴尚清儉，禮神唯以東流水為酌❼，削桑皮為脯❽。但行禁架❾，所療皆除。

3 後登物故⑩，炳東入章安⑪，百姓未之知也。炳乃故升茅屋，梧鼎⑫而爨，主人見之驚懅，炳笑不應，既而爨孰⑬，屋無損異。又嘗臨水求度，船人不和⑭之，炳乃張蓋⑮坐其中，長嘯⑯呼風，亂流⑰而濟。於是百姓神服⑱，從者如歸。章安令惡其惑眾，收殺之。人為立祠室於永康⑲，至今蚊蚋⑳不能入也。

【章旨】以上為〈徐登傳〉。記述徐登、趙炳的籍貫、民間術士的身分，俱善禁咒術及其施用的事例。

【注釋】❶閩中　今福建福州。❷巫術　指運用臆想的超自然力量，對客體強加控制或影響的各類法術。❸趙炳　他書或作趙昞、趙明，均係同一人。❹越方　謂禁咒術，即以內氣、咒語施加於外部對象而使之發生變化的法術。東晉葛洪《抱朴子・內篇・至理》：「吳越有禁呪之法，甚有明效，多炁耳。」可免疫禳天災，可禁鬼神，可禁虎豹蛇虺，可禁金瘡，可禁白刃，而「近世左慈、趙明等，以炁禁水，水為之逆流一二丈；又於茅屋上然火煮食，食熟而茅屋不燋；又以大釘釘柱，入七八寸，以炁吹之，釘即涌射而出；又以炁禁沸湯，以百許錢投中，令一人手探摝取錢，而手不灼爛；禁水著中庭露之，大寒不冰；又能禁一里中炊者，盡不得熟；禁犬，令不得吠。」❺烏傷　縣名。秦置。故治今浙江義烏。酈道元《水經注》：「溪水又東入于穀水，穀水又東逕烏傷縣之雲黃山，山下臨溪水，水際石壁傑立，高百許丈，又與吳寧溪水合，水出吳寧縣，下逕烏傷縣入穀，謂之烏傷溪水。」❻荑　新芽；嫩葉。❼酌　清酒。❽脯　乾肉。❾禁架　即禁術。又稱禁咒、咒禁、氣禁。被施用於醫療領域，含有某些氣功療法及精神療法的因素在內。❿物故　去世；亡故。⓫章安　縣名。原稱回浦，至東漢初期改名章安。治今浙江臨海縣東南章安。⓬梧鼎　支起飯鍋。梧，支起；架起。⓭孰　「熟」的古字。⓮不和　不答應；不允許。和，許。⓯張蓋　指張布帷蓋。詳見《搜神記》卷二。⓰長嘯　長聲吟嘯。⓱亂流　意謂使水流折轉方向流淌。設若本為由西向東流，則變成由北向南流，即自北岸抵達南岸。⓲神服　敬服其神奇之義。⓳永康　縣名。治所在今浙江永康。⓴蚊蚋　蚊蟲。

【語譯】徐登，是閩中人。他原來是名女子，後來變成了男子。擅長施用巫術。還有趙炳，字公阿，是東陽人，能夠行用禁咒方術。當時正值戰亂，傳染病大規模流行，兩人在烏傷溪水上相遇，於是雙方定下口頭協議，共同用自己的方術給人治病。彼此說道：「如今既然志同道合，各自應顯試一下本人的能耐。」徐登便對溪水施用禁咒術，溪水由此停止了流動，趙炳接下來對枯樹施用禁咒術，枯樹隨即長出了嫩葉，二人你看我、我看你，禁不住會心地一笑，就在世上共同行用他們的方術。

2 徐登年長，趙炳就像對待師長那樣對待他。兩人崇尚清貧節儉，祭祀神靈時僅用東流水當作清酒，削取桑樹皮當作乾肉。他們只要施用禁咒術，被治療的人就都去除了疾病。

3 後來徐登亡故，趙炳就向東來到章安縣，但當地百姓並不了解他。趙炳於是故意登上一戶人家的茅草屋屋頂上，支起飯鍋就燒火煮飯。房屋主人見此情景，十分驚慌害怕，趙炳卻只管發笑，不加理睬，飯煮熟後，房屋沒受到任何損壞。又有一次他想搭船到河水對岸去，船家卻不答應，他就張布帷蓋坐在中間，長聲吟嘯，叫起一陣風，致使水流折轉方向朝對岸流淌送他上了岸。到這時眾百姓才敬服他那神奇本事，紛紛信從他。章安縣縣令對他這種惑亂民眾的行徑深為憎惡，就把他抓起來殺死了。有人為他在永康縣修建了祠堂，到現在蚊蟲還是飛不進裡面去。

1 費長房者，汝南人也。曾為市掾❶。市中有老翁賣藥，懸一壺於肆頭❷，及市罷，輒跳入壺中。市人莫之見，唯長房於樓上覩之，異焉，因往再拜奉酒脯。翁知長房之意其神也，謂之曰：「子明日可更來。」長房旦日❸復詣翁，翁乃與俱入壺中。唯見玉堂嚴麗，旨酒❹甘肴盈衍其中，共飲畢而出。翁約不聽與人言之。後乃就樓上候長房曰：「我神仙之人，以過見責，今事畢當去，子寧能相隨乎？樓下有少酒，與卿為別。」長房使人取之，不能勝，又令十人扛之，猶不舉。翁聞，笑而下樓，以一指提之而上。視器如一升許，而二人飲之終日不盡。

2 長房遂欲求道，而顧家人為憂。翁乃斷一青竹，度與長房身齊，使懸之舍後。家人見之，即長房形也，以為縊死，大小驚號，遂殯葬之。長房立其傍❺，而莫之見也。於是遂隨從入深山，踐荊棘於群虎之中。留使獨處，長房不恐。又臥於空室，以朽索懸萬斤石於心上，眾蛇競來齧索且斷，長房亦不移。翁還，撫之曰：「子可教也。」復使食糞，糞中有三蟲，臭穢特甚，長房意惡之。翁曰：「子幾得道，恨於此不成，如何！」

3 長房辭歸，翁與一竹杖，曰：「騎此任所之❻，則自至矣。既至，可以杖投葛陂❼中也。」又為作一符，曰：「以此主地上鬼神。」長房乘杖，須臾來歸，自謂去家適經旬日，而已十餘年矣。即以杖投陂，顧視則龍也。家人謂其久死，不信之。長房曰：「往日所葬，但竹杖耳。」乃發冢剖棺，杖猶存焉。遂能醫療眾病，鞭笞百鬼，及驅使社公❽。或在它坐，獨自恚怒，人問其故，曰：「吾責鬼魅❾之犯法者耳。」

4 汝南歲歲常有魅，偽作太守章服❿，詣府門椎鼓⓫者，郡中患之。時魅適來，而逢長房謁府君，惶懼不得退，便前解衣冠，叩頭乞活。長房呵之云：「便於中庭⑫正汝故形！」即成老鼈，大如車輪，頸長一丈。長房復令就太守服罪，付其一札，以勑葛陂君⑬。魅叩頭流涕，持札植於陂邊，以頸繞之而死。

5 後東海君⑭來見葛陂君，因淫其夫人，於是長房劾繫⑮之三年，而東海大旱。長房至海上，見其人請雨，乃謂之曰：「東海君有罪，吾前繫於葛陂，今方出之使作雨也。」於是雨立注。

6 長房曾與人共行，見一書生黃巾被裘，無鞍騎馬，下而叩頭。長房曰：「還它馬，赦汝死罪。」人問其故，長房曰：「此狸也，盜社公馬耳。」又嘗坐客⑯，而使至宛⑰市鮓⑱，須臾還⑲，乃飯。或一日之間，人見其在千里之外者數處焉⑳。

7 後失其符，為眾鬼㉑所殺。

【章旨】以上為〈費長房傳〉。記述費長房的籍貫、拜師學道的經過、施用符籙驅神劾鬼、除魅降妖的四宗事例，以及擅長縮地術和分身術的情況。連帶述及仙人壺公的來歷及其施展的壺中術、竹杖尸解法與竹杖化龍術。

【注釋】❶市掾　管理郡城市場事務的官吏。❷肆頭　店鋪的前端。❸旦日　第二天。❹旨酒　甘甜的美酒。❺傍　旁側。以上所云，屬於用替代物完成的尸解之法，即解化修仙的一種途徑與結果。東晉葛洪《抱朴子・內篇・論僊》：「近世壺公將費長房去，及道士李意期將兩弟子去，後人見之，皆在郫縣，其家各鑿棺視之，三棺只有竹杖一枚，以丹書於杖，此皆尸解者也。」《太平御覽・道部六・屍解》引《寶劍上經》：「屍解之法，有死而便生者，有死而從一旁生者，有形存而無骨者。」❻所之 想去的地方。之，至。❼葛陂 原址在今河南平輿東北四十里處，周回共三十里。陂，水塘湖泊，具有蓄水和灌溉的功用。❽社公 土地神。❾魅 物老變成的精怪。❿章服 正規的官服。⓫椎鼓 擊鼓；敲鼓。東晉葛洪《神仙傳・壺公傳》：「汝南郡中常有鬼怪，歲輒數來。來時導從威儀如太守，入府打鼓，周行內外，匝乃還去，甚以為患。」⓬中庭 庭院正中。⓭葛陂君 主管葛陂的水神。⓮東海君 統領東海的水神。⓯劾繫 審理關押。⓰坐客 在主人家做客。⓱宛 縣名。治今河南南陽。⓲鮓 醃製的魚類食品。⓳須臾還 此謂縮地脈之術，即化遠為近。葛洪《抱朴子・內篇・辯問》：「長房縮地脈。」⓴或一日之間二句 此即俗稱的分身法。《抱朴子・內篇・地真》：「守玄一并思其身，分為三人，三人已見，又轉益之，可至數十人，皆如己身。隱之顯之，皆自有口訣，此所謂分形之道。」㉑眾鬼 指地上的鬼神精怪。

【語 譯】費長房，是汝南郡人。曾經擔任管理郡城市場事務的官吏。在市場中有位賣藥的老翁，特意在店鋪前端懸掛了一隻壺，每到買賣活動結束後，他就跳入壺中去，市場裡的人誰都看不見這一舉動，只有費長房在市樓上發現了，對此深感奇異，就以進獻酒肉的名義非常恭敬地去拜見老翁。老翁感覺出費長房把他當作神仙看，就對費長房說：「你明天不妨再來。」費長房第二天又去拜見老翁，老翁便和他一起跳入壺中。只見裡面殿堂莊嚴華麗，擺滿了美酒佳餚。二人共同暢飲後又從壺中出來，老翁要求他不許把這件事告訴其他人。後來老翁到市樓上去拜訪費長房，見面說道：「我是神仙中人，因過失受到貶責，迄今貶責期滿，應當離開這裡，你能跟我一起走嗎？市樓下備有一點兒薄酒，與你告別。」費長房派人去拿，卻根本拿不動，又叫十個人去抬，仍然抬不起來。老翁聽說這種情況，就笑著下樓，用一根手指頭提著它走上樓來。看那盛酒器像是一升大小，可兩人喝了一整天也沒喝完。

2 費長房於是想學仙道，可又考慮家裡人總會替他擔憂。老翁就折斷一根青竹，長度和費長房身軀一樣高上，讓他懸掛在他家房屋的後面。費家人看到後，竟看成費長房的形體，以為他上吊死了，全家老小一片驚懼，放聲痛哭，於是把他裝入棺材埋葬了。可費長房就站立在旁邊，但沒人看得見他。於是他就跟從老翁進入深山，一路披荊斬棘，老翁還把他留在老虎堆中，叫他一個人待著，費長房並不感到恐懼。老翁又讓他躺在一間空房裡，用朽爛的繩索拴繫萬斤巨石懸在他心口上方，又有一群毒蛇競相爬向前來撕咬繩索，眼看就要斷了，但費長房也不挪動。老翁回來後，拍撫他說：「你是可以教導的一塊料。」又讓他吃糞便，糞便中有三種蛆蟲，骯髒惡臭到極點，費長房感到噁心。老翁說道：「你眼看就要獲得仙道了，可就遺憾沒在這道關卡上闖過去，能有什麼辦法呢！」

3 費長房辭別老翁返回家鄉，老翁給他一根竹杖，說道：「跨上它，你想到哪裡就能到哪裡去，而且會自動到達。你回家鄉後，可將這根竹杖投入葛陂裡去。」又為他製作了一道符籙，說道：「用它驅使地上的鬼神。」費長房跨上竹杖，片刻就回到了家中。他自以為離開家剛過十幾天，然而已經過十多年了。他隨即把竹杖投入葛陂中，回頭一看竟是一條龍。費家人認為他死去很長時間了，怎麼也不相信他。費長房說：「從前你們所埋葬的，只是一根竹杖罷了。」於是家裡人挖開墳墓，打開棺材，看見竹杖還留存在裡面。費長房從此能醫治各種疾病，責罰各類鬼怪，還能驅使土地神。有時他坐在另外一個地方，獨自在發怒，人們向他詢問其中的原因，他說道：「我在責罰觸犯神法的鬼魅。」

4 汝南郡年年會有精怪作祟，它身穿正規的官服裝成太守的模樣，到府門擊鼓，郡中人都感到是禍患。正當精怪來到時，恰好碰上費長房前來謁見太守，精怪恐慌懼怕又沒辦法逃走，就向前脫下官服，摘下官帽，跪地叩頭，乞求活命。費長房呵斥它說：「就在庭院正中現出你的原形來！」精怪應聲變成了一隻老鱉，背殼像車輪那樣大，脖頸有一丈長。費長房又命令它向太守認罪，然後交給它一枚木札，上面寫有命令葛陂君的文字。鱉怪叩頭流淚，持帶木札把它插立在葛陂邊，用脖頸朝木札來回打轉死去。

5 後來東海君來見葛陂君，乘機姦汙了葛陂君的夫人，於是費長房將它關押了三年，而東海因此發生了嚴重的旱災。費長房到海邊去，見到當地人正在求雨，便對他們說：「東海君犯下罪過，我在前一段日子裡把它關押在葛陂，現在才放它出來，讓它布雨。」這時大雨便瓢潑似地降下來了。

6 費長房曾和人一起趕路，看到一個書生頭戴黃色頭巾，身穿皮衣，騎著一匹不帶鞍具的馬在行進，可他卻跳下馬來，跪地叩頭。費長房發話道：「把馬還給人家，饒恕你的死罪。」同行人向他詢問其中的緣故，費長房說：「這是隻狐狸，盜取了土地神的馬匹。」他又曾在一位主人家做客，主人煩勞他去宛縣購買醃製的魚類食品，片刻工夫就買回來了，這才吃飯。有時在同一天裡，人們看見他身在千里之外的好幾個地方。

7 後來費長房丟失了符籙，結果被眾鬼魅虐殺了。

1 薊子訓者，不知所由來也。建安中，客在濟陰宛句❶。有神異之道❷。嘗抱鄰家嬰兒，故失手墯❸地而死，其父母驚號怨痛，不可忍聞，而子訓唯謝以過誤，終無它說，遂埋藏之。後月餘，子訓乃抱兒歸焉。父母大恐，曰：「死生異路，雖思我兒，乞不用復見也。」兒識父母，軒渠❹笑悅，欲往就之，母不覺攬取，乃實兒也。雖大喜慶，心猶有疑，乃竊發視死兒，但見衣被，方乃信焉。於是子訓流名京師，士大夫皆承風❺向慕之。

2 後乃駕驢車，與諸生俱詣許❻下。道過滎陽❼，止主人舍，而所駕之驢忽然卒僵，蛆蟲流出，主遽白之。子訓曰：「乃爾乎？」方安坐飯，食畢，徐出以杖扣之，驢應聲奮起，行步如初，即復進道。其追逐觀者常有千數。既到京師，公卿以下候之者，坐上恆數百人，皆為設酒脯，終日不匱。

3 後因遁去，遂不知所止。初去之日，唯見白雲騰起，從旦至暮，如是數十處。時有百歲翁，自說童兒時見子訓賣藥於會稽市，顏色不異於今。後人復於長安❽

東霸城❾見之，與一老公共摩挲❿銅人⓫，相謂曰：「適見鑄此，已近五百歲⓬矣。」顧視見人而去，猶駕昔所乘驢車也。見者呼之曰：「薊先生小住⓭。」並行應之⓮，視若遲徐，而走馬⓯不及，於是而絕。

【章　旨】以上為〈薊子訓傳〉。記述薊子訓的寓居處所、民間方術教師的身分和長壽者的角色，及其施用幻化術亦即所謂變化之術的三宗事例。

【注　釋】❶濟陰宛句　濟陰，郡名。治今山東定陶。宛句，即冤句。縣名。治今山東曹縣。❷神異之道　神妙奇異的方術。東晉葛洪《抱朴子・內篇・地真》及其所撰《神仙傳》卷七盛稱薊子訓掌握「胎息胎食住年止白之法」和「無常子大幻化之術」包括「所謂分形之道」，「能一日至數十處，及有客，座上有一主人與客語，門中又有一主人迎客，而水側又有一主人投釣，賓不能別何者為真主人也」。「又諸老人髮必白者，子訓但與之對坐共語，宿昔之間，則明旦皆髮黑矣，亦無所施為，為黑可期一年二百日也。亦復有不使人髮黑者。蓋神幻之大變者也。」❸墯　同「墮」。墜落；掉落。❹軒渠　舉手聳身的樣子。❺承風　像隨順來風一樣。❻許　縣名。位於今河南許昌東。建安元年（西元一九六年）曹操挾持獻帝建都於此，又稱許都。❼滎陽　縣名。治今河南滎陽。❽長安　西漢京師所在地，今陝西西安。❾霸城　城邑名。治今陝西西安。唐張守節《史記正義》引《三秦記》：「霸城，秦穆公築為宮，因名霸城。漢於北置霸陵。」又引《廟記》：「霸城，漢文帝築。」❿摩挲　反覆地來回撫摸。⓫銅人　指秦始皇統一全國後用收繳的天下鋒鏑所鑄成的巨型人身像。又稱金人或金狄。這裡實謂原鑄十二尊中所殘存的兩尊。《三輔黃圖・宮・朝宮》：始皇帝「收天下兵，聚之咸陽，銷以為鐘鐻，高三丈，鐘小者皆千石也。銷鋒鏑以為金人十二，以弱天下之人，立於宮門。坐高三丈，銘其後曰：『皇帝二十六年，初兼天下，改諸侯為郡縣，一法律，同度量。大人來見臨洮，其大五丈，足跡六尺。』銘李斯篆，蒙恬書。董卓悉椎破銅人、銅臺，以為小錢。《英雄記》：『昔大人見臨洮而銅人鑄，臨洮生卓而銅人毀。天下大亂，卓身滅，抑有以也。』餘二人。魏明帝欲徙詣洛陽，清明門裡載至霸城，重不可致，便留之。」⓬近五百歲　其起始年分為秦王嬴政二十六年即其稱帝之年（西元前二二一年），下推至魏明帝景初元年（西元二三七年），僅為四百六十年，則「近五百歲」，足證傳主生活年代已入曹魏乃至西晉了。南朝宋裴松之《三國志注》引《魏略》：「是歲（景初元年），徙長安諸鐘簴、駱駝、銅人、承露盤。盤折，銅人重不可致，留於霸城。」⓭小住稍停一下。⓮並行應之 一邊走一邊答應著。並，且。⓯走馬 策馬疾馳；催馬快奔。

【語譯】薊子訓，不知道他是什麼地方的人。在獻帝建安年間，他寄居在濟陰郡宛句縣。懷有神妙奇異的方術。他曾抱鄰居家的嬰兒，故意失手，把嬰兒掉在地上摔死了，嬰兒父母一邊驚叫痛哭，一邊怨恨傷感，簡直讓人不忍心聽下去，可薊子訓卻僅僅只用不小心沒抱住道個歉，再也沒說其他什麼話，結果便將嬰兒埋掉了。一個多月過後，薊子訓竟然懷抱嬰兒給他們送回來了。嬰兒父母對此深為恐懼，說道：「死生是截然不同的兩碼事，儘管思念我那嬌兒，可請你還是不要再讓我們見到他了。」然而這個嬰兒卻認得生身父母，舉手聳身又歡笑，只想撲到兩人懷裡去，他母親下意識地將他抱過來，一看真是自己的兒子。夫妻倆雖然萬分喜悅和慶幸，但心裡總有些疑慮，便偷偷挖開墳地仔細察看已死嬰兒的情況，只見到衣服和被褥，這才確信無疑了。薊子訓由此聞名京師，士大夫都像隨順來風那樣仰慕他。

2 後來他趕著驢車，與眾位讀書人一起到許都去。路過滎陽縣時，住在一戶人家中，可他駕車的那頭驢忽然直挺挺地倒在地上，蛆蟲一個勁兒從驢身內往外爬，這家主人趕緊把情況告訴給薊子訓。薊子訓聽後說：「竟然是這樣嗎？」此時大家正穩穩當當圍坐在一起吃飯，吃完飯，他才慢慢走出來用木杖敲打驢，驢應聲就竄跳起來，邁開四蹄仍和從前一樣，隨即又向許都行進。一路追在後面觀看的人總有上千人。抵達京師以後，從公卿以下等著同他會面的人，每次在座席上都多達幾百位，他為這些人擺設下酒肉，一整天也喝不光，吃不完。

3 後來薊子訓趁勢隱遁起來，於是沒人再曉得他停留的地方了。在他剛離開的那一天，只見白雲騰空而起，從早晨到傍晚，像這種景象出現了幾十處。當時有位百歲老人，稱說自己還是兒童的時候就在會稽郡城的集市上看見薊子訓賣過草藥，面色和當前沒有什麼兩樣。後來又有人在長安東面的霸城見過他，他當時正與一位老翁一起上下撫摸秦朝鑄造的銅人像，彼此還說道：「從鑄造到眼下見到它們，已經快有五百年了。」掉轉頭一看有人圍觀就離去了，仍然趕著他過去所乘坐的那副驢車。看見他的人呼喊道：「薊先生請停一下。」他一邊走一邊答應著，看上去好像速度很慢，但快馬加鞭仍追趕不上，自此以後便再也看不到他的蹤跡了。

劉根者，潁川人也。隱居嵩山❶中。諸好事者自遠而至，就根學道❷，太守史祈以根為妖妄，乃收執詣郡，數之曰：「汝有何術，而誣惑百姓？若果有神，可顯一驗事。不爾，立死矣。」根曰：「實無它異，頗能令人見鬼耳。」祈曰：「促召之，使太守目覩，爾乃為明。」根於是左顧而嘯，有頃，祈之亡父祖近親數十人，皆反縛在前，向根叩頭曰：「小兒無狀❸，分當萬坐❹。」顧而叱祈曰：「汝為子孫，不能有益先人，而反累辱亡靈！可叩頭為吾陳謝。」祈驚懼悲哀，頓首❺流血，請自甘罪坐。根嘿而不應，忽然俱去，不知在所。

【章旨】以上為〈劉根傳〉。記述劉根的籍貫、隱士和民間方術教師的身分，以及他施用見鬼術的一宗事例。

【注釋】❶嵩山　五嶽名山中的中嶽。位於河南登封境內。❷道　指方術。西晉張華《博物志・辨方士》：「劉根不覺饑渴，或謂能忍盈虛。」東晉葛洪《神仙傳》：「數見投符於地有所告召，即見如取之者，然不見人；又惟聞有所推問，有人答對，而不見形也；或聞有鞭杖聲，而或地上見血，莫測其端也。」晉陸雲〈登遐頌〉：「劉根登嵩，遺世盤桓，形委服容，口厭瓊蘭，挹彼呼翕，為爾朝飧，景絕巖穴，光茂雲端。」❸無狀　無禮。❹萬坐　任何罪名都夠得上。❺頓首　古代一種較重的跪拜禮。即以頭叩地迅即抬起而不作停留。

【語譯】劉根，是潁川郡人。他隱居在嵩山深處。很多好事的人從遠處趕來，跟他學習方術。潁川太守史祈認為劉根屬於妖妄的術士，就把他抓起來帶到郡衙，責備他說：「你有什麼道術，竟去欺騙迷惑眾百姓？如果真有神奇的地方，那就顯示一樁大家都看得見的實事。否則的話，立刻處死你。」劉根回答說：「我實際上並沒有什麼了不起的本事，倒真能讓人活見鬼罷了。」史祈命令道：「趕快把鬼召來，讓太守我親眼見到，這才算你神明。」劉根在這時便目視左方，長聲吟嘯，過了一陣工夫，史祈死去的父親、祖父和血緣密切的親屬共計數十人，全都反綁著雙手出現在劉根面前，向他叩頭說：「我家這小子無禮，按道理給他定任何罪名全都夠得上。」隨即轉過頭來斥責史祈說：「你身為史家的子孫，不能給祖先爭光，反而讓亡靈受到牽累和屈辱！你要跪地向劉根叩頭，替我們謝罪。」史祈頓時驚慌恐懼，悲痛哀傷，接連向劉根磕頭，直至流出血來，自己請求甘願接受處罰。劉根卻保持沉默，不作任何回答，突然間同史家眾鬼一道離去了，誰也不知道他們去哪裡了。

左慈，字元放，廬江❶人也。少有神道❷。嘗在司空曹操坐，操從容顧眾賓曰：「今日高會，珍羞❸略備，所少吳松江鱸魚❹耳。」放於下坐應曰：「此可得也。」因求銅盤貯水，以竹竿餌釣於盤中，須臾引一鱸魚出。操大拊掌笑，會者皆驚。操曰：「一魚不周坐席，可更得乎？」放乃更餌鉤沈之，須臾復引出，皆長三尺餘，生鮮可愛。操使目前鱠❺之，周浹❻會者。操又謂曰：「既已得魚，恨無蜀中生薑耳。」放曰：「亦可得也。」操恐其近即所取，因曰：「吾前遣人到蜀買錦，可過敕❼使者，增市二端❽。」語頃，即得薑還，并獲操使報命。後操使蜀反，驗問增錦之狀及時日早晚，若符契焉。

後操出近郊，士大夫從者百許人，慈乃為齎酒一升，脯一斤，手自斟酌，百官莫不醉飽。操怪之，使尋其故，行視諸鑪❾，悉亡其酒脯矣。操懷不喜，因坐上收，欲殺之，慈乃卻入壁中，霍然❿不知所在。或見於市者，又捕之，而市人皆變形與慈同，莫知誰是。後人逢慈於陽城山⓫頭，因復逐之，遂入走羊群。操知不可得，乃令就羊中告之曰：「不復相殺，本試君術耳。」忽有一老羝⓬屈前兩膝，人立⓭而言曰：「遽如許⓮？」即競往赴之，而群羊數百皆變為羝，並屈前膝人立，云「遽如許」，遂莫知所取焉。

【章　旨】以上是〈左慈傳〉。記述左慈的籍貫、憑藉「神道」供職曹操麾下的社會身分，他在宴會、近郊和被抓捕過程中所施用的幻化術、搬運術及隱形術。

【注　釋】❶廬江　郡名。治今安徽廬江縣。❷神道　神奇的方術。曹丕《典論・論方術》暨曹植〈辯道論〉：「廬江左慈知補導之術。」亦即「房中之術」。西晉張華《博物志・方士》：「左慈能變形，幻人視聽，厭勝鬼魅。」又同卷〈服食〉：「左元放度荒年法，擇大豆粗細調勻，食之必生者，熟按之，令有光，使暖氣徹豆心內。先不食一日，以冷水頓服三升，服訖，其魚肉菜果酒醬鹹酢甘苦之物不得復經口，渴即飲水，慎不可暖飲。初小困，十數日後，體力壯健，不復思食。」東晉葛洪《抱朴子・內篇・論僊》：「及見武皇帝（曹操）試左慈等，令斷穀，近一月而顏色不減，氣力自若，常云可五十年不食。」又〈至理〉稱：左慈擅「炁禁」之法。〈辯問〉：「左慈兵解而不死。」〈金丹〉：「昔左元放於天柱山中精思，而神人授之金丹僊經。會漢末亂，不遑合作，而避地來渡江東，志欲投名山，以修斯道。」《神仙傳》：「吳有徐隨，居丹徒。左慈過隨，門下有宿客車六七乘，欺慈云：『徐公不在。』慈去，客皆見牛在楊樹杪，車轂中皆生荊木，長一二丈。客懼，入報隨。隨曰：『此左公。』遣追之。客逐慈，叩頭謝。客還，見牛故在地，無復荊木也。」❸珍羞 珍美的餚饌。羞，後多作「饈」。❹松江鱸魚 松江，今江蘇太湖尾閭吳淞江。鱸魚，以肉味肥美著稱的一種魚類。其產地集中在松江一帶。❺鱠 同「膾」。切成細片之義。❻周浹 周遍。即每人一份。❼過勑 順便命令。❽端 古代的帛類長度單位，即兩丈為一端。❾鑪 酒店安放酒甕的土墩子。用以指代酒店、酒鋪。唐顏師古《漢書注》引如淳：「酒家開肆待客，設酒鑪，故以鑪名肆。」❿霍然 快速；突然。⓫陽城山 山名。為嵩山東支。俗稱車嶺山，又名馬嶺山。在今河南登封北。⓬老羝 老公山羊。羝，公羊。⓭人立 像人站立那樣。⓮遽如許 意謂為什麼竟像這樣冷不防行事。

【語譯】左慈，字元放，是廬江郡人。他從年輕時就會神奇的方術。曾有一次參加司空曹操舉辦的宴會，曹操對眾賓客態度和藹地說道：「今日高朋滿座，山珍海味大致齊備，缺少的只是吳地松江的鱸魚罷了。」左慈從下面的坐席上應答說：「這是可以弄到的。」隨後要來銅盤盛滿水，把竹竿放上魚餌就向盤中垂釣，轉眼間便釣出一條鱸魚來。曹操用力拍掌，放聲大笑，在座的人全都驚呆了。曹操接著說：「一條魚不夠在座的每個人吃，還可以弄到嗎？」左慈於是重新放上魚餌，放進魚鉤繼續釣，轉眼間又釣出一條來，如此釣來釣去，條條鱸魚都是三尺多長，顯得生鮮可愛。曹操命人當場把牠們切成細片，每個在座的人都分享一份。曹操又對左慈說：「已經弄到了鱸魚，只是遺憾沒有蜀中的生薑罷了。」左慈回答說：「這也能弄到。」曹操怕他就近取來，緊跟著說：「我先前派人到蜀地去選購蜀錦，可以順便命令使者，讓他再多買四丈。」話剛說過不一會兒，就把生薑弄回來了，還得到了曹操使者接到命令的回報。後來曹操的使者從蜀地返回，向他查問多買蜀錦的情況以及時間早晚，就像契約相合那樣絲毫不差。

後來曹操到近郊去，跟從在後的士大夫有一百人左右，左慈就替他們帶上一升酒和一斤肉乾，親自給每個人斟酒夾肉，眾百官沒有不喝醉吃飽的。曹操對此感到奇怪，就派人查找其中的原因，結果巡視各個酒鋪，全都丟失了酒水和肉乾。曹操心中感到惱恨，要在席間逮捕左慈，準備殺掉他。左慈於是往後退，進入了牆壁裡面，一下子就不知去向了。有人在集市上發現了他，又去抓他，而集市上的人卻都變成了左慈的模樣，分辨不出誰是真的來。後來有人在陽城山山頭上遇到了左慈，隨後又去抓捕他，他就逃進羊群中去了。曹操知道無法抓住他，就派人到羊群中告訴左慈說：「不會再殺您了，原本只想試試您的道術罷了。」這時猛地有隻雄性老山羊像人站立起來那樣說：「為什麼竟像這樣冷不防行事？」眾人立刻搶先去抓這隻羊，可幾百隻羊一下子全都變成了雄性老山羊的樣子，一起把兩條前腿彎曲，兩條後腿又像人站立起來那樣說「為什麼竟像這樣冷不防行事」，結果弄不清該抓哪一隻才對。

計子勳者，不知何郡縣人，皆謂數百歲，行來於人間。一旦忽言日中❶當死，主人與之葛衣❷，子勳服而正寢❸，至日中果死。

上成公者，密縣❹人也。其初行久而不還，後歸，語其家云：「我已得仙。」因辭家而去。家人見其舉步稍高，良久乃沒云。陳寔、韓韶❺同見其事。

【章旨】以上記述計子勳與上成公一則高壽、一則成仙的事跡。

【注釋】❶日中　太陽運行到天空正中的時候，即中午。❷葛衣　用葛布做成的夏衣。葛為一種多年生草本植物，其莖皮纖維可製布，多用作夏裝。❸正寢　躺在堂屋裡。❹密縣　縣名。治今河南新密。❺韓韶　東漢後期的贏縣縣長與名德之士。本書卷六十二有傳。東晉葛洪《抱朴子・內篇・至理》：「河南密縣有卜成者，學道經久，乃與家人辭去，見其行步稍高，遂入雲中，不復見。此所謂舉形輕飛，白日昇天，僊之上者也。陳元方、韓元長，皆潁川之高士也，與密相近。二君所以信天下之有僊者，蓋各以其父祖及見卜成者成僊昇天故也。」

【語譯】計子勳，不知道他是哪個郡縣的人。大家都說他已經有好幾百歲了，平素在人們中間來來往往。有一天早晨，他突然說中午自己會死去，主人就送給他一件葛布單衣，他穿上後躺在堂屋裡，到中午果真去世了。

上成公是密縣人。他當初離開家，以後就長時間沒回來，一日回來後，卻對家裡人說：「我已經成仙了。」隨後便與全家告別，轉身走了。家裡人只見他拔腳升空，一步步越升越高，經過很長一段時間才消逝了身影。名士陳寔和韓韶都親眼見到此事。

1 解奴辜、張貂者，亦不知是何郡國❶人也。皆能隱淪❷，出入不由門戶。奴辜能變易物形❸，以誑幻❹人。

2 又河南有麴聖卿，善為丹書符劾❺，厭殺鬼神而使命之。

3 又有編盲意❻，亦與鬼物交通。

4 初，章帝❼時有壽光侯者，能劾百鬼眾魅，令自縛見形。其鄉人有婦為魅所病，侯為劾之，得大蛇數丈，死於門外。又有神樹，人止者輒死，鳥過者必墜，侯復劾之，樹盛夏枯落，見大蛇長七八丈，懸死其間。帝聞而徵之。乃試問之：「吾殿下夜半後，常有數人絳衣被髮，持火相隨，豈能劾之乎？」侯曰：「此小怪，易銷耳。」帝偽使三人為之，侯劾三人，登時仆地無氣。帝大驚曰：「非魅也，朕相試耳。」解之而蘇。

【章旨】以上記述解奴辜、張貂、麴聖卿、編盲意、壽光侯分屬兩類術士的概況。前二人主要在隱形術的畛域，後三人則在劾鬼驅魅術的範圍內。

【注　釋】❶郡國　據西晉張華《博物志・魏王所集方士名》所述，解奴辜為汝南郡人，張貂為河南尹人。❷隱淪　指隱沒身形而變換方位、化作他物的方術。東晉葛洪《抱朴子・內篇・雜應》：「或問隱淪之道。抱朴子曰：神道有五，坐在立亡其數焉。然無益於年命之事，但在人間無故而為此，則致詭怪之聲，不足妄行也。可以備兵亂危急，不得已而用之，可以免難也。」❸變易物形　指變牛為馬之類。❹誑幻　矇騙迷惑。❺丹書符劾　意謂用硃砂書寫成的神符進行劾治。❻編盲意　人名。編為其姓，盲意為其名。❼章帝　指東漢第三代皇帝劉炟。卒謚孝章，廟號肅宗。詳見本書卷三。

【語　譯】解奴辜和張貂，也不知是哪個郡國的人。他們都會隱沒身形而變換方位、化作他物的方術，出入住宅不經過大門。解奴辜能讓一種物體變成另一種物體，用來矇騙迷惑世人。

2 再者河南境內有個麴聖卿，擅長用硃砂書寫成的神符對鬼神進行劾治、驅除、誅殺並役使它們做事情。

3 還有一個編盲意，也同鬼物交往。

4 最初，在章帝時有個壽光侯，能夠懲治各種鬼物與精怪，叫它們自己捆綁住自己，現出原形來。有位與他同鄉的婦女被精怪纏上而害病，壽光侯替她懲治，擒拿住一條幾丈長的巨蛇，死在宅舍門外。又有一棵神樹，只要人在樹下待上一會兒，就必定喪命；鳥從樹上飛過，就必定會掉下來。壽光侯又用法術進行懲治，結果這棵樹在盛夏時節枝葉枯落，只見一條七八丈長的巨蛇懸掛在樹上死去了。章帝聽說這類情況後，就徵召他入京。於是試探著向他問道：「在我殿庭之下每當半夜過後，常有幾個人身穿絳紅色衣服，披散著頭髮，拿著火把排成隊走動，能懲治它們嗎？」壽光侯說：「這是群小怪物，太容易消除了。」章帝屆時便讓三個人裝成怪物去行動，壽光侯施展法術來懲治，這三人頓時倒在地上斷了氣。章帝大吃一驚，說道：「他們不是怪物，我不過試試你的法術罷了。」壽光侯對他們進行解救，這才活了過來。

甘始❶、東郭延年❷、封君達三人者，皆方士也。率能行容成御婦人術，或飲小便❸，或自倒懸，愛嗇❹精氣，不極視大言❺。甘始、元放、延年皆為操所錄❻，問其術而行之。君達號「青牛師❼」。凡此數人，皆百餘歲及二百歲也。

【章　旨】以上記述甘始、東郭延年、封君達俱以方士供職曹操麾下的社會身分和長壽翁的角色，無不擅長房中養生術的特長，共同堅持愛嗇精氣的修煉原則。其中飲小便，則被早期道教斥為大邪。而漢末方士被當權者所掌控的歷史命運，也可見一斑。

【注　釋】❶甘始　或說為甘陵（今山東臨清）人，或說為太原（今屬山西）人。曹丕《典論‧論方術》：「甘陵甘始亦善行氣，老有少容。」曹植〈辯道論〉：「甘始者，老而有少容。自諸術士，咸共歸之。然始辭繁寡實，頗有怪言。余常辟左右，獨與之談，問其所行，溫顏以誘之，美辭以導之。始語余：『吾本師姓韓字世雄，嘗與師於南海作金，前後數四，投數萬斤金於海。』又言：『諸梁時，西域胡來，獻香罽、腰帶、割玉刀，時悔不取也。』又言：『車師之西國兒生，擘背出脾，欲其食少而努行也。』又言：『取鯉魚五寸一雙，令其一煮藥，俱投沸膏中，有藥者奮尾鼓鰓，遊行沉浮，有若處淵。其一者已熟而可噉。』余時問：『言率可試不？』言：『是藥去此逾萬里，當出塞。始不自行，不能得也。』言不盡於此，頗難悉載，故粗舉其巨怪者。始若遭秦始皇、漢武帝，則復為徐市、欒大之徒也。」❷東郭延年　或作東郭延。東晉葛洪《神仙傳》：「東郭延，字公遊，山陽人也。合服靈飛散，能夜書。在寢室中，身生光點左右，行六甲左右術，能占吉凶，天下當死者，識與不識，皆逆知之。又役使鬼神，收攝虎豹，無所不為。」❸飲小便　喝人尿。此係配置與服用方藥的一種方術。後世藥典亦有鼠屎、豬屎汁被道士用作藥引的記載。❹愛嗇　愛惜珍視。❺大言　高聲講話。❻錄　登入官吏花名冊錄用。南朝宋裴松之《三國志注》引張華《博物志》：魏武帝「又好養性法，亦解方藥。招引方術之士，廬江左慈、譙郡華佗、甘陵甘始、陽城郤儉，無不畢至。又習啖野葛，至一尺，亦得少多飲鴆酒。」❼青牛師　又稱青牛道士。西晉張華《博物志‧方士》：「皇甫隆遇青牛道士姓封名君達，其與養性法，皆可傚用。大略云：體欲常少勞，無過虛。食去肥濃，節酸鹹。減思慮，損喜怒，除馳逐，慎房室，春夏泄瀉，秋冬閉藏。」東晉葛洪《神仙傳》：「封君達者，隴西人也。服黃精五十餘年，又入鳥鼠山，服鍊水銀百餘歲。往來鄉里，視之年如三十許人。常騎青牛，聞人有疾病時死者，便過與藥治之，應手皆愈。」

不以姓字語人，世人識其乘青牛，故號為青牛道士。後二百餘年，入玄丘山仙去也。」

【語譯】甘始、東郭延年、封君達這三個人，都是方士。他們全會行用古代仙人容成公的房中養生術，有時喝人尿，有時把自己倒掛起來，愛惜珍視體內的精氣，不張大眼睛望到盡頭，不高聲講話。甘始、左元放、東郭延年都被曹操錄用，向他們詢問方術並照著去做。封君達被世人稱為「青牛師」。這幾個人，全都活到一百多歲甚至二百來歲。

王真、郝孟節者，皆上黨人也。王真年且百歲，視之面有光澤，似未五十者。自云：「周流❶登五岳❷名山，悉能行胎息胎食❸之方，嗽舌下泉咽之，不絕房室。」孟節能含棗核❹，不食可至五年十年。又能結氣不息❺，身不動搖，狀若死人，可至百日半年。亦有室家。為人質謹不妄言，似士君子。曹操使領❻諸方士焉。

【章旨】以上記述王真、郝孟節的籍貫、高壽遐齡，前者精通胎息和胎食養生術的專長，後者熟諳辟穀和結氣不息術的本領，二者又均不斷絕房事。

【注釋】❶周流　像流水那樣漸次遍及目的地。❷五岳　東嶽泰山、西嶽華山、南嶽衡山、北嶽恆山、中嶽嵩山的合稱。❸胎息胎食　氣功修煉中的兩種靜功功法。胎息指運作內氣而不以鼻口呼吸，意識到呼吸似在臍部進行，如同胎兒在母腹中呼吸存活一般；胎食指吞咽津液，好似胎兒將津液內咽。東晉葛洪《神仙傳・王真傳》：「乃語訣云：『巾金巾』者，恆存肺炁入泥丸中，徐徐以繞身，身常光澤。『噏玄泉』者，漱其口液而服之，使人不老，行之七日有效。『鳴天鼓』者，朝起常叩齒三十六下，使身神安，又夜恆存赤氣，從天門入周身內外，在腦中變為火，以燔身，身與火同光，如此存之，亦名曰鍊形泥丸腦也，天門口也。習閉炁而吞之，名曰胎息；習漱舌下泉而嚥之，名曰胎食，行之勿休。」❹含棗核　此係辟穀術的一種表現形式。辟穀為開發人體潛能的一種特殊的養生術。辟，意為避。穀，指五穀雜糧。限制攝入米穀食物，即所謂辟穀之義。辟穀術並不是簡單地限制飲食，而是常與氣功修煉配合進行，且需服用少量藥物。❺結氣不息　胎息修煉術的一種高境界的表現形式。❻領　掌管；管理。西晉張華《博物志・魏王所集方士名》：「上黨王真，隴西封君達，甘陵甘始，魯女生，譙國華佗字元化，東郭延年，唐霅，冷壽光，河南卜式，張貂，薊子訓，汝南費長房，鮮奴辜，魏國軍吏河南趙聖卿，陽城郤儉字孟節，廬江左慈字元放。右十六人，魏文帝、東阿王、仲長統所說，皆能斷穀不食，分形隱沒，出入不由門戶。」

【語　譯】王真和郝孟節都是上黨郡人。王真年齡將近一百歲了，可看上去面色帶有光澤，好像還不到五十歲的樣子。他自己說：「我像流水那樣漸次遍及目的地，登臨五嶽名山，到哪裡都能行用胎息和胎食的修煉功法，嗽出舌下的津液咽下去，房事也不斷絕。」郝孟節會在口中含棗核而不進食物，能夠堅持到五年十年。又會凝聚內氣不作呼吸，身體也不動彈，如同死去的人一般，能夠堅持到一百天乃至半年。也娶有妻室。他為人質樸謹慎，從不亂講話，像個士君子。曹操讓他掌管眾方士。

北海王和平，性好道術，自以當仙。濟南❶孫邕少事之，從至京師。會和平病歿，邕因葬之東陶❷。有書百餘卷，藥數囊，悉以送之。後弟子夏榮言其尸解❸，邕乃恨不取其寶書仙藥焉。

【章　旨】以上記述王和平的籍貫、尸解成仙的傳聞，擁有寶書仙藥的情況。全文係從曹丕《典論・論方術》中節抄而成。

【注　釋】❶濟南　東漢封國名。治今山東章丘。❷東陶　地名。❸尸解　謂屍體留存於世間而其人未亡，業已解化成仙。道教原始經典《太平經・善仁人自貴年在壽曹訣》：「或有尸解分形，骨體以分，屍在，一身精神為人（化作仙人），屍使人見之，皆言已死，後有知者見其在也，此尸解人也。」東晉葛洪《抱朴子・內篇・論僊》：「按僊經云：上士舉形昇虛，謂之天僊；中士游於名山，謂之地僊；下士先死後蛻，謂之尸解僊。」

【語　譯】北海國的王和平，從生下來就喜好方術，自以為能修成仙人。濟南國的孫邕從小就拜他為師，跟他來到京師。趕上王和平因病去世，隨後孫邕便把他埋葬在東陶。王和平擁有一百多卷圖書，好幾袋藥物，死前要全部送給孫邕。後來孫邕的徒弟夏榮說師爺尸解仙化了，孫邕於是後悔當時沒領受王和平的寶書和仙藥。

贊曰：幽貺❶罕徵，明數❷難校。不探精遠，曷感靈效？如或遷訛❸，實乖玄奧。

【章　旨】以上是范曄的讚頌之語。既對處於幽冥情態下的神祕現象表示懷疑，又對人為誇大了的玄奧方術表示否定，轉而強調探求精微深遠之處。其方向固然正確，但這實際上依然是個沒有答案的答案。

【注　釋】❶幽貺　神靈的暗中賜予。貺，賜予。❷明數　明顯的定數或氣數、命數。❸遷訛　輾轉流傳而失其真相。

【語　譯】史官評議說：神靈的暗中賜予極少能得到驗證，明顯的定數也很難核實。不去探求精微深遠的地方，哪裡能感知靈驗的效應？如果有的輾轉流傳而失去了真相，實際上也就偏離了玄祕深奧的方術。

【研　析】今人論及范曄《後漢書》，都認為增立類傳乃是該書的一個顯著特點。與陳壽《三國志・魏書・方技傳》相比較，范氏拒絕使用〈方技傳〉一類的傳目而改稱〈方術列傳〉。這一字之差，事實上說明不了什麼問題。關鍵是，《後漢書》不再單純地為了「廣異聞而表奇事」特設該類傳，而是「糾其推變尤長，可以弘補時事，因合表之云」，這比陳壽就大大提升了設立方士或術士類傳所具有的政治意義與社會意義；在此前提下，又鑑於「漢世異術之士甚眾，雖云不經，而亦有不可誣，故簡其美者列于傳末」，這仍與陳壽「廣異聞而表奇事」的作法大異其趣。正因為如此，《後漢書・方術列傳》實際上是取消了《三國志・魏書・方技傳》中「杜夔之聲樂，朱建平之相術，周宣之相夢」這三類人物的入傳資格，突出了「管輅之術筮」這一類人物的地位與作用，降低了「華佗之醫診」這一類人物的分量，增加了「異術之士」這一類人物的比例，結果形成了預測術和占卜家獨執牛耳、醫術和醫學家形同陪襯、長壽登仙術和神仙家再度騰躍、神異法術和巫師型術士閃亮登場的新格局。這固然反映出東漢一代讖緯內學久盛不衰的時代特徵，但仍恪守儒家的「小道」觀或者說重道輕藝觀。唐代劉知幾在其《史通・書事》批評范史說：「方術篇及諸蠻夷傳，乃錄王喬、左慈，廩君、槃瓠，言唯迂誕，事多詭越，可謂美玉之瑕，白圭之玷。惜哉！無是可也。」而清儒何焯講得更嚴重：「但恨其過於瑣雜，不若合蘇竟、楊厚、郎顗、襄楷於此傳，削去王喬及泠壽光以下諸人，且著明其流為張角、張衡之屬，斯有繫於勸戒耳。」（《義門讀書記・後漢書方術傳》）劉、何二氏的批評意見，都把矛頭主要指向了《後漢書》該類傳中列於傳末的有關「漢世異術之士」的那部分內容。現今看來，這部分內容其實是刪不得的，因為它們恰恰顯現出東漢一代尤其是東漢末期方術衍化的新局面、新態勢和術士集團的精神面貌與歷史際運，也透露出方術和術士同早期道教的某些內在聯繫。然而劉氏說它「言唯迂誕，事多詭越」，卻一針見血。以左慈論，當年親見其人的曹丕、曹植分別在《典論》、《辯道論》中稱他最拿手的本事是通曉房中養生術，可在范曄筆下卻不見一字，寫的全是盤中餌釣鱸魚之類的小魔術乃至變眾人如己形、叱群羊為老羝的天方夜譚式的幻化術等等。何氏說它「過於瑣雜」，也切中要害。如薊子訓惡作劇般故意摔死嬰兒，用作其變化術的炫耀手段，也不厭其詳地載入傳中，顯係敗筆。凡此致使《後漢書・方術列傳》對正史的影響受到很大的限制。（楊寄林注釋）

卷八十三

逸民列傳第七十三

【題解】〈逸民列傳〉為范曄新創的類傳之一。逸民，即隱居避世之人。這類人，遠古傳說時代就有了。堯時的巢父、許由，後世多以為隱居之典型。本篇記載了野王二老以下十八人，附見八人，共二十六人。范曄對逸民是讚許的，清王鳴盛說：「宰相多無述，而特表逸民。」（《十七史商榷》卷六十一〈范蔚宗以謀反誅〉）本篇在引言中，概述了古往今來賢者所以隱居的六種原因，他們的共同特點都是對現實不滿。作者一開始就引《周易・遯卦》說：「〈遯〉之時義大矣哉。」即是說：相時度宜而隱居，其意義甚大。唐孔穎達解釋說：「遯者，隱退逃避之名。小人方用，君子日消。君子當此之時若不隱遯避世，即受其害，須遯而後得通。」（《十三經注疏・周易正義・遯卦》）又引〈蠱卦〉說：「不事王侯，高尚其事。」即是說，不做官，才是高尚的事。〈逸民列傳〉所反映的社會問題大致有三：其一，統治者奢侈靡爛，百姓窮困潦倒；其二，政治黑暗，佞人當權，人心思遁。其三，社會風氣澆薄，清廉之士不願與之同流合汙，乾脆來一個避世遠遁，落得個安全清靜。作者為逸民立傳，實是注意到社會的特殊方面。必須指出：他們的避世隱居，是消極的處世態度。

易稱「遯之時義大矣哉」❶，又曰「不事王侯，高尚其事❷」。是以堯稱則天，不屈潁陽之高❸；武盡美矣，終全孤竹之絜❹。自茲以降，風流彌繁❺，長往之軌未殊，而感致之數匪一❻。或隱居以求其志，或回避以全其道，或靜己以鎮其躁，或去危以圖其安，或垢俗以動其槩❼，或疵物以激其清❽。然觀其甘心畎畝❾之中，憔悴❿江海之上，豈必親魚鳥樂林草哉？亦云性分⓫所至而已。故蒙恥之賓，屢黜不去其國⓬；蹈海之節，千乘莫移其情⓭。適使矯易去就，則不能相為矣⓮。彼雖硜硜⓯有類沽名者，然而蟬蛻囂埃⓰之中，自致寰區⓱之外，異夫飾智巧以逐浮利者乎！荀卿⓲有言曰「志意脩則驕富貴，道義重則輕王公⓳」也。

漢室中微，王莽篡位，士之蘊藉⓴義憤甚矣。是時裂冠毀冕，相攜持㉑而去之者，蓋不可勝數。楊雄曰：「鴻飛冥冥，弋者何篡焉㉒？」言其違㉓患之遠也。光武側席幽人㉔，求之若不及，旌帛蒲車之所徵賁㉕，相望於巖中矣。若薛方㉖、逢萌㉗聘而不肯至，嚴光、周黨、王霸至而不能屈。群方咸遂，志士懷仁㉘，斯固所謂「舉逸民天下歸心㉙」者乎！肅宗㉚亦禮鄭均㉛而徵高鳳，以成其節。自後帝德稍衰，邪孽㉜當朝，處子㉝耿介，羞與卿相等列，至乃抗憤而不顧，多失其中行㉞焉。蓋錄其絕塵㉟不反，同夫作者㊱，列之此篇。

【章　旨】以上為本卷之引言。作者指出相時度宜而隱居的極大意義及隱居的不同原因。旨在說明有志之士所以隱居，一是個人的「性分所至」，二是政治黑暗，佞人當權，清廉之士不願與之同流合汙，故多走上隱居的道路。

【注　釋】❶易稱遯之時義大矣哉　遯之時義大矣哉，相時度宜而隱遁，其意義甚大。見《周易・遯卦・彖辭》。遯，《周易》卦名。艮下乾上䷠。「遁」的異體字，隱遁之意。❷不事王侯二句　不做官，才是高尚的事。反映了當時政治黑暗，人心思遁。見《周易・蠱卦》上九。〈蠱〉，巽下艮上䷑。〈蠱・象辭〉：「不事王侯，志可則也。」孔穎達解釋說：「身既不事王侯，志則清虛高尚，可法則也。」❸堯稱則天二句　堯效法上天而行事，不能使潁水之陽的高士屈服。堯，姓伊祁，也作伊耆，名放勳。古帝名。帝嚳之子，初封於陶，又封於唐，故號陶唐氏。居平陽（今山西臨汾）。參閱《史記・五帝本紀》。潁陽高士，指巢父、許由。許由，上古高士。隱於箕山。相傳堯讓以天下，不受，遁耕於箕山之下。堯又欲召以為九州牧，許由不欲聞之，乃洗耳於潁水之濱。參閱《莊子・逍遙遊》、皇甫謐《高士傳》。巢父，相傳為唐堯時的隱士，因在樹上築巢而居，時人號之曰「巢父」。堯以天下讓他，他不受，又讓許由，許由亦不受。《漢書・古今人表》、晉皇甫謐《高士傳》以巢父、許由為二人，三國蜀譙周《古史考》則以巢父即許由。後世文人用典，多分作二人，稱巢由或巢許。❹武盡美矣二句　周武王之德，可謂盡善盡美，終於成全了孤竹君二子伯夷、叔齊不食周粟之高潔清白的美名。武，指周武王，姬姓，名發。周文王之子，滅商而建周朝。孤竹，商代諸侯國，在今河北盧龍。此指孤竹國君之二子伯夷、叔齊。相傳孤竹君欲傳位於其三子叔齊，孤竹君死，叔齊讓位於伯夷，伯夷不受。叔齊亦不願為君，國人乃立孤竹君之中子為君。伯夷、叔齊逃亡周國。武王伐紂，他二人叩馬諫阻。周武王滅商，他二人恥食周粟，乃逃至首陽山，採薇而食，餓死於山裡。說伯夷、叔齊餓死於首陽山者始於《莊子》，其〈讓王〉說：「二子北至於首陽之山，遂餓而死焉。」其〈盜跖〉說：「伯夷、叔齊，辭孤竹之君，而餓死於首陽之山。」早於《莊子》的《論語・季氏》只說伯夷、叔齊「餓于首陽之下。」晚於《莊子》的《呂氏春秋・誠廉》亦只說：「二子北行，至首陽之下而餓焉。」均未說餓死。關於伯夷、叔齊，先秦古籍記載零散，其說不一，將伯夷、叔齊寫成一個聳人聽聞、讓國奔義餓死於首陽山的完整故事，是司馬遷的《史記・伯夷列傳》。封建社會把伯夷、叔齊當做高尚守節的典型。❺風流彌繁　指隱遁避世之風流布蔓延，有增無減。❻長往之軌未殊二句　隱居的方式無甚區別，但為何隱退，其主觀原因卻不一樣。長往，一去不返，指避世隱居。軌，法則；方式。匪，同「非」。❼或垢俗以動其槩　有的以世俗為穢垢，激起其不與世俗同流合汙的節操。槩，同「概」。氣度；節操。❽或疵物以激其清　有的非議世間所發生的事物，對現實不滿，因而激起其清風亮節。❾畎畝　田間；田地。❿憔悴　困頓。⓫性分　秉性；本性。⓬蒙恥之賓二句　蒙恥之賓，指柳下惠，即展禽，名獲，字禽，又字季，魯僖公時人。春秋時魯大夫，官士師（治獄官）。曾三次被黜，而不離開魯國。《論語・微子》：「柳下惠為士師，三黜。人曰：『子未可以去乎？』曰：『直道而事人，焉往而不三黜？枉道而事人，何必去父母之邦！』」或云其食邑在柳下，或云其居住在柳下。其妻私諡以「惠」，故稱柳下惠。據《列女傳》：柳下惠死，門人將誄之，其妻曰：「蒙恥救民，德彌大兮；雖遇三黜，終不蔽兮。夫子之諡宜為惠。」門人從之。柳下惠為古代賢人，與伯夷並稱「夷惠」。⓭蹈海之節二句　指戰國時齊人魯仲連之行事。據《戰國策・趙策三》：魯仲連亦稱魯連，戰國末著名策士，高蹈不仕，喜為人排憂解難。遊於趙，適秦圍趙急。魏使其客將軍辛垣衍間入邯鄲，欲令趙帝秦。魯仲連力言不可。會信陵君竊符救趙，敗秦軍，解邯鄲之圍。又據《史記・魯仲連鄒陽列傳》：燕將據聊城，齊攻之歲餘不能下，魯仲連遺書燕將，聊城乃下。齊欲爵魯仲連，魯仲連逃隱海上曰：「吾與富貴而詘於人，寧貧賤而輕世肆志焉。」千乘，謂封以千乘之國。古時一車四馬為一乘。諸侯大國，地方百里，出車千乘，稱千乘之國。《孟子・梁惠王上》：「千乘之國。」朱熹注：「乘，車數。千乘之國，諸侯之國。」⓮適使矯易去就二句　如果想改變他們的選擇，則是辦不到的。適使，如果；假設。矯易，改變。去就，捨取；選擇。即隱居和入仕。不能相為，不肯去做；做不到。⓯硜硜　淺陋固執。⓰囂埃　指紛擾的塵世。⓱寰區　天下；人世間。⓲荀卿　（約西元前三一三－前二三八年），名況，趙國人。戰國時思想家、教育家，時人尊而號為「卿」。漢人避宣帝諱，稱其為「孫卿」。遊學於齊，三為祭酒。後入楚，春申君以為蘭陵（今山東蒼山縣）令，著書終老其地。韓非、李斯皆出其門下。其書名《荀子》，凡三十二篇，其中〈大略〉、〈宥坐〉等後六篇，為其門人所記。其書總結和發展了先秦哲學思想。有唐楊倞注，清王先謙《荀子集解》等。⓳志意脩則驕富貴二句　思想境界達到善美之人，即蔑視富貴，道德修養崇高的人，即瞧不起王公大人。語出《荀子・修身》。志意，思想；精神境界。脩，善；美。⓴蘊藉　蘊藏。㉑攜持　相約；共同。㉒鴻飛冥冥二句　語出《法言・問明》。冥冥，高遠貌。弋人，射鴻之人。弋，帶絲繩的箭。篡，抓；取。㉓違　去；離開。㉔側席幽人　側席而坐，以待隱士。幽人，在幽靜之處隱遁之人，即隱士。㉕旌帛蒲車之所徵賁　旌帛，古時禮聘賢士所送的束帛。蒲車，以蒲草裹車輪，轉動時震動較輕，取其安，以徵聘隱士。徵賁，徵聘。㉖薛方　字子容，齊人，西漢末東漢初人。為郡掾祭酒，嘗徵不至。及王莽以安車徵方，方辭謝曰：「堯舜在上，下有巢由，今明主方隆唐虞之德，小臣欲守箕山之節也。」使者以聞，王莽悅其言，不強致。薛方居家以經教授，喜屬文，著詩賦數十篇。薛方事見《漢書・王貢兩龔鮑傳》附。

㉗逢萌　也作「逄萌」。《昭明文選》逢，作「逄」。㉘群方咸遂二句　各方面都心悅誠服，志士歸服於仁德。群方，萬方；各方面。懷仁，歸服於仁德。㉙舉逸民天下歸心　語出《論語．堯曰》。舉，推舉。歸心，誠心歸服。㉚肅宗　東漢章帝廟號。㉛鄭均　東平國任城縣（今山東濟寧）人，少好黃老書。鄭均好義篤實，養寡嫂孤兒，恩禮敦至。常稱疾，不應州郡徵召，客於濮陽。建初三年（西元七八年），司徒鮑昱辟之，不詣。六年，公車特徵，再遷尚書，數納忠言，肅宗敬重之。後以病乞骸骨，拜議郎，告歸。元和二年（西元八五年），帝東巡，過任城，乃幸均舍，敕賜尚書祿，以終其身。時人號為「白衣尚書」。傳見本書卷二十七。㉜邪孽　指奸臣。孽，同「孼」。㉝處子　處士；有才德而隱居不仕的人。㉞中行　行為合乎中庸之道的人。㉟絕塵　超脫塵俗。㊱同夫作者　夫，代詞。那；那些。作者，這麼做（指隱居）的人。語出《論語．憲問》：子曰：「賢者辟（同『避』）世，其次辟地，其次辟色，其次辟言。」子曰：「作者七人矣。」意謂：辟世、辟地、辟色、辟言，這麼做的有七個人。指的是長沮、桀溺、楚狂接輿等人。

【語　譯】《周易．遯卦》稱許說「相時度宜而隱遁，其現實意義甚為重大」，又說「不事王侯，才是高尚的事」。雖然，唐堯稱得上是效法上天行事之君，但卻不能使潁水之陽的高士屈服；周武王之德，可謂盡善盡美，他終於成全了孤竹君之二子伯夷、叔齊不食周粟之高潔清白的美名。自此以後，隱退避世之風相襲蔓延，有增無減。隱居的方式雖無什麼區別，但為何隱退，其主觀原因卻不一致。有的人隱居，為了追求自己的志向，有的人為了迴避現實以保全自己的道德，有的人為了安靜而壓抑自己煩躁的情緒，有的人為了遠離危險而保障自身的安全，有的人以世俗垢穢不潔而激起了自己的清高之節，有的人則非議世間的事物，對現實不滿，因而激發其清廉之志。然而觀其甘心於田野之間，困頓於江海之上，難道一定是親近游魚飛鳥，喜歡山林芳草嗎？應該說是秉性使之然而已。所以，蒙恥之柳下惠，雖遭受三次罷官，也不願離開父母之邦；自甘蹈海的魯仲連，雖有千乘之封，也不能動搖其高尚的情操。如果想改變他們的選擇，則是辦不到的。隱居者雖然有似淺陋固執的沽名釣譽之人，然而他們像金蟬脫殼般的擺脫喧囂的塵世，使自己超脫於人世之外，與那些飾智巧以追逐虛浮利祿的人不是大相逕庭的嗎！荀卿便說過「思想境界臻於美善之人即蔑視富貴，道德崇高之人則瞧不起王公大人」這樣的話。

漢朝中衰，王莽篡位，士人所蘊藏的不平之氣是非常強烈的。此時，毀裂冠冕，相約不仕隱退的人，不可勝數。楊雄說：「鴻雁高翔遠飛，射獵者如何能抓到牠呢？」是說他們離開禍患是如此之遠啊。光武帝側席而坐，以待幽隱之人，還恐怕求不到他們。為徵聘賢人，旌帛之禮，蒲輪安車，相望於山岩道中。若薛方、逢萌，拒聘不出；嚴光、周黨、王霸，雖應聘而來，亦不能強使之屈從。因此，所有的人都能心悅誠服，有志之士皆歸服於仁德，這的確是所謂「推舉避世隱居之士，天下之人都誠心歸服」之意啊！章帝亦曾禮遇鄭均，徵召高鳳，以成全他們的高風亮節。自此以後，帝德漸衰，奸臣當道，處士正直，守志不趨時，羞與卿相為伍，乃至情緒高昂激憤而不顧念朝廷，因而多數人失其中庸之道，而走向隱居。這裡，僅錄那些超脫塵俗，一去不復返的以及那些這麼做的人，列之於此篇。

野王❶二老者，不知何許人也。初，光武貳❷於更始❸，會關中❹擾亂，遣前將軍鄧禹❺西征，送之於道。既反，因於野王獵，路見二老者即禽❻。光武問曰：「禽何向？」並舉手西指言：「此中多虎，臣每即禽，虎亦即臣，大王勿往也。」光武曰：「苟有其備，虎亦何患。」父曰：「何大王之謬邪！昔湯即桀於鳴條，而大城於亳❼；武王亦即紂於牧野，而大城於郟鄏❽。彼二王者，其備非不深也。是以即人者，人亦即之，雖有其備，庸❾可忽乎！」光武悟其旨，顧左右曰：「此隱者也。」將用之，辭而去，莫知所在。

【章　旨】以上為〈野王二老傳〉。旨在突出野王二老的見識及其不願為光武帝所驅使。「即人者，人亦即之，雖有其備，庸可忽乎！」使人頗受啟發。

【注　釋】❶野王　古邑名。春秋晉地，戰國屬韓。西漢置縣。屬河內郡。治今河南沁陽。❷貳　有二心；背叛。❸更始　綠林軍所立皇帝劉玄的年號。西元二三—二五年。劉玄（？—西元二五年），字聖公，南陽郡蔡陽（今湖北棗陽）人。西漢遠支皇族。赤眉攻入長安，他投降。不久，被絞死。❹關中　地名。相當今陝西。《史記集解》引徐廣：「東函谷，南武關，西散關，北蕭關。」一說，東自函谷，西至隴關，二關之間，謂之關中。❺鄧禹　（西元二一—五八年），字仲華，南陽新野人。幼遊學長安，與劉秀親善。劉秀起兵河北，鄧禹杖策往見，佐劉秀運籌帷幄。劉秀稱帝，拜大司徒。國內平定，論功鄧禹第一，封高密侯。雲臺二十八將，以鄧禹為首。❻即禽　猶打獵。即，追逐；接近。❼湯即桀於鳴條二句　湯，商王朝的建立者。又稱武湯、武王、天乙、成湯，或稱成唐。甲骨文稱唐、大乙，又稱高祖乙。原為商族的領袖，用伊尹為相，積聚力量，準備滅夏。陸續攻滅鄰近的葛（今河南寧陵北）及夏的聯盟韋（今河南滑縣東南）、顧（今河南范縣東南）、昆吾（今河南許昌東）等國，經十一次出征，最後一舉滅夏，建立商朝。見《史記・殷本紀》。桀，名履癸，夏朝最後的一個君主，殘酷剝削，暴虐荒淫，與商紂並稱，後為商湯所敗，流放南巢（今安徽巢湖市西南）而死，夏亡。見《史記・夏本紀》。鳴條，古地名，又名高侯原。在今山西運城安邑鎮北。相傳商湯伐夏桀，戰於此。城，用如動詞，築城。亳，古都邑名。商湯時都城。今地有五說：山東曹縣，河南鄭州，河南商丘，河南偃師，陝西西安。❽武王亦即紂於牧野二句　武王，即周武王。紂，商朝最後的一個君主。一作受，亦稱帝辛。史稱紂王。曾平定東夷，使中原文化逐漸傳播至江淮流域。紂「材力過人，手格猛獸；知足以拒諫，言足以飾非」，重刑暴斂，荒淫無度，百姓怨望，諸侯多叛。周武王伐紂，戰於牧野，紂兵倒戈，商紂大敗，狼狽逃入朝歌（紂別都，西漢置縣。今河南淇縣），自焚而死。商亡。見《史記・殷本紀》。牧野，古地名。在今河南淇縣西南。郟鄏，古地名。即周王城所在（今河南洛陽西）。❾庸　何；哪。表示疑問。

【語　譯】野王兩位老人，不知是何處之人。當初，光武帝不與更始帝劉玄合作時，正值關中戰亂，乃派前將軍鄧禹西征，為鄧禹送行至大道。在返回的途中，順便在野王打獵，路見二位老人也在打獵。光武帝問他們：「野獸都在什麼方向？」二老同時舉手指著西方說：「這裡多虎，我們每次打獵，老虎常常接近我們，大王不去為好。」光武帝說：「如果事先有防備，老虎又有什麼可怕的。」老人說：「大王之言，何以謬誤！從前商湯打敗夏桀於鳴條，而在亳建立國都；周武王也打敗商紂於牧野，而在郟鄏建立了洛邑。夏桀、商紂那兩個君王，他們的防備不能說不嚴密吧。因此，攻擊別人者也會被別人所攻擊。雖有防備，難道可以疏忽大意嗎！」光武帝明白了他們的意思，回頭對左右的人說：「此乃兩位隱士。」光武帝想起用他們，二人辭謝而去。沒有人知道他們住在什麼地方。

向長，字子平，河內朝歌❶人也。隱居不仕，性尚中和，好通老、易。貧無資食，好事者更饋焉，受之取足而反其餘。王莽大司空王邑辟之，連年乃至，欲薦之於莽，固辭乃止。潛隱於家。讀易至損、益❷卦，喟然歎曰：「吾已知富不如貧，貴不如賤，但未知死何如生耳。」建武❸中，男女娶嫁既畢，敕❹斷家事勿相關，當如我死也。於是遂肆意，與同好北海❺禽慶俱遊五嶽名山，竟不知所終。

【章　旨】以上為〈向長傳〉。旨在說明向長的隱居不仕和放蕩不羈的性格。向長的尚中和，不貪財，看破紅塵，為全篇大旨。

【注　釋】❶河內朝歌　河內郡朝歌縣。河內，郡名。楚漢之際置。治今河南武陟。朝歌，古縣名。西漢置。治今河南淇縣。❷損益　皆《周易》卦名。損，兌下艮上䷨。即減損。與〈益卦〉是對立的組卦，說明損與益對立、轉化的道理。益，震下巽上䷩。即增益。與〈損卦〉成組卦，說明損益之理。李鏡池《周易通義》：「〈損卦〉貞事散雜，著重於照具體情況而分別處理損益之理；〈益卦〉多有歷史事實作根據，著重於周室興衰（由益到損）的變遷。」❸建武　東漢光武帝劉秀年號，西元二五—五六年。❹勑　同「敕」。告誡；宣告。❺北海　東漢諸侯王國名。治今山東壽光南。

【語譯】向長，字子平，河內郡朝歌縣人。隱居不仕，其性情崇尚中正平和。喜愛並精通《老子》和《周易》。家貧窮，無錢財和糧食，好事之人，輪流饋送他東西，他接受下來，留取夠用的而退回其餘。王莽大司空王邑徵召他，連年徵召，他才前來。王邑欲將其推薦給王莽，他固辭乃止。他隱藏在家。讀《周易》至〈損卦〉、〈益卦〉時，慨然長歎，說：「我已知富不如貧，貴不如賤，只是未知死和生相比怎麼樣。」建武年間，兒女娶嫁已畢，他即宣告斷絕家庭事務，凡家事都不要告知，權當自己死了。於是乃隨心肆意，與其志趣相投的朋友北海人禽慶，一起遊玩五嶽名山，最後不知在什麼地方去世。

1 逢萌，字子康，北海都昌❶人也。家貧，給事縣為亭長❷。時尉行過亭，萌候迎拜謁，既而擲楯歎曰：「大丈夫安能為人役哉！」遂去之長安學，通春秋經。時王莽殺其子宇❸，萌謂友人曰：「三綱❹絕矣！不去，禍將及人。」即解冠挂東都城門，歸，將家屬浮海，客於遼東❺。

2 萌素明陰陽❻，知莽將敗，有頃，乃首戴瓦盎❼，哭於市曰：「新❽乎！新乎！」因遂潛藏。

3 及光武即位，乃之琅邪勞山❾，養志脩道，人皆化其德。

4 北海太守素聞其高，遣吏奉謁致禮，萌不荅。太守懷恨而使捕之。吏叩頭曰：「子康大賢，天下共聞，所在之處，人敬如父，往必不獲，祇自毀辱。」太守怒，收之繫獄，更發它吏。行至勞山，人果相率以兵弩捍禦，吏被傷流血，奔而還。後詔書徵萌，託以老耄⑩，迷路東西，語使者云：「朝廷所以徵我者，以其有益於政，尚不知方面所在，安能濟時乎？」即便駕歸。連徵不起，以壽終。

初，萌與同郡徐房、平原⑪李子雲、王君公相友善，並曉陰陽，懷德穢行。房與子雲養徒各千人，君公遭亂獨不去，儈⑫牛自隱。時人謂之論曰：「避世牆東⑬王君公。」

【章旨】以上為〈逢萌傳〉。旨在突出逢萌養志修道，人皆化其德和不願為官的高尚志節。篇末附逢萌的好友徐房、李子雲、王君公「懷德穢行」的事跡。

【注釋】❶都昌　古縣名。東漢屬北海國。今山東昌邑。❷亭長　戰國時始在國與國之間的鄰接地方設亭，置亭長，以防禦敵人。西漢時在鄉村每十里設一亭，亭有亭長，掌治安警衛，兼管停留旅客，治理民事。❸王莽殺其子宇　西漢平帝劉衎乃中山孝王劉興（元帝子）之子，元延四年（西元前九年）衛姬生。中山孝王薨，繼位為中山王。哀帝崩，無嗣。太皇太后與新都侯王莽迎中山王劉衎立為帝，是為平帝。王莽欲專國政，以平帝為成帝後，平帝生母衛姬及外家不當至京師。王莽長子王宇以莽隔絕衛氏為非，恐後受禍。乃與衛寶（平帝舅）書，教令帝母上書求入長安，王莽不許。王宇乃與師吳章及婦兄呂寬議此事，吳章以為王莽不可諫，但好鬼神，可作怪現象使他驚懼。王宇乃使呂寬夜間以血灑王莽第門，被門吏發覺，王莽乃逮王宇入獄，王宇飲藥自殺。王宇妻已懷孕，其產子後亦殺之。（見《漢書・外戚傳下》及〈王莽傳上〉）❹三綱　我國古代社會中三種主要道德關係，即君臣、父子、夫婦。《禮記・樂記》：「然後聖人作為父子君臣以為紀綱。」孔穎達疏引《禮緯・含文嘉》：「君為臣綱，父為子綱，夫為妻綱。」綱，提綱的大繩。「為綱」，即居於主導或支配地位的原則。❺遼東　郡名。戰國燕置。治今遼寧遼陽。❻陰陽　古以陰陽解釋萬物化生，凡天地、日月、晝夜、男女以至於社會興衰、王朝更替，皆以陰陽消長變化來解釋。其中夾雜有數術、占星望氣、卜筮等濃重的迷信成分。❼瓦盎　瓦盆。❽新　王莽為新都侯，篡漢後改國號曰「新」。❾琅邪勞山　琅邪，郡名。秦置，治今山東膠南。東漢改為國，移治今山東臨沂北。勞山，在今山東青島東北嶗山縣境。一作勞盛山或牢山。今稱嶗山。本書〈郡國志・東萊郡〉：「不期，侯國，故屬琅邪。」故此處說「琅邪勞山」。❿耄　老。《禮記・曲禮上》：「八十、九十曰耄。」⓫平原　郡名。西漢置。治今山東平原縣西。⓬儈　市場上的買賣中間人。《漢書・貨殖傳》顏師古注：「儈者，合會二家交易也。」⓭牆東　指代其隱居之地。

【語　譯】逢萌，字子康，北海國都昌縣人。家貧，在縣裡供職，任亭長。時縣尉路過其亭，逢萌恭候迎接，拜見縣尉。過後，他扔掉盾牌，長歎說：「大丈夫怎能被人役使呢！」於是離去，到長安求學，通曉《春秋經》。當時王莽殺了他的兒子王宇，逢萌對友人說：「君臣、父子、夫婦之綱斷絕了！不離開，災禍將波及無辜之人。」即解下官帽掛於東都城門，歸家。歸家後，帶著家人乘船渡海，客居於遼東。

2 逢萌平素通曉陰陽數術，知王莽將敗。不久，乃頭頂瓦盆，哭於街市，說：「新朝啊！新朝啊！」於是就隱藏起來。

3 到光武帝即位，逢萌乃來到琅邪勞山，養志修道，人們都被他的道德所感化。

4 北海太守素聞逢萌的高名，於是派遣官吏帶著名帖向逢萌致禮示敬，逢萌不作答謝。於是太守懷恨，乃使人捕捉逢萌。有位官吏叩頭說：「子康大賢，天下人皆知其名，其所在之處，人敬之如父，若往，必不能捉到他，只是自取其辱而已。」太守大怒，把那位官吏逮捕入獄，另派其他官吏前往。太守的人馬來到勞山，那裡的人們果然共同以刀槍、弓箭來抵抗。官吏受傷流血，逃奔而還。後來有詔書徵召逢萌，逢萌乃託稱年老，分不清東西南北，告使者說：「朝廷所以徵召我，以為我能有益於政事，我現在連方向都分不清楚，怎能對時政有所補益呢？」即乘坐輕便的車子回家去。接著幾次徵召，他都未起，後以壽終。

5 當初，逢萌和同郡徐房、平原李子雲、王君公相友善，他們都通曉陰陽數術，懷有高尚的道德而做著低賤的事情。徐房與李子雲收養生徒各一千人，王君公雖遭逢亂世他也不離開家鄉，做牛馬交易經紀人，把自己隱蔽起來。當時人評論他說：「避世牆東王君公。」

1 周黨，字伯況，太原廣武❶人也。家產千金。少孤，為宗人所養，而遇之不以理，及長，又不還其財。黨詣鄉縣訟，主乃歸之。既而散與宗族，悉免遺奴婢，遂至長安遊學。

2 初，鄉佐❷嘗眾中辱黨，黨久懷之。後讀春秋，聞復讎之義❸，便輟講而還，與鄉佐相聞，期剋鬬日。既交刃，而黨為鄉佐所傷，困頓。鄉佐服其義，輿歸養之，數日方蘇，既悟而去。自此勑身脩志，州里稱其高。

3 及王莽竊位，託疾杜門。自後賊暴從橫，殘滅郡縣，唯至廣武，過城不入。

4 建武中，徵為議郎❹，以病去職，遂將妻子居黽池❺。復被徵，不得已，乃著短布單衣，穀皮綃頭❻，待見尚書❼。及光武引見，黨伏而不謁❽，自陳願守所志，帝乃許焉。

5 博士范升❾奏毀黨曰：「臣聞堯不須許由、巢父，而建號天下；周不待伯夷、叔齊，而王道以成。伏見太原周黨、東海王良、山陽王成等，蒙受厚恩，使者三聘，乃肯就車。及陛見帝廷，黨不以禮屈，伏而不謁，偃蹇驕悍❿，同時俱逝。黨等文不能演義，武不能死君，釣采華名，庶幾三公之位。臣願與坐雲臺之下，考試圖⓫國之道。不如臣言，伏虛妄之罪。而敢私竊虛名，誇上求高，皆大不敬。」

書奏，天子以示公卿。詔曰：「自古明王聖主必有不賓⑫之士。伯夷、叔齊不食周粟，太原周黨不受朕祿，亦各有志焉。其賜帛四十匹。」黨遂隱居黽池，著書上下篇而終。邑人賢而祠之。

6 初，黨與同郡譚賢伯升、鴈門⑬殷謨君長，俱守節不仕王莽世。建武中，徵並不到。

【章旨】以上為〈周黨傳〉。旨在寫周黨願守所志，以隱居著書而終。篇末附譚賢、殷謨俱守節不仕事。

【注釋】❶太原廣武　太原，郡、國名。戰國秦置。治今山西太原西南。漢以後轄境漸小。漢文帝改為國，不久復為郡。廣武，古縣名。西漢置。治今山西代縣西南。❷鄉佐　漢制，縣下十里為亭，十亭為鄉。鄉有鄉佐、三老、嗇夫、游徼，鄉佐主收賦稅。❸復讎之義　《春秋經・莊公四年》：「紀侯大去其國。」「大去」，猶去而不返。謂齊襄公滅紀國，紀侯一去不返。《公羊傳》認為：紀侯在周夷王面前說齊哀公的壞話，周夷王烹殺齊哀公。齊哀公為齊襄公九世祖，故齊襄公為其九世祖復讎，於西元前六九〇年滅紀國。《公羊傳》並大張其詞說：「九世猶可復讎乎？雖百世可也。」此乃所謂「復讎之義」。《漢書・匈奴傳》：「昔齊襄公復九世之讎，《春秋》大之。」紀，古國名，姜姓，西周金文作「己」。在今山東壽光，西元前六九〇年為齊所滅。戰國時仍為齊邑。❹議郎　官名。西漢置。掌顧問應對，屬光祿勳，為郎官的一種，但不入直宿衛，秩六百石。東漢時地位更高，得參與朝政。❺黽池　即澠池。縣名。秦置。在今河南澠池縣西。❻縠皮綃頭　縠，木名。即楮，樹皮可造紙。綃頭，同「幧頭」。古時包頭髮的紗巾。❼待見尚書　即在尚書那裡等待皇帝召見。❽不謁　不遞上名帖通報姓名。❾博士范升　博士，中國古代學官名。源於戰國。掌古今史事，備顧問及書籍典守。《漢書・百官公卿表》：「博士，秦官，掌通古今。」漢武帝時，用公孫弘議，設《五經》博士，置弟子員，自後博士專掌經學傳授，有別於漢初之博士。范升，字辯卿，代郡人。少孤，依外家居。及長，習《梁丘易》、《老子》，教授後生。王莽大司空王邑辟升為曹史。升稱病乞身，不聽，令乘傳使上黨，升遂與漢兵會，因留不還。建武二年，拜議郎，遷博士。永平中，為聊城令，坐事免，卒於家。傳見本書卷三十六。⑩偃蹇驕悍　傲慢，驕傲兇悍。⑪圖　考慮；謀劃。⑫賓　服從；歸順。⑬鴈門　郡名。戰國趙武靈王置。秦、漢治今山西右玉。東漢移治今山西代縣西北。

【語譯】周黨，字伯況，太原郡廣武縣人，其家產千金。少孤，為本族人所收養，可是對待周黨卻不好。到他長大時，又不還其財產。周黨到鄉裡、縣裡上告，收養的人才把財產還給他。後來，周黨把財產分散給宗族的人，把奴婢們遣散走，到長安遊學。

2 當初，鄉佐曾經當眾侮辱過周黨，周黨久久不能忘懷。後來他讀《春秋》知道了復仇的大義，即停止聽講而回家，傳話給鄉佐，約好時間決鬥。決鬥開始以後，周黨被鄉佐所傷，昏死了過去。鄉佐佩服他的大義，即用車子把他接回家來養傷。幾天後，周黨方甦醒過來，心中有所感悟，便離開了。從此以後，周黨約束自身，修身養性，州郡鄉里之人都稱讚他高尚的品行。

3 王莽篡位後，周黨假託生病，閉門不出。自此以後，賊盜任意縱橫，毀滅郡縣，只是一到廣武，過城卻不進入。

4 建武年間，周黨被徵召為議郎，因病離職，於是帶著妻兒居於黽池。後來又被徵召，周黨不得已，乃身穿著短布單衣，頭戴穀樹皮頭巾，到尚書那裡等待皇帝召見。到光武帝召見他時，周黨只是跪著不遞上名帖通報姓名，自己說願守其平生之志。光武帝就答應了他。

5 博士范升上奏詆毀周黨說：「臣聽說，堯舜不需要許由、巢父，而能統治天下；周朝不等待伯夷、叔齊，就實現了王道。臣見太原周黨、東海王良、山陽王成等人，蒙受厚恩，使者三聘，乃肯應徵。到宮廷拜見皇帝，周黨不以禮屈，跪伏著不通姓名，傲慢、驕橫。他們同時都隱居起來。周黨等人，文不能闡發經義，武不能以死報君，沽名釣譽，差不多等同三公的地位。臣願意與他們坐在雲臺之下，一同考試治國的策略。如果他們不如臣所言，就應該判他們虛妄欺詐之罪。而敢於私自盜竊虛名，向皇帝吹噓以求取高貴的地位，這是大不敬之罪。」奏疏遞上，皇帝以其奏疏給公卿大臣看。下詔說：「自古以來，聖明的君主必然有不服從的士人。伯夷、叔齊不食周粟，太原周黨不接受朕的俸祿，亦是各有其志。賜給他帛四十匹。」周黨於是隱居在黽池，著書上下篇而去世。鄉里人以為他有道德有才能而祭祀他。

6 當初，周黨和同郡人譚賢字伯升、鴈門人殷謨字君長，同在王莽時期守節不仕。建武年間，徵召他們，他們都不到。

王霸，字儒仲，太原廣武人也。少有清節。及王莽篡位，棄冠帶，絕交宦。建武中，徵到尚書，拜稱名，不稱臣。有司問其故。霸曰：「天子有所不臣，諸侯有所不友。」司徒侯霸❶讓位於霸，閻陽毀之曰：「太原俗黨❷，儒仲頗有其風。」遂止。以病歸。隱居守志，茅屋蓬戶。連徵不至，以壽終。

【章　旨】以上為〈王霸傳〉。旨在寫王霸的清節。

【注　釋】❶侯霸　（?—西元三七年），字君房，河南密縣（今河南新密）人。曾師事九江太守房元，治《穀梁春秋》。新莽時，任淮平大尹。東漢初，為尚書令。他熟知舊制，收錄遺文，條奏前代法令制度，多被採行。後為司徒。傳見本書卷二十六。❷太原俗黨　指太原郡那些庸俗難以教化的子弟。太原多晉公族子孫，矜誇功名，漢興號為難化。故閻陽以之比王霸。

【語　譯】王霸，字儒仲，太原郡廣武縣人。他少年時有高潔的節操。及王莽篡位，他丟棄冠帶，斷絕與官吏往來。建武年間，他被徵到尚書府，拜見皇帝時只稱自己的姓名，不稱臣下。有關官吏問他為什麼這樣，王霸說：「有人不向天子稱臣，有人不和諸侯交友。」司徒侯霸想把職位讓給他，閻陽毀謗王霸說：「太原郡的那些庸俗難以教化的子弟，王儒仲頗有其遺風。」侯霸於是打消念頭。王霸因有病回歸家鄉。隱居守志，茅屋蓬戶。幾次徵召，他都不去，後因年老去世。

1 嚴光，字子陵，一名遵，會稽餘姚❶人也。少有高名，與光武同遊學。及光武即位，乃變名姓，隱身不見。帝思其賢，乃令以物色❷訪之。後齊國❸上言：「有一男子，披羊裘釣澤中。」帝疑其光，乃備安車❹玄纁❺，遣使聘之。三反而後至。舍於北軍❻，給牀褥，太官❼朝夕進膳。

2 司徒侯霸與光素舊，遣使奉書。使人因謂光曰：「公聞先生至，區區❽欲即詣造❾，迫於典司❿，是以不獲。願因日暮，自屈語言。」光不荅，乃投札與之，口授曰：「君房足下⓫：位至鼎足⓬，甚善。懷仁輔義天下悅，阿諛順旨要領絕⓭。」霸得書，封奏之。帝笑曰：「狂奴故態也。」車駕即日幸其館。光臥不起，帝即其臥所，撫光腹曰：「咄咄⓮子陵，不可相助為理邪？」光又眠不應，良久，乃張目熟視，曰：「昔唐堯著德，巢父洗耳。士故有志，何至相迫乎！」帝曰：「子陵，我竟不能下汝邪？」於是升輿歎息而去。

3 復引光入，論道舊故，相對累日。帝從容問光曰：「朕何如昔時？」對曰：「陛下差增⓯於往。」因共偃臥，光以足加帝腹上。明日，太史⓰奏客星⓱犯御坐⓲甚急。帝笑曰：「朕故人嚴子陵共臥耳。」

4 除為諫議大夫⓳，不屈，乃耕於富春山⓴，後人名其釣處為嚴陵瀨焉。建武十七年㉑，復特徵，不至。年八十，終於家。帝傷惜之，詔下郡縣賜錢百萬、穀千斛。

【章　旨】以上為〈嚴光傳〉。旨在寫嚴光藐視天子，鄙視皇權，不慕榮利的高風亮節。

【注　釋】❶餘姚　縣名。秦置。治今浙江餘姚。❷物色　指形貌。李賢注：「以其形貌求之。」❸齊國　東漢諸侯王國。治今山東淄博。❹安車　古代一種小車，可坐乘。古時四馬之車，立乘。以年老，故乘一馬之小車，坐乘也。❺玄纁　玄，黑色。纁，淺紅色。玄和纁兩種染料古代用以染製祭服。玄纁，即黑色和淺紅色的布帛。古代帝王用作延聘賢士的禮品。後引申為用作儀物的幣帛的代詞。❻北軍　漢代守衛京城的屯衛兵，初由中尉統領，以屯守長安北部，故稱。漢武帝時擴大北軍，增置屯騎等七校尉，分屯長安城中和附近各地，並得隨軍出戰。東漢省中壘，置北軍中候以監五營，稱北軍五校。❼太官　官名。秦有太官令、丞，屬少府，兩漢因之，掌皇帝膳食及燕享之事。❽區區　懇切；誠心。❾詣造　前往拜訪。❿典司　主管；主持。引申為職務。⓫足下　敬辭。稱對方。古代下稱上或同輩相稱，皆用「足下」。一說「足下」之稱，始於春秋時晉文公稱介之推。劉宋劉敬叔《異苑》卷十：「介之推逃祿隱迹，抱樹燒死。文公拊木哀嗟，伐而制屐。每懷割股之功，俯視其屐曰：『悲乎足下！』足下之稱將起於此。」⓬鼎足　比喻三方並峙，猶如鼎之足。此指三公之位。⓭要領絕　即被殺。要，古「腰」字。領，脖子。絕，斷絕。⓮咄咄　歎辭。表示感慨或失意。⓯差增　略微胖了些。差，比較；略微。⓰太史　官名。西周、春秋時，太史掌起草文書，策命諸侯卿大夫，記載史事，編寫史書，兼管國家典籍、天文、曆法、祭祀等。為朝廷大臣。秦又設太史令，職位漸低。⓱客星　對天空新出現的星的總稱。如新星、超新星等。《史記・天官書》：「客星出於天空有奇令。」明無名氏《觀象玩占》：「客星，非常之星，其出現無恆時，其居也無定所，忽見忽沒，或行或止，不可推算，寓於星辰之間，如客，故謂之客星。」此特指嚴光。後世詩文中常用為典故。⓲御坐　亦作「御座」。帝王的星座。⓳諫議大夫　官名。西漢置諫大夫，掌議論，屬光祿勳。無定員。東漢改稱諫議大夫。⓴富春山　富春縣山中。富春，古縣名。秦置。治今浙江富陽（今杭州西南）。㉑建武十七年　西元四一年。

【語　譯】嚴光，字子陵，一名遵，會稽郡餘姚縣人。少有高名，與光武帝一起遊學。到光武帝即位，嚴光乃改變姓名，隱居不再出現。光武帝思念嚴光賢能，於是下令按照嚴光的相貌去察訪。後齊國上報說：「有一男子，身披羊皮衣在湖澤中釣魚。」光武帝懷疑其人就是嚴光，於是備好安車，帶上幣帛，派遣使者前往聘請。使者往返三次，嚴光才應召來到朝廷。住在北軍營中，朝廷賜給床褥，太官早晚進膳。

2 司徒侯霸與嚴光素有舊交，使人送來書信。來人對嚴光說：「司徒公聞先生至，誠心想立即前來拜訪，迫於職務的關係，因此不能立即前來，希望在傍晚時分，委屈您同他一敘。」嚴光未作回答，就將一木札扔給來人，口授說：「君房足下：您官至三公，很好。懷仁心，輔佐正義，天下人皆歡喜；阿諛逢迎，一味服從旨意，要掉腦袋的。」侯霸得來書，密封呈送光武帝看。光武帝笑道：「狂妄的傢伙還是老樣子。」光武帝的車駕當日即臨幸嚴光的住所。嚴光睡臥不起，光武帝來到他的臥室，撫摸著他的腹部說：「咄咄子陵，可不可以幫助我治理國家呀？」嚴光還是睡而不應。好久，他才睜開眼睛仔細看著光武帝說：「從前唐堯的德行很高，要巢父為九州牧，巢父以洗耳表示不願聽這話。士人本來有其自己的志向，何至於相逼呢！」光武帝說：「子陵，我竟不能使你服從我嗎？」於是上車歎息而去。

3 光武帝又召嚴光入朝，回憶往事，對坐而談，一連數日。光武帝隨意地問嚴光說：「我比以前怎麼樣？」嚴光答道：「陛下比從前略微胖了些。」於是二人同床而臥，嚴光把腳放在光武帝肚子上。明日，太史上奏客星侵犯了帝王星座，而且很嚴重。光武帝笑道：「我與老朋友嚴子陵共臥罷了。」

4 嚴光被任命為諫議大夫，他堅辭不從，於是退隱耕於富春山中，後人將其釣魚處命名為嚴陵瀨。建武十七年，朝廷又特別徵召，他不到。八十歲時，在家中去世。光武帝傷感惋惜，下詔郡縣賜他家錢百萬、穀千斛。

井丹，字大春，扶風郿❶人也。少受業太學❷，通五經，善談論，故京師為之語曰：「五經紛綸❸井大春。」性清高，未嘗脩刺候人❹。

建武末，沛王輔等五王居北宮❺，皆好賓客，更遣請丹，不能致。信陽侯陰就❻，光烈皇后❼弟也，以外戚貴盛，乃詭說五王，求錢千萬，約能致丹，而別使人要劫之。丹不得已，既至，就故為設麥飯蔥葉之食，丹推去之，曰：「以君侯能供甘旨，故來相過，何其薄乎？」更置盛饌，乃食。及就起，左右進輦❽。丹笑曰：「吾聞桀駕人車，豈此邪？」坐中皆失色。就不得已而令去輦。自是隱閉不關人事，以壽終。

【章旨】以上為〈井丹傳〉。旨在突出井丹的學問和清高的性格。

【注釋】❶扶風郿　扶風，即右扶風。官名、政區名。漢武帝太初元年（西元前一〇四年）改主爵都尉置，分右內史西半部為其轄區，職掌相當於太守。因地屬畿輔，故不稱郡，為三輔之一。治今陝西西安，東漢移治今陝西興平東南。三國魏去「右」字，改轄區為扶風郡，官名為扶風太守。作者劉宋時人，故不稱「右扶風」。郿，縣名。秦置。東漢治今陝西眉縣東。❷太學　中國古代的大學。西周時已有太學之名。漢武帝元朔五年（西元前一二四年）設《五經》博士，弟子五十人，為西漢太學之始。東漢太學大為發展，質帝時太學生達三萬人。❸紛綸　淵博。❹脩刺候人　製作名帖，拜訪別人。❺沛王輔等五王居北宮　本書卷四十二〈光武十王傳・沛獻王輔〉：沛獻王輔，郭皇后生。「建武十五年（西元三九年）封右馮翊公，十七年徙中山王，二十年封沛王。時禁網尚疏，諸王皆在京師，競修名譽，爭禮四方賓客。」北宮，東漢宮名。在洛陽。明帝永平三年（西元六〇年）建，八年十月建成。❻信陽侯陰就　光武帝光烈皇后陰麗華弟，本書卷三十二〈陰識列傳〉附〈陰興傳〉：「興弟就，嗣父封宣恩侯，後改封為新陽侯。就善談論，朝臣莫及，然性剛傲，不得眾譽。顯宗即位，以就為少府，位特進。」其子陰豐尚酈邑公主（光武帝女）。後陰豐殺公主，陰就當連坐，自殺，國除。❼光烈皇后　（西元五一─六四年），姓陰名麗華，南陽新野人。初，光武帝適新野，聞其美，心悅之。後至長安，見執金吾車騎甚盛，因歎曰：「仕宦當作執金吾，娶妻當得陰麗華。」更始元年（西元二三年），納后於宛，時后年十九。封貴人，生明帝。建武十七年（西元四一年），立為皇后，明帝即位，尊為皇太后。❽輦　人拉或推的車。

【語譯】井丹，字大春，扶風郿縣人。少時在太學讀書，通曉《五經》，善於談吐辯論，故京城人為其下評語說：「《五經》紛綸井大春。」他性格清高，從來沒有製作名帖拜訪過別人。

建武末年，沛王劉輔等五位諸侯王居住在北宮，都喜歡結交賓客，輪番派人去請井丹，都沒有請來。信陽侯陰就是光烈皇后的弟弟，憑著外戚的身分而十分顯貴。他於是騙五位諸侯王，請求給他一千萬錢，定能把井丹請來，他卻另外派人要挾、劫持井丹。井丹不得已，即前來。陰就故意給井丹安排麥飯和蔥葉之食。井丹把飯菜推開說：「我以為君侯能供給甘美之食，所以前來拜訪，為什麼這樣簡單呢？」陰就乃給他更換豐盛的飯菜，井丹才吃。到陰就起身要走的時候，旁邊的人把車子拉過來。井丹笑著說：「我聽說夏桀乘坐的是人拉的車子，難道就是這樣的嗎？」在座的人都大驚失色。陰就不得已，讓人把車子拉走。從這以後，井丹隱居不出，不涉人世之事，後以年老去世。

1 梁鴻，字伯鸞，扶風平陵❶人也。父讓，王莽時為城門校尉❷，封脩遠伯，使奉少昊❸後，寓於北地❹而卒。鴻時尚幼，以遭亂世，因卷席而葬。

2 後受業太學，家貧而尚節介❺，博覽無不通，而不為章句❻。學畢，乃牧豕於上林苑❼中。曾誤遺火延及它舍，鴻乃尋訪燒者，問所去失，悉以豕償之。其主猶以為少。鴻曰：「無它財，願以身居作。」主人許之。因為執勤❽，不懈朝夕。鄰家耆老見鴻非恆人，乃共責讓主人，而稱鴻長者。於是始敬異焉，悉還其豕。鴻不受而去，歸鄉里。

3 埶⑨家慕其高節，多欲女之，鴻並絕不娶。同縣孟氏有女，狀肥醜而黑，力舉石臼，擇對不嫁，至年三十。父母問其故。女曰：「欲得賢如梁伯鸞者。」鴻聞而娉⑩之。女求作布衣、麻屨，織作筐緝績⑪之具。及嫁，始以裝飾入門。七日而鴻不荅。妻乃跪牀下請曰：「竊聞夫子高義，簡斥數婦，妾亦偃蹇⑫數夫矣。今而見擇⑬，敢不請罪。」鴻曰：「吾欲裘褐⑭之人，可與俱隱深山者爾。今乃衣綺縞，傅粉墨，豈鴻所願哉？」妻曰：「以觀夫子之志耳。妾自有隱居之服。」乃更為椎髻⑮，著布衣，操作而前。鴻大喜曰：「此真梁鴻妻也。能奉我矣！」字之曰德曜，名孟光。

4 居有頃，妻曰：「常聞夫子欲隱居避患，今何為默默？無乃欲低頭就之乎？」鴻曰：「諾。」乃共入霸陵山⑯中，以耕織為業，詠詩書，彈琴以自娛。仰慕前世高士，而為四皓⑰以來二十四人作頌。

5 因東出關，過京師，作五噫之歌曰：「陟⑱彼北芒⑲兮⑳，噫！顧覽帝京兮，噫㉑！宮室崔嵬㉒兮，噫！人之劬勞㉓兮，噫！遼遼㉔未央㉕兮，噫！」肅宗聞而非之，求鴻不得。乃易姓運期，名燿，字侯光，與妻子居齊魯㉖之間。

6 有頃，又去適吳㉗。將行，作詩曰：「逝舊邦兮遐征，將遙集兮東南㉘。心惙怛兮傷悴，志菲菲兮升降㉙。欲乘策兮縱邁，疾吾俗兮作讒㉚。競舉枉兮措直，咸先佞兮唌唌㉛。固靡慚兮獨建，冀異州兮尚賢㉜。聊逍搖兮遨嬉，纘仲尼兮周流㉝。儻云覩兮我悅，遂舍車兮即浮㉞。過季札兮延陵，求魯連兮海隅㉟。雖不察兮光貌，幸神靈兮與休㊱。惟季春兮華阜，麥含含兮方秀㊲。哀茂時兮逾邁，愍芳香兮日臭㊳。悼吾心兮不獲，長委結兮焉究㊴！口囂囂兮余訕，嗟恇恇兮誰留㊵？」

7 遂至吳，依大家㊶皐伯通，居廡㊷下，為人賃舂㊸。每歸，妻為具食，不敢於鴻前仰視，舉案齊眉㊹。伯通察而異之，曰：「彼傭能使其妻敬之如此，非凡人也。」乃方舍之於家。鴻潛閉著書十餘篇。疾且困，告主人曰：「昔延陵季子葬子於嬴博㊺之間，不歸鄉里，慎勿令我子持喪歸去。」及卒，伯通等為求葬地於吳要離㊻冢傍。咸曰：「要離烈士，而伯鸞清高，可令相近。」葬畢，妻子歸扶風。

8 初，鴻友人京兆㊼高恢，少好老子，隱於華陰㊽山中。及鴻東遊思恢，作詩曰：「鳥嚶嚶兮友之期㊾，念高子兮僕懷思，想念恢兮爰集茲㊿。」二人遂不復相見。恢亦高抗，終身不仕。

【章 旨】以上為〈梁鴻傳〉。旨在突出梁鴻的品德、學問，敢於揭發統治者的腐化，同情人民的疾苦及其慕賢才，疾小人，懷樂土和憤世傷時的抑鬱心情。附梁鴻故人高恢高抗不仕的情況。

【注 釋】❶平陵 古縣名。西漢五陵之一。漢昭帝建陵置縣。治今陝西咸陽西北。❷城門校尉 官名。西漢始置。職掌京師城門的屯兵，東漢沿置不改。本書〈百官志〉本注曰：「掌雒陽城門十二所。」❸少昊 一作「少皞」。名摯（一作質），一說號金天氏。傳說中的古代夷族領袖。相傳他曾以鳥名為官，設有工正和農正，管理手工業和農業。春秋時的郯國即其後代。❹北地 郡名。治今甘肅慶陽，東漢移治今寧夏吳忠西南。❺節介 氣節；操守。❻不為章句 即能通曉經之大義，而不拘泥於辨章析句。❼上林苑 古宮苑名。秦都咸陽時置。秦始皇三十五年（西元前二一二年），營建朝宮於苑中，阿房宮即其前殿。漢初荒廢，許民入苑開墾。漢武帝時，又收為宮苑。周圍至二百餘里，苑內放養禽獸，供皇帝射獵，並建離宮、觀、館數十處。故址在今陝西西安西及周至、戶縣界。東漢亦有上林苑，故址在今河南洛陽東。❽執勤 從事勞作。❾埶 同「勢」。❿娉 同「聘」。⓫緝績 紡織。⓬偃蹇 傲慢。引申為拒絕。⓭擇 棄。⓮裘褐 粗布衣服。⓯椎髻 髮式簡陋，其狀如椎。⓰霸陵山 即霸陵一帶的山嶺。霸陵，亦作「灞陵」，西漢文帝陵名，建縣。在今陝西西安東北。本芷陽縣。⓱四皓 漢初東園公、甪（一作角）里先生、綺里季、夏黃公隱於商山（今陝西商縣），年皆八十餘，時稱「商山四皓」。據說西漢初，漢高祖屢聘不至。後高祖欲廢太子劉盈，立趙王如意。呂后用張良計，令太子卑辭厚禮安車，招此四人與遊。高祖見之大驚，說：「吾求公數歲，公避逃我，今公何自從吾兒游乎？」於是認為太子羽翼已成，遂無廢太子之意。事見《史記．留侯世家》。⓲陟 登；升。⓳北芒 芒，亦作「邙」。山名，即芒山。在今河南洛陽北。⓴兮 古漢語助詞，相當於「啊」。㉑噫 古漢語歎辭，相當於「唉」。㉒崔嵬 雄偉；高大。㉓劬勞 苦勞；勞累。㉔遼遼 遙遠。㉕未央 未盡；未已。㉖齊魯 今山東中部一帶。㉗吳 吳縣。今江蘇蘇州。㉘逝舊邦兮遐征二句 離開舊居踏上遙遠的征途，將遠遠地居住在東南異鄉。舊邦，舊居。遐，遠。集，停留；止。㉙心惙怛兮傷悴二句 心情憂傷痛苦，思緒忐忑不安。惙怛，憂傷。傷悴，悲傷。菲菲，高下不定。升降，忐忑不安。㉚欲乘策兮縱邁二句 想策馬加鞭縱意遠去，吾疾恨世俗小人讒言誹謗。邁，遠行；行進。㉛競舉枉兮措直二句 競相提拔讒佞之人，把正直之人擱置一邊；諸事都讓讒佞之人占先，讒言很快就加到自己身上。舉，提拔。

枉，彎曲；不正。此指讒佞之人。措，擱置；放在一邊。直，正直之人。《論語・為政》載哀公問曰：「何為則民服？」孔子對曰：「舉直錯諸枉，則民服；舉枉錯諸直，則民不服。」錯，同「措」。唌唌，形容頻進讒言。㉜固靡慙兮獨建二句　自己本來無慚於獨行特立，希望他鄉有尊賢的風尚。靡，無。慙，同「慚」。獨建，獨行特立。冀，希望。異州，別的地方。指吳。㉝聊逍搖兮遨嬉二句　暫且逍遙自在地遨遊嬉戲，繼孔子之周遊四方。纘，繼續；繼承。仲尼，孔子的表字。㉞儻云覩兮我悅二句　假如見到我所歡喜的地方，路走盡了我就捨棄車馬而登舟船。儻，假如。云，助詞，無義。㉟過季札兮延陵二句　在延陵探訪季札，在海邊尋求魯連。過，訪；探望。季札，春秋時吳王壽夢第四子，吳王諸樊之弟，又稱公子札。多次推讓君位，封於延陵（今江蘇常州），稱延陵季子。後又封於州來（今安徽鳳臺）。吳王餘祭四年（西元前五四四年），出使魯國，在欣賞周代傳統的音樂、詩歌時，加以分析，藉此說明周朝和列國諸侯的盛衰大勢。見《史記・吳太伯世家》。魯連，即魯仲連。㊱雖不察兮光貌二句　雖然看不到季札、魯連的光輝形象，卻希望與他們的神靈同美。休，美；善。㊲惟季春兮華阜二句　想到暮春鮮花盛開，麥苗正含苞吐穗。阜，盛多；豐富。含含，孕穗貌。㊳哀茂時兮逾邁二句　哀傷興盛之時過得飛快，憐憫芬芳的花草日漸凋零。逾邁，過去；消逝。臭，衰敗。㊴悼吾心兮不獲二句　我心傷悼而無人理解，長期抑鬱將何時到頭。不獲，得不到。即得不到別人的理解。委結，結聚；鬱積。㊵口囂囂兮余訕二句　謂小人之口誹訕我如此喧囂，我恐慌歎息往何處居留。恇恇，恐懼。㊶大家　猶巨室、富豪之家。㊷廡　堂周圍的廊屋。㊸舂　用杵臼搗去穀物的皮殼。㊹舉案齊眉　手捧几案，高與眉齊，表示尊敬。後因稱夫婦相敬如賓為「舉案齊眉」。案，有腳的托盤。㊺嬴博　春秋時齊二邑名。在今山東中部，萊蕪一帶。吳季札葬子於其間。《禮記・檀弓下》：「延陵季子適齊，於其反也，其長子死，葬於嬴博之間。」後用為死葬異鄉之典。㊻要離　春秋末吳國人。相傳他由伍子胥推薦給吳王闔廬，謀刺在衛國的公子慶忌（吳王僚之子，以勇武著稱。闔廬使專諸刺殺王僚取得王位後，以慶忌為患，故使要離刺殺之）。他請闔廬斷其右手，殺其妻子，假裝得罪出走。及到衛國，又假意向慶忌獻破吳之策，謀求親近慶忌。當同舟渡江時，慶忌被他刺死，他亦自殺。㊼京兆　政區名。漢武帝太初四年（西元前一〇四年）改內史置。分原右內史東半部為其轄區，職掌相當於太守。因地屬畿輔，故不稱郡，為「三輔」之一。治今陝西西安西北。㊽華陰　古縣名。秦置寧秦縣，漢改為華陰縣。在今陝西華陰東。㊾鳥嚶嚶兮友之期　鳥嚶嚶地鳴叫，尋找朋友。期，會。語出《詩・伐木》：「伐木丁丁，鳥鳴嚶嚶。嚶其鳴矣，求其友聲。相彼鳥矣，猶求友聲。矧伊人矣，不求友生！」㊿念高子兮僕懷思二句　二句意思基本相同。謂：思念高子，想念高恢，渴望和他在一起。僕，謙辭。梁鴻自謂。爰，與；和。集，聚集。茲，此。

【語　譯】梁鴻，字伯鸞，扶風平陵人。其父梁讓，王莽時為城門校尉，封脩遠伯，使其奉祀少昊之後，居住於北地，在那裡去世。梁鴻時尚年幼，又遭逢亂世，因而只用草席捲著其父親的屍體埋葬了。

2 後來，梁鴻入太學讀書，家境雖貧寒而崇尚氣節，博覽群書，無不通曉，而不作煩瑣的章句之學。學業完成，乃放豬於上林苑中。他曾經不慎失火，大火蔓延於別人的房舍，梁鴻於是尋訪被燒的人家，問損失的情況，全以豬做了賠償。那家主人還以為少。梁鴻說：「我沒有其他財產了，願在您家勞作來作抵償。」主人允許了，梁鴻於是為主人辛勤勞作，朝夕不懈。鄰居的老人們見梁鴻不是普通的人，於是共同責備那家主人，而稱讚梁鴻是謹厚的人。主人才開始敬重梁鴻，認為他不尋常，把豬全部還給他，梁鴻不受而去，回到了家鄉。

3 有錢有勢的人家敬慕梁鴻高尚的節操，大多想把女兒嫁給梁鴻，梁鴻都一一回絕了。同縣孟家有女，身體肥胖，長得又醜又黑，其力氣大得可以舉起石臼，選擇婚配都沒有成功。年至三十，還未嫁出去。父母問她原因，她說：「想找個像梁伯鸞那樣賢良的人。」梁鴻聽說後，便送去聘禮和她訂了婚。孟家女兒請求父母給她製作布衣、麻鞋，還要了一些紡織操作的筐子和織布的工具。到出嫁時，她才裝飾起來進入梁鴻的家門。結婚七天，梁鴻不和她說話。妻子於是跪在床下請求說：「我私下裡聽說，先生您有高尚的品格，回絕了許多女家的求婚，我也拒絕過多家男子的求婚。現在我被您拋在一邊，怎敢不請罪。」梁鴻說：「我希望找個穿粗布衣服的人，可以和我一起隱居在深山。現在你卻穿著絲綢衣服，塗抹粉黛，難道是梁鴻我所希望的嗎？」其妻說：「我不過以此來考察先生之志向罷了。我自然有隱居的服裝。」於是她改髮式為椎髻，穿上粗布衣服，在梁鴻面前操作女工。梁鴻大喜說：「這才真是梁鴻的妻子。能夠侍奉我終身！」梁鴻便給她取字為德曜，名為孟光。

4 過了不久，妻子說：「我常聽說先生您想隱居山林躲避禍患，如今為何不提此事？莫非想屈志遷就世俗嗎？」梁鴻說：「好吧。」於是一同進入霸陵山中，從事耕作、紡織，吟誦《詩》《書》，彈琴以自樂。仰慕前世高士，而為四皓以來二十四人撰寫頌辭。

5 梁鴻因事東出函谷關，路過京城洛陽，作了〈五噫之歌〉：「登上北芒山兮，噫！回頭觀覽帝京兮，噫！宮室雄偉高大兮，噫！人民勞累憔悴兮，噫！苦難遙遙無期兮，噫！」章帝聽到後，很不滿意，派人尋求梁鴻，沒有找到。梁鴻於是改姓運期，名燿，字侯光，與妻子居於齊魯之間。

6 不久，梁鴻又到吳地去，將行時，作詩道：「離開舊居踏上遙遠的征途啊，將居住在遙遠的東南異縣。心中憂傷痛苦啊，思緒忐忑不安。想策馬加鞭縱意遠去啊，我疾恨世俗小人的誹謗、讒言。競相提拔讒佞之人啊，把正直之人擱置一邊；諸事都讓讒佞之人占先啊，惡人仍在頻頻進讒。自己本來無慚於獨行特立啊，希望他鄉之人崇良尚賢。暫且逍遙自在地遨遊嬉戲啊，繼孔子之周遊四方八面。假如見到我所喜歡的地方啊，走盡陸路我將捨車馬而登船。在延陵探訪季札啊，到海邊尋求魯連。雖然見不到他們的光輝形象啊，卻希望和他們的神靈同善。想到暮春鮮花盛開啊，麥苗正含苞吐綻。哀傷興盛之時過得飛快啊，憐憫芬芳的花草日漸凋殘。我心傷悼而無人理解啊，如此長期抑鬱何時才算完！小人之口誹謗我如此喧囂啊，我恐慌歎息往何處居留存安？」

7 梁鴻於是到了吳地，投奔了當地的富豪之家皋伯通，居住於其廊屋之中，被人雇傭舂米。每日幹活回來，其妻為其備好飯菜，不敢在梁鴻面前抬頭仰視，舉案齊眉。皋伯通發覺後，覺得很奇怪，說：「那個雇工能使其妻子如此尊敬，他一定不是平常的人。」於是才讓他們居住在家裡面。梁鴻閉門著書十多篇。梁鴻生病，將死時，告皋伯通說：「從前延陵季子葬其子於嬴博之間，不歸葬鄉里，您千萬不要讓我兒子將我葬回老家。」梁鴻死後，皋伯通等人為其在吳國要離墓旁找了一塊地方安葬他。人們都說：「要離是烈士，而伯鸞清高，可以讓他們的墳墓相近。」安葬完畢，梁鴻的妻子兒女回到了扶風。

8 當初，梁鴻的朋友京兆人高恢，年輕時喜好《老子》，隱居華陰山中。梁鴻東遊，思念高恢，乃作詩道：「鳥嚶嚶地鳴叫啊，為尋找朋友，我思念高子啊，渴望和他在一起。」他們二人最終沒有再見面。高恢也有高尚之風，終身不肯做官。

1 高鳳，字文通，南陽葉❶人也。少為書生，家以農畝為業，而專精誦讀，晝夜不息。妻嘗之田，曝麥於庭，令鳳護雞。時天暴雨，而鳳持竿誦經，不覺潦水流麥。妻還怪問，鳳方悟之。其後遂為名儒，乃教授業於西唐山❷中。

2 鄰里有爭財者，持兵而鬬，鳳往解之，不已，乃脫巾叩頭，固請曰：「仁義遜讓，柰何棄之！」於是爭者懷感，投兵謝罪。

3 鳳年老，執志不倦，名聲著聞。太守連召請，恐不得免，自言本巫家，不應為吏，又詐與寡嫂訟田，遂不仕。建初❸中，將作大匠❹任隗❺舉鳳直言❻，到公車❼，託病逃歸。推其財產，悉與孤兄子。隱身漁釣，終於家。

4 論曰：先大夫宣侯❽嘗以講道餘隙，寓乎逸士之篇。至高文通傳，輟而有感，以為隱者也，因著其行事而論之曰：「古者隱逸，其風尚矣。潁陽洗耳，恥聞禪讓❾；孤竹長飢，羞食周粟❿。或高棲以違行，或疾物以矯情，雖軌迹異區，其去就一也。若伊人者，志陵青雲之上，身晦泥汙之下，心名且猶不顯，況怨累之為哉！與夫委體淵沙⓫，鳴弦揆日⓬者，不其遠乎！」

【章旨】以上為〈高鳳傳〉。先寫高鳳的籍貫、家世及其讀書之精專，又寫高鳳不應官府徵召，讓財產與孤兄子，隱身漁釣以終。篇末附有作者之父宣侯對高鳳的評論。

【注　釋】❶南陽葉　南陽，郡名。戰國秦昭王置。治今河南南陽。葉，縣名。治今河南葉縣西南。❷西唐山　山名。在今河南唐河縣。❸建初　東漢章帝劉炟年號，西元七六—八四年。❹將作大匠　官名。秦始置，稱將作少府。西漢景帝時，改稱將作大匠。執掌宮室、宗廟、陵寢及其他土木營建。東漢沿置。❺任隗　（？—西元九二年），字仲和，南陽宛（今河南南陽）人。阿陵侯任光子，嗣父爵。好黃老，清靜寡欲。所得俸秩，常賑恤宗族。擢奉朝請，羽林左監、虎賁中郎將，又遷長水校尉。章帝即位，雅相敬愛，以為將作大匠。建初五年，遷太僕，八年，為光祿勳。章和元年（西元八七年）拜司空。任隗義行內修，不求名譽，以沉正見重於世。鯁言直議，無所避隱。永元四年（西元九二年）去世。傳見本書卷二十一〈任光列傳〉附。❻直言　漢代察舉科目名。即直言敢諫。❼公車　漢代官署名，衛尉的下屬機構。設公車令，掌管宮殿中司馬門的警衛工作。臣民上書和徵召都由公車接待。❽宣侯　范曄之父范泰。范泰在劉宋高祖劉裕時，官紫金光祿大夫，加散騎常侍，領國子祭酒，多所陳諫。卒謚宣侯。❾潁陽洗耳二句　見本卷序❸。❿孤竹長飢二句　見本卷序❹。⓫委體淵沙　屈原懷沙自沉汨羅江而死。屈原（約西元前三四〇—前二七八年），名平，字原；又自云名正則，字靈均，戰國時楚國人。初輔佐楚懷王，做過左徒、三閭大夫。主張彰明法度，舉賢授能；東聯齊國，西抗強秦。遭貴族子蘭、靳尚之讒去職。頃襄王時被放逐，長期流浪於湘、沅流域。後楚國政治更加腐敗，首都郢被秦攻破。他既無力挽救楚國危亡，又感到政治理想無法實現，遂投汨羅江而死。其作品〈離騷〉、〈九章〉等反覆陳述其政治主張，揭露當權者的昏庸腐朽，表現了對楚國國事的深切憂念和為理想而獻身的精神。屈原是我國戰國時代偉大的愛國詩人。⓬鳴弦揆日　嵇康臨刑前顧日影而彈琴。揆日，測量日影。嵇康（西元二二四—二六三年），字叔夜，譙郡銍（今安徽宿州）人。三國時魏文學家、思想家、音樂家，與魏宗室通婚，官至中散大夫。崇尚老莊，講求養生服食之道，為「竹林七賢」之一。因聲言「非湯武而薄周孔」，且不滿當時掌權的司馬氏集團，遭鍾會構陷，為司馬昭所殺。在哲學上提出「越名教而任自然」之說，厭惡儒家各種人為的煩瑣禮教。其詩長於四言，風格清峻。在音樂上認為同一音樂可以引起不同的感情，斷言音樂本身無哀樂可言，其目的在於否定當時統治者推行的禮樂教化思想。善鼓琴，以彈〈廣陵散〉著名。《晉書・嵇康傳》曰：「嵇康將刑東市，太學生三千人請以為師，弗許。康顧視日影索琴彈之，曰：『〈廣陵散〉於今絕矣！』時年四十。海內之士莫不痛之。」有《嵇中散集》。傳見《三國志》卷二十一、《晉書》卷四十九。

【語　譯】高鳳，字文通，南陽郡葉縣人。少年為書生，家以務農為業，而他卻專心讀書，晝夜不息。其妻有一次到田裡去，在院子裡曬麥，讓高鳳看守，防止為雞所食。時天降暴雨，而高鳳手持竹竿在讀經書，竟沒有發覺雨水把麥沖走。其妻回來責怪問他，他才恍然大悟。後來成為有名的儒者，乃教授弟子於西唐山中。

2 鄰居有人為爭奪財產，手持兵器相鬥，高鳳前往勸解，還是不肯罷休。高鳳即摘下頭巾叩頭，堅決懇請說：「仁義謙讓，為什麼拋棄這種美德呢！」爭奪財產的人於是受到感動，丟下兵器謝罪。

3 高鳳年老，仍舊堅守自己的志向不懈，他的名聲傳播很廣。太守接連召請，他恐怕不能推辭，就自稱本來是巫師之家，不應為官吏，又詐與寡嫂爭訟田地，於是就沒有去當官。建初年間，將作大匠任隗舉薦高鳳為直言，高鳳到了公車府，就託病逃回。把自己的財產，全部給了已故哥哥的兒子，自己隱身於捕魚之業，在家裡去世。

4 史家評論說：先大夫宣侯曾經在講道的空暇，撰寫有關逸士的篇章。他寫到〈高文通傳〉時，即停筆感歎，認為高鳳是一位隱者，於是記載他的事跡而評論說：「古代隱逸的風氣，已經很久了。許由在潁水洗耳，其聽到禪讓之事感到恥辱；孤竹君之子伯夷、叔齊長久飢餓，而羞食周粟。有的遠遠地隱居而違反一般人的行為，有的厭惡世間的事物而違背常情，雖然他們隱居的原因不一樣，他們的目的是一致的。像他們這些人，志氣高於青雲之上，自身卻隱埋在汙泥之下，思想和姓氏尚且不願顯揚，怎麼會有怨氣、憂患呢！這和屈原投江自盡，嵇康臨刑時顧視日影彈琴相比，相去很遠，是完全兩種不同類型的人物啊！」

臺佟，字孝威，魏郡鄴❶人也。隱於武安山❷，鑿穴為居，采藥自業。建初中，州辟不就。刺史行部，乃使從事❸致謁。佟載病往謝。刺史乃執贄見佟曰：「孝威居身如是，甚苦，如何？」佟曰：「佟幸得保終性命，存神養和。如明使君❹奉宣詔書，夕惕❺庶事，反不苦邪？」遂去，隱逸，終不見。

【章　旨】以上為〈臺佟傳〉。旨在寫臺佟不受刺史徵召，以為自己「保終生命，存神養和」，勝於刺史「奉宣詔書，夕惕庶事」。故隱逸，終身不出現。

【注　釋】❶魏郡鄴　魏郡，西漢高祖十二年（西元前一九五年）置。治今河北臨漳西南。鄴，縣名。魏郡治所。❷武安山　李賢注：「武安縣之山也。」武安縣，治今河北武安西南。❸從事　官名。漢以後三公及州郡長官皆自辟屬僚，多以從事為稱。如從事史、從事中郎、別駕從事、治中從事之類皆是。❹使君　漢時稱刺史為「使君」。❺夕惕　終日勤勉謹慎，不敢懈怠。語出《易・乾卦》九三：「君子終日乾乾，夕惕若。厲，无咎。」夕，夜。惕，警惕。若，助詞。

【語　譯】臺佟，字孝威，魏郡鄴縣人。隱於武安山，鑿穴為居，以採藥為業。建初年間，州裡徵召他，他沒有前去。刺史巡察所部，經過這裡，乃使從事送上名帖。臺佟帶著病前往回謝。刺史於是拿著禮物拜見他，說：「您這樣的處境，很艱苦，您覺得如何？」臺佟說：「我幸運地能夠保全自己而活下去，保存了精神，頤養了和氣。而賢明的使君如您，遵照皇帝的詔令辦事，每天謹慎、擔心地做各種事務，反而不苦嗎？」於是離去，隱居起來，終身不再出現。

韓康，字伯休，一名恬休，京兆霸陵人。家世著姓。常采藥名山，賣於長安市，口不二價，三十餘年。時有女子從康買藥，康守價不移。女子怒曰：「公是韓伯休那❶？乃不二價乎？」康歎曰：「我本欲避名，今小女子皆知有我，何用藥為？」乃遯入霸陵山中。博士公車連徵不至。桓帝乃備玄纁之禮，以安車聘之。使者奉詔造康，康不得已，乃許諾。辭安車，自乘柴車，冒晨先使者發。至亭，亭長以韓徵君❷當過，方發人牛脩道橋。及見康柴車幅巾，以為田叟也，使奪其牛。康即釋駕與之。有頃，使者至，奪牛翁乃徵君也。使者欲奏殺亭長。康曰：「此自老子❸與之，亭長何罪！」乃止。康因中道逃遁，以壽終。

【章旨】以上為〈韓康傳〉。旨在寫韓康甘願隱居，不願為官。

【注釋】❶那　李賢注：「語餘聲也。」❷韓徵君　因韓康曾被朝廷「連徵」，故稱徵君。❸老子　老人的自稱，猶「老夫」。

【語譯】韓康，字伯休，又名恬休，京兆霸陵人。家世為著名的大姓。他常常到名山去採藥，在長安市上賣，言不二價，三十餘年。當時有位女子到韓康那裡買藥，韓康堅持原價，不肯降低。那女子生氣地說：「您是韓伯休嗎？竟然口不二價？」韓康感歎說：「我本來想隱姓埋名，現在連小女子都知道有我這個人，為何還要賣藥？」乃隱遁於霸陵山中。公車接連來徵召他為博士，他都不到。桓帝於是準備好幣帛之禮，以安車聘請他。使者手捧詔書到韓康那裡，韓康不得已，就答應了。他辭掉了朝廷的安車，駕著自己的簡陋無裝飾的車子，起早在使者未動身之前就出發了。行至驛亭，亭長因為韓伯休要從此經過，正派人和牛修整道路橋梁。及見到韓康乘著簡陋的車子，用一塊布束著頭髮，認為他是一個種田的老頭，便命人搶奪他的牛，韓康即卸下他的牛給了亭長。一會兒，使者來到，亭長才知道被奪牛的人就是韓徵君。使者想上奏請求殺掉亭長。韓康說：「這本是老夫我給他的，亭長有什麼罪呢！」使者才罷休。韓康藉機在半路上逃走了，隱遁起來，後因年老去世。

1 矯慎，字仲彥，扶風茂陵人也。少好黃老❶，隱遯山谷，因穴為室，仰慕松、喬導引之術❷。與馬融❸、蘇章❹鄉里並時，融以才博顯名，章以廉直稱，然皆推先於慎。

2 汝南❺吳蒼甚重之，因遺書以觀其志曰：「仲彥足下：勤處隱約❻，雖乘雲行泥，棲宿不同，每有西風❼，何嘗不歎！蓋聞黃老之言，乘虛入冥❽，藏身遠遯，亦有理國養人，施於為政。至如登山絕迹，神不著其證，人不覩其驗。吾欲先生從其可者，於意何如？昔伊尹不懷道以待堯舜之君❾。方今明明，四海開闢，巢許無為箕山，夷齊悔入首陽。足下審能騎龍弄鳳，翔嬉雲間者❿，亦非狐兔燕雀⓫所敢謀也。」慎不荅。年七十餘，竟不肯娶。後忽歸家，自言死日，及期果卒。後人有見慎於敦煌⓬者，故前世異之，或云神僊焉。

3 慎同郡馬瑤，隱於汧山⓭，以兔罝⓮為事。所居俗化，百姓美之，號馬牧先生焉。

【章　旨】以上為〈矯慎傳〉。旨在寫矯慎的志趣及為馬融、蘇章、吳蒼所推崇、敬重，並寫了矯慎自知其死期的怪誕之事。附矯慎同郡馬瑤隱於汧山，「所居俗化」的情況。

【注　釋】❶黃老　戰國、漢初道家學派。以傳說中的黃帝同老子相配，並同尊為道家的創始人，故名。西漢初期，統治階級採取與民休息、恢復生產的政策，頗崇黃老「清靜無為」的治術。❷仰慕松喬導引之術　松，即赤松子。中國古代神話中的仙人。相傳為神農時雨師，一說為黃帝之師。後為道教所信奉。喬，即王子喬。一說名晉，字子晉，神話中的人物。為周靈王太子，喜歡吹笙作鳳凰鳴聲，為浮丘公引往嵩山修煉。三十餘年後，在緱氏山頂向世人揮手告別，升天而去。導引之術，導，一作「道」。即「道氣令和，引體令柔」的方法。原為我國古代強身除病的一種養生方法，也是中醫治療疾病的方法之一。《素問．異法方宜》：「其病多痿厥寒熱，其治宜導引按蹻。」王冰注：「導引，謂搖筋骨，動支節。」《一切經音義》：「凡人自擦自捏，伸縮手足，除勞去煩，名為導引。」西元一九七二年初在長沙馬王堆三號西漢墓出土的《導引圖》，繪有四十餘種導引姿態的圖象。導引之術，後為道教承襲，當作「修仙」的方法之一。❸馬融　（西元七九－一六六年），字季長，右扶風茂陵人。東漢經學家、文學家。曾任校書郎、議郎、南郡太守等職。遍注《周易》、《尚書》、《毛詩》、《三禮》、《論語》、《孝經》，使古文經學達到成熟的境地。生徒常有千餘人，鄭玄、盧植皆出其門下。他除注群經外，兼注《老子》、《淮南子》。其著作已佚，清馬國翰《玉函山房輯佚書》、黃奭《漢學堂叢書》都有輯錄。另有賦、頌等二十一篇。有集已佚，明人輯有《馬季長集》。傳見本書卷六十。❹蘇章　字孺文，右扶風平陵（今陝西咸陽）人。少博學。安帝時舉賢良方正，任武原令。時逢荒年，他開倉廩賑飢，活三千餘戶。順帝時，遷冀州刺史，執法無私。再為并州刺史，以摧抑豪強忤旨，免官。傳見本書卷三十一。❺汝南　郡名。西漢高祖四年（西元前二〇三年）置。治所在今河南上蔡。東漢移治今河南平輿北。❻隱約　猶潛藏。❼西風　矯慎家扶風，在汝南之西，故每有西風吹來，即想起矯慎。❽乘虛入冥　借指隱居。乘虛，猶言凌空。入冥，猶言上青天。亦指在清幽高遠之處。❾伊尹不懷道句　伊尹不以道自高來等待堯舜這樣的君主，而自願為湯小臣。伊尹，名伊，尹是官名。一說伊尹名摯。商初大臣。《史記．殷本紀》：「伊尹名阿衡，欲干湯而無由，乃為有莘氏（湯妻家）媵臣，負鼎俎，以滋味悅湯，致於王道。或曰，伊尹處士，湯使人聘迎之，五反然後肯往從湯，湯舉任國政。」伊尹助湯滅夏朝，湯崩，伊尹又輔佐外丙、中壬二王。中壬崩，乃輔佐湯嫡長孫太甲為王。太甲三年，「不明，暴虐，不遵湯法，亂德，於是伊尹放之於桐宮。太甲居桐宮三年，悔過自責，反善，於是伊尹乃迎太甲而授之政。帝太甲修德，諸侯咸歸殷，百姓以寧。伊尹嘉之，褒太甲，稱太宗。」伊尹死於沃丁之時。舜，姚姓，名重華，史稱虞舜。古帝名。為盲者之子。據《史記．五帝本紀》說：舜是帝顓頊七世孫，自顓頊的兒子窮蟬至舜皆為庶民。舜母早亡，其父愛後妻子象，常欲殺舜。舜都以智慧躲過。不但無怨言，而且「順事父及後母與弟，日益篤謹，匪有解。」故舜年二十以孝聞。帝堯年老，選擇繼承人時，四岳推薦了舜，於是堯命舜攝政。舜舉賢任能，翦除鯀、共工、讙兜、三苗等四凶，堯去世後繼位。舜繼位後，知人善任，「十二牧行而九州莫敢辟違，各以其職來貢，不失厥宜。」四海之內，咸戴舜之功。舜年老，乃選擇治水有功的禹為繼承人。舜踐帝位三十九年，南巡狩，崩於蒼梧之野（今湖南寧遠），葬於九疑（今湖南寧遠），是為零陵。見《史記．五帝本紀》。❿足下審能騎龍弄鳳二句　李賢注引《列仙傳》云蕭史、弄玉及陶安公跨鳳乘龍飛去之事，似說矯慎可以成仙。但吳蒼來書之原因是「以觀其志」，從書中之「昔伊尹不懷道以待堯舜之君。方今明明，四海開闢，巢許無為箕山，夷齊悔入首陽」之句來看，「騎龍弄鳳，翔嬉雲間」係指矯慎應做官，飛黃騰達，非欲其成仙也。⓫狐兔蒹雀　吳蒼自謂之辭。⓬敦煌　郡名。漢武帝元鼎六年（西元前一一一年）置。治今甘肅敦煌西。又縣名，屬敦煌郡。⓭汧山　亦名岳山、吳岳。在今陝西隴縣西南。汧，《尚書・禹貢》作「岍」。⓮罝　同「罝」。捕兔網，也指捕鳥獸的網。

【語　譯】矯慎，字仲彥，扶風茂陵人。少好黃老之學，隱居山谷，以洞穴為居室，仰慕赤松子、王子喬的導引之術。與馬融、蘇章同鄉又同時代，馬融憑才能、博學顯名，蘇章以廉直見稱，但是他二人皆推崇矯慎。

2 汝南吳蒼十分敬重矯慎，於是寫信給他，來考察他的志向，其信中說：「仲彥足下：您總是隱藏不出，雖然駕雲與行於泥土之上，所處之地位不同，但每有西風吹來，我何嘗不感歎！我聽說黃帝、老子有這樣的話，處於虛冥高遠清幽的境界，遠遠地逃遁隱居，也有治理國家、養育人民的作用，能施行於政治。至於像登高山、絕蹤跡這樣的事，神不顯其證明，人也看不到它的效驗。我希望先生您從事可行的事，您看如何？從前，伊尹不以道自高來等待堯舜這樣的君主。現在國家清明，四海開闢，巢父、許由不會再上箕山隱居，伯夷、叔齊也後悔進入首陽之山。您確實是能夠乘龍跨鳳，在雲間翺翔嬉戲，飛黃騰達的人，這也不是像我這樣的狐兔蒹雀之人所敢想像的。」矯慎未作回答。年七十餘歲，終身不肯娶妻。後來，他忽然回到家裡，自稱某日會死去。到那天，他果然去世。後來，有人在敦煌曾見過矯慎，所以前世之人都覺得他很奇異，有人說他是神仙。

3 矯慎同郡人馬瑤，隱於汧山，以用網捕捉兔子維生。他所居住的地方，民俗得以變化，百姓讚美他，號稱馬牧先生。

1 戴良，字叔鸞，汝南慎陽❶人也。曾祖父遵，字子高，平帝❷時，為侍御史❸。王莽篡位，稱病歸鄉里。家富，好給施，尚俠氣，食客❹常三四百人。時人為之語曰：「關東❺大豪❻戴子高。」

2 良少誕節❼，母憙驢鳴，良常學之以娛樂焉。及母卒，兄伯鸞居廬啜粥，非禮不行，良獨食肉飲酒，哀至乃哭，而二人俱有毀容。或問良曰：「子之居喪，禮乎？」良曰：「然。禮所以制情佚也，情苟不佚，何禮之論！夫食旨不甘，故致毀容之實。若味不存口，食之可也。」論者不能奪之。

3 良才既高達，而論議尚奇，多駭流俗。同郡謝季孝問曰：「子自視天下孰可為比？」良曰：「我若仲尼長東魯，大禹出西羌❽，獨步天下，誰與為偶！」

4 舉孝廉❾，不就。再辟司空府，彌年不到，州郡迫之，乃遯辭詣府，悉將妻子，既行在道，因逃入江夏❿山中。優遊不仕，以壽終。

5 初，良五女並賢，每有求姻，輒便許嫁，疎裳布被，竹笥⓫木屐以遣之。五女能遵其訓，皆有隱者之風焉。

【章　旨】以上為〈戴良傳〉。先寫戴良的籍貫及其曾祖父戴遵不仕王莽，家富好客的俠義之風，次寫戴良的怪誕之行及其自命不凡。舉孝廉不就，辟司空府，攜帶妻子，中途逃跑，優游不仕。兼寫戴良的五個女兒，能遵父訓，綽有父風。

【注　釋】❶慎陽　舊縣名。治今河南正陽東北。屬汝南郡。❷平帝　名衎。西漢第十二帝，西元前一－西元五年在位。❸侍

御史　官名。漢沿秦置，在御史大夫下，或給事殿中，或劾舉非法，或督察郡縣，或奉使外出執行指定的任務。❹食客　古代寄食於豪門貴家並為之服務的門客。❺關東　指函谷關以東地區。❻豪　富豪。❼誕節　不合情理的怪誕行為。❽大禹出西羌　李賢注引《帝王紀》：「夏禹生於石紐，長於西羌，西夷之人也。」禹，亦稱大禹、夏禹、戎禹。《史記・夏本紀》：夏禹，名文命。鯀之子，堯之時洪水滔天，下民其憂。由於四岳的推薦，堯命鯀治水。「九年而水不息，功用不成」，「舜攝行天子之政，巡狩。行視鯀之治水無狀，乃殛鯀於羽山以死」，乃命禹治水，「禹傷先人父鯀功之不成受誅，乃勞身焦思，居外十三年，過家門不敢入」，採取疏通河道的辦法終於治平洪水。功成，被舜選為繼承人。其子啟，建立了中國歷史上第一個王朝，即夏朝。❾孝廉　即孝子和廉潔之士，漢代選拔官吏的科目之一。漢武帝元光元年（西元前一三四年），令郡縣舉孝廉各一人。後來合稱孝廉。孝廉的選拔，由各郡國在所屬吏民中薦舉。二十萬人舉孝廉一人。名義上以封建倫理為標準，實際上多為世家大族所操縱，他們互相吹捧，弄虛作假，真正的孝廉之人卻選不上。孝廉往往被任命為「郎」。❿江夏　郡名。西漢高祖六年（西元前二〇一年）置，東漢沿置。治今湖北新洲西。⓫笥　盛飯或盛衣物的竹器。圓曰簞，方曰笥。

【語　譯】戴良，字叔鸞，汝南郡慎陽縣人。曾祖父戴遵，字子高，平帝時，為侍御史。王莽篡位後，戴遵稱病回鄉里。家富有，喜好捨施，崇尚任俠，講求義氣，家中食客常常三四百人。當時人們為其下評語說：「關東大豪戴子高。」

2　戴良少年時有怪誕的行為，其母喜聽驢鳴，戴良經常模仿驢鳴，使其母親快樂。及其母去世，其兄伯鸞居住在簡陋的屋子裡，喝稀粥，不合禮的事不做。戴良卻吃肉飲酒，哀痛至極，才哭泣，可是他們二人都因悲傷而使面容消瘦。有人問戴良說：「您居喪時的行為，合於禮嗎？」戴良說：「對。禮為的是控制性情放蕩的，如果性情沒有放蕩，怎麼用得著禮呢！我雖食肉飲酒，但食不甘味，故有身體消瘦的事實。若口中感覺不到味美，吃美味是可以的。」議論的人無法說服他。

3　戴良不僅才能高超，而且議論追求奇異，多有驚世駭俗的言論。同郡謝季孝問他說：「您覺得天下人誰可和您相比？」戴良說：「我好比孔子長於東魯，大禹出於西羌，在天下獨一無二，誰能和我相比呢！」

4　戴良被舉為孝廉，他不接受。又被司空府徵辟，過了一年還不去，州郡逼迫他，他支吾搪塞，動身到公府，全帶上妻子兒女，已經上路，乘機逃入江夏山中。他悠閒自得，不去做官，後因年老去世。

5 當初，戴良有五個女兒都很賢慧，凡有來求婚的，即答應嫁給他，戴良以粗布衣服、被褥以及竹箱、木鞋打發她們出嫁。五個女兒都能遵照戴良的教導，皆有隱者之風範。

1 法真，字高卿，扶風郿人，南郡❶太守雄之子也。好學而無常家，博通內外圖典，為關西❷大儒。弟子自遠方至者，陳留范冉❸等數百人。

2 性恬靜寡欲，不交人間事。太守請見之，真乃幅巾詣謁。太守曰：「昔魯哀公❹雖為不肖，而仲尼稱臣。太守虛薄，欲以功曹❺相屈，光贊本朝，何如？」真曰：「以明府見待有禮，故敢自同賓末❻。若欲吏之，真將在北山之北，南山之南矣❼。」太守戄然，不敢復言。

3 辟公府，舉賢良，皆不就。同郡田弱薦真曰：「處士❽法真，體兼四業❾，學窮典奧，幽居恬泊，樂以忘憂，將蹈老氏之高蹤，不為玄纁屈也。臣願聖朝就加衮職❿，必能唱清廟之歌⓫，致來儀之鳳⓬矣。」會順帝⓭西巡，弱又薦之。帝虛心欲致，前後四徵。真曰：「吾既不能遯形遠世，豈飲洗耳之水⓮哉？」遂深自隱絕，終不降屈。友人郭正稱之曰：「法真名可得聞，身難得而見，逃名而名我隨⓯，避名而名我追，可謂百世之師者矣！」乃共刊石頌之，號曰玄德先生。

年八十九，中平⓰五年，以壽終。

【章　旨】以上為〈法真傳〉。旨在寫法真「深自隱絕，終不降屈」及其為人所敬重的情況。

【注　釋】❶南郡　郡名。戰國秦昭襄王置。治所在郢，後遷江陵。兩漢沿置。❷關西　函谷關以西的地方。❸陳留范冉　事見本書卷八十一。❹魯哀公　名將，春秋末期魯國國君，定公子。西元前四九四—前四六七年在位。❺功曹　官名。即功曹史，郡守屬官。相當於郡守的總務長，除掌人事外，得與聞一郡的政務。❻賓末　末等客人。用作謙辭。❼北山之北二句　北山，指關中平原北部諸山。南山，指秦嶺、終南山。以此比喻遠遁。❽處士　古時稱有才德而隱居不仕的人。❾體兼四業　精通《詩》、《書》、《禮》、《樂》。體，包含；容納。可引申為「精通」。❿袞職　古代指三公的職位。⓫清廟之歌　〈清廟〉為《詩・周頌》第一篇，為祭祀周文王的樂歌。歌頌文王之德和表現西周初年的太平盛世。《詩・序》：「〈清廟〉祀文王也。周公既成洛邑，朝諸侯，率以祀文王。」詩中有：「濟濟多士，秉文之德。」鄭箋：「濟濟之眾士，皆執行文王之德。」此用「必能唱《清廟》之歌」喻法真有治國之才能。⓬來儀之鳳　引來鳳凰。鳳凰來儀，古代以為瑞應。謂鳳凰來舞，而有儀容。《尚書・皐陶謨》：「《簫韶》九成，鳳凰來儀。」(《簫韶》，舜所作之樂曲。成，終。每次樂曲奏完之後，再變更另奏，演奏九次，樂曲才算結束。意謂當《簫韶》樂曲演奏了九次時，鳳凰來舞，儀態非凡。)⓭順帝　名保。東漢第七帝，西元一二五—一四四年在位。⓮豈飲洗耳之水　難道許由不幹的事，我能幹嗎？若幹，如同飲了許由洗耳之水，玷汙了自己。洗耳，相傳堯欲讓天下於許由，許由不受，遁耕於箕山之下。堯又欲召以為九州牧，許由不欲聞之，乃洗耳於潁水之濱。參閱《莊子・逍遙遊》、皇甫謐《高士傳》。⓯我隨　即跟隨著我。我，指法真。下文的「我追」與此義同。⓰中平　東漢靈帝劉宏年號，西元一八四—一八九年。

【語　譯】法真，字高卿，扶風郿縣人，南郡太守法雄之子。好學而不專於一家之說，博通各種圖書典籍，是關西的大儒。其弟子自遠方來者，有陳留范冉等數百人。

2 法真性格恬靜寡欲，不接觸世俗間的事情。太守請他來相見，法真就用一塊布束著頭髮去拜見太守。太守說：「從前魯哀公雖為無才之君，而孔子仍舊自稱臣下。本太守不學德薄，想委屈您任功曹，為朝廷增添光彩，您看如何？」法真說：「因為您這麼有禮來招待我，所以我才大膽地來做您的賓客。如果想任我為官吏，法真我將跑到北山之北、南山之南。」太守顯露出震驚的神色，不敢再提此事。

3 法真為三公府所徵召，又舉為賢良，他都不到。其同郡人田弱推薦法真說：「處士法真，精通《詩》、《書》、《禮》、《樂》，對典籍的精微大義領會深刻，隱埋自身，安於淡泊，樂以忘憂，將追隨老子清高的蹤跡，不為厚禮所屈。臣希望聖明的皇帝能賜給他三公的職位，朝廷上一定能唱起《清廟》之歌，招致來儀之鳳凰。」適逢順帝到西方巡視，田弱又推薦法真。順帝虛心想使法真來朝為官，前後四次徵召。法真說：「我既不能把自己隱藏起來，遠避世事，難道要飲洗耳之水嗎？」於是深深隱藏，斷絕世事，始終不肯屈服。他的朋友郭正稱讚他說：「法真之名可以聽得到，其身卻難以看見。他逃避名聲，而名聲卻跟隨著他；他躲避名聲，而名聲卻追隨著他。法真可稱得上是百世之師表啊！」於是共同刻立石碑來歌頌他，號稱他為玄德先生。法真年八十九，中平五年，以年老去世。

漢陰❶老父❷者，不知何許人也。桓帝延熹❸中，幸竟陵❹，過雲夢❺，臨沔水❻，百姓莫不觀者，有老父獨耕不輟。尚書郎❼南陽張溫異之，使問曰：「人皆來觀，老父獨不輟，何也？」老父笑而不對。溫下道百步，自與言。老父曰：「我野人耳，不達斯語。請問天下亂而立天子邪？理而立天子邪？立天子以父天下邪？役天下以奉天子邪？昔聖王宰世，茅茨采椽❽，而萬人以寧。今子之君，勞人自縱，逸遊無忌。吾為子羞之，子何忍欲人觀之乎！」溫大慚。問其姓名，不告而去。

【章　旨】以上為〈漢陰老父傳〉。旨在寫漢陰老父對皇帝「勞人自縱，逸遊無忌」的不滿。他鄙視皇帝，未把皇帝放在眼裡。

【注　釋】❶漢陰　即漢水的南面。❷老父　對老年男人的尊稱。❸桓帝延熹　桓帝，名志。東漢第十帝，西元一四六—一六七年在位。延熹，桓帝年號，西元一五八—一六七年。❹竟陵　古縣名。秦置。治今湖北潛江市西北。❺雲夢　古澤藪名。後世說法不一：一說本二澤，一名雲（或「雲土」），一名夢，以其相近，故合稱「雲夢」。一說本一澤，省文則單稱「雲」或「夢」，全稱則為「雲夢」。一說楚人名澤為「夢」，「雲夢」即「雲澤」。一說江北為「雲」，江南為「夢」。一說江南北隨處都可叫做「雲」或「夢」。據《漢書・地理志》等漢、魏人記載，雲夢澤在南郡華容縣（今湖北潛江縣西北）南，範圍並不大。晉以後的經學家將古之雲夢澤的範圍越說越大，一般都把洞庭湖包括在內，與漢以前的記載不符。❻沔水　古代通稱漢水為沔水。❼尚書郎　官名。東漢之制，取孝廉中有才能者入尚書臺，在皇帝左右處理政務，初入臺稱守尚書郎中，滿一年稱尚書郎，三年稱侍郎。❽茅茨采椽　茅茨，茅草蓋的房頂，亦指茅屋。采椽，櫟木椽子。《韓非子・五蠹》：「堯之王天下也，茅茨不剪，采椽不斲。」言儉樸。

【語　譯】漢陰老父，不知什麼地方的人。桓帝在延熹年間，駕幸竟陵，經過雲夢，來到沔水邊上，老百姓都來觀看，有一位老父獨耕作不停。尚書郎南陽人張溫覺得很奇怪，派人問他說：「人們都來瞻仰皇帝，您獨耕作不停，為什麼呢？」老父笑而不答。張溫於是走下道路，有一百步遠，親自和他交談。老父說：「我是鄉下的農夫，聽不懂您講的話。請問天下亂時立天子呢？還是治時立天子呢？立天子是讓他像慈父一般對待天下百姓呢？還是役使天下百姓侍奉天子呢？從前，聖明的君主治理天下，茅草蓋的房屋不加修剪，櫟木做的椽子不加砍削，天下人因此而得以安寧。現在您的君主，役使人民而放縱自己，縱情遊樂而無所顧忌。我替您感到羞恥，您為什麼忍心想讓別人去觀看他呢！」張溫十分慚愧。問他的姓名，他不告訴就離去了。

陳留❶老父者，不知何許人也。桓帝世，黨錮事起❷，守外黃令❸陳留張升❹

去官歸鄉里，道逢友人，共班草❺而言。升曰：「吾聞趙殺鳴犢，仲尼臨河而反❻；覆巢竭淵，龍鳳逝而不至。今宦豎❼日亂，陷害忠良，賢人君子其去朝乎？夫德之不建，人之無援，將性命之不免，柰何？」因相抱而泣。老父趨而過之，植其杖，太息言曰：「吁！二大夫何泣之悲也？夫龍不隱鱗，鳳不藏羽，網羅高縣❽，去將安所？雖泣何及乎！」二人欲與之語，不顧而去，莫知所終。

【章旨】以上為〈陳留老父傳〉。旨在寫陳留老父的見識高人一籌，他看透了為官之危及統治者的用心。

【注釋】❶陳留　郡名。漢武帝元狩元年（西元前一二二年）置。治今河南開封東南。❷黨錮事起　東漢桓帝時，宦官專權，世家大族官僚李膺等人與太學生聯合抨擊宦官集團。延熹九年（西元一六六年），有人勾結宦官誣告他們「誹訕朝政」，李膺等二百餘人被稱為「黨人」，逮捕入獄。後雖釋放，但禁錮終身，不許為官。稱為第一次「黨錮之禍」。靈帝即位，外戚竇武掌權，起用「黨人」，並與太傅陳蕃謀誅宦官，事洩，被殺。建寧二年（西元一六九年），收捕李膺、杜密等百餘人下獄，又陸續殺、流徙、囚禁六七百人。凡「黨人」的門生故吏，父子兄弟，都免官禁錮，連及五族，稱為第二次「黨錮之禍」。❸守外黃令　暫代外黃令職務。外黃，古縣名。秦置。治今河南民權西北。❹張升　字彥真，陳留郡尉氏縣人。少好學，多觀覽，而任情不羈。其意相合者，則傾身結交，不問貧賤；如乖其志者，雖王公大人終不屈從。仕郡以能，出守外黃令。遇黨錮去官，後竟被殺。著有賦、誄、頌、碑文等，凡六十篇。傳見本書卷八十。❺班草　猶「班荊」。朋友相遇，共坐談心。布草坐地而談。班，鋪開。❻吾聞趙殺鳴犢二句　《史記．孔子世家》：孔子既不得用於衛，將西至晉見趙簡子，至黃河，聞晉之賢大夫竇鳴犢、舜華為趙簡子所殺。乃臨河而歎曰：「美哉水，洋洋乎！丘之不濟此，命也夫！」子貢不解其意，問孔子，孔子曰：「竇鳴犢、舜華晉國之賢大夫也。趙簡子未得志之時，須此兩人而後從政，及其已得志，殺之乃從政。丘聞之也，刳胎殺夭則麒麟不至郊，竭澤涸漁則蛟龍不合陰陽，覆巢毀卵鳳皇不翔。何則？君子諱傷其類也。夫鳥獸之於不義也尚知避之，而丘況乎哉！」乃還。❼豎　鄙賤的稱謂。猶「小子」。❽縣　同「懸」。

【語譯】陳留老父，不知是什麼地方的人。桓帝時期，黨錮事件發生，暫代外黃縣令職務的陳留人張升離職回鄉里，路上遇見朋友，就一起鋪草在地，坐下來談話。張升說：「我聽說趙簡子殺了竇鳴犢，孔子到了黃河岸邊就返回了；覆巢毀卵，竭澤而漁，龍鳳就會離去而不再來。現在宦官日益猖獗，陷害忠良，賢人君子將離開朝廷了吧？不立德，就得不到人的擁護，性命將保不住，怎麼辦？」於是相抱而哭泣。有一老父走過來，拄著他的拐杖，長歎說：「唉！二位大夫為何哭得如此悲傷呢？龍掩蓋不住鱗甲，鳳凰隱藏不住羽毛，網羅高高地懸掛著，你們到哪裡去安身呢？即使哭泣又有什麼用呢！」二人想與他說話，老父連頭也不回就走了。不知他最後到了什麼地方。

龐公者，南郡襄陽❶人也。居峴山❷之南，未嘗入城府。夫妻相敬如賓。荊州刺史劉表❸數延請，不能屈，乃就候之。謂曰：「夫保全一身，孰若保全天下乎？」龐公笑曰：「鴻鵠❹巢於高林之上，暮而得所栖；黿鼉❺穴於深淵之下，夕而得所宿。夫趣舍行止，亦人之巢穴也。且各得其栖宿而已，天下非所保也。」因釋耕於壟上，而妻子耘於前。表指而問曰：「先生苦居畎畝而不肯官祿，後世何以遺子孫乎？」龐公曰：「世人皆遺之以危，今獨遺之以安，雖所遺不同，未為無所遺也。」表歎息而去。後遂攜其妻子登鹿門山❻，因采藥不反。

【章旨】以上為〈龐公傳〉。隱居不仕為全篇主旨。龐公以為：其一，天下是保不住的。其二，為官富貴，留給子孫的是危險；隱居貧賤，留給子孫的是安全。

【注　釋】❶襄陽　縣名。屬南郡。治今湖北襄樊南。❷峴山　一名峴首山。在今湖北襄陽南。❸劉表　（西元一四二—二○八年），字景升，山陽高平（今山東魚台）人。漢遠支皇族，魯共王劉餘（景帝子）之後。與同郡張儉等相交，號稱「八及」（及者，言能導人追宗者也），詔書捕案「黨人」，劉表亡走免。黨禁解，辟大將軍何進掾。初平元年（西元一九○年）任荊州刺史，取得豪族蒯良、蒯越等人的支持，據有今湖南、湖北地方。後為荊州牧。對當時軍閥混戰，採取觀望的態度，所據地區破壞較少，中原人民前來避難者甚眾。後病死，子劉琮降曹操。傳見本書卷七十四。❹鴻鵠　鳥名。即鵠，天鵝。❺黿鼉　黿，鱉。鼉，揚子鱷。❻鹿門山　原名蘇嶺山。在今湖北襄樊東南。東漢初襄陽侯習郁立神祠於山，刻二石鹿，夾神道口，俗謂之鹿門廟，因以名山。

【語　譯】龐公，南郡襄陽人。他住在峴山的南面，從來沒有進過城市。他們夫婦二人，相敬如賓。荊州刺史劉表幾次來請他，都沒有請來，於是就去探望他。劉表對他說：「保全一身，能比得上保全天下嗎？」龐公笑著說：「天鵝在高大的樹上築巢，晚上有個地方棲宿；鱉、鱷魚在深淵下面打洞穴，夜裡有地方居住。取捨行止，也好比人的巢穴。權且各自得到自己棲宿的地方罷了，天下不是所能保全得了的。」他於是在田間停止耕作，而他的妻兒仍舊在前面除草。劉表指著他們問龐公：「先生您艱苦地在田間耕作，不肯接受俸祿，身後拿什麼留給兒孫們呢？」龐公說：「世上的人都留給後代以危險，現在獨有我留給子孫以安寧，雖然遺留的不一樣，但並不是沒有遺留什麼。」劉表歎息而去。後來，龐公帶著妻子兒女登上鹿門山，從事採藥，不再回來。

贊曰：江海冥滅❶，山林長往。遠性風疏，逸情雲上❷。道就虛全，事違塵枉❸。

【章　旨】以上是作者對隱居之士的讚揚。

【注釋】❶冥滅　銷聲匿跡。形容隱者遠離塵世。❷遠性風疎二句　遠，悠遠。風疎，即和風緩吹。疎，同「疏」。稀疏。雲上，高在青雲之上。❸道就虛全二句　道，思想體系。就，趨向；歸於。虛全，虛靜完美。事，處事。違，遠。塵枉，即嘈雜的塵世。

【語　譯】史官評議說：在江海上銷聲匿跡，在山陵樹林中隱居藏身。悠遠的心性，如同和風緩吹；放逸的情懷高在青雲之上。思想歸於虛靜和完美，行事遠離嘈雜的塵世。

【研　析】逸民就是避世隱居之人。《論語·微子》何晏《集解》：「逸民者，節行超逸也。」《漢書·律曆志序》顏師古注：「逸民，謂有德而隱處者。」作者對逸民有一種內在的感情，讚美之意，溢於言表。把他們寫成一塵不染的「志意脩」、「道義重」的人。〈逸民列傳〉正傳載十八人，附見八人，共二十六人。這二十六人中，除漢陰老父、陳留老父之外，都有條件，有機會做官，享受富貴。他們卻偏偏「甘心畎畝之中，憔悴江海之上」。傳中的向長、逢萌、周黨、王霸、井丹、高鳳、臺佟、韓康、矯慎、戴良、法真、龐公等十二人，他們的隱居，在表面看來，就是不願為官，願遠離塵世，肆意隨志，過隱居清靜的生活，似乎是秉性使然。但人之秉性的形成，亦來源於社會現實。首先是隱居之風有增無已。王莽篡位，有志之士相攜持以去者，不可勝數。至東漢初，此風仍在繼續。其二，統治者生活糜爛，有志之士不願與之同流合汙。其三，佞人當權，排擠、陷害正人君子。其四，社會不安定，居官富貴身危，隱居貧賤身安。其五，社會風氣澆薄，有的人憤世疾俗，自命清高，隱居以保持其廉潔。他們看不慣種種社會現象，隱居之風，相沿成習，動輒隱居逃避現實，遠離禍患，以保持其清高之節。

本列傳所寫逸民具有代表性的人物有：

㈠野王二老。他們向光武帝提出「即人者，人亦即之，雖有其備，庸可忽乎！」這些話具有戰略意義，使光武帝受到啟示，讀者亦受到啟示。此為有見識的隱者。

㈡嚴光。憑著與光武帝的關係、自己的學問及光武帝對他的敬重，完全可以官運亨通，位居卿相。嚴光對光武帝仍然如同學之時一樣的自由嬉戲，無所顧忌，竟「以足加帝腹上」，其藐視天子，鄙視皇帝尊嚴，可謂古今一人。其高風亮節，為後人所敬仰。宋代范仲淹讚頌說：「先生之心，出乎日月之上。」並作歌頌之曰：「雲山蒼蒼，江水泱泱，先生之風，山高水長。」（〈桐廬郡嚴先生祠堂記〉，《四部精粹・集部》）嚴光實為古今逸民中不慕榮利的代表。

㈢梁鴻。其可貴之處在於他敢揭露統治者的奢侈腐化，同情勞動人民的疾苦。〈五噫之歌〉，千餘年來廣為傳誦。梁鴻在隱者中，為品德、學問俱佳者之代表。

㈣漢陰老父。他鄙視皇帝，厭惡皇帝「勞人自縱，逸遊無忌」。「今子之君」云云，是不以天子為己之君。他的一番話，亦使尚書郎張溫大慚。漢陰老父敢於說出自己心裡的話，在封建社會君權至高無上的年代裡，實為絕無僅有者。

㈤陳留老父。其可取之處在於他的見識高人一籌。他看透了居官之危和隱居不仕之安及統治者的用心。「龍不隱鱗，鳳不藏羽，網羅高縣，去將安所？雖泣何及乎！」真是一針見血。（王明信注譯）

卷八十四

列女傳第七十四

【題解】〈列女傳〉為范曄新創的類傳之一。列女者，眾女也，非謂不事二夫之貞節烈女。故作者說：「椶次才行尤高秀者，不必專在一操而已。」古者，對婦女事跡的記載，散見於先秦典籍。司馬遷在《史記》中也寫了幾個婦女，除呂后專作「本紀」外，其他均附之於有關傳記。司馬遷所寫的婦女，是重才學、見識，不「專在一操」，可為范曄〈列女傳〉之先河。在范曄之前，專記婦女的書，有西漢劉向的《列女傳》、西晉皇甫謐的《列女傳》及杜預的《女記》諸書。范曄寫〈列女傳〉的意義在於他將當時社會地位低下、只能做男子附屬的婦女，作為社會的一個重要方面為之立傳而載入史冊，有繼往開來之功。范曄選擇人物的標準，正是繼承了司馬遷的標準。其對人物的選擇，不僅注意到社會的各階層，還注意到不同類型的人物。〈列女傳〉所寫婦女十七人，平民出身的十人，中小官吏出身的二人，高級官吏出身的五人。這十七人中，有的明哲，有的孝順，有的堅貞不貳，有的教子有方，有的富於才辯，有的機智果斷，有的大徹大悟，有的才高行潔等等。眾多的婦女形象活躍紙上，我們從中也可窺見封建社會婦女生活之一斑。

詩書之言女德尚❶矣。若夫賢妃助國君之政，哲婦隆家人之道，高士弘清淳之風，貞女亮明白之節，則其徽美❷未殊也，而世典❸咸漏焉。故自中興以後，綜其成事，述為列女篇。如馬、鄧、梁后❹別見前紀，梁嫕❺、李姬❻各附家傳，若斯之類，並不兼書。餘但搜❼次才行尤高秀者，不必專在一操而已。

【章　旨】以上為本卷之引言。作者旨在說明其作〈列女傳〉的原因及取材原則。

【注　釋】❶尚　遠；很久以前。❷徽美　美好。多指美德。❸世典　傳世的典籍。❹馬鄧梁后　即馬皇后、鄧皇后、梁皇后。馬皇后（？—西元七九年），東漢明帝劉莊皇后，史失其名，伏波將軍馬援之少女。年十三入太子（明帝劉莊）宮，明帝即位，立為貴人，無子，撫養章帝劉炟（賈貴人所生），「勞悴過於所生」。永平三年（西元六〇年），立為皇后。后身長七尺二寸，方口美髮，能誦《易》，好讀《春秋》、《楚辭》，尤善《周官》、董仲舒書。章帝即位，尊為皇太后。「常與帝旦夕言道、政事及教諸小王《論語》經書，述敘平生，雍和終日。」建初四年（西元七九年）崩，年四十餘。事見本書卷十上。鄧皇后（西元八一—一二一年），名綏，和帝劉肇皇后，太傅鄧禹之孫女。六歲能誦史書，十二歲通《詩》、《論語》，志在典籍，不問居家之事。後晝修婦業，暮誦經典。永元七年（西元九五年）選入宮。她身長七尺二寸，姿顏姝麗。八年冬入掖庭，為貴人，時年十六。永元十四年（西元一〇二年）立為皇后。殤帝（劉隆）時，尊為皇太后。臨朝。殤帝崩，定策立安帝（劉祜），猶臨朝政。永寧二年去世，終年四十一。事見本書卷十上。梁皇后（西元一〇六—一五〇年），名妠，順帝劉保皇后，大將軍梁商之女，梁冀之妹。少善女工，好史書。九歲能誦《論語》，治《韓詩》，永建三年，選入掖庭，時年十三，遂以為貴人。陽嘉元年，立為皇后。沖帝（劉炳）時，尊為皇太后，臨朝政。沖帝崩，復立質帝（劉纘），猶臨朝秉政。和平（桓帝年號）元年（西元一五〇年）歸政於帝。是年去世，終年四十五。事見本書卷十下。❺梁嫕　梁竦長女，南陽樊調妻。梁竦，字叔敬，安定烏氏人。其父梁統為武威太守，助光武帝滅隗囂。後出為九江太守，定封陵鄉侯。梁竦有三男三女，章帝納其二女，皆為貴人。小貴人生和帝劉肇，竇皇后養以為子，外戚竇氏恐梁氏貴，為己害，乃譖殺二貴人，陷梁竦以惡逆罪。詔使漢陽太守傳考，梁竦死獄中。宮中之人皆不知和帝為梁貴人所生。永元九年，竇太后死，梁扈（梁竦兄子）遣從兄梁禪上奏記於三府，言梁貴人生和帝事。梁竦長女梁嫕亦上書自訟，事乃大白。和帝遣中謁者與梁扈、梁嫕西迎梁竦喪，「詣京師改殯，賜東園畫棺玉匣衣衾。」事見本書卷三十四。❻李姬　名文姬，李固女。李固（西元九四—一四七年），字子堅，漢中南鄭人。順帝時曾任荊州刺史、太山太守、將作大匠、大司農。沖帝即位，任太尉，與大將軍梁冀參錄尚書事。在立帝問題上，與梁冀意見不合，為梁冀所忌，免職。後為梁冀所誣，被殺。李固二子李基、李茲皆死獄中，小子燮亡命得脫。李固女李文姬，賢而有智，乃先與二兄密謀藏匿李燮。時李燮年十三，李文姬乃託李燮於李固門生王成，王成感其義，乃與李燮乘舟東入徐州界，李燮改變姓名，為酒家傭，王成賣卜於市。及梁冀誅，大赦天下，並求李固之後，李燮乃還鄉里。靈帝時，李燮為安平相，又拜議郎，擢河南尹。事見本書卷六十三。❼挍　同「搜」。

【語譯】《詩》、《尚書》中談論婦女之德，那是很久以前的事了。至於賢明的王妃協助國君理政，聰明的妻子使家道和睦興隆，高潔之士弘揚清正淳厚的風氣，貞節之女顯揚清白的節操，她們的好品德沒有什麼兩樣，然而傳世史籍卻都將她們遺漏了。因此，我將自光武帝中興以後有關婦女們的事跡綜合起來寫成這篇〈列女傳〉。至於馬皇后、鄧皇后、梁皇后的事跡，已見前面的〈皇后紀〉，而像梁嬺、李姬這樣的人，則分別附載在她們的家傳中，類似這樣的情況，本篇就不再重複敘述了。除此之外，便是搜集編次女性中才能品行特別高潔優秀的，而不局限和專一於操行方面而已。

勃海❶鮑宣❷妻者，桓氏之女也，字少君。宣嘗就少君父學，父奇其清苦，故以女妻之，裝送資賄甚盛。宣不悅，謂妻曰：「少君生富驕，習美飾，而吾實貧賤，不敢當禮。」妻曰：「大人以先生脩德守約，故使賤妾侍執巾櫛❸。既奉承君子，唯命是從。」宣笑曰：「能如是，是吾志也。」妻乃悉歸侍御服飾❹，更著短布裳，與宣共挽鹿車❺歸鄉里。拜姑禮畢，提甕出汲。脩行婦道，鄉邦❻

稱之。

宣，哀帝❼時官至司隸校尉❽。子永，中興初為魯郡❾太守。永子昱從容問少君曰：「太夫人寧❿復識挽鹿車時不？」對曰：「先姑⓫有言：『存不忘亡，安不忘危⓬。』吾焉敢忘乎！」永、昱已見前傳⓭。

【章旨】以上記述鮑宣妻桓少君。作者交代了桓少君的家世及其所以嫁鮑宣的原因之後，突出寫桓少君的賢慧與明哲。

【注釋】❶勃海　郡名。勃，一作「渤」。西漢高祖五年（西元前二〇二年）分鉅鹿、濟北郡置。以其地濱渤海得名。治今河北滄縣。東漢移治今河北南皮東北。❷鮑宣　（?—西元三年），字子都，渤海郡高城縣（今河北鹽山縣）人。哀帝時任諫大夫，曾上書抨擊時政，指出「民有七亡而無一得」，「有七死而無一生」。主張及時採取措施，緩和社會矛盾。後任司隸校尉。王莽執政時，被迫自殺。傳見《漢書・王貢兩龔鮑傳》。❸侍執巾櫛　拿著手巾梳子伺候。形容妻妾侍奉夫君。巾櫛，手巾和梳篦，泛指盥洗用具。❹侍御服飾　侍，侍婢。御，穿戴；佩帶。服飾，衣服及裝飾物品。❺鹿車　古時一種小車。本書〈趙憙傳〉唐李賢注引《風俗通》：「俗說鹿車窄小，載容一鹿。」❻鄉邦　同鄉的人。❼哀帝　西漢第十一帝，元帝庶孫，定陶王劉康（元帝子）之子，名欣。西元前七—前一年在位。❽司隸校尉　官名。漢武帝初置。秩比二千石。本書〈百官志〉：「持節掌察舉百官以下及京師近郡犯法者。元帝去節，成帝省（罷），建武中復置，並領一州。」下設有都官從事、功曹從事、別駕從事、簿曹從事、兵曹從事及其他屬官若干人。❾魯郡　西漢初改薛郡置魯國。治今山東曲阜。東漢亦為魯國，見〈郡國志〉。❿寧　還能。⓫先姑　已故的婆婆。⓬存不忘亡二句　語出《周易・繫辭下》：「君子安而不忘危，存而不忘亡，治而不忘亂，是以身安而國家可保也。」⓭永昱已見前傳　見本書卷二十九〈鮑永傳〉〈鮑昱傳〉附。

【語譯】渤海郡鮑宣的妻子，是桓家的女兒，字少君。鮑宣曾就學於少君之父，其父很欣賞鮑宣甘於清苦生活的精神，所以把女兒嫁給他，並且給了豐厚的陪嫁物品。鮑宣心裡不高興，對妻子說：「少君生於富豪之家，習慣了那種講究穿戴打扮的生活，我鮑宣是一個貧賤的人，可不敢接受這份禮。」少君說：「我父親正是看中了先生您的道德高尚，處世儉約，所以才使小女子來服侍您。我既然嫁給您了，就一切聽從您的吩咐了。」鮑宣笑道：「您能這樣，就合我的心意了。」於是少君把侍婢和穿戴佩帶的服飾都退了回去，更換上短布衣裳，和鮑宣一起拉著鹿車，來到了鮑宣的家鄉。拜過公婆之後，少君就提上瓦甕出門打水去了。自此，少君努力修行婦道，同鄉的人們都稱讚她。

鮑宣在哀帝時官至司隸校尉。兒子鮑永，在光武帝中興之初為魯郡太守。鮑永的兒子鮑昱隨意地問少君道：「太夫人，您還記得當年拉鹿車時的情景嗎？」少君回答說：「我故去的婆婆曾經對我說過：『存活不忘敗亡，居安不忘危難。』我哪裡敢忘記呢！」鮑永、鮑昱的事跡在前面的傳中已有記載。

太原❶王霸妻者，不知何氏之女也。霸少立高節，光武時，連徵不仕。霸已見逸人傳❷。妻亦美志行。初，霸與同郡令狐子伯為友，後子伯為楚相❸，而其子為郡功曹❹。子伯乃令子奉書於霸，車馬服從，雍容如也。霸子時方耕於野，聞賓至，投耒而歸，見令狐子，沮怍不能仰視。霸目之，有愧容，客去而久臥不起。妻怪問其故，始不肯告，妻請罪，而後言曰：「吾與子伯素不相若❺，向見其子容服甚光，舉措有適，而我兒曹蓬髮歷齒❻，未知禮則，見客而有慚色。父子恩深，不覺自失耳。」妻曰：「君少修清節，不顧榮祿。今子伯之貴孰與君之高？柰何忘宿志而慚兒女子乎！」霸屈起❼而笑曰：「有是哉！」遂共終身隱遯。

【章旨】以上記述王霸妻。旨在說明王霸妻的思想境界高於王霸。王霸妻可謂大徹大悟之人。

【注釋】❶太原　郡國名。戰國秦置。治今山西太原西南。❷逸人傳　即〈逸民列傳〉，事見本書卷八十三。❸相　諸侯王國之行政長官，職位相當於郡守。❹功曹　漢代郡守下設功曹史，簡稱功曹，相當於郡守的總務長，除掌人事外，得與聞一州政務。❺不相若　不相同。❻歷齒　稀疏不齊的牙齒。❼屈起　突然起身，離開原來的位置。屈，同「崛」。

【語譯】太原王霸的妻子，不知是什麼人的女兒。王霸年輕的時候有很高的節操，東漢光武帝時，朝廷接連徵召他做官，他不接受。王霸的事跡已見於〈逸民列傳〉。王霸的妻子也有美好的志節操行。當初，王霸與同郡人令狐子伯是好朋友，後來令狐子伯為楚國相，他的兒子為郡功曹。令狐子伯讓他兒子捧著書信送給王霸，他的車馬隨從眾多，衣服華麗，儀態雍容端莊。王霸的兒子當時正在田裡耕地，聽說家裡來了客人，便扔下農具回家，看見令狐子伯的兒子，即精神沮喪，面有慚色，不敢抬頭觀看。王霸看見了這一切，面容慚愧，客人走後，王霸在床上久臥不起。王霸的妻子覺得很奇怪，問是什麼緣故，王霸一開始不告訴她，妻子請求王霸說出她有什麼不對的地方，王霸這才說：「我和令狐子伯志趣一向不相同，剛才看見他的兒子儀態、服飾都很雍容華貴，舉止得體，而我的兒子蓬頭散髮，牙齒稀疏不齊，不懂禮貌，看見客人，面有慚色。父子情深，我不自覺地有失意之感。」妻子說：「您年輕時就修養自己的品行，有高潔的風節，不顧念榮華和秩祿。現在令狐子伯的尊貴，和您的風節相比，哪個更高呢？怎麼就忘記自己早年的志向，而為兒女們慚愧呢！」王霸於是挺身而起，笑著說：「有道理！」於是一起過著終身隱居的生活。

廣漢❶姜詩妻者，同郡龐盛之女也。詩事母至孝，妻奉順尤篤。母好飲江水，水去舍六七里，妻常泝流而汲。後值風，不時得還，母渴，詩責而遣❷之。妻乃寄止鄰舍，晝夜紡績，市珍羞❸，使鄰母以意自遺其姑。如是者久之，姑怪問鄰母，鄰母具對。姑感慚呼還，恩養愈謹。其子後因遠汲溺死，妻恐姑哀傷，不敢言，而託以行學不在。姑嗜魚鱠❹，又不能獨食，夫婦常力作供鱠，呼鄰母共之。舍側忽有涌泉，味如江水，每旦輒出雙鯉魚，常以供二母之膳。赤眉散賊經詩里，㢮兵❺而過，曰：「驚大孝必觸鬼神。」時歲荒，賊乃遺詩米肉，受而埋之，比落❻蒙❼其安全。

永平❽三年，察孝廉❾，顯宗❿詔曰：「大孝入朝，凡諸舉者一聽平之。」由是皆拜郎中⓫。詩尋除江陽⓬令，卒于官。所居治，鄉人為立祀。

【章　旨】以上記述姜詩妻。旨在突出姜詩妻的孝行。

【注　釋】❶廣漢　郡名。西漢高祖六年（西元前二〇一年）分巴、蜀二郡置。治今四川金堂。東漢移治今四川廣漢北。❷遣　古時指丈夫休棄妻子。❸珍羞　貴重珍奇的食品。羞，一作「饈」。❹魚鱠　切細的魚肉。❺㢮兵　放下武器。㢮，同「弛」。❻比落　鄰近的村落。❼蒙　受到；獲得。❽永平　東漢明帝劉莊年號，西元五八—七五年。❾察孝廉　即姜詩被舉為孝廉。察，考察後予以推薦。孝廉，漢代選拔官吏的科目之一，始於董仲舒的奏請，由郡國在所屬吏民中薦舉。名義上以封建倫理為標準，實際上多由世家大族所操縱，他們互相吹捧，弄虛作假，真正的孝廉之人往往選不上。被舉為孝廉者大都任命為「郎」。❿顯宗　東漢明帝廟號。⓫郎中　官名。始於戰國，漢代沿置。屬光祿勳。管理車騎、門戶，內充侍衛，外從作戰。⓬江陽　縣名。今四川瀘州。

【語　譯】廣漢郡姜詩的妻子，是同郡龐盛的女兒。姜詩侍奉母親最為孝順，其妻侍奉婆婆更是順從孝敬。姜詩之母喜歡飲江水，江水距離姜詩家有六七里路，姜詩的妻子常常沿江到上游取水。後來有一次遇上大風，不能按時回來，姜詩的母親口渴，姜詩責備他的妻子並且把她休了。姜詩的妻子於是寄居在鄰居家中，白天晚上都紡線織布，用賺得的錢買來美味佳餚，託鄰居的母親找緣由送給自己的婆婆。這樣過了很長的時間，婆婆感到奇怪，就問鄰居的母親，鄰居的母親把一切都告訴了姜詩的母親。婆婆感到很慚愧，就讓姜詩的妻子回家來。姜詩的妻子此後侍奉婆婆更加謹慎周到。姜詩的兒子後來因為去遠處取水落水淹死了，姜詩的妻子恐怕婆婆哀傷，不敢說實話，便假託孩子外出求學不在家中。婆婆喜歡吃切細的魚肉，又希望有人陪她一起吃，他們夫妻二人便辛勤勞作，供給母親食用細魚肉，並且叫鄰居的母親一起來吃。這時，姜詩的房屋旁邊忽然湧出泉水，泉水的味道如同江水，並且每天早晨泉水裡就出現一對鯉魚，姜詩夫婦常用鯉魚來供二位老人的膳食。赤眉的散兵經過姜詩居住的里巷，士兵們都收斂武器，緩緩而過，說：「驚動了大孝之人，一定會觸怒鬼神。」當時年成歉收，赤眉軍就送給姜詩家米和肉，姜詩接受了，便把送來的東西埋在地下。這樣，附近的村落都獲得安全。

永平三年，姜詩被察舉為孝廉，明帝下詔說：「徵召大孝之人入朝，和其他被推舉的人平等對待。」因此都授職為郎中。不久姜詩被任為江陽縣令，後在任上去世。江陽縣治理得很好，鄉人為姜詩立了祠堂。

沛郡❶周郁妻者，同郡趙孝❷之女也，字阿。少習儀訓，閑於婦道，而郁驕淫輕躁，多行無禮。郁父偉謂阿曰：「新婦賢者女，當以道匡夫。郁之不改，新婦過也。」阿拜而受命，退謂左右曰：「我無樊衛二姬❸之行，故君以責我。我言而不用，君必謂我不奉教令，則罪在我矣。若言而見用，是為子違父而從婦，則罪在彼矣。生如此，亦何聊哉！」乃自殺。莫不傷之。

【章　旨】以上記述周郁妻趙阿。寫其「閑於婦道」，受周郁父之命規勸周郁的違禮之行。突出寫周郁妻受命之後，進退兩難，在無可奈何的情況下自殺。

【注　釋】❶沛郡　郡名。西漢高祖改泗水郡置。治今安徽濉溪縣西北。東漢改為國。❷趙孝　字長平，沛郡蘄（今安徽宿州）人。其父趙普，王莽時為田禾將軍。孝以父任為郎。王莽末，天下大亂，人相食。其弟趙禮，為餓賊所獲，將烹食之。趙孝聞知，乃自縛至賊處，願代弟趙禮就烹。賊異之，遂不害。鄉黨服其義，舉孝廉，不應。明帝永平年間，辟太尉府，拜諫議大夫，遷侍中，又遷長樂衛尉。後以衛尉告歸，卒於家。傳見本書卷三十九。❸樊衛二姬　樊姬，春秋時楚莊王姬。樊姬曾以不食鮮禽諫止楚莊王狩獵而勤於政務。又激楚相虞丘子辭位而進賢相孫叔敖，楚莊王賴以稱霸。衛姬，春秋時齊桓公姬。齊桓公好淫樂，衛姬不聽鄭衛之音以諫齊桓公。樊衛二姬事，均見西漢劉向《列女傳》。

【語　譯】沛郡周郁的妻子，是同郡趙孝之女，字阿。趙阿年輕時就學習婦儀母訓，熟悉為婦之道。而周郁驕淫輕躁，往往做些不合禮義的事。周郁之父周偉對趙阿說：「新媳婦是賢人的女兒，應當以道義匡正丈夫。周郁不改其非，是你這個新媳婦的過錯。」趙阿跪拜公公，接受了公公的吩咐，回來對身邊的人說：「我沒有樊姬、衛姬的德行，所以公公責備我。如果我規勸丈夫，他不聽，公公一定說我不接受他的吩咐，那麼我有罪責。如果我規勸丈夫，他接受了，這就是兒子違背父親的命令而聽從妻子的話，那麼罪責在我丈夫身上。這樣活下去，有什麼意思呢！」於是便自殺了。人們都為她感到悲傷。

1 扶風❶曹世叔妻者，同郡班彪❷之女也，名昭，字惠班，一名姬。博學高才。世叔早卒，有節行法度。兄固著漢書❸，其八表及天文志未及竟而卒，和帝❹詔昭就東觀❺臧❻書閣踵而成之。帝數召入宮，令皇后諸貴人師事焉，號曰大家❼。每有貢獻異物，輒詔大家作賦頌。及鄧太后❽臨朝，與聞政事。以出入之勤，特封子成關內侯⑨，官至齊相。時漢書始出，多未能通者，同郡馬融⑩伏於閣下，從昭受讀，後又詔融兄續⑪繼昭成之。

2 永初⑫中，太后兄大將軍鄧騭以母憂⑬，上書乞身，太后不欲許，以問昭。昭因上疏曰：「伏惟⑭皇太后陛下，躬盛德之美，隆唐虞⑮之政，闢四門而開四聰，采狂夫之瞽言，納芻蕘⑯之謀慮。妾昭得以愚朽，身當盛明，敢不披露肝膽，以效萬一。妾聞謙讓之風，德莫大焉，故典墳⑰述美，神祇⑱降福。昔夷齊⑲去國，天下服其廉高；太伯違邠，孔子稱為三讓⑳。所以光昭令德，揚名于後者也。論語曰：『能以禮讓為國，於從政乎何有㉑？』由是言之，推讓之誠，其致遠矣。今四舅㉒深執忠孝，引身自退，而以方垂㉓未靜，拒而不許；如後有毫毛㉔加於今日，誠恐推讓之名不可再得。緣見逮及㉕，故敢昧死竭其愚情。自知言不足采，以示蟲螘㉖之赤心。」太后從而許之。於是騭等各還里第焉。

3 作女誡七篇，有助內訓。其辭曰：

4 「鄙人愚暗，受性不敏，蒙先君之餘寵，賴母師㉗之典訓㉘。年十有四，執箕箒㉙於曹氏，于今四十餘載矣。戰戰兢兢，常懼黜辱，以增父母之羞，以益中外之累。夙夜劬心，勤不告勞，而今而後，乃知免耳㉚。吾性疏頑，教道無素，恆恐子穀[31]負辱清朝。聖恩橫加，猥賜金紫[32]，實非鄙人庶幾[33]所望也。男能自謀矣，吾不復以為憂也。但傷諸女方當適人[34]，而不漸[35]訓誨，不聞婦禮，懼失容它門，取恥宗族。吾今疾在沈滯[36]，性命無常，念汝曹如此，每用惆悵。間[37]作女誡七章，願諸女各寫一通，庶[38]有補益，裨助汝身。去矣，其勗勉之！

5 「卑弱第一」：古者生女三日，臥之牀下，弄之瓦塼[39]，而齋告焉。臥之牀下，明其卑弱，主下人也。弄之瓦塼，明其習勞，主執勤也。齋告先君，明當主繼祭祀也。三者蓋女人之常道，禮法之典教矣。謙讓恭敬，先人後己，有善莫名[40]，有惡莫辭，忍辱含垢，常若畏懼，是謂卑弱下人也。晚寢早作，勿憚夙夜，執務私事，不辭劇易，所作必成，手迹整理，是謂執勤也。正色端操，以事夫主，清靜自守，無好戲笑，絜齊[41]酒食，以供祖宗，是謂繼祭祀也。三者[42]苟備，而患名稱之不聞，黜辱之在身，未之見也。三者苟失之，何名稱之可聞，黜辱之可遠哉！

6 「夫婦第二」：夫婦之道，參配陰陽，通達神明，信天地之弘義，人倫之大節也。是以禮貴男女之際[43]，詩著關雎之義[44]。由斯言之，不可不重也。夫不賢，則無以御婦；婦不賢，則無以事夫。夫不御婦，則威儀廢缺；婦不事夫，則義理墮闕。方斯二事，其用一也。察今之君子，徒知妻婦之不可不御，威儀之不可不整，故訓其男，檢[45]以書傳，殊不知夫主之不可不事，禮義之不可不存也。但教男而不教女，不亦蔽於彼此之數乎！禮，八歲始教之書，十五而至於學矣[46]。獨不可依此以為則哉！

7 「敬慎第三：陰陽殊性，男女異行。陽以剛為德，陰以柔為用，男以彊為貴，女以弱為美。故鄙諺有云：『生男如狼，猶恐其尪[47]；生女如鼠，猶恐其虎。』然則修身莫若敬，避彊莫若順。故曰敬順之道，婦人之大禮也。夫敬非它，持久之謂也。夫順非它，寬裕[48]之謂也。持久者，知止足[49]也。寬裕者，尚恭下也。夫婦之好，終身不離。房室周旋[50]，遂生媟黷[51]。媟黷既生，語言過矣。語言既過，縱恣必作。縱恣既作，則侮夫之心生矣。此由於不知止足者也。夫事有曲直，言有是非。直者不能不爭，曲者不能不訟。訟爭既施，則有忿怒之事矣。此由於不尚恭下者也。侮夫不節，譴呵從之；忿怒不止，楚撻從之。夫為夫婦者，義以和親，恩以好合，楚撻既行，何義之存？譴呵既宣，何恩之有？恩義俱廢，夫婦離矣。

8 「婦行第四：女有四行，一曰婦德，二曰婦言，三曰婦容，四曰婦功[52]。夫云婦德，不必才明絕異也；婦言，不必辯口利辭也；婦容，不必顏色美麗也；婦功，不必工巧過人也。清閑貞靜，守節整齊，行己有恥，動靜有法，是謂婦德。擇辭而說，不道惡語，時然後言，不厭於人，是謂婦言。盥浣塵穢，服飾鮮絜，沐浴以時，身不垢辱，是謂婦容。專心紡績，不好戲笑，絜齊酒食，以奉賓客，是謂婦功。此四者，女人之大德，而不可乏之者也。然為之甚易，唯在存心耳。古人有言：『仁遠乎哉？我欲仁，而仁斯至矣[53]。』此之謂也。

9 「專心第五」：禮，夫有再娶之義[54]，婦無二適之文，故曰夫者天也[55]。天固不可逃，夫固不可離也。行違神祇，天則罰之；禮義有愆，夫則薄之。故女憲[56]曰：『得意一人[57]，是謂永畢[58]；失意一人，是謂永訖[59]。』由斯言之，夫不可不求其心。然所求者，亦非謂佞媚苟親也，固莫若專心正色。禮義居絜[60]，耳無塗聽，目無邪視，出無冶容，入無廢飾，無聚會群輩，無看視門戶，此則謂專心正色矣。若夫動靜輕脫，視聽陝輸[61]，入則亂髮壞形，出則窈窕作態，說所不當道，觀所不當視，此謂不能專心正色矣。

10 「曲從第六」：夫得意一人，是謂永畢；失意一人，是謂永訖。欲人定志專心之言也。舅姑[62]之心，豈當可失哉？物有以[63]恩自離者，亦有以義自破者也。夫雖云愛，舅姑云非，此所謂以義自破者也。然則舅姑之心奈何？固莫尚於曲從矣。姑云不爾而是[64]，固宜從令；姑云爾而非，猶宜順命。勿得違戾是非，爭分曲直。此則所謂曲從矣。故女憲曰：『婦如影響[65]，焉不可賞。』

11 「和叔妹[66]第七：婦人之得意於夫主，由舅姑之愛己也；舅姑之愛己，由叔妹之譽己也。由此言之，我臧否譽毀，一由叔妹，叔妹之心，復不可失也。皆莫知叔妹之不可失，而不能和之以求親，其蔽也哉！自非聖人，鮮能無過。故顏子貴於能改，仲尼嘉其不貳[67]，而況婦人者也！雖以賢女之行，聰哲之性，其能備乎！是故室人[68]和則謗掩，外內離則惡揚。此必然之埶[69]也。易曰：『二人同心，其利斷金。同心之言，其臭如蘭。』[70]此之謂也。夫嫂妹者，體敵而尊，恩疏而義親[71]。若淑媛[72]謙順之人，則能依義以篤好，崇恩以結援，使徽美顯章，而瑕[73]過隱塞，舅姑矜[74]善，而夫主嘉美，聲譽曜于邑鄰，休光延於父母。若夫惷愚之人，於嫂則託名以自高，於妹則因寵以驕盈。驕盈既施，何和之有！恩義既乖，何譽之臻！是以美隱而過宣，姑忿而夫慍，毀訾[75]布於中外，恥辱集于厥身，進增父母之羞，退益君子[76]之累。斯乃榮辱之本，而顯否之基也。可不慎哉！然則求叔妹之心，固莫尚於謙順矣。謙則德之柄[77]，順則婦之行。凡斯二者，足以和矣。詩云：『在彼無惡，在此無射❼❽。』其斯之謂也。」

12 馬融善之，令妻女習焉。

13 昭女妹❼❾曹豐生，亦有才惠，為書以難❽⓿之，辭有可觀。

14 昭年七十餘卒，皇太后素服舉哀，使者監護喪事。所著賦、頌、銘❽❶、誄❽❷、問、注、哀辭、書、論、上疏、遺令，凡十六篇。子婦丁氏為撰集之，又作大家讚焉。

【章旨】以上記述曹世叔妻班昭。先寫其籍貫、出身、才學，繼其兄班固寫《漢書》，入宮為皇后、貴人師及上疏太后諸事。次寫其著《女誡》七篇以勉勵諸女。後寫其去世諸事。旨在突出班昭的德行、才學、見識。

【注釋】❶扶風　即右扶風。官名、政區名。西漢武帝太初元年（西元前一〇四年）改主爵都尉置。分右內史西半部為其轄區，職掌相當於太守。因地屬畿輔，故不稱郡，為三輔之一。治今陝西西安。東漢移治今陝西興平東南。三國魏去「右」字，改轄區為扶風郡，官為扶風太守。作者劉宋時人，故不稱「右扶風」。❷班彪　（西元三－五四年），字叔皮，扶風安陵縣（今陝西咸陽）人。東漢史學家。初在天水依隗囂，後到河西，為竇融從事，勸竇融支持光武帝。東漢初，任徐令，因病免官。他專力從事史學，以《史記》所記事實止於漢武帝太初年間，乃收集史料，作《後傳》六十餘篇。其子班固繼修成《漢書》。❸固著漢書　固，即班固（西元三二－九二年），字孟堅。班彪長子，東漢史學家、文學家。初繼續完成其父班彪所著《史記後傳》，被人告發私改國史，下獄。其弟班超上書力辯，得釋。後召為蘭臺令史，遷為郎，典校祕書。奉詔完成其父所著書。歷二十餘年，修成《漢書》。文辭博雅，敘事詳贍。繼司馬遷之後，整齊了紀傳體史書的形式。為中國第一部紀傳體斷代史書。由十二帝紀、八表、十志、七十列傳組成，共一百卷。記事起於漢高祖元年（西元前二〇六年），終於王莽地皇四年

（西元二三年）。至班固去世，尚有八表、〈天文志〉未完成，由其妹班昭和馬續奉和帝詔繼續完成。班固善作賦，有〈兩都賦〉等。又著《白虎通義》，記錄章帝建初四年（西元七九年）在白虎觀辯論經學的結果。永元元年（西元八九年）從大將軍竇憲征匈奴，為中護軍。永元四年，竇憲以謀反罪，被迫自殺，班固受牽連，被捕，死獄中，年六十一。傳見《漢書・敘傳》、本書卷四十。❹和帝　名肇。東漢章帝第四子，西元八九—一〇五年在位。❺東觀　漢代宮中藏書的地方。本書〈安帝紀〉李賢注曰：「《洛陽宮殿名》曰：『南宮有東觀。』」❻臧　同「藏」。❼大家　即「大姑」。古代對女子的尊稱。❽鄧太后　見本篇序注❹。❾關內侯　爵位名。為二十級爵位的第十九級，位在徹（通）侯之次，只居京畿，沒有國邑。❿馬融　（西元七九—一六六年），字季長，扶風茂陵（今陝西興平）人。東漢經學家、文學家。將作大匠馬嚴（馬援兄子）之子。曾任校書郎、議郎、南郡太守等職。遍注《周易》、《尚書》、《毛詩》、《三禮》、《論語》、《孝經》，使古文經學達到成熟的境地。生徒常有千餘人，鄭玄、盧植皆出其門下。他除注群經外，兼注《老子》、《淮南子》。其著作已佚。清馬國翰《玉函山房輯佚書》、黃奭《漢學堂叢書》都有輯錄。另有賦、頌等二十一篇，有集已佚。明人輯有《馬季長集》。傳見本書卷六十。⓫融兄續　即馬融兄馬續。馬續，字季則。七歲能通《論語》，十三明《尚書》，治《詩》。博觀群籍，善《九章算術》。順帝時為護羌校尉，遷度遼將軍。傳見本書卷二十四。⓬永初　東漢安帝劉祜年號，西元一〇七—一一三年。⓭鄧騭以母憂　鄧騭（？—西元一二一年），字昭伯，南陽新野人。鄧禹之孫，妹為和帝皇后。和帝死，安帝即位，太后臨朝，鄧騭為大將軍，專斷朝政。太后死，安帝與宦官李閏合謀誅滅鄧氏，騭自殺。傳見本書卷十六。母憂，母親去世。⓮伏惟　「念及」或「想到」。下對上的敬辭，多用於奏疏或信函。⓯唐虞　唐堯、虞舜。⓰芻蕘　割草打柴的人。⓱典墳　即《三墳》、《五典》。據傳是中國最古的典籍。《左傳・昭公十二年》：「是能讀《三墳》、《五典》、《八索》、《九丘》。」杜預注：「皆書名。」孔穎達疏：「孔安國《尚書・序》云：『伏羲、神農、黃帝之書謂之《三墳》，言大道也；少昊、顓頊、高辛、唐、虞之書謂之《五典》，言常道也。』」此言古書。⓲神祇　此泛指神靈。天神為神，地神為祇。⓳夷齊　指伯夷、叔齊，孤竹（商之諸侯國）國君之二子。相傳孤竹君欲傳位於其三子叔齊，孤竹君死，叔齊讓位於伯夷，伯夷不受。叔齊亦不願為君，國人乃立孤竹君之中子為君。伯夷、叔齊逃亡周國。武王伐紂，他二人叩馬諫阻。周武王滅商，他二人恥食周粟，乃逃至首陽山，採薇而食，餓死於山裡。見《史記・伯夷列傳》。⓴太伯違邠二句　太伯，亦作「泰伯」。周代吳國的始祖。周太王古公亶父的長子。太王欲立三子季歷以傳季歷之子姬昌（即以後的周文王），太伯乃與二弟仲雍同奔荊蠻（今江蘇無錫），以讓季歷。自稱「句吳」，「荊蠻義之」，歸之者千餘家，太伯乃「文身斷髮」，改從當地風俗，立為吳太伯。違，離開。邠，亦作「豳」（今陝西旬邑西）。時周族已至周（今陝西岐山縣）。李賢注：「此言邰者，蓋取其本始而言之。」「孔子稱為三讓」，見《論語・泰伯》：「子曰：泰伯其可謂至德也已矣。三以天下讓，民無得而稱焉。」㉑能以禮讓為國二句　能以禮讓為國，意謂：能以禮讓來治理國家，語出《論語・里仁》。於從政乎何有，意謂：讓他從事政治有什麼困難呢，語出《論語・雍也》。㉒四舅　鄧騭父鄧訓有五子，即鄧騭、鄧京、鄧悝、鄧弘、鄧閶，皆殤帝之舅，鄧京卒，故稱「四舅」。㉓方垂　邊陲；邊疆。垂，同「陲」。㉔毫毛　謂細微之過錯。㉕緣見逮及　根據自己所見而想到的。緣，依據；憑藉。逮，達到。㉖蟲螘　喻微不足道。螘，同「蟻」。㉗母師　謂傅母、女師。㉘典訓　準則性的訓示。謂嚴格的訓導。㉙執箕箒　指拿著掃帚掃除，操持家內雜務。此指出嫁後，勤勞家務，侍奉公婆。箕箒，亦作「箕帚」。畚箕和掃帚，皆掃除工具。㉚而今而後二句　由於自己勤勤懇懇，小心翼翼，侍奉公婆、丈夫，從今以後才知道免於黜辱。而今而後，從今以後。㉛子穀　其子曹成的表字。㉜猥賜金紫　蒙朝廷賜金印紫綬。猥，謙辭。猶言「辱」。舊時用為自謙的套語。《正字通・犬部》：「猥，凡自稱猥者，卑辭也。」㉝庶幾　在此用於表「希望」、「有幸」。㉞適人　出嫁。㉟漸　滋潤。謂「受到」。㊱沈滯　謂疾病沉重，經久不癒。㊲間　近來。㊳庶　希望。㊴瓦塼　亦作「瓦磚」。古代的紡錘。㊵有善莫名　李賢注：「不自明己之善也。」㊶絜齊　絜，同「潔」。齊，同「齏」。用醬拌或切細的肉和菜，亦泛指醬菜。㊷三者　指「主下人」，「主執勤」，「繼祭祀」。㊸禮貴男女之際　《禮記》認為男女之間的關係很重要。《禮記・昏義》：「昏禮者，將合二姓之好，上以事宗廟，而下以繼後世也，故君子重之。」㊹詩著關雎之義　《詩》明著〈關雎〉中所謂賢女配君子的道理。〈關雎〉為《詩・周南》的第一篇，中有「窈窕淑女，君子好逑」之句。㊺檢　約束。㊻禮三句　《大戴禮記・保傅》：「古者八歲而出就外舍，學小藝焉，履小節焉；束髮而就大學，學大藝焉，履大節焉。」㊼尫　同「尪」。胸、脛、背等處骨骼的彎曲症。此指孱弱、瘦弱。㊽寬裕　寬大；寬容。㊾知止足　即做事知道適可而止和滿足。㊿周旋　交往；交際應酬；打交道；應接。(51)媟黷　亦作「媟瀆」、「媟嬻」。褻狎；輕慢。(52)一曰婦德四句　語出《禮記・昏義》：「教以婦德、婦言、婦容、婦功。」(53)仁遠乎哉二句　仁距離我遠嗎？我想為仁，仁就來了。語出《論語・述而》。(54)禮二句　禮，指《儀禮》。《儀禮・喪服》：「父必三年然後娶。」(55)故曰夫者天也　《儀禮・喪服》：「故父者子之天也，夫者妻之天也。」天，古代指君主，也指人倫中的尊者。(56)女憲　清王先謙《後漢書集解》引沈欽韓：「《前書》（《漢書》）〈班倢伃傳〉有〈窈窕〉、〈德象〉、〈女師〉之篇。此大家所稱引者亦其類。」（見《漢書・外戚傳・孝成班倢伃》）(57)一人　指丈夫。(58)永畢　完成自己一生的大事。(59)永訖　永遠訖止，沒有希望。(60)居絜　合乎規範。居，守持；行為。絜，同「潔」。潔淨。(61)陝輸　不穩定的樣子。陝，通「閃」。引申為輕佻。(62)舅姑　公婆。(63)以　使。(64)不爾而是　（婆婆）說不是這樣，而實際就是這樣。65影響　順從。66叔妹　丈夫的妹妹，即小姑。清王先謙《後漢書集解》引〈昏義〉鄭注：「室人謂女妐、女叔、諸婦也。」疏：「女叔，謂婿之妹也。」〈釋親〉：「夫之女弟為女妹。」是叔妹皆謂小姑。67顏子貴於能改二句　顏子即顏回，孔子弟子。顏回，字子淵，魯人。孔子稱他：「不遷怒，不貳過。」（《論語・雍也》）仲尼，孔子的表字。68室人　《禮記・昏義》：「順舅姑，和室人。」鄭玄注：「室人謂女妐（丈夫的姐姐）、女叔，諸婦（妯娌）也。」69埶　同「勢」。70二人同心五句　二人同心，其鋒利可截斷堅硬之金屬；同心之言，其味香馥如蘭。臭，氣味。見《周易・繫辭上》。71體敵而尊二句　彼此地位相等，而應互相尊重；感情雖疏遠，但在道義上必須親近。72淑媛　淑，善。媛，美女。73瑕　玉上的斑點或裂痕。指缺點、過失。74矜　誇獎；稱讚。75毀訾　毀謗；非議。76君子　指丈夫。77柄　根本。《周易・繫辭下》：「謙，德之柄也。」78在彼無惡二句　在那裡無人憎惡他，來到這裡亦無人討厭他。射，《毛詩・振鷺》作「斁」，厭也。《韓詩》作「射」。射、斁義同。79昭女妹　班昭夫曹世叔之妹。80難　論說；爭辯。81銘　文體的一種。古代常刻銘於碑、版或器物，或以稱功德，或以申明鑑戒，後成為一種文體。82誄　累述死者功德，以示哀悼的文章。

【語　譯】扶風曹世叔的妻子，是同郡班彪的女兒，名昭，字惠班，一名姬。她學問淵博，才識高深。曹世叔早死，她保持操守，舉止合乎法度。其兄班固著《漢書》，其中的八表及〈天文志〉未及寫完就去世了，和帝下詔，令班昭到東觀藏書閣繼續完成此書。和帝還多次召班昭入宮，令皇后及諸貴人以她為師，稱她為「大家」。凡郡國有貢獻的珍奇之物，和帝總是令班昭作賦讚頌。到鄧太后臨朝秉政的時候，班昭得與聞政事。由於她辛勤地效忠朝廷，特封她的兒子曹成為關內侯，官至齊國相。當時《漢書》始出，人多讀不懂，其同郡馬融便在藏書閣下恭敬地跟著班昭學習。後來，朝廷又詔令馬融之兄馬續在班昭續補的基礎上，完成了《漢書》。

2　永初年間，太后兄大將軍鄧騭因母親去世，上書請求辭官守孝，太后不想答應，便徵求班昭的意見。班昭於是上疏說：「想到皇太后陛下具備盛德之美，發揚堯舜之政，敞開四門傾聽四方的意見，採狂妄者的愚見，納樵採者的策略。臣妾得以淺薄朽鈍的能力，身處聖明之世，敢不披露肝膽，以報效陛下之恩德於萬一。臣妾聽說謙讓是最大的美德，所以古書稱讚，神靈降福。從前，伯夷、叔齊互相推讓君位而離開故國，天下人皆敬服他們的廉潔高尚；太伯為了讓弟弟繼父之位，自動離開邠地，孔子稱之為三讓天下。這都是他們的美德光昭日月，揚名於後世的原因。《論語》說：『能夠以禮讓來治理國家，那麼，讓他從事政治又有什麼困難呢？』從這一點來看，真誠的推讓所達到的效果，就是很深遠的了。現在四舅堅持忠孝的節操，主動要求隱身退位，但陛下卻因為邊境尚未安寧，拒不同意他們的請求；如果他們今後有細小的過錯，掩蓋了今天的盛德，我實在擔心他們推讓的美名就再也得不到了。根據自己的見識，臣妾冒著死罪竭盡愚情。自知以上所言並不足採，但用以表示臣妾微不足道的赤誠之心。」太后聽從了班昭的意見，同意了鄧騭等人的請求，於是他們都各自回到自己的私宅。

3 班昭作了《女誡》七篇，有助於對婦女的訓誡教育。《女誡》說：

4 「我很愚笨，天性不聰明，受父親的寵愛，依賴傅母、女師的教導，十四歲時嫁給曹家，執箕帚，勞家務，以侍奉公婆，到今天四十餘年了。我總是戰戰兢兢，常常擔心被黜退受恥辱，增加父母的羞辱和內外人的牽累。我晝夜勞心，辛勤吃苦，從不說自己累。從今以後，我才知道免於被罷黜與恥辱。我天性粗疏冥頑，平素對子弟沒有什麼教導，常擔心兒子曹成辜負、侮辱了清明的朝代。蒙受皇帝的特殊恩典，接受金印紫綬，成為二千石，這確實不是我敢盼望和想得到的事。現在曹成能為自己考慮打算，我不再為他擔心了。只是憂慮我的幾個女兒，她們現在正當出嫁的時候，但她們沒有受到教誨，沒有修養婦女的禮儀，所以我擔心她們在夫家失禮，使曹家蒙受恥辱。現在我疾病纏身，人生無常，想起女兒們的這種情況，往往惆悵萬分。近來我寫了《女誡》七篇，希望女兒們各自抄寫一份，但願對她們有所補益，幫助她們健康成長。今後，希望女兒們勉勵做事！

5 「第一篇，卑弱：古時，女孩子生下來三天，就把她放在床下躺著，讓她玩弄紡錘，並且齋戒祝告祖先。把女孩子放在床下躺著，這是表明婦女生下來就是低下柔弱的，象徵著居人之下；讓她玩弄紡錘，是表明婦女要熟悉一些勞動的事情，象徵著從事勞作；齋戒祝告祖先，表明婦女應當遵循法度主持繼承對祖先的祭祀。這三件事情，對婦女來說，是不變的法則，是禮法所規定的典訓教導。婦女要謙讓恭敬，先考慮別人後考慮自己。做了好事，不自我誇耀；做了壞事，不要自己找藉口推掉。含忍恥辱，常像畏懼什麼一樣，這就是卑弱居人之下。晚睡早起，做事不怕白天晚上，獨自操勞，不辭難易，辦事一定要成功，親自動手，這就是從事勞作。嚴肅端正自己的操守，來侍奉丈夫，清靜自守，不要戲笑，把飯菜酒食做得乾淨整潔，以供奉祖宗神靈，這就是主持繼承祖先的祭祀。如果具備了這三件事，還擔心自己沒有好的名聲和遭受黜退與侮辱，我未曾聽說過。如果不具備這三件事，那還有什麼美好的名聲可以傳聞，還有什麼可以使罷黜和侮辱離開自己很遠呢！

6 「第二篇，夫婦：夫婦關係是使陰和陽互相匹配，通達神明，這確是天地之間的大義，人間倫理中的大節。因此，《禮記》認為男女之間的關係很重要，《詩．關雎》表明賢女以配君子的道理。由此說來，不可以不重視男女之間的關係。丈夫不賢明，就不能統御妻子；妻子不賢明，就不能夠侍奉丈夫。丈夫不能統御妻子；那麼丈夫的威儀就廢缺了；妻子不能侍奉丈夫，那麼妻子的義理就敗壞了。這兩件事的作用是一致的。考察今天的正人君子，只知道妻婦不可不統御，不可不整頓丈夫的威儀，所以教訓他們的兒子，只是用書上記載的道理來約束他們，殊不知妻子不可不侍奉丈夫，禮義不可不存。只教育兒子不教育女兒，不也是不明白其中的道理嗎！《禮記》說，八歲開始教小孩子讀書，十五歲就達到了明大節、懂大事的程度。為什麼不據此作為教育婦女的準則呢！

7 「第三篇，敬慎：陰和陽的性質不同，男和女的品性各異。陽性以剛強為德，陰性以柔順為用；男子以剛強為貴，女子以柔弱為美。所以民間有一句諺語叫做：『生個兒子如狼一樣強壯，還怕他瘦弱；生個女兒像鼠一樣弱小，還怕她像虎一樣兇猛。』然而修身沒有比敬更好的了，迴避剛強，沒有比順從更好的了。所以說，敬順之道，是婦人的大禮。敬不是別的，而是說要持久。順也不是別的，而是指要寬裕。持久的意思是知道止足。寬裕的意思是崇尚謙恭。夫婦和好，終身不能分離。在同室同房中打交道，於是產生了輕慢而不莊重，一旦產生了輕慢而不莊重，那麼言語就會超過一定的分寸。言語既超過了一定的分寸，那麼就會產生放縱自恣的事情。放縱自恣的事情一旦發生，就會產生侮辱丈夫的心理。這就是由於不知道止足的緣故。

事情總有個曲直，言語總有個是非。有理的人不能不爭長論短，沒理的人不能不申辯。一旦產生爭論申辯，那麼就會有憤怒怨恨的事情產生。這就是由於不崇尚謙恭卑下的緣故。不節制侮辱丈夫的言行，那麼婦女就會被譴責、呵斥；丈夫的憤恨不停止，妻子就會被鞭打。作為夫婦，是用義來和睦，用恩愛來合好，既然發生鞭打的事情，還有什麼情義？既然發生譴責、呵斥，還有什麼恩愛？恩愛情義都沒有了，夫婦關係就背離了。

8 「第四篇，婦行：婦女有四種德行，一是婦德，二是婦言，三是婦容，四是婦功。所說的婦德，不一定是才能智慧特別優異；所說的婦言，不一定是長於辯論，伶牙俐齒；所說的婦容，不一定是容貌美麗；所說的婦功，不一定是手工巧妙，超過了常人。性情嫻靜貞潔，守節端正，對自己的行為有榮辱感，舉止有一定的法度，這就是婦德。說話要選擇言詞，不出惡言，等到合適的機會才說話，不被別人討厭，這就是婦言。盥洗塵垢，服裝飾物鮮豔明潔，按時洗浴，身無汙垢，這就是婦容。專心致志地紡線織布，不好戲笑，把飯菜酒食做得乾淨整潔，以供奉賓客，這就是婦功。這四樣，為婦女的大德，是不可缺少的。做起來是很容易的，只要存心去做就行了。古人說得好：『仁距離我遠嗎？我想為仁，仁就來了。』說的就是這個道理。

9 「第五篇，專心：《儀禮》說，丈夫有再娶妻的道理，妻子沒有再嫁二夫的道理，所以說丈夫是妻子的天。人活著本來就不可能逃離天的範圍，自然也就不可離開丈夫了。行動違背了神意，上天就會懲罰你；行動違背了禮義，丈夫就會鄙薄你。所以《女憲》說：『對於婦女來說，假使丈夫滿意自己，那是完成了一生的大事；假使丈夫不滿意，那是永遠沒有什麼希望的了。』由此說來，妻子不可以不求得丈夫的滿意和歡心。但是求得丈夫的滿意和歡心的辦法，也不是說要諂媚苟且親近，求得丈夫歡心和滿意，沒有比專心端正容色更好的了。行為符合禮義，耳不旁聽，目不斜視，出外不要打扮得花枝招展；回家也不要廢棄修飾，不要和其他人聚會，不要在門前東張西望，這就是所謂的專心端正容色。如果行動輕浮，言談舉止都不穩重，進家門就披頭散髮，出家門就故作妖冶，說些自己不應該說的話，看自己不應該看的事，這就是所說的不能專心端正容色。

10 「第六篇，曲從：妻子使丈夫滿意，這就是完成了一生的大事；妻子使丈夫不滿意，這就是永遠沒有希望的了。這是讓婦女定下心來專心致志。公婆的心，難道可以失掉嗎？人有使恩自離的，也有使義自破的。丈夫雖然愛自己，但公婆認為媳婦不好，這就是所說的使義自破。那麼，要使公婆的心滿意怎麼辦呢？那沒有比委曲順從更好的了。婆婆說不對而實際上是對的，就應該順從她的話；婆婆說對的而實際上不對，還是應該順從她的命令。不應該計較公婆的對與錯，和他們爭辯是非曲直。這就是我所說的委曲順從。所以《女憲》說：『婦女的行為應是如影隨身、如聲隨響，怎麼可以不稱揚呢。』

11 「第七篇，和叔妹：婦女讓丈夫滿意，是由於公婆愛自己，公婆愛自己，是由於小姑讚揚自己。因此說，婦女的榮譽與恥辱，受稱讚與受批評，全都由於小姑，小姑的心，也是不可以失掉的。世人都不知道不可以失去小姑的歡心，而且都不能和小姑維持良好關係以求得到公婆的愛護和丈夫的歡心，這是很大的弊病！除非聖人，一般人很少沒有過錯的。所以顏回的可貴之處在於他能改正自己的過失，孔子稱讚顏回同樣的錯誤不犯第二次，何況婦女呢！即使有賢明婦女的德行，有聰明才智的品性，也很難具備一切優良品德！因此，與大姑、小姑、妯娌和睦，那就不會有誹謗自己的話；與她們處得不好，那壞話就會傳播開來。這是必然的形勢。《周易》上說：『二人同心，其鋒利可截斷堅硬的金屬；同心同德的話，它的氣味像蘭花那樣芳香。』說的就是這個道理。嫂子和小姑的關係，彼此地位相等，但必須互相尊重；情分雖然疏遠，但在道義上必須親近。如果是善美謙順的婦女，那她就能夠依照道義來加強這種關係，增加和小姑的感情，使之成為自己的支持者，使美德更彰顯明白，過錯則不會出現，公婆稱讚，丈夫嘉美，聲譽在鄰里中顯耀，使父母臉上都有光彩。如果是愚蠢的婦女，當嫂子的就會藉著嫂子的名分自高自大，做小姑的就會憑著父母的寵愛而更加驕肆。一旦產生驕肆，還會有什麼和睦呢！既然恩義乖離，還有什麼榮譽可言！因此，好的言行被掩蓋，而過失就會被宣揚、傳播。婆婆怨恨，丈夫惱怒，家裡家外都充滿了對自己的詆毀，恥辱集中到自己一身，增加父母的羞恥和丈夫的牽累。這就是榮譽和恥辱產生的根本，是受讚揚和受批評的原因。可以不慎重地對待嗎！然而求得小姑的歡心，沒有什麼比謙讓順從更好的了。謙讓是婦德的根本，恭順是婦女的德行。具有這兩方面，足以使嫂子和小姑關係和睦。《詩》上說：『在那裡沒有人憎惡他，來到這裡也沒有人討厭他。』說的就是這個道理。」

12 馬融認為班昭的《女誡》寫得很好，於是讓自己的妻子和女兒學習。

13 班昭的小姑曹豐生，也有才能，寫文章和班昭辯論，其文辭有可觀之處。

14 班昭七十多歲時去世，皇太后著素服，號哭哀悼，派使者監護她的喪事。班昭撰著的賦、頌、銘、誄、問、注、哀辭、書、論、上疏、遺令，共十六篇。由她的兒媳婦丁氏為之收集成書，又作了〈大家讚〉。

1 河南❶樂羊子之妻者，不知何氏之女也。羊子嘗行路，得遺金一餅❷，還以與妻。妻曰：「妾聞志士不飲盜泉之水❸，廉者不受嗟來之食❹，況拾遺求利，以汙其行乎！」羊子大慚，乃捐金於野，而遠尋師學。一年來歸，妻跪問其故。羊子曰：「久行懷思，無它異也。」妻乃引刀趨機而言曰：「此織生自蠶繭，成於機杼❺，一絲❻而累，以至於寸；累寸不已，遂成丈匹。今若斷斯織也，則捐失成功，稽廢❼時月。夫子積學，當日知其所亡❽，以就懿德。若中道而歸，何異斷斯織乎？」羊子感其言，復還終業，遂七年不反。妻常躬勤養姑，又遠饋羊子。

2 嘗有它舍雞謬入園中，姑盜殺而食之，妻對雞不餐而泣。姑怪問其故。妻曰：

「自傷居貧，使食有它肉❾。」姑竟棄之。

3 後盜欲有犯妻者，乃先劫其姑。妻聞，操刀而出。盜人曰：「釋汝刀從我者可全，不從我者，則殺汝姑。」妻仰天而歎，舉刀刎頸而死。盜亦不殺其姑。太守聞之，即捕殺賊盜，而賜妻縑❿帛，以禮葬之，號曰「貞義」。

【章　旨】以上記述樂羊子妻。旨在突出樂羊子妻的廉潔、勤勞、孝順、賢慧、正直及貞潔節烈。

【注　釋】❶河南　郡名。漢高祖二年（西元前二〇五年）改秦三川郡置。治今河南洛陽東北。❷餅　量詞。用於餅狀物。❸盜泉之水　盜泉，古泉名。故址在今山東泗水縣東北。《淮南子・說山》：「曾子廉，不飲盜泉。」舊常以「盜泉之水」比喻不以正當手段得來的東西。❹嗟來之食　《禮記・檀弓》：「齊大饑，黔敖為食於路，以待餓者而食之。有餓者，蒙袂輯屨，貿貿然而來。黔敖左奉食，右執飲，曰：『嗟！來食！』揚其目而視之，曰：『予唯不食嗟來之食，以至於斯也！』從而謝焉，終不食而死。」後因以「嗟來之食」表示帶有侮辱性的捨施。❺機杼　織布機；織布梭。❻綈　清段玉裁《說文解字注》：「以絲貫杼中而後織，是謂之綈。杼之往來如機關合開也。」❼稽廢　稽延荒廢。稽，延誤。❽日知其所亡　每天要知道所未學的東西。亡，同「無」。語出《論語・子張》載子夏曰：「日知其所亡，月無忘其所能，可謂好學也已矣。」❾使食有它肉　致使食物中有別人家的雞肉。❿縑　雙絲織的絹。

【語　譯】河南樂羊子的妻子，不知是誰家的女兒。有一次，樂羊子在路上拾到一塊別人遺失的金餅，回家交給妻子。妻子說：「我聽說有志之士不飲盜泉之水，廉潔的人不受嗟來之食，何況占便宜揀別人丟掉的東西來玷汙自己的名聲呢！」樂羊子十分慚愧，於是把金餅丟到田野中，遠離家鄉去尋師求學。一年後，樂羊子回家來，妻子跪著問他回家的原因。羊子說：「出外日久，想念親人，沒有別的原因。」妻子於是抽出刀來，快步走到織機前，說道：「此織品是從蠶繭中抽出絲來，再用梭子織成的。一梭一梭地積累，好不容易才織出一寸；一寸一寸地積累，最後才織成一丈一匹。現在，如果我把機上的織品割斷，就會斷送已經取得的成果，白白浪費時間。您現在積累學問，應當每天學會一些原來不懂的東西，來成就您的美德。如果您半途而廢，那和割斷機上的織品有什麼不同呢？」羊子聽了，很受感動，又回去修完了學業，竟七年未曾回家。妻子親自奉養婆婆，還經常給遠方的羊子送去物品。

2 曾經有別人家的雞誤入她家的園中，其婆婆偷偷地把雞殺了做菜餚。羊子妻看著雞，不但不吃，反而哭起來。婆婆感到奇怪，問是什麼原因。她說：「我難過的是家裡太窮，以致菜餚中有別人家的雞肉。」婆婆最後把雞肉倒掉了。

3 後來，有強盜想侮辱樂羊子的妻子，就先把她婆婆捉住了。樂羊子妻聽到婆婆被劫，拿著刀衝出來。強盜說：「放下你的刀，聽我的話，可以保全你的婆婆，若不服從，我就殺了你的婆婆。」樂羊子妻聽了，仰天長歎，於是舉刀刎頸而死。強盜也沒有殺她的婆婆。太守聞知此事，立即捕殺了這個強盜，同時賜給縑帛為樂羊子妻辦喪事，以禮安葬了她，並且賜予她「貞義」的稱號。

漢中❶程文矩妻者，同郡李法之姊也，字穆姜。有二男，而前妻四子。文矩為安眾❷令，喪於官。四子以母非所生，憎毀日積，而穆姜慈愛溫仁，撫字❸益隆，衣食資供皆兼倍所生。或謂母曰：「四子不孝甚矣，何不別居以遠之？」對曰：「吾方以義相導，使其自遷善也。」及前妻長子興遇疾困篤，母惻隱自然❹，親調藥膳，恩情篤密。興疾久乃瘳，於是呼三弟謂曰：「繼母慈仁，出自天受。吾兄弟不識恩養，禽獸其心。雖母道益隆，我曹過惡亦已深矣！」遂將三弟詣南鄭獄，陳母之德，狀己之過，乞就刑辟❺。縣言之於郡，郡守表異其母，蠲❻除家徭，遣散四子，許以脩革，自後訓導愈明，並為良士。

穆姜年八十餘卒。臨終勑❼諸子曰：「吾弟伯度，智達士也。所論薄葬，其義至矣。又臨亡遺令❽，賢聖法也。令汝曹遵承，勿與俗同，增吾之累。」諸子奉行焉。

【章　旨】以上記述程文矩妻李穆姜。旨在寫穆姜的仁慈、無私、教子有方和賢明。

【注　釋】❶漢中　郡名。秦置。治今陝西漢中。❷安眾　侯國。治今河南鄧州東北。屬南陽郡。❸撫字　撫養。❹惻隱自然　哀痛出於內心。❺刑辟　刑法。❻蠲　同「捐」。去除；減免。❼勑　同「敕」。告誡。❽遺令　遺囑。

【語　譯】漢中郡程文矩的妻子，是同郡人李法的姐姐，字穆姜。穆姜有兩個兒子，而程文矩的前妻留下四個兒子。程文矩是安眾縣令，死於官任。這四個兒子因為穆姜不是自己的生身母親，越來越憎恨、詆毀穆姜。而穆姜慈愛寬厚仁義，撫養愛護他們越來越深厚，給他們的衣、食都是自己親生兒子的好幾倍。有人對她說：「這四個兒子對您太不孝敬了，您為什麼不另外住一個地方，遠遠地離開他們呢？」穆姜回答說：「我正在用道義來感化他們，使他們改惡從善啊。」前妻的大兒子程興患病，而且很嚴重，穆姜真誠地感到傷痛，親自調作藥膳，情義十分誠懇親密。程興病了很久才痊癒，於是叫來三個弟弟說：「繼母仁慈，出於自然，我們兄弟幾個不識她恩情撫養的好心，用禽獸之心去猜度她。母親越來越愛我們，我們的過錯卻越來越嚴重！」於是帶著三個弟弟到南鄭監獄，陳述繼母的大恩大德，以及自己的過錯，請求接受刑罰。縣裡將情況報告到郡，太守上表稱讚穆姜，認為穆姜的事跡太突出了，於是免除他們家的徭役，令四個兒子回去，允許他們自己修養品行，痛改前非。自此以後，穆姜對他們的教訓指導越來越嚴明，這四個兒子都成為賢良之士。

穆姜八十多歲時去世。臨終告誡兒子們說：「我的弟弟李伯度，是賢明豁達的人，他認為人死後應當薄葬，很有道理。臨終又留下遺囑，這是賢聖之法。現在要你們遵從我的話，不要和世俗的作法一樣，增加我的煩惱。」兒子們都遵照她說的做了。

孝女曹娥者，會稽上虞❶人也。父盱，能絃歌，為巫祝❷。漢安❸二年五月五日，於縣江泝濤婆娑迎神，溺死，不得屍骸。娥年十四，乃沿江號哭，晝夜不絕聲，旬有七日，遂投江而死。至元嘉❹元年，縣長度尚❺改葬娥於江南道傍，為立碑焉。

【章　旨】以上記述曹娥。旨在宣揚曹娥的孝道。

【注　釋】❶會稽上虞　會稽郡上虞縣。會稽，郡名。秦始皇二十五年（西元前二二二年）於吳越地置。東漢順帝移治今浙江紹興。上虞，縣名。屬會稽郡。治今浙江上虞。❷巫祝　古代稱事鬼神者為巫，祭主贊者為祝。❸漢安　東漢順帝劉保年號，西元一四二—一四四年。❹元嘉　東漢桓帝劉志年號，西元一五一—一五三年。❺度尚　（西元一一七—一六六年）字博平，山陽郡湖陸縣（今山東魚台）人。家貧，不修學行，不為鄉里所推舉。乃為宦者侯覽視田，得為上計吏，拜郎中，除上虞長。為政嚴峻，明於發擿奸非，吏人謂之神明。遇時疾疫，穀貴人飢，度尚開倉廩，營救疾者，百姓蒙其濟。尚書朱穆舉度尚為荊州刺史，平定長沙、零陵、桂陽反賊，封右鄉侯，遷桂陽太守。又平荊州兵亂及太山賊，封烏程東鄉侯。復為荊州刺史，後為遼東太守。破鮮卑兵，戎狄憚畏。延熹九年，年五十，卒於官。傳見本書卷三十八。

【語　譯】孝女曹娥，是會稽郡上虞縣人。曹娥的父親名曹盱，能依琴瑟而詠歌，從事巫祝這一溝通鬼神掌管祭祀的職業。順帝漢安二年五月五日，曹盱在本縣江中迎著波濤，婆娑起舞，迎接神靈時，落水溺死，屍體尋覓不見。當時曹娥年僅十四歲，為了尋找父親，便沿江號哭，哭聲晝夜不絕，十七天後，曹娥投江而死。到桓帝元嘉元年，上虞縣長度尚將曹娥改葬在江南路旁，並立碑以表彰她的孝行。

吳❶許升妻者，呂氏之女也，字榮。升少為博徒，不理操行，榮嘗躬勤家業，以奉養其姑。數勸升修學，每有不善，輒流涕進規。榮父積忿疾升，乃呼榮欲改嫁之。榮歎曰：「命之所遭，義無離貳❷！」終不肯歸。升感激自厲，乃尋師遠學，遂以成名。尋被本州辟命，行至壽春❸，道為盜所害。刺史尹耀捕盜得之。榮迎喪於路，聞而詣州，請甘心讎人❹。耀聽之。榮乃手斷其頭，以祭升靈。後郡遭寇賊，賊欲犯之，榮踰垣走，賊拔刀追之。賊曰：「從我則生，不從我則死。」榮曰：「義不以身受辱寇虜也！」遂殺之。是日疾風暴雨，靁❺電晦冥，賊惶懼叩頭謝罪，乃殯葬之。

【章　旨】以上記述許升妻呂榮。旨在說明呂榮對丈夫許升的愛護及其忠貞不貳。勸夫修學，「流涕進規」，可謂賢良；為夫報仇，手斷賊頭，可謂英武；為賊所逼，死不受辱，可謂節烈！

【注　釋】❶吳　郡名。東漢順帝時分會稽郡置。治今江蘇蘇州。❷離貳　有異心。貳，背叛；有二心。❸壽春　古縣名。秦置。治今安徽壽縣。❹甘心讎人　甘心，願意；快意。即滿足自己的心願，親手殺死仇人。讎，同「仇」。❺靁　同「雷」。

【語　譯】吳郡許升的妻子，是呂家的女兒，字榮。許升年輕時是個賭徒，全然不顧道德品行，呂榮經常親自操勞家庭生計，以養活婆婆。並多次規勸許升習學。許升每有不好的行為，呂榮即痛哭流涕地規勸他。呂榮的父親對許升甚為不滿，便讓呂榮回娘家，要她改嫁。呂榮歎息說：「命運注定如此，從道義上講，絕沒有改嫁的道理！」始終不肯回娘家。許升感激自厲，於是到遠方尋師求學，後來出了名。不久便被本州徵辟，行至壽春，在路上被強盜所害。刺史尹耀捕得強盜，呂榮在路上迎喪，聽到捉住強盜的消息，便到州刺史那裡，請求滿足自己的心願親手殺死仇人。尹耀答應了她。呂榮親手砍掉強盜的頭，祭祀許升之靈。後來這個郡遭到賊寇的侵犯，賊人想凌辱呂榮，呂榮翻牆逃走，賊人拔刀追趕她，說：「順從我則活，不順從我就殺死你。」呂榮說：「我絕不使身體受賊寇的侮辱！」於是賊人便殺了呂榮。這一天，疾風暴雨，雷電交加，天昏地暗，賊人恐懼，叩頭謝罪，於是埋葬了她。

汝南❶袁隗❷妻者，扶風馬融之女也，字倫。隗已見前傳。倫少有才辯。融家世豐豪，裝遣甚盛。及初成禮，隗問之曰：「婦奉箕箒而已，何乃過珍麗乎？」對曰：「慈親垂愛，不敢逆命。君若欲慕鮑宣、梁鴻之高者，妾亦請從少君、孟光之事矣。」隗又曰：「弟先兄舉，世以為笑。今處姊❸未適，先行可乎？」對曰：「妾姊高行殊邈❹，未遭良匹，不似鄙薄，苟然❺而已。」又問曰：「南郡君❻學窮道奧，文為辭宗，而所在之職，輒以貨財為損❼，何邪？」對曰：「孔子大聖，不免武叔之毀❽；子路至賢，猶有伯寮之愬❾。家君獲此，固其宜耳。」隗默然不能屈，帳外聽者為慚。隗既寵貴當時，倫亦有名於世。年六十餘卒。

倫妹芝，亦有才義。少喪親長而追感，乃作申情賦云。

【章　旨】以上記述袁隗妻馬倫。旨在說明馬倫的聰明才辯，回答袁隗的提問，句句在理，滴水不漏，袁隗不能使之屈服。

【注　釋】❶汝南　郡名。漢高祖四年（西元前二〇三年）置。治今河南上蔡。東漢移今治河南平輿北。❷袁隗　汝南汝陽（今河南商水縣）人。汝南袁氏為東漢著名的世家大族，袁隗為袁安之曾孫，少歷顯官，獻帝初為太傅。傳見本書卷四十五。❸處姊　未出嫁的姐姐。❹殊邁　猶卓異，不一般。邁，亦作「邈」。❺苟然　隨隨便便。❻南郡君　指馬融。馬融曾為南郡太守，故如此稱之。❼輒以貨財為損　往往由於財貨問題而名聲受損。〈馬融傳〉：「先是，融有事忤大將軍梁冀旨，冀諷有司奏融在郡貪濁，免官。髡徙朔方，得赦還。」❽孔子大聖二句　《論語・子張》：「叔孫武叔毀仲尼。子貢曰：『無以為也！仲尼不可毀也。他人之賢者，丘陵也，猶可踰也；仲尼，日月也，無得而踰焉。人雖欲自絕，其何傷於日月乎？多見其不知量也。』」武叔，即叔孫武叔，名州仇。魯國大夫。❾子路至賢二句　《論語・憲問》：「公伯寮愬子路於季孫。子服景伯以告，曰：『夫子固有惑於公伯寮，吾力猶能肆諸市朝。』子曰：『道之將行也與，命也；道之將廢也與，命也。公伯寮其如命何！』」公伯寮，字子周，魯國人。《史記・仲尼弟子列傳》作公伯繚。季孫，魯國的執政大夫，魯桓公之後。子服景伯，魯大夫。

【語　譯】汝南袁隗的妻子，是扶風馬融的女兒，字倫。袁隗的事情已經在前面的傳記中記述了。馬倫少年時就有才智機辯。馬融家世代是富豪，給馬倫的陪嫁物品甚是豐盛。初成婚禮時，袁隗問她：「妻子的職責只是侍奉丈夫操持家務罷了，陪嫁物品怎麼如此過於珍貴華麗呢？」馬倫回答說：「這是父母的慈愛，我不敢違逆。您如果仰慕鮑宣、梁鴻的高尚品行，我也會像桓少君、孟光那樣侍奉您。」袁隗又說：「弟弟比哥哥早結婚，世人都會笑話的。現在您姐姐還沒有出嫁，您先出嫁可以嗎？」馬倫回答說：「我姐姐品行高尚，眼光特別高遠，她還沒有遇到稱心如意的夫君，不像我這樣淺陋，只是隨便嫁人罷了。」袁隗又問她：「南郡君學問高深，文章為一代師宗，但他在職時，往往因為涉及財貨問題而名聲受損，是什麼原因呢？」馬倫回答說：「孔子是大聖人，還不免被叔孫武叔毀謗；子路是大賢人，公伯寮還曾向季孫進讒言。我父親遭別人譏諷，也是情理之中的事。」袁隗無話可說，不能使馬倫屈服。在帳子外面聽他們說話的人都感到慚愧。袁隗在當時很受朝廷尊寵，富貴當時，馬倫也有名於世。六十餘歲時去世。

馬倫之妹馬芝，也有才學道義。在她年少時親人去世，她追念親人，於是作了〈申情賦〉一篇。

酒泉❶龐淯❷母者，趙氏之女也，字娥。父為同縣人所殺，而娥兄弟三人，時俱病物故❸，讎乃喜而自賀，以為莫己報也。娥陰懷感憤，乃潛備刀兵，常帷車以候讎家。十餘年不能得。後遇於都亭❹，刺殺之。因詣縣自首。曰：「父仇已報，請就刑戮。」祿福❺長尹嘉義之，解印綬欲與俱亡。娥不肯去。曰：「怨塞身死，妾之明分❻；結罪理獄，君之常理。何敢苟生，以枉公法？」後遇赦得免。州郡表其閭。太常❼張奐❽嘉歎，以束帛❾禮之。

【章　旨】以上記述龐淯母趙娥。旨在說明趙娥為父報仇的決心。十年如一日，不殺仇人，決不罷休。大仇已報，至縣自首，不苟且偷生以枉公法。敢作敢為，女中豪傑！

【注　釋】❶酒泉　郡名。西漢武帝元狩二年（西元前一二一年）以原匈奴昆邪王地置。治今甘肅酒泉市。❷龐淯　字子異，酒泉郡表氏縣人。初以涼州從事守破羌長。武威太守張猛反，殺刺史邯鄲商。龐淯棄官，欲刺殺張猛。張猛知其義士，敕遣不殺，由是忠烈聞名。後太守徐揖請為主簿，郡人黃昂反，徐揖被殺，龐淯收殮徐揖，送回本郡，行服三年乃還。曹操辟為屬掾，曹丕稱帝，拜駙馬都尉，遷西海太守，賜爵關內侯。後徵拜中散大夫。傳見《三國志．二李臧文呂許典二龐閻傳》。❸物

故　死去。❹都亭　秦法十里一亭，設於郡縣治所（城內和城廂）的亭稱都亭。❺祿福　縣名。酒泉郡治所在。❻怨塞身死二句　怨仇已報，殺了人，我之罪明確，身死是應該的。怨，仇。塞，滿足。謂怨仇已報。身死，謂自己身死。❼太常　官名。秦置奉常，漢景帝時改稱太常。為九卿之一。掌宗廟禮儀，兼選試博士。❽張奐　（西元一〇四—一八一年），字然明，敦煌淵泉（淵泉，縣名。西漢置。東漢改為拼泉。治今甘肅安西東。見本書〈郡國志五〉。）人。少遊三輔，師事太尉朱寵，學《歐陽尚書》。後辟大將軍梁冀府。以疾去官。復舉賢良，對策第一，擢議郎。永壽元年（西元一五五年）遷安定屬國都尉。延熹二年（西元一五九年）梁冀誅，張奐以故吏免官禁錮。復拜武威太守。後為大司農，轉拜護匈奴中郎將，以九卿秩督幽、并、涼三州及度遼、烏桓二營，兼察刺史、二千石能否。在官，匈奴降者二十餘萬，又破東羌先零，三州清定。以其不事宦官，故賞不行。後轉太常，以黨錮罪禁錮歸鄉里。張奐在家，收徒千人，著《尚書記難》三十餘萬言。張奐少立志節，嘗與士友言曰：「大丈夫處世，當為國家立功邊境。」及為將帥，果有勳名。光和四年去世，年七十八。初張奐與安定皇甫規、武威段熲，並知名顯達，京師稱為「涼州三明」。傳見本書卷六十五。❾束帛　帛長一丈八尺叫做端（端，布帛長度單位，其制不一。見〈獨行列傳．王烈傳〉注❷），兩端合成為一匹，五匹一束，故稱「束帛」。古代用作贈送的禮物。

【語　譯】酒泉郡龐淯的母親，是趙家的女兒，字娥。趙娥的父親被同縣的人殺死，趙娥兄弟三人，當時都患病去世。仇人很高興，暗自慶賀，認為沒有人會找自己報仇。趙娥暗懷氣憤之情，於是偷偷地準備好報仇的刀具，常常坐在有帷帳的車內等候仇家出來。十多年沒有得到機會。後來在都亭遇上仇人，就刺殺了他。趙娥於是到縣裡自首，說：「我父親的仇已經報了，請按法律來處罰我吧。」祿福縣縣長尹嘉認為趙娥有大義，當即解下印綬想和趙娥逃走。趙娥不肯去，說：「大仇已報，殺了人，妾之罪明確，身死是應該的；定罪理案，是您應該做的。我怎敢苟且偷生，使法律受到破壞呢？」後來遇到大赦，趙娥得以免罪。州郡在趙娥居住的里巷掛匾表彰她的事跡。太常張奐嘉歎她的行為，用束帛作為禮品送給她。

沛劉長卿妻者，同郡桓鸞❶之女也。鸞已見前傳。生一男五歲而長卿卒，妻防遠嫌疑，不肯歸寧❷。兒年十五，晚又夭歿。妻慮不免，乃豫刑其耳以自誓。宗婦相與愍之，共謂曰：「若家❸殊無它意；假令有之，猶可因姑姊妹以表其誠，何貴義輕身之甚哉！」對曰：「昔我先君五更，學為儒宗，尊為帝師。五更已來，歷代不替❹，男以忠孝顯，女以貞順稱。詩云：『無忝爾祖，聿脩厥德。』❺是以豫自刑翦，以明我情。」沛相王吉上奏高行，顯其門閭，號曰「行義桓釐❻」，縣邑有祀必膰❼焉。

【章旨】以上記述劉長卿妻。旨在突出劉長卿妻的堅貞不貳。

【注釋】❶桓鸞　（西元一〇八－一八四年），字始春，沛國龍亢（今安徽懷遠）人。少立操行，褞袍糟食，不求盈餘。以世濁州郡多非其人，恥不肯仕。年四十餘，太守向苗乃舉鸞為孝廉，遷膠東令。始到官，向苗卒，鸞即去職奔喪，終三年然後歸。淮汝之間高其義。後為已吾、汲縣縣令，甚有名跡，徵拜議郎。上書陳事，忤內豎，以病免。中平元年卒，年七十七。傳見本書卷三十七。❷歸寧　已出嫁的女子回娘家。❸若家　猶「您娘家」。❹我先君五更五句　先君五更，指桓榮。劉長卿妻之高祖父。故云「先君」。桓榮少學長安，習《歐陽尚書》，事博士朱普。建武十九年（西元四三年），年六十餘始辟大司徒府。拜議郎，入使授太子（明帝劉莊），拜博士，又為太子少傅。建武三十年，拜太常。明帝即位，尊以師禮，甚見親重。永平二年（西元五九年），拜榮為五更，封關內侯，食邑五千戶。榮卒，子郁嗣。郁字仲恩，少以父任為郎。敦厚篤學，傳父業，以《尚書》教授門徒，常數百人。帝以郁先師子，甚見親厚，常居中論經書，問以政事，稍遷侍中。永平十五年，入授皇太子經。遷越騎校尉。又遷長樂少府，復入侍講，轉侍中奉車都尉，遷太常。永元五年卒。「郁經授二帝，恩寵甚篤，賞賜前後百千萬，顯於當時。門人楊震、朱寵皆至三公。」郁中子焉，以父任為郎。明經篤行，有名稱。永初元年（西元一〇七年）入授安帝，三遷為侍中、步兵校尉。永寧中，為太子（順帝）太傅。順帝即位，拜太傅。與朱寵並錄尚書事，復入授經禁中。漢安二年（西元一四三年）卒。桓鸞乃桓焉弟之子。事見本書卷三十七。桓家至桓鸞為四代，故劉長卿妻說：「學為儒宗，尊為帝師。五更已來，歷代不替。」五更，年老致仕而經驗豐富的人。相傳古代設三老五更，以尊老人。《禮記・文王世子》：「遂設三老五更，群老之席位焉。」鄭玄注：「三老五更各一人也。皆年老更事致仕者也，天子以父兄養之。示天下之孝悌也。」本書〈明帝紀〉：「尊事三老，兄事五更。」❺詩云三句　不要羞辱你的祖宗，要很好的修養自己的德行。語出《詩・文王》原文「無忝」為「無念」。「無念」，鄭玄箋：「無念，念也。」孔穎達疏：「無念是反而言之，故云念也。」祖，成王以文王為祖。聿，猶「惟」。厥，助詞，用於句中。❻嫠　同「斄」。寡婦。❼膰　祭肉。此為致送祭肉。

【語譯】沛郡劉長卿的妻子，是同郡桓鸞的女兒。桓鸞的事跡已記述在前面的傳記中。劉長卿妻生了一個男孩，長到五歲，劉長卿去世。劉長卿妻為了防備別人懷疑自己要改嫁，就不肯回娘家去。兒子長到十五歲時，不幸又夭折了。劉長卿妻考慮自己不免要被逼改嫁，於是預先割掉自己的耳朵，表示誓不再嫁。同族的婦女都憐憫她，一起勸導她說：「您娘家一點也沒有別的意思；若有，還可通過我們姑姑姐妹代替您表白您的忠誠，為什麼如此貴義輕身！」劉長卿妻說：「以前我家先君五更，學問為儒者所宗，尊貴為皇帝之師。五更以來，歷代不變，男子因忠孝而顯名，女子以貞順被稱讚。《詩》說：『不要羞辱你的祖先，要很好的修養自己的品德。』因此我預先自傷，來表明我忠貞不貳的節操。」沛相王吉上奏章稱讚劉長卿妻的高尚行為，表彰她的門閭，號稱「行義桓嫠」，縣裡有祭祀活動，一定把祭肉送給她。

安定❶皇甫規❷妻者，不知何氏女也。規初喪室家，後更娶之。妻善屬文，能草書，時為規荅書記，眾人怪其工。及規卒時，妻年猶盛，而容色美。後董卓❸為相國❹，承其名，娉以輧輜❺百乘，馬二十匹，奴婢錢帛充路。妻乃輕服詣卓門，跪自陳請，辭甚酸愴。卓使傅奴侍者悉拔刀圍之，而謂曰：「孤❻之威教，欲令四海風靡，何有不行於一婦人乎！」妻知不免，乃立罵卓曰：「君羌胡之種，毒害天下猶未足邪？妾之先人，清德奕世❼。皇甫氏文武上才，為漢忠臣。君親非其趣使走吏乎？敢欲行非禮於爾君夫人邪！」卓乃引車庭中，以其頭縣軛❽，鞭撲交下。妻謂持杖者曰：「何不重乎？速盡為惠。」遂死車下。後人圖畫，號曰「禮宗」云。

【章旨】以上記述皇甫規妻。旨在突出皇甫規妻的堅貞不貳。皇甫規妻，善屬文，工書法，且姿容豔美，不為董卓之惡勢力所屈服，誠為秀外慧中，志堅金石。

【注釋】❶安定　郡名。西漢武帝元鼎三年置。治今寧夏固原。東漢移治今甘肅鎮原東南。❷皇甫規　（西元一〇四—一七四年），字威明，安定郡朝那縣（今寧夏固原）人。初為郡功曹、上計吏，拜中郎將。梁冀誅，公車特徵為太山太守，平太山賊叔孫無忌。後為度遼將軍。黨錮事起，一時賢者多受株連，規恥不得與，乃上書自訟，朝廷不置問。後轉弘農太守，封壽成亭侯，讓封不受。再轉護羌校尉。熹平三年卒，年七十一。所著賦、銘、表、教、書、檄等凡二十七篇。傳見本書卷六十五。❸董卓　（？—西元一九二年），字仲穎，隴西臨洮（今甘肅岷縣）人。本為涼州豪強。靈帝時，任并州牧，昭寧元年（西元一八九年），率兵入洛陽，廢少帝劉辯，立獻帝劉協，專斷朝政。曹操與袁紹等起兵反對，他挾持獻帝西遷長安，自為太師。殘暴專橫，縱火焚洛陽周圍數百里。後為王允、呂布所殺。傳見本書卷七十二、《三國志・魏書》。❹相國　官名。戰國時各國先後設相，稱相國、相邦，或稱丞相，為百官之長。秦代以後，為輔佐皇帝的最高官職。西漢初稱相國，後改稱丞相，與太尉、御史大夫合稱三公。西漢末改為大司徒，東漢末復稱丞相。❺軿輜　軿車、輜車的合稱。軿車，有帷幕的車子。輜車，古代有帷蓋的車子，既可載物，又可作臥車。❻孤　董卓自稱。古代王侯自稱孤，為王侯自謙之辭。孤者，謂特立無德能也。❼奕世　累世；代代。❽以其頭縣軛　把皇甫規妻的頭吊在車前轅上。縣，同「懸」。軛，同「軶」。《說文・車部》：「軶，前轅也。」

【語　譯】安定郡皇甫規的妻子，不知是誰家的女兒。皇甫規的元配夫人去世，後來才娶了她。她善於作文章，又擅草書，經常代皇甫規答覆往來書札，眾人驚其書法工整。到皇甫規去世的時候，她還很年輕，而且容色豔美。後來董卓當上相國，慕她的名聲，想霸占她，於是用軿輜一百輛，馬二十匹作為聘禮，載奴婢和錢帛的車輛充塞道路。她卻身著便服逕赴董卓之門，跪著陳述自己不願失節再嫁，言詞酸楚悲愴。董卓卻使自己隨從的奴僕、侍者一個個拔出刀來，將她團團圍住，說道：「孤之威力，欲使舉國順服，怎麼不能施行於一個婦人！」皇甫規妻料到自己不免一死，於是立起身來大罵董卓，說：「你這個羌胡野種，毒害天下，難道還不夠嗎？我家祖祖輩輩是清德君子，皇甫君更是文武卓異的優秀人才，為大漢忠臣，你的父親難道不是他使喚的一個走卒嗎？你竟敢對你主子的夫人無禮！」董卓便派人拉來一輛大車，放在院內，把皇甫規妻的頭吊在車軛上，鞭子和棍棒交替而下。皇甫規妻對行刑的人說：「你們為何不重重地打？快點打死我，就是你們的恩德。」就這樣，皇甫規妻便慘死在車下。後人為了紀念她，為她畫了像，稱之為「禮宗」。

南陽❶陰瑜妻者，潁川❷荀爽❸之女也，名采，字女荀。聰敏有才蓺❹。年十七，適陰氏。十九產一女，而瑜卒。采時尚豐少，常慮為家所逼，自防禦甚固。後同郡郭奕❺喪妻，爽以采許之，因詐稱病篤，召采。既不得已而歸，懷刃自誓。爽令傅婢執奪其刃，扶抱載之，猶憂致憤激，敕衛甚嚴。女既到郭氏，乃偽為歡悅之色，謂左右曰：「我本立志與陰氏同穴，而不免逼迫，遂至於此，素情不遂，柰何？」乃命使建四燈，盛裝飾，請奕入相見，共談，言辭不輟。奕敬憚之，遂不敢逼，至曙而出。采因敕令左右辦浴❻。既入室而掩戶，權令侍人避之，以粉書扉上曰：「尸還陰。」「陰」字未及成，懼有來者，遂以衣帶自縊。左右翫❼之不為意，比視，已絕，時人傷焉。

【章　旨】以上記述陰瑜妻荀采。旨在說明荀采篤於陰瑜，堅貞不貳。

【注　釋】❶南陽　郡名。戰國秦置。治今河南南陽。❷潁川　郡名。秦王政十七年（西元前二三〇年）置。治今河南禹州。❸荀爽　潁川郡潁陰縣（今河南許昌）人，荀彧之叔，位至司空。《三國志・荀彧傳》裴松之注：「爽字慈明，幼好學，十二歲通《春秋》、《論語》，耽思經典，不應徵命，積十數年。董卓秉政，復徵爽，爽欲遁去，吏持之急。詔下郡，拜平原相。行至宛陵，又追拜光祿勳。視事三日，策拜司空。爽起自布衣，九十五日而至三公。」❹蓺　同「藝」。❺郭奕　曹操的謀士郭嘉之子。《三國志・郭嘉傳》曰：郭嘉死，「子奕嗣。」「奕為太子文學。」❻辨浴　準備沐浴之具。辨，古「辦」字。辦治；準備。❼翫　玩忽；相習既久而生懈怠。

【語　譯】南陽郡陰瑜的妻子，是潁川郡荀爽的女兒，名采，字女荀。她聰敏多才多藝。十七歲嫁給陰瑜為妻。十九歲生下一個女兒，而陰瑜就去世了。荀采當時尚且豐滿年少，常常擔心被其家所逼迫改嫁，所以自己防備很嚴。後來潁川郡郭奕喪妻，荀爽於是將荀采許配給郭奕，假稱自己病重，把荀采叫回家來。荀采不得已，就回家來了，懷裡揣著刀，準備用死來表示自己不再改嫁的決心。荀爽讓家裡的侍婢奪下荀采所帶的刀，把荀采抱著放在車上。荀爽還是擔心怕引起荀采的激憤，告訴陪送的人要嚴加看護。荀采到了郭奕家，便假裝很高興，對身邊的人說：「我本來立志跟陰瑜同葬一個墓穴，但還是免不了被逼迫，於是就到了今天這種地步，我平素的志向沒有實現，有什麼辦法？」於是命人豎立四盞燈，自己盛裝打扮，請郭奕進來相見，一起談話，言語不停。郭奕既尊重她，又有點怕她，於是不敢逼迫她，至天亮才出來。荀采於是吩咐侍奉她的人為她準備洗浴的東西。荀采進了浴室就掩上門，暫且讓侍奉她的人迴避一下，她便用粉在門上寫道：「我的屍體要送還到陰……。」陰字還沒有寫完，她怕有人來，於是用衣帶自縊而死。她身邊的人對她的行為習慣了，漫不經心，等到去看時，人已經死了。當時的人都很悲傷。

犍為❶盛道妻者，同郡趙氏之女也，字媛姜。建安❷五年，益部❸亂，道聚眾起兵，事敗，夫妻執繫，當死。媛姜夜中告道曰：「法有常刑，必無生望，君可速潛逃，建立門戶，妾自留獄，代君塞咎❹。」道依違未從，媛姜便解道桎梏❺，為齎糧貨。子翔時年五歲，使道攜持而走。媛姜代道持夜❻，應對不失。度道已遠，乃以實告吏，應時見殺。道父子會赦得歸。道感其義，終身不娶焉。

【章　旨】以上記述盛道妻趙媛姜。旨在突出趙媛姜的智慧與果斷。《華陽國志》常璩評述云：「媛姜匹婦，勉夫濟子；授命囹圄，義踰國士。」可為對趙媛姜的最高評價。

【注　釋】❶犍為　郡名。西漢武帝建元六年置。治今貴州遵義，又三移至今四川彭山縣東。❷建安　東漢獻帝劉協年號，西元一九六—二二〇年。❸益部　即益州。西漢武帝所置「十三刺史部」之一。東漢治今四川廣漢北，興平中又移治今四川成都。❹塞咎　抵補罪過。❺桎梏　刑具。在足為桎，在手為梏。即腳鐐手銬。❻持夜　應付夜間獄卒的察囚、呼問。持，支持；支撐。引申為應付。

【語　譯】犍為郡盛道的妻子，是同郡趙家的女兒，字媛姜。漢獻帝建安五年，益州發生動亂，盛道聚眾起兵，失敗後，夫妻二人被捉住拘禁，按法應當判處死罪。趙媛姜夜裡告訴盛道說：「法律有不變的刑罰，我們都沒有希望再活下去了，您可快點潛逃，安家立業。我自己留在獄中，代替您抵補罪過。」盛道猶豫不決，趙媛姜便解開盛道的腳鐐手銬，為他準備了食物錢財。他們的兒子盛翔當時才五歲，讓盛道攜帶著逃跑。媛姜代替盛道應付夜間獄卒的察囚、呼問，應對不失。媛姜估計盛道已經走遠了，就把實情告訴了獄吏，到了規定的時間，就被殺了。盛道和他兒子遇上朝廷大赦，才回鄉里。盛道感激媛姜的恩義，於是終身不再娶妻。

孝女叔先雄者，犍為人也。父泥和，永建❶初為縣功曹。縣長遣泥和拜檄❷謁巴郡❸太守，乘船墯❹湍水物故，尸喪不歸。雄感念怨痛，號泣晝夜，心不圖存，常有自沈之計。所生男女二人，並數歲，雄乃各作囊，盛珠環❺以繫兒，數為訣別之辭。家人每防閑❻之，經百許日後稍懈，雄因乘小船，於父墯處慟哭，遂自投水死。弟賢，其夕夢雄告之：「卻❼後六日，當共父同出。」至期伺之，果與父相持，浮於江上。郡縣表言，為雄立碑，圖象其形焉。

【章 旨】以上記述叔先雄。先寫叔先雄之父墯水溺死，「尸喪不歸」；次寫叔先雄悲傷父死，痛不欲生，投水而死；後寫叔先雄託夢與其弟及郡縣表彰叔先雄諸事。

【注 釋】❶永建 東漢順帝劉保年號，西元一二六—一三二年。❷檄 文體名。古時官府用以曉諭、聲討的文書。此指拜謁的文書。❸巴郡 戰國時秦於故巴國地置。治今重慶嘉陵江北岸。❹墯 同「墮」。❺珠環 綴珠的環形飾物。❻閑 防止；看管。❼卻 退。

【語 譯】孝女叔先雄，是犍為人。其父名泥和，東漢順帝永建初年為縣功曹。縣長派泥和拿著拜謁的文書去謁見巴郡太守，乘船而行，墜落在湍急的水流中溺死。人們沒有尋找到他的屍體。叔先雄感念悲痛，晝夜號泣，意不欲生，常常有自己溺死的想法。叔先雄所生男女二人，都只有數歲，她於是給兩個孩子都做了口袋，把珠環裝在口袋裡，繫在孩子身上，多次和孩子們說些告別的話。家人怕她尋死，對她時時嚴加防備。過了一百多天後，家人放鬆了防備，叔先雄即乘坐小船，到她父親墮水處痛哭，於是投水而死。叔先雄的弟弟名賢，那天夜裡夢見叔先雄告訴他：「往後推六天，我和父親一起出來。」到了這一天，大家等在江邊上，果然看見叔先雄和她的父親的屍體互相扶持，浮在江面上。郡縣上表稱說她的事跡，為叔先雄立了石碑，把她的形象刻在石碑上。

1 陳留❶董祀妻者，同郡蔡邕❷之女也，名琰，字文姬。博學有才辯，又妙於音律。適河東❸衛仲道。夫亡無子，歸寧于家。興平❹中，天下喪亂，文姬為胡❺騎所獲，沒於南匈奴❻左賢王❼，在胡中十二年，生二子。曹操❽素與邕善，痛其無嗣，乃遣使者以金璧贖之，而重嫁於祀。

2 祀為屯田都尉❾，犯法當死，文姬詣曹操請之。時公卿名士及遠方使驛❿坐者滿堂，操謂賓客曰：「蔡伯喈女在外，今為諸君見之。」及文姬進，蓬首徒行，叩頭請罪，音辭清辯，旨甚酸哀，眾皆為改容。操曰：「誠實相矜，然文狀已去，柰何？」文姬曰：「明公廄馬萬匹，虎士成林，何惜疾足一騎，而不濟垂死之命乎？」操感其言，乃追原祀罪。時且寒，賜以頭巾履襪。操因問曰：「聞夫人家先多墳籍，猶能憶識之不？」文姬曰：「昔亡父賜書四千許卷，流離塗炭⓫，罔有存者。今所誦憶，裁四百餘篇耳。」操曰：「今當使十吏就夫人寫之。」文姬曰：「妾聞男女之別，禮不親授。乞給紙筆，真草唯命。」於是繕書送之，文無遺誤。

3 後感傷亂離，追懷悲憤，作詩二章。其辭曰：

4 「漢季失權柄⑫，董卓亂天常⑬。志欲圖篡弒⑭，先害諸賢良。逼迫遷舊邦⑮，擁主⑯以自彊。海內興義師，欲共討不祥⑰。卓眾來東下⑱，金甲耀日光。平土⑲人脆弱，來兵皆胡羌⑳。獵野㉑圍城邑，所向悉破亡。斬截無孑遺㉒，尸骸相撐拒㉓。馬邊縣男頭，馬後載婦女㉔。長驅西入關㉕，迥路險且阻。還顧邈冥冥㉖，肝脾為爛腐。所略㉗有萬計，不得令屯聚㉘。或有骨肉俱㉙，欲言不敢語。失意機微間，輒言斃降虜㉚。要當以亭刃，我曹不活汝㉛。豈復㉜惜性命，不堪其詈罵。或便加棰杖，毒痛參并下㉝。旦則號泣行，夜則悲吟坐。欲死不能得，欲生無一可。彼蒼者㉞何辜，乃遭此戹禍㉟！邊荒與華異㊱，人俗少義理。處所多霜雪，胡風春夏起。翩翩吹我衣，肅肅入我耳。感時念父母，哀歎無窮已。有客從外來，聞之常歡喜。迎問其消息，輒復非鄉里㊲。邂逅徼時願㊳，骨肉來迎己㊴。己得自解免，當復棄兒子㊵。天屬綴人心㊶，念別無會期。存亡永乖隔㊷，不忍與之辭。兒前抱我頸，問母欲何之。『人言母當去，豈復有還時。阿母常仁惻，今何更不慈？我尚未成人，奈何不顧思！』見此崩五內[43]，恍惚生狂癡。號泣手撫摩，當發復回疑[44]。兼有同時輩[45]，相送告離別。慕我獨得歸，哀叫聲摧裂。馬為立踟躕[46]，車為不轉轍。觀者皆歔欷[47]，行路[48]亦嗚咽。去去割情戀[49]，遄征日遐邁[50]。悠悠三千里，何時復交會？念我出腹子，匈臆[51]為摧敗。既至家人盡，又復無中外[52]。城郭為山林，庭宇生荊艾[53]。白骨不知誰，從[54]橫莫覆蓋。出門無人聲，豺狼號且吠。煢煢對孤景[55]，怛咤糜肝肺[56]。登高遠眺望，魂神忽飛逝。奄若壽命盡[57]，旁人相寬大[58]。為復彊視息[59]，雖生何聊賴[60]！託命於新人[61]，竭心自勖厲[62]。流離成鄙賤，常恐復捐廢[63]。人生幾何時，懷憂終年歲！」

5 其二章曰：

6 「嗟薄祜兮遭世患[64]，宗族殄[65]兮門戶單。身執略兮入西關[66]，歷險阻兮之羌蠻[67]。山谷眇[68]兮路曼曼，眷[69]東顧兮但悲歎。冥[70]當寢兮不能安，飢當食兮不能餐，常流涕兮眥[71]不乾，薄志節兮念死難[72]，雖苟活兮無形顏。惟彼方兮遠陽精[73]，陰氣凝兮雪夏零。沙漠壅[74]兮塵冥冥[75]，有草木兮春不榮。人似禽兮食臭腥，言兜離兮狀窈停[76]。歲聿暮兮時邁征[77]，夜悠長兮禁門扃[78]。不能寐兮起屏營[79]，登胡殿兮臨廣庭。玄雲[80]合兮翳[81]月星，北風厲兮肅泠泠[82]。胡笳動[83]兮邊馬鳴，孤雁歸兮聲嚶嚶。樂人興84兮彈琴箏，音相和兮悲且清。心吐思兮匈憤盈85，欲舒氣兮恐彼驚，含哀咽86兮涕沾頸。家既迎兮當歸寧87，臨長路兮捐所生88。兒呼母兮號失聲，我掩耳兮不忍聽。追持我兮走煢煢89，頓復起兮毀顏形90。還顧之兮破人情91，心怛絕92兮死復生。」

【章旨】以上記述董祀妻蔡文姬。先寫蔡文姬的身世、才學及其遭遇。次寫蔡文姬為其夫董祀求情及繕寫其父蔡邕之書四百餘篇獻曹操。後寫蔡文姬痛定思痛，追述自己的遭遇所寫的悲憤詩二章。旨在突出蔡文姬的才學、遭遇及其「悲憤詩」二章的文學、歷史價值。

【注釋】❶陳留 郡名。西漢武帝元狩元年置郡。治今河南開封東南。❷蔡邕 （西元一三二—一九二年），字伯喈，陳留郡圉縣（今河南杞縣）人。東漢文學家、書法家。靈帝時為議郎，因上書論朝政闕失獲罪，流放朔方。後赦回，畏宦官陷害，亡命江湖十餘年。董卓專權，任命為侍御史，官左中郎將。從獻帝遷都長安，封高陽鄉侯。董卓重蔡邕才學，厚相遇待。每集宴，輒令蔡邕鼓琴贊事。董卓被誅，蔡邕為王允所捕，死獄中，時年六十一。蔡邕精音律，通經史、天文，又善辭賦；工篆隸，尤以隸書著稱。熹平四年（西元一七五年），靈帝許蔡邕與堂溪典等寫定《六經》文字，「邕乃自書冊於碑，使工鐫刻，立於太學門外。」世稱《熹平石經》。蔡邕又創「飛白」書。有《蔡中郎集》已佚。〈蔡邕傳〉見本書卷六十。❸河東 郡名。秦置。治今山西夏縣西北。❹興平 東漢獻帝劉協年號，西元一九四—一九五年。❺胡 中國古代對北方、西方各民族的泛稱。❻南匈奴 東漢時匈奴分裂後，漢人對南遷的匈奴人的稱呼。光武帝建武二十四年（西元四八年），匈奴內部分裂，日逐王比自立，率所部南下附漢，屯居朔方、五原、雲中（今內蒙古境內）等郡，被稱為南匈奴。後一部分又遷移山西西北部。❼左賢王 匈奴官名。是單于以下的最高官職。冒頓單于時，除自領中部外，設左右屠耆王，分領東西二部，由單于子弟擔任。匈奴尚左，通常以單于的繼承者任東邊的左屠耆王。「屠耆」，匈奴語是「賢」的意思，漢人因稱左右屠耆王為左右賢王。❽曹操 （西元一五五—二二〇年），字孟德，小名阿瞞，譙（今安徽亳州）人。東漢末政治家、軍事家、詩人。東漢末在平定黃巾之亂的過程中，逐步擴充了軍事力量。初平三年（西元一九二年）占據兗州，分化誘降青州黃巾軍的一部分，編為「青州兵」。建安元年（西元一九六年），迎獻帝都許（今河南許昌東）。利用獻帝的名義發號施令，先後削平呂布、袁紹等割據勢力，統一了北方。建安十三年，進位丞相，率軍南下，被孫權、劉備聯軍擊敗於赤壁。後封魏王。子曹丕篡漢，建立魏國，尊他為武帝。❾屯田都尉　官名。三國魏置。❿使驛　傳驛的信使，即使者。⓫流離塗炭　因災荒或戰亂，流轉離散，處於極端困苦的境地。塗，泥淖。炭，炭火。⓬漢季失權柄　季，末。失權柄，指皇帝失去權力，朝政為宦官、外戚所把持。⓭天常　猶「天倫」、「倫理」。指君臣父子等方面的綱常倫理關係而言。⓮志欲圖篡弒　指董卓一心想篡位、弒君。⓯逼迫遷舊邦　指董卓挾持獻帝西遷長安。⓰擁主　指董卓挾持獻帝以號令天下。⓱不祥　不善。⓲卓眾來東下　指「卓婿中郎將牛輔典兵別屯陝，分遣校尉李傕、郭汜、張濟略陳留、潁川諸縣」事。見《三國志・董卓傳》。⓳平土　指中原地區。⓴胡羌　董卓的軍隊東下時，中有胡人和羌人的軍隊，故蔡文姬為胡人所獲。胡，指匈奴人。㉑獵野　在田野上打獵。實指對農村的攻殺抄掠。㉒斬截無孑遺　斬殺人眾一個也沒有剩下。截，同「截」。孑遺，遺留；剩餘。㉓掌拒　支撐；枕藉。此形容橫躺豎臥的屍體之多。掌，同「撐」。㉔馬邊縣男頭二句　《三國志・董卓傳》記卓軍抄掠陽城時云：「嘗遣軍到陽城，時適二月社（祭土神），民各在其社下，悉就斬其男頭，駕其牛車，載其婦女財物，以所斷頭繫車轅軸，連軫而還洛，云攻賊大獲。入開陽城門，焚燒其頭，以婦女與甲兵為婢妾。」㉕長驅西入關　指董卓的軍隊劫掠中原之後，又回到關中。關，指函谷關。㉖還顧邈冥冥　回望家鄉，遙遠迷茫。㉗略　同「掠」。㉘屯聚　集聚。㉙或有骨肉俱　指親人一起被劫掠來了。㉚失意機微間二句　董卓的兵稍有一點不滿意，張口就說：「殺死你們這些降虜！」失意，不滿意。機微，細微；稍微。輒言，動不動就說。㉛要當以亭刃二句　要是你們想挨刀，我們就殺死你們。當，假如。亭刃，猶言「挨刀」。我曹，我們。董卓兵自稱。㉜豈復　怎能再。㉝毒痛參并下　毒痛，內心的憎恨和身體上的痛苦同時而至。毒，憎恨。㉞彼蒼者　指上天。《詩・黃鳥》：「彼蒼者天」。㉟戹禍　災禍。戹，同「厄」。㊱邊荒與華異　邊荒，邊遠之地。指自己流落到南匈奴。㊲輒復非鄉里　卻又不是自己鄉里的人。輒，反而；卻。㊳邂逅徼時願　意外地遇到機會。邂逅，意外地遇到。徼，同「邀」。求得；得到。時願，時機；願望。㊴骨肉來迎己　此指祖國的親人來迎接自己。骨肉，指親近的人。㊵當復棄兒子　則又要丟下兒子。當，則。表示承接上句。自己雖然得到解脫，則又要丟下兒子。㊶天屬綴人心　天屬，天生的骨肉親屬。此指母子關係。綴，聯繫。指母子心心相連。㊷乖隔　分離；別離。㊸五內　五臟。㊹當發復回疑　將要出發又迷惑遲疑。當，將。回，迷惑。㊺兼有同時輩　還有同時流落到南匈奴的人。㊻踟躕　亦作「踟躇」、「踟跦」。徘徊不進；猶豫。㊼歔欷　同「欷歔」。歎氣；抽噎聲。㊽行路　謂行路之人。㊾情戀　指母子依戀之情。㊿遄征日遐邁　疾速行走，一天比一天走遠了。遄征，疾速行走。遐、邁，皆遠之意。(51)匈臆　胸懷。匈，同「胸」。(52)中外　指近親。舅父之子為內兄弟，姑母之子為外兄弟。(53)荊艾　荊棘、艾蒿。此泛指野草。(54)從　同「縱」。(55)煢煢對孤景　煢煢，孤獨無依。景，同「影」。(56)怛咤靡肝肺　傷心驚懼使肝肺都腐爛了。怛咤，傷心驚懼。靡，碎爛。(57)奄若句　忽然覺得似乎生命已到盡頭。奄，忽然。若，好像；似乎。(58)寬大　寬慰；勸解。(59)視息　勉強地活著。視，睜開眼。息，呼吸。(60)聊賴　依賴。指生活上的憑藉或精神上的寄託。(61)託命於新人　指改嫁於董祀。(62)勖厲　勉勵。厲，亦作「勵」。(63)捐廢　拋棄。(64)嗟薄祜兮遭世患　歎自己福薄，遭到世間的禍患。嗟，歎。祜，福。患，禍患；災難。(65)殄　滅絕。(66)身執略兮入西關　身，自身。執略，被擄掠。略，同「掠」。入西關，即西入關。被胡騎擄掠，西入關中。關，指函谷關。(67)歷險阻兮之羌蠻　歷盡艱難險阻到了南匈奴地區。之，往；到……去。羌蠻，指南匈奴。(68)眇　高遠。(69)眷　回視。(70)冥　夜；夜晚。(71)眥　眼眶。此指眼睛。(72)薄志節兮念死難　自己志節脆弱，經常考慮死去。故下句曰：「雖苟活兮無形顏」。薄，不厚；淡弱。志節，志向和節操。念，考慮。死難，謂死去。(73)惟彼方兮遠陽精　惟，句首助詞。彼方，指南匈奴地區。陽精，指太陽。李賢注：「北方近陰遠陽。」(74)壅　堆積。(75)冥冥　昏暗。(76)言兜離兮狀窈停　言，言語。兜離，形容言語難懂。窈停，深目高鼻貌。(77)歲聿暮兮時邁征　聿，助詞，用於句首或句中。時邁，時光流逝。征，行。謂：一年將盡，時光飛逝。(78)禁門扃　禁門，宮門。此指匈奴左賢王所居住之處的門戶。扃，同「扃」。關閉；上門。(79)屏營　彷徨。(80)玄雲　黑雲；濃雲。(81)翳　遮蔽。(82)肅泠泠　寒冷。(83)胡笳動　胡笳，古管樂器。流行於塞北和西域一帶。漢魏鼓吹樂中常用之。動，吹動；響起。(84)興　起。(85)心吐思兮匈憤盈　心吐思，即想吐出心中的鬱積。思，愁思。匈憤盈，即胸中氣積脹悶。(86)含哀咽　忍住哀傷哽咽。含，忍受。(87)家既迎兮當歸寧　即祖國派人迎接自己，自己當回祖國去。(88)臨長路兮捐所生　即面對著漫長的道路，丟下自己所生的兒子。(89)追持我兮走煢煢　兒子像鳥回轉疾飛一般走上前來拉住我。持，握住。煢煢，《說文．卂部》：「煢，回疾也。」清段玉裁注：「煢，回轉之疾飛也。」朱駿聲《說文通訓定聲》：「鳥回轉疾飛曰煢。」(90)頓復起兮毀顏形　頓，僵仆；跌倒。毀顏形，謂過度悲傷，使自己的顏形毀壞。(91)還顧之兮破人情　還顧，回頭看。破人情，指母子關係被破壞。(92)怛絕　悲痛已到極點。

【語　譯】陳留郡董祀的妻子，是同郡蔡邕的女兒，名琰，字文姬。她博學而有才辯，又精通音樂。嫁給河東郡衛仲道為妻。仲道去世，又沒有孩子，文姬便回到娘家。東漢獻帝興平年間，天下大亂，她被胡人的騎兵擄去，為南匈奴左賢王所得，在那裡生活了十二年，生下兩個兒子。曹操與蔡邕素來交情很好，憐憫他沒有後嗣，便派使者到南匈奴，用金璧把文姬贖回來，又把她重嫁給董祀。

2 董祀為屯田都尉，犯罪當死，文姬便到曹操府中為董祀求情。當時公卿名士及遠方使者濟濟一堂，曹操對眾賓客說：「蔡伯喈之女在門外，今天讓各位見見她。」等到文姬進來，只見她蓬頭赤足，跪到曹操面前叩頭請罪，聲音清爽，條理分明，意旨酸痛悲哀。聽到的人，都為之改容。曹操說：「我也確實憐憫他，但文狀已經發出，怎麼辦呢？」文姬說：「明公廄中良馬萬匹，帳下虎士如林，卻為何惜一匹快馬，而不肯救垂死之人呢？」曹操被她的話感動了，於是追回文狀，赦免了董祀之罪。當時天氣將寒，曹操又賜給文姬頭巾和鞋襪。接著曹操問她說：「聽說夫人家裡從前有很多典籍，您還記得嗎？」文姬說：「以前先父給我的書籍有四千來卷，這些年，流離塗炭，已經蕩然無存。現在只能背誦四百多篇。」曹操說：「現在派十名書吏隨夫人去把它抄寫出來。」文姬說：「小女子聽說男女有別，論禮不當親授。求您供給紙筆，用楷書還是用草書寫出，聽您的吩咐。」於是她回到家中，親自繕寫，然後送給曹操，文字沒有遺漏和錯誤。

3 蔡文姬後來想起這些年來的亂離生活，悲憤滿腔，乃作詩二章，其詩說：

4 「漢末皇帝失大權，董卓作亂亂綱常。一心弒君篡帝位，首先殺害眾賢良。逼迫朝廷遷舊都，挾持天子以自強。國內興起忠義師，欲共征討伐凶狂。董卓人馬往東來，金甲閃閃映日光。中原之人素脆弱，董卓人馬皆胡羌。劫掠村莊攻城市，所到之處皆破亡。斬盡殺絕無剩餘，屍體遍地亂堆積。馬旁懸掛男子頭，馬後車上載婦女。卓兵長驅西入關，路途險阻又遙遠。回望家鄉渺茫茫，使我肝脾如腐爛。所掠之人以萬計，不准人們相集聚。骨肉親人同被擄，欲問情狀不敢語。卓兵稍有不滿意，即言殺你這降虜。假如你們想挨刀，我們立即宰了你。怎能再惜己性命，實難忍受其罵辱。隨便對人棰杖擊，憎恨痛楚同時至。白天號哭行道路，夜晚悲歎坐平地。欲死不能得其死，想活又無生活路。仰問蒼天我何罪，為何遭受此痛苦！邊荒異於中原地，風俗人情少義理。所居之地多霜雪，胡地勁風春夏起。風來翩翩吹我衣，風聲肅肅入我耳。感慨時移念父母，悲哀歎息無終已。有客從外來胡地，聞訊心中常歡喜。迎上前去問消息，卻又不是我鄉里。不料願望得實現，親人迎我還家去。自己雖然得解脫，卻又拋下親生子。母子親情繫我心，念此一別無會期。生死存亡永別離，心不忍與兒告辭。兒子上前抱我頸，問母要往哪裡去。『人家都說母要走，難道還有回來時。我母平時多仁愛，今日為何變不慈？兒子年幼未成人，母親為何不思慮！』見此情景五臟崩，精神恍惚如狂癡。呼號悲泣撫摩子，將要上路又遲疑。還有同時被擄人，前來送行告別離。他們慕我得獨歸，痛哭哀號聲悲切。征馬踟躕不肯行，車輪遲遲不轉動。觀看之人皆悲泣，行路之人亦嗚咽。遠去割斷母子情，行程疾速日益遠。悠悠路途三千里，何時與兒再相見？思念我的親生子，心胸悲痛如碎斷。已經到家家人盡，又無中表與親近。城郭變化為山林，庭院荒蕪生荊艾。白骨暴露不知誰，縱橫交錯無人埋。出門寂靜無人語，唯有豺狼嚎叫聲。單身獨立對孤影，傷心驚懼肝肺崩。站立高處望遠方，神魂飄忽離軀體。忽覺生命到盡頭，旁人勸我放寬懷。復又勉強活下來，雖然活著何聊賴！寄託命運於新人，盡心竭力自勉勵。流離已成鄙賤人，經常擔心被捐棄。人生能有幾多時，心懷憂懼終一世！」

5 其第二章說：

6 「歎己福薄啊遭遇禍患，宗族滅絕啊門戶孤單。身被擄掠啊驅入西關，歷經險阻啊來至羌蠻。山谷高遠啊道路漫漫，眷戀東顧啊唯有悲歎。夜晚當眠啊不能得安，飢餓當食啊不能得餐，常流淚水啊眼眶不乾，志節薄弱啊常想死難，雖得苟活啊無有顏面。那個地方啊遠離太陽，陰氣凝聚啊夏雪飄零。沙漠堆積啊塵埃昏冥，雖有草木啊春季不榮。人似禽獸啊慣食臭腥，語言難懂啊高鼻深睛。一年將盡啊時光飛逝，黑夜悠長啊禁門關閉。不能入睡啊坐起彷徨，登上胡殿啊面臨廣庭。黑雲聚合啊遮蔽月星，北風淒厲啊肅殺寒冷。胡笳吹動啊邊馬嘶鳴，孤雁歸去啊嗚聲嚶嚶。樂人興起啊彈奏琴箏，聲音相和啊悲哀淒清。心中鬱積啊氣憤滿胸，欲抒悶氣啊恐樂人驚，心含悲哀啊淚濕脖頸。家人來迎啊我當歸寧，面對長路啊丟棄親生。兒呼母親啊號哭失聲，我掩兩耳啊不忍聞聽。兒追母親啊飛奔而來，跌倒復起啊毀壞顏形。回顧此景啊破壞人情，心中悲痛啊死而復生。」

贊曰：端操有蹤❶，幽閑有容❷。區明風烈❸，昭我管彤❹。

【章　旨】以上是作者對眾位女傳主的操行和智慧所發出的由衷的讚美。

【注　釋】❶端操有蹤　節操端正，有事跡可以記述。端操，端正的節操。蹤，蹤跡。❷幽閑有容　用以形容女子的言談舉止。幽閑，幽靜；閒雅。❸區明風烈　區明，分別表明。風烈，遺風餘烈。風，風範。烈，正直；剛毅。❹昭我管彤　史書要記載婦女的事跡，使婦女的形象更加光彩照人。昭，明；光彩。我，猶「其」。管彤，即「彤管」。即赤杆的筆。《詩・靜女》：「靜女其孌，貽我彤管。」《毛傳》：「既有靜德，又有美色，又能遺我以古人之法。古者，后夫人必有女史彤管之法。史不記過，其罪殺之。」即女史以赤管之筆記載后妃的行動，若其有過不書，女史則犯被殺之罪。鄭玄箋：「彤管，筆赤管也。」本書〈皇后紀〉：「女史彤管，記功書過。」

【語　譯】史官評議說：婦女有端正的節操，有感人的事跡，幽靜嫻雅，有合於規範的言談舉止。皆區別記述她們的遺風餘烈，使婦女的形象，更加光彩照人。

【研　析】〈列女傳〉寫了自東漢光武帝中興以來的婦女十七人，作者對她們都是讚許的。雖然作者讚許他所寫的婦女，但從另一角度卻反映了封建社會婦女命運的悲慘。

〈列女傳〉的意義，是把在封建社會中地位低下的、只能作為男子附屬物的婦女的事跡載入史冊。具體說來，作者讚揚了婦女的孝道、堅貞、廉潔、才智、賢哲。在敘述過程中，間或夾雜報應、孝感、託夢等迷信成分，是作者採取民間傳說，意在勸勉，我們不必認為真有其事。

關於孝道，作者寫了姜詩妻、曹娥、龐淯母、叔先雄等四人。姜詩妻遠汲江水供婆婆飲用，即使被休棄後，仍然掛念著婆婆。夫妻力作供母親食魚鱠，其孝行感動了天地，說其「舍側忽有涌泉，味如江水，每旦輒出雙鯉魚」，以供母膳。此則為奇談怪論，世上絕無此事。龐淯母為父報仇，十年如一日。大仇已報，乃慷慨詣縣自首。甘受刑戮，不苟且偷生以枉公法，敢作敢當，大義凜然。叔先雄事，類似曹娥。但曹娥年僅十四歲，尚屬兒童，其投江或由於過度悲傷所致。叔先雄乃是成人，已是兩個孩子的母親，孩子都只有數歲，她竟忍心丟下孩子，投江而死，這是不應該宣揚的事。在封建社會中，往往慈孝並稱。什麼是慈？《說文・心部》：「慈，愛也。」《周禮・地官・大司徒》：「一曰慈幼。」鄭玄注曰：「慈幼，謂愛幼也。」特別是把母親稱為「家慈」，可見母親對孩子的慈愛之重要。父親墮水死，你也投水死，丟下兩個數歲的孩子誰來照管？投水死實際上算不得對父親盡孝道，殉葬而已。故叔先雄之行，實昧慈孝之義。後又說叔先雄託夢與其弟及「與父相持，浮於江上」，又是一個奇談怪論。

婦女之堅貞不貳，亦是作者所寫的一個重點。有許升妻、劉長卿妻、皇甫規妻、陰瑜妻四人。她們的身世、遭遇各不相同，她們的共同特點都是堅貞不貳，死不受辱。其悲壯突出者應首推皇甫規妻。她不慕董卓之權勢、厚禮，不懼董卓之淫威，而敢於大罵董卓，慘死於車下，實為女中之佼佼者。

關於文才，作者寫了曹世叔妻、董祀妻二人。曹世叔妻確為「才行尤高秀者」之代表人物。她是史學家、徐令班彪之女，自幼受到良好的教育，是所謂德才兼備的女性楷模。其品德，既昭婦則，且擅母儀，教育子女有方；其才學，續修《漢書》，作《女誡》，為后妃師。其對後世影響最深的是《女誡》七篇。《女誡》七篇，成為封建社會大家閨秀必讀之書。董祀妻是東漢末文學家、書法家蔡邕之女。她的不幸遭遇，深為人所同情。其「追懷悲憤」詩二章，道出了自己的苦悶，並反映了東漢末年動亂的社會狀況。既有文學價值，又有歷史價值。

其他如鮑宣妻的明哲，王霸妻至高的思想境界，樂羊子妻的廉潔、賢慧，程文矩妻的教子有方，袁隗妻的聰穎才辯，盛道妻的機智果斷以及周郁妻的對規勸其夫進退兩難而死，作者都對她們持有讚揚的態度。〈列女傳〉是一幅封建社會的婦女畫卷，它反映了封建社會作為社會生活一個重要方面的婦女的生活、地位及其命運。

本傳附見二人，即班昭女妹曹豐生及袁隗妻妹馬芝，由於沒有事跡，故未加論述。（王明信注譯）

卷八十五

東夷列傳第七十五

【題　解】本卷為東漢時期東夷民族的合傳，寫了東夷的夫餘、挹婁、高句驪、東沃沮、濊、三韓、倭等七種夷人及他們所建立的國家，並附述了一些在當時看來是絕遠難以到達的地方。敘述了東夷各國的地理位置，風土民情，地形地貌，物產，各民族的素質、特徵及與東漢的關係等等。作者開宗明義在本卷引言中說：夷人「仁而好生」，若「萬物柢地而出」；其次肯定了夷人「天性柔順，易以道御」，故孔子欲居於九夷之地。作者在贊中又說：「眇眇偏譯，或從或畔。」本卷所敘述的夷人第一次叛亂是由於夏后氏太康失德所致。一篇引言是自太康失德至東漢二千多年間的夷人「或從或畔」歷史的概述。其規律是：中國興盛，夷人即「服王化」，國家衰微，統治者失德，夷人就叛亂。本卷並著重敘述了光武中興以後二百年間東漢與東夷各國的往來關係。

本卷所敘述的東夷範圍較廣，除與東漢鄰近的夫餘、高句驪等國之外，還有遠至萬里以外的倭國、拘奴國、裸國、黑齒國等。從中可以看出：其一，東漢國威所到達的地方；其二，東漢與他國的經濟、政治、文化交流；其三，可以看出夷人時服時叛的原因；其四，可了解夷人的風土民情、物產及其民族的特質，以豐富人們的見聞。本卷是研究東漢與夷人關係的珍貴資料。

1 王制❶云：「東方曰夷❷。」夷者，柢❸也，言仁而好生❹，萬物柢地而出❺。故天性柔順，易以道御，至有君子、不死之國❻焉。夷有九種❼，曰畎夷，于夷，方夷，黃夷，白夷，赤夷，玄夷，風夷，陽夷。故孔子欲居九夷❽也。

2 昔堯命羲仲宅嵎夷❾，曰暘谷❿，蓋日之所出也。夏后氏⓫太康⓬失德，夷人始畔。自少康⓭已後，世服王化⓮，遂賓⓯於王門，獻其樂舞。桀⓰為暴虐，諸夷內侵，殷湯⓱革命，伐而定之。至于仲丁⓲，藍夷⓳作寇。自是或服或畔，三百餘年。武乙⓴衰敝，東夷寖㉑盛，遂分遷淮、岱㉒，漸居中土。

3 及武王㉓滅紂㉔，肅慎㉕來獻石砮㉖、楛矢㉗。管、蔡畔周，乃招誘夷狄，周公征之，遂定東夷㉘。康王㉙之時，肅慎復至。後徐夷㉚僭號，乃率九夷以伐宗周㉛，西至河上㉜。穆王㉝畏其方熾，乃分東方諸侯，命徐偃王㉞主之。偃王處潢池㉟東，地方五百里，行仁義，陸地而朝者三十有六國。穆王後得驥騄之乘㊱，乃使造父㊲御以告楚，令伐徐，一日而至。於是楚文王㊳大舉兵而滅之。偃王仁而無權，不忍鬬其人，故致於敗。乃北走彭城㊴武原縣㊵東山下，百姓隨之者以萬數，因名其山為徐山。厲王㊶無道，淮夷入寇，王命虢仲㊷征之，不克，宣王㊸復命召公㊹伐而平之。及幽王㊺淫亂，四夷交侵，至齊桓㊻修霸，攘而卻焉。及楚靈㊼會申㊽，亦來豫盟。後越[49]遷琅邪[50]，與共征戰，遂陵暴諸夏[51]，侵滅小邦。

4 秦并六國，其淮、泗夷皆散為民戶。陳涉[52]起兵，天下崩潰，燕人衛滿[53]避地朝鮮，因王其國。百有餘歲，武帝滅之，於是東夷始通上京。王莽[54]篡位，貊[55]人寇邊。建武[56]之初，復來朝貢。時遼東太守祭肜[57]威讋[58]北方，聲行海表，於是濊、貊、倭、韓[59]萬里朝獻，故章、和[60]已後，使聘流通。逮永初[61]多難，始入寇鈔；桓、靈[62]失政，漸滋曼焉。

5 自中興之後，四夷來賓，雖時有乖畔，而使驛[63]不絕，故國俗風土，可得略記。東夷率皆土著[64]，憙[65]飲酒歌舞，或冠弁衣錦，器用俎豆[66]。所謂中國失禮，求之四夷者也。凡蠻、夷、戎、狄[67]總名四夷者，猶公、侯、伯、子、男[68]皆號諸侯云。

【章　旨】以上為本卷之引言。旨在寫東夷人之「仁而好生，易以道御」及其「或服或畔」的原因。又述光武中興以後，二百年間，夷人雖「時有乖畔」，但「使驛不絕」，與中國的友好往來是主流。

【注　釋】❶王制　《禮記》篇名。❷夷　泛指古代中國東部地區各部族之人。❸柢　樹的主根，也泛指樹根。❹好生　愛惜生靈，不嗜殺。❺萬物柢地而出　意謂如同萬物紮根於土地而生長。❻君子不死之國　《山海經・海外東經》：「君子國在其北，衣冠帶劍，食獸，使二大虎在旁，其人好讓不爭。」唐李賢注引《外國圖》：「去琅邪三萬里。」不死國，《山海經・大荒南經》：「有不死之國，阿姓，甘木是食。」又《山海經・海外南經》：「不死民在其東，其為人黑色，壽，不死。」

清王先謙《後漢書集解》引惠棟：「《括地志》云：君子民好讓，故為君子國。《說文》云：東夷從大。大人也。夷俗仁，仁者壽，有君子、不死之國。」❼夷有九種　《論語・子罕》：「子欲居九夷。」皇侃疏：「東方有九夷：一玄菟，二樂浪，三高麗，四滿飾，五鳧臾，六索家，七東屠，八倭人，九天鄙。」與本篇說異。❽故孔子欲居九夷　謂孔子欲搬到九夷那裡去居住。《論語・子罕》：「子欲居九夷，或曰：『陋，如之何？』子曰：『君子居之，何陋之有？』」❾昔堯命羲仲宅嵎夷　從前堯命羲仲居住在嵎夷。堯，名放勳，號陶唐氏，又稱伊祁氏，史稱唐堯。古代禪讓時代的著名帝王，帝嚳子，都平陽（今山西臨汾西南），他曾設官掌管時令，制訂曆法。年老，讓帝位於舜。其事見《史記・五帝本紀》。羲仲，古代重黎氏之後，世代掌管季節時令。羲仲為堯時治理東方之官。嵎夷，《尚書・堯典》作「堣夷」，《史記・五帝本紀》作「郁夷」。《正義》：「嵎夷，青州也。堯命羲仲理東方青州嵎夷之地。」❿暘谷　一作「湯谷」。日所出之地。《史記索隱》引《淮南子》：「日出湯谷，浴於咸池。」《山海經・海外東經》：「下有湯谷，湯谷上有扶桑，十日所浴，在黑齒北。」⓫夏后氏　指夏朝。《史記・夏本紀》稱：禹受舜禪，「國號曰夏后，姓姒氏。」也稱「夏后氏」或「夏氏」。⓬太康　夏啟之子。啟崩，繼立帝位。太康縱情聲色田獵，不恤民事。他在洛水邊打獵，數月不歸。東夷族的首領后羿趁機奪取了夏朝的政權，太康被拒之於河，不得歸國。太康失國後，與其弟中康逃依斟尋氏（夏之同姓部落，在今河南偃師東北）。太康死，中康繼立。⓭少康　夏王朝第六王，帝相之子，為有名的中興之主。后羿臣寒浞攻滅帝相，相妻方娠，逃歸母家有仍氏（今山東金鄉境），生少康。少康長大，為有仍氏牧正（掌管畜牧之官），因避寒浞的追殺，乃逃至有虞氏（舜之後，在今河南虞城西南），有虞氏之君虞思收留了少康，以其為庖正（掌管飲食之官），並以二女妻之，封少康於綸邑（今河南虞城東南）。《左傳・哀公元年》載：少康在綸，「有田一成（方十里），有眾一旅（五百人）。」少康廣施恩德，招納夏眾，開始做復國的準備工作。同時，夏貴族靡在有鬲氏（今山東德州東南）也收集斟尋、斟灌二部落的殘餘勢力，與少康配合，攻殺寒浞及其二子。少康即位。夏王朝失去四十年的統治得以重新恢復。史稱「少康中興」。⓮王化　天子的教化。⓯賓　服從；歸順。⓰桀　名履癸，夏朝最後的一個君主，殘酷剝削，暴虐荒淫，與商紂並稱，後為商湯所敗，流放南巢（今安徽巢湖市西南）而死，夏亡。見《史記・夏本紀》。⓱殷湯　即商湯。商王朝的建立者。又稱武湯、武王、天乙、成湯，或稱成唐。甲骨文稱唐、大乙，又稱高祖乙。原為商族的領袖，用伊尹為相，積聚力量，準備滅夏。陸續攻滅鄰近的葛（今河南寧陵北）及夏的聯盟韋（今河南滑縣東南）、顧（今河南范縣東南）、昆吾（今河南許昌東）等國，經十一次出征，最後一舉滅夏，建立商朝。見《史記・殷本紀》。⓲仲丁　殷商第十王。《史記・殷本紀》作「中丁」，太戊之子。李賢注引《竹書紀年》：「仲丁即位，征于藍夷」也。⓳藍夷　東夷的一種。⑳武乙　殷商第二十七王，庚丁子。《史記・殷本紀》記載：武乙荒淫無道，他製造了一個偶人，把他叫做「天神」，武乙與「天神」博弈，讓別人給他們做評判。如果「天神」不勝，便對「天神」侮辱一番。武乙又做一革囊，裝滿了血，懸掛高處，仰而射之，叫做「射天」。後武乙在黃河、渭河之間打獵，為暴雷震死。㉑寖　同「浸」。漸。㉒淮岱　淮河、泰山。㉓武王　即周武王。姬姓，名發，周文王次子。繼承其父文王之志，聯合庸、蜀、羌、髳、微、盧、彭、濮等部族率軍攻商。牧野（今河南淇縣西南）之戰，一舉滅商，建立了西周王朝，都鎬（今陝西西安西南灃水東岸）。㉔紂　商朝最後的一個君主。一作受，亦稱帝辛。史稱紂王。曾平定東夷，使中原文化逐漸傳播至江淮流域。紂，才力過人，手格猛獸；知足以拒諫，言足以飾非，重刑暴斂，荒淫無度，百姓怨望，諸侯多叛。周武王伐紂，戰於牧野，紂兵倒戈，商紂大敗，狼狽逃入朝歌（今河南淇縣），自焚而死。商亡。見《史記・殷本紀》。㉕肅慎　古族名。亦作「息慎」、「稷慎」。商、周時居不咸山（長白山）北，東濱大海，北至黑龍江中下游。從事狩獵。周成王時曾以楛矢、石砮來貢，臣服於周。秦、漢以後的挹婁、勿吉、靺鞨、女真和肅慎都有淵源關係。㉖石砮　石製的箭頭。㉗楛矢　用楛木做的箭桿。楛，木名。荊屬，莖堅韌，可做箭桿及器物。《國語・魯語下》：「肅慎氏貢楛矢石砮，其長尺有咫。」㉘管蔡畔周四句　管蔡，即管叔、蔡叔，周武王之弟。周武王滅商，封紂子武庚治理殷民，以續殷嗣，命管叔、蔡叔相武庚。武王去世，成王年幼，周公乃攝政當國。管叔、蔡叔疑周公有二心，乃散布流言蜚語，說周公將不利於成王，於是勾結武庚招誘淮夷，發動叛亂。周公率師東征，討平叛亂，殺武庚、管叔，流放蔡叔。周室復安。周公，姬姓，名旦，西周宗室大臣，政治家。周文王子，武王弟。因食采於周（今陝西岐山縣北），故稱周公。輔佐周武王滅商，卓有功績，被封於曲阜，為魯公。周公留佐周室，以其子伯禽就封。成王年幼，周公當國，成王長大，周公還政於成王，乃致力於制禮作樂，建立各種典章制度。並注意禮賢下士。常告誡子孫勿以國驕人。周公在政治上有許多建樹，如分封諸侯，以屏藩周，營建洛邑為東都，主張明德慎罰等。其言論見於《尚書・大誥》、〈康誥〉、〈多士〉、〈無逸〉、〈立政〉諸篇，其事見《史記・周本紀》、〈魯周公世家〉。東夷，指淮夷。㉙康王　名釗，西周第三王。成王子。成王將崩，乃命「召公、畢公率諸侯以相太子而立之」，是為康王。召、畢二公常常「以文王、武王所以為王業之不易，務在節儉，毋多欲，以篤信臨之」告誡康王。諸侯亦盡心盡力股肱王室。康王時期，西周社會繼續發展，四方諸侯咸服。「故成、康之際，天下安寧，刑錯四十年不用」（《史記・周本紀》）。為西周王朝的鼎盛時期，史稱「成康之治」。㉚徐夷　亦作「徐戎」。《國語・齊語》韋昭注：「徐夷，徐州之夷也。」㉛宗周　指周王朝。因周為所封諸侯之宗主國。㉜河上　即黃河邊上。㉝穆王　即周穆王，《史記・趙世家》穆作「繆」。西周第五王，名滿，昭王子。曾西擊犬戎，東伐徐戎，在塗山（今安徽懷遠南）

會合諸侯。後世傳說他曾周遊天下。現流傳的《穆天子傳》就是說他西遊會西王母的故事。《尚書》中的〈君牙〉、〈冏命〉、〈呂刑〉三篇，相傳為周穆王的告諭。其事參閱《史記・周本紀》。㉞徐偃王　相傳西周穆王時徐國的國君。《史記正義》引《括地志》：「傳云昔周穆王巡狩，諸侯共尊偃王，穆王聞之令造父御，乘騕褭之馬，日行千里，自還討之。或云命楚王帥師伐之。」㉟潢池　即黃水。李賢注引《水經注》：「黃水一名汪水，與泡水合，至沛入泗。自山陽（今山東金鄉西北）以東，海陵（今江蘇泰州）以北，其地當之也。」㊱驥騄之乘　驥騄，指良馬。乘，古時一車四馬為一乘。㊲造父　人名。古之善御者，為趙國之祖先。造父以善御幸於周穆王。《史記・趙世家》：「造父取驥之乘匹與桃林盜驪、驊騮、綠耳，獻之繆王。繆王使造父御，西巡狩，見西王母，樂之忘歸。而徐偃王反，繆王日馳千里馬，攻徐偃王，大破之。乃賜造父以趙城（今山西洪洞北）由此為趙氏。」㊳楚文王　名貲，春秋初楚國國君，楚武王熊通子，西元前六八九－前六七七年在位。非在周穆王之時。王先謙《後漢書集解》引沈欽韓：「案偃王既當穆王之時，不得以楚武王熊通之子文王連文，此傳記之謬。」《史記正義》引《古史考》：「徐偃王與楚文王同時，去周穆王遠矣。」錢穆《先秦諸子繫年》九九〈宋偃稱王為周顯王四十一年非慎靚王三年辨〉附〈宋偃王即徐偃王說〉：「今按：謂荊文王伐徐者，韓非也。謂楚莊者，《淮南子》也。謂周穆王者，《史記・秦本紀》也。混《淮南子》、《史記》為一談者，《後漢書・東夷傳》也。」㊴彭城　古縣名。相傳堯封彭祖於此，為大彭氏國，春秋時宋邑，秦置縣。治今江蘇徐州。㊵武原縣　古縣名。西漢置。治今江蘇邳州西北。㊶厲王　即周厲王（？－西元前八二八年），名胡。西周第十王，夷王子。周厲王是歷史上有名的暴君，他任榮夷公執政，盡專山澤之利，斷絕了人民的漁獵樵採之源，引起了百姓的怨恨，於是「國人（首都各階層的人民）」議論他。厲王找來衛國的巫者監視議論者。有人議論，便殺死他。於是「國人莫敢言，道路以目」。召穆公進諫，厲王不聽，反而變本加厲地鎮壓人民。西元前八四一年發生國人暴動，進攻厲王，厲王逃奔於彘（今山西霍州東北）。西元前八二八年，周厲王死於彘。㊷虢仲　周厲王之卿士。《竹書紀年》：厲王三年，「淮夷侵洛，王命虢公長父伐之，不克。」㊸宣王　即周宣王（？－西元前七八二年），名靜（一作「靖」）。厲王子，西元前八四一年，國人暴動，厲王出逃，姬靜藏匿於召穆公之家而得免。西元前八二八年，厲王死於彘，周、召二公立姬靜為王，是為宣王。周、召二公輔政，「法文、武、成、康之遺風」，任用賢人，廢除專利，諸侯來朝，周室復振，史稱「宣王中興」。宣王三十九年（西元前七八九年），與姜氏之戎戰於千畝（今山西介休南），王師慘敗，從南方徵調的「南國之師」全軍覆沒。宣王於是料民（調查民數，以便徵兵）於太原（今山西西南部），遭到大臣們的反對。從此西周王朝又呈現江河日下之勢。周宣王在位四十六年，於西元前七八二年去世。十一年後，西周滅亡。㊹召公　姬姓，名虎，召公奭之後。

為周天子卿士，謚穆，故稱召穆公。周宣王命召穆公平淮夷事，見《詩・江漢》。《詩・序》：「尹吉甫美宣王也，能興衰撥亂，命召公平淮夷。」詩中有：「江漢之滸，王命召虎，式辟四方，徹我疆土」之句。[45]幽王　即周幽王（？—西元前七七一年），名宮湼。西周王朝最後一個君主，宣王子。西元前七八二年即位。「宣王中興」暫時掩蓋了日益加劇的社會矛盾。幽王即位，內憂外患，一時並發。幽王無道，寵愛褒姒，廢申后及太子宜臼；以善諛好利的虢石父為卿士，朝政混亂，國事日非，諸侯多叛。幽王十一年（西元前七七一年），申侯以幽王廢其女申后之故，聯合繒（諸侯國名。在今河南方城一帶。繒，亦作「曽」、「鄫」）及犬戎攻鎬京。鎬京破，幽王被殺。西周亡。[46]齊桓　即齊桓公（？—西元前六四三年），姜姓，名小白。春秋時齊國的國君。齊襄公弟。西元前六八五—前六四三年在位。由於齊襄公誅殺不當，群弟恐禍及身，乃出奔外國。弟公子糾奔魯，管仲、召忽傅之。小白奔莒，鮑叔牙傅之。齊君無知被殺後，齊大臣商議立君之事，高、國二大夫與小白善，乃暗召小白於莒，立之，是為桓公。桓公即位，欲殺管仲，鮑叔牙進曰：「君將治齊，即高傒與叔牙足矣。君欲圖霸王之業，非管仲不可。願君勿失。」於是桓公從之。乃佯為召管仲殺之，而實欲用之。管仲知此，故請往。管仲齋祓見桓公，桓公厚禮以為大夫，任之國政。管仲乃修齊國之政，連五家之兵，設輕重魚鹽之利，以贍貧窮，祿賢能，齊國大振。齊桓公在管仲的輔佐之下，以尊王攘夷相號召，終於成為春秋時期的第一個霸主。事見《史記・齊太公世家》。[47]楚靈　即楚靈王（？—西元前五二九年），名圍。春秋時楚國國君，楚共王子，西元前五四〇—前五二九年在位。靈王三年六月在申地會盟諸侯，淮夷亦參加會盟。《春秋・昭公四年》：「夏，楚子、蔡侯、陳侯、鄭伯、許男、徐子、滕子、頓子、胡子、沈子、小邾子、宋世子佐、淮夷會于申。」[48]申　古國名。姜姓。在今河南南陽北。春秋初為楚所滅。[49]越　古國名，亦稱「於越」。姒姓，其始祖為夏少康之庶子無餘，封於會稽，以守禹之祀。紋身斷髮，披草萊而邑。後二十餘世，至允常時，與吳國結怨。允常去世，子句踐立，為越王。西元前四九四年為吳王夫差所敗。句踐臥薪嘗膽，刻苦圖強，終於在西元前四七三年滅吳，並向北擴展，成為霸主。疆域有今江蘇北部運河以東地、江蘇南部、安徽南部、江西東部和浙江北部。戰國時，國力衰弱，至越王無彊時伐楚，為楚所敗，殺越王無彊。盡取吳地至浙江。越自此散，諸族子爭立，或為王，或為君，濱於江南海上，服朝於楚。見《史記・越王句踐世家》。[50]琅邪　山名。一作「瑯琊」、「琅玡」。在今山東東部膠南市南，面臨黃海。秦始皇二十八年（西元前二一九年）曾東遊至此，建琅邪臺，刻石頌秦德。越遷琅邪，《史記・越王句踐世家》不載。《史記正義》引《括地志》：「密州諸城縣東南百七十里有琅邪臺，越王句踐觀臺也。臺西北十里有琅邪故城。《吳越春秋》：『越王句踐二十五年，徙都琅邪，立觀臺以望東海，遂號令秦、晉、齊、楚以尊輔周室，歃血盟。』即句踐起臺處。」[51]諸夏　指中原諸國。[52]陳涉

(?—西元前二〇八年),名勝,字涉,陽城(今河南登封)人。秦末反秦暴政之首先發難者。秦二世元年(西元前二〇九年)七月,他被徵屯戍漁陽(今北京密雲西南),同吳廣在蘄縣大澤鄉(今安徽宿州東南劉村集)發動同行戍卒九百人起事。隊伍迅速發展到數萬人,並在陳縣(今河南淮陽)建立張楚政權,陳涉被推為王。旋即派兵攻取趙、魏地,又派周文率主力進攻關中。秦將章邯以優勢兵力反撲,周文失敗。後章邯又圍攻陳縣,陳涉軍失利。陳涉率眾退至下城父(今安徽渦陽東南)為其御者莊賈殺害。53衛滿　漢初燕人,西漢時為朝鮮國王。《史記·朝鮮列傳》:「朝鮮王衛滿者,故燕人也。……燕王盧綰(漢初異姓諸侯王,與劉邦同里同日生,兩家關係密切,見《史記·韓信盧綰列傳》)反,入匈奴,滿亡命聚黨千餘人,魋結蠻夷服而東走出塞,渡浿水(今朝鮮清川江),居秦故空地上下障,稍役屬真番、朝鮮蠻夷及故燕、齊亡命者王之,都王險(今朝鮮平壤)。」(《史記·朝鮮列傳》)54王莽　(西元前四五—二三年),字巨君,西漢元城(今河北大名)人。元帝皇后之姪。父曼早死,叔伯皆封列侯,莽獨孤貧,折節讀書,敬事諸父,結交名士,聲譽甚盛。平帝立,以莽為大司馬,元后以太皇太后臨朝稱制,委政於莽,號安漢公。平帝死,立孺子嬰為帝,莽自稱攝皇帝,三年即真,改國號曰新。紛事改革,土地皆稱王田,禁民買賣,鹽酒鐵錢等皆由官營,法令苛細,犯輕罪者,往往至死;又連年征戰,勞役頻繁,民不聊生。王莽地皇四年(西元二三年)十月,新市、平林等農民軍攻入長安,王莽被殺。傳見《漢書》卷九十九。55貊　古族名。古稱居於東北地區的民族為貊。一作「貉」。56建武　東漢光武帝劉秀年號,西元二五—五六年。57遼東太守祭彤　遼東,郡名。戰國燕置。治所在襄平(今遼寧遼陽)。轄境相當今遼寧大凌河以東地。祭彤　(?—西元七三年),字次孫,潁川郡潁陽人。雲臺二十八將征虜將軍潁陽侯祭遵之從弟。早孤。建武初拜黃門侍郎,祭遵喪,以祭彤為偃師長,遷襄賁(東海郡屬縣。治今山東蒼山縣東南)令,有政績。建武十七年(西元四一年),拜遼東太守。祭彤至郡,「勵兵馬,廣斥堠」。鮮卑震怖畏彤,不敢復窺塞。建武二十五年,鮮卑遣使奉獻。其異種滿離、高句驪之屬遂駱驛款塞,上貂裘好馬,境無寇警。祭彤以恩信撫夷狄,夷狄皆畏而愛之,彤之威聲暢於北方。西自武威,東盡玄菟及樂浪,胡夷皆來內附。永平十二年(西元六九年),徵為太僕。十六年,將兵與南匈奴右賢王伐北匈奴,無功,坐逗留畏懦下獄,免官。後出獄,數日,嘔血死。鮮卑、烏桓追思彤無已,每朝賀京師,常過冢拜謁,仰天號泣乃去。遼東人為立祠,四時奉祭。傳見本書卷二十。58讋　震慴。59濊貊倭韓　見下文。60章和　指東漢章帝、和帝。章帝(西元五六—八八年),名炟。漢明帝第五子,廟號肅宗。和帝(西元七九—一〇五年),名肇。漢章帝第四子。61永初　東漢安帝年號,西元一〇七—一一三年。62桓靈　指東漢桓帝、靈帝。桓帝(西元一三二—一六七年),名志。東漢第十帝,章帝曾孫,蠡吾侯劉翼之子。靈帝(西元一五六—一八九年),名宏。東漢第十一帝,章帝玄孫。父劉萇為解瀆亭侯。桓帝崩，無子，皇太后與父竇武定策迎立為帝。63使驛　傳譯的信使。驛，同「譯」。64土著　指定居。《漢書・西域傳》顏師古注：「言著土地而有常居，不隨畜牧移徙也。」65憙　同「喜」。喜好。66俎豆　俎和豆都是古代祭祀用的器具。俎，青銅製，也有木製漆飾的，祭祀時用以載牲的禮器。豆，古代食器，形似高足盤，或有蓋，用以盛食物。盛行於商、周時，多陶製，又有木製塗漆和青銅豆。67蠻夷戎狄　皆我國古代對四方民族的泛稱。《禮記・王制》：「東方曰夷，被髮文身。……南方曰蠻，雕題交趾。……西方曰戎，被髮衣皮。……北方曰狄，衣羽毛穴居。」68公侯伯子男　即古代五等諸侯。《禮記・王制》：「王者之制祿爵，公、侯、伯、子、男，凡五等。」

【語　譯】《禮記・王制》說：「東方叫做夷。」夷，就是根，說的是其人仁愛而好生，就像萬物紮根於土地而生長一樣。所以其天性柔順，容易以道義來治理，甚至東方還有君子國、不死國。夷人有九種，他們分別是畎夷、于夷、方夷、黃夷、白夷、赤夷、玄夷、風夷、陽夷。所以孔子曾打算到九夷那裡去居住。

2 從前，堯命羲仲住在嵎夷，叫做暘谷，據說是太陽升起的地方。夏后氏太康失德，夷人才開始背叛。從少康以後，夷人又世代服從天子的教化，並歸順王庭，貢獻其樂舞。夏桀行暴虐之政，諸夷內侵，殷湯革夏之命，伐夷而安定了國家。到仲丁時，藍夷又寇亂。從此夷人時降時叛，持續三百餘年。武乙時，國家衰微，東夷漸漸強盛，有一部分遷居於淮河、泰山地區，逐漸在中原定居下來。

3 周武王滅紂以後，肅慎國來獻石箭頭和楛木箭桿。管叔、蔡叔叛周時，乃招誘夷狄，周公征討，於是平定東夷。康王之時，肅慎國又來貢獻。後徐夷僭號稱王，乃率九夷以伐宗周，向西曾打到黃河邊上。周穆王畏東夷強盛，便分封東方諸侯，命徐偃王管理他們。徐偃王之地，處於潢池以東，土地方圓五百里，他行仁義之政，陸地上有三十六國朝拜臣服於他。周穆王後得驥騄等良馬，命造父駕馭以告楚國，令楚伐徐。造父一日而至。於是楚文王大舉發兵而滅徐。徐偃王仁而無威勢，又不忍心其國人參加戰鬥，所以失敗。徐偃王往北跑到彭城武原縣東山之下，有數萬百姓跟隨他來到這裡，因此把此山叫做徐山。周厲王無道，淮夷入寇，厲王命虢仲征伐，未能取勝，後周宣王又命召穆公討伐，平定了淮夷。周幽王淫亂，四夷交侵，一直至齊桓公稱霸時，才將夷人打退。楚靈王在申地會合諸侯，夷人也來參加會盟。後越國遷都琅邪，與夷人共同征戰，於是夷人遂淩暴中原之地，侵滅小國。

4 秦滅六國之後，淮水、泗水之夷全散為民戶。陳涉起兵，天下崩潰，燕人衛滿到朝鮮避亂，成為其國之王。一百餘年後，漢武帝滅衛氏朝鮮，於是東夷始通長安。王莽篡位，貊人寇邊。建武初年，貊人又來朝貢。當時遼東太守祭肜威懾北方，聲聞海外，於是濊、貊、倭、韓等國都從萬里之外來朝貢獻。所以章帝、和帝以後，與東夷使聘往來。至永初年間，朝廷多難，夷人又開始入寇抄掠；桓帝、靈帝失政，夷人的抄掠漸漸滋長蔓延。

5 自東漢建立後，四夷賓服，他們雖然有時背叛，但與朝廷使驛不斷，所以東夷各國的風土人情，可以大略記述下來。東夷人大都土著定居，喜歡歌舞飲酒，有的頭戴弁帽，身穿錦帛。典禮飲食，器用俎豆。所以有中國失禮求之四夷的說法。凡蠻、夷、戎、狄總稱為四夷，就像總稱公、侯、伯、子、男為諸侯一樣。

1 夫餘❶國，在玄菟❷北千里。南與高句驪，東與挹婁，西與鮮卑❸接，北有弱水❹。地方二千里，本濊❺地也。

2 初，北夷索離國❻王出行，其侍兒於後妊❼身，王還，欲殺之。侍兒曰：「前見天上有氣，大如雞子，來降我，因以有身。」王囚之，後遂生男。王令置於豕牢，豕以口氣噓之，不死。復徙於馬蘭，馬亦如之。王以為神，乃聽母收養，名曰東明。東明長而善射，王忌其猛，復欲殺之。東明奔走，南至掩淲水❽，以弓擊水，魚鼈皆聚浮水上，東明乘之得度，因至夫餘而王之焉。於東夷之域，最為平敞，土宜五穀。出名馬、赤玉、貂豽❾，大珠如酸棗。以員❿柵為城，有宮室、倉庫、牢獄。其人麤⓫大彊勇而謹厚，不為寇鈔。以弓矢刀矛為兵。以六畜名官，有馬加⓬、牛加、狗加，其邑落皆主屬諸加。食飲用俎豆，會同拜爵洗爵，揖讓升降。以臘月祭天，大會連日，飲食歌舞，名曰「迎鼓」。是時斷刑獄，解囚徒。有軍事亦祭天，殺牛，以蹏⓭占其吉凶。行人無晝夜，好歌吟，音聲不絕。其俗用刑嚴急，被誅者皆沒其家人為奴婢。盜一責十二。男女淫皆殺之，尤治⓮惡妒婦，既殺，復尸於山上。兄死妻嫂。死則有椁無棺。殺人殉葬，多者以百數。其王葬用玉匣⓯，漢朝常豫以玉匣付玄菟郡，王死則迎取以葬焉。

3 建武中，東夷諸國皆來獻見。二十五年，夫餘王遣使奉貢，光武厚荅報之，於是使命歲通。至安帝永初⓰五年，夫餘王始將步騎七八千人寇鈔樂浪⓱，殺傷吏民，後復歸附。永寧⓲元年，乃遣嗣子尉仇台詣闕貢獻，天子賜尉仇台印綬金綵。順帝永和⓳元年，其王來朝京師，帝作黃門鼓吹、角抵戲⓴以遣之。桓帝延熹㉑四年，遣使朝賀貢獻。永康㉒元年，王夫台將二萬餘人寇玄菟，玄菟太守公孫域㉓擊破之，斬首千餘級。至靈帝熹平㉔三年，復奉章貢獻。夫餘本屬玄菟，獻帝㉕時，其王求屬遼東云。

【章旨】以上記述夫餘國。先述夫餘國的地理位置、四鄰、幅員及夫餘國的建立。次寫其地形地貌、出產、風土民情、官吏設置及其人之特徵。重點是敘述光武中興後夫餘國與東漢的關係。

【注釋】❶夫餘　古族名。亦作「扶餘」、「鳧臾」。西漢時亦稱其所建的政權為夫餘。在今松花江中游平原上，以農安為中心，南迄遼寧北境，東與挹婁接，北有弱水。居民從事農業，產五穀；又出馬、貂、赤玉、大珠。用柵作城，有宮室、倉庫、牢獄。邑有豪民，下戶皆為奴僕。❷玄菟　郡名。西漢武帝元封三年（西元前一〇八年）置。治今朝鮮咸鏡南道咸興。東漢中葉移治遼寧瀋陽附近。❸鮮卑　古族名。東胡的一支。秦漢時游牧於今西喇木倫河與洮兒河之間，附於匈奴。北匈奴西遷後，進入匈奴故地，併其餘眾，勢力漸強。桓帝時，其首領檀石槐，建庭立制，組成軍事行政聯合體，分為中、東、西三部，各置大人統領。檀石槐死，聯合體瓦解。西晉南北朝時。有慕容、乞伏、宇文、拓跋等部，先後在華北、西北地區建立政權。內遷的鮮卑人多轉向農業生產，漸與漢族及其他民族融合。❹弱水　盧弼《三國志集解・魏書・東夷傳》注引丁謙：「弱水今稱哈湯。東三省樹木叢雜處曰烏稽，烏稽之地必有哈湯。蓋落葉層積，雨水釀之，遂為極深之泥淖，人行輒陷，萬無生理，故曰弱水，非別有一河名弱水也。其著名者有紅眼哈湯。《黑龍江外紀》：齊齊哈爾東北山中隔紅眼哈湯，人不敢過。其東北正夫餘北境，傳中弱水指此。」❺濊　與上文之高句驪、挹婁皆見下。❻索離國　索，或作「槖」。王先謙《後漢書集解》引沈欽韓：「《論衡・吉驗篇》作槖離。案《晉書》有裨離國在肅慎北，馬行可二百日，疑此是也。」❼姙　懷孕。同「娠」、「妊」。❽掩淲水　應該是夫餘北邊的一條河流。王先謙《後漢書集解》引沈欽韓：「此乃〈前志〉（《漢書・地理志》）西蓋馬之馬訾水，今鴨綠江也。」按：此說非。與夫餘地望不合。若是，則夫餘即在鴨綠江之南。夫餘在今松花江中游平原上，以今吉林農安為中心。盧弼《三國志集解・魏書・東夷傳》注引丁謙：「夫餘國最平敞，與今松花江左右情形甚合。」❾貂豽　皆獸名。貂，哺乳類鼬科動物，毛色黑黃或帶紫，尾長多毛，古代以為冠飾。產遼東等處，多棲森林中，晝伏夜出，捕食鳥鼠等，皮極珍貴。豽，獸名，猴屬。皮毛柔軟，天下以為名裘。❿員　同「圓」。⓫麤　同「粗」。⓬加　即「官」。⓭蹏　同「蹄」。⓮治　《後漢書集解校補》：「案《通志》作『尤憎妒婦』，此『治』字亦當作『憎』。」⓯玉匣　即玉衣。以玉片，用黃金線（或用銀線或銅線）綴連成人體狀。匣，一作「柙」。⓰安帝永初　安帝，名祜，東漢第六帝，清河孝王劉慶之子。西元一〇六－一二五年在位。永初，東漢安帝劉祜年號，西元一〇七－一一三年。⓱樂浪　郡名。西漢武帝元封三年（西元一〇八年）置。治今朝鮮平壤南。⓲永寧　安帝劉祜年號，西元一二〇－一二一年。⓳順帝永和　順帝，名保，東漢安帝子。

西元一二五—一四四年在位。永和，順帝年號，西元一三六—一四一年。⑳角抵戲　為漢代對各種體育活動樂舞、雜技的總稱，包括角力、扛鼎及雜技、幻術等。傳說源於戰國，秦稱「角抵」。《漢書・武帝紀》顏師古注引應劭：「角者，角技也；抵者，相抵觸也。」角抵，一作「觳抵」、「角觝」。㉑延熹　東漢桓帝年號，西元一五八—一六七年。㉒永康　桓帝年號，西元一六七年。㉓公孫域　王先謙《後漢書集解》引惠棟：「《東觀記》、〈魏志・公孫度傳〉皆作『琙』。」㉔熹平　東漢靈帝年號，西元一七二—一七八年。㉕獻帝　名協，東漢靈帝中子。西元一八九—二二〇年在位。曹丕篡漢，建立魏國，廢獻帝為山陽公。

【語譯】夫餘國，在玄菟郡北邊一千里。其南與高句驪，東與挹婁，西與鮮卑接壤，北有弱水。地方圓二千里，這裡本來是濊人之地。

2 當初，北夷索離國王外出巡行，他的侍女在他外出後懷孕。國王回來，要殺死她。侍女說：「我先前看到天上有一團氣，像雞蛋那樣大，落在我身上，所以懷孕。」國王便將她囚禁起來，後來生下一個男孩。國王命令將男孩放在豬圈裡，豬用口中的熱氣來溫暖他，使其得以不死。國王又將他放在馬棚裡，馬也是如此。國王以為此男孩是神，便讓其母收養，取名為東明。東明長大善射，國王忌其勇猛，又想殺死他。於是東明逃走，往南到掩滮水，他以其弓擊水，水中的魚鱉都聚浮在水面上，東明乘坐魚鱉過了河，便來到夫餘，做了夫餘國的國王。夫餘在東夷當中，土地最為平坦，適宜種植五穀，又出名馬、赤玉、貂豽，有珍珠大如酸棗。夫餘國以圓形木柵圍以為城，城中有宮室、倉庫、牢獄。其人粗大壯勇而謹厚，不為寇抄掠。他們以弓矢刀矛為武器。其官用六畜之名，有馬加、牛加、狗加等。邑落都屬諸加管理。飲食器具用俎豆，聚會時則拜爵洗爵，揖讓進退。在臘月祭天，一連幾日大會，一起飲酒歌舞，叫做「迎鼓」。在此期間判斷刑獄之事，釋放囚徒。有戰事也祭天，殺牛，用牛蹄來占卜吉凶。其國行旅之人不分晝夜，好歌唱詠吟，聲音不絕。其俗用刑嚴急，被誅殺者其家人都沒為奴婢。偷盜一，罰十二。男女淫亂者都要被殺掉，懲治妒婦尤嚴，殺死之後，還將其屍體扔到山上。兄死則以嫂為妻。人死埋葬，則有槨無棺。並殺人殉葬，多者以百來計算。夫餘國王死，葬則用玉匣。漢朝常預先將玉匣付玄菟郡，夫餘國王死，則到玄菟郡去迎取玉匣以葬王。

3 建武年間，東夷諸國全來貢獻朝見。建武二十五年，夫餘國王遣使奉貢，光武帝給予厚報，於是其國年年與漢朝通使。到安帝永初五年，夫餘國王率步騎七八千人寇掠樂浪郡，殺傷吏民，後又歸附。永寧元年，夫餘國王遣太子尉仇台到朝廷貢獻，安帝賜給他印綬、黃金和彩色的絲織品。順帝永和元年，夫餘國王來京朝見，其歸國時，順帝設黃門鼓吹和角抵戲歡送他。桓帝延熹四年，夫餘國又派使者朝賀貢獻。永康元年，夫餘國王夫台率兩萬餘人入寇玄菟郡，玄菟太守公孫域擊敗他們，斬殺一千餘人。靈帝熹平三年，夫餘國又捧表章貢獻。夫餘本屬玄菟郡，獻帝時，其王又求屬遼東郡。

挹婁❶，古肅慎之國也。在夫餘東北千餘里，東濱大海，南與北沃沮❷接，不知其北所極。土地多山險。人形似夫餘，而言語各異。有五穀、麻布，出赤玉、好貂。無君長，其邑落各有大人。處於山林之間，土氣極寒，常為穴居，以深為貴，大家至接九梯。好養豕，食其肉，衣其皮。冬以豕膏塗身，厚數分，以禦風寒。夏則裸袒，以尺布蔽其前後。其人臭穢不絜❸，作廁於中，圜之而居。自漢興已後，臣屬夫餘。種眾雖少，而多勇力，處山險，又善射，發能入人目。弓長四尺，力如弩。矢用楛，長一尺八寸，青石為鏃，鏃皆施毒，中人即死。便乘船，好寇盜，鄰國畏患，而卒不能服。東夷夫餘飲食類皆用俎豆，唯挹婁獨無，法俗最無綱紀者也。

【章　旨】以上記述挹婁。先寫挹婁為古肅慎之國。次述挹婁的地理位置、地貌、出產、氣候、風俗民情及其人之特徵。以為挹婁在東夷民族中是「法俗最無綱紀」的一個部族。

【注　釋】❶挹婁　古族名。源於肅慎。兩漢時分布在今長白山北、松花江、黑龍江中下游，東濱大海，住土穴，種植五穀，好養豬，能織麻布、造瓦鬲，也從事狩獵。所用箭以青石為鏃，上施毒藥。產貂皮、赤玉。各部落自有首領，父子相傳。自漢以來，受夫餘役屬。三國魏黃初中，擺脫了夫餘的統治，向魏貢納貂皮等物。❷北沃沮　見下文。❸絜　同「潔」。

【語　譯】挹婁，即是古代的肅慎國。在夫餘東北一千餘里，東濱大海，南與北沃沮接，其北面不知到什麼地方。挹婁土地多險山，人形似夫餘，但語言各異。其地有五穀、麻布，出產赤玉、好貂。其國無君長，各邑落都有大人統管。挹婁人處於山林之間，氣候極為寒冷，常做穴而居，以穴深為貴，大的家室甚至要接九個梯子才至穴底。挹婁人好養豬，食其肉，穿其皮。冬天以豬油塗身，厚數分，以禦風寒。夏則裸身，只用一尺布遮其前後。其人臭穢不潔，將廁所建在居穴中間，圍著廁所居住。自漢興以來，挹婁臣屬夫餘。其人眾雖少，而多勇敢有力之人，處於山險之中，又善射，發箭能射中對方的眼睛。其弓長四尺，強勁如弩。箭用楛木為桿，長一尺八寸，以青石做箭頭，箭頭上皆塗上毒藥，人中箭即死。挹婁人擅長使船，喜好寇盜，鄰國畏其為害，而終不能降服他們。東夷夫餘飲食器具全用俎豆，只有挹婁沒有，是最無禮法的一個部族。

1 高句驪❶，在遼東之東千里，南與朝鮮❷、濊貊❸，東與沃沮❹，北與夫餘接。地方二千里，多大山深谷，人隨而為居。少田業，力作不足以自資，故其俗節於飲食，而好修宮室。東夷相傳以為夫餘別種，故言語法則多同，而跪拜曳一腳❺，行步皆走❻。凡有五族，有消奴部，絕奴部，順奴部，灌奴部，桂婁部。本消奴部為王，稍微弱，後桂婁部代之。其置官，有相加、對盧、沛者、古鄒大加、主簿、優台、使者、帛衣先人。武帝滅朝鮮，以高句驪為縣，使屬玄菟，賜鼓吹伎人。其俗淫，皆絜淨自憙❼，暮夜輒男女群聚為倡樂。好祠鬼神、社稷❽、零星❾，以十月祭天大會，名曰「東盟」。其國東有大穴，號禭神，亦以十月迎而祭之。其公會衣服皆錦繡，金銀以自飾。大加、主簿皆著幘❿，如冠幘而無後；其小加著折風⓫，形如弁⓬。無牢獄，有罪，諸加評議便殺之，沒入妻子為奴婢。其昏姻皆就婦家，生子長大，然後將還，便稍營送終之具。金銀財幣盡於厚葬，積石為封，亦種松柏。其人性凶急，有氣力，習戰鬭，好寇鈔，沃沮、東濊皆屬焉。

2 句驪一名貊。有別種，依小水⓭為居，因名曰小水貊。出好弓，所謂「貊弓」是也。

3 王莽初，發句驪兵以伐匈奴⓮，其人不欲行，彊迫遣之，皆亡出塞為寇盜。遼西⓯大尹⓰田譚追擊，戰死。莽令其將嚴尤擊之，誘句驪侯騶入塞，斬之，傳首長安。莽大說，更名高句驪王為下句驪侯，於是貊人寇邊愈甚。建武八年⓱，高句驪遣使朝貢，光武復其王號。二十三年冬，句驪蠶支落大加戴升等萬餘口詣樂浪內屬。二十五年春，句驪寇右北平⓲、漁陽⓳、上谷⓴、太原㉑，而遼東太守祭肜以恩信招之，皆復款塞㉒。

4 後句驪王宮生而開目能視，國人懷之，及長勇壯，數犯邊境。和帝元興㉓元年春，復入遼東，寇略六縣，太守耿夔㉔擊破之，斬其渠帥㉕。安帝永初五年，宮遣使貢獻，求屬玄菟。元初㉖五年，復與濊貊寇玄菟，攻華麗城㉗。建光㉘元年春，幽州㉙刺史馮煥、玄菟太守姚光、遼東太守蔡諷等將兵出塞擊之，捕斬濊貊渠帥，獲兵馬財物。宮乃遣嗣子遂成將二千餘人逆光等，遣使詐降。光等信之，遂成因據險阨以遮大軍，而潛遣三千人攻玄菟、遼東，焚城郭，殺傷二千餘人。於是發廣陽㉚、漁陽、右北平、涿郡屬國三千餘騎同救之，而貊人已去。夏，復與遼東鮮卑八千餘人攻遼隊㉛，殺略吏人。蔡諷等追擊於新昌㉜，戰歿，功曹㉝耿耗、兵曹掾㉞龍端、兵馬掾㉟公孫酺以身扞諷，俱沒於陣，死者百餘人。秋，宮遂率馬韓㊱、濊貊數千騎圍玄菟。夫餘王遣子尉仇台將二萬餘人，與州郡并力討破之，斬首五百餘級。

5 是歲宮死，子遂成立。姚光上言欲因其喪發兵擊之，議者皆以為可許。尚書陳忠㊲曰：「宮前桀黠，光不能討，死而擊之，非義也。宜遣弔問，因責讓前罪，赦不加誅，取其後善。」安帝從之。明年，遂成還漢生口，詣玄菟降。詔曰：「遂成等桀逆無狀，當斬斷葅醢㊳，以示百姓，幸會赦令，乞罪請降。鮮卑、濊貊連年寇鈔，驅略㊴小民，動以千數，而裁送數十百人，非向化之心也。自今已後，不與縣官㊵戰鬭而自以親附送生口者，皆與贖直，縑人四十匹，小口半之。」

6 遂成死，子伯固立。其後濊貊率服，東垂㊶少事。順帝陽嘉㊷元年，置玄菟郡屯田六部。質㊸、桓之間，復犯遼東西安平㊹，殺帶方㊺令，掠得樂浪太守妻子。建寧㊻二年，玄菟太守耿臨討之，斬首數百級，伯固降服，乞屬玄菟云。

【章　旨】以上記述高句驪。先寫高句驪的地理位置、四鄰、幅員、地形地貌、族類、官吏設置、風俗民情及其人之特徵。次述王莽時至光武中興後高句驪與中原的關係。後述句驪王宮及其繼承者對東漢時叛時服的情況。

【注　釋】❶高句驪　古國名，亦作「高句麗」。《逸周書·王會》作「高夷」。《漢書》作高句驪或「句驪」。《魏略》作「槀離」。在今遼寧新賓東境。建國年代無考，後為衛氏朝鮮所併。西漢武帝滅衛氏朝鮮後，以高句驪故地置縣（屬玄菟郡），治今遼寧新賓東北。昭帝後為玄菟郡治所。東漢又置縣在今瀋陽東，仍為玄菟郡治所。❷朝鮮　國名。古營州，古十二州之一。指今遼寧一帶。外域，相當今朝鮮北部。武王滅商，封箕子於朝鮮，漢初衛滿王其國，百餘年。元封三年，為西漢武帝所滅。❸濊貊　我國古代東北方少數民族名。依濊水而居，故名。濊水在今遼寧鳳城以東。❹沃沮　古東夷國名。西漢武帝元封三年敗衛滿孫右渠後，在沃沮國地置玄菟郡。後郡治內移，仍於其地置沃沮縣（今朝鮮咸興）。東漢光武帝封其首領為沃沮侯。後屬高句驪。❺曳一腳　《三國志·魏書·東夷傳》作「申一腳」。曳，拖。❻走　跑。❼憙　樂。❽社稷　古代帝王、諸侯所祭的土神和穀神，用做國家的代稱。《白虎通義·社稷》：「王者所以有社稷何？為天下求福報功。人非土不立，非穀不食。土地廣博，不可遍敬也；五穀眾多，不可一一祭也。故封土立社示有土尊；稷，五穀之長，故立稷而祭之也。」❾零星星名，即靈星。又稱天田星，龍星，主農事。古以壬辰日祀於東南，取祈年報功之義。⑩幘　包頭的巾。蔡邕《獨斷》：「幘者，古之卑賤執事不冠者之所服也。」⑪折風　古冠名。⑫弁　古代貴族的一種帽子，通常穿禮服時用之。赤黑色用布做的叫爵弁，是文弁；白鹿皮做的叫皮弁，是武弁。後亦泛指帽子。⑬小水　《三國志・魏書・東夷傳》：「西安平縣北有小水，南流入海，句麗別種依小水作國，因名之為小水貊。」西安平縣在今遼寧丹東東北十二公里處的靉河尖古城。盧弼《三國志集解》注引丁謙曰：「小水發源縣北，則即靉陽河無疑。」⑭匈奴　中國古族名。《史記》謂為夏后氏之苗裔。商時稱獯粥，周時稱玁狁，秦漢稱匈奴。戰國時活動於燕、趙、秦以北地區。秦漢之際，冒頓單于統一各部，勢力強盛，統治了大漠南北的廣大地區。漢初，不斷南下攻擾，漢朝基本上採取防禦政策。武帝時，對匈奴採取攻勢，多次進軍漠北，匈奴受到很大的打擊，勢力漸衰。宣帝時，呼韓邪單于附漢，來朝。其後六七十年間，漢與匈奴之間經濟、文化交流頻繁。東漢光武帝建武二十四年（西元四八年），匈奴分裂，南下附漢的稱為「南匈奴」，留居漠北的稱「北匈奴」。南匈奴屯居於朔方、五原、雲中（在內蒙古境內）等郡，東漢分為五部。匈奴事見《史記・匈奴列傳》、《漢書・匈奴傳》、本書〈南匈奴列傳〉。⑮遼西　郡名。戰國燕置。秦漢治今遼寧義縣西。⑯大尹　王莽時改郡太守為大尹。⑰建武八年　西元三二年。⑱右北平　郡名。戰國燕置。西漢治今遼寧淩源西南。東漢移治今河北豐潤東南。⑲漁陽　郡名。戰國燕置。秦漢治今北京密雲西南。⑳上谷　郡名。戰國燕置。秦、漢時治今河北懷來東南。㉑太原　郡、國名。戰國秦莊襄王置。治今山西太原西南。漢以後漸小，西漢文帝改為國，不久復為郡。東漢為郡。㉒款塞　叩塞門。謂外族前來求通中國。款，叩；敲。㉓元興　東漢和帝劉肇年號，西元一〇五年。㉔耿夔　字定公。雲臺二十八將建威大將軍好時侯耿弇侄，永元初，為車騎將軍竇憲假司馬，北擊匈奴，轉車騎都尉。永元三年，竇憲復出河西，以耿夔為大將軍左校尉，將精騎八百出居延塞，直奔北單于廷，斬閼氏、名王以下五千餘級，盡獲匈奴珍寶財畜。還，封粟邑侯。竇憲敗，耿夔亦被免官、奪爵。後為長水校尉，拜五原太守，遷遼東太守。元興元年，貊人入寇郡界，耿夔斬其渠帥，轉雲中太守，拜度遼將軍。後坐法免官，卒於家。傳見本書卷十九。㉕渠帥　亦作「渠率」。首領。舊時統治者指武裝反抗者的首領或部落酋長。㉖元初　東漢安帝劉祜年號，西元一一四—一二〇年。㉗華麗城　李賢注：「華麗，縣，屬樂浪郡。」在今朝鮮咸鏡南道高原之北面。㉘建光　安帝年號，西元一二一—一二二年。㉙幽州　西漢武帝所置「十三刺史部」之一。東漢治今北京市區西南。㉚廣陽　郡、國名。秦始皇二十一年（西元前二二六年）滅燕後置郡，漢改置燕國。治所在薊縣（今北京市區西南）。轄境相當今北京大興及河北固安地。㉛遼隊　李賢注：「縣名，屬遼東郡。」治今遼寧海城西。㉜新昌　縣名。屬遼東郡。治今遼寧海城東北。㉝功曹　官名。即功曹史，郡守佐吏，相當於郡守的總務長。除掌人事外，得與聞一郡的政務。㉞兵曹掾　官名。郡守佐史。㉟兵馬掾　官名。郡守佐史。㊱馬韓　見下文。㊲尚書陳忠　尚書，官名。始置於戰國時，或稱掌書。秦為少府屬官。西漢武帝提高皇權，因尚書在皇帝周圍辦事，掌管文書奏章，地位逐漸重要。漢成帝時設尚書五人，開始分曹辦事。《漢書．成帝紀》，建始四年（西元前二九年）：「初置尚書員五人。」顏師古注：「《漢舊儀》云尚書四人為四曹：常侍尚書主丞相御史事，二千石尚書主刺史二千石事，戶曹尚書主庶人上書事，主客尚書主外國事。成帝置五人，有三公曹，主斷獄事。」南朝梁劉昭注引《漢舊儀》：「初置五曹，有三公曹，主斷獄。」東漢正式成為協助皇帝處理政務的官員，從此三公權力大為削弱。陳忠（？—西元一二四年），字伯始，沛國洨縣（今安徽固鎮）人。司空陳寵之子，永初中辟司徒府，三遷為廷尉正。以才能有聲稱。擢拜尚書，使居三公曹。遷尚書令。延光三年，拜司隸校尉。近倖憚之，不欲陳忠在內，出為江夏太守，復留拜尚書令，會疾卒。㊳葅醢　古代把人剁成肉醬的酷刑。後亦用以泛指死刑。葅，一作「菹」。㊴略　同「掠」。㊵縣官　古指朝廷、天子。㊶垂　同「陲」。邊陲。㊷陽嘉　東漢順帝年號，西元一三二—一三五年。㊸質　指質帝。名纘，東漢第九帝，章帝玄孫，其曾祖父千乘王劉伉，父渤海孝王劉鴻。沖帝死，皇太后與大將軍梁冀定策立質帝，時年八歲。年號本初。後因說梁冀為「跋扈將軍」，被梁冀毒死。在位六個月。㊹西安平　古縣名。西漢置。屬遼東郡。故址在今遼寧丹東東北靉河尖古城。㊺帶方　縣名。東漢置。屬樂浪郡。又郡名。東漢建安時，公孫康分樂浪郡南部置。治今朝鮮鳳山附近。㊻建寧　東漢靈帝劉宏年號，西元一六八—一七二年。

【語譯】高句驪在遼東之東一千里，南與朝鮮、濊貊接，東與沃沮接，北與夫餘接。土地方圓二千里，國中多大山深谷，其人隨處而居。由於田地少，其人努力耕作，還不足以自給，所以其俗節於飲食而好修宮室。東夷相傳高句驪是夫餘的別種，所以語言禮法多相同，而跪拜拖著一隻腳，行走則急趨。高句驪共有五族，有消奴部、絕奴部、順奴部、灌奴部、桂婁部。消奴部本為王，後漸微弱，又為桂婁部取而代之。其國官職，有相加、對盧、沛者、古鄒大加、主簿、優台、使者、帛衣先人。漢武帝滅朝鮮，以高句驪為縣，使其屬玄菟郡，賜其鼓吹歌舞之人。其俗淫，人皆以潔淨自樂，夜晚即男女群聚歌舞演唱。其俗好祭祀鬼神、社稷、零星，在十月舉行祭天大會，叫做「東盟」。其國東有大穴，叫做禭神，也是在十月奉迎祭祀。在公共大會時，參加者都穿錦繡，用金銀裝飾。大加、主簿都頭戴幘巾，如同冠幘而無後部；小加戴折風，形狀如同弁帽。

其國中無牢獄，有犯罪者，諸加評議便處死，沒其妻子為奴婢。其民婚姻皆入婦家，待生子長大，然後才領其回家，便漸漸營造送終之物。金銀財寶盡用於厚葬，積石為墳，也種植松柏。高句驪人性情兇急，有氣力，善戰鬥，好寇掠，沃沮、東濊皆歸屬高句驪。

2 句驪一名貊，有別種，依小水而居，因名為小水貊。出產好弓，所謂「貊弓」就指的是這種弓。

3 王莽初年，徵發句驪兵伐匈奴，其人不願行，王莽強迫其行，句驪人全逃出境外為寇盜。遼西大尹田譚追擊，戰死。王莽又令其將嚴尤追擊，嚴尤引誘句驪侯騶入塞，殺死後，送其頭至長安。王莽大喜，更名高句驪王為下句驪侯，於是貊人寇邊更加厲害。建武八年，高句驪遣使朝貢，光武帝恢復其王號。建武二十三年冬，句驪蠶支落大加戴升等一萬餘人到樂浪郡求內屬。建武二十五年春，句驪侵寇右北平、漁陽、上谷、太原，遼東太守祭彤用恩信招撫他們，句驪人又叩塞門要求與中國交往。

4 後，句驪王宮一出生便能睜眼看人，國人心都歸向他。及其長大後，勇敢強壯，多次侵犯邊境。和帝元興元年春，又入遼東，寇掠六縣，太守耿夔將其擊敗，斬其首領。安帝永初五年，宮遣使貢獻，求屬玄菟郡。元初五年，又與濊貊犯玄菟郡，攻華麗城。建光元年春，幽州刺史馮煥、玄菟太守姚光、遼東太守蔡諷等將兵出塞擊句驪，捕斬濊貊首領，繳獲其兵馬財物。宮乃遣其太子遂成率領二千餘人迎接姚光等人，遣使詐降。姚光等人相信他們，遂成乃乘機占據險要之地以阻攔大軍，又暗派三千人進攻玄菟、遼東郡，焚燒城郭，殺傷二千餘人。朝廷於是發廣陽、漁陽、右北平、涿郡屬國三千餘騎同往救援，而貊人已去。夏天，句驪又與遼東鮮卑八千餘人攻遼隊縣，殺掠吏民。蔡諷等追擊到新昌，戰死，功曹耿耗、兵曹掾龍端、兵馬掾公孫酺以身體捍蔽蔡諷，同死於陣中，漢軍死者一百餘人。同年秋天，宮又率馬韓、濊貊數千騎兵圍玄菟郡。夫餘王派其子尉仇台將二萬餘人，與州郡併力攻破宮與馬韓、濊貊之兵，斬首五百餘級。

5 這年宮死，其子遂成為王。姚光上言欲乘其喪發兵出擊，朝廷議者皆以為可。尚書陳忠說：「宮先前兇狡，姚光不能征討，死而進攻，非義。應遣使者進行弔問，藉此責其以前之罪，赦不加誅，促其以後向善。」安帝聽從了。明年，遂成送還俘去的漢人，到玄菟郡歸降。安帝下詔說：「遂成等人兇逆無禮，應該殺死剁成肉醬，以示百姓，有幸遇到赦令，乞罪請降。鮮卑、濊貊連年寇抄，驅掠百姓，動以千計，而僅送回數十上百人，這不是歸向王化的真心實意。從今以後，不與國家對抗而自動來降送還人口的，皆給以贖金，每還一人，給縑四十匹，小孩減半。」

6 遂成死，其子伯固為王。其後濊貊皆歸服，東方邊境安定。順帝陽嘉元年，設置玄菟郡屯田六部。質帝、桓帝之間，高句驪又侵犯遼東郡西安平，殺帶方令，擄去樂浪太守妻兒。建寧二年，玄菟太守耿臨率軍討伐，斬殺數百人，伯固降服，請求屬玄菟郡。

1 東沃沮在高句驪蓋馬大山❶之東，東濱大海；北與挹婁、夫餘，南與濊貊❷接。其地東西夾❸，南北長，可折方千里。土肥美，背山向海，宜五穀，善田種，有邑落長帥。人性質直彊勇，便持矛步戰。言語、食飲、居處、衣服有似句驪。其葬，作大木椁，長十餘丈，開一頭為戶，新死者先假埋之，令皮肉盡，乃取骨置椁中。家人皆共一椁，刻木如生❹，隨死者為數焉。

2 武帝滅朝鮮，以沃沮地為玄菟郡。後為夷貊所侵，徙郡於高句驪西北，更以沃沮為縣，屬樂浪東部都尉❺。至光武罷都尉官，後皆以封其渠帥，為沃沮侯。其土迫小，介於大國之間，遂臣屬句驪。句驪復置其中大人為使者，以相監領，責其租稅，貂布魚鹽，海中食物，發美女為婢妾焉。

3 又有北沃沮，一名置溝婁，去南沃沮八百餘里。其俗皆與南同。界南接挹婁。挹婁人憙乘船寇抄，北沃沮畏之，每夏輒臧❻於巖穴，至冬船道不通，乃下居邑落。其耆老言，嘗於海中得一布衣，其形如中人衣，而兩袖長三丈。又於岸際見一人乘破船，頂中復有面，與語不通，不食而死。又說海中有女國，無男人。或傳其國有神井，闚❼之輒生子云。

【章　旨】以上記述東沃沮。先寫東沃沮之地理位置、地形地貌、風俗民情及其人之特徵。次述西漢武帝滅朝鮮至光武中興後沃沮的歸屬情況。又述北沃沮的地理位置、民情及離奇的傳聞。

【注　釋】❶蓋馬大山　盧弼《三國志集解・魏書・東夷傳》注引丁謙：「蓋馬大山即今朝鮮平安道與咸鏡道分界之山，其山南北行千餘里，連接不斷。」盧弼按：「丁說是。」❷濊貊　即「濊」。見下。❸夾　同「狹」。❹刻木如生　《三國志・魏書・東夷傳》作「刻木如生形」。❺都尉　官名。比將軍略低的武官。西漢景帝改郡都尉為都尉，輔佐郡守並掌管全郡的軍事。武帝時又置屬都尉、農都尉、屬國都尉於各要地。又中央官職中亦有稱都尉者，如水衡都尉。東漢光武帝時廢郡都尉，併職太守，但邊郡、屬國往往設置都尉。❻臧　同「藏」。❼闚　同「窺」。

【語　譯】東沃沮在高句驪蓋馬大山的東面，東臨大海，北與挹婁、夫餘相接，南與濊貊相接。其地東西狹窄，南北長，可折合方圓一千里。土地肥美，背山臨海，適宜種植五穀，所以其民善於耕種，邑落有長帥。其民質直強勇，善於持矛步戰。語言、飲食、居處、衣服等與句驪相似。其葬喪之俗，先做一大木槨，長十餘丈，開一端為門，新死者，先暫時埋葬，待其皮肉爛盡，乃取其骨放置槨中。一家人共用一槨，然後為死者刻木像，木像之數隨死者之數。

2 漢武帝滅朝鮮後，以沃沮之地置為玄菟郡。後為夷貊所侵，便將郡徙於高句驪西北，改沃沮為縣，屬樂浪東部都尉管轄。及光武帝罷都尉之官，皆以其地封沃沮首領，為沃沮侯。其國土狹小，介於大國之間，乃臣屬於句驪。句驪又置其中大人為使者，以監領其國，收其租稅及貂布魚鹽、海產食物，徵發其美女為婢妾。

3 又有北沃沮，一名置溝婁，距離南沃沮八百餘里。其俗皆與南沃沮相同。其邊界南接挹婁。挹婁人好乘船寇掠，北沃沮畏懼他們，每年夏天即藏於山洞之中，到冬天船道不通時，才下山居住在邑落裡。其國老人說，曾於海中得一布衣，其形如中等人之衣，而兩袖卻長三丈。又在海邊見一人乘破船，頭頂上還有一張臉，與其說話而語言不通，後那人不食而死。又說海中有女國，無男人。傳說其國有神井，窺視神井，即可生子。

濊❶北與高句驪、沃沮，南與辰韓❷接，東窮大海，西至樂浪。濊及沃沮、句驪，本皆朝鮮之地也。昔武王❸封箕子❹於朝鮮，箕子教以禮義田蠶，又制八條之教❺。其人終不相盜，無門戶之閉。婦人貞信。飲食以籩豆❻。其後四十餘世，至朝鮮侯準，自稱王。漢初大亂，燕、齊、趙人往避地者數萬口，而燕人衛滿擊破準而自王朝鮮，傳國至孫右渠。元朔❼元年，濊君南閭等畔右渠，率二十八萬口詣遼東內屬，武帝以其地為蒼海郡，數年乃罷。至元封❽三年，滅朝鮮，分置樂浪、臨屯❾、玄菟、真番❿四郡。至昭帝⓫始元⓬五年，罷臨屯、真番，以并樂浪、玄菟。玄菟復徙居句驪。自單單大領⓭已東，沃沮、濊貊悉屬樂浪。後以境土廣遠，復分領東七縣，置樂浪東部都尉。自內屬已後，風俗稍薄，法禁亦浸多，至有六十餘條。建武六年⑭，省都尉官，遂棄領東地，悉封其渠帥為縣侯，皆歲時朝賀。

無大君長，其官有侯、邑君、三老。耆舊自謂與句驪同種，言語法俗大抵相類。其人性愚愨⑮，少嗜欲，不請匄⑯。男女皆衣曲領。其俗重山川，山川各有部界，不得妄相干涉。同姓不昏⑰。多所忌諱，疾病死亡，輒捐棄舊宅，更造新居。知種麻，養蠶，作緜布。曉候星宿，豫知年歲豐約。常用十月祭天，晝夜飲酒歌舞，名之為「舞天」。又祠虎以為神。邑落有相侵犯者，輒相罰，責生口牛馬，名之為「責禍」。殺人者償死。少寇盜。能步戰，作矛長三丈，或數人共持之。樂浪檀弓出其地。又多文豹⑱，有果下馬⑲，海出班魚⑳，使來皆獻之。

【章旨】以上記述濊。先寫濊之地理位置、四鄰。重點寫濊本朝鮮之地，由於箕子的教導，濊人皆知禮義。又寫濊君南閭叛衛氏朝鮮內屬及濊人內屬後風俗稍薄，法禁浸多等情況。又寫光武中興後，悉封其渠帥為縣侯，濊人皆歲時朝賀。後寫濊之官吏設置、民之素質、風俗習慣、法約及其出產。

【注釋】❶濊　古地名與民族名。在今朝鮮境內。盧弼《三國志集解・魏書・東夷傳》注引丁謙：「濊亦古國。《周書・王會》篇有『穢人前兒』之文。注：『穢，東夷別種。』穢，即濊也。其舊部據《文獻通考》，在朝鮮江原道江陵府東。」又引沈欽韓：「《一統志》：朝鮮江原道治江陵府，在國城東面，本濊貊地，漢為臨屯郡境。」❷辰韓　見下文。❸武王　即周武王。❹箕子　商代貴族，紂王之親戚，官太師。封於箕（今山西太谷東北）。曾勸諫紂王，紂王把他囚禁起來。周武王滅商，將其釋放，封其於朝鮮。箕子事見《尚書・洪範》、《史記・周本紀》、〈宋微子世家〉。❺八條之教　李賢注引《漢書》：「箕子教以八條者，相殺者以當時償殺，相傷者以穀償，相盜者男沒入為其家奴，女子為婢，欲自贖者人五十萬。《音義》曰：『八條不具見也。』」❻籩豆　即籩和豆。古代禮器、食器。籩，用竹製，盛果脯等。豆，用木製，也有銅或陶製的，盛齏醬等。《爾雅・釋器》：「木豆謂之豆，竹豆謂之籩，瓦豆謂之登。」❼元朔　西漢武帝年號，西元前一二八—前一二三年。❽元封　西漢武帝年號，西元前一一〇—前一〇五年。❾臨屯　郡名。西漢武帝元封三年置。治今朝鮮江原道江陵。❿真番　郡名。西漢武帝元封三年置。治今朝鮮禮成江、漢江之間。⓫昭帝　西漢武帝子，名弗陵。西元前八六—前七四年在位。⓬始元　昭帝年號，西元前八六—前八〇年。⓭單單大領　山名。在今朝鮮中部偏東。⓮建武六年　西元三〇年。⓯愚愨　愚戇；愨厚。⓰匄　同「丐」。⓱昏　同「婚」。⓲文豹　獸名。皮有斑紋之豹。⓳果下馬　一種矮形馬。⓴班魚　亦名鯛魚。形似河豚略小，背青色，有蒼黑斑紋。《太平御覽》卷九四〇引曹操《四時食制》：「班魚，頭中有石如珠，出北海。」

【語譯】濊，北與高句驪、沃沮接，南與辰韓接，東盡大海，西至樂浪。濊與沃沮、句驪，本來都是朝鮮之地。從前周武王封箕子於朝鮮，箕子教他們禮義、種田、養蠶，又制訂八條之教。其人始終不相偷盜，夜不閉戶。其國婦人守貞信。飲食用籩豆。其後四十餘世，至朝鮮侯準時，自稱王。漢初大亂，燕、齊、趙人前往避難的有數萬口，燕人衛滿擊破準而自為朝鮮王，傳國至其孫右渠。元朔元年，濊君南閭等叛右渠，率二十八萬人到遼東求內屬，武帝以其地置為蒼海郡，數年才撤銷。至元封三年，武帝滅朝鮮，分置樂浪、臨屯、玄菟、真番四郡。至昭帝始元五年，撤銷臨屯、真番二郡，併於樂浪、玄菟二郡。玄菟又徙居句驪。自單單大嶺以東，沃沮、濊貊都屬樂浪郡。後因境土廣遠，又分嶺東七縣，置樂浪東部都尉。自從內屬以後，濊人風俗漸薄，法禁也漸漸增多，至有六十餘條。建武六年，省罷都尉官，於是放棄了嶺東之地，全封其首領為縣侯，他們每年都按時來京朝賀。

濊人無大君長，其官有侯、邑君、三老。其國老人自己說與句驪同種，言語風俗習慣大抵相同。濊人性愨厚，少嗜欲，不乞求於人。男女皆穿曲領衣。其俗看重山川，山川各有界域，不得隨便干涉。同姓不通婚。俗多忌諱，家有疾病死亡者，即拋棄舊宅，再造新居。他們懂得種麻、養蠶、織綿布，並通曉占候星宿，預知年成豐歉。常在十月祭天，晝夜飲酒歌舞，其名叫做「舞天」。又祭祀老虎，以老虎為神。村落之間有相侵犯者，即加以處罰，令其出奴隸牛馬，其名叫做「責禍」。規定殺人者償命。其國中少寇盜。其人善於步戰，作長矛三丈，有的要數人共同持拿。樂浪的檀弓也出於此地。國中又多文豹，有果下馬，海中出班魚，使者來中國，皆貢獻這些東西。

1 韓有三種：一曰馬韓，二曰辰韓，三曰弁辰。馬韓在西，有五十四國，其北與樂浪，南與倭接。辰韓在東，十有二國，其北與濊貊接。弁辰在辰韓之南，亦十有二國，其南亦與倭接。凡七十八國，伯濟❶是其一國焉。大者萬餘戶，小者數千家，各在山海間，地合方四千餘里，東西以海為限，皆古之辰國也。馬韓最大，共立其種為辰王，都目支國❷，盡王三韓之地。其諸國王先皆是馬韓種人焉。

2 馬韓人知田蠶，作緜布。出大栗如梨。有長尾雞，尾長五尺。邑落雜居，亦無城郭。作土室，形如冢，開戶在上。不知跪拜。無長幼男女之別。不貴金寶錦罽❸，不知騎乘牛馬，唯重瓔珠❹，以綴衣為飾，及縣❺頸垂耳。大率皆魁頭露紒❻，布袍草履。其人壯勇，少年有築室作力者，輒以繩貫脊皮，縋以大木，嚾呼為健❼。常以五月田竟祭鬼神，晝夜酒會，群聚歌舞，舞輒數十人相隨蹋地為節。十月農功畢，亦復如之。諸國邑各以一人主祭天神，號為「天君」。又立蘇塗❽，建大木以縣鈴鼓，事鬼神。其南界近倭，亦有文身⑨者。

3 辰韓，耆老自言秦之亡人，避苦役，適韓國，馬韓割東界地與之。其名國為邦，弓為弧，賊為寇，行酒為行觴，相呼為徒，有似秦語，故或名之為秦韓。有城柵屋室。諸小別邑，各有渠帥，大者名臣智，次有儉側，次有樊秖，次有殺奚，次有邑借。土地肥美，宜五穀。知蠶桑，作縑⑩布。乘駕牛馬。嫁娶以禮，行者讓路。國出鐵，濊、倭、馬韓並從市之。凡諸貿易，皆以鐵為貨。俗憙歌舞飲酒鼓瑟。兒生欲令其頭扁，皆押之以石。

4 弁辰與辰韓雜居，城郭衣服皆同，言語風俗有異。其人形皆長大，美髮，衣服絜清。而刑法嚴峻。其國近倭，故頗有文身者。

5 初，朝鮮王準為衛滿所破，乃將其餘眾數千人走入海，攻馬韓，破之，自立為韓王。準後滅絕，馬韓人復自立為辰王。建武二十年，韓人廉斯⑪人蘇馬諟等詣樂浪貢獻。光武封蘇馬諟為漢廉斯邑君，使屬樂浪郡，四時朝謁。靈帝末，韓、濊並盛，郡縣不能制，百姓苦亂，多流亡入韓者。

6 馬韓之西，海島上有州胡國⑫。其人短小，髡頭，衣韋衣⑬，有上無下。好養牛豕。乘船往來貨市韓中。

【章　旨】以上記述三韓。先述三韓地理位置、幅員、小國眾多及馬韓統治三韓等概況。接著分別敘述三韓之出產、風俗民情、歷史傳說、官吏設置、其人之特徵及光武帝封韓人蘇馬諟為廉斯邑君等情況。後寫馬韓之西海島上州胡國人的情況。

【注　釋】❶伯濟　國名。一作「百濟」。傳說朱蒙（高句驪國的開創者。傳說其母為河伯之女，感日而生朱蒙。善射。後夫餘人欲殺之，朱蒙乃逃至普述水（今遼寧渾江，一說為渾河或吉林柳河）畔之紇升骨城（今遼寧桓仁五女山城）居之，號高句驪。見《魏書・高句麗傳》）子溫祚創立。約西元一世紀興起於漢江流域。都於今漢江南岸的慰禮城。漸征服鄰近各國，成為半島西南部的強國。繼而與新羅、高句麗鼎足而立。西元七世紀中葉統一於新羅。百濟與中國常有往來，為中國文化傳入日本的橋梁。❷目支國　馬韓所轄的國名。《三國志・魏書・東夷傳》作「月支國」。❸錦罽　絲織品和毛織品。❹瓔珠　玉珠，用作飾物。❺縣　同「懸」。❻魁頭露紒　不戴帽子，露著髮髻。紒，即髻。❼輒以繩貫脊皮三句　往往以繩貫穿背脊上的皮膚，掛上大木，喧鬧叫喊以為健壯。輒，每；總是。貫，貫穿。脊皮，背脊上的皮膚。縋，懸重曰縋。嚾呼，喧鬧叫喊。《三國志・魏書・東夷傳》：「其國中有所為及官家使築城郭，諸年少勇健者，皆鑿脊皮，以大繩貫之，又以丈許木鍤之，通日嚾呼作力，不以為痛。既以勸作，且以為健。」可參考。❽蘇塗　古代三韓國中所設的含有神道色彩的特殊區域，諸逃亡者入其中即可得到庇護。《三國志・魏書・東夷傳》：「諸國各有別邑，名之為蘇塗。立大木，縣鈴鼓，事鬼神。諸逃亡至其中，皆不還之。」❾文身　在身體上刺畫有色的圖案或花紋。❿縑　雙絲織的淺黃色細絹。⓫廉斯　三韓邑名。⓬州胡國　盧弼《三國志集解・魏書・東夷傳》注引丁謙：「州胡即今之濟州無疑。」濟州位於今朝鮮半島西南海中八十五公里處。⓭韋衣　去毛熟治的獸皮所做的上衣，古時多為山野之民所服。

【語　譯】韓有三種：一為馬韓，二為辰韓，三為弁辰。馬韓在西，有五十四國，其北與樂浪郡接，南與倭為鄰。辰韓在東，有十二國，其北與濊貊接。弁辰在辰韓之南，也有十二國，其南也與倭為鄰。共七十八國，伯濟為其中一國。其國大者一萬餘戶，小者數千家，各在山海之間，地方圓合四千餘里，東西都達海邊，全是古代辰國之地。馬韓最大，三韓共立馬韓種人為辰王，建都於目支國，盡統治三韓之地。其諸國王之先都是馬韓種人。

2 馬韓人知道種田、養蠶、織綿布。出產大栗如梨。有長尾雞，尾長五尺。國中村落雜居，亦無城郭。用土造房屋，形狀如墳墓，門開在上邊。其人不知跪拜，不別長幼男女。其人不以金寶錦罽為貴，不知騎乘牛馬，只看重珠玉，將珠玉綴在衣服上做裝飾品，也將其掛在脖子上或垂在耳邊。馬韓人大都不戴帽子，髮髻露外，穿布袍草鞋。其人強壯勇敢，那些建築房屋和幹力氣活的少年，往往以繩貫穿脊皮，掛上大木，喧鬧叫喊，以為健壯。常在五月種完田地後，祭祀鬼神，晝夜酒會，群集歌舞，舞起來常常數十人蹋地為節奏。十月農事畢，再舉行同樣的活動。諸國邑中各舉一人主祭天神，號為「天君」。又建立蘇塗，立大木將鈴鼓懸掛其上，以奉事鬼神。其南界近倭，也有紋身的人。

3 辰韓的老人自言其祖先是秦朝逃亡之人，因逃避苦役到韓國，馬韓割出東界之地給他們。辰韓人稱國為邦，稱弓為弧，稱賊為寇，稱行酒為行觴，互相稱呼為徒，與秦語相似，所以有人又稱其為秦韓。國中有城柵屋室。那些小的城邑，各有渠帥，大者叫做臣智，次叫做儉側，次叫做樊秖，次叫做殺奚，次叫做邑借。其國土地肥美，適宜種植五穀。其國人知蠶桑，能織縑布。乘駕牛馬。嫁娶以禮，行者互相讓路。國中出鐵，濊、倭、馬韓都從這裡購買。凡是貿易，皆以鐵為貨幣。其俗喜歡歌舞、飲酒、鼓瑟。生兒欲令其頭扁，皆以石壓其頭。

4 弁辰與辰韓雜居，城郭衣服皆同，言語風俗有差異。其人體形都長大，頭髮美麗，衣服清潔。其國刑法嚴峻。因與倭鄰近，所以國中頗有紋身的人。

5 當初，朝鮮王準被衛滿所破，便領其餘眾千餘人逃入海中，攻破馬韓，自立為韓王。準後代滅絕，馬韓人又自立為辰王。建武二十年，韓人廉斯人蘇馬諟等到樂浪郡貢獻。光武帝封蘇馬諟為漢廉斯邑君，使其屬樂浪郡，四時朝謁。靈帝末，韓、濊並盛，郡縣不能制服他們，百姓苦於戰亂，有很多流亡入韓的人。

6 馬韓的西方，海島上有州胡國。其人短小，不留頭髮，穿熟皮製的皮衣，有上衣而無下衣。喜歡養牛、豬。乘船往來貿易於三韓國中。

1 倭❶在韓東南大海中，依山島為居，凡百餘國。自武帝滅朝鮮，使驛通於漢者三十許國，國皆稱王，世世傳統。其大倭王居邪馬臺國❷。樂浪郡徼❸，去其國萬二千里，去其西北界拘邪韓國❹七千餘里。其地大較在會稽❺東冶❻之東，與朱崖❼、儋耳❽相近，故其法俗多同。

2 土宜禾稻、麻紵、蠶桑，知織績為縑布。出白珠、青玉。其山有丹土。氣溫腝❾，冬夏生菜茹❿。無牛馬虎豹羊鵲。其兵有矛、楯、木弓，竹矢或以骨為鏃⓫。男子皆黥面文身，以其文左右大小別尊卑之差。其男衣皆橫幅結束相連⓬。女人被⓭髮屈紒，衣如單被，貫頭而著之；並以丹朱坋⓮身，如中國之用粉也。有城柵屋室。父母兄弟異處，唯會同男女無別。飲食以手，而用籩豆。俗皆徒跣⓯，以蹲踞⓰為恭敬。人性嗜酒。多壽考，至百餘歲者甚眾。國多女子，大人皆有四五妻，其餘或兩或三。女人不淫不妒。又俗不盜竊，少爭訟。犯法者沒其妻子，重者滅其門族。其死停喪十餘日，家人哭泣，不進酒食，而等類⓱就歌舞為樂。灼骨以卜，用決吉凶。行來⓲度海，令一人不櫛沐，不食肉，不近婦人，名曰「持衰」。若在塗⓳吉利，則雇⓴以財物；如病疾遭害，以為持衰不謹，便共殺之。

3 建武中元二年㉑，倭奴國奉貢朝賀，使人自稱大夫，倭國之極南界也。光武賜以印綬。安帝永初元年，倭國王帥升等獻生口㉒百六十人，願請見。

4 桓、靈間，倭國大亂，更相攻伐，歷年無主。有一女子名曰卑彌呼，年長不嫁，事鬼神道，能以妖惑眾，於是共立為王。侍婢千人，少有見者，唯有男子一人給飲食，傳辭語。居處宮室樓觀城柵，皆持兵守衛。法俗嚴峻。

5 自女王國東度海千餘里至拘奴國，雖皆倭種，而不屬女王。自女王國南四千餘里至朱儒國㉓，人長三四尺。自朱儒東南行船一年，至裸國、黑齒國㉔，使驛所傳，極於此矣。

6 會稽海外有東鯷人㉕，分為二十餘國。又有夷洲㉖及澶洲㉗。傳言秦始皇㉘遣方士徐福㉙將童男女數千人入海，求蓬萊神仙不得，徐福畏誅不敢還，遂止此洲，世世相承，有數萬家。人民時至會稽市。會稽東冶縣人有入海行遭風，流移至澶洲者。所在絕遠，不可往來。

【章旨】以上記述倭。先述倭之地理位置、地形特點、小國眾多、與漢樂浪郡之距離及與漢通使的情況。次述其地之出產、氣候、風俗民情等情況。又述倭國與東漢往來及倭女王卑彌呼的情況。後述自女王國東、南、東南渡海所能到達的地方。

【注釋】❶倭 中國古代稱日本為倭。❷邪馬臺國 日本古國之一。一說在北九州，一說在本州大和（今奈良）。❸徼邊界。❹拘邪韓國　《三國志・魏書・東夷傳》作「狗邪韓國」。盧弼《三國志集解・魏書・東夷傳》注：「狗邪國，見〈弁辰傳〉。蓋即今慶尚道極南金海郡地。《明史》所謂釜山是也。」❺會稽　郡名。秦始皇二十五年（西元前二二二年）於原吳、越地置。治今江蘇蘇州。西漢時轄境擴大，相當今江蘇長江以南，茅山以東，浙江大部及福建全省。東漢順帝時移治今浙江紹興。其後轄境逐漸縮小。❻東冶　古縣名。東漢改冶縣置。治今福建福州。❼朱崖　郡名。朱，一作「珠」。崖，一作「厓」。漢武帝元鼎六年（西元前一一一年）置。治今海南瓊山區東南。❽儋耳　郡名。西漢武帝元封元年（西元前一一〇年）置。治今海南儋州西北。❾溫腝　同「溫暖」。❿茹　蔬菜的總稱。⓫鏃　箭頭。⓬其男衣句　男子之下衣，都是用橫過來的整幅布帛，圍在腰上，捆紮相連，不用針線縫綴。橫幅，遮覆下身的腰裙。以橫過來的整幅布帛為之。結束，紮縛；捆紮。相連，連在一起。《晉書・四夷傳・倭人》：「其男子衣以橫幅，但結束相連，略無縫綴。」⓭被　同「披」。⓮坋　塗飾。⓯徒跣　赤腳步行。⓰蹲踞　蹲或坐。⓱等類　指其他人。⓲行來　指到中國來。⓳塗　同「途」。⓴雇　付報酬。㉑建武中元二年　西元五七年。㉒生口　本指俘虜，後以俘虜為奴隸，即用作對奴隸的稱呼。㉓朱儒國　盧弼《三國志集解・魏書・東夷傳》注引丁謙：「據西書，印度東南有安達曼島，其土番身度恆不滿四尺，為世界人類中最短小者。」安達曼人，為居住在孟加拉灣安達曼—尼科巴群島上的土著居民，屬於尼格利陀人種。安達曼—尼科巴群島，為「印度中央直轄區，位於孟加拉灣。……主要三島，即北、中、南安達曼島，幾乎相連，總稱大安達曼島。南部為尼科巴群島。」（《簡明不列顛百科全書》）㉔裸國黑齒國　盧弼《三國志集解・魏書・東夷傳》注引丁謙：「裸與黑齒，今南洋島夷狀皆然，以地在熱帶，故裸；以日食檳榔故齒黑。」㉕東鯷人　最早見於《漢書・地理志下》：「會稽海外有東鯷人，分二十餘國，以歲時來獻見云。」後偶以代指日本。㉖夷洲　東漢、三國時稱今臺灣為夷洲。㉗澶洲　島名。澶，亦作「亶」。《史記正義》引《括地志》：「亶洲在東海中，秦始皇使徐福將童男女入海求仙人，止在此洲，共數萬家，至今洲上人有至會稽市易者。吳人《外國圖》云：亶洲去琅邪萬里。」盧弼《三國志集解・吳書・孫權傳》注引胡三省：「今人相傳倭人即徐福止王之地，其國中至今廟祀徐福。」㉘秦始皇　（西元前二五九—前二一〇年），姓嬴，名政，戰國時秦國的國君，秦王朝的建立者，西元前二四六—前二一〇年在位。任用李斯為丞相，並派王翦等大將繼續進行統一戰爭。自西元前二三〇年滅韓開始，十年之間，滅掉割據稱雄的六國，建立了中國歷史上第一個統一的中央集權的國家。分全國為三十六郡，郡下設縣；確定最高統治者的稱號為皇帝，國家一切重大事務由皇帝決定，中央和地方的重要官吏直接由皇帝任免；統一法律、度量衡、貨幣和文字；修建馳道、直道，以加強全國的陸路交通。又派兵北擊匈奴，築長城，南定百越，設置閩中、南海、桂林、象郡。焚燒各國的史書和民間所藏的儒家經典及諸子之書，阬死以古非今的儒生和方士四百六十餘人。刑罰嚴酷，徭役繁重，加以連年用兵，廣大人民痛苦不堪。他死後一年，即暴發了大規模的反秦武裝暴動，西元前二〇六年，秦王朝在反秦武裝暴動的浪潮中滅亡。事見《史記・秦始皇本紀》。㉙徐福　秦方士，齊人。《史記・秦始皇本紀》、《資治通鑑・秦紀》皆作「徐市」。徐福為迎合秦始皇的迷信長生，上書說海上有蓬萊、方丈、瀛洲三座神山，仙人居之，請齋戒與童男女入海求仙人。秦始皇於是發童男女數千人，與徐福入海求仙人，一去不返。事見《史記・秦始皇本紀》。

【語譯】 倭國在韓東南大海中，依山島為居，共有一百餘國。自漢武帝滅朝鮮，倭有三十餘國與漢通使。其國主皆稱王，代代承襲。其大倭王住邪馬臺國。從樂浪郡的邊界算，距離其國一萬二千里，距離其國西北界的拘邪韓國七千餘里。其位置大約在會稽郡東冶縣的東面，其環境與朱崖、儋耳相近似，所以其法俗多同。

2 倭國土地，適宜種植禾稻、麻紵、蠶桑，其人知織縑布。其國產白珠、青玉。其山有丹土。氣候溫暖，冬夏都生長蔬菜。國無牛馬虎豹羊鵲。其兵器有矛、盾、木弓，竹箭有的以骨為箭頭。男子皆刺面紋身，以其紋左右大小區別其身分之尊卑高下。男子之衣全是橫幅結束相連。女人披髮屈髻，衣如單被，鑽頭而穿；並以丹朱塗身，如中國用粉。其國有城柵屋室。父母兄弟分別居住，只有在聚會時男女無別。飲食用手，食具用籩豆。俗皆赤足步行，以蹲踞為恭敬。其人性嗜酒。多長壽，年齡一百餘歲以上的人很多。國中多女子，部落首領都有四五個妻子，一般人也有兩三個。女人不淫不妒。其俗不盜竊，少爭訟。犯法者沒其妻子，重者滅其門族。死人後停喪十餘天，家人哭泣，不進酒食，而其他人即到死者家中唱歌跳舞為樂。灼燒骨以占卜吉凶。其渡海來漢朝，令一人不梳頭，不洗澡，不食肉，不近女人，叫做「持衰」。若行者在途中吉利，則給持衰財物；若行者病或遇害，則認為持衰不謹，便共同把他殺死。

3 光武帝建武中元二年，倭奴國遣使帶貢品朝賀，其使者自稱大夫，倭奴國在倭國的極南邊。光武帝以印綬賜給他。安帝永初元年，倭國王帥升等獻奴隸一百六十人，希望請見安帝。

4 桓帝、靈帝時，倭國大亂，互相攻伐，多年無主。有一女子名叫卑彌呼，年長不嫁，事鬼神之道，能以妖術惑眾，於是倭人共立其為王。卑彌呼有侍婢一千人，很少有人見到她，只有一男子給她送飲食，傳言語。

其住處之宮室樓觀城柵，全都有人持兵器守衛。法令嚴峻。

5 自女王國東渡一千餘里，就到達拘奴國，拘奴國人雖都是倭人種族，但不屬女王國管轄。自女王國南行四千餘里，就到達朱儒國，此國人身長三四尺。自朱儒國向東南行船一年，到達裸國、黑齒國，使驛所記載的地方，最遠就到這裡。

6 會稽海外有東鯷人，分為二十餘國。又有夷洲、澶洲。傳言秦始皇遣方士徐福帶領童男女數千人入海，尋求蓬萊神仙，沒有找到，恐怕被秦始皇誅殺，不敢回還，於是便止於此洲，世世相傳，有數萬家。其人時常到會稽貿易。會稽郡東冶縣有人入海遇上大風，漂流到了澶洲。澶洲所在絕遠，不可往來。

論曰：昔箕子違❶衰殷之運，避地朝鮮。始其國俗未有聞也，及施八條之約，使人知禁，遂乃邑無淫盜，門不夜扃❷，回頑薄之俗，就寬略之法，行數百千年，故東夷通以柔謹為風，異乎三方者也。苟政之所暢，則道義存焉。仲尼懷憤，以為九夷可居。或疑其陋。子曰：「君子居之，何陋之有！」亦徒有以焉爾。其後遂通接商賈，漸交上國。而燕人衛滿擾雜其風，於是從而澆異焉。老子曰：「法令滋章，盜賊多有❸。」若箕子之省簡文條而用信義，其得聖賢作法之原矣！

贊曰：宅是嵎夷，曰乃暘谷。巢山潛海，厥區九族。嬴末❹紛亂，燕人違難。雜華澆本❺，遂通有❻漢。眇眇❼偏譯❽，或從或畔❾。

【章　旨】以上是作者的評論文字。先述東夷人「異乎三方」的柔謹之風是箕子教導的結果，旨在讚揚箕子教民「省簡文條而用信義」是得聖賢作法之原。後述夷人民風澆薄的原因及其對漢朝的「或從或畔」。

【注　釋】❶違　離開；避去。❷扃　關鎖。❸法令滋章二句　出《老子・五十七章》。陳鼓應譯為：「法令越森嚴，盜賊反而不斷地增加。」法令滋章，《諸子集成》本《老子注》章作「彰」。❹嬴末　即秦朝末年。嬴，指秦朝。秦姓嬴氏。❺雜華澆本　李賢注：「衛滿入朝鮮，既雜華夏之風，又澆薄其本化，以至通於漢也。」即使原有淳厚的社會風氣變得浮薄。❻有　作語助詞，無義。❼眇眇　遙遠。❽偏譯　指邊遠之地，因語言不同，須譯而能通。❾畔　同「叛」。

【語　譯】史家評論說：從前箕子離開國運衰亡的殷商，到朝鮮避難。在此以前，其國之俗未有所聞。箕子到後，施行八條之律，使人知禁，於是邑無淫盜之人，夜不關鎖門戶，改變冥頑澆薄之俗，歸向寬厚簡略之法，延續了將近千年，所以東夷人以柔謹為風氣，與北、西、南三方民俗不同。如果仁政暢行，則道義就會存在。所以孔子心懷憤悶，認為九夷之地可居。有人懷疑其地卑陋，孔子說：「君子居之，何陋之有！」這話乃是有其道理的。後來此地乃與商賈相通，漸漸與中原之國發生往來。燕人衛滿擾亂其地之風俗，於是世風開始變得澆薄。《老子》說：「法令漸多而明，盜賊也隨之增加。」像箕子那樣省簡條文而用信義，大概是得到了聖賢作法的本原吧！

史官評議說：居於嵎夷，叫做暘谷。築巢於山，濱鄰大海，其地居住著夷人九族。秦末紛亂，燕人避亂於朝鮮，摻雜進華夏之風，使其本俗變得澆薄，於是乃與漢朝交通。遙遠偏僻的東夷，有時歸服，有時背叛。

【研　析】本卷引言說：「自中興之後，四夷來賓，雖時有乖畔，而使驛不絕。」這就是說，東漢與東夷人的和平往來，友好通使是主流，夷人叛亂寇掠邊郡是暫時的。東漢王朝是經王莽末年戰亂之後建立起來的，其強大的國威與較高的經濟文化吸引著夷人，故「建武中，東夷諸國皆來獻見」。對東漢「或服或畔」的主要是夫餘與高句驪。夫餘一向依附漢朝，在東漢王朝統治的近二百年中，只有兩次叛亂。一次是安帝永初五年，一次是桓帝永康元年，與引言所說「永初多難，始入寇鈔；桓、靈失政，漸滋曼焉」相符合。高句驪的叛亂較頻。一是由於統治者的逼迫（如王莽強迫高句驪人伐匈奴引起的叛亂），二是由於高句驪地多大山深谷，「少田業，力作不足以自資」，故到漢邊郡寇掠是必然的。對此問題，處理得當亦不會發生大的問題。如建武二十五年春，高句驪寇右北平、漁陽、上谷、太原，遼東太守祭肜以恩信招之，「皆復款塞」，就是很好的例證。

東夷人並不都是文化落後，天生野蠻而好寇掠的。引言說：夷人「仁而好生」，「易以道御」，其風俗原來都是敦厚樸實的。如夫餘、濊、高句驪、辰韓、弁辰等，都懂得謙遜禮讓，飲食以俎豆，懲治淫亂，嫁娶以禮，婦人貞信，以潔淨自喜，同姓不婚等等。是誰破壞了東夷人的敦厚樸實之風呢？作者首先歸罪於商賈，「其後遂通接商賈，漸交上國」，東夷人與商賈往來，沾染上澆薄之風是必然的；其次，歸罪於衛滿，衛滿王朝鮮，「擾雜其風，於是從而澆異焉」；其三，歸罪於內屬：「內屬已後，風俗稍薄，法禁亦浸多。」以為箕子教民之法「省簡文條而用信義」是「得聖賢作法之原」。故作者說：「中國失禮，求之四夷。」作者對夷人不歧視，無偏見，是其民族觀進步的表現。又引《老子》之言以明己意，亦可看出作者讚許和憎惡所在。

三韓不與東漢鄰近，倭與東漢相距遙遠，無寇掠之事。但從記載之中，人們可以了解其地理位置、風土人情及其出產。開闊眼界，增廣見聞，知道人外有人，天外有天。在當時是有其積極意義的。

至於說夫餘的創建者東明以其弓擊水，魚鱉皆聚於水面，東明乘之以渡；北沃沮人言：海中得一布衣，袖長三丈，見一人頭頂上還有一張臉，女國有神井，窺之輒生子，此真海外奇談，作者好奇而取之。

東夷人只有挹婁是較為落後的一個民族。（王明信注譯）

卷八十六

南蠻西南夷列傳第七十六

【題　解】本卷是為東漢生活在中國南部和西南部地區的少數民族所作的傳記。全傳分兩大部分：前一部分為生活在今日之湖南、廣東、廣西、海南及越南中北部一帶的少數民族作傳，古代稱之為「南蠻」；後一部分為生活在今日之重慶、四川、雲南、貴州、西藏及陝西、甘肅、青海鄰接地一帶的少數民族作傳，古代稱之為「西南夷」。〈南蠻傳〉中又分別介紹了武陵蠻、巴郡南郡蠻、板楯蠻等諸分支；〈西南夷傳〉中又分別介紹了夜郎、交阯、滇國、邛都、莋都、哀牢、冉駹、白馬氐等分支。作者有所側重地介紹這些蠻夷民族的起源，居住地的地理、氣候特點，民風民俗、物產特產等諸多情況，重點記述他們與中原王朝特別是與東漢王朝的關係。作者以大量史實表達了他行仁政則天下安、施苛政則蠻夷反的進步觀點，強調了中央政權對少數民族實行正確政策的重要性。

1 昔高辛氏[1]有犬戎[2]之寇，帝患其侵暴，而征伐不剋。乃訪募天下，有能得犬戎之將吳將軍頭者，購[3]黃金千鎰[4]，邑萬家，又妻以少女。

2 時帝有畜狗，其毛五采，名曰槃瓠❺。下令之後，槃瓠遂銜人頭造闕下，群臣怪而診之，乃吳將軍首也。帝大喜，而計槃瓠不可妻之以女，又無封爵之道，議欲有報而未知所宜。女聞之，以為帝皇下令，不可違信，因請行。帝不得已，乃以女配槃瓠。

3 槃瓠得女，負而走入南山，止石室中。所處險絕，人跡不至❻。於是女解去衣裳，為僕鑒之結，著獨力之衣❼。帝悲思之，遣使尋求，輒遇風雨震晦，使者不得進。

4 經三年，生子一十二人，六男六女❽。槃瓠死後，因自相夫妻。織績木皮，染以草實，好五色衣服，製裁皆有尾形。其母後歸，以狀白帝，於是使迎致諸子。衣裳班蘭，語言侏離❾，好入山壑，不樂平曠。帝順其意，賜以名山廣澤。

5 其後滋蔓，號曰蠻夷。外癡內黠，安土重舊。以先父有功，母帝之女，田作賈販，無關梁符傳，租稅之賦❿。有邑君長，皆賜印綬，冠用獺皮。名渠帥曰精夫，相呼為姎徒⓫。今長沙⓬武陵蠻是也。

6 其在唐虞⓭，與之要質，故曰要服⓮。夏商⓯之時，漸為邊患。逮于周世，黨眾彌盛。宣王⓰中興，乃命方叔南伐蠻方，詩人所謂「蠻荊來威⓱」者也。又曰：

「蠢爾蠻荊，大邦為讎⑱。」明其黨眾繁多，是以抗敵諸夏⑲也。

7 平王東遷，蠻遂侵暴上國⑳。晉文侯輔政，乃率蔡共侯擊破之㉑。至楚武王㉒時，蠻與羅子共敗楚師，殺其將屈瑕㉓。莊王㉔初立，民飢兵弱，復為所寇。楚師既振，然後乃服，自是遂屬於楚。鄢陵之役，蠻與恭王合兵擊晉㉕。及吳起相悼王，南并蠻越，遂有洞庭、蒼梧㉖。秦昭王使白起伐楚，略取蠻夷，始置黔中郡㉗。漢興，改為武陵。歲令大人輸布一匹，小口二丈，是謂賨布㉘。雖時為寇盜，而不足為郡國患。

【章　旨】以上為本卷前半部分的緒論，記述南蠻的起源及習俗，以及他們在唐、虞以後到漢初階段與中土朝廷的關係。

【注　釋】❶高辛氏　傳說中古代部落的領袖，為帝嚳之號（嚳，又作俈）。為黃帝之曾孫，唐堯之父。相傳高辛氏有四妻四子：姜嫄生棄（即后稷），是周族的祖先；簡狄生契，是商族的祖先；慶都生堯；常儀生摯。❷犬戎　古代戎族的一支，古代居於我國西部。殷周時逐漸強大。周幽王十一年（西元前七七一年），申侯引犬戎入宗周攻殺幽王，平王立，東遷於洛邑，是為東周。❸購　懸賞；收買。❹鎰　又作「溢」。古代重量單位。二十兩為一鎰，另一說，二十四兩為一鎰。❺槃瓠　應為古代神話中的人名。唐李賢注：《魏略》：「高辛氏有老婦，居王室，得耳疾，挑之，乃得物大如繭，婦人盛瓠中，覆之以槃，俄頃化為犬，其文五色，因名槃瓠。」❻所處險絕二句　李賢注：「今辰州盧溪縣西有武山。黃閔《武陵記》曰：『山高可萬仞。山半有槃瓠石室，可容數萬人。中有石床，槃瓠行迹。』」辰州，漢代為武陵郡。今為湖南沅陵、辰溪一帶。是湘西土族、苗族等少數民族聚居地。❼於是女解去衣裳三句　高辛氏之小女兒進入山區後，改變了自己原來的服飾裝束。李賢注：「僕鑒、獨力，皆未詳。」疑為只在身上打結披帶之類，裝束簡陋，遮掩不多，以適應山居洞穴生活。❽生子一十二人

二句　晉代新蔡人干寶在其所著的《晉紀》中說：武陵郡、長沙郡、廬江郡，那一些地方的少數民族，都是槃瓠的後代。他們雜處於五溪（指武陵的五條溪流、溪谷：雄溪、樠溪、無溪、西溪、辰溪）之內。這些人據險憑山，常為害外人。食物糅雜，魚肉混陳，敲著木槽大聲唱歌，來祭祀槃瓠。古書記載他們「赤髀橫裙」，就是槃瓠的子孫。❾衣裳班蘭二句　班蘭，同「斑斕」。顏色錯雜鮮明。侏離，形容由於生活地域不同而語音難辨，意思難明。❿以先父有功五句　由於他們的父親破敵有功，他們的母親是帝君的女兒，無論是種田還是經商販運，都不用驗看、繳納路途過關的稅證，不繳田賦。關梁，泛指水陸要會之處。關，關口之門。梁，渡河的橋梁。符傳，古代出征時朝廷發給將領的憑證，這裡指經商時官府發給的憑證。⓫名渠帥曰精夫二句　渠帥，魁首；首領。精夫，古代南方少數民族對其頭領的稱謂。姎徒，猶言我們。《說文》第十二篇下「女部」：「姎，女人自稱，我也。」清段玉裁注：「姎我聯文，如吳人自稱阿儂耳。」《爾雅》：「卬，我也。」郭璞注：「卬，猶姎也。」語音相近，卬轉為姎。⓬長沙　漢代郡名。屬荊州，下轄十三城。故地為今湖南中南部一帶區域。⓭唐虞　指唐堯、虞舜，他們都是傳說中父系氏族社會後期的部落聯盟領袖。堯名放勳，陶唐氏，史稱唐堯。他死之後由舜繼位。舜名重華，姚姓，有虞氏，史稱虞舜。他死後把位子傳給治水有功的禹。⓮要服　古時把地域按離京城遠近劃分為九服，要服是距王城一千五百里至二千里的地區。《國語．周語上》：「夷蠻要服」《三國．吳書》韋昭注：「要者，要結好信而服從也。」要，意為約、結、要束。⓯夏商　中國古代歷史上有文字記載有實物可徵的兩個朝代名。夏，禹的兒子啟所建立的國家，共傳十三代，十六王，至桀時為商所滅。約當西元前二十一—前十六世紀左右。商，本為古部落名。其始祖名契，傳十四代，到湯，滅夏桀，建商朝。傳十七代，三十一王，到紂（帝辛），被周文王、周武王所滅。約當西元前十六—前十一世紀。⓰宣王　姬姓，名靖（一作靜）。周厲王之子。西元前八二八—前七八二年在位。他即位後，廢除籍田制度（一說，廢除在籍田上的奴隸集體耕作制度），曾不斷對淮夷、徐戎、玁狁用兵。⓱蠻荊來威　在宣王時的大將方叔的征討之下，楚地的蠻人才害怕畏服了。蠻，古代對南方少數民族之蔑稱。荊，古代楚國的別稱。來，猶見之意，才。威，通「畏」。害怕。語見《詩．采芑》。⓲蠢爾蠻荊二句　蠢，愚蠢；不明智。或訓為蠢蠕動貌，即蠢蠢欲動之意。大邦，指周國。讎，通「仇」。仇敵；敵對。亦見《詩．采芑》。⓳諸夏　本指周代分封的諸侯國。泛指中原、中國、內地。⓴平王東遷二句　周平王，姬姓，名宜臼（一作宜咎），周幽王姬宮涅的太子，申后所生。西元前七七〇—前七二〇年在位。西周末年，幽王昏庸，寵愛褒姒，廢掉了申后和太子，申侯聯合犬戎攻殺幽王，宜臼受申、魯、許諸國擁立於申為王，後東遷雒邑，依靠晉、鄭兩國夾輔立國，史稱東周。上國，指中原，也稱上邦。㉑晉文侯輔政二句　晉文侯，西元前七八〇—前七四五年在位。蔡共侯，西元前七六一—前七六〇年在位。晉文侯率領蔡共侯擊破蠻兵之事，當在周平王十年或十一年時（即西元前七六一—前七六〇年）。㉒楚武王　西元前七四〇—前六九〇年在位。㉓蠻與羅子二句　見《左傳·桓公十三年》，即周恆王二十一年，楚武王四十二年，西元前六九九年。楚國的大夫屈瑕伐羅（今湖北宜城境內）到達鄢水（源出湖北保康，東流經南漳、宜城二縣入漢水），渡河時軍士不按次序，受到羅和盧戎（南蠻夷國名。今湖北南漳東北）的夾擊，楚師大敗。屈瑕自縊於荒谷，與他一同出師的群帥自囚於治父。㉔莊王　這裡指楚莊王。羋姓，名旅（一作呂、侶，西元前六一三—前五九〇年在位），是楚穆王之子。曾是春秋後期的霸主。㉕鄢陵之役二句　晉楚鄢陵之戰，發生於西元前五七五年（魯成公十六年，周簡王十一年，晉厲公六年，楚共王十六年）夏天，戰之地在鄢國，本屬鄭，故地在今河南鄢陵。蠻兵曾助楚，但楚敗於晉。詳見《左傳·成公十六年》。恭王，楚王，名審，又作楚共王。西元前五九〇—前五六〇年在位。㉖及吳起相悼王三句　吳起，戰國時衛國人，曾從學於曾參。初仕魯，後仕魏，魏文侯用為將，攻秦拔五城，為西河守以拒秦。後為魏相公叔所忌，奔楚，楚悼王用為令尹。悼王死，被宗室大臣所害。死於西元前三七八年。楚悼王，西元前四〇一—前三八一年在位。洞庭蒼梧，泛指今湖南及廣西東北部一帶區域，這些地方到漢代才設郡。㉗秦昭王使白起伐楚三句　秦昭王，名稷（一作側），嬴姓。秦武王之異母弟，西元前三〇六—前二五一年在位。他任用白起為將，魏冉為相，先後戰勝三晉、齊、楚等國，奠定了秦以後統一全國的基礎。白起，又稱公孫起，秦國名將，秦昭王時從左庶長升官至大良造，屢戰獲勝，奪得韓、魏、趙、楚等鄰國很多土地，因功被封武安君。後為相國范雎所忌，被逼於西元前二五七年自殺。黔中郡，本楚地，秦時設郡。轄地很廣，包括今湖南西部，貴州東北部，郡城在今湖南沅陵西。㉘賨布　古代巴人用來繳納賦稅的布。因巴人呼賦為賨，故稱賨布。

【語　譯】古時候，高辛氏帝嚳時代，西方的犬戎族經常侵擾中原地帶，帝嚳對於他們的侵犯騷擾甚感憂慮，但是多次派兵征伐又不能取勝。於是向全天下的人進行尋訪招募，聲明有誰能得到犬戎族將領吳將軍之頭顱的，獎賞給黃金千鎰，賞給萬戶居民的封邑，並且把自己的小女兒嫁給他。

2　當時帝嚳養著一隻狗，牠的毛色五彩斑斕，名叫「槃瓠」。帝嚳下令以後不久，就見槃瓠嘴裡銜著一顆人頭來到皇宮闕門之下。群臣十分驚怪地仔細察看，原來此頭即吳將軍首級。帝嚳大喜，然而考慮到槃瓠是條狗，沒法把女兒嫁給牠，又沒有把爵號和采邑封給狗的道理，與群臣議論要報答狗的功勞，商量不出怎樣做才更合適。帝嚳的女兒聽說了這些情況，認為自己的父親身為帝皇明確公開地下過懸賞令，不能背棄信義許諾的條件，於是主動要求婚配。帝嚳不得已，就只好將女兒許配給神狗槃瓠。

3 槃瓠得到帝嚳之女，馱著她奔跑入南方山中，居住在石洞裡面。所住的石洞位於山的極端險要處，交通與外界斷絕，人們的足跡不能到達。於是這女孩兒脫去來時穿的衣裳，身上只打著簡單的「僕鑒」式的結帶，身穿「獨力」的上衣。帝嚳悲傷女兒遠嫁，經常思念女兒，就多次派遣使者去山中尋找訪求，但每次去總會遇到疾風暴雨，雷震陰晦，天昏地暗，使者不能前進。

4 過了三年，帝女與槃瓠共生下後代一十二人，六個男的，六個女的。槃瓠死去之後，這六對兒女自相配成夫婦，繁衍後代。他們把樹皮弄成線條，織成布，用野菜籽或野生果實榨汁染色，喜歡穿五顏六色的豔麗色彩的衣服，裁製成的衣裳後邊，都有一種尾巴樣子的東西。他們的母親後來回到帝嚳那裡，把分別後的情況稟告給自己的父親，帝嚳就派人把她生的這些兒女接到朝中。只見這些人的服飾色彩鮮豔斑斕，說的話與中原大不相同，喜歡進入山澗溝壑中生活，對中原的平坦曠野不感興趣。帝嚳順從他們的意願，把境內的名山和大澤賞給他們居住。

5 這些人們的後代越來越多，中原人稱他們為「蠻夷」。這些人外表看似呆傻癡拙，內心裡卻聰明狡猾，他們有安於故土，看重傳統的習俗。因為他們的父親曾有功於帝，母親又是帝嚳之女，因此，他們之中凡是耕田勞作的，不用繳納地租田賦；經商販運的，不必交驗水陸渡口關口過往的證件。凡是居地的邑長頭領，都頒發給印信綬帶，可戴著獺皮製作的帽冠。他們把頭領叫作精夫，他們之間打招呼稱為「姎徒」。現今長沙郡和武陵郡的蠻就是他們的後代。

6 這些蠻夷之族，在唐堯虞舜的時代，曾接受中原的約束，與他們約好，讓要員入質，所以他們的居住之地被稱為「要服」。到夏代、商代的階段，漸漸成為邊境的禍患。到了周代，這些部族的黨徒繁衍得更加繁盛眾多。周宣王中興，命令他的大臣方叔征討南方的蠻夷，這就是《詩》中所說的「楚地的蠻人才怕了」的那回事情。《詩》中又說：「愚蠢的楚地的蠻人，竟敢與中原大國結成仇敵。」說明他們的人數已經很多了，力量發展強大，敢與中原各國相抗衡了。

7 到周平王東遷雒邑以避西邊的犬戎時，南方的蠻人也趁機侵擾中原的大國。晉文侯輔佐周天子，於是率領蔡共侯一起攻擊並打敗他們。到楚武王的時候，南蠻與羅國國君一起共同擊敗了楚國的軍隊，逼殺了楚國大將屈瑕。楚莊王開始當政初期，百姓貧困，軍力薄弱，再次受到蠻人的侵略。後來楚國軍隊振興強大，蠻人才表示臣服，從此他們的居處之地歸屬楚國。到楚國與晉國在鄢陵會戰時，蠻人與楚共王一起合兵攻擊晉軍。等到吳起做楚悼王的令尹時，南征荊越一帶，才占有了洞庭、蒼梧等大塊地盤。秦昭王時派大將白起攻伐楚國，攻占奪取蠻夷居住之地，才開始設置黔中郡。大漢興起建國之後，改黔中為武陵郡，令那裡的蠻人每年交納布匹以充賦稅，成年人一匹，未成年人二丈，這就是所謂的「賨布」。那時候，蠻人雖然仍不時地寇犯邊陲或盜取貨財，但尚未形成威脅郡國安全的大禍患。

1 光武中興，武陵蠻夷特盛。建武❶二十三年，精夫相單程等據其險隘，大寇郡縣。遣武威將軍劉尚發南郡、長沙、武陵兵萬餘人，乘船泝沅水入武谿擊之❷。尚輕敵入險，山深水疾，舟船不得上。蠻氏知尚糧少入遠，又不曉道徑，遂屯聚守險。尚食盡引還，蠻緣路徼戰，尚軍大敗，悉為所沒。二十四年，相單程等下攻臨沅❸，遣謁者❹李嵩、中山太守❺馬成擊之，不能剋。明年春，遣伏波將軍馬援❻、中郎將❼劉匡、馬武、孫永等，將兵至臨沅，擊破之。單程等飢困乞降，會援病卒，謁者宗均聽悉受降。為置吏司，群蠻遂平。

2 肅宗建初❽元年，武陵澧中蠻❾陳從等反叛，入零陽蠻❿界。其冬，零陽蠻五里精夫為郡擊破從，從等皆降。

3 三年冬，溇中蠻⓫覃兒健等復反，攻燒零陽、作唐、孱陵⓬界中。明年春，發荊州七郡及汝南、潁川弛刑徒吏士五千餘人⓭，拒守零陽，募充中五里蠻精夫不叛者四千人，擊澧中賊。五年春，覃兒健等請降，不許。郡因進兵與戰於宏下，大破之，斬兒健首，餘皆棄營走還溇中，復遣乞降，乃受之。於是罷武陵屯兵，賞賜各有差。

4 和帝永元⓮四年冬，溇中、澧中蠻潭戎等反，燔燒郵亭⓯，殺略吏民，郡兵擊破降之。

5 安帝元初⓰二年，澧中蠻以郡縣徭稅失平，懷怨恨，遂結充中諸種二千餘人，攻城殺長吏。州郡募五里蠻六亭兵追擊破之，皆散降。賜五里、六亭渠帥金帛各有差。

6 明年秋，溇中、澧中蠻四千人並為盜賊。又零陵⓱蠻羊孫、陳湯等千餘人，著赤幘⓲，稱將軍，燒官寺⓳，抄掠百姓。州郡募善蠻討平之。

7 順帝永和⓴元年，武陵太守上書，以蠻夷率服，可比漢人，增其租賦。議者皆以為可。尚書令㉑虞詡獨奏曰：「自古聖王不臣異俗，非德不能及，威不能加，知其獸心貪婪，難率以禮。是故羈縻㉒而綏撫之，附則受而不逆，叛則棄而不追。先帝舊典，貢稅多少，所由來久矣。今猥㉓增之，必有怨叛。計其所得，不償所費，必有後悔。」帝不從。其冬，澧中、漊中蠻果爭貢布非舊約，遂殺鄉吏，舉種反叛。明年春，蠻二萬人圍充城，八千人寇夷道。遣武陵太守李進討破之，斬首數百級，餘皆降服。進乃簡選良吏，得其情和。在郡九年，梁太后㉔臨朝，下詔增進秩二千石，賜錢二十萬。

8 桓帝元嘉元年秋，武陵蠻詹山等四千餘人反叛，拘執縣令，屯結深山。至永興㉕元年，太守應奉以恩信招誘，皆悉降散。

9 永壽㉖三年十一月，長沙蠻反叛，屯益陽㉗。至延熹㉘三年秋，遂抄掠郡界，眾至萬餘人，殺傷長吏。又零陵蠻入長沙。

10 冬，武陵蠻六千餘人寇江陵㉙，荊州刺史劉度、謁者馬睦、南郡太守李肅皆奔走。肅主簿㉚胡爽扣馬首諫曰：「蠻夷見郡無儆備，故敢乘間而進。明府㉛為國大臣，連城千里，舉旗鳴鼓，應聲十萬，柰何委符守之重，而為逋逃之人乎？」肅拔刃向爽曰：「掾促去！太守今急，何暇此計！」爽抱馬固諫，肅遂殺爽而走。帝聞之，徵肅棄市㉜，度、睦減死一等，復爽門閭，拜家一人為郎㉝。於是以右校令度尚為荊州刺史，討長沙賊，平之。又遣車騎將軍㉞馮緄討武陵蠻，並皆降散。軍還，賊復寇桂陽㉟，太守廖析奔走。武陵蠻亦更攻其郡，太守陳奉率吏人擊破之，斬首三千餘級，降者二千餘人。至靈帝中平㊱三年，武陵蠻復叛，寇郡界，州郡擊破之。

【章　旨】以上記述東漢王朝統治時期武陵蠻夷與中央政府之間的關係。可以看出，自光武至靈帝，近二百年間，蠻人的反叛幾乎沒有停止過。原因可能多種，但「徭役失平」、生存艱難想是主要的。朝廷不加綏撫，而以鎮壓為主，且用「以蠻治蠻」之策，並不能從根本上解決問題。

【注　釋】❶建武　東漢光武帝劉秀年號，西元二五—五六年。❷遣武威將軍二句　將軍是東漢時帶兵武官的名稱，掌征伐背叛。因職務不同，常在將軍前冠以不同的名號，如這裡的武威將軍之類。南郡、長沙、武陵，均為漢代郡名。屬荊州。南郡轄十七城，故地當在今湖北西部一帶。長沙郡轄十三城，故地當今之湖南中南部一帶。武陵郡轄十二城，故地當今之湖南西部一帶。沅水，又名沅江。源出貴州都勻雲霧山。❸臨沅　漢代縣名。屬荊州之武陵郡，由於臨沅水而得名。故地在今湖南常德一帶。❹謁者　官名。始置於春秋、戰國時，為國君掌管傳達。秦漢沿置。漢置，郎中令屬官有謁者，少府屬官亦有中書謁者令（後改稱中謁者令）。郎中令所屬謁者掌賓（儐）贊受事，員額至七十人。其長官稱謁者僕射。南北朝亦曾沿置。掌引見臣下，傳達使命。其以宦官充任者，東漢稱中宮謁者，屬大長秋。❺中山太守　中山國之太守。漢之中山國。屬冀州，轄十三城。故地當今河北定州、曲陽、靈壽一帶。❻馬援　西元前一四—西元四九年，字文淵，東漢初扶風茂陵（今陝西興平）人。新莽時曾為漢中太守。後歸服劉秀，以功任伏波大將軍，封新息侯。進攻五溪蠻時病死軍中，本書卷二十四有傳。❼中郎將　漢代原本是統領皇帝侍衛部隊如虎賁軍、羽林軍的帶兵武官，後來派出帶兵征討的武官也有此名，屬光祿勳，秩二千石。❽建初　東漢章帝劉炟年號，西元七六—八四年。❾澧中蠻　住在澧水上游區域的蠻人。❿零陽蠻　生活在零陽縣一帶的少數民族。零陽，武陵郡所轄縣名。⓫漊中蠻　居住在漊水上中游區域的少數民族。⓬零陽作唐孱陵　都是漢代武陵郡所轄縣名。故地在今湖南常德西部一帶。⑬發荊州七郡句　荊州，漢武帝所置「十三刺史部」之一。故地當今之河南西南部、湖北中西部、湖南大部等區域。所轄七郡為南陽郡、南郡、江夏郡、零陵郡、桂陽郡、武陵郡、長沙郡，共有縣、邑、侯國一百一十七個。汝南、潁川，屬豫州。地當今河南中部和南部。汝南郡轄三十七城，為今豫中地區。潁川郡轄十七城，為今豫南地區。⑭永元　東漢和帝劉肇年號，西元八九－一〇五年。⑮郵亭　古代的驛館。是遞送文書的驛卒們投宿止息的處所。⑯元初　東漢安帝劉祜年號，西元一一四－一二〇年。⑰零陵　漢代郡名。屬荊州，下轄十三城。故地在今湖南西部偏南地區。⑱赤幘　紅色頭巾。⑲官寺　官署；官舍。自秦以來，凡宦者任外廷之職，則官舍通稱為寺，如大理寺、太常寺、鴻臚寺等。自漢以來，三公所居謂之府，九卿所居謂之寺。⑳永和　東漢順帝劉保年號，西元一三六－一四一年。㉑尚書令　秦始置官名，兩漢沿置，本為少府的屬官，掌章奏文書。東漢時政務皆歸尚書，尚書令成為直接對君主負責總攬一切政務令的首腦，大體相當於後來的宰相。㉒羈縻　比喻籠絡、維繫、聯絡、懷柔等手段。羈，通作「覊」。馬籠頭，常喻捆縛、牽制意。縻，牛鼻繩，有牽引使按主使者意圖行走之意。㉓猥　眾多。㉔梁太后　指順帝的皇后梁妠，大將軍梁商之女。順帝死，立沖帝劉炳，她被尊為太后。事詳本書卷十。㉕永興　東漢桓帝劉志年號，西元一五三－一五四年。㉖永壽　東漢桓帝劉志年號，西元一五五－一五八年。㉗益陽　漢代長沙郡所轄縣名，因在益水之陽而得名。故城在今湖南益陽城東。㉘延熹　東漢桓帝劉志年號，西元一五八－一六七年。㉙江陵　漢代縣名。本為春秋時楚國所在地。漢代為荊州南郡的治所。故城在今湖北江陵境內。㉚主簿　漢代及其以後，中央各機構及地方郡縣官府都設有主簿，負責文書簿籍，掌管印鑑，為掾吏之首，是實際的辦事人員，類似今世之祕書長之類。㉛明府　漢魏以來，對郡太守、牧、尹，皆稱府君，或明府君，省稱「明府」。明，賢明。府，郡守辦公的地方。㉜徵肅棄市　徵，徵召。棄市，斬首示眾之刑。古代在鬧市執行死刑後，陳屍街頭以示眾，叫棄市。㉝郎　古代帝王侍從官員的通稱。郎官的職責原為護衛陪從，隨時建議，備顧問及差遣。秦漢時有議郎、中郎、侍郎、郎中等名目，職責大同小異，多由貴族子弟充任。郎，古「廊」字。指宮殿之廊。㉞車騎將軍　漢代掌征討叛亂的高級武官，地位可比三公，為將軍中的第三等，僅次於大將軍和驃騎將軍。㉟桂陽　漢代郡名。屬荊州，下轄十一城。故地在今湖南南部郴州一帶。㊱中平　東漢靈帝劉宏年號，西元一八四－一八九年。

【語　譯】光武帝劉秀中興漢室以後，武陵蠻夷特別強盛。建武二十三年，蠻人首領相單程等人，仗憑他們居住地的地勢險阻、道路狹隘等優勢，大舉侵擾寇犯郡縣。朝廷派武威將軍劉尚徵發南郡、長沙郡、武陵郡三地的軍士萬餘人，乘著船沿沅水而上溯到其支流武溪攻打他們。劉尚等人輕視敵人，深入險地，山谷狹窄，水流湍急，兵士所乘的舟船開不上去。蠻人得知劉尚的軍隊帶的糧餉不多而且遠離後方，深入險境，又不認識當地的道路，就聚集在險要處防守，不出來接戰。劉尚等吃完了所帶的口糧，只得領兵後退，蠻人沿著他們後退的路線，不停地攔截襲擊挑戰，劉尚等各路軍隊大敗，全部被殲滅。建武二十四年，蠻人首領相單程等下山攻打臨沅城，朝廷派謁者李嵩、中山太守馬成率軍去攻擊他們，沒能取勝。第二年春天，朝廷派伏波將軍馬援、中郎將劉匡、馬武、孫永等率領軍隊到達臨沅，打敗了蠻人。相單程等人飢餓疲困，要求投降，恰逢馬援病死軍中，謁者宗均聽從要求，全部允許投降。此後，朝廷在武陵蠻居住區設置了官吏和管理部門，各地的蠻人叛亂才平定下來。

2　漢章帝肅宗建初元年，武陵郡澧水中上游一帶居住的蠻人陳從等造反叛亂，進入零陽一帶的蠻人區域。那年冬天，零陽蠻人的五里精夫替郡政府打敗了叛蠻陳從等，陳從等全部投降。

3　建初三年冬天，漊中一帶的蠻人覃兒健等再次反叛，攻占並焚燒零陽、作唐、孱陵等境內的官府民居。第二年春天，朝廷徵調荊州所轄的七個郡以及汝南、潁川兩個郡的減刑的罪犯和吏士共五千多人，到零陽等縣據城防守，並招募充縣地區的五里蠻部首領及那些沒有反叛官府的蠻人共四千多人，進擊澧中叛亂的蠻人。建初五年春天，覃兒健等請求投降，官軍不准許。武陵郡官兵趁此機會進軍至宏下，與叛蠻大戰並徹底打敗了他們，割下了叛蠻首領覃兒健的首級，其餘殘部丟下營壘跑到漊水上游深山中去。他們又派人找官府要求投降，這時才允准他們。於是朝廷結束了所調各郡在武陵駐紮的軍隊，對戰鬥中立功人員給予了不同等級的獎賞。

4　漢和帝劉肇永元四年冬天，漊中、澧中一帶的蠻人潭戎等反叛，焚燒驛路的郵亭，殺戮官吏，劫掠庶民。武陵郡派兵打敗他們，迫使他們投降。

5　漢安帝劉祜元初二年，澧中的蠻人因為當地郡縣派給他們的傜役和賦稅不公平，內心懷有怨恨，於是聯結充縣地區的各種蠻人共二千多人，攻打城池，殺死當地的官員。荊州和武陵郡的官府招募五里地方的蠻人和六亭的兵丁追擊叛蠻，並打敗了他們，造反的蠻人有的逃散，有的投降。官府賞賜給五里蠻和六亭兵的頭目們各自不等量的金銀布帛。

6 第二年秋天，漊中和澧中的蠻人有四千人之多同時造反，成為盜賊。又有零陵郡的蠻人羊孫、陳湯等千餘人，頭上包著紅色頭巾，頭領稱作將軍，進攻並焚燒官舍，搶奪劫掠百姓財物。州郡政府招募那些善良順從沒有作亂的蠻部征討平定了作亂者。

7 順帝劉保永和元年，武陵郡的太守上書朝廷，由於蠻夷各部均已歸服，沒有作亂，可以比照漢族百姓的標準，增加他們的地租賦稅，參加討論的大員們都認為可行。唯獨尚書令虞詡上奏說：「自古以來，聖明的君主都不把異俗之族當作臣民看待，這並不是國家的文明德化達不到，也不是威勢施加不到他們那裡，而是知道他們不開化，如野獸般的貪得無厭，難以用文明的禮法規範約束他們的行動。因此，對他們都採取籠絡安撫的政策和手段，歸附時就接收他們，而不是與他們作對；叛亂時就拋棄他們，而不加追究。蠻夷人的貢賦多少，有先世的舊章程存在，傳到如今已很久遠。今日隨意增多加重，必然引起一些人怨恨而叛亂。如果計算一下增加賦稅之所得，與征討叛亂所開銷費用之損耗，二者比較實在得不償失，按此執行，必然有後悔的那一天。」皇帝劉保沒有採納虞詡的意見。那年冬天，澧中和漊中的蠻人，果然爭說現在讓多交貢稅之數不合舊約，於是殺死了催稅的鄉吏，本種族全部蠻人反叛。第二年春天，有二萬多蠻人包圍充縣城，八千蠻人寇犯夷道。朝廷派武陵郡太守李進征討叛蠻，擊敗他們，殺死好幾百人，皆斬首，其餘的人都投降。李進於是挑選優秀的官吏，到蠻人聚居區進行管理，得知他們的實情，以和善綏靖方法對待蠻人。李進在武陵郡做太守九年，順帝死，梁太后臨朝執政，頒發詔書增加李進的俸祿，年二千石，獎勵錢二十萬。

8 漢桓帝劉志元嘉元年秋天，武陵蠻詹山等糾合四千多人反叛，抓獲了當地縣令，屯聚在深山中。到永興元年，武陵太守應奉用誠信和恩義招降引誘他們出山，叛蠻全部投降遣散。

9 桓帝永壽三年十一月，長沙郡的蠻人造反叛亂，結隊駐紮在益陽縣。到延熹三年秋天，就搜掠各郡鄰接交界地區的財物，蠻眾多達萬餘人，殺死或傷害官吏。又有零陵郡的蠻人攻入長沙城。

10 延熹三年冬天，武陵蠻六千餘人寇犯荊州刺史部治所江陵城。荊州刺史劉度、謁者馬睦、南郡太守李肅等都棄城逃跑。李肅的主簿胡爽拉住李肅的馬籠頭規勸說：「蠻夷造反，是看到郡城沒有戒備，所以才敢乘虛而入。賢明的府君您作為國家大臣，管轄的地盤內城邑相連千里遠，您如果舉起指揮旗進行號召，敲響戰鼓集合民眾，回應您召喚的勇士立馬可達十萬人，為什麼您拋下太守的守土重任，而成為逃跑的膽小鬼呢？」李肅拔出隨身佩帶的兵刃指向胡爽說：「你這個掾屬趕快離開！本太守現在情勢緊急，哪裡顧得上這些呢！」胡爽抱住太守的坐騎堅決諫止，李肅急於逃命，就殺死了胡爽逃跑。後來皇帝聽說了此事的經過，徵召李肅在鬧市中將他斬殺示眾，同逃的劉度、馬睦減罪一等免死。蠲免胡爽家鄉的賦稅，並任命他家中的子弟一人為郎官。於是改派右校令度尚為荊州刺史，征討長沙郡的叛賊，平定了他們。朝廷又派遣車騎將軍馮緄征討武陵蠻，長沙和武陵兩郡的叛蠻都投降或走散。大軍撤回，蠻人又回頭侵擾桂陽郡，太守廖析逃走。武陵蠻再度攻擊郡城，太守陳奉率領本郡吏人反擊叛蠻，打敗了他們，斬殺三千多人的首級，投降的一千多人。到漢靈帝劉宏中平三年時，武陵蠻又一次叛亂，侵擾郡界，州郡聯合打敗了他們。

禮記稱「南方曰蠻，雕題交阯❶」。其俗男女同川而浴，故曰交阯❷。其西有噉人國，生首子輒解而食之，謂之宜弟。味旨，則以遺其君，君喜而賞其父。取妻美，則讓其兄。今烏滸❸人是也。

【章旨】以上記述交阯蠻的奇異風俗。

【注釋】❶雕題交阯　在腦門上刺出圖案或花紋；睡覺時頭向相反方向，足在被內而相交。雕，刻；刺。此處指刺破肌膚且塗以色彩，即紋身術。題，額頭，俗稱腦門。交阯，又作「交趾」。指足部交叉而臥。❷交阯　交阯郡。屬交州刺史部，轄十二城。故地當今廣東中北部嶺南一帶區域。❸烏滸　部族名。秦漢時南方蠻族的一支。

【語譯】《禮記》中記載說「在南方有人叫做蠻，在額頭刺圖紋，臥時跂相交」。那裡的風俗，時興男女在同一條江河裡洗浴，所以把那一片地區稱作「交阯」。它的西邊有噉人國，生下的第一個兒子經常殺死後肢解成塊吃掉，這叫做宜弟。如果肉味鮮美，就拿來贈送給他們的國君，國君高興了就獎賞被殺孩子的父親。如果娶到的妻子容貌嬌美，就讓給自己的哥哥。現在的烏滸人的習俗就是這樣的。

1 交阯之南有越裳國❶。周公居攝六年❷，制禮作樂，天下和平，越裳以三象重譯而獻白雉❸，曰：「道路悠遠，山川岨❹深，音使不通，故重譯而朝。」成王以歸周公。公曰：「德不加焉，則君子不饗其質❺；政不施焉，則君子不臣其人。吾何以獲此賜也？」其使請曰：「吾受命吾國之黃耇❻曰：『久矣，天之無烈風雷雨，意者中國有聖人乎？有則盍❼往朝之？』」周公乃歸之於王，稱先王之神致，以薦❽于宗廟。周德既衰，於是稍絕。

2 及楚子❾稱霸，朝貢百越❿。秦并天下，威服蠻夷，始開領外，置南海、桂林、象郡⓫。漢興，尉佗自立為南越王，傳國五世⓬。至武帝元鼎五年，遂滅之，分置九郡⓭，交阯刺史領焉。其珠崖、儋耳⓮二郡在海洲上，東西千里，南北五百里。其渠帥貴長耳，皆穿而縋之，垂肩三寸。武帝末，珠崖太守會稽⓯孫幸調廣幅布獻之，蠻不堪役，遂攻郡殺幸。幸子豹合率善人還，復破之，自領郡事，討擊餘黨，連年乃平。豹遣使封還印綬，上書言狀，制詔即以豹為珠崖太守。威政大行，獻命⑯歲至。中國貪其珍賂，漸相侵侮，故率數歲一反。元帝初元⑰三年，遂罷之。凡立郡六十五歲。

3 逮王莽⑱輔政，元始二年⑲，日南⑳之南黃支國來獻犀牛。凡交阯所統，雖置郡縣，而言語各異，重譯乃通。人如禽獸，長幼無別。項髻徒跣㉑，以布貫頭而著之。後頗徙中國罪人，使雜居其間，乃稍知言語，漸見禮化。

【章旨】以上記述古代嶺南地區少數民族的風習，以及在東漢之前的各朝各代與中原政權之間的關係。記其風俗習慣，人情世態。記與中國之關係，可看出仁德能懷遠，苛政則致亂的通則。但東漢之前尚未形成嚴重的邊患。

【注釋】❶越裳國　古代中國南海中的古國。❷周公居攝六年　指武王姬發死後，其子成王繼位，年幼，由武王之弟周公姬旦輔佐成王，代理處理政務。居攝，暫居君王之位，攝理朝政。❸越裳以三象重譯句　三象重譯，由於語言不通，經過重重翻譯以表情達意。《禮記・王制》：「五方之民，言語不通，嗜欲不同，達其志，通其欲。東方曰寄，南方曰象，西方曰狄鞮，北方曰譯。」白雉，白色羽毛的野雞。雉多彩色或蒼褐色毛羽，白色為其變種，少見，古人迷信，認為是祥瑞的徵兆。❹岨　同「阻」。險要；險阻。❺饗其質　享受他們的禮品。饗，同「享」。享受；享有。質，同「贄」。初見尊長時所送的禮品；聘享的禮物。❻黃耇　指老年人。黃，指老人白髮落又重長黃髮。耇，老人面色不淨如垢也。《爾雅・釋詁》：「黃髮，鮐背（背部皮膚如鮐魚之皮。又作台背，駝背），耇老，壽也。」❼盍　何不。兼詞，兼疑問代詞「何」與否定副詞「不」二者之意，在語音上謂之「急聲」。❽薦　也作「荐」。進獻；遇時節供時物而祭，薦新、薦享之意。❾楚子　這裡指春秋後期楚國之君主楚莊王芈旅，他在位時（西元前六一三—前五九一年）楚國國勢強盛，曾整頓內政，興修水利，攻滅庸國（今湖北竹山），在郯（今河南滎陽）大敗晉軍，陸續使魯、宋、鄭、陳等國歸附，成為當時的霸主。❿百越　泛指南方各地各族。古代南方之國以越為大。自句踐六世孫無彊被楚打敗，諸子散處海上，其中著名的有：東越無諸，都東冶，至漳泉，為閩越。東海王搖，都於永嘉，為甌越。自湘江、灕江以南為西越。牂牁西下邕、雍、綏、建，為駱越。今江、浙、閩、粵等地，古時候皆為越族所居，故稱百越，也可作百粵。⓫置南海桂林象郡　南海郡，秦始皇三十三年置，兩漢因之。屬交州，轄七城。故地為今廣州周圍一帶區域，郡治在番禺。桂林郡，秦始皇三十三年置，漢改為鬱林郡。屬交州，轄十一城。故地為今廣西中東部及廣東西南部一帶區域。象郡，秦始皇三十三年置，漢初因之，至漢昭帝元鳳五年廢。故地為今廣西壯族自治區西南部鄰接越南共和國北部一帶區域。⓬尉佗自立二句　尉佗，即趙佗。秦時真定（今河北石家莊東郊）人。秦二世時，為南海龍川令，南海尉任囂死，佗行南海尉事，故此處稱「尉佗」。秦滅，自立為南越武王。漢高祖稱帝，遣陸賈立佗為南越王；呂后時，自尊為南越武帝。漢文帝立，復使陸賈責佗，佗上書自稱「蠻夷大長老夫臣佗」，去帝號稱臣。武帝建元四年卒。傳國五世，佗之孫胡，胡之子嬰齊，嬰齊之子興。至武帝元鼎五年被征滅，傳五世，稱王九十三年。⓭分置九郡　南越平後，「遂以其地為儋耳、珠崖、南海、蒼梧、鬱林、合浦、交阯、九真、日南九郡。」詳見《漢書．西南夷兩粵朝鮮傳》中之〈南粵傳〉。⓮珠崖儋耳　西漢武帝元鼎六年所設郡名。珠崖，又作「珠崕」、「朱崕」。因位於大海之中，崖岸之邊又出珍珠，故名珠崖。元帝初元三年廢。故地為今海南海口市瓊山區東南。儋耳郡故地為今海南儋州一帶，因為當地居民喜雕刺面部頰皮，上連耳廓，故把郡名定作「儋耳」。儋，通「擔」。肩挑。⓯會稽　秦始置郡名，漢因之。屬揚州，下轄十四城。郡治先後在吳縣、山陰。故地在今江蘇東南部和浙江西北部。以當地有會稽山而得名。⓰獻命　貢獻，命令。指奉獻供品並接受中央命令。⓱初元　漢元帝劉奭年號，西元前四八－前四四年。⓲王莽　字巨君，漢元帝王皇后之姪，兩漢末期，把持朝政，毒死平帝劉衎，自稱假皇帝。後代他所立的孺子嬰為帝，改國號為「新」。年號為「始建國」。在位十六年（西元八－二三年），被綠林軍攻入長安時殺死。事詳《漢書》卷九十九。⓳元始二年　即西元二年。時為漢平帝在位的第二年，王莽為大司馬，安漢公，太傅。正為篡位收買人心。⓴日南　漢代交州所屬郡名。轄五城，因此地夏天日影在南而得名。故地為今越南中部地帶。㉑項髻徒跣　髮髻結在脖子後邊（中原人髮髻結於頭頂）。整日打赤腳走路，不穿鞋襪。徒跣，赤足。跣，赤足；光著腳。

【語　譯】交阯的南邊有越裳國。周公旦代周成王攝理政務六年，制定各種禮儀制度，創作了在不同場合演奏的各種樂曲，普天之下，和樂安定，越裳國通過重重翻譯，獻上瑞鳥白雉，對周成王說：「我們來中原的道路遙遠，沿途有大山大河等險阻的障礙，音訊和使者互不交通，所以才輾轉翻譯來上邦朝拜貢獻。」成王把上獻的貢物賜給周公。周公說：「咱們的恩德沒有施加於遠方人的身上，作為君子的標準，就不能享受人家的禮品；咱們的仁政沒有在那個地方施行，那麼，君子就不把那裡的人們看作臣民下屬。我憑仗什麼獲得如此的賞賜呢？」那來朝見的使臣說：「我是受我國年老的長者之命來的，他們說：『很久以來我們這裡沒有出現過強烈的大風、狂暴的雷雨這種災害性的天氣了，大概中原有聖人出現了吧？如果有，你們怎麼不前去朝貢呢？』」周公又把這些禮品回贈給周成王，稱說這是先代聖王的聖明所帶來的和平共處的局面，就把禮品敬獻在供奉著先王靈位的宗廟中。後來，周王朝的德運衰落後，於是遠方的越裳國來中原朝拜進貢的事情也逐漸斷絕了。

2 到楚莊王稱霸，南方和東南方的百越民族都向他朝拜貢獻。秦始皇兼併天下，威勢使蠻夷之族臣服，才開始開發五嶺山脈以南的區域，設置了南海郡、桂林郡、象郡三個郡。大漢皇朝興起，秦時的南海尉趙佗自立為南越王，傳承國脈五世。至漢武帝元鼎五年，滅掉了南越國，把南越國的地域劃分為九個郡，屬交阯刺史部管轄。其中的珠崖郡和儋耳郡在大海中的洲島上，東西長千里，南北寬五百里。那裡居民的首領以耳朵長為尊貴，所以人們都在耳垂上打穿孔洞，拴上線，縋上重物，使耳朵拉長，足足有三寸，能垂到肩頭。漢武帝劉徹末年，會稽郡人孫幸為珠崖郡太守，徵調那裡的寬幅面的布向朝廷奉獻，當地居民忍受不了這種苦役，於是造反，攻擊郡治，殺掉了孫幸。孫幸的兒子孫豹糾合率善人回到郡治所在地打敗了叛蠻，自己管理起郡內政務，征討剿擊叛蠻的餘黨，幾年以後才得到平定。孫豹就派使者上告朝廷，封還太守的印璽綬帶，上書報告這幾年此地政局變亂的情況，朝廷下令，就任命孫豹為珠崖郡太守。漢廷的聲威和政令在此地區通行無阻，影響巨大，每年向朝廷奉獻貢品，接收使命。中原政權貪圖該地的珍珠寶貨，逐漸侵犯，侮辱當地居民，所以逼得這裡的蠻人每隔幾年就會造反。到漢元帝元初三年，就將珠崖郡撤銷，一共立郡六十五年。

3 到西漢末王莽輔政的年代，平帝元始二年時，日南郡以南的黃支國來向朝廷獻犀牛。凡是交阯郡所統領的區域，雖然設置了郡縣官府官員，但是言語不同，意思難明，只有輾轉相譯才能交流。那裡的人如禽獸，不懂得長幼尊卑的禮數。他們把頭髮綰結於脖子後邊，整天光著腳走路，不穿鞋襪，拿大塊的布套過頭頂穿在身上，不懂得剪裁縫製。以後中原王朝常常把犯罪的人流放到這裡，讓罪犯與當地人雜居相處，蠻人才逐漸學得中原文明，語言漸通，漸漸懂得了一些禮儀教化。

1 光武中興，錫光為交阯，任延守九真❶，於是教其耕稼，制為冠履，初設媒娉，始知姻娶，建立學校，導之禮義。

2 建武十二年，九真徼外❷蠻里❸張游，率種人慕化內屬，封為歸漢里君。明年，南越徼外蠻夷獻白雉、白菟❹。至十六年，交阯女子徵側及其妹徵貳反，攻郡。徵側者，麊泠❺縣雒將之女也。嫁為朱䳒❻人詩索妻，甚雄勇。交阯太守蘇定以法繩之，側忿，故反。於是九真、日南、合浦❼蠻里皆應之，凡略六十五城，自立為王。交阯刺史及諸太守僅得自守。光武乃詔長沙、合浦、交阯具車船，修道橋，通障谿，儲糧穀。十八年，遣伏波將軍馬援、樓船將軍段志，發長沙、桂陽、零陵、蒼梧兵萬餘人討之。明年夏四月，援破交阯，斬徵側、徵貳等，餘皆降散。進擊九真賊都陽等，破降之。徙其渠帥三百餘口於零陵。於是領表❽悉平。

3 肅宗元和元年，日南徼外蠻夷究不事人❾邑豪獻生犀、白雉。

4 和帝永元十二年夏四月，日南、象林⑩蠻夷二千餘人寇掠百姓，燔燒官寺，郡縣發兵討擊，斬其渠帥，餘眾乃降。於是置象林將兵長史，以防其患。

5 安帝永初元年，九真徼外夜郎蠻夷舉土內屬，開境千八百四十里。

6 元初二年，蒼梧蠻夷反叛，明年，遂招誘鬱林、合浦蠻漢數千人攻蒼梧郡。鄧太后遣侍御史⑪任逴奉詔赦之，賊皆降散。延光元年，九真徼外蠻貢獻內屬。三年，日南徼外蠻復來內屬。

7 順帝永建六年，日南徼外葉調王便遣使貢獻，帝賜調便金印紫綬。

8 永和二年，日南、象林徼外蠻夷區憐等數千人攻象林縣，燒城寺，殺長吏。交阯刺史樊演發交阯、九真二郡兵萬餘人救之。兵士憚遠役，遂反，攻其府。二郡雖擊破反者，而賊埶轉盛。會侍御史賈昌使在日南，即與州郡并力討之，不利，遂為所攻。圍歲餘而兵穀不繼，帝以為憂。

9 明年，召公卿百官及四府掾屬⑫，問其方略，皆議遣大將，發荊、揚、兗、豫⑬四萬人赴之。

10 大將軍從事中郎李固駁⑭曰：「若荊、揚無事，發之可也。今二州盜賊槃結不散，武陵、南郡蠻夷未輯⑮，長沙、桂陽數被徵發，如復擾動，必更生患。其不可一也。又兗、豫之人卒被徵發，遠赴萬里，無有還期，詔書迫促，必致叛亡。其不可二也。南州水土溫暑，加有瘴氣，致死亡者十必四五。其不可三也。遠涉萬里，士卒疲勞，比至領南，不復堪鬬。其不可四也。軍行三十里為程，而去日南九千餘里，三百日乃到，計人稟[16]五升，用米六十萬斛，不計將吏驢馬之食，但負甲自致，費便若此。其不可五也。設軍到所在，死亡必眾，既不足禦敵，當復更發，此為刻割心腹以補四支。其不可六也。九真、日南相去千里，發其吏民，猶尚不堪，何況乃苦四州之卒，以赴萬里之艱哉！其不可七也。

11 「前中郎將尹就討益州[17]叛羌，益州諺曰：『虜來尚可，尹來殺我。』後就徵還，以兵付刺史張喬。喬因其將吏，旬月之間，破殄寇虜。此發將無益之效，州郡可任之驗也。

12 「宜更選有勇略仁惠任將帥者，以為刺史、太守，悉使共住交阯。今日南兵單無穀，守既不足，戰又不能。可一切徙其吏民北依交阯，事靜之後，又命歸本。還募蠻夷，使自相攻，轉輸金帛，以為其資。有能反間致頭首者，許以封侯列土之賞。故并州[18]刺史長沙祝良，性多勇決，又南陽[19]張喬，前在益州有破虜之功，皆可任用。昔太宗就加魏尚為雲中守[20]，哀帝即拜龔舍為太山太守[21]。宜即拜良等，便道之官。」

13 四府悉從固議，即拜祝良為九真太守，張喬為交阯刺史。喬至，開示慰誘，並皆降散。良到九真，單車入賊中，設方略，招以威信，降者數萬人，皆為良築起府寺。由是嶺外復平。

14 建康元年，日南蠻夷千餘人復攻燒縣邑，遂扇動九真，與相連結。交阯刺史九江夏方開恩招誘，賊皆降服。時梁太后[22]臨朝，美方之功，遷為桂陽太守。

15 桓帝永壽三年，居風令貪暴無度，縣人朱達等及蠻夷相聚，攻殺縣令，眾至四五千人，進攻九真，九真太守兒式戰死。詔賜錢六十萬，拜子二人為郎。遣九真都尉[23]魏朗討破之，斬首二千級，渠帥猶屯據日南，眾轉彊盛。延熹三年，詔復拜夏方為交阯刺史。方威惠素著，日南宿賊聞之，二萬餘人相率詣方降。

16 靈帝建寧三年，鬱林太守谷永以恩信招降烏滸人十餘萬內屬，皆受冠帶，開置七縣。熹平二年冬十二月，日南徼外國重譯貢獻。光和元年，交阯、合浦烏滸蠻反叛，招誘九真、日南，合數萬人，攻沒郡縣。四年，刺史朱儁擊破之。六年，日南徼外國復來貢獻。

【章　旨】以上記述東漢王朝統治時期南方嶺外的少數民族與中原朝廷之間的關係。凡是朝政清明時撫慰蠻夷，邊境則安寧和平；凡是官貪吏虐敲剝無度時，蠻夷便被逼造反，漢蠻便同遭損失，可見對少數民族的政策何等重要，李固的奏議無異是本部分一篇重要的精彩文字。

【注　釋】❶九真　漢代郡名。屬交州，轄五城，位於交阯之南、日南之北。故地在今越南境內北部一帶。❷徼外　境外。徼，邊界；邊境。❸蠻里　部族名。里，又作「俚」。❹白菟　白色毛皮的兔子。菟，通「兔」。又，楚人曰虎為於菟。此處解作白色老虎，亦通。總之是一種罕見品種獸類，古人認為是瑞獸，預兆吉祥。❺麊泠　交阯郡所轄縣名。故地在今越南境內。麊，同「麋」。❻朱鳶　漢代交阯郡所轄縣名。故地在今越南北部。❼合浦　漢代郡名。屬交州，轄五城。故地為今廣西壯族自治區東南部與越南鄰接地區。❽領表　嶺外；嶺南。領，同「嶺」。一般多指位於湖南與兩廣交界處的大庾嶺、騎田嶺、都龐嶺、萌渚嶺、越城嶺。另外，漢代交阯、合浦二郡界也有五嶺，此處取前一義較好。表，本義為套在外面的衣服，引申為外表、外邊。❾究不事人　蠻夷中一個分支的別號。❿象林　漢代交州日南郡所轄縣名。故地在今越南境內中部一帶。⓫侍御史　漢代官名。在御史大夫下，或給事殿中，或舉劾非法，或督察郡縣，或奉使出外執行指定任務。⓬召公卿句　公，三公。東漢時以太尉、司徒、司空合稱三公，也叫三司。卿，指九卿。秦漢時通常以奉常（太常）、郎中令（光祿勳）、衛尉、太僕、廷尉、典客（大鴻臚）、宗正、治粟內史（大司農）、少府為九卿。公卿一般泛指中央行政機關的高級官吏、朝廷大員。四府，三公府邸及大將軍府的合稱。大將軍是位等三公的高級武官。掾屬，掾吏和屬吏，即佐治的官吏。大體相當於近世的副官、僚屬之類。漢代自三公至郡縣，都有掾屬，人員由主管自選，不由朝廷任命，故長官與掾屬有君臣的名分。⓭荊揚兗豫　漢武帝所置「十三刺史部」中的四個州名。荊州已見前注。揚州，轄九江、丹陽、廬江、會稽、吳郡、豫章等六郡，共轄九十二個縣、邑、侯國。故地為今長江下游兩岸江西、安徽、江蘇、浙江北部等大片區域。兗州故地當今之山東西部、河南東部鄰接區域，轄陳留、東郡、東平、任城、泰山、濟北、山陽、濟陰等八個郡、國，共八十個縣、邑、公、侯國。豫州，轄潁川、汝南二郡和梁國、沛國、陳國、魯國四個封國。共轄九十九個縣、邑、公國、侯國。故地當今之河南大部及與山東西部、安徽、江蘇北部相鄰接的地區。⓮大將軍從事中郎李固駮　大將軍，為將軍的最高稱號。掌征討叛亂之事，漢代多由貴戚充任，位高權重，常參與朝廷內外的重要決策。大將軍還經常冠以不同的稱號，如武威大將軍之類。凡郎官皆屬警衛官員，從事中郎為將軍府中下級屬官，職參謀議。李固，東漢中後期名臣，為梁冀所害死，本書卷六十三有傳。駮，同「駁」。

此處作「駁議」解，是漢代的一種制度，臣屬對朝廷的決策，有異議而上書，稱「駁議」。⑮輯　安集；收斂。⑯稟　同「廩」。把糧食賜給人。⑰益州　西漢武帝所置「十三刺史部」之一。治所在今四川成都。轄境相當今陝西南部及四川大部地區，北及雲南部分地區。⑱并州　漢代州名。故地為今山西中北部，陝西東北部、內蒙古南部等互相鄰接的地區。⑲南陽　漢代郡名。屬荊州，下轄三十七城。故地當今之河南西南部與湖北西北部鄰接地區。⑳太宗就加魏尚為雲中守　太宗，指西漢文帝劉恆。此事見《漢書．馮唐傳》，槐里人魏尚為雲中郡太守，出私囊錢饗士卒賓客，匈奴遠避之，曾一戰所殺甚眾，但上功首虜差六級，被削爵下吏受罰。馮唐認為文帝「法太明，賞太輕，罰太重」，文帝使馮唐持節赦魏尚，復以為雲中守。㉑哀帝即拜龔舍句　事見《漢書．王貢兩龔鮑傳》。龔舍，字君倩，楚人。因龔勝之薦，初徵為諫大夫，病免。後徵為博士，又免。頃之，哀帝劉欣遣使者即楚地拜舍為太山太守。該卷數人皆為漢代有本領有名望但不貪戀官位俸祿的隱逸高士。㉒梁太后　順帝劉保的皇后梁妠。大將軍梁商之女，本書卷十有傳。建康元年（西元一四四年），劉保病逝，兩歲的太子劉炳即位，尊梁妠為皇太后，臨朝攝政。㉓都尉　秦時本為郡尉，為輔佐郡守的官，並掌全郡的軍事。西漢景帝時改郡尉為都尉，職責相同。武帝時又置關都尉、農都尉等。執掌相應的權柄。東漢光武帝時廢此官職，但在鎮壓各地民眾叛亂時，或臨時設置；與少數民族鄰接的郡間亦有設置，輔佐郡守並執掌兵權。

【語　譯】光武帝中興漢室，令錫光治理交阯郡，任延鎮守九真郡。他們便傳授中原文明，教給那裡的蠻人耕田種植莊稼，製作帽子鞋子，并設立媒聘制度，當地人才開始懂得男婚女嫁、婚姻嫁娶的禮法。開始建立學校，用中原的禮儀及仁義道德諸般道理引導教化他們。

2 建武十二年，九真郡境外的蠻里張游仰慕中原文化，率領他們同種族人願意歸屬朝廷。朝廷封張游為歸漢里君。第二年，南越境外的蠻夷向朝廷貢獻瑞禽瑞獸白雉、白菟。到建武十六年，交阯郡的女子徵側和她的妹妹徵貳率眾造反，攻打郡城。徵側是麊泠縣雒將的女兒，嫁給同郡朱䳒縣人詩索為妻，體格雄健，性情勇猛，交阯太守蘇定用中原之法律約束矯正規範她的行為，徵側怨忿不服，所以造反。於是九真郡、日南郡、合浦郡一帶的蠻里人都響應她的號召，起來造反，共攻略六十五座城池，徵側等自立為王。交阯刺史及其他各郡太守僅僅能守住城而已。光武帝劉秀於是給長沙、合浦、交阯諸郡下發詔書，命令他們準備車船等水陸交通運輸工具，修繕道路和橋梁，疏通難行的山障溪谷，儲備作戰用的糧草等軍需物品。建武十八年，朝廷派伏波將軍馬援、樓船將軍段志，調發長沙、桂陽、零陵、蒼梧等郡的駐軍共一萬多人去征討反叛蠻人。第二年夏季四月，馬援攻破交阯，把造反的首領徵側、徵貳等人斬首，其餘黨眾投降或逃散。又率兵進擊九真郡的反賊都陽等人，打敗並招降他們。馬援等迫使蠻人的頭領及家屬三百多口內遷零陵郡居住。於是嶺南一帶的局勢全部平定下來。

3 肅宗章帝劉炟元和元年，日南郡境外的蠻夷部落稱作究不事人的當地豪強向朝廷貢獻犀牛和白色的雉鳥。

4 和帝劉肇永元十二年夏季四月，日南、象林一帶的蠻夷二千多人侵擾搶掠百姓，焚燒官府，日南郡和象林縣派遣郡縣兵勇征討攻擊叛蠻，殺死叛眾的首領，其餘的叛眾才投降。於是朝廷在象林縣設置了將兵的長史，時時提防著那裡的蠻夷造反為患。

5 安帝劉祜永初元年，九真郡境外的夜郎一帶蠻夷全部居住區的人民都歸屬中原內地的領導，使漢代國土向外拓展出一千八百四十里。

6 安帝元初二年，蒼梧郡的蠻夷反叛。第二年，叛蠻引誘招募鬱林郡、合浦郡的蠻人、漢人，多達數千人攻打蒼梧郡城。和帝的皇后鄧綏時為太后，臨朝攝政，派遣侍御史任逴帶著朝廷的詔書，赦免這些叛亂者，這數千人全部投降或逃散。安帝延光元年，九真郡境外的蠻夷，內屬朝廷，按時奉獻貢品。延光三年，日南郡境外的蠻夷再次主動表示內屬朝廷，歸服漢邦。

7 順帝劉保永建六年，日南郡境外的葉調王便派使臣向朝廷奉獻供品，順帝賞賜給葉調王便金印紫綬。

8 漢順帝劉保永和二年，日南郡和象林縣境外的蠻人區憐等好幾千人攻打象林縣城，焚毀城內建築物和官府，殺死那裡的主要官吏。交阯郡刺史樊演徵發交阯和九真兩郡的守軍萬餘人前往救援。兵士們害怕到遠方服役，於是反叛，攻打所在地的官府。交阯、九真二郡，集中力量雖然鎮壓住了反叛的兵士，但是作亂的蠻人勢力卻趁機發展壯大起來。恰好侍御史賈昌正代表朝廷出使日南郡，就與那裡的州、郡官員同心協力征伐叛蠻，沒有取勝，反而被反叛的蠻眾攻打不止。所在郡城被包圍一年多，因而糧草供應不上，難以為繼，朝廷上下包括皇帝都為此深深不安，甚為憂慮。

9 第二年，朝廷召集三公九卿文武百官以及四府的僚屬官員舉行御前會議，向他們徵詢解決這一難題的方針策略，都說應該派遣勇武善戰的大將，調發內地荊、揚、兗、豫四州的兵士共四萬兵馬的大軍前往鎮壓他們為上策。

10 大將軍府從事中郎李固上書皇帝反駁此議說：「如果荊州、揚州二地平安無事，徵發那裡的守軍是可以的。現在那二州的叛亂盜賊占據地盤聚結不散，武陵郡、南郡的蠻夷也沒有平定，長沙郡、桂陽郡的守軍又多次被調發征戰，如果他們再騷擾動亂起來，必然又成為國家的大患。這是第一不可。又，兗州、豫州二地的人眾急猝間被徵發遠行達上萬里去征戰，而且沒有回歸還家的日期，若朝廷下詔書催促逼迫，必然招致他們的反叛逃亡。這是第二不可。南方各州水土氣候溫溼暑熱，加上有瘴癘之氣，瘟疫瘧疾等傳染病多，造成軍士死亡的情況十成必達四五成。這是第三不可。大軍行程萬里，跋山涉水，士卒必然疲累不堪，及至趕到嶺南地區，已經沒有多少戰鬥力。這是第四不可。大軍行程，每天以三十里為一程，而京師到日南郡的距離達九千多里，至少三百天才能到達。估算一下兵士的口糧，每人每天吃五升的話，需用米六十萬斛，這還沒有計算將吏們所用的驢馬的吃食，僅僅從背甲的士卒自己運糧，便會有如此巨大的數量。這是第五不可。假設軍隊到達了指定的地方，死亡必然已經很多，剩下的人數已經不足以抵禦敵眾，勢必要再從內地徵發人眾來補充兵源，這就像人體把自己的心腹重要部位割下來補充四肢的不足。這是第六不可。九真郡和日南郡，兩地相距千里，調發九真郡地吏民去日南郡服役，民眾尚且受不了遠行之苦而作亂，何況使內地四州的軍士兵卒要忍受萬里征戰的艱苦呢！這是第七不可。

11 「以前中郎將尹就曾奉命討伐益州一帶叛亂的羌人，益州地區流傳的民謠說：『羌虜來侵擾我們，尚且可以忍受；尹就率軍前來，簡直就是要我們的命。』以後尹就被召還內歸，把兵權交給益州刺史張喬。張喬就用尹就留下的兵將屬吏，僅用十天半月時間，打敗消滅了羌寇外虜。這事情表明，調發官兵將領遠征無效益，不如利用當地州郡的力量平叛更有效果的證明。

12 「現在應該更新將帥，選用有勇氣有謀略仁德慈惠而能擔當武職的人，去那裡當州刺史、郡太守，讓他們都到交阯去長住。現今日南郡的守軍兵力單薄，給養糧草缺少，防守力量尚且不足，進攻更無可能。可以把那裡的一切吏民向北遷徙，依靠交阯休養生息，等事態平靜之後，再讓他們回歸本土。還要招募不反的蠻夷部落去替朝廷效力，使他們種族內部自相殘殺。朝廷要輾轉運輸給他們金錢布帛，作為他們的戰鬥物資。有能行反間之計得到叛蠻頭領的首級者，許給他封侯爵賞采邑的獎勵。原并州刺史長沙人祝良，性格勇敢，善於決斷，還有南陽人張喬，以前當益州刺史時有攻破羌虜的功勞，這些人都可以委以重任。前朝文帝時，曾聽從馮唐建言，啟用魏尚重新為雲中太守，哀帝時也派使臣拜隱逸之士龔舍為太山太守。朝廷應仿照先例，應該馬上拜祝良等人為封疆大吏，讓他們取便道趕赴任所。」

13 三公府及大將軍府高級大員全部贊同李固的議論，當即任命祝良為九真郡太守，任命張喬為交阯刺史。張喬到達交阯後，公開張貼告示，對叛蠻加以撫慰誘降。反叛之人投降的投降，逃散的逃散。祝良到達九真後，不帶軍士、單獨一人乘車進入盜賊的營壘中，替他們謀劃前途方略，用威勢和誠信招撫他們，投降朝廷的達數萬人。他們還為祝良修築原被焚毀的府寺衙署。從此時起，五嶺以南的局勢再一次平定下來。

14 漢順帝建康元年，日南郡的蠻夷部落聚集千餘人，又一次攻打焚燒縣邑，還煽動九真郡的蠻族和他們連結一起造反。交阯刺史九江郡人夏方廣開恩惠，招撫誘降，叛蠻全部降服。當時順帝新逝，皇太后梁妠臨朝秉持權政，讚揚夏方安定邊民的作法，升任夏方為桂陽郡太守。

15 漢桓帝劉志永壽三年，九真郡下屬的居風縣縣令貪得無厭，殘暴無度。縣民朱達等聯合當地少數民族群眾一起，聚眾達四五千人，攻下縣城，殺死縣令，又向九真郡城進攻。九真郡太守兒式守城戰死。朝廷下詔書賞賜兒式家屬錢六十萬，並選用兒式的兩個兒子到宮中做郎官。朝廷派九真郡都尉魏朗率軍征討，打敗起事者，斬殺二百多人。起事首領尚且屯聚占據日南郡一帶，兵眾反而更多，叛眾勢力更加強盛。桓帝延熹三年，朝廷下詔書，重新任命桂陽郡太守夏方回到交阯郡擔任刺史。夏方的威名和待人寬仁的好名聲一向流傳久遠，盤踞日南郡的新舊造反頭領聽說夏方回邊地任職，有兩萬多人前後相繼到夏方那裡投降。

16 漢靈帝劉宏建寧三年，鬱林郡太守谷永用恩德和信義招降十多萬烏滸族人歸屬內地，服從中原政權領導，接受漢人的服飾教化。漢朝疆土又開拓出七個縣的地盤，設置了行政機關和官位。靈帝熹平二年冬季十二月，日南郡境外的蠻夷小國經過輾轉相譯的方法，向大漢王朝貢獻土產物品。靈帝光和元年，交阯、合浦一帶的烏滸人反叛，並招引誘惑九真、日南一帶的蠻人起來反叛，聚合了好幾萬人，攻打並占據了郡城和縣城。光和四年，交阯刺史朱儁率兵擊敗了他們。光和六年，日南郡境外的小國又向中原的大漢朝廷奉獻貢品。

1 巴郡❶南郡❷蠻，本有五姓：巴氏，樊氏，瞫氏，相氏，鄭氏。皆出於武落鍾離山。其山有赤黑二穴，巴氏之子生於赤穴，四姓之子皆生黑穴。未有君長，俱事鬼神，乃共擲劍於石穴，約能中者，奉以為君。巴氏子務相乃獨中之，眾皆歎。又令各乘土船，約能浮者，當以為君。餘姓悉沈，唯務相獨浮。因共立之，是為廩君。

2 乃乘土船，從夷水至鹽陽。鹽水有神女，謂廩君曰：「此地廣大，魚鹽所出，願留共居。」廩君不許。鹽神暮輒來取宿，旦即化為蟲，與諸蟲群飛，掩蔽日光，天地晦冥。積十餘日，廩君伺其便，因射殺之，天乃開明。廩君於是君乎夷城，四姓皆臣之。廩君死，魂魄世為白虎。巴氏以虎飲人血，遂以人祠焉。

3 及秦惠王❸并巴中，以巴氏為蠻夷君長，世尚秦女，其民爵比不更❹，有罪得以爵除。其君長歲出賦二千一十六錢，三歲一出義賦❺千八百錢。其民戶出幏❻布八丈二尺，雞羽三十鍭❼。漢興，南郡太守靳彊請一依秦時故事。

【章　旨】以上記述巴郡、南郡蠻人的起源及其在東漢以前階段的生活情況，以及與中央政府之間的關係。古代的神話傳說，很富有浪漫色彩，與前邊幾處所記不同的是，此處似乎不帶民族歧視偏見的侮蔑性文字，射蟲見日的故事，倒像是古人戰勝惡劣環境的反映。

【注　釋】❶巴郡　漢代郡名。屬益州，轄十四城。故地當今之四川東北部與重慶鄰接的地區。❷南郡　漢代郡名。屬荊州，轄十七城。故地當今之湖北西部及重慶一帶地區。❸秦惠王　也稱秦惠文君、秦惠文王。嬴姓，名駟，秦孝公之子，西元前三三七—前三一一年在位。他即位當年，車裂助其父變法的商鞅，用張儀為相，擴大了秦的版圖。❹其民爵比不更　巴氏也可享有相當於秦民的「不更」級爵位。秦代爵位凡二十級，從一級公士至二十級徹侯。秦平民也有較低爵位。不更為第四級爵位。❺義賦　捐獻的錢物。❻幏　我國漢代西南地區少數民族的一種織物。❼鍭　是一種箭的名稱。《爾雅・釋器》：「金鏃翦羽謂之鍭。」箭頭是金屬的（一般是銅的，漢代有鐵的）箭桿上縛的羽毛要剪去一部分，使前部重些，增加飛行速度和射傷力。

【語　譯】巴郡、南郡的蠻夷，原本有五個姓：巴氏、樊氏、瞫氏、相氏、鄭氏。他們的祖先都源出於武落鍾離山。那座山中有紅色的和黑色的兩個洞穴，巴氏的後代出生於紅色岩石的山洞，其餘四姓的人都出生於黑色岩石的山洞。他們沒有君主頭領，都信仰事奉鬼神。五姓子弟約定，指定一個石穴，都用劍往洞穴中投擲，誰投準了，大家就奉他為君。唯獨巴氏之子務相把劍投中了石穴，大家都慨歎這是天意。他們又約定，各自乘一條土船，誰能在水上浮起來，便尊他為君。其餘四姓所乘的土船全沉沒了，唯獨務相的船能浮起來。於是大家立巴氏之子務相為君，這就是「廩君」。

2　廩君帶領大家乘著土船，從夷水到達鹽陽。鹽水那裡有神女，對廩君說：「這裡地面遼闊寬廣，又盛產魚鹽，我願意與你共居於此。」廩君沒有答應。鹽水的神女每到晚上就來找廩君務相共宿，到天亮就變成了蟲，與眾多的飛蟲一起相聚群飛，遮掩住了日光，搞得天昏地暗。如此情況有十多天，廩君瞅準了機會，將鹽神變的蟲子射死，天空才開朗光明。廩君於是就在夷城為君，樊、瞫、相、鄭四姓的人都向他稱臣。廩君死後，魂魄世世變為白虎，巴氏認為老虎喝人血，就用人來祭祀他。

3 等到秦惠文王時，秦國兼併了巴中，就讓巴氏當那裡蠻夷民族的君長，允許他們世代娶秦女為妻，那裡的百姓爵秩可和秦爵「不更」相當，如果犯了罪，可以爵位贖罪。那裡的君長每年交賦稅二千一十六錢，每三年捐義賦，一千八百錢。那裡的百姓，每戶出幏布八丈二尺、雉羽縛的箭三十鍭。大漢王朝建立之後，南郡太守靳彊向朝廷報告，請求批准對這裡的蠻夷族的賦稅政策一切按照秦時的先例執行。

1 至建武二十三年，南郡潳山蠻雷遷等始反叛，寇掠百姓，遣武威將軍劉尚將萬餘人討破之，徙其種人七千餘口置江夏❶界中，今沔中蠻是也。

2 和帝永元十三年，巫蠻許聖等以郡收稅不均，懷怨恨，遂屯聚反叛。明年夏，遣使者督荊州諸郡兵萬餘人討之。聖等依憑阻隘，久不破。諸軍乃分道並進，或自巴郡、魚復❷數路攻之，蠻乃散走，斬其渠帥，乘勝追之，大破聖等。聖等乞降，復悉徙置江夏。

3 靈帝建寧二年，江夏蠻叛，州郡討平之。光和三年，江夏蠻復反，與廬江❸賊黃穰相連結，十餘萬人，攻沒四縣，寇患累年。廬江太守陸康討破之，餘悉降散。

【章旨】以上記述巴郡、南郡一帶蠻夷與東漢王朝之間的關係，主要記他們遭受剝削壓迫被逼反抗又慘遭鎮壓的情況。

【注釋】❶江夏　漢代郡名。屬荊州，轄十四城。故地當今之湖北中北部一帶區域。❷魚復　古地名。春秋時為庸國的魚邑，因有些魚類沿長江洄游至此地，故秦時置縣名魚復。漢時屬巴郡，又稱閬中魚復。故地在今重慶市奉節東邊，即蜀漢時劉備託孤之白帝城。❸廬江　漢代郡名。屬揚州，轄十四城。故地當今之安徽西南部、江西東北部相鄰區域一帶地方。

【語譯】到光武帝劉秀建武二十三年，南郡潳山地方的蠻人雷遷等才開始反叛，侵擾搶掠百姓，朝廷派武威將軍劉尚率領官軍萬餘人前往征討，打敗了他們，把雷遷所在的蠻夷部落七千餘口內遷安置於江夏郡的區域內，就是現在的沔中蠻人。

2　和帝劉肇永元十三年，巫山巫縣一帶的蠻人許聖等，因為郡縣向他們徵收的賦稅不公平，對官府心懷怨恨，就聚眾造反。第二年夏天，朝廷派遣使臣督促荊州等郡的士兵萬餘人前往征討。許聖等憑仗著山勢險阻，道路狹隘據守，官兵久攻不破。各路官兵於是分道並進，有的從巴郡、有的從魚復，分幾路圍攻叛蠻，蠻人才分散逃跑。官軍擒斬了他們的頭領，乘勝追擊，大敗許聖等。許聖等乞求投降，朝廷又一次把許聖等蠻人全部內遷到江夏郡境內安置。

3　漢靈帝劉宏建寧二年，江夏郡境內的蠻人叛亂，荊州和江夏郡的官府派兵討平。靈帝光和三年，江夏蠻又反，並且與東邊廬江郡的反賊黃穰等互相勾結呼應，聚集起十多萬人，攻陷了四座縣城，給王朝造成寇患長達數年。廬江郡太守陸康率官軍討平叛軍，餘眾全部投降或逃散。

板楯蠻夷者，秦昭襄王❶時有一白虎，常從群虎數遊秦、蜀、巴、漢❷之境，傷害千餘人。昭王乃重募國中有能殺虎者，賞邑萬家，金百鎰。時有巴郡閬中❸夷人，能作白竹之弩，乃登樓射殺白虎。昭王嘉之，而以其夷人，不欲加封，乃刻石盟要，復❹夷人頃田不租，十妻不筭❺，傷人者論，殺人者得以倓錢❻贖死。盟曰：「秦犯夷，輸黃龍❼一雙；夷犯秦，輸清酒一鍾❽。」夷人安之。

至高祖為漢王，發夷人還伐三秦❾。秦地既定，乃遣還巴中，復其渠帥羅、朴、督、鄂、度、夕、龔七姓，不輸租賦，餘戶乃歲入賨錢，口四十。世號為板楯蠻夷。閬中有渝水❿，其人多居水左右。天性勁勇，初為漢前鋒，數陷陳。俗喜歌舞，高祖觀之，曰：「此武王伐紂之歌也。」乃命樂人習之，所謂巴渝舞也。遂世世服從。

【章　旨】以上記述板楯蠻夷有關的傳說和他們在戰國時期與秦國的關係，以及在西漢時與中原王朝的關係。

【注　釋】❶秦昭襄王　亦稱秦昭王。姬姓，名稷（一作側），西元前三〇六—前二五一年在位。他在位期間，擴大了秦國的疆域。❷秦蜀巴漢　均為古代地域名稱。秦，大約為今陝西中部，也稱關中地區。蜀，大約為今四川盆地西部一帶。巴地，為今四川東部及重慶一帶。漢，指陝西西南部及鄂西北一帶。❸閬中　漢代巴郡所轄縣名。境內閬水迂曲，流經其縣城三面。故城在今四川閬中西。❹復　免除賦稅或勞役。❺筭　同「算」。計算；計口徵稅。算賦為漢代的人口稅。❻倓錢　贖罪的錢。❼輸黃龍　輸，輸送；獻納。黃龍，疑為一種玉製品的名稱。❽鍾　與「盅」通。酒器；酒杯。又是古代的一種容量單位，受六斛四斗，十釜為一鍾。❾三秦　泛指今潼關以西陝西境內一帶區域。秦朝末年，項羽破秦入關，將秦朝原關中之地分給三人：以秦降將章邯為雍王，領咸陽以西之地；司馬欣為塞王，領咸陽以東至黃河之地；董翳為翟王，領上郡（今陝北一帶）之地，合稱三秦。詳見《史記・項羽本紀》。❿渝水　又名宕渠水。即今四川南江及其下游渠江。

【語譯】 關於板楯蠻夷的故事，有一個古老的傳說，相傳秦昭襄王的時候，有一隻白色的猛虎，經常跟著別的虎群多次遊蕩在秦、蜀、巴、漢一帶地區內，曾經傷害過一千多人。秦昭王於是用重金招募能捕殺猛虎的勇士，獎勵采邑萬家，黃金百鎰。當時巴郡閬中縣有位夷人，會用白竹製作弓弩，於是登上高樓居高臨下才殺死了白虎。秦昭王很讚賞他的勇武，想按賞格嘉獎他，但他不是漢人，不想加封他爵位和采邑，於是和他刻石銘記下盟約：免除每一戶夷人一頃田的租稅，夷人即使娶十個妻子也不繳納人口稅，傷害人的按情節輕重論罪，殺死人的可以用繳納倓錢的方式贖罪免死。盟約中說：「秦人如果侵犯了夷人，輸納對方一雙黃龍；夷人如果侵犯了秦人，輸給對方清酒一盅賠禮道歉。」訂此盟約後，這裡的蠻夷得以安定地生活。

2　到高祖劉邦被西楚霸王項羽封於漢中稱王的時候，為了打回中原，他發動調遣巴地一帶的蠻夷種人回頭攻伐三秦之地。秦地平定之後，劉邦讓這些夷兵仍回到巴中，免除他們的首領統帥羅、朴、督、鄂、度、夕、龔等七個姓的家族向朝廷輸納田租地賦的義務，其餘的夷戶也每人每年交四十個賨錢即可。他們世世代代被稱為板楯蠻夷。閬中境內有渝水流過，板楯蠻夷多數居住在渝水兩岸。他們天生性格強勁勇猛，當初替劉邦攻打三秦時，經常充當前鋒，多次衝鋒陷陣。其風俗喜歡唱歌跳舞，劉邦觀看之後說：「這是近千年以前武王攻伐商紂時流行的軍歌呀。」就命令漢朝宮中的樂隊演習這些歌舞，這就是常說的《巴渝舞》了。板楯蠻夷在西漢時世世服從漢廷。

1　至于中興，郡守常率以征伐。桓帝之世，板楯數反，太守蜀郡趙溫以恩信降服之。

2 靈帝光和二年，巴郡板楯復叛，寇掠三蜀❶及漢中諸郡。靈帝遣御史中丞❷蕭瑗督益州兵討之，連年不能剋。帝欲大發兵，乃問益州計吏❸，考以征討方略。漢中上計程包對曰：「板楯七姓，射殺白虎立功，先世復為義人。其人勇猛，善於兵戰。昔永初中，羌入漢川，郡縣破壞，得板楯救之，羌死敗殆盡，故號為神兵。羌人畏忌，傳語種輩，勿復南行。至建和二年，羌復大入，實賴板楯連摧破之。前車騎將軍馮緄南征武陵，雖受丹陽❹精兵之銳，亦倚板楯以成其功。近益州郡亂，太守李顒亦以板楯討而平之。忠功如此，本無惡心。長吏鄉亭更賦至重❺，僕役箠楚，過於奴虜，亦有嫁妻賣子，或乃至自剄割。雖陳冤州郡，而牧守❻不為通理。闕庭悠遠，不能自聞。含怨呼天，叩心窮谷。愁苦賦役，困罹酷刑。故邑落相聚，以致叛戾。非有謀主僭號❼，以圖不軌。今但選明能牧守，自然安集，不煩征伐也。」

3 帝從其言，遣太守曹謙宣詔赦之，即皆降服。至中平五年，巴郡黃巾❽賊起，板楯蠻夷因此復叛，寇掠城邑，遣西園上軍別部司馬❾趙瑾討平之。

【章旨】以上記述板楯蠻夷在東漢時期的情況。桓、靈時起，屢屢反叛，起因仍然是官府的盤剝欺壓。程包之言是忠忱治國之策。

【注　釋】❶三蜀　指漢代的蜀郡、廣漢郡、犍為郡。秦時本為蜀國，高祖劉邦時分置廣漢，武帝劉徹時又分置犍為。❷御史中丞　漢代以御史中丞為少府所屬的御史大夫的佐官，亦稱中執法。在殿中蘭臺，掌圖籍祕書；外督部刺史，監督郡國行政；內領侍御史，考察四方文書計簿，核按公卿章奏。東漢時，中丞的權威頗重。❸計吏　漢代各郡國每年向朝廷稟報當地經濟、政治、人口等情況，稱為「上計」。執行上計的官吏稱為「上計吏」，或「計吏」。❹丹陽　漢代揚州所屬的郡名。下轄十六城。故地當今之安徽、江蘇南部長江南岸一帶地方。這裡指的是春秋時的丹陽，為周成王封楚熊繹之地，叫西楚。故地在今湖北秭歸東。到楚文王時，由舊丹陽徙都於郢，叫南楚，故地在湖北宜都地，《續漢志》說南郡枝江縣有丹陽聚，即此處所指。❺長吏鄉亭更賦至重　長吏，可指吏秩之尊者，也可泛指上級官長。漢代指年祿六百石以上的官吏。此處指縣級官吏。鄉亭，是漢代縣以下的行政單位。這裡指鄉級的官員以及亭長之類。更賦，秦漢時所徵的一種以錢代更役的賦稅。漢時，男子年二十三歲至五十六歲，按規定要輪番戍邊服兵役，稱為更；不能前去的，可以交錢給官府，雇傭他人代替，這筆錢稱作更賦。❻牧守　州級和郡級的行政長官。漢前期州的軍政長官叫刺史，東漢末期改稱州牧。郡的長官叫太守，也稱二千石，後期叫郡守。❼謀主僭號　主謀的人僭越稱號。謀主，指重大事件中出謀劃策主導之人。僭號，本指超越自己的地位和本來身分得到的或自稱的封號。這裡指與統治王朝對立、分庭抗禮，自立為王為帝的稱號。❽黃巾　是東漢末期動搖其統治基礎的最大規模的一次農民大暴動，首領為冀州鉅鹿郡人張角及其弟張梁、張寶。以宣傳「太平道」替人治病為名，發動徒眾數十萬之多。於靈帝中平元年（西元一八四年）舉事，響應的達青、徐、幽、冀、荊、揚、兗、豫八州之廣，餘眾堅持鬥爭達十餘年之久。事詳本書卷八。❾遣西園句　西園，漢代上林苑的別稱。上軍，古代軍隊編制中的一種，與中軍、下軍合稱「三軍」。漢代，大將軍管五部：上、中、下、左、右。別部司馬，分支部隊的帶兵將令。別部，主體部隊之外的另一部。

【語　譯】到光武帝中興漢室建立東漢王朝的時候，巴郡郡守經常率領當地的蠻族勇士參加征討攻伐的戰鬥。

漢桓帝劉志在位時，板楯蠻人多次反叛，巴郡太守蜀郡人趙溫用恩惠和信義使他們投降，順服官府。

2　漢靈帝劉宏光和二年，巴郡的板楯蠻人又一次叛亂，侵擾掠搶蜀郡、廣漢、犍為及漢中諸郡。靈帝派遣御史中丞蕭瑗監督著益州駐軍征討他們。仗打了幾年，官軍不能取勝。靈帝打算大規模調動軍隊去征討，於是向益州計吏徵詢意見，詢問他們征討的方針策略如何進兵。漢中郡的上計吏程包上書回答說：「板楯蠻中的七大姓，當年曾射殺白虎建立功勳。前代帝王免除他們的賦役，尊他們為堅守信義之人。那裡的男子英勇壯猛，善於用兵作戰。往昔安帝永初年間，西方的羌人進入漢川地區，郡縣遭到破壞，幸虧得到板楯蠻人的援救，羌人被打得大敗，死傷幾乎淨盡，所以板楯勇士號稱神兵。羌人害怕他們，忌諱與板楯人交鋒。傳下話語，告誡自己的同類民族，不要往南邊進兵。到桓帝建和二年，羌人又大舉侵入內地，實在是依靠板楯武士接連與羌人交戰才打敗他們。以前的車騎將軍馮緄率兵南征武陵郡的叛蠻，所以取得勝利，雖然說是得到丹陽聚落的精銳之兵的戰鬥勇猛之力，也同時憑藉於板楯人征討而平定下來。以上事實表明，板楯蠻人如此忠於朝廷，屢建功勳，本是沒有作惡之心的。他們居住區的長吏、鄉亭，加給他們的更賦格外苛重，役使他們超過對奴隸俘虜的殘暴，有的賣掉妻子和兒女，有的甚至自殺。雖然有人把冤情向州郡級官員陳述申訴，但州牧、郡守不替他們排解疏通，解決困難。朝廷離那裡如此遙遠，他們的呼聲無法聽到。他們滿懷怨憤，呼天不應，拍著胸膛的叫屈聲，深谷也容納不下。他們為繁重的租賦和徭役痛苦憂愁，生活困頓還要遭受酷刑。忍無可忍，才以居住區的村寨聚落集結合力，反抗官府，成為反叛的戾民。這些人並沒有主謀者超越本分地稱王稱帝，圖謀不軌。現在只要選任賢明的有才能的人去當州牧、郡守，反叛的蠻人自然會安定，不須大動干戈前往征伐。」

3 靈帝採納了程包的建言，派遣太守曹謙前往宣示朝廷的詔書，赦免了叛蠻的罪行，反叛的人馬上表示投降，服從朝廷的安排。到靈帝中平五年，巴郡的黃巾軍舉兵起事，巴郡的板楯蠻夷又趁機再次反叛，侵犯掠奪巴郡城邑，朝廷派遣西園上軍別部司馬趙瑾率兵征討平定了他們。

西南夷者，在蜀郡徼外。有夜郎國，東接交阯，西有滇國，北有邛都國❶，各立君長。其人皆椎結❷左衽❸，邑聚而居，能耕田。其外又有巂❹、昆明❺諸落，西極同師，東北至葉榆❻，地方數千里。無君長，辮髮，隨畜遷徙無常。自巂東北有莋都國⑦，東北有冉駹國⑧，或土著，或隨畜遷徙。自冉駹東北有白馬國⑨，氐⑩種是也。此三國亦有君長。

【章旨】以上為本卷後半部分的總綱，概況介紹了西南夷的基本情況，以下各段則為分述。

【注釋】❶有夜郎國四句　夜郎國，漢時西南區古國名。約在今貴州西北、雲南東北及四川南部地區。漢武帝元鼎六年（西元前一一一年）曾在此置牂牁郡。滇國，古國名。在今雲南昆明滇池南端一帶。漢時曾在此設益州郡，後改為永昌郡。邛都國，古國名。故地在今四川西昌。❷椎結　也作「椎髻」。指頭髮梳結的樣式，為一撮之髻，形狀如椎。❸左衽　衽，為衣服的前襟。古代我國一些少數民族的衣服，前襟向左，不同於中原一帶的服裝前襟向右，被稱為左衽。《論語・憲問》：「微管仲，吾其被髮左衽矣。」因此左衽，也作為亡於夷狄受外族統治的代稱。❹巂　漢代之越巂郡。屬益州，轄十四城，古時候為國。故地在今四川西昌。❺昆明　漢代之昆明。指今之雲南大理一帶。❻葉榆　本指今之洱海。漢時曾在此設縣。屬益州之永昌郡。今之雲南麗江一帶。❼莋都國　古國名。漢武帝元鼎六年曾在此置沈黎郡。故地在今四川漢源一帶。莋，也作「筰」、「笮」。❽冉駹國　古國名。漢武帝元鼎六年曾在此設汶山郡。故地在今之四川茂汶羌族自治縣一帶。❾白馬國　古代人所建國家。故地在今四川、陝西相鄰一帶區域。❿氐　古代少數民族名稱，又稱「西戎」。殷商、兩周至南北朝時期，分布在今陝西、甘肅、四川一帶，從事畜牧和農業。後來逐漸接收漢族文化，說漢話，穿漢服，從漢姓。兩晉時，曾由氐人貴族建立仇池、前秦、後涼等國政權，與漢人分廷而治。

【語譯】所謂的西南夷，都在蜀郡境外。有夜郎國，東邊與交阯郡接壤，它的西邊有滇國，北邊有邛都國，這些小國都立有自己的君長。那裡的人們都把髮髻結紮成椎形，衣服前襟偏向於胸部左側，結成村落聚居在一起，會耕田種地。這些小國之外，又有巂和昆明等部落，他們的活動區域甚為遼遠，西邊最遠到同師邊上，東北達葉榆一帶，地域方圓有好幾千里。這些部落沒有君長，把頭髮編成辮子形狀，過著游牧生活，隨著放牧的牲畜遷徙居住地，沒有固定的村落。從越巂郡往東北方有莋都國，再往東北有冉駹國，這裡的人們，有的附著在土地上從事農耕生產，有的隨著畜養的牲畜過著遷徙的游牧生活。從冉駹國再往東北有白馬國，是氐種人建立的小國。莋都、冉駹、白馬，這三個國家也都有君長。

1 夜郎者，初有女子浣於遯水，有三節大竹流入足間，聞其中有號聲，剖竹視之，得一男兒，歸而養之。及長，有才武，自立為夜郎侯，以竹為姓。

2 武帝元鼎六年，平南夷，為牂柯郡❶，夜郎侯迎降，天子賜其王印綬。後遂殺之。夷獠❷咸以竹王非血氣所生，甚重之，求為立後。牂柯太守吳霸以聞，天子乃封其三子為侯。死，配食其父。今夜郎縣有竹王三郎神是也。

3 初，楚頃襄王時，遣將莊豪從沅水伐夜郎，軍至且蘭❸，椓❹船於岸而步戰。既滅夜郎，因留王滇池。以且蘭有椓船牂柯❺處，乃改其名為牂柯。牂柯地多雨潦，俗好巫鬼禁忌，寡畜生，又無蠶桑，故其郡最貧。句町❻縣有桄根木❼，可以為麪，百姓資之。公孫述❽時，大姓龍、傅、尹、董氏，與郡功曹❾謝暹保境為漢，乃遣使從番禺江奉貢。光武嘉之，並加褒賞。桓帝時，郡人尹珍自以生於荒裔，不知禮義，乃從汝南許慎、應奉受經書圖緯❿，學成，還鄉里教授，於是南域始有學焉。珍官至荊州刺史。

【章旨】以上概述夜郎國的源起及其後各代的演變情況，重點記其與漢王朝的關係。

【注釋】❶牂柯郡　屬益州，下轄十六城。故地當今之貴州大部及雲南東部邊境及廣西北部一帶區域。柯，亦作「牁」。❷夷獠　古時對我國少數民族中的一支的侮辱性稱呼。其後人即今日之仡佬族。❸且蘭　漢代有且蘭侯邑。武帝時改置且蘭縣，屬牂柯郡。故城在今貴州福泉境內。❹椓　敲擊；捶築。❺牂柯　指繫船的木樁。❻句町　也作「鉤町」。漢代牂柯郡所轄縣名。故地為今之雲南蒙自。❼桄榔木　常綠樹名。果實名桄榔子，花序的汁可製糖，莖髓可製澱粉。屬棕櫚科，也叫「砂糖椰子」。中國兩廣、雲南及越南、印尼、馬來西亞、菲律賓等地都有分布。❽公孫述　字子陽，東漢初扶風茂陵（今陝西興平）人。新莽時，為導江卒正（蜀郡太守）。後起兵，據益州稱帝，號「成家」。建武十二年（西元三六年）為漢軍所破，被誅殺。詳見本書卷十三。❾功曹　漢代郡守之下有功曹史，簡稱功曹。相當於郡守的總務長，除掌人事外，並得與聞一郡的政務。❿乃從汝南許慎句　汝南，漢代郡名。屬豫州，下轄三十七城。故地當今之河南中南部一帶。許慎（約西元五八—一四七年），字叔重，汝南召陵（今河南郾城）人。東漢著名經學家、文學家。曾師事賈逵，當過太尉南閣祭酒，博通經籍，有「《五經》無雙許叔重」之評，所著《說文解字》一書，影響久遠，被文字學家奉為經典之作。詳見本書卷七十九。應奉，字世叔，汝南南頓（今河南項城）人。曾著《漢書後序》及《感騷》等。詳見本書卷四十八。經書，指儒家經典，東漢時代主要指《詩》、《書》、《易》、《禮》、《春秋》。圖緯，圖，《河圖》。是關於《周易》一書來源的傳說。《易・繫辭》：「河出《圖》，洛出《書》，聖人則之。」緯，緯書。是在「五經」及《樂》、《孝經》等「七經」基礎上所作的一些書籍，為漢人偽託為孔子所作的書。這些書多以儒家經義，附會人事吉凶禍福，預言治亂興廢，內容多有怪誕無稽之談，成了占卜術數的根據。

【語　譯】關於夜郎國的起源，有這樣一個傳說：很早以前，有個女子在遯水上浣洗衣物，有一段三節長的粗竹漂流到她的兩腳中間，她聽到竹筒中有號哭的聲音。她撈上來剖開竹筒，發現裡邊有個小男孩，她把小男孩帶回家中撫養。等男孩長大以後，很有才幹，性格勇武，就自立為夜郎侯，以竹作為自己的姓氏。

2　漢武帝元鼎六年，朝廷平定南方的夷族居住區，設置了牂柯郡。夜郎侯投降，天子賞賜給夜郎侯王國級的印璽和綬帶。以後又把他殺死了。當地的夷族民眾都認為竹王不是男女精血化育所生，非常看重他神奇的來歷，請求官府封立他的後人。牂柯郡太守吳霸將此情況報告朝廷，天子就封竹王的三個兒子為侯爵。去世以後，把靈位立於他父親的宗廟中，享受祭祀的血食。現在夜郎縣有「竹王三郎神」就是前代留下的遺跡。

3　當初，在戰國楚頃襄王時，曾派遣大將莊豪沿沅水上行討伐夜郎，大軍到達且蘭。楚軍把所乘的船，固定在岸邊，上岸與夷人步戰。滅掉夜郎侯國以後，莊豪就留在滇池稱王，因為在且蘭有拴築繫船用的木樁的地方，就改那一塊地方叫「牂柯」。牂柯這片土地多雨，潮溼積水，民俗多禁忌，流行靈魂可通鬼神的巫術，很少家養的畜生，又沒有種桑養蠶之利，所以這個郡最貧困。句町縣出產一種桄榔木，其髓質木心可以製成澱粉食用，老百姓依靠這種樹存活。東漢初公孫述在益州稱王時，這地方的大族姓龍、傅、尹、董諸氏，與牂柯郡的功曹謝暹為漢朝保守郡境，並且派使者從番禺江向東漢朝廷奉獻貢品。受到光武帝劉秀讚賞加以褒揚和賞賜。漢桓帝劉志在位期間，牂柯郡人尹珍認為自己生長在荒遠邊裔，不懂得禮法和道義，就跟著當時的大學者汝南郡的許慎、應奉等學習經學及圖緯之類知識。學成以後，回到他的家鄉傳授給子弟學生。自此開始，漢代的南方邊遠地區，也開始有了學校。尹珍官至荊州刺史。

1 滇王者，莊蹻❶之後也。元封二年，武帝平之，以其地為益州郡，割牂柯、越巂各數縣配之。後數年，復并昆明地，皆以屬之此郡。有池，周回二百餘里，水源深廣，而末更淺狹，有似倒流，故謂之滇池。河土平敞，多出鸚鵡、孔雀，有鹽池田漁之饒，金銀畜產之富，人俗豪忲❷。居官者皆富及累世。

2 及王莽政亂，益州郡夷棟蠶、若豆等起兵殺郡守，越巂姑復夷人大牟亦皆叛，殺略吏人。莽遣寧始將軍廉丹，發巴蜀吏人及轉兵穀卒徒十餘萬擊之。吏士飢疫，連年不能剋而還。以廣漢文齊為太守，造起陂池❸，開通溉灌，墾田二千餘頃。率厲兵馬，修障塞，降集群夷，甚得其和。及公孫述據益土，齊固守拒險，述拘其妻子，許以封侯，齊遂不降。聞光武即位，乃間道遣使自聞。蜀平，徵為鎮遠將軍，封成義侯。於道卒，詔為起祠堂，郡人立廟祀之。

3 建武十八年，夷渠帥棟蠶與姑復、楪榆、梇棟、連然、滇池、建伶、昆明諸種反叛❹，殺長吏。益州太守繁勝與戰而敗，退保朱提❺。十九年，遣武威將軍劉尚等發廣漢、犍為、蜀郡人及朱提夷，合萬三千人擊之。尚軍遂度瀘水❻，入益州界。群夷聞大兵至，皆棄壘奔走，尚獲其羸弱、穀畜。二十年，進兵與棟蠶等連戰數月，皆破之。明年正月，追至不韋❼，斬棟蠶帥，凡首虜七千餘人，得生口五千七百人，馬三千疋，牛羊三萬餘頭，諸夷悉平。

4 肅宗元和中，蜀郡王追為太守，政化尤異，有神馬四匹出滇池河中，甘露❽降，白烏❾見，始興起學校，漸遷其俗。

5 靈帝熹平五年，諸夷反叛，執太守雍陟。遣御史中丞朱龜討之，不能剋。朝議以為郡在邊外，蠻夷喜叛，勞師遠役，不如棄之。太尉掾巴郡李顒建策討伐，乃拜顒益州太守，與刺史龐芝發板楯蠻擊破平之，還得雍陟。顒卒後，夷人復叛，以廣漢景毅為太守，討定之。毅初到郡，米斛萬錢，漸以仁恩，少年❿間，米至數十云。

【章　旨】以上概述滇王的起源，重點記其與兩漢王朝特別是東漢王朝的關係。

【注　釋】❶莊蹻　戰國時楚國將領。楚頃襄王二十年（西元前二七九年）左右，莊蹻率大軍通過黔中向西南進攻，越過且蘭、夜郎，直到滇（今雲南滇池南部一帶）。後因黔中被秦兵攻占，莊蹻與楚國的交通斷絕，他就在滇地稱王，號莊王。一說，莊蹻是春秋末期楚莊王的後裔，也作「莊豪」。又一說，莊蹻曾是楚懷王時人民起兵的領袖，後率眾入滇稱王。❷豪忲　豪華奢侈。忲，奢侈。❸陂池　池塘及塘岸。陂，澤畔障水之岸；池塘。❹夷渠帥棟蠶句　姑復，漢代越巂郡所轄縣名。楪榆，漢時永昌郡所轄縣名。故地在今雲南大理。梇棟、連然、滇池、建伶、昆明，均為漢代益州郡所轄縣名。故地在今雲南昆明一帶。❺朱提　漢代益州犍為屬國所轄縣名。因境內有朱提山而得名，故地在今雲南昭通。❻瀘水　又名瀘江。指今雅礱江下游和金沙江會合雅礱江以後的一段。三國時諸葛亮在〈出師表〉中說：「五月渡瀘，深入不毛。」也是指這裡。此地多瘴氣，三月、四月經之必死。五月以後，行者得無害，故蜀漢時「五月渡瀘」，以避瘴氣。❼不韋　漢代益州永昌郡所轄縣名。孫盛《蜀譜》：「初，秦徙呂不韋子弟宗族於蜀，漢武帝開西南夷，置郡縣，徙呂氏以充之，因置不韋縣。」《華陽國志》：「武帝通博南，置不韋縣，徙南越相呂嘉子孫宗族資之。因名不韋，以章其先人之惡行。」故地為今之雲南保山市。❽甘露　甘美的雨露。古代人認為，天降甘露為天下太平，是祥瑞的徵兆。《老子》：「天地相合，以降甘露。」《管子・小匡》：「時雨甘露不降，飄風暴雨數臻，五穀不蕃，六畜不育。」與國運興衰關係很大。❾白烏　烏鴉的羽毛通常是黑色的，白色鴉烏本是變異品種，古人認為是祥瑞之兆。❿少年　沒有幾年；不多幾年。

【語　譯】滇王是莊蹻的後代。漢武帝元封二年，派大軍平定了這裡，把滇王統治的地區設置為益州郡，並從牂柯郡、越巂郡中各自劃出幾個縣配給益州郡。此後過了幾年，漢武帝又兼併了昆明地區，也把全部昆明的屬地劃歸於這個郡。這地方有個大池，周圍長達二百多里，水源充足，水面廣闊，積水很深，而池末的河流入水口變得又淺又窄，好像池水向河中倒灌一樣，所以把這個大池叫作「滇池」。這地方河流淤積的土地平坦寬敞，出產很多中土少見的鸚鵡和孔雀之類罕見鳥種。此地可種田，可打獵，有鹽池，物產富饒，還有金銀等貴金屬礦產及牲畜等產業，生活富足，民風喜豪華奢侈。凡是在此地當官的都終生富足，並能傳好幾代。

2 到西漢末期王莽當政，局勢混亂的時候，益州郡的夷人棟蠶、若豆等部起兵造反，殺死了當地郡守，越巂郡姑復縣的夷人大牟也都造反叛亂，殺死搶掠官府及吏民。王莽派遣寧始將軍廉丹，調發巴郡地區的吏民，並讓他們派遣軍隊卒徒及負責轉運糧草的共達十餘萬人去攻擊叛亂的夷人。兵士糧草不繼，忍飢挨餓，加以疾病，征戰連年，不能取勝，無功而返。朝廷任命廣漢郡人文齊為益州郡太守，文齊率眾興修水利，開挖池塘，建造堤岸，開通渠道，灌溉農田，開墾出良田二千多頃。文齊還加強武備，訓練士卒，秣馬礪兵，大修屏障要塞等防禦設施，設法誘降叛夷，讓他們到新開墾的土地上定居，使這片區域安定和睦，上下相安，很得人心。等到公孫述占據益州稱帝時，文齊依據險要固守，公孫述拘繫了文齊的妻子兒女進行要挾，並以封侯之賞進行誘惑，但文齊竟然不投降。後來文齊聽說光武帝劉秀即皇帝位，就派使者從間道向光武帝報告自己的情況。後來公孫述失敗，蜀地平定，文齊被光武帝徵召為鎮遠將軍，被封為成義侯。文齊應徵赴任，死於途中。朝廷下詔書給他在益州郡建造祠堂，當地人也為他修建廟宇，常年按時祭祀他。

3　漢光武建武十八年，益州郡夷人的首領棟蠶與姑復、楪榆、梇棟、連然、滇池、建伶、昆明等各種部落的夷族都聚眾反叛，誅殺郡縣的長吏。益州郡太守繁勝同叛夷作戰而失敗，退守到朱提山一帶保存力量。建武十九年，朝廷派武威將軍劉尚等調發廣漢郡、犍為郡、蜀郡的兵馬以及朱提當地不叛的夷人，共計一萬三千人，遁擊反叛的夷人。劉尚的大軍於是渡過瀘水，由犍為屬國進入益州地界。那些反叛的夷人聽說朝廷派重兵到來，都丟棄營壘紛紛逃走，劉尚俘虜了那些年老體弱的人，繳獲了大量牲畜糧草。建武二十年，劉尚率軍進兵與棟蠶等叛夷交戰，一連數月，都打敗了他們。第二年正月，追擊逃夷至不韋縣，斬殺了棟蠶部的統帥，共斬殺叛夷首級七千多，俘虜五千七百人，繳獲戰馬三千匹，牛羊三萬多頭，各地反叛的夷人被鎮壓，局面平定下來。

4　肅宗章帝劉炟元和年間，蜀郡人王追為益州郡太守，政治和德化特別突出，瑞兆異象不斷出現，有四匹神馬從通向滇池的河裡出來，上天降了甘露，有白色的鴉鳥出現。王追開始在這裡興辦學校，逐漸改變他們一些落後的習俗。

5　漢靈帝劉宏熹平五年，益州郡的夷人各部落反叛，拘押了太守雍陟。朝廷派御史中丞朱龜率兵征討，不能取勝。皇帝召集諸大臣進行朝議，認為益州郡在漢王朝領土邊境外部，當地的蠻夷民族不服教化，喜歡叛亂，若派兵征討，軍隊遠行服役辛苦勞累，不如乾脆捨去這塊領土算了。太尉府的掾吏巴郡人李顒上書建言獻策，主張討伐。朝廷就任命李顒為益州太守，與州刺史龐芝調發板楯蠻兵前往進擊，討平了叛夷，回軍路上，解救了被叛夷拘禁的前益州太守雍陟。李顒死後，益州夷人又一次反叛，朝廷任命廣漢人景毅為益州太守，討平了叛夷。景毅初到益州郡時，糧價奇貴，每斛米高達萬錢，景毅對夷人施以仁政和恩惠，沒有多少年，米價每斛降至數十錢。

哀牢夷者，其先有婦人名沙壹，居于牢山❶。嘗捕魚水中，觸沈木若有感，因懷妊❷，十月，產子男十人。後沈木化為龍，出水上。沙壹忽聞龍語曰：「若為我生子，今悉何在？」九子見龍驚走，獨小子不能去，背龍而坐，龍因舐之。其母鳥語，謂背為九，謂坐為隆，因名子曰九隆。及後長大，諸兄以九隆能為父所舐而黠，遂共推以為王。後牢山下有一夫一婦，復生十女子，九隆兄弟皆娶以為妻。後漸相滋長。種人皆刻畫其身，象龍文，衣皆著尾。九隆死，世世相繼❸，乃分置小王，往往邑居，散在谿谷。絕域荒外，山川阻深，生人以來，未嘗交通中國。

【章　旨】以上簡要介紹哀牢夷的來源及主要風俗特點。這一則美麗的神話傳說，似乎不帶貶義，稱其族人是龍種，倒與中原華夏族自稱為「龍之傳人」頗有些相似之處。

【注　釋】❶牢山　又名九隆山。在雲南保山縣西南，山勢有九個大的起伏，分為九嶺，故又名九坡嶺。山麓有九龍池。❷姙　又作「娙」或「妊」。妊娠；婦女懷孕。❸世世相繼　李賢注：〈哀牢傳〉曰：「九隆代代相傳，名號不可得而數，至於禁高，乃可記知。禁高死，子吸代；吸死，子建非代；建非死，子哀牢代；哀牢死，子桑藕代；桑藕死，子柳承代；柳承死，子柳貌代；柳貌死，子扈栗代。」

【語　譯】關於哀牢夷的起源，傳說很早以前有個婦人名叫沙壹，住在牢山，曾在河流中捕魚，碰到一根沉於水下的樹樁，她似乎有一種奇異的感覺，因而懷了身孕，經過十個月懷胎，生下十個男孩子。後來，水中的沉木變成了龍，從水中出來。沙壹突然聽到龍對她說：「妳為我生的兒子們，現在都在哪裡？」九個男孩子看到龍都吃驚地逃跑了，唯獨最小的兒子沒有辦法離去，背向龍坐著，那條龍於是舔了小兒的脊背。沙壹說的是像鳥叫一樣的夷語，把「背」發音為「九」，把「坐」說成「隆」，因而給這最小的兒子起名叫「九隆」。到後來這些孩子都長成了大人，那九個當哥哥的都認為九隆能被龍父舔過，因而聰慧機敏，就共同推立這個最小的弟弟為王。此後牢山下又有一對夫婦，生了十個女兒，九隆兄弟十人就分別娶這十個女孩兒為妻。以後他們生育後代，逐漸繁衍。這個種族的人，都喜歡在身體上刻畫，刺出像龍紋一樣的圖案，他們穿的衣服，後身都有條尾巴的形狀。九隆去世以後，他的子孫一代代承繼為王，並且分別設置小的族王，這些人聚居於一個個村邑裡，散居於牢山中各條溪谷中。這地區位於極遠的荒僻的境外，由於山多河多，險阻幽僻，自從有人類以來，還沒有與中原地帶有過什麼交往。

1 建武二十三年，其王賢栗遣兵乘箄船❶，南下江、漢，擊附塞夷鹿茤。鹿茤人弱，為所禽獲。於是震雷疾雨，南風飄❷起，水為逆流，飜❸涌二百餘里，箄船沈沒，哀牢之眾，溺死數千人。賢栗復遣其六王將萬人以攻鹿茤，鹿茤王與戰，殺其六王。哀牢耆老❹共埋六王，夜虎復出其尸而食之，餘眾驚怖引去。賢栗惶恐，謂其耆老曰：「我曹入邊塞，自古有之，今攻鹿茤，輒被天誅，中國其有聖帝乎？天祐助之，何其明也！」二十七年，賢栗等遂率種人戶二千七百七十，口萬七千六百五十九，詣越嶲太守鄭鴻降，求內屬。光武封賢栗等為君長。自是歲來朝貢。

2 永平十二年，哀牢王柳貌遣子率種人內屬，其稱邑王者七十七人，戶五萬一千八百九十，口五十五萬三千七百一十一。西南去洛陽七千里，顯宗以其地置哀牢、博南二縣，割益州郡西部都尉所領六縣❺，合為永昌郡。始通博南山，度蘭倉水❻，行者苦之。歌曰：「漢德廣，開不賓。度博南，越蘭津。度蘭倉，為它人。」

3 哀牢人皆穿鼻儋耳，其渠帥自謂王者，耳皆下肩三寸，庶人則至肩而已。土地沃美，宜五穀、蠶桑。知染采文繡❼，罽毲❽帛疊❾，蘭干細布❿，織成文章如綾錦⓫。有梧桐木華，績以為布⓬，幅廣五尺，絜白不受垢汙。先以覆亡人，然後服之。其竹節相去一丈，名曰濮竹⓭。出銅、鐵、鉛、錫、金、銀、光珠、虎魄、水精、瑠璃、軻蟲、蚌珠、孔雀、翡翠、犀、象、猩猩、貊獸⑭。雲南縣有神鹿兩頭，能食毒草。

4 先是，西部都尉⑮廣漢鄭純為政清絜，化行夷貊，君長感慕，皆獻土珍，頌德美。天子嘉之，即以為永昌太守。純與哀牢夷人約，邑豪歲輸布貫頭衣二領，鹽一斛，以為常賦，夷俗安之。純自為都尉、太守，十年卒官。

5 建初元年，哀牢王類牢與守令忿爭，遂殺守令而反叛，攻嶲唐城。太守王尋奔楪榆。哀牢三千餘人攻博南，燔燒民舍。肅宗募發越嶲、益州、永昌夷漢九千人討之。明年春，邪龍縣⑯昆明夷鹵承等應募，率種人與諸郡兵擊類牢於博南，大破斬之。傳首⑰洛陽，賜鹵承帛萬匹，封為破虜傍邑侯。

6 永元六年，郡徼外敦忍乙王莫延慕義，遣使譯獻犀牛、大象。九年，徼外蠻及撣國王雍由調遣重譯奉國珍寶，和帝賜金印紫綬⑱，小君長皆加印綬、錢帛。

7 永初元年，徼外僬僥種夷陸類等三千餘口舉種內附，獻象牙、水牛、封牛⑲。永寧元年，撣國王雍由調復遣使者詣闕朝賀，獻樂及幻人，能變化吐火，自支解，易牛馬頭。又善跳丸⑳，數乃至千。自言我海西㉑人。海西即大秦也，撣國西南通大秦。明年元會㉒，安帝作樂於庭，封雍由調為漢大都尉，賜印綬、金銀、綵繒㉓各有差也。

【章　旨】以上記哀牢夷在東漢王朝不同階段與中原政權之間或和或叛的關係。其中詳記了永昌郡一帶豐富的物產及奇特的民風民俗，是有關中國古代西南地區寶貴的歷史資料。

【注　釋】❶箄船　竹木編成的筏子。❷飄　迅疾；旋風。❸飜　同「翻」。翻騰；翻飛。❹耆老　老年人。也特指受人尊重的老者。古代以六十曰耆，七十曰老。❺六縣　據《續漢志》，這六個縣是不韋、巂唐、比蘇、楪榆、邪龍、雲南。❻始通博南山二句　博南山，一名金浪巔山，俗訛為丁當丁山。在今雲南永平西南。李賢注《華陽國志》：「博南縣西山，高三十里，越之度蘭滄水。」蘭倉水，即今稱之瀾滄江。為中國西南地區數條大河流之一，上源為札曲、吉曲，均出自青海之唐古喇山，在西藏東部之昌都匯合，東南流貫雲南西部，到西雙版納出境後稱湄公河，經緬甸、老撾、泰國、柬埔寨，在越南南部入南海，全長四千五百公里（我國境內部分長一二一一六公里）。❼文繡　繡有彩色花紋的絲織品或衣服。文，彩色交錯的花紋。繡，在織物上刺出圖案或各種花樣。❽罽毲　一種用犛牛毛之類合成毛線再織成的毯子類織物。❾帛疊　也作「帛氎」或「白疊」。是一種用棉線織成的布，即今之棉布。當時中原尚未傳入棉花。此處所指可能是木棉。❿蘭干細布　一種織成紋如綾錦的細布。⓫綾錦　綾，一種很薄的有彩紋的織物，也多指布帛之細者。錦，織有各種圖案花紋的絲織品。⓬有梧桐木華二句　李賢注：《廣志》：「梧桐有白者，剽國有桐木，其華有白毦（細毛），取其毦淹漬，緝織以為布。」⓭濮竹　竹的一種，因生長在濮人聚居地而得名。濮，為中國古代西南地區少數民族之一，殷周時分布於江漢以南，春秋以後漸散布於今湖南西北部澧、沅二水流域，以部族繁多，又稱「百濮」。⓮出銅句　光珠，李賢注《華陽國志》：「瀾滄江有金沙，洗取融為金。有光珠穴。」《博物志》：「光珠即江珠也。」虎魄，通作「琥珀」。是松柏類樹脂化石，色黃褐或紅褐，燃燒時有香氣，紅者曰琥珀，黃而透明者曰蠟珀。水精，今多作「水晶」。是二氧化矽的結晶體，學名叫石英。顏色多種，無色透明的是製作光學儀器的重要原料。瑠璃，也作「琉璃」，又叫「吠瑠璃」或「壁流離」。一種青色透明瑩徹有光的寶石名稱。軻蟲，海貝。蚌珠，蚌蛤中形成的珍珠。翡翠，一種產於我國東部和南部的留鳥，也叫翠雀，羽有藍、綠、赤棕等色，可作裝飾品，古人把雄赤的叫翡，雌青的叫翠。貊獸，一種野獸名稱。李賢注《南中八郡志》：「貊大如驢，狀頗似熊，多力，食鐵，所觸無不拉。」《廣志》：「貊色蒼白，其皮溫煖。」有人說，即今之大熊貓。⓯都尉　戰國時初置武官名。比將軍地位略低，西漢景帝時改郡尉為都尉，輔佐郡守掌握全郡的軍事。有時在都尉前加上名號，以標明其主要職責。⑯邪龍縣　漢代益州永昌郡的轄縣名。故地在今雲南西部保山市一帶。⑰傳首　割下首級，傳遞到京師，一為報捷，二為讓朝廷查驗真假。⑱金印紫綬　漢代朝廷給予相國、將軍級文武大臣的高級待遇，次者為銀印青綬，再次者為銅印墨綬。金印，以黃金刻鑄印信。紫綬，繫於印柄的紫色絲帶。⑲封牛　也叫「峰牛」或「犎牛」。一種背部與脖子上方長著疙瘩（領肉隆起）的牛。出產在西域一帶。⑳跳丸　一種古代的雜技藝術，用於拋弄彈丸，變換多種花樣的表演形式。㉑海西　又名大秦。是我國古代對羅馬帝國的稱呼。因其位於安息（波斯，今西亞阿拉伯地區）、條支（古西域國名。在今伊拉克一帶）以西，故稱海西。㉒元會　皇帝元旦朝見群臣叫正會，也叫元會。㉓綵繒　泛指各種顏色的絲織物。繒，絲織物的總稱。古代叫做「帛」，漢代叫做「繒」。

【語　譯】 建武二十三年，哀牢夷人的王賢栗派遣夷兵乘著用竹木縛成的箄船南下，到長江、漢水去攻擊附著在漢朝邊境上生活的夷人鹿茤部。鹿茤人種孱弱，被哀牢人擒獲。突然間天空響起了震耳欲聾的炸雷，下起了急雨，南風驟然打著旋風颳起，江水逆流，翻滾洶湧達二百多里，哀牢人所乘的箄船沉沒於水，哀牢夷兵落水而被淹死的達數千人之多。賢栗又派他下屬的六個夷王，率領上萬人來攻打鹿茤部，鹿茤王率眾與哀牢夷激戰，殺死了賢栗派來的六王。哀牢族中受人敬重的老人們一起掩埋了戰死的六王，但是到了夜間，猛虎把六王的屍體又挖出來吃掉了，剩下還活著的人大為恐慌，趕緊領著餘眾撤退了。賢栗聽到這些情況，十分惶惑恐懼，對他部族的老年人說：「我們侵擾中原大國的邊界關塞，自古以來就有過，現在攻打鹿茤部，常常遭受上天的懲罰，莫非中原大國出現了聖明偉大的皇帝了嗎？上天輔佐幫助他們，怎麼如此明顯呢！」建武二十七年，哀牢夷的首領賢栗等就率領著哀牢夷人共二千七百七十戶，合計有一萬七千六百五十九口人，到越嶲郡太守鄭鴻那裡投降，請求內屬，接受中原朝廷管轄。光武帝劉秀封賢栗等人為哀牢族的君長。從此以後，哀牢人每年都派使者到朝廷朝拜皇帝，奉獻貢品。

2 漢明帝劉莊永平十二年，哀牢王柳貌派他的兒子率領同族種人歸附內地中原政權，其中稱為邑王身分的有七十七人，下轄戶數為五萬一千八百九十戶，總人數為五十五萬三千七百一十一口人。其地在洛陽西南七千里，顯宗劉莊在那塊區域設置了哀牢、博南兩個縣，又劃出益州郡西部都尉所領的六個縣，與此新設二縣，組合成永昌郡。漢朝的統治區域，從此才開始通到博南山，渡過蘭倉水，由於地勢險惡，凡到這裡的人，都深以為苦。人們編成歌謠唱道：「大漢王朝德政廣厚，開拓出原不臣服的新的疆土。遠遠超過博南山，越渡過了蘭倉水的渡口。渡過了蘭倉水啊，是為了他人。」

3 哀牢人有著奇特的習俗，他們都把兩鼻孔中隔穿透成洞，把耳垂上打洞縋以重物，使之拉長，再在穿鼻及耳垂洞上加以飾物。他們的首領自稱為王的人，兩隻耳朵拉長得超過肩下三寸，普通百姓耳垂長至肩頭即可，好像在肩上擔著耳朵一樣。那裡土質肥沃，適宜種植五穀雜糧，種桑養蠶。懂得染各色漂亮的顏色，織出美麗花紋的織物，如毛線織品的罽㲪，棉線織品的帛疊，又薄又細的蘭干細布，織出的花紋圖案如中原人織的綾羅錦緞般，既高級又漂亮。還有白梧桐開的花，能浸漬後取出纖維紡成線織成布，這種布幅面寬達五尺，潔白鮮亮，不沾染汙垢之類髒東西。他們先用這種布覆蓋在死人身上，然後活人才穿用。那地方出產的竹子，兩竹節之間有長達一丈的間隔，叫做濮竹。當地出產銅、鐵、鉛、錫、金、銀、光珠、虎魄、水精、琉璃、海貝、蚌珠、孔雀、翡翠鳥、犀牛、大象、猩猩、貊獸等礦產、水產和野生動物。雲南縣有兩頭神鹿，能吃有毒的草。

4 先前時候，西部都尉廣漢郡人鄭純為官清正廉潔，他的教化能在夷蠻人聚居區貫徹施行，夷人的君長頭領們都很感謝傾慕他的德政，都向他奉獻當地的特產品或珍異物品，並頌揚他德行之美。漢天子得知這一情況，很嘉賞鄭純的仁德作風及帶來的良好效果，就任命鄭純為永昌郡太守。鄭純與哀牢人約好，他們當地的豪門大戶每年向官府繳納布貫頭衣兩件，鹽一斛，作為常年不變的賦稅。夷俗認為此賦不重，安然接受。鄭純自己兼任永昌郡的都尉和太守，在位十年，死在官任上。

5 漢章帝劉炟建初元年，哀牢王類牢因不滿永昌郡守及當地縣令的政策，與郡守、縣令忿爭，於是殺死了郡守、縣令開始反叛，率眾攻打越巂郡的唐城。越巂郡太守王尋逃跑到楪榆縣。哀牢族的三千多人攻打博南縣，焚燒百姓住房。肅宗招募調發越巂郡、益州郡、永昌郡的夷人和漢人共九千多人去征討叛夷。第二年春天，邪龍縣的昆明夷鹵承等響應朝廷的徵募，率領本部族的夷人配合上述三郡的官兵襲擊了在博南縣的類牢等人，將叛夷打敗，把類牢等斬殺。造反的夷人首領被割下頭顱傳到京師洛陽，朝廷賞賜給鹵承一萬匹帛，並且封他為「破虜傍邑侯」的爵賞名號。

6 漢和帝劉肇永元六年，永昌郡境外的敦忍乙國國王莫延，傾慕大漢王朝的威嚴道義，派遣使臣通過翻譯向漢廷敬獻了犀牛和大象。永元九年，永昌郡境外的蠻人以及撣國國王雍由調派使臣通過輾轉翻譯獻上他國家的珍寶，和帝劉肇賜給雍由調親王及將軍的金印紫綬，他下屬的小君長們也都加給相應級別的印信和綬帶以及金錢和布帛。

7 漢安帝劉祜永初元年，永昌郡境外的僬僥種夷人陸類等三千多全部族的人口都歸附中原政權，向大漢朝廷獻上象牙、水牛、封牛。安帝永寧元年，撣國國王雍由調又一次派遣使臣來到京師洛陽向大漢朝廷拜見祝賀，獻上樂舞演員及能作幻術會變魔術的人，他們會多種變化，能口中吐火，自己能把自己的身體支解，如卸下腦袋換上牛馬的頭。又擅長拋弄彈丸，多達上千也不掉落。魔術師自稱是海西人。海西就是大秦，撣國西南方向就通到大秦。第二年元旦，皇帝正式會見各大臣，安帝劉祜在朝廷廣場上舉行音樂會，封雍由調為漢朝的大都尉，賜給他相應的印綬以及金銀和各種彩色的絲織品。

邛都夷者，武帝所開，以為邛都縣。無幾而地陷為汙澤，因名為邛池，南人以為邛河❶。後復反叛。元鼎六年，漢兵自越巂水伐之，以為越巂郡。其土地平原，有稻田。青蛉縣禺同山有碧雞金馬❷，光景時時出見。俗多游蕩，而喜謳歌，略與牂柯相類。豪帥放縱，難得制御。

【章　旨】以上記邛都夷生活的地理環境及其民俗特點。

【注釋】❶無幾而地陷三句　李賢引《南中八郡志》：「邛河縱廣岸二十里，深百餘丈。多大魚，長一二丈，頭特大，遙視如戴鐵釜狀。」邛河，在今四川西昌東南。❷青蛉縣禺同山句　青蛉縣，漢代益州越巂郡所轄縣名。以境內有青蛉水而得名，治今雲南大姚。碧雞金馬，又作「金馬碧雞」。是山名，也是神名。雲南昆明東有金馬山，形似馬；西有碧雞山，形似雞。兩山上皆有神祠，相傳漢代曾在此祭祀金馬碧雞神。《漢書·郊祀志下》：「宣帝即位……或言益州有金馬、碧雞之神，可醮祭而致，於是遣諫大夫王褒使持節而求之。」《漢書音義》：「金形似馬，碧形似雞。」王褒〈碧雞頌〉：「持節使王褒謹拜南崖，敬移金精神馬縹碧之雞，處南之荒。深溪回谷，非土之鄉。歸來歸來，漢德無疆。廉乎唐、虞，澤配三皇。」

【語譯】邛都夷居住的地盤，是漢武帝時所開發的，在此地設置了邛都縣。沒有多久，這塊地方的地面陷成了低窪的水澤之地，因而叫做「邛池」，南方人則叫它「邛河」。邛都縣的夷人後來反叛朝廷。武帝元鼎六年，漢朝軍隊越過巂水討伐叛夷，平定之後，在這裡設置了越巂郡。那地方土地平坦廣闊，有稻田。青蛉縣禺同山有碧雞金馬神靈，金色的馬碧色的雞的影像經常出現。當地民俗，多喜遊蕩，同時喜歡唱歌對歌，大體上與牂柯郡的習俗類似。當地夷人首領強悍放縱，難以接受官府的駕馭控制。

1 王莽時，郡守枚根調邛人長貴，以為軍候❶。更始❷二年，長貴率種人攻殺枚根，自立為邛穀王，領太守事。又降於公孫述。述敗，光武封長貴為邛穀王。建武十四年，長貴遣使上三年計，天子即授越巂太守印綬。十九年，武威將軍劉尚擊益州夷，路由越巂。長貴聞之，疑尚既定南邊，威法必行，己不得自放縱，即聚兵起營臺，招呼諸君長，多釀毒酒，欲先以勞軍，因襲擊尚。尚知其謀，即分兵先據邛都，遂掩長貴誅之，徙其家屬於成都。

2 永平元年，姑復夷復叛，益州刺史發兵討破之，斬其渠帥，傳首京師。後太守巴郡張翕，政化清平，得夷人和。在郡十七年，卒。夷人愛慕，如喪父母。蘇祈❸叟二百餘人，齎牛羊送喪，至翕本縣安漢❹，起墳祭祀。詔書嘉美，為立祠堂。

3 安帝元初三年，郡徼外夷大羊等八種，戶三萬一千，口十六萬七千六百二十，慕義內屬。時郡縣賦斂煩數，五年，卷夷大牛種封離等反畔，殺遂久❺令。明年，永昌、益州及蜀郡夷皆叛應之，眾遂十餘萬，破壞二十餘縣，殺長吏，燔燒邑郭，剽略❻百姓，骸骨委積，千里無人。詔益州刺史張喬選堪能從事討之。喬乃遣從事楊竦將兵至楪榆擊之，賊盛未敢進，先以詔書告示三郡，密徵求武士，重其購賞。乃進軍與封離等戰，大破之，斬首三萬餘級，獲生口千五百人，資財四千餘萬，悉以賞軍士。封離等惶怖，斬其同謀渠帥，詣竦乞降，竦厚加慰納。其餘三十六種皆來降附。竦因奏長吏姦猾侵犯蠻夷者九十人，皆減死。州中論功未及上，會竦病創卒，張喬深痛惜之，乃刻石勒銘，圖畫其像。

4 天子以張翕有遺愛，乃拜其子湍為太守。夷人懽喜，奉迎道路。曰：「郎君儀貌類我府君。」後湍頗失其心，有欲叛者，諸夷耆老相曉語曰：「當為先府君故。」遂以得安。

5 後順桓間，廣漢馮顥為太守，政化尤多異迹云。

【章　旨】以上記邛都夷自王莽至東漢後期與中原政權的關係。

【注　釋】❶軍候　維持軍紀的軍官。漢制，大將軍營五部，部下有曲，曲有軍候一人。❷更始　新莽時期各地農民暴動中，綠林軍所擁立的西漢宗室劉玄稱帝時所用的年號。❸蘇祈　漢代越巂郡的轄縣名。故地在今雲南西部。❹安漢　漢代巴郡所轄縣名。故地在今重慶一帶。❺遂久　漢代越巂郡所轄縣名。故地在今雲南昆明西部地區一帶。❻剽略　侵略；掠奪。

【語　譯】王莽當政的時候，越巂郡太守枚根徵調邛都夷人長貴為軍候。到更始二年，長貴率本部族人攻擊並殺死了郡守枚根，自己立為邛穀王，兼領越巂郡太守。公孫述占領益州稱帝時，長貴又投降了公孫述。公孫述被漢軍擊敗後，光武帝劉秀封長貴為邛穀王。建武十四年，長貴派遣使者向朝廷獻上當地三年來載錄人事、戶口、賦稅諸情況的計簿，皇帝就授給長貴越巂郡太守的印信和綬帶。建武十九年，武威將軍劉尚率兵攻擊益州郡的夷人，進軍道路要經過越巂地區。長貴聽到這一消息，擔心劉尚平定了南部邊境以後，一定會推行朝廷的權威和法令，自己就不能任意放縱了。於是馬上聚集軍隊，建造營壘高臺，並招呼下屬各級君長首領，大量釀造毒酒，想先用慰問官軍的名義，讓官軍飲下毒酒，再襲擊劉尚。劉尚得知了這一陰謀，就分出一支兵力，先占據了邛都，於是乘其不備而逮捕了長貴並處死了他，而且把他的家屬內遷至成都。

2 漢明帝劉莊永平元年，姑復夷人再次叛亂。益州刺史調發軍隊前往征討，打敗了他們，將其首領斬殺，並把首級遞送到京師洛陽。此後，任越巂郡太守的巴郡人張翕施政清正廉明，教化公平淳厚，深得夷人贊同，上下和睦相處。張翕在郡十七年，病故於任所。夷人對他十分擁戴愛慕，得知他病死消息，都像死去父母般的悲痛。下轄的蘇祈縣中有二百多位老者，攜帶著牛羊為張翕送喪，一直送到張翕的故鄉巴郡安漢縣，建好墳墓，祭祀亡靈。朝廷頒發詔書，讚揚張翕的撫夷美政，並為他建立祠堂。

3 安帝劉祜元初三年，越巂郡境外的大羊等八種夷民部落，共三萬一千戶，十六萬七千六百二十口人，傾慕漢朝的恩義，全部內附，接受中原政權的領導。當時，各郡縣向百姓徵收的賦稅名目繁多，次數頻繁，人民不堪重負，元初五年，卷夷大牛種封離等人反叛官府，殺死了遂久縣縣令。第二年，永昌郡、益州郡及蜀郡的夷人都叛離漢朝，響應封離等人，叛眾多達十餘萬，攻破毀壞二十多個縣，殺死長吏，焚燒城邑民居村寨，搶掠百姓財物，死人屍骨隨地拋積，無人收殮埋葬，造成了上千里的無人區。朝廷下詔，令益州刺史張喬選拔能勝任的州刺史以下的從事史前往征剿。張喬於是派他的從事史楊竦帶兵到楪榆縣攻擊叛夷。但賊勢正旺，楊竦不敢輕進，先用朝廷詔書告示永昌、益州、蜀郡三郡的百姓，祕密徵召尋求能力高強的武士，以很高的賞格求他們為朝廷效力。然後進兵與封離等人交戰，大勝叛夷，斬首三萬多，活捉一千五百多人，繳獲資財四千多萬，楊竦把它全部賞給了征戰的軍士。封離等被官軍的威勢嚇得惶恐異常，主動斬殺了與他同謀叛亂的別的首領，到楊竦處乞求投降。楊竦予以接納並厚加撫慰。其餘參加叛亂的三十六種夷人部落都來投降歸附。楊竦查明上奏把長吏中奸猾驕橫侵犯了蠻夷利益的人共九十名判了罪，減死一等免除死刑。益州刺史部評論楊竦的功勞尚未來得及奏報朝廷，楊竦卻因受了重傷生病而死。刺史張喬深深為他惋惜悲痛，於是他立碑勒石，刻下銘文，述其功勳，畫下他的圖像供人紀念。

4 天子因為巴郡安漢人張翕在夷人地區有良好的聲譽和德行，就任命張翕之子張湍為越巂郡太守。夷人聽說之後，十分高興，到張湍上任的路上恭敬地迎接他。並且說：「張郎君的儀容風貌真與當年我們敬愛的府君相像呢。」但是，以後張湍的作風頗使夷人失望，有人就想反叛官府，夷族中那些德高望重的老人們相互曉諭眾人說：「我們還是為了先太守張翕的恩澤容忍一下他的兒子吧。」終於沒有造反，而夷區得以平安。

5 後來到了順帝劉保、桓帝劉志在位期間，廣漢人馮顥為越巂郡太守，政治和教化的功績尤其突出。

莋都夷者，武帝所開，以為莋都縣。其人皆被髮左衽，言語多好譬類，居處略與汶山夷同。土出長年神藥，仙人山圖❶所居焉。元鼎六年，以為沈黎郡。至天漢四年，并蜀為西部，置兩都尉，一居旄牛❷，主徼外夷；一居青衣❸，主漢人。

【章　旨】以上記莋都夷的起始、風俗特點以及在西漢武帝時與中原政權之間的關係。

【注　釋】❶仙人山圖　劉向《列仙傳》：「山圖，隴西人。好乘馬，馬蹋折腳，山中道士教服地黃、當歸、羌活、玄參，服一年，不嗜食，病癒身輕。追道士問之，自云：『五嶽使人之名山採藥。能隨吾，汝便不死。』山圖追隨，人不復見。六十餘年，一旦歸來，行母服於塚間。期年復去，莫知所之。」❷旄牛　漢代初年在原羌族旄牛部聚居區所設縣名。屬沈黎郡。故地在今四川漢源南。旄牛，又作「犛牛」、「氂牛」和「牦牛」。見後文「冉駹夷」正文解。❸青衣　漢代蜀郡所轄縣名。故城在今四川青衣北。

【語　譯】莋都夷的聚居地，是西漢武帝時所開發的，在那裡設置了莋都縣。那裡的居民都披散著頭髮，不梳髻，衣服的前襟向左方披掩，談話好打比方，以類似事物解說本意，居處的地勢和風俗與汶山夷略同。當地土質出產能延年益壽的神藥，仙人山圖曾在這裡生活而服藥成了仙。武帝元鼎六年，漢朝在此設置沈黎郡。到武帝天漢四年，合併蜀郡為西部都尉，在此地設兩個都尉，一個駐旄牛縣，主管境外夷人的事務；一個駐青衣縣，主管境內漢人的事務。

1 永平中，益州刺史梁國❶朱輔，好立功名，慷慨有大略。在州數歲，宣示漢德，威懷遠夷。自汶山❷以西，前世所不至，正朔❸所未加。白狼、槃木、唐菆等百餘國，戶百三十餘萬，口六百萬以上，舉種奉貢，稱為臣僕。

2 輔上疏曰：「臣聞詩云：『彼徂者岐，有夷之行。』❹傳曰：『岐道雖僻，而人不遠。』❺詩人誦詠，以為符驗。今白狼王唐菆等慕化歸義，作詩三章。路經邛來大山❻零高坂❼，峭危峻險，百倍岐道。繈負❽老幼，若歸慈母。遠夷之語，辭意難正，草木異種，鳥獸殊類。有犍為郡掾❾田恭與之習狎，頗曉其言，臣輒令訊其風俗，譯其辭語。今遣從事史李陵與恭護送詣闕，并上其樂詩。昔在聖帝，舞四夷之樂❿；今之所上，庶備其一。」

3 帝嘉之，事下史官，錄其歌焉⓫。

4 遠夷樂德歌詩曰：

5 「大漢是治，堤官隗搆。與天合意。魏冒踰糟。吏譯平端，罔驛劉脾。不從我來。旁莫支留。聞風向化，徵衣隨旅。所見奇異。知唐桑艾。多賜繒布，邪毗䊷𦁹。甘美酒食。推潭僕遠。昌樂⓬肉飛⓭，拓拒蘇便。屈申悉備。局後仍離。蠻夷貧薄，僂讓龍洞。無所報嗣。莫支度由。願主長壽，陽雒僧鱗。子孫昌熾。莫稺角存。」

6 遠夷慕德歌詩曰：

7 「蠻夷所處，僂讓皮尼。日入之部。且交陵悟。慕義向化，繩動隨旅。歸日出主。

路旦揀雒。聖德深恩，聖德渡諾。與人富厚。魏菌度洗。冬多霜雪，綜邪流藩。夏多和雨。莋邪尋螺。寒溫時適，藐潯濾灕。部人多有。菌補邪推。涉危歷險，辟危歸險。不遠萬里。莫受萬柳。去俗歸德，術疊附德。心歸慈母。仍路孳摸。」

8 遠夷懷德歌曰：

9 「荒服⑭之外，荒服之儀。土地墝埆⑮。犂籍憐憐。食肉衣皮，阻蘇邪犂。不見鹽穀。莫碭麤沐。吏譯傳風，罔譯傳微。大漢安樂。是漢夜拒。攜負歸仁，蹤優路仁。觸冒險陝⑯。雷折險龍。高山岐峻⑰，倫狼藏幢。緣崖磻石⑱。扶路側祿。木薄發家，息落服淫。百宿到洛。理歷髭雒。父子同賜，捕莅菌毗。懷抱匹帛。懷稾匹漏。傳告種人，傳室呼敕。長願臣僕。陵陽臣僕。」

10 肅宗初，輔坐事免。是時郡尉府舍皆有雕飾，畫山神海靈奇禽異獸，以眩燿⑲之，夷人益畏憚焉。

11 和帝永元十二年，旄牛徼外白狼、樓薄蠻夷王唐繒等，遂率種人十七萬口，歸義內屬。詔賜金印紫綬，小豪錢帛各有差。

12 安帝永初元年，蜀郡三襄種夷與徼外汙衍種并兵三千餘人反叛，攻蠶陵城⑳，殺長吏。二年，青衣道夷邑長令田，與徼外三種夷三十一萬口，齎黃金、旄牛毦㉑，舉土內屬。安帝增令田爵號為奉通邑君。延光二年春，旄牛夷叛，攻零關㉒，殺長吏，益州刺史張喬與西部都尉擊破之。於是分置蜀郡屬國㉓都尉，領四縣如太守。

13 桓帝永壽二年，蜀郡夷叛，殺略吏民。延熹二年，蜀郡三襄夷寇蠶陵，殺長吏。四年，犍為屬國㉔夷寇郡界，益州刺史山昱擊破之，斬首千四百級，餘皆解散。

14 靈帝時，以蜀郡屬國為漢嘉郡。

【章　旨】以上記莋都夷與東漢王朝各代之間的關係。從總體看，內屬歸順的時間長，反叛抗拒的時期短。其中三首詩歌是本卷中的重要內容，表達了夷人的心聲。能夠把關係處理得如此融洽幾乎全是朱輔的功勞。可見官吏的清廉或昏貪，決定著社會的治亂甚至影響到歷史發展的方向。

【注　釋】❶梁國　封國名。下轄九城。故地在今河南東部與山東西南部、安徽北部三省相鄰接的地區。❷汶山　漢代的郡名和縣名。故地在今四川成都北邊的北川、汶川、茂汶諸縣一帶區域。❸正朔　一年的第一天。正，一年的開始。朔，一月的開始。古時改朝換代，新王朝表示「應天承運」須重定正朔，後遂指帝王新頒之曆法。❹臣聞詩云三句　那前往的地方是岐山，有平坦的大道可通行。語見《詩・天作》。另一解：徂，通「殂」。死去。夷，平坦。行，道路。指文王雖然死去了，但通往岐的大道平坦。❺傳曰三句　這裡引的傳文見《韓詩・薛君・傳》：「徂，往也。夷，易也。行，道也。彼百姓歸文王者，皆曰岐有易道，可往歸矣。易道謂仁義之道而易行，故岐道阻險而人不難。」❻邛來大山　也叫「邛崍山」、「大觀山」、「邛筰山」。是古代邛夷和莋夷分界山，位於今四川西部，岷江和大渡河之間，南北走向，屬橫斷山脈的最東支，為四川盆地與四川高原的分界，海拔四千公尺左右，其南端為夾金山。❼零高坂　山坡名。坂，同「阪」。山坡；斜坡。❽繈負　以寬布帶或布幅包裹小兒負之於背。繈，通「襁」。背嬰兒用的寬帶。❾犍為郡掾　犍為郡的掾史。犍為郡，是益州所屬的郡名。下轄九城，故地在今四川中部偏南資中一帶。掾，漢代職權較重的官員的屬官，分曹治事，通稱掾史。❿昔在聖帝二句　見本書〈陳禪傳〉：「古者合歡之樂舞於堂，四夷之樂陳於門。」所以《詩·小雅》中，說古代曾演奏西南夷的樂舞《侏離》。⓫事下史官二句　以下的三首夷人所作詩歌，李賢注：「《東觀記》載其歌，並載夷人本語，並重譯訓詁為華言，今范史所載者是也。今錄《東觀》夷言，以為此注也。」可知，大字是「意譯」，小字是「音譯」。⓬昌樂　興盛康樂。⓭肉飛　古代稱善於攀高、矯捷如飛的人，為肉飛仙。此處疑指表演的雜技節目。下句「屈申」疑為表演的軟功節目。⓮荒服　指離王畿二千五百里的地區，為五服中最遠的地方。《尚書·禹貢》及〈益稷〉中均載有古人把九州土地按離王畿遠近分為五服的記述，其五服名稱為：侯服、甸服、綏服、要服、荒服。服，服事天子之意。⓯墝埆　土地貧瘠或險要的意思。墝，同「磽」。指貧瘠的土地。⓰陜　俗作「狹」，也作「陿」。與「陝」不同。狹隘。⓱岐峻　山高而難行。岐，岔道。或通「崎」。崎嶇，道路險阻難行。峻，山勢高而陡峭直。⓲磻石　本指結於箭身絲繩上的石塊。此處當指結繩於石而緣繩攀登。⓳眩燿　又作「炫曜」或「炫耀」。光彩奪目；迷惑。⓴蠶陵城　漢置縣名。屬蜀郡，以其地有蠶陵山而得名。故地在今四川松潘。㉑毦　又作「耏」或「髶」。用羽毛或毛髮類做成的裝飾物。㉒零關　漢代越巂郡下屬的縣名，境內有自中原通往西南地區的重要通道零關道。故址在今四川蘆山縣。㉓蜀郡屬國　在益州，由西部都尉所轄區別置的屬國都尉轄區，別領漢嘉、嚴道、徙、旄牛等四城。故地在今四川西部雅安一帶。㉔犍為屬國　漢代益州刺史部下轄屬國，原屬南部都尉，後改屬國都尉，別領朱提、漢陽兩城。治所在今雲南昭通。

【語　譯】漢明帝劉莊永平年間，在益州任刺史的梁國人朱輔，喜歡建功立業，做事揚名，為人激昂慷慨，目光遠大，有雄才大略。在益州任職數年，向邊塞夷人宣揚大漢王朝的威德，使遠區的夷人悉知朝廷的威嚴，得到安撫懷柔。從汶山往西的大片區域，以前朝代的政令從未到達過，中央王朝所施行的王朝紀年方式，也沒有影響到過這裡。有白狼、槃木、唐菆等一百多個夷人部落建立的小國，共約一百三十多萬戶，六百萬以上的人口，全部種族都向中原王朝敬獻貢品，向大漢天子稱臣稱僕。

2 朱輔上書明帝奏報說：「我聽《詩》中說過：『往岐山走的那路雖然險阻難走，但那裡的周國代表著正義的大道。』解釋經義的傳書中說：『往岐山走的路雖然偏僻，但是人們傾慕周道而不以為遙遠。』詩人誦唱歌詠的這些內容，成了以後周王朝得到人心走上昌盛的驗證。現在白狼王唐菆等傾慕中原的文明教化，歸附大漢的道義，創作了詩歌三首。他們歸附內地，要翻越邛來大山，路經叫做零高坂的大山坡，沿途山路峭峻，高危艱險，比當年人們歸順周朝奔向岐山要艱難危險上百倍。這些夷民一路扶老攜幼，背上背著繈褓中的嬰兒，雙手攙扶著行動不便的老人，大家奔向內地，像久失雙親的孤兒追尋慈愛的母親那溫暖的懷抱般的熱切真誠。遠方夷人的語言，語辭和所表達的內容難以用華夏的語言來表達，那裡生的草木，也與中原大不相同，連鳥類獸類也是特殊的品種。現有犍為郡的掾史田恭長期與夷人親近交往，通曉他們的語言。我常常讓他諮詢夷人的風俗習慣，翻譯夷人語言辭意。現在派我的從事史李陵與田恭一起護送夷人的使團到京師朝拜，並獻上他們創作的樂舞詩歌。古代聖明偉大的天子，尚且曾在朝堂演奏四方夷人的樂曲，並用此樂曲伴奏編成舞蹈；現在我推薦呈上的，可以為聖朝具備夷樂中的一種。」

3 明帝劉莊嘉賞朱輔的上書及行動，讓史官把此事記錄下來，照錄了夷歌的原文。

4 《遠方夷人享樂漢德的歌詩》唱道：

5 「大漢王朝治理天下，與上天神靈的意志相和。官吏們傳譯給我們王朝待人公平的事端，卻沒有在我們這裡實現。我們感知了朝廷的仁風王道，傾慕中原的教化，所看到的東西覺得奇特怪異。感謝聖皇賜給我們這麼多的錦繡布帛，還有那麼多的甘旨美酒。我們快樂地表演節目，有攀越登高的雜技，也有屈伸自由的軟功，全都具備。我們蠻夷生活的邊遠荒區，地瘠壤薄，百姓貧苦，對聖朝無所報答酬謝，唯有衷心祝願聖明的君主健康長壽，多子多孫，後世更加昌盛繁榮。」

6 《遠方夷人傾慕王朝聖德的歌詩》唱道：

7 「我們蠻夷之族所居處的西部，是太陽落山的地方。我們傾慕大漢王朝的道義，嚮往中原的文明教化，決心歸順位於太陽升起的東方的君主。聖明的君主仁德深厚，對我們有大恩，使我們財富增長，資產豐厚。我們的居住區域，冬季多霜雪，夏季多和風時雨。寒溫依時節到來，部族人口眾多。我們一路跋山涉水，歷盡險阻到中原，雖相隔萬里卻不怕路途遙遠。一心想歸向德化，擺脫我們不文明的陋俗，我們顆顆赤誠的心歸向大漢朝廷，就像回到慈愛母親溫暖的懷抱。」

8 《遠方夷人懷念聖德的歌》唱道：

9 「我們生活在遙遠的荒服之外，那裡的土地十分貧瘠。我們以狩獵為生，吃動物的肉，穿野獸的皮，見不到食鹽和五穀等食品。官吏傳譯中原文明的民風民俗，知道大漢黎民都過著安樂富足的生活。我們扶老攜幼背著繈褓中的嬰兒歸順仁德的君主，一路遭遇艱辛，冒著千難萬險，經過險峻的高山，利用繩索攀越峭峻的山崖。自樹葉尚稀時我們從故鄉出發，在路上要經過一百個日日夜夜才能到達京師洛陽。老人孩子都得到朝廷的賞賜，每個人都懷抱著中原出產的繒布匹帛。我們的頭領傳告全族的人，願意世世代代做大漢天子的臣民和奴僕。」

10 肅宗章帝劉炟在位初期，益州刺史朱輔因事犯法被免去官職。這時，越巂郡尉官府居舍的牆壁上都雕刻裝飾著各種圖畫圖案，畫的是山中之神，海中精靈，奇特的禽鳥，怪異的猛獸，向夷人矜誇顯示大漢的威嚴，夷人對漢人官府越發敬畏了。

11 和帝劉肇永元十二年，旄牛縣境外的白狼、樓薄諸蠻夷首領唐繒等，率領本種族人十七萬口，歸順大義，自願服從內地管轄。皇帝下詔，賜給這些夷人國王黃金製的印信、紫色絲綢的印綬，賞給他屬下的小豪強不等量的錢帛。

12 安帝劉祜永初元年，蜀郡三襄種的夷兵與境外的汙衍種的夷兵合併一起共三千多人發動叛亂，反抗官府，攻打蠶陵城，殺死長吏。永初二年，青衣道的夷人邑長令田，與境外的另外三種夷人，共計三十一萬人口，攜帶著黃金和旄牛毛製成的工藝品裝飾物，以全部國土歸順朝廷，願意內屬。安帝除承認令田為夷人邑長外，增加封賜，賞給他的爵號為「奉通邑君」。安帝延光二年春天，旄牛縣的夷人叛亂，攻打零關，殺死長吏，益州刺史張喬與西部都尉一起率兵打敗了叛夷。於是分設了蜀郡屬國都尉，別領漢嘉、嚴道、徙、旄牛等四縣，其職權相當於郡太守。

13 桓帝劉志永壽二年，蜀郡的夷人反叛，殺官吏，掠黎民。桓帝延熹二年，蜀郡三襄夷侵犯蠶陵縣，殺死那裡的長吏。延熹四年，犍為屬國的夷人侵犯郡國的邊界，益州刺史山昱率兵打敗他們，斬首一千四百多人，其餘的夷眾瓦解逃散。

14 靈帝劉宏在位時，朝廷把「蜀郡屬國」改為「漢嘉郡」。

1 冉駹夷者，武帝所開。元鼎六年，以為汶山郡。至地節❶三年，夷人以立郡賦重，宣帝乃省并蜀郡為北部都尉。其山有六夷七羌九氐，各有部落。其王侯頗知文書，而法嚴重。貴婦人，黨母族。死則燒其尸。土氣多寒，在盛夏冰猶不釋，故夷人冬則避寒，入蜀為傭，夏則違暑，反其聚邑。皆依山居止，累石為室，高者至十餘丈，為邛籠❷。又土地剛鹵，不生穀粟麻菽，唯以麥為資，而宜畜牧。有旄牛，無角，一名童牛，肉重千斤，毛可為毦。出名馬。有靈羊❸，可療毒。又有食藥鹿，鹿麑❹有胎者，其腸中糞亦療毒疾。又有五角羊、麝香、輕毛毼雞、牲牲❺。其人能作旄氈、班罽、青頓、毞毲、羊羧之屬❻。特多雜藥。地有鹹土，煮以為鹽，麢❼羊牛馬食之皆肥。

2 其西又有三河、槃于虜，北有黃石、北地、盧水胡，其表乃為徼外。

3 靈帝時，復分蜀郡北部為汶山郡云。

【章　旨】以上記冉駹夷生活的地理位置、氣候特點、民風民俗、豐富多樣的物產及中原政權對他們的管理情況。

【注　釋】❶地節　西漢宣帝劉詢年號，西元前六九—前六六年。❷邛籠　當地夷人對他們居住的地堡式建築的稱呼。邛，本義為土丘。❸靈羊　今多作「羚羊」。是哺乳動物牛科中的一個類群的通稱，體型輕捷，四肢細長，生活在亞洲、非洲的曠野或沙漠。❹麑　鹿子；幼鹿。❺又有五角羊句　麝香，麝，又稱「香獐」。是鹿科中一類哺乳動物，形體較小，雌雄均無角。雄麝肚臍與生殖孔間有腺體，發情季節，能大量分泌麝香，乾燥後作香料或藥用。髦雞，又作「鶡雞」。郭璞注《山海經》：「髦雞似雉而大，青色，有毛角，鬥敵死乃止。」也叫「褐馬雞」，雄的體長可達一公尺，雌的較小。耳上羽毛向頭後延長成角狀，棲於高山深林中，善疾走。牲牲，可能是「猩猩」的音轉。❻其人能作旄氈句　旄氈，用旄牛毛碾合成的片狀物。氈，又作「毡」。班罽，雜色的毛織品。班，通「斑」。色彩不純；雜色。罽，毛織物，如氍毹、氆氌之類。青頓，不詳為何物，疑是一種毛織品名稱。毼毲，一種與罽類似的毛織品。羊羧，一種用羊毛織成的毛織物。❼麡　麡狼。李賢注引《異物志》：「狀似鹿而角觸向前，入林樹掛角，故恆在平淺草中。肉肥脆香美，逐入林則搏之，角正四據，南人因以為牀。」

【語　譯】冉駹夷居住的地區，為漢武帝劉徹在位時所開發。武帝元鼎六年，這地方設置汶山郡。到宣帝地節三年，夷人反映獨立成郡繳納稅賦太重。宣帝決定撤銷汶山郡建制，將其區域併入蜀郡，都由北部都尉管轄。那裡是山區，居住著六種夷人七種羌人九種氐人，他們各有自己的部落。那些部落中的高層首領如王侯之類，頗懂得一些本民族的文字知識和書寫技能。他們制定的法規嚴厲，違犯了則處罰很重。那裡的風俗是以婦女為尊貴，以母族為核心。人死了，把屍體燒掉。當地多為氣候寒冷的高寒山地，即使是盛夏季節冰也不融化，所以那裡的夷人在冬天為了躲避嚴寒，到蜀地給人作傭工，到了夏天為了避暑，又回到他們聚居的村落。他們所住的村寨都依山建築，壘砌石塊成為房屋，石牆可高達十幾丈，成為樓堡式的邛籠。當地土質堅硬，含鹵性，不能生長稻穀、小米、麻類、豆類作物，只是以青稞麥類為主要食品來源，同時非常適宜畜牧。當地多養旄牛，旄牛不長牴角，又名童牛，體形壯大，肉重千斤，其毛可作成漂亮的毛飾品。那裡出產名貴的馬種，還有羚羊，羚羊角能療病敗毒。又有吃藥草的鹿，幼鹿懷胎的，牠腸中的糞便也能治療毒疾。還出產五角羊、麝香、輕毛褐馬雞、猩猩等。那裡的居民會製作用動物毛製成的毛織品，如旄氈、班罽、青頓、毞毲、羊羧之類的用品。當地出產特別多的各類藥材。土壤中有的含有大量鹹分和鹽質，鹹土可製成鹽，餵食麡狼、牛、羊、馬等動物，都會增膘長肥。

2 冉駹夷生活區往西，又有三河、槃于等部族，其北面有黃石、北地、盧水等胡人，他們的外邊就是漢朝統治區的邊境之外了。

3 靈帝劉宏在位時，又把蜀郡的北部幾縣劃出來重新設置了汶山郡。

1 白馬氐者，武帝元鼎六年開，分廣漢❶西部，合以為武都❷。土地險阻，有麻田，出名馬、牛、羊、漆、蜜。氐人勇戇抵冒❸，貪貨死利。居於河池，一名仇池，方百頃，四面斗絕❹。數為邊寇，郡縣討之，則依固自守。元封❺三年，氐人反叛，遣兵破之，分徙酒泉郡❻。

2 昭帝元鳳❼元年，氐人復叛，遣執金吾馬適建、龍領侯韓增、大鴻臚田廣明，將三輔、太常徒討破之❽。

3 及王莽篡亂，氐人亦叛。建武初，氐人悉附隴蜀❾。及隗囂❿滅，其酋豪乃背公孫述降漢，隴西太守馬援⓫上復其王侯君長，賜以印綬。後囂族人隗茂反，殺武都太守。氐人大豪齊鍾留為種類所敬信，威服諸豪，與郡丞⓬孔奮擊茂，破斬之。後亦時為寇盜，郡縣討破之。

【章旨】以上記白馬氐人居住地的特點、出產及與漢人政權之間的關係。

【注釋】❶廣漢　漢代的郡名和縣名。屬益州。廣漢郡下轄十一城。故地在今四川成都北面的德陽、綿竹一帶。廣漢縣故地為今四川廣漢。❷武都　東漢郡名。屬涼州，下轄七城。故地為今四川北部與陝西、甘肅二省相鄰接的地區。❸勇戇抵冒　戇，愚蠢剛直。抵冒，抗拒冒犯。❹居於河池四句　河池，本水名。在今甘肅東南角徽、成縣之間，漢代曾在此設河池縣，屬涼州武都郡。仇池，山名。在今甘肅成縣境內。《三秦記》：「仇池縣界，本名仇維，山上有池，故曰仇池。山在倉、洛二谷之間，常為水所衝激，故下石而上土，形似覆壺。」《仇池記》：「仇池百頃，周回九千四十步，天形四方，壁立千仞。自然樓櫓卻敵，分置調均，竦起數丈，有踰人功。仇池凡二十一道，可攀緣而上。東西二門。盤道下至上，凡有七里。上則崗阜低昂，泉流交灌。」酈道元《水經注》：「羊腸盤道三十六回，《開山圖》謂之『仇夷』，所謂『積石峨嵯，嶔岑隱阿』者也。上有平田百頃，煮土成鹽，因以百頃為號。」❺元封　西漢武帝劉徹年號，西元前一一〇—前一〇五年。❻酒泉郡　漢代涼州刺史部所屬郡名，下轄九城。故地為今甘肅中部酒泉市一帶區域。❼元鳳　西漢昭帝劉弗陵年號，西元前八〇—前七五年。❽遣執金吾二句　執金吾，兩漢時負責督巡京師及其附近地區治安的長官。金吾為兩端塗金的銅棒，此官執之以示權威。馬適建，李賢注：「姓馬適，名建也。」大鴻臚，漢代九卿之一，原為掌管接待少數民族等事的官員，後漸變為贊襄禮儀之官。武帝之前曾稱典客，王莽時代曾改稱典樂。三輔，漢代曾把京兆尹、左馮翊、右扶風稱作三輔。即今之西安及其東至華陰西至寶雞一帶的周邊地區。太常，漢代九卿之一，掌宗朝禮儀，兼掌選試博士之官，秦時稱奉常。❾隴蜀　隴，指今甘肅東部隴山周圍一帶區域。蜀，指以今四川成都為中心的四周區域。由於東漢初年隗囂曾占據天水、武都、金城諸郡，自稱西州上將軍，為隴地首領；公孫述曾據益州稱帝。二人都曾與劉秀爭奪天下，故此處隴蜀，分別代表隗囂和公孫述統治的區域及其政權。❿隗囂　字季孟，東漢初天水成紀（今甘肅秦安）人。新莽末，被當地豪強擁立，稱霸隴地，後屢被漢軍所敗，於建武九年（西元三三年）病死。其子隗純降漢。詳見本書卷十三。⓫馬援　（西元前一四—西元四九年），字文淵，東漢初扶風茂陵（今陝西興平）人。新莽初為新城大尹（漢中太守），後依附割據隴西的隗囂。繼歸劉秀，後因戰功被封為新息侯，任伏波將軍。在征五溪蠻時病死軍中。詳見本書卷二十四。⓬郡丞　漢代郡守的輔佐官員。丞在漢代很普遍，九卿官衙及縣府皆可設丞，約相當於近現代的副官或祕書之類。

【語　譯】白馬氐人所居住的地區，是武帝元鼎六年所開發的，是把廣漢郡的西部數縣劃出來與其居地合在一起，新設置了武都郡。那裡交通不便，地勢險阻，有種麻的田，出產名馬、牛、羊、漆、蜜等物。氐人的性情勇猛魯莽，憨直而愚，不怕觸冒法律，貪於財貨，常為圖利而身亡。他們住在河池一帶，河池又名仇池，周圍有百頃之大的面積，四面山勢陡峭峻直。當地人曾多次成為漢代的邊患，侵擾百姓，郡縣派兵去征討，他們就依據險固地勢自守。武帝元封三年，氐人反叛，武帝派兵打敗他們，並把那裡的居民分出一些遷徙到酒泉郡去住。

2 昭帝元鳳元年，氐人又一次叛亂。朝廷派執金吾馬適建、龍頟侯韓增、大鴻臚田廣明，率領三輔地區和太常寺的人馬去征討並打敗他們。

3 到西漢末年王莽篡權亂政的時候，氐人也隨著叛亂。東漢建武初年，氐人都依附於割據隴西的隗囂和在蜀稱帝的公孫述政權。到隗囂敗滅之後，氐人的酋長大豪於是背叛公孫述投降漢朝。隴西太守馬援上報朝廷，得到批准，恢復氐族部落的王侯君長的地位和稱呼，並頒賜給相應的印信綬帶。此後隗囂的同族人隗茂反叛，殺死了武都郡太守。氐人中的大豪強齊鍾留得到本族人的尊敬信任，他的威望為其他豪強所佩服，就和郡丞孔奮一起，率眾攻擊隗茂，打敗叛賊，斬殺了隗茂。氐人以後也時時為盜寇侵擾漢邊，當地郡、縣便征討打敗他們。

論曰：漢氏征伐戎狄❶，有事邊遠，蓋亦與王業而終始矣。至於傾沒疆垂，喪師敗將者，不出時歲，卒能開四夷之境，欵❷殊俗之附。若乃文約之所沾漸，風聲之所周流❸，幾將日所出入處也。著自山經、水志者，亦略及焉。雖服叛難常，威澤時曠，及其化行，則緩耳雕腳❹之倫，獸居鳥語之類，莫不舉種盡落，回面而請吏，陵海越障，累譯以內屬焉。故其錄名中郎、校尉之署，編數都護、部守之曹❺，動以數百萬計。

若乃藏山隱海之靈物，沈沙棲陸之瑋寶❻，莫不呈表怪麗，雕被宮幄焉。又其賨幏火毳馴禽封獸之賦，軨積於內府❼；夷歌巴舞殊音異節之技，列倡於外門。豈柔服之道，必足於斯？然亦云致遠者矣。蠻夷雖附阻巖谷，而類有土居，連涉荊、交之區，布護巴、庸之外❽，不可量極。然其凶勇狡筭❾，薄於羌狄，故陵暴之害，不能深也。西南之徼，尤為劣焉。故關守永昌，肇自遠離❿，啟土立人，至今成都焉。

【章　旨】以上是史家根據本卷所記內容對漢王朝的少數民族政策所進行的評論。他強調了與少數民族地區物資的交流，豐富了中原上層集團的物質生活，但卻有意地迴避了漢代地方官吏的貪暴經常引起蠻夷的反抗，因而朝廷要經常進行勞民傷財的平叛戰爭的事實。

【注　釋】❶戎狄　中國古代對中原以外的各少數民族的蔑稱。通常指東方的為夷，西方的為戎，南方的為蠻，北方的為狄，通稱四夷，是與中土華夏民族相對而稱的。❷欵　同「款」。誠懇；招待。❸周流　周轉流行；周行各地。❹緩耳雕腳　緩耳，把耳朵擔在肩上，即儋耳之族。雕腳，在小腿上雕刻紋飾，即紋身之族。❺故其錄名中郎二句　漢代有處理匈奴事務的護匈奴中郎將、使匈奴中郎將、掌管西域屯田事務的戊己校尉。都護，漢代曾置西域都護，督護西域諸國，並以護南北道。

部守，徧署的守官。❻若乃藏山隱海二句　靈物、瑋寶指珠寶、金碧、珊瑚、琥珀之類。瑋，美玉名。❼又其賨幏火毳二句　賨，賨錢或賨布，指用於繳納賦稅的錢或布。幏，幏布。火毳，火浣布。李賢引《神異經》云：「南方有火山，長四十里，廣四五里。生不燼之木，晝夜火然，得烈風不猛，暴雨不滅。火中有鼠，重百斤，毛長二尺餘，細如絲，恆居火中，時時出外，而色白，以水逐沃之即死。績其毛，織以作布。用之若汙，以火燒之，則清潔也。」馴禽，指馴化的禽鳥，如八哥、鸚鵡之類。封獸，大的獸類，指大象。軨積，聚積。軨，木義為車箱的木格欄。也作「櫺」，又解作車輪，亦作「轔」，或小車名。有人認為此處之「軨積」應為「騈積」。內府，內宮，朝廷的後宮之內，指皇帝的生活場所。❽連涉荊交之區二句　荊交，荊州和交州，漢武帝所置「十三刺史部」中的兩個州。荊州位於今湖南、湖北及河南西南部一帶區域，下轄七個郡。交州轄七個郡，故地為今廣東、廣西及越南中北部一帶地區。巴，曾為古國名。故地在今四川東部及重慶一帶。秦漢曾在此地設巴郡。生活在這裡的少數民族稱巴人。庸，古國名。商之侯國，曾隨周武王伐紂，春秋時為楚所滅。故地在今湖北竹山縣西南。布護，又作「布濩」。散布；流傳。❾狡筭　詭詐；善出計謀。❿故關守永昌二句　大意指哀牢夷伐鹿茤不得，乃歸中國，從此守住永昌郡的關口就比較安全了。

【語　譯】史家評論說：大漢王朝征討攻伐戎狄等少數民族，在邊遠地區進行戰爭，也是與有漢一代的王業相始終的。為了此等事業，甚至出現過軍隊敗績，將軍失利，甚或全軍傾覆於邊陲的情況，但是不過數載，終於能夠開拓出新疆域，接納了不同習俗的人種的歸附。像中原的文化對他們的影響浸潤，華夏民族的文明風氣和政聲的傳播流行，幾乎要影響到從日出的地方到日落的地方。這些情形在《山經》、《水志》等著作中都曾有簡要的記載。雖然這少數民族有時順服中原王朝，有時反叛官府，難以有持久的穩定局面，因而朝廷時而用權勢威嚴來震懾，時而用恩澤仁厚等懷柔手段對付他們，文明教化的推行，終於能使那儋耳紋身的，和野獸般同居穴洞的，說話像鳥叫的等等人群，沒有不全種群所有部落，都回首轉向中土，請求委派管理的。他們派遣使臣，跨越河海，陵翻山障，通過幾重輾轉翻譯，表達他們歸屬內地的意願。所以他們的名字，有的記錄於中郎、校尉的官署中，有的被編制在都護、部守等公曹任事的行列裡，動不動就以數百萬計。

至於像那藏於山中隱於海裡的靈物，沉埋於沙中，棲於陸上的瑰寶，如珍珠、美玉、珊瑚、琥珀之類，沒有不呈現出特異的形狀和瑰麗的色彩，加工成為皇宮中漂亮的裝飾品。再者，少數民族繳納的賨錢、幏布、火浣布、鸚鵡、大象等貢品，都聚積在朝廷內府之中；少數民族的舞蹈民歌如巴舞夷歌等，與中原的旋律各異、節拍不同，這些技藝，也都在京師的文藝場所表演獻技。難道說懷柔綏遠使之歸服的目的，一定是要滿足於這些物質財富的需求和耳目之娛嗎？但這也足以說明這是使遠人來歸的必然效應了。南蠻和西南夷這些民族，雖然依附於險阻的巖谷中，而有的族類也守土定居，分布在荊州、交州的一些地區，散布在巴、庸諸地之外，不能盡數統計。但是他們的兇殘勇猛狡猾計謀，還稍遜於西羌人和匈奴人。所以他們對漢邊的侵陵暴擾之害，未能深入內地。西南境外之亂，尤其更弱一些。所以漢代建立永昌郡，守住關隘，是從遠離京師的哀牢人主動內附開始的，開闢疆土，設置官府，聚集居民，至今那裡已成都市。

贊曰：百蠻蠢居，仞彼方徼❶。鏤體卉衣，憑深阻峭❷。亦有別夷，屯彼蜀表。參差聚落，紆餘❸岐道。往化既孚，改襟輸寶❹。俾建永昌，同編億兆❺。

【章　旨】以上是史家的贊語。歌頌民族大團結。

【注　釋】❶百蠻蠢居二句　百蠻，古代指王畿地區以外蠻服地區的居民，後泛指華夏民族以外的各少數民族。蠢居，像小蟲子那樣生活著。蠢，蟲蠕動的樣子；小貌。《詩・采芑》：「蠢爾蠻荊，大邦為讎。」一是說你們蟲子般的楚國蠻子，竟敢與大國周朝作對結仇。仞，高度單位，有一仞為七尺、為八尺、為五尺六寸等多種說法。方，大地；四境之內。四方；方域；全國。徼，邊界。❷鏤體卉衣二句　鏤體，紋身。在身體表面刻刺花紋、圖案。鏤，本義是雕刻。此處指畫刺。卉衣，以草葉為衣。阻峭，險阻峭峻。多指山勢高峻陡峭。❸紆餘　形容山水地勢曲折延伸的樣子。紆，本作「紆」。屈曲，意與逶迤義近。❹往化既孚二句　孚，信；信任；誠信。改襟，把衣服前襟由「左衽」改為「右衽」。輸寶，向朝廷輸納寶物。❺俾建永昌二句　俾，使；從。億兆，極言其多。

【語　譯】史官評議說：各種蠻族像小蟲蟻般生活在國土邊境地區的高山之上，他們在身體表面刺雕各種自以為美麗的紋飾，以草木葉子掩蔽身體作為衣服遮羞避寒，依憑著險阻陡峭的深山進行防衛。也有個別的夷人種群，屯居在蜀地的外面。他們聚居的村寨部落，建築在山區，高低參差，大小不一，座落在蜿蜒曲折的歧道之上。中原的文明教化流布到這裡，得到他們的信服之後，改變了他們的一些習俗，如改變衣襟的掩繫方向，向朝廷奉獻寶物。朝廷在他們那裡設置了永昌郡，把他們登記造冊編入國家數以千萬計的民戶簿籍之中。

【研　析】對今日中國這個多民族的大家庭的形成，有以下幾點應該引起讀者的注意：

㈠對於少數民族的起源，作者沿襲了中國古代人一些迷信的觀點，採用了有關的神話傳說，如說長沙武陵蠻是神狗的後代，夜郎國的祖先是大竹筒中的嬰兒，哀牢夷的祖先感觸神木而懷孕等等，這與中國上古傳說殷人、秦人之祖先吞玄鳥卵而得孕、周人之先祖踐巨人之跡而生子的故事是一致的。古人以此神話表明，成就大事業的人來歷不凡，賦予他們足以威懾黎庶的神奇力量。而對蠻夷民族，有些傳說似乎帶有誣衊貶低成分，屬於民族偏見。此外，以狗、龍等異物做祖先，或許與古代某些民族所崇拜的圖騰有關；而有些神話傳說，則又顯示了遠古人類戰勝惡劣的自然環境的力量，如廩君射化蟲的神女使天開地闢的故事。

㈡古代「蠻夷」所居之地，多為深谷險阻交通閉塞的窮山惡水之間，生存環境惡劣，所以他們多勇猛善戰，勇於抗爭，敢於造反，在自然和社會的逼迫下頑強地生存下來。其中有些地區物產豐富多樣，不光有珍禽異獸，如鸚鵡、孔雀、犀牛、大象之類，也有珍珠、琥珀、銅、鐵、金、銀等名貴產品及礦藏，還會製作棉毛織品。那些奉獻於中原朝廷的貢品，成了內府的享受物質。這表明，即使在古代的邊遠地區，也有不少民族創造了高度發展的物質文明；他們與中原的交流，促進了整個華夏文明的提升。因此，把少數民族一律看作是未開化的「野蠻人」實在是無知和偏見。

㈢由本卷所記史料可以看出，凡是朝廷清明（如明帝劉莊在位時），主管官吏廉正（如張翕任太守），「蠻夷」便安居樂業，邊境太平，甚至德化所及，徼外之民扶老攜幼舉種內屬；反之，官貪吏虐，賦稅不公，便會引發叛亂，「蠻夷」攻城掠物，焚燒府舍；官府調兵鎮壓，勞民傷財，結果兩敗俱傷。夷人雖遭失敗，暫時降散，但為下一次反叛埋下了隱患。可見正確的民族政策多麼重要！本卷中順帝時尚書令虞詡反對向武陵蠻增賦的建言，章帝時名臣李固反對調內地兵馬征討日南蠻夷的駁議，靈帝時漢中上計吏程包消弭板楯夷叛亂的對策，以及鄭純、朱輔、張翕諸清官廉吏們的撫夷措施，都應該成為後世政權處理邊境事務的重要的參考，是史家留給後人治國平天下的珍貴的精神財富。(趙芳遠注譯)

卷八十七

西羌傳第七十七

【題解】西羌也稱西戎，為一古老的民族，主要分布在今甘肅、青海、四川一帶。西羌，是西漢對羌人的泛稱；東漢時，羌人內徙的一支，定居在金城、隴西、漢陽諸郡，因其住地偏西，亦稱其為西羌。本卷引言首先介紹了西羌的本源、居住地、游牧為業、風俗民情及其人「堅剛勇猛」的性格。其次，敘述了自夏后氏太康失國至周赧王四十三年秦滅義渠之戎的這一段時間內，中原王朝、諸侯國與羌戎的交往、戰爭及羌戎進入中原腹地的原因。又敘述了羌戎的部落、種類、強弱。並指出「王政脩則賓服，德教失則寇亂」的歷史教訓。正文分四個部分：第一部分敘述羌人無弋爰劍（秦厲公時人）所以成為羌人首領及其子孫自為部落、族類興盛的原因。又述西漢時羌人進犯及漢出兵平定羌亂，設置護羌校尉諸事。第二、三部分為本卷的重點，寫自光武帝建武十年至獻帝興平元年一百六十年間羌人時服時叛、東漢派兵征討，最終平定羌亂的情況；又述羌人部落分布及其內屬等情況。第四部分寫湟中月氏胡的服叛情況。在論贊中，作者指出羌人叛亂的原因及東漢對羌人的戰爭是「得不酬失，功不半勞」。

1 西羌❶之本，出自三苗❷，姜姓之別也。其國近南岳❸。及舜❹流四凶❺，徙之三危❻，河關❼之西南羌地是也。濱於賜支❽，至乎河首❾，緜地千里。賜支者，禹貢❿所謂析支者也。南接蜀、漢⓫徼外蠻夷，西北接鄯善⓬、車師⓭諸國。所居無常，依隨水草。地少五穀，以產牧為業。其俗氏族無定，或以父名母姓為種號。十二世後，相與婚姻，父沒則妻後母，兄亡則納釐嫂⓮，故國無鰥寡，種類繁熾。不立君臣，無相長一，強則分種為酋豪，弱則為人附落⓯。更相抄暴，以力為雄。殺人償死，無它禁令。其兵長在山谷，短於平地，不能持久，而果於觸突⓰，以戰死為吉利，病終為不祥。堪耐寒苦，同之禽獸。雖婦人產子，亦不避風雪。性堅剛勇猛，得西方金行⓱之氣焉。

2 王政脩則賓服，德教失則寇亂。昔夏后氏太康失國⓲，四夷背叛。及后相⓳即位，乃征畎夷⓴，七年然後來賓。至于后泄㉑，始加爵命，由是服從。后桀㉒之亂，畎夷入居邠岐㉓之間，成湯㉔既興，伐而攘之。及殷室中衰，諸夷皆叛。至于武丁㉕，征西戎、鬼方㉖，三年乃克。故其詩曰：「自彼氐羌，莫敢不來王。」㉗

3 及武乙㉘暴虐，犬戎寇邊，周古公㉙踰梁山㉚而避于岐下㉛。及子季歷㉜，遂伐西落鬼戎㉝。太丁㉞之時，季歷復伐燕京之戎㉟，戎人大敗周師。後二年，周人克余無之戎㊱，於是太丁命季歷為牧師㊲。自是之後，更伐始呼、翳徒之戎㊳，皆克之。及文王[39]為西伯，西有昆夷[40]之患，北有獫狁[41]之難，遂攘戎狄而戍之，莫不賓服。乃率西戎，征殷之叛國以事紂[42]。

4 及武王[43]伐商，羌、髳[44]率師會于牧野[45]。至穆王[46]時，戎狄不貢，王乃西征犬戎，獲其五王，又得四白鹿，四白狼，王遂遷戎于太原[47]。夷王[48]衰弱，荒服[49]不朝，乃命虢公[50]率六師伐太原之戎，至于俞泉[51]，獲馬千匹。厲王[52]無道，戎狄寇掠，乃入犬丘[53]，殺秦仲[54]之族。王命伐戎，不克。及宣王[55]立四年，使秦仲伐戎，為戎所殺，王乃召秦仲子莊公，與兵七千人，伐戎破之，由是少卻。後二十七年，王遣兵伐太原戎，不克。後五年，王伐條戎、奔戎[56]，王師敗績。後二年，晉人敗北戎[57]于汾隰[58]，戎人滅姜侯之邑[59]。明年，王征申戎[60]，破之。後十年，幽王[61]命伯士[62]伐六濟之戎[63]，軍敗，伯士死焉。其年，戎圍犬丘，虜秦襄公[64]之兄伯父。時幽王昏虐，四夷交侵，遂廢申后[65]而立褒姒[66]。申侯怒，與戎寇周，殺幽王於酈山[67]，周乃東遷洛邑[68]，秦襄公攻戎救周。後二年，邢侯[69]大破北戎。

5 及平王[70]之末，周遂陵遲[71]，戎逼諸夏，自隴山[72]以東，及乎伊、洛[73]，往往有戎。於是渭首[74]有狄、豲、邽、冀[75]之戎，涇北有義渠[76]之戎，洛川[77]有大荔[78]之戎，渭南有驪戎[79]，伊、洛間有楊拒、泉皋[80]之戎，潁首[81]以西有蠻氏之戎[82]。

當春秋[83]時，間在中國，與諸夏盟會。魯莊公[84]伐秦取邽、冀之戎。後十餘歲，晉滅驪戎。是時，伊、洛戎強，東侵曹[85]、魯[86]，後十九年，遂入王城，於是秦、晉伐戎以救周[87]。後二年，又寇京師，齊桓公[88]徵諸侯戍周。後九年，陸渾戎自瓜州遷于伊川[89]，允姓戎[90]遷于渭汭[91]，東及轘轅[92]。在河南山北者號曰陰戎[93]，陰戎之種遂以滋廣。晉文公[94]欲脩霸業，乃賂戎狄通道，以匡[95]王室。秦穆公[96]得戎人由余[97]，遂霸西戎，開地千里。及晉悼公[98]，又使魏絳[99]和諸戎，復脩霸業。是時楚[100]、晉強盛，威服諸戎，陸渾、伊、洛、陰戎事晉，而蠻氏從楚。後陸渾叛晉，晉令荀吳[101]滅之。後四十四年，楚執蠻氏而盡囚其人。是時義渠、大荔最強，築城數十，皆自稱王。

6 至周貞王[102]八年，秦厲公[103]滅大荔，取其地。趙[104]亦滅代戎，即北戎也。韓[105]、魏[106]復共稍并伊、洛、陰戎，滅之。其遺脫者皆逃走，西踰汧、隴[107]。自是中國無戎寇，唯餘義渠種焉。至貞王二十五年，秦伐義渠，虜其王。後十四年，義渠侵秦至渭陰[108]。後百許年，義渠敗秦師于洛。後四年，義渠國亂，秦惠王[109]遣庶長操[110]將兵定之，義渠遂臣於秦。後八年，秦伐義渠，取郁郅[111]。後二年，義渠敗秦師于李伯[112]。明年，秦伐義渠，取徒涇[113]二十五城。及昭王[114]立，義渠王朝秦，遂與昭王母宣太后[115]通，生二子。至王赧[116]四十三年，宣太后誘殺義渠王於甘泉宮[117]，因起兵滅之，始置隴西[118]、北地[119]、上郡[120]焉。

7 戎本無君長，夏后氏末及商周之際，或從侯伯[121]征伐有功，天子爵之，以為藩服[122]。春秋時，陸渾、蠻氏戎稱子[123]，戰國[124]世，大荔、義渠稱王，及其衰亡，餘種皆反舊為酋豪云。

【章　旨】以上為本傳之引言。指出西羌之本、居地、游牧為業、風俗民情及其人之「堅剛勇猛」。引言是一篇簡略的中原王朝、諸侯國與諸戎的戰爭史。又敘述了戎人的種類、強弱及其深入中原腹地的原因，並總結出諸戎寇亂的規律。

【注　釋】❶西羌　古族名，又稱西戎。主要分布在今甘、青、川一帶。羌字最早見於甲骨卜辭。殷、周時部分曾雜居中原。秦、漢時，部落眾多，有先零、燒當、婼、廣漢、武都、越巂等一百五十個部落。羌人部落分散，以游牧為主。西羌，為西漢時對羌人的泛稱，東漢時羌人內徙的一支，居住在金城、隴西、漢陽等郡，因其居地偏西，故稱西羌。❷三苗　古族名。一稱有苗、苗民。據《史記・五帝本紀》記載，其地在江、淮、荊州（河南南部至湖南洞庭、江西鄱陽一帶）。其種不一，故唐虞時即稱「三苗」。後被舜遷於三危。❸南岳　唐李賢注：「衡山也。」在今湖南。❹舜　姚姓，一說為嬀姓，名重華，號有虞氏，史稱虞舜。我國傳說禪讓時代的君主。都蒲阪（今山西永濟南）。事見《史記・五帝本紀》。❺四凶　謂驩兜、共工、三苗、鯀。據《史記・五帝本紀》：驩兜為堯時大臣，驩兜「掩義隱賊，好行凶慝」。共工，堯時的工師，「貌似恭敬而罪惡漫天」。三苗，古代部族，常在江、淮、荊一帶作亂。鯀，堯時大臣，黃帝之孫，顓頊之子，禹之父，封為崇伯。堯命鯀治水，「鯀好違抗命令，毀敗善類」，治水九年無功。舜攝政時，將四凶的情況向堯作了彙報，建議懲治四凶，堯同意。舜乃「流共工於幽陵（幽州）」，「放驩兜於崇山（今湖南張家界西南）」，「遷三苗於三危」，「殛鯀於羽山（今山東蓬萊東南，一說今江蘇連雲港一帶)」。舜懲治四凶，天下稱快。❻三危　山名。在今甘肅敦煌東南。❼河關　古縣名。西漢宣帝神爵二年置，屬金城郡。治今甘肅蘭州西。❽賜支　河名。古代羌人所居之地的一段黃河。《尚書·禹貢》稱為「析支」。在今青海海南藏族自治州境內。又名「賜支河曲」。❾河首　即賜支河首。黃河上游一帶地區，在今青海扎陵湖、鄂陵湖一帶的黃河。❿禹貢　《尚書》篇名。作者不詳，著作時代無定論，近代多數學者認為是戰國時代的作品。用自然分區的方法，記述當時我國的地理情況，把全國分為九州，假託為夏禹治水以後的政區制度，對黃河流域的山嶺、河流、藪澤、土壤、物產、貢賦、交通等記述較詳；長江、淮河等流域的記載則相對粗略。把夏禹治水的傳說發展成為一篇珍貴的古代地理記載，是我國最早的一篇科學價值很高的地理著作。後世研究、校釋〈禹貢〉的書很多，著名的有宋代程大昌的《禹貢論》及《禹貢山川地理圖》，傅寅的《禹貢說斷》等；清胡渭的《禹貢錐指》，更是一本具有總結性的著作。⓫蜀漢　即蜀郡與廣漢郡。⓬鄯善　古西域國名。本名樓蘭。其王居扜泥城(今新疆若羌治卡克里克)。在西域南道上。產驢、馬、駱駝等。居民游牧，能製造兵器。西漢元封三年內附。元鳳時漢立尉屠耆為王，改樓蘭為鄯善。東漢時，其王幾次遣子入侍。⓭車師　古西域國名，原名姑師。約在初元元年，漢分其地為車師前後兩部，後來皆屬西域都護。車師前部，治今新疆吐魯番西交河古城遺址。後部，治今新疆吉木薩爾南山中。漢設戊己校尉屯田車師前王庭。東漢班勇任西域長史，屯田前部柳中(今新疆鄯善西南魯克沁)。⓮釐㛮　寡嫂。釐為「釐」的異體字，同「嫠」。㛮，同「嫂」。⓯附落　附屬的部落。⓰觸突　冒犯。⓱金行　水、火、木、金、土為五行，五行各有方位，金之方位為西方。此以金堅硬之屬性比喻羌人堅健剛強。⓲夏后氏太康失國　夏后氏，指夏朝。《史記·夏本紀》稱：禹受舜禪，「國號曰夏后，姓姒氏。」也稱「夏后氏」或「夏氏」。太康，夏啟之子。啟崩，繼立帝位。太康縱情聲色與田獵，不恤民事。他在洛水邊打獵數月不歸。東夷族的首領后羿趁機奪取了夏朝的政權，太康被拒之於河，不得歸國。太康失國後，與其弟中康逃依斟尋氏(夏之同姓部落，在今河南偃師東北)。太康死，中康繼立。⓳后相　夏朝第五王，中康子。后羿攻滅斟尋氏，相逃居帝丘(今河南濮陽西南。古帝顓頊之墟，故曰帝丘)，由於后羿臣子寒浞的進攻，相又依同姓部落斟灌氏(在今河南范縣北)，此時寒浞殺死后羿，自立為帝。寒浞命其子澆滅斟灌氏，殺后相。⓴畎夷　即犬戎。我國古代居住於西方的民族之一。㉑后泄　夏朝第十王，帝芒之子。㉒后桀　即夏桀，名履癸。夏朝最後的一個君主，「桀不務德而武傷百姓」，百姓弗堪，諸侯背叛。商湯修德，諸侯皆歸湯。湯伐夏桀，桀敗，商湯放之於南巢(今安徽巢湖市西南)，後桀死於南巢，夏亡。㉓邠岐　周朝之發祥地。邠，亦作「豳」(今陝西旬邑西南)，后稷之曾孫公劉居此。岐，即今陝西岐山縣。周文王的祖父古公亶父由豳遷此。見《史記·周本紀》。㉔成湯　商王朝的建立者。又稱武湯、武王、天乙、成湯，或稱成唐。

甲骨文稱唐、大乙，又稱高祖乙。原為商族的領袖，用伊尹為相，積聚力量，準備滅夏。陸續攻滅鄰近的葛（今河南寧陵北）及夏的聯盟韋（今河南滑縣東南）、顧（今河南范縣東南）、昆吾（今河南許昌東）等國，經十一次出征，最後一舉滅夏，建立商朝。見《史記・殷本紀》。㉕武丁　商王朝第二十二王，盤庚弟小乙之子。相傳其年幼時生活在民間，即位後，重用傅說、甘盤為大臣，先後對北方的舌方、土方、鬼方，西方的羌，東方的夷，南方的虎方用兵。對羌曾一次出兵一萬三千人以至三萬人，對鬼方用兵三年才攻克。在位五十九年，後世稱其為高宗。㉖鬼方　古族名。一稱媿氏、鬼方氏、鬼方蠻。殷周時活動於今陝西西北境，為殷周的強敵。殷武丁時曾和鬼方有三年的長期戰爭。《周易・既濟》九三：「高宗伐鬼方，三年克之。」西周時鬼方仍經常侵擾周的邊境。周以後，不見於記載。㉗詩曰三句　語出《詩經・殷武》。《竹書紀年・武丁》：「三十二年伐鬼方，次於荊。三十四年，王師克鬼方。氐羌來賓。」王，朝見。㉘武乙　商朝第二十七王。庚丁子。《史記・殷本紀》記載：武乙荒淫無道，他製造了一個偶人，把他叫做「天神」，武乙與「天神」博弈，讓別人給他做評判。如果「天神」不勝，便對「天神」侮辱一番。武乙又做一革囊，裝滿了血，懸掛高處，仰而射之，叫做「射天」。後武乙在黃河、渭河之間打獵，為暴雷震死。㉙周古公　即周古公亶父。周國的建立者。古公其號，亶父其名，為周族的第十三代首領。他復修后稷、公劉之業，「積德行義，國人皆戴之」。後因戎狄之攻逼，乃與私屬去豳，渡漆、沮（二水名），踰梁山，止於岐下。「豳人舉國扶老攜弱，盡復歸古公於岐下。及他旁國聞古公仁，亦多歸之」。古公在岐下，開墾荒地，發展農業；改變戎狄之俗，營造城郭宮室；「作五官有司」，管理庶務。周族漸強。「民皆歌樂，頌其德」。周武王即位，乃追尊古公為太王。周之王瑞「自太王興」。㉚梁山　山名。在今陝西岐山、扶風兩縣的北部。㉛岐下　岐山腳下，即岐山以南的周原。其地在今陝西岐山、扶風兩縣的北部。㉜季歷　古公亶父之第三子。古公亶父有三子，長為太伯，次為虞仲，三為季歷。季歷有子曰昌（即以後的周文王），古公愛昌，欲傳國於昌，乃曰：「我世當有興者，其在昌乎？」太伯、虞仲知古公欲立季歷以傳昌，乃亡於荊蠻，以讓季歷。古公卒，季歷立，是為公季。他「修古公遺道，篤行仁義，諸侯順之」。周武王即位，尊公季為王季。見《史記・周本紀》。㉝西落鬼戎　鬼方的別稱。李賢注引《竹書紀年》「武乙三十五年，周王季伐西落鬼戎，俘二十翟王。」㉞太丁　應為文丁。《竹書紀年》卷六注：「《史記》作太丁，非。」㉟燕京之戎　燕京，山名。即管涔山。在今山西寧武西南，東北西南走向。燕京之戎，即居住於此的戎人。㊱余無之戎　《竹書紀年》卷六注：箋按：「《左傳・閔公二年》，晉申生伐東山皋落氏。《上黨記》：東山在壺關縣城東南（今山西東南部，太行山東麓），今名無皋。〈成八年〉，劉康公敗績於徐吾氏。《上黨記》：純留縣有余吾城，在縣西北三十里。余無之戎當即是余吾及無皋二戎也。」㊲牧師　《竹書紀年》卷六箋：「按《周禮・大宗伯》「以九儀之命，正邦國之位，八命作牧。」鄭注曰：「謂侯伯有功德者加命得專征伐於諸侯。」又按〈虞書‧益稷篇〉「州十有二師。」《釋文》引鄭注曰：「師，長也。」」牧師，即一方諸侯之長。郭沫若《中國史稿》：「文丁封季歷為商朝的牧師，即一種職司畜牧的官。」不採此說。㊳始呼翳徒之戎　皆戎族名。在今山西境內。一說為周西北方之民族（見翦伯贊《中國史綱要》）。《竹書紀年》卷六：季歷伐始呼之戎在商王文丁七年，伐翳徒之戎在文丁十一年。㊴文王　即周文王。姬姓，名昌。商末周國的君主，季歷之子，初居岐山之下，「尊后稷、公劉之業，則古公、王季之法，篤仁，敬老，慈少，禮下賢者」，為諸侯所擁護。崇侯虎譖姬昌於商紂王，為此，姬昌曾被紂王囚於牖里（今河南湯陰），後得釋放，紂王命其為西方諸侯之長，稱西伯。西伯歸周後，擴展勢力，廣招人才，憑藉自己的征伐之權，先後征伐犬戎（戎族的一支，居住在今陝西彬縣、岐山縣一帶）、密須（今甘肅靈臺西），滅耆（即黎國，故地在今山西黎城東北。一說在今山西長治西南）、邘（一作「盂」、「于」。商諸侯國名。在今河南沁陽西北）、崇等國，在崇國故地建豐邑（今陝西西安西南灃河西岸）以為都。其勢力達於江、漢、汝地區。滅崇後三年，西伯崩。西伯在位五十年，他被囚於牖里時，「益《易》之八卦為六十四卦」。其在周國「改法度，制正朔」。表明他已完全脫離商朝，建立了自己的法令制度。周武王即位，謚為文王。見《史記‧周本紀》。㊵昆夷　殷周時我國西北部少數民族部落，即犬戎。《詩‧采薇‧序》：「文王之時，西有昆夷之患，北有獫狁之難。」箋曰：「昆夷，西戎也。」《詩‧緜》作「混夷」，〈皇矣〉作「串夷」，《漢書‧匈奴傳》作「畎夷」。㊶獫狁　古族名。一作「玁狁」、「葷粥」、「獯鬻」、「葷允」、「薰育」等。《史記‧五帝本紀》：黃帝「北逐葷粥」。殷周之際，主要分布在今陝西、甘肅北境及內蒙古西部。從事游牧。西元前八世紀，周宣王迭次出兵防禦獫狁的進襲，並在朔方築城堡。春秋時被稱作戎、狄。王國維《觀堂集林‧鬼方昆夷玁狁考》：「鬼方、昆夷、薰育、玁狁，自係一語之變，亦即一族之稱，自音韻學上證之有餘矣。」文王「西有昆夷之患，北有獫狁之難」，《史記‧周本紀》未載。㊷紂　商朝最後的一個君主。一作受，亦稱帝辛。史稱紂王。曾平定東夷，使中原文化逐漸傳播至江淮流域。紂「材力過人，手格猛獸；知足以拒諫，言足以飾非」，重刑暴斂，荒淫無度，百姓怨望，諸侯多叛。周武王伐紂，戰於牧野，紂兵倒戈，商紂大敗，狼狽逃入朝歌（紂別都，西漢置縣。在今河南淇縣），自焚而死。商亡。見《史記‧殷本紀》。㊸武王　即周武王，姬姓，名發，周文王次子。繼承其父文王之志，聯合庸、蜀、羌、髳、微、盧、彭、濮等部族，率軍攻商。牧野之戰，一舉滅商，建立了周王朝，都鎬（今陝西西安西南灃河東岸）。㊹髳　我國古代西南方少數民族名。其地跨川南滇北。周初參加武王伐紂的髳國在今重慶巴南。范文瀾《中國通史簡編》修訂本，以為參加武王伐紂之髳，即「苗」。㊺牧野　古地名。牧，一作「坶」。在今河南淇縣西南。殷商末帝乙、紂都朝歌（今河南淇縣原朝歌鎮南），一說仍都安陽，朝歌為其離宮。武王伐紂，牧野誓師，大敗商紂。見《尚書・牧誓》、《史記・周本紀》。㊻穆王　即周穆王，名滿。《史記・趙世家》穆作「繆」。西周第五王，昭王子。曾西擊犬戎，東伐徐戎，在塗山（今安徽懷遠南）會合諸侯。後世傳說他曾周遊天下。現流傳的《穆天子傳》就是說他西遊會西王母的故事。《尚書》中的〈君牙〉、〈冏命〉、〈呂刑〉三篇，相傳為周穆王的告諭。其事參閱《史記・周本紀》。㊼太原　地名。也作「大原」。太原地名非一。《詩・六月》：「薄伐玁狁，至於大原。」宋朱熹以為大原即太原府陽曲縣。見《詩集傳》。一說在今山西西南部。清顧炎武以周人抗禦玁狁，必在涇陽、原州之間（相當今寧夏固原至甘肅平涼一帶）。見《日知錄・大原》。㊽夷王　名燮。西周第九王，懿王子。㊾荒服　古代王畿外圍的地方，劃分為五服，由近及遠，每五百里為一服，即甸服、侯服、綏服、要服、荒服。荒服為距離王畿最遠的地方。由於距離王畿的遠近，各服對於中央的義務亦不同。見《尚書・禹貢》。《孔傳》：「要服之外五百里，言荒又簡略。」後泛指邊遠地區。㊿虢公　虢國的國君，為周夷王的卿士。《竹書紀年》卷八：夷王七年，「虢公帥師伐太原之戎，至于俞泉，獲馬千匹。」(51)俞泉　地名。《竹書紀年》卷八注引《資治通鑑》注：「俞泉，地名。在太原府城西北。」即今山西太原西北。(52)厲王　即周厲王（？—西元前八二八年），名胡。西周第十王，夷王子。周厲王是我國歷史上有名的暴君，他任榮夷公執政，盡專山澤之利，斷絕了人民的漁獵樵採之源，引起了百姓的怨恨，於是「國人」（首都各階層的人民）議論他。厲王找來衛國的巫者監視議論者。有人議論，便殺死他。於是「國人莫敢言，道路以目」。召穆公進諫，厲王不聽，反而變本加厲地鎮壓人民。西元前八四一年發生國人暴動，進攻厲王，厲王逃奔於彘（今山西霍州東北）。西元前八二八年，周厲王死於彘。(53)犬丘　古邑名。在今陝西興平東南。秦更名廢丘。(54)秦仲　秦國的祖先。《史記・秦本紀》：「秦嬴生秦侯。秦侯立十年，卒。生公伯。公伯立三年，卒。生秦仲。秦仲立三年，周厲王無道，西戎反王室。周宣王即位，乃以秦仲為大夫，誅西戎。西戎殺秦仲。秦仲有子五人，其長者曰莊公。宣王乃召莊公昆弟五人，與兵七千，使伐西戎，破之。於是復予秦仲後，及其先大駱地犬丘并有之，為西垂大夫。」(55)宣王　即周宣王（？—西元前七八二年），名靜（一作「靖」）。厲王子，西元前八四一年，國人暴動，厲王出逃，姬靜藏匿於召穆公之家而得免。西元前八二八年，厲王死於彘，周、召二公立姬靜為王，是為宣王。周、召二公輔政，「法文、武、成、康之遺風」，任用賢人，廢除專利，諸侯來朝，周室復振，史稱「宣王中興」。宣王三十九年（西元前七八九年），與姜氏之戎戰於千畝（地名。今山西介休南。清閻若璩謂離鎬京不遠之區），王師慘敗，從南方徵調的「南國之師」全軍覆沒。宣王於是料民（調查民數，以便徵兵）於太原（今山西西南部），遭到大臣們的反對。從此西周王朝又呈現江河日下之勢。周宣王在位四十六年，於西元前七八二年去世。十一年後，西周滅亡。(56)條戎奔戎　皆戎族的分支。分布在今山西運城中條山北的鳴條崗一帶。57 北戎　古族名。即山戎、無終。春秋時分布在今山西太原，後遷河北玉田西北無終山，因山得名。又因居於北方，故又稱北戎。58 汾隰　李賢注：「二水名。」《左傳・桓公三年》：「曲沃武公伐翼，逐翼侯於汾隰。」楊伯峻注：「汾隰，猶言汾水下濕之地，亦以為地名。章懷太子注『汾隰』為『二水名』可商。」59 姜侯之邑　蓋姜姓受封者之城邑。應在陝西岐山縣南。《水經・渭水注》：「岐水又東歷周原下，水北即岐山矣。岐水又東，經姜氏之城南為姜水。」60 申戎　即姜氏之戎，古戎人的一支。原居瓜州（今甘肅敦煌），逐漸東遷，周宣王三十九年（西元前七八九年）曾敗周師於千畝。後為秦所迫，周襄王時其首領吾離率眾遷晉國南部，屬於晉國。襄王二十五年（西元前六二七年），與晉國擊敗秦師於崤。61 幽王　即周幽王（?—西元前七七一年），名宮涅。西周王朝最後一個君主，宣王子。西元前七八二年即位。「宣王中興」暫時掩蓋了日益加劇的社會矛盾。幽王即位，內憂外患，一時並發。幽王無道，寵愛褒姒，廢申后（申侯之女。申，國名。姜姓。在今河南南陽北）及太子宜臼；以善諛好利的虢石父為卿士，朝政混亂，國事日非，諸侯多叛。幽王十一年（西元前七七一年），申侯以幽王廢其女申后之故，聯合繒（國名。在今河南方城一帶。繒，亦作「曾」、「鄫」）及犬戎攻鎬京。鎬京破，幽王東逃，被犬戎殺死在驪山之下。西周亡。62 伯士　周幽王的大臣。63 六濟之戎　為居住在今王屋山（今山西垣曲和河南濟源之間）的一支戎族。64 秦襄公　（?—西元前七六六年），秦國的開國之君。嬴姓，秦莊公之子。周幽王十一年，申侯以幽王廢其女申后及太子之故，聯合犬戎及繒攻周，殺幽王於驪山之下。「秦襄公將兵救周，戰甚力，有功」。周平王為避犬戎的侵擾，東遷洛邑，秦襄公又派兵護送，周平王乃封秦襄公為諸侯，賜之岐以西之地，與秦襄公盟誓曰：「戎無道，侵奪我岐、豐之地，秦能攻逐戎，即有其地。」秦襄公於是建立秦國，乃與各諸侯國「通使聘享之禮」，並以騮駒、黃牛、羝羊各三，祠上帝西畤（西，縣名。在今甘肅天水市西南。畤，祭天之壇）。秦襄公這一超越諸侯之權，行祭天之禮的行動，引起了眾諸侯國對秦國的關注。秦襄公受封後，逐漸收復了周之失地。秦襄公十二年（西元前七六六年）伐西戎，行至岐山而死。由於秦襄公的經營，使秦由一個「雜戎狄之俗」的附庸、西垂大夫，一躍而成為舉世矚目的諸侯國。見《史記・秦本紀》。65 申后　周幽王后，申侯之女。66 褒姒　周幽王的寵妃。褒國（今陝西勉縣）人，姒姓，故稱褒姒。幽王三年（西元前七七九年）褒國將其進獻幽王，為幽王所寵愛。幽王廢申后及太子宜臼，立褒姒為后，立褒姒子伯服為太子。申侯聯合犬戎及繒國進攻鎬京。犬戎殺幽王，擄褒姒以去。67 酈山　亦作「驪山」。在今陝西臨潼。因山形似驪馬，呈純青色而得名，一說古驪戎居此而得名。68 洛邑　古都名。洛，一作「雒」。周武王克殷後，以四方未定，夜不能寐。他與周公決定營建洛邑，作為周室控制中原與聯繫東方的中心。周武王未能如願而去世，成王繼武王之遺志，在周公、召公的主持下終於建成了洛邑。

洛邑故址在今河南洛陽洛水北岸、瀍水東西，共有二城。瀍水西面的叫王城，即戰國時期的河南城，西周時，為周人所居。平王東遷至敬王、赧王時均都於此。瀍水東面的叫成周，即戰國時期的雒陽城，西周時為被迫遷來的殷民所居。東周敬王避王子朝之亂，遷都於此。王城故址在今河南洛陽王城公園一帶。69邢侯　即邢國的諸侯。邢，古國名。西周初分封的諸侯國，姬姓，周公之子（史失其名）。邢國，在今河北邢臺。西元前六六二年，狄攻邢。齊桓公聯合宋、曹救邢，遷邢於夷儀（今山東聊城西南）。西元前六三五年為衛所滅。70平王　即周平王（？—西元前七二〇年），名宜臼。故幽王太子，申后所生。犬戎殺幽王，申、魯、許等國擁立其為王，西元前七七〇—前七二〇年在位。以鎬京殘破及避犬戎的侵擾，乃東遷洛邑，依靠晉、鄭兩國夾輔立國，史稱東周。見《史記・周本紀》。71陵遲　亦作「淩遲」。斜平；迤邐漸平。引申為衰頹、走下坡路。72隴山　六盤山南段的別稱。古稱隴阪。在今陝西隴縣西北。73伊洛　二水名。均在河南。伊河，洛河的支流，在河南西部。洛水，黃河南岸的大支流。在河南西部。74渭首　指渭河上游一帶。75狄豲邽冀　均古縣名。狄，即狄道，舊縣名。秦置。在今甘肅臨洮，為隴西郡治所。豲，一作「獂」。古豲戎邑，漢置縣。治今甘肅隴西東南渭水西岸。邽，古縣名。本邽戎地，在今甘肅天水市。西元前六八八年秦武公取其地，置邽縣，後改為上邽縣，地處渭水上游。冀，古縣名。秦置。在今甘肅甘谷。76義渠　古族名，為西戎之一。分布於岐山、梁山、涇水、漆水之北（今甘肅慶陽及涇川縣一帶）。春秋時，勢力強大，自稱為王。有城郭。地近秦國，與秦時戰時和，周赧王四十五年（西元前二七〇年）為秦所滅。77洛川　此指北洛河，渭河支流。在今陝西北部。78大荔　古族名，西戎之一。分布在今岐山、梁山、涇水、漆水之北及陝西大荔一帶。春秋時勢力強大，自稱為王，有城郭。周貞定王八年（西元前四六一年）為秦所併，其地改名為臨晉。79驪戎　古族名。西戎的一支。分布在今陝西臨潼一帶。80楊拒泉皋　戎族名。王先謙《後漢書集解》引惠棟：「杜佑云：『今潁川郡。』」81潁首　河南潁水上游一帶。82蠻氏之戎　據楊伯峻《春秋左傳注・成公六年》：「即昭十六年之戎蠻，當在今河南臨汝縣（今改汝州市）西南，汝陽縣東南，哀四年（西元前四九一年）楚滅之。」83春秋　時代名。因孔子所寫魯國編年史《春秋》而得名。《春秋》編年自魯隱公元年（西元前七二二年）迄魯哀公十四年（西元前四八一年）。春秋結束的年代，說法不一。現在一般以周平王元年（西元前七七〇年）至周敬王四十四年（西元前四七六年）為春秋時代。84魯莊公　姬姓，名同，魯桓公子。春秋時魯國國君。西元前六九三—前六六二年在位。見《史記・魯周公世家》。85曹　西周初所封諸侯國名。姬姓，開國之君為周武王之弟曹叔振鐸。建都陶丘（今山東定陶），有今山東西部地。傳二十五君，西元前四八七年為宋所滅。見《史記・管蔡世家》。86魯　西周初封諸侯國名。姬姓，武王滅商，封周公旦於曲阜（今山東曲阜），為魯公。周公留輔周室，以周公之子伯禽就封。

有今山東西南部地。春秋時國勢衰弱，戰國時成為小國。傳三十四君，西元前二四九年為楚所滅。87後十九年三句　《左傳・魯僖公十一年》：「夏，楊拒、泉皋、伊洛之戎同伐京師，焚東門，王子帶召之也。」王子帶，即叔帶，周惠王少子，周襄王異母弟。叔帶有寵於惠王，因此叔帶覬覦王位，襄王三年叔帶召戎狄之師伐襄王，秦、晉出兵救周，叔帶奔齊。秦，見前「秦襄公」注。晉，古國名。西周初成王所封諸侯國。姬姓，開國之君為成王弟唐叔虞。建都於唐（今山西翼城西），有山西南部地。晉文公即位後，改革內政，國力富強，成為霸主。晉景公時，兼併赤狄，疆域大有擴展，有今山西大部，河北西南部河南北部和陝西一角。春秋後期，晉之六卿（趙、魏、韓、智、中行、范氏）逐漸強大，互相兼併，後中行、范、智氏敗亡。西元前四〇三年晉國為趙、魏、韓三家所瓜分。88齊桓公　（？—西元前六四三年），姜姓，名小白。春秋時齊國的國君。齊襄公弟。西元前六八五—前六四三年在位。由於齊襄公誅殺不當，群弟恐禍及身，乃出奔外國。弟公子糾奔魯，管仲、召忽傅之。小白奔莒，鮑叔牙傅之。齊君無知被殺後，齊大臣商議立君之事，高、國二大夫與小白善，乃暗召小白於莒，立之，是為桓公。桓公即位，欲殺管仲，鮑叔牙進曰：「君將治齊，即高傒與叔牙足矣。君欲圖霸王之業，非管仲不可。願君勿失。」於是桓公從之。乃佯為召管仲殺之，而實欲用之。管仲知此，故請往。管仲齋祓見桓公，桓公厚禮以為大夫，任之國政。管仲乃修齊國之政，連五家之兵，設輕重魚鹽之利，以贍貧窮，祿賢能，齊國大振。齊桓公在管仲的輔佐之下，以「尊王攘夷」相號召，終於成為春秋時期的第一個霸主。事見《史記・齊太公世家》。89陸渾戎自瓜州遷于伊川　陸渾之戎，古族名。為古戎人的一支。亦稱允姓之戎。原居住在瓜州（今甘肅敦煌）的陸渾。春秋時，被秦、晉誘迫，遷於伊川（今河南伊河流域），仍以陸渾為名。因其居住於陰地（河南盧氏），故又稱陰戎。經營農業和畜牧，隸屬於晉，西元前五二五年為晉所併。90允姓戎　即陸渾之戎。《左傳・昭公九年》，杜預注曰：「允姓，陰戎之祖。」91渭汭　渭水入黃河處。92轘轅　山名。在河南偃師東南，接鞏義、登封二市界。93在河南山北者號曰陰戎　陰戎，即陸渾之戎。河南山北，楊伯峻《春秋左傳注・宣公二年》：「據杜注，其地甚廣，自河南陝縣至嵩縣，凡在黃河以南，秦嶺山脈以北者皆是。」94晉文公　（西元前六九七—前六二八年），名重耳。春秋時晉國國君，晉獻公子。西元前六三六—前六二八年在位。《史記・晉世家》載：重耳自幼好士，晉獻公嬖愛驪姬，殺太子申生，他被迫在外流亡十九年。後借秦穆公之力回國，被立為晉國國君。他即位後，重用狐偃、趙衰、先軫等人，修明內政，整飭法紀，始作三軍，國力增強。以「尊王」相號召，平定周之內亂，使周襄王復位。城濮之戰，大敗楚軍，在踐土（今河南滎陽）大會諸侯，成為霸主。95匡　救助；輔助。96秦穆公　（？—西元前六二一年），名任好。春秋時秦國國君，秦德公少子。西元前六五九—前六二一年在位。穆，一作「繆」。他任用百里奚、蹇叔為謀臣，治理秦國。穆公十五年（西元前六四五年），擊敗晉國，俘虜晉惠公。開始向東發展。滅梁（嬴姓國。在今陝西韓城南）、芮（姬姓國。在今陝西大荔朝邑城南）二國。秦穆公三十三年派兵偷襲鄭國，想把勢力擴向中原，後知鄭國有備，乃還軍，在崤山（為秦嶺東段支脈，在今河南洛寧西北），為晉伏兵所敗，全軍覆沒。遭此慘敗，使秦向東發展成為不可能，乃轉而向西發展，利用熟悉西戎情況的由余為謀劃，大敗西戎。益國十二，開地千里，遂霸西戎。事見《史記．秦本紀》。97由余　其先晉人，亡入戎。由余通曉秦晉語言，戎王乃使由余入秦觀秦穆公之為人。秦穆公向他炫耀秦之豪奢，由余不但不欣賞，反而批評秦穆公勞民傷財。秦穆公以為由余賢明，用於戎對秦不利，便設法挑撥由余和戎王的關係，乃以鐘鼓女樂遺戎王，戎王受而樂之。由余數諫，戎王不聽，遂降秦，並向秦穆公獻伐戎之策。秦穆公於是乃伐西戎，「益國十二，開地千里」，成為西方的霸主。見《史記．秦本紀》。98晉悼公　名周。春秋時晉國的國君，晉襄公曾孫。西元前五七二—前五五八年在位。晉大夫欒書、中行偃殺晉厲公迎他立為晉君。他即位後，「修舊功，施德惠」，逐不臣者七人，收文公時功臣之後，聽祁傒之舉賢，任魏絳以和戎，晉國復霸。見《史記．晉世家》。99魏絳　春秋時晉國大夫。魏犨之孫。初任中軍司馬，悼公三年（西元前五七〇年）會諸侯，悼公弟楊干亂行，他殺楊干之僕以示罰。悼公怒，欲殺魏絳。有人勸諫悼公，悼公止。終於用魏絳為政。使魏絳和戎、狄，戎、狄親附。悼公曰：「自吾用魏絳，八年之中，九合諸侯，戎、翟和。」賜魏絳鼓樂。魏絳三辭，然後受之。魏絳徙治安邑。魏絳卒，諡為昭子。見《史記．晉世家》、〈魏世家〉。100楚　西周成王所封之諸侯國。羋姓，始祖為鬻熊。《史記．楚世家》：「楚之先出自帝顓頊」，其後代鬻熊事周文王。鬻熊之曾孫熊繹，周成王封之於楚蠻，「封以子男之田，居丹陽（今湖北秭歸東南）。」至熊渠為國君時，疆土擴大至長江中游。後建都於郢（今湖北荊州北之紀南城）。春秋時兼併周圍小國。戰國時為七雄之一，屢次為秦所敗，西元前二二三年為秦所滅。101荀吳　晉大夫中行穆子。102周貞王　名介。一說名「應」。《史記．周本紀》作「定王」，周前已有定王（名瑜，匡王弟，西元前六〇六—前五八六年在位）。貞王，一作「貞定王」。西元前四六八—前四四一年在位。103秦厲公　戰國時秦國國君。《史記．秦本紀》、〈六國年表〉作「厲共公」，西元前四七六—前四四三年在位。104趙　古國名。戰國七雄之一。開國君主為趙烈侯（名籍），是晉大夫趙衰之後，和魏、韓瓜分晉國。西元前四〇三年，周威烈王承認其為諸侯。建都晉陽（故址在今山西太原南晉源鎮）。西元前三八六年遷邯鄲（今河北邯鄲）。西元前二六〇年長平之戰為秦所敗，國勢從此衰落，西元前二二二年為秦所滅。105韓　古國名。戰國七雄之一。開國之君為韓景侯（名虔），為春秋晉大夫韓武子之後，和趙、魏瓜分晉國。西元前四〇三年，周威烈王承認其為諸侯。建都陽翟（今河南禹州）。西元前三七五年滅鄭，遷都新鄭（今河南新鄭）。介於魏、秦、楚三國之間，成為軍事上必爭之地。西元前二三〇年為秦所滅。

106 魏　古國名。戰國七雄之一。開國之君為魏文侯（名斯），為晉獻公時大夫畢萬之後，和趙、韓瓜分晉國。西元前四〇三年，周威烈王承認其為諸侯。建都安邑（今山西夏縣西北）。魏文侯任用李悝進行改革，成為戰國初期的強國。魏惠王遷都大梁（今河南開封），因而魏也被稱為梁。西元前三四四年魏惠王召集逢澤（今河南開封東南）之會，稱王。西元前三四一年馬陵之戰為齊所敗，自此一蹶不振，西元前二二五年為秦所滅。107 汧隴　即汧山、隴山。汧山，又名岳山、吳山、吳岳、西鎮山。在今陝西隴縣西南。汧，《尚書・禹貢》作「岍」。隴山，六盤山南段的別稱，古稱隴阪，見前注。108 渭陰　王先謙《後漢書集解》引惠棟：「《史記》作渭南。」109 秦惠王　即秦惠文王，孝公子。西元前三三七—前三一一年在位。據《史記・秦本紀》，初即位稱惠文君，西元前三二四年改元稱王。110 庶長操　庶長，秦爵名，第十級為左庶長，第十一級為右庶長，第十七級為駟車庶長，第十八級為大庶長。未言明哪一級庶長。操，人名，事跡不詳。111 郁郅　李賢注：「縣名，屬北地郡。」今甘肅慶陽。112 李伯　地名。韓兆琦《史記箋證・張儀列傳》注：李伯：《戰國策》作「李帛」。繆文遠引楊守敬：「疑即《水經注》之伯陽城。」鄒興鉅《戰國地理今釋》：「伯陽城在今甘肅天水東八十里。」113 徒涇　李賢注：「徒涇，縣名，屬西河郡。」王先謙《後漢書集解校補》注引柳從辰：「秦伐義渠，因取徒涇，其地當與義渠近。……傳所謂『徒涇二十五城』，疑即在今甘肅涇州境。地雖不可考，然漢西河郡為今鄂爾多斯左翼前旗地，相距遠矣。章懷此注顯誤。注誤而傳文必不誤。以義渠本涇北之戎，其地宜言涇也。……故以柳說為得其近也。」114 昭王　即秦昭王（西元前三二四—前二五一年），又稱秦昭襄王，秦惠王子，秦武王異母弟，《史記索隱》：「名則，一名稷。」西元前三〇六—前二五一年在位。昭王時期，是秦對外戰爭擴張最頻繁的時期。特別是昭王三十九年拜魏人范雎為客卿，對外用其「遠交近攻」之策，先取韓、魏，使東方不能形成合縱之勢。內加強王權，不使太后、丞相擅權。昭王四十一年，又「廢太后，逐穰侯」，昭王聽范雎之計，開始對韓、魏、趙等國展開了猛烈的攻勢。昭王五十二年，取周寶器九鼎入秦。五十三年，「天下來賓，……韓王入朝，魏委國聽令」。五十六年秋，昭王去世。太子安國君立，是為孝文王。見《史記・秦本紀》、〈范雎蔡澤列傳〉。115 宣太后　秦昭王生母。楚人，羋姓。惠文王的嬪妃，封號「八子」。昭王即位，尊為太后，卒，諡「宣」。116 王赧　即周赧王（？—西元前二五六年），名延。東周王朝最後一個君王，周慎靚王之子。西元前三一四—前二五六年在位。周赧王時期，東西周分治，赧王徙於西周王城，名為天子，實依西周以存身。赧王五十九年（西元前二五六年），秦攻韓，西周君遂背秦，與諸侯合縱，率天下銳師出伊闕攻秦。秦昭王怒，攻西周。西周君入秦，頓首謝罪，盡獻其邑三十六，口三萬。秦受其獻，西周亡。是年，周赧王去世。周民東亡，秦取周九鼎寶器。秦莊襄王元年（西元前二四九年），秦又滅東周。至此，西、東周皆入秦，周亡。見《史記・周本紀》。117 甘泉

宮　即咸陽南宮。非漢雲陽之甘泉宮。[118]隴西　郡名。戰國秦置。治今甘肅臨洮。[119]北地　郡名。治今甘肅慶陽，東漢移治今寧夏吳忠西南。[120]上郡　郡名。戰國魏文侯置。秦代治今陝西榆林東南，東漢獻帝建安二十年廢。[121]侯伯　指諸侯。[122]藩服　九服之一。古代王畿千里，王畿以外之地，由近及遠，每五百里分為一服。九服，即侯服、甸服、男服、采服、衛服、蠻服、夷服、鎮服、藩服（與〈禹貢〉五服之說不同，見《周禮・夏官》）。藩服為最邊遠的一服，後用以指藩國或藩臣。[123]子　爵位名。為五等諸侯的第四等。《禮記・王制》：「王者之制祿爵，公、侯、伯、子、男。」[124]戰國　時代名。各諸侯國之間連年戰爭，被稱為「戰國」。西漢末劉向編《戰國策》始作為時代名稱。戰國開始的年代說法不一，《史記・六國年表》始於周元王元年（西元前四七五年）；司馬光《資治通鑑》起於周威烈王二十三年（西元前四〇三年）韓、趙、魏三家為諸侯；呂祖謙《大事記》起於周敬王三十九年（西元前四八一年）以上接春秋；林春溥《戰國編年》和黃式《周紀編略》都起於周貞定王元年（西元前四六八年）。現在一般以周元王元年到秦始皇二十六年（西元前二二一年）統一中國為止，稱為戰國時代。

【語　譯】西羌的祖先，出於三苗，是姜姓的一個別支。其國接近南岳衡山。在舜流放四凶時，遷三苗於三危之山，即河關之西南的羌這個地方。羌地濱於賜支河，到達河首，地域綿延千里。賜支，就是〈禹貢〉中所說的析支。羌地南接蜀郡、廣漢郡邊界之外的蠻夷部落，西北與鄯善、車師諸國為鄰。羌人沒有固定居住之地，追逐有水草的地方流動遷徙。羌地少五穀，羌人以放牧為生業。他們的風俗是：沒有固定的氏族，以其父名或母姓作為種族的稱號。十二代以後，氏族內部可以互相通婚，父親去世，即以後母為妻，兄長亡故，即娶其寡嫂，所以國內沒有鰥寡之人，因此，人口增殖，種族繁衍。其內部沒有建立君臣制度，沒有統一的君長，部落勢力強大，則獨立分出成為首領，弱小則成為別族的附屬部落。羌人之間，互相攻殺搶掠，以力量稱雄。除殺人償命外，無其他禁令。羌人擅長於山谷作戰，不善於在平地交鋒，戰鬥不能持久，而敢於冒犯和突襲，以戰死為吉利，以病終為不祥。他們很能忍受寒苦，如同禽獸。即使婦人產子，亦不避風雪。羌人的性格堅強勇猛，可以說，稟負西方金行的剛勁之氣。

2　中原王朝政治修明，四夷則順從朝貢，昏庸失德，則並起作亂。從前，夏后氏太康被后羿驅逐出國，失去王位，四夷皆叛。后相即位後，乃征討畎夷，七年後才來朝貢。到后泄在位時，始給他們加封爵位，他們由此服從稱臣。后桀時天下大亂，畎夷人向內遷移，居住於邠岐之間，成湯建立商朝後，將他們驅趕出去。到商朝中衰時，諸夷全都背叛了。武丁在位期間，征討西戎、鬼方，三年才將他們征服。所以《詩》上說：「自彼氐羌，莫敢不來王。」

3 武乙在位時，暴虐無道，於是犬戎寇邊，周族的古公亶父翻越梁山，躲避戎狄，來到岐山腳下。到古公亶父之子季歷在位時，即征伐西落鬼戎。太丁之時，季歷又征伐燕京之戎，結果被戎人打得大敗。後二年，周人攻克了余無之戎，於是商王太丁封季歷為牧師。從此之後，周人又相繼征伐始呼、翳徒之戎，都將他們征服了。到文王為西伯時，其西方有昆夷為患，北方有獫狁作亂，文王於是驅逐戎狄，派兵防守邊境，戎狄之人，沒有不順從的。文王於是率領西戎，征伐那些背叛商朝的國家，以事奉商紂王。

4 到周武王伐紂時，羌、髳皆率師會於牧野。穆王時，戎狄不來朝貢，穆王乃西征犬戎，獲其五王，又得四白鹿，四白狼，穆王於是遷戎人於太原。周夷王時，國勢衰弱，邊遠的國家不來朝見，夷王乃命虢公率領六師征伐太原之戎，一直打到俞泉，繳獲馬一千匹。周厲王無道，戎狄又來寇掠，攻入犬丘，殺死秦仲的族人。厲王命令伐戎，未能取勝。到周宣王即位的第四年，使秦仲伐戎，秦仲為戎人所殺，宣王乃召秦仲之子莊公，給他人馬七千，使之征伐戎人，莊公打敗戎人，戎人至此稍有退卻。後二十七年，宣王派兵征討太原之戎，不克。後五年，宣王征伐條戎、奔戎，結果王師大敗。後二年，晉人在汾隰地方打敗北戎，戎人又滅掉了姜侯的封邑。第二年，宣王征伐申戎，把申戎打敗。後十年，周幽王命伯士征伐六濟之戎，周軍大敗，伯士戰死。這一年，戎人圍犬丘，俘虜了秦襄公之兄伯父。當時周幽王昏庸暴虐，四夷不斷侵擾邊境，幽王又廢申后而立褒姒。申侯憤怒，乃與戎人一起進攻周京，殺幽王於酈山之下，於是周平王乃東遷洛邑，秦襄公率軍攻打戎人以救周。後二年，邢侯大破北戎。

5 平王末年，周王朝逐漸衰落，戎人進犯，逼迫華夏諸國，自隴山以東直到伊、洛，到處都有戎人。於是渭首有狄、豲、邽、冀之戎，涇北有義渠之戎，洛川有大荔之戎，渭南有驪戎，伊、洛之間有楊拒、泉皋之戎，潁首以西有蠻氏之戎。在春秋時期，他們夾居在中原諸國之間，參與華夏諸國的會盟。魯莊公征伐秦國，滅邽、冀之戎，後十餘年，晉滅驪戎。此時，伊、洛之戎強盛，他們向東侵犯曹國、魯國。後十九年，戎人攻入周王城，於是秦國、晉國出兵伐戎以救周。後二年，戎人再次進犯京師，齊桓公徵集諸侯國守衛周王城。後九年，陸渾之戎從瓜州遷於伊川，允姓之戎遷於渭汭，往東到達轘轅山。居住在黃河以南秦嶺山脈以北的戎人叫陰戎，陰戎的族類在此得到了繁衍生息。晉文公欲成就霸業，於是賄賂戎狄，疏通道路，以輔助王室。秦穆公得戎人由余，共同謀劃伐戎之策，於是稱霸西戎，開地千里。到晉悼公時，又派遣魏絳協調與戎人的關係，再次建立霸業。當時楚國、晉國強盛，以威勢使諸戎順服，陸渾戎、伊戎、洛戎、陰戎臣屬於晉，蠻氏之戎臣屬於楚。後陸渾之戎叛晉，晉令荀吳滅陸渾之戎。後四十四年，楚國抓獲蠻氏之戎的首領，把蠻氏之戎的人全部囚禁起來。此時，義渠、大荔之戎勢力最強，修築了數十座城池，皆自稱王。

6　周貞王八年，秦厲公滅大荔之戎，占領其地。趙國亦滅代戎，代戎即北戎。韓國、魏國也逐漸吞併伊戎、洛戎、陰戎，最後把他們滅掉。那些倖存的戎人，全部逃走，往西越過了汧山、隴山。從此以後，中原之國沒有戎人為寇，只剩下義渠一個戎人種族。到周貞王二十五年，秦國征伐義渠，俘虜其王。後十四年，義渠侵犯秦國到了渭陰。後一百年左右，義渠擊敗秦師於洛水。後四年，義渠國發生內亂，秦惠王派遣庶長操帶兵前去鎮壓，使義渠安定下來，義渠於是臣屬於秦。後八年，秦征伐義渠，奪取了郁郅。後二年，義渠擊敗秦師於李伯。明年，秦征伐義渠，奪取徒涇等二十五城。到秦昭王即位，義渠王朝秦，於是與昭王之母宣太后私通，生了兩個兒子。到周赧王四十三年，宣太后設計誘殺義渠王於甘泉宮，秦國乘機出兵消滅了義渠國，在其地設置隴西郡、北地郡、上郡。

7　戎人本來沒有君長，自夏后氏末年到商、周之際，他們有的跟隨諸侯征伐有功，天子授予他們爵位，以他們為藩服之臣或屬國。春秋時期，陸渾、蠻氏之戎稱子，戰國之世，大荔、義渠之戎稱王，當他們衰亡之後，餘存的部落都恢復了以前的酋長稱號。

1 羌無弋爰劍者，秦厲公時為秦所拘執，以為奴隸。不知爰劍何戎之別也。後得亡歸，而秦人追之急，藏於巖穴中得免。羌人云爰劍初藏穴中，秦人焚之，有景象如虎，為其蔽火，得以不死。既出，又與劓❶女遇於野，遂成夫婦。女恥其狀，被❷髮覆面，羌人因以為俗，遂俱亡入三河❸間。諸羌見爰劍被焚不死，怪其神，共畏事之，推以為豪。河湟間少五穀，多禽獸，以射獵為事，爰劍教之田畜，遂見敬信，廬落❹種人依之者日益眾。羌人謂奴為無弋，以爰劍嘗為奴隸，故因名之。其後世世為豪。

2 至爰劍曾孫忍時，秦獻公❺初立，欲復穆公之迹，兵臨渭首，滅狄獂戎。忍季父卬畏秦之威，將其種人附落而南，出賜支河曲西數千里，與眾羌絕遠，不復交通。其後子孫分別，各自為種，任隨所之。或為氂牛種，越巂❻羌是也；或為白馬種，廣漢❼羌是也；或為參狼種，武都❽羌是也。忍及弟舞獨留湟中❾，並多娶妻婦。忍生九子為九種，舞生十七子為十七種，羌之興盛，從此起矣。

3 及忍子研立，時秦孝公❿雄強，威服羌戎。孝公使太子駟⓫率戎狄九十二國朝周顯王⓬。研至豪健，故羌中號其後為研種。及秦始皇⓭時，務并六國，以諸侯為事，兵不西行，故種人得以繁息。秦既兼天下，使蒙恬⓮將兵略地，西逐諸戎，北郤眾狄，築長城以界之，眾羌不復南度。

4 至于漢興，匈奴冒頓⑮兵強，破東胡⑯，走月氏⑰，威震百蠻，臣服諸羌。景帝⑱時，研種留何率種人求守隴西塞，於是徙留何等於狄道⑲、安故⑳，至臨洮㉑、氐道㉒、羌道㉓縣。及武帝㉔征伐四夷，開地廣境，北郤匈奴，西逐諸羌，乃度河、湟，築令居㉕塞；初開河西，列置四郡㉖，通道玉門㉗，隔絕羌胡，使南北不得交關。於是障塞亭燧出長城外數千里。時先零羌㉘與封養牢姐種㉙解仇結盟，與匈奴通，合兵十餘萬，共攻令居、安故，遂圍枹罕㉚。漢遣將軍李息㉛、郎中令徐自為㉜將兵十萬人擊平之。始置護羌校尉㉝，持節㉞統領焉。羌乃去湟中，依西海㉟、鹽池㊱左右。漢遂因山為塞，河西地空，稍徙人以實之。

5 至宣帝㊲時，遣光祿大夫義渠安國㊳覘㊴行諸羌，其先零種豪言：「願得度湟水，逐人所不田處以為畜牧。」安國以事奏聞，後將軍趙充國㊵以為不可聽。後因緣前言，遂度湟水，郡縣不能禁。至元康㊶三年，先零乃與諸羌大共盟誓，將欲寇邊。帝聞，復使安國將兵觀之。安國至，召先零豪四十餘人斬之，因放兵擊其種，斬首千餘級。於是諸羌怨怒，遂寇金城㊷。乃遣趙充國與諸將將兵六萬人擊破平之。至研十三世孫燒當立。元帝㊸時，彡姐㊹等七種羌寇隴西，遣右將軍馮奉世㊺擊破降之。從爰劍種五世至研，研最豪健，自後以研為種號。十三世至燒當，復豪健，其子孫更以燒當為種號。自彡姐羌降之後數十年，四夷賓服，邊塞無事。至王莽㊻輔政，欲燿威德，以懷遠為名，乃令譯諷旨諸羌，使共獻西海之地，初開以為郡，築五縣，邊海亭燧相望焉。

【章旨】以上記述羌人無戈爰劍所以成為羌人首領及羌人興盛的原因、羌人對西漢的服叛及西漢始置護羌校尉，以及王莽時與羌人的關係。旨在寫羌人自秦厲公至王莽時四百八十年左右的發展情況及與中原的關係。

【注釋】❶劓　刑罰名。割掉鼻子。❷被　同「披」。❸三河　即黃河、賜支河、湟河。❹廬落　本為廬舍、房舍。此指部落。❺秦獻公　戰國時秦國國君。秦靈公子。《史記索隱》謂其名曰「師隰」。《呂氏春秋・當賞》稱其為「公子連」。西元前三八四─前三六二年在位。他曾勸阻國君死後以活人殉葬，建櫟陽城（故城在今陝西臨潼北），自雍（今陝西鳳翔南）遷都於此。❻越巂　郡名。西漢武帝元鼎六年置。治今四川西昌東南。❼廣漢　郡名。西漢高祖六年分巴、蜀二郡置。治今四川金堂，東漢移治今四川廣漢北。❽武都　郡名。西漢武帝元鼎六年置。治所在武都，東漢移治今甘肅成縣西。❾湟中　地區名。指今青海湟水兩岸。漢代為羌、漢、月氏胡等各族雜居之地。❿秦孝公　（西元前三八一─前三三八年）名渠梁。春秋中期秦國國君，秦獻公之子。孝公即位之初，秦國貧弱，關東六國強盛，對秦以「戎狄遇之」，不讓其參加中原各國的會盟。孝公用商鞅變法圖強，「內務耕稼，外勸戰死之賞罰」，遷都咸陽，併諸小鄉聚，以為大縣，開闢田地，廢除井田界限。此時，秦之國土已東過洛水。孝公十四年，開始定賦稅新法。十九年，周天子贈以霸主的稱號。二十年，天下諸侯都來朝賀。秦國很快在政治、經濟、軍事等方面趕上並超過了關東六國，成為舉足輕重的國家。二十二年（西元前三四〇年），商鞅建議孝公向東擴展，以成帝王之業。孝公許之，於是使商鞅擊魏，擄魏將公子卬。二十四年，又擄魏將錯。是年，孝公去世，子惠文君立。⓫太子駟　秦孝公子，即惠文君。⓬周顯王　名扁。周安王子，烈王弟。西元前三六八─前三二一年在位。⓭秦始皇

（西元前二五九—前二一〇年），姓嬴，名政。戰國時秦國國君，秦王朝的建立者，西元前二四六—前二一〇年在位。任用李斯為丞相，並派王翦等大將繼續進行統一戰爭。自西元前二三〇年滅韓開始，十年之間，滅掉割據稱雄的六國，建立了中國歷史上第一個統一的中央集權的國家。分全國為三十六郡，郡下設縣；確定最高統治者的稱號為皇帝，國家一切重大事務都由皇帝決定，中央和地方的重要官吏直接由皇帝任免；統一法律、度量衡、貨幣和文字；修建馳道、直道，以加強全國的陸路交通。又派兵北擊匈奴，築長城，南定百越，設置閩中、海南、桂林、象郡。焚燒各國的史書和民間所藏的儒家經典及諸子之書，坑死以古非今的儒生和方士四百六十餘人。刑罰嚴酷，徭役繁重，加以連年用兵，廣大人民痛苦不堪。他死後一年，即爆發了大規模的反秦武裝暴動，西元前二〇六年，秦王朝在反秦武裝暴動的浪潮中滅亡。事見《史記・秦始皇本紀》。⑭蒙恬　（？—西元前二一〇年），秦朝名將。其先齊人，自祖父孟驁起，世代為秦名將。蒙恬出身將門，「嘗書獄典文學」。秦始皇二十六年（西元前二二一年），蒙恬與王賁攻齊，大破之，拜為內史。秦統一六國，乃使蒙恬率軍三十萬北逐戎狄，收河南（今內蒙古河套一帶）。修長城，西起臨洮，東至遼東，延袤萬餘里。屯軍上郡十餘載，威震匈奴。秦始皇死後，趙高矯旨令蒙恬自殺，蒙恬疑而申訴，囚蒙恬於周陽（今陝西子長西北），後吞藥自殺。傳見《史記・蒙恬列傳》。⑮匈奴冒頓　即匈奴冒頓單于。匈奴，中國古族名。《史記》謂為夏后氏之苗裔。商時稱獯粥，周時稱獫狁，秦漢稱匈奴。戰國時活動於燕、趙、秦以北地區。秦漢之際冒頓單于統一各部，勢力強盛，統治了大漠南北的廣大地區。漢初，不斷南下攻擾，漢朝基本上採取防禦政策。武帝時，對匈奴採取攻勢，多次進軍漠北，匈奴受到很大的打擊，勢力漸衰。宣帝時，呼韓邪單于附漢，來朝。其後六七十年間，漢與匈奴之間經濟、文化交流頻繁。東漢光武帝建武二十四年（西元四八年），匈奴分裂，南下附漢的稱為「南匈奴」，留居漠北的稱「北匈奴」。南匈奴屯居於朔方、五原、雲中（在內蒙古境內）等郡，東漢分為五部。匈奴事見《史記・匈奴列傳》、《漢書・匈奴傳》、本書〈南匈奴列傳〉。冒頓（？—西元前一七四年），秦漢間匈奴單于。冒頓本匈奴頭曼單于太子，西元前二〇九年（秦二世元年）冒頓殺其父與後母、弟及大臣不從者，自立為單于。冒頓為單于後，東破東胡，西敗月氏，南併樓煩、白羊王，悉收復秦將蒙恬所取河南匈奴故地。當時中原正進行楚漢戰爭，冒頓單于因此勢力大增，控弦之士三十餘萬。此後又北服渾庾、屈射、丁零、鬲昆、薪犁之國，遂統一匈奴各部，與中國為敵。冒頓又整頓內部，設置官號，立法課校，成為匈奴歷史上最強盛的時期。見《史記・匈奴列傳》、《漢書・匈奴傳》。⑯東胡　古族名。因居匈奴（胡）以東而得名。春秋戰國以來，南鄰燕國，後為燕將秦開所破，遷於今西遼河上游的老哈河、西喇木倫河流域。秦末，東胡強盛，其首領曾向匈奴要求名馬、閼氏和土地，後為匈奴冒頓單于所擊敗。退居烏桓山的一支稱烏桓，退居鮮卑山的一支稱鮮卑。⑰月氏　古族名。氏，一作「支」。秦漢之際，游牧於敦煌、祁連間。西漢文帝初年遭匈奴攻擊，大部分人西遷至塞種地區（今新疆伊犁河流域及其迤西一帶）西遷的月氏人稱大月氏，少數沒有西遷的人入南山（今祁連山），與羌人雜居，稱小月氏。⑱景帝　（西元前一八八－前一四一年），名啟。西漢第五帝，文帝子。景帝即位後，對內政策：其一，繼續執行「輕徭薄賦」及「與民休息」的重農政策。其二，採取削弱諸侯王的措施，抑制諸侯王勢力的發展，平定吳楚七國之亂。對匈奴，開始仍為「和親政策」，中元二年（西元前一四八年）匈奴入燕，遂不和親。但還能安撫匈奴降者，以擴大影響。後元三年（西元前一四一年）崩，太子劉徹即位，是為武帝。史家把景帝同文帝統治時期並舉，稱為「文景之治」。事見《史記・孝景本紀》、《漢書・景帝紀》。⑲狄道　舊縣名，秦置。治今甘肅臨洮，為隴西郡治所。⑳安故　古縣名。漢置。治今甘肅臨洮南，東漢末廢。㉑臨洮　古縣名。秦置。治今甘肅岷縣，以臨洮水得名。㉒氐道　古縣名。西漢置。因其地為氐族所居，故名。治今甘肅武山縣東南。東漢末廢。㉓羌道　古縣名。西漢置。因縣境為羌族所居故名。治今甘肅舟曲北。㉔武帝　（西元前一五六－前八七年），名徹。西漢第六帝，景帝子，其事見《史記・孝武本紀》、《漢書・武帝紀》。㉕令居　古縣名。西漢置。治今甘肅永登西北。㉖四郡　即武威、張掖、酒泉、敦煌。㉗玉門　即玉門關。故址在今甘肅敦煌西北小方盤城。漢武帝置。因西域輸入玉石取道於此而得名。㉘先零羌　古族名。漢時西羌族的一支。分布在今甘肅臨夏以西和青海東北一帶。漢武帝時又移居西海、鹽池地區。以畜牧為業。常出入河、湟間，又居大、小榆谷。屢進擾金城、隴西等郡。東漢初，被隴西太守馬援征服，遷徙天水、隴西、扶風三郡。㉙封養牢姐種　皆羌族種類。封養羌，亦屬先零羌的範疇。牢姐羌，先零羌的一支。活動於金城郡一帶。㉚枹罕　古縣名。秦置。治今甘肅臨夏。㉛李息　郁郅（今甘肅慶陽）人。初事西漢景帝，武帝立八年，為材官將軍；後六年為將軍，從大將軍衛青出朔方，皆無功，凡三為將軍。後為大行（官名。秦稱典客，掌歸義蠻夷，景帝更名大行令，武帝太初元年更名大鴻臚。屬官有行人，……武帝又更名行人為大行令。見《漢書・百官公卿表》）。李息事，見《史記・衛將軍驃騎列傳》附。㉜郎中令徐自為　郎中令，官名。秦置。掌守衛宮殿門戶，漢武帝太初元年更名為光祿勳，為九卿之一。徐自為，《漢書・百官公卿表》：徐自為元狩六年為郎中令。為郎中令十三年，太初元年更光祿勳，至征和元年。㉝護羌校尉　官名。西漢始置，執掌西羌事務，東漢沿置。㉞持節　拿著皇帝所賜的符節，作為執行任務的憑證。節，符節。㉟西海　即青海湖。㊱鹽池　李賢注：「金城郡臨羌縣有鹽池也。」臨羌，古縣名。西漢置。治今青海湟源東南。㊲宣帝　名詢，西漢第八帝，武帝曾孫，戾太子劉據之孫。西元前七三－前四九年在位。㊳義渠安國　人名。義渠，本古族名。為秦所滅，其遺民有的以義渠為姓氏。義渠安國，西漢昭、宣帝時人，官光祿大夫、騎都尉。㊴覘　察看。㊵後將軍趙充國　後將軍，《漢書・百官公卿表》：「前後左右將軍，皆周末官，秦因之，位上卿。漢不常置，或有前後，或有左右，皆掌兵及四夷。」趙充國（西元前一三七—前五二年），字翁孫，隴西上邽（今甘肅天水市）人。西漢大將。後徙金城令居。熟悉羌族和匈奴的情況。武帝、昭帝時，率軍抗擊匈奴的侵擾。勇敢善戰，為人「沉勇有大略」，任後將軍。宣帝即位，封為營平侯。後與羌族作戰，在西北屯田。卒，謚「壯侯」。傳見《漢書》卷六十九。㊶元康　西漢宣帝劉詢年號，西元前六五—前六一年。㊷金城　郡名。西漢始元六年置。治今甘肅永靖西北。㊸元帝　（西元前七六—前三三年），名奭。西漢第九帝，宣帝子。㊹彡姐　羌族的一支，約活動於甘肅和政、康樂、卓尼一帶。㊺馮奉世　（？—西元前三九年），字子明，上黨潞縣（今山西潞城）人。西漢宣帝時出使大宛。時莎車殺漢官員，破壞漢朝與西域的關係，他率兵擊破莎車。後為左將軍，封關內侯。傳見《漢書》卷七十九。㊻王莽　（西元前四五—西元二三年），字巨君，西漢元城（今河北大名）人。元帝皇后之姪。父曼早死，叔伯皆封列侯，莽獨孤貧，折節讀書，敬事諸父，結交名士，聲譽甚盛。平帝立，以莽為大司馬，元后以太皇太后臨朝稱制，委政於莽，號安漢公。平帝死，立孺子嬰為帝，莽自稱攝皇帝，三年即真，改國號曰新。紛事改革，土地皆稱王田，禁民買賣，鹽酒鐵錢等皆由官營，法令苛細，犯輕罪者，往往至死；又連年征戰，勞役頻繁，民不聊生。王莽地皇四年十月，新市、平林等農民軍攻入長安，王莽被殺。傳見《漢書》卷九十九。

【語譯】羌人無弋爰劍，在秦厲公時曾被秦國禁拘，以其為奴隸。不知爰劍是哪一種戎人的別支。後來爰劍逃亡回歸，秦人追趕甚急，他躲藏於山洞之中，才得倖免。羌人說，當初爰劍躲藏在山洞的時候，秦人放火燒他，這時出現了像虎一樣的形象來為他遮蔽烈火，他才得以不死。他從洞中出來後，在田野裡遇到一個被割掉鼻子的女子，於是二人成為夫婦。女子為自己的相貌感到羞恥，於是披髮覆面，羌人因此形成以披髮覆面的風俗習慣。後來他們都逃到黃河、賜支河、湟水之間的地方居住。羌人們見爰劍被燒而不死，非常驚奇，以為他有神助，所以都懼怕他、服從他，推舉他為首領。黃河、湟水之間缺少五穀，多禽獸，羌人以涉獵為生，爰劍教他們耕種田地，牧養牲畜，因此羌人敬重、信任他，來依附他的部落族人越來越多。羌人把奴隸叫做無弋，因為爰劍曾經當過奴隸，所以以無弋來稱呼他。他的後人世世代代都是羌人的首領。

2 到了爰劍的曾孫忍的時候，秦獻公剛剛即位，想恢復秦穆公的業績，稱霸西戎，出兵來到渭首，消滅了狄獂戎。忍的叔父卬畏懼秦國的威勢，帶領他的族人和依附部落南遷，過了賜支河曲又向西數千里，與眾羌部落相距極遠，不再往來。從此以後，其子孫析分離別，各自立為部落，分散到各處。有的叫做犛牛種，就是越巂羌；有的叫做白馬種，就是廣漢羌；有的叫做參狼種，就是武都羌。只有忍和他的弟弟舞留在湟中，都多娶妻婦。忍生了九個兒子，後成為九個部落，舞生了十七個兒子，後成為十七個部落，羌人的興盛，即從此開始。

3 到忍的兒子研立為首領的時候，秦孝公稱雄強盛，以威勢使羌戎順服。秦孝公使太子駟率領戎狄九十二國去朝見周顯王。研非常剛強雄健，所以羌人把他的後人稱為研種。到了秦始皇的時候，秦國致力於兼併六國，把力量集中在各諸侯國方面，兵不西行，所以羌人得以繁衍生息。秦國兼併天下之後，派蒙恬率領軍隊攻城略地，西邊驅逐諸戎人，北面擊退眾狄人，修築了長城，把他們阻擋在長城之外，眾羌人不能再向南進犯了。

4 到漢朝興起時，匈奴冒頓單于兵力強盛，攻破東胡人，趕走月氏人，威勢震懾百蠻，使諸羌人稱臣。漢景帝時，研種的首領留何率族人要求為漢守衛隴西塞，漢於是把留何等人遷徙於狄道、安故，一直至臨洮、氐道、羌道等縣。漢武帝時，出兵征伐四夷，開闢地域，擴大國境，北邊擊退匈奴人，西面驅逐羌人，又渡過黃河、湟水，修築了令居塞；初開河西地方，設置武威、張掖、酒泉、敦煌四郡，開闢了通往玉門關的道路，把羌人、胡人隔絕開來，使南北不能往來。自此，邊關城堡、要塞、哨所、烽火臺等，修築到了長城以外數千里的地方。這時，先零羌和封養牢姐種化仇結盟，與匈奴聯合，集中十多萬兵力，共同攻打令居、安故，包圍了枹罕城。漢朝派遣將軍李息、郎中令徐自為率兵十萬，前往平定了寇亂。漢朝開始設置護羌校尉，受皇帝之命，持節管理羌人。於是羌人離開湟中，依傍西海、鹽池左右的地方居住下來。漢朝於是憑藉山勢作為防守屏障，河西地方空曠無人，朝廷逐漸遷徙人口充實這個地方。

5 到漢宣帝時，朝廷派遣光祿大夫義渠安國巡視羌人的狀況，先零羌的首領說：「願意渡過湟水，在無人種田的地方從事畜牧。」義渠安國把這件事上奏皇帝，後將軍趙充國以為不能聽信他們的話。後來羌人依照自己以前說的話，未經允許，乃渡過湟水，郡縣官吏不能阻止他們。至元康三年，先零羌與各羌人共同結盟立誓，想要進犯漢朝邊境。皇帝聞知後，再次派遣義渠安國率領軍隊到那裡去觀看動靜。義渠安國到達後，把先零羌的首領四十餘人召來殺掉了，然後縱兵攻打他們的部落，斬殺一千餘人。各羌人都因此而怨怒，立即進犯金城郡。朝廷乃派遣趙充國與各位將軍率兵六萬，將他們擊敗，平定了寇亂。以後研的十三世孫燒當立為首領。漢元帝時，彡姐等七個羌人部落進犯隴西，朝廷派右將軍馮奉世將他們擊敗，使他們投降。從爰劍經歷五世至研，研最豪強雄健，此後，就以研作為種族的稱號。至十三世到燒當，燒當也很強健，他的子孫便以燒當作為其種族的稱號。自彡姐羌歸降之後數十年，四夷歸服，邊境平安無事。到王莽輔政時，想炫耀自己的威德，以安撫遠方的人為名義，命令譯官去向羌人宣布皇帝的諭旨，讓他們共同獻出西海之地，在這裡初次開闢為郡，設立了五個縣，沿著西海的邊境線上，哨所、烽火臺遙遙相望。

1 滇良者，燒當之玄孫也。時王莽末，四夷內侵，及莽敗，眾羌遂還據西海為寇。更始❶、赤眉❷之際，羌遂放縱，寇金城、隴西。隗囂❸雖擁兵而不能討之，乃就慰納，因發其眾與漢相拒。建武❹九年，隗囂死，司徒掾班彪❺上言：「今涼州部❻皆有降羌，羌胡被髮左衽，而與漢人雜處，習俗既異，言語不通，數為小吏黠人所見侵奪，窮恚無聊，故致反叛。夫蠻夷寇亂，皆為此也。舊制益州部❼置蠻夷騎都尉❽，幽州部❾置領烏桓校尉❿，涼州部置護羌校尉，皆持節領護，理其怨結，歲時循行，問所疾苦。又數遣使驛通動靜，使塞外羌夷為吏耳目，州郡因此可得儆備。今宜復如舊，以明威防。」光武從之，即以牛邯⑪為護羌校尉，持節如舊。及邯卒而職省。十年，先零豪與諸種相結，復寇金城、隴西，遣中郎將來歙⑫等擊之，大破。事已具歙傳。十一年夏，先零種復寇臨洮，隴西太守馬援⑬破降之。後悉歸服，徙置天水⑭、隴西、扶風⑮三郡。明年，武都參狼羌反，援又破降之。事已具援傳。

2 自燒當至滇良，世居河北大允谷⑯，種小人貧。而先零、卑湳⑰並皆強富，數侵犯之。滇良父子積見陵易⑱，憤怒，而素有恩信於種中，於是集會附落及諸雜種，乃從大榆⑲入，掩擊先零、卑湳，大破之，殺三千人，掠取財畜，奪居其地大榆中，由是始強。

3 滇良子滇吾立。中元⑳元年，武都參狼羌反，殺略吏人，太守與戰不勝，隴西太守劉盱遣從事㉑辛都、監軍掾㉒李苞，將五千人赴武都，與羌戰，斬其酋豪，首虜千餘人。時武都兵亦更破之，斬首千餘級，餘悉降。時滇吾附落轉盛，常雄諸羌，每欲侵邊者，滇吾轉教以方略，為其渠帥㉓。二年秋，燒當羌滇吾與弟滇岸率步騎五千寇隴西塞，劉盱遣兵於枹罕擊之，不能克，又戰於允街㉔，為羌所敗，殺五百餘人。於是守塞諸羌皆復相率為寇。遣謁者㉕張鴻領諸郡兵擊之，戰於允吾㉖、唐谷㉗，軍敗，鴻及隴西長史㉘田颯皆沒。又天水兵為牢姐種所敗於白石㉙，死者千餘人。

4 時燒何㉚豪有婦人比銅鉗者，年百餘歲，多智筭㉛，為種人所信向，皆從取計策。時為盧水胡㉜所擊，比銅鉗乃將其眾來依郡縣。種人頗有犯法者，臨羌㉝長收繫比銅鉗，而誅殺其種六七百人。顯宗㉞憐之，乃下詔曰：「昔桓公伐戎而無仁惠，故春秋貶曰『齊人』。今國家無德，恩不及遠，羸弱何辜，而當并命！夫長平之暴㉟，非帝者之功，咎由太守長吏妄加殘戮。比銅鉗尚生者，所在致醫藥養視，令招其種人，若欲歸故地者，厚遣送之。其小種若束手自詣，欲效功者，皆除其罪。若有逆謀為吏所捕，而獄狀未斷，悉以賜有功者。」

5 永平㊱元年，復遣中郎將竇固㊲、捕虜將軍馬武㊳等擊滇吾於西邯㊴，大破之。事已具武等傳。滇吾遠引去，餘悉散降，徙七千口置三輔。以謁者竇林領護羌校尉，居狄道。林為諸羌所信，而滇岸遂詣林降。林為下吏所欺，謬奏上滇岸以為大豪，承制封為歸義侯㊵，加號漢大都尉。明年，滇吾復降，林復奏其第一豪，與俱詣闕獻見。帝怪一種兩豪，疑其非實，以事詰林。林辭窘，乃偽對曰：「滇岸即滇吾，隴西語不正耳。」帝窮驗知之，怒而免林官。會涼州刺史又奏林臧㊶

罪，遂下獄死。謁者郭襄代領校尉事，到隴西，聞涼州羌盛，還詣闕，抵罪，於是復省校尉官。滇吾子東吾立，以父降漢，乃入居塞內，謹愿自守。而諸弟迷吾等數為寇盜。

6 肅宗建初㊷元年，安夷㊸縣吏略㊹妻卑湳種羌婦，吏為其夫所殺，安夷長宗延追之出塞，種人恐見誅，遂共殺延，而與勒姐㊺及吾良㊻二種相結為寇。隴西太守孫純遣從事李睦及金城兵會和羅谷㊼，與卑湳等戰，斬首虜數百人。復拜故度遼將軍㊽吳棠領護羌校尉，居安夷。二年夏，迷吾遂與諸眾聚兵，欲叛出塞。金城太守郝崇追之，戰於荔谷㊾，崇兵大敗，崇輕騎得脫，死者二千餘人。於是諸種及屬國盧水胡悉與相應，吳棠不能制，坐徵免。武威太守傅育代為校尉，移居臨羌。迷吾又與封養種豪布橋等五萬餘人共寇隴西、漢陽，於是遣行車騎將軍馬防㊿，長水校尉耿恭(51)副，討破之。於是臨洮、索西、迷吾等悉降。防乃築索西城(52)，徙隴西南部都尉戍之，悉復諸亭候。至元和(53)三年，迷吾復與弟號吾諸雜種反叛。秋，號吾先輕入寇隴西界，郡督烽掾(54)李章追之，生得號吾，將詣郡。號吾曰：「獨殺我，無損於羌。誠得生歸，必悉罷兵，不復犯塞。」隴西太守張紆權宜放遣，羌即為解散，各歸故地，迷吾退居河北歸義城(55)。傅育不欲失信伐之，乃募人鬬[56]諸羌胡，羌胡不肯，遂復叛出塞，更依迷吾。

7 章和[57]元年，育上請發隴西、張掖[58]、酒泉[59]各五千人，諸郡太守將之，育自領漢陽、金城五千人，合二萬兵，與諸郡剋期[60]擊之，令隴西兵據河南，張掖、酒泉兵遮其西。並未及會，育軍獨進。迷吾聞之，徙廬落去。育選精騎三千窮追之，夜至建威[61]南三兜谷，去虜數里，須日擊之，不設備。迷吾乃伏兵三百人，夜突育營，營中驚壞散走，育下馬手戰，殺十餘人而死，死者八百八十人。及諸郡兵到，羌遂引去。育，北地人也。顯宗初，為臨羌長，與捕虜將軍馬武等擊羌滇吾，功冠諸軍；及在武威，威聲聞於匈奴。食祿數十年，秩奉盡贍給知友，妻子不免操井臼[62]。肅宗下詔追褒美之。封其子毅為明進侯，七百戶。以隴西太守張紆代為校尉，將萬人屯臨羌。

8 迷吾既殺傅育，狃忕[63]邊利。章和元年，復與諸種步騎七千人入金城塞。張紆遣從事司馬防將千餘騎及金城兵會戰於木乘谷[64]，迷吾兵敗走，因譯使欲降，紆納之。遂將種人詣臨羌縣，紆設兵大會，施毒酒中，羌飲醉，紆因自擊，伏兵起，誅殺酋豪八百餘人。斬迷吾等五人頭，以祭育冢。復放兵擊在山谷間者，斬首四百餘人，得生口二千餘人。迷吾子迷唐及其種人向塞號哭，與燒何、當煎[65]、當闐[66]等相結，以子女及金銀娉納諸種，解仇交質，將五千人寇隴西塞，太守寇盱與戰於白石，迷唐不利，引還大、小榆谷[67]，北招屬國諸胡，會集附落，種眾熾盛，張紆不能討。永元[68]元年，紆坐徵，以張掖太守鄧訓[69]代為校尉，稍以賞賂離間之，由是諸種少解。

9 東吾子東號立。是時號吾將其種人降。校尉鄧訓遣兵擊迷唐，迷唐去大、小榆谷，徙居頗巖谷[70]。和帝[71]永元四年，訓病卒，蜀郡[72]太守聶尚代為校尉。尚見前人累征不克，欲以文德服之，乃遣驛使招呼迷唐，使還居大、小榆谷。迷唐既還，遣祖母卑缺詣尚，尚自送至塞下，為設祖道[73]，令譯田汜等五人護送至廬落。迷唐因而反叛，遂與諸種共生屠裂汜等，以血盟詛，復寇金城塞。五年，尚坐徵免，居延[74]都尉[75]貫友代為校尉。友以迷唐難用德懷，終於叛亂，乃遣驛使搆離諸種，誘以財貨，由是解散。友乃遣兵出塞，攻迷唐於大、小榆谷，獲首虜八百餘人，收麥數萬斛，遂夾逢留大河築城塢，作大航，造河橋[76]，欲度兵擊迷唐。迷唐乃率部落遠依賜支河曲。至八年，友病卒，漢陽太守史充代為校尉。充至，遂發湟中羌胡出塞擊迷唐，而羌迎敗充兵，殺數百人。明年，充坐徵，代郡[77]太守吳祉代為校尉。其秋，迷唐率八千人寇隴西，殺數百人，乘勝深入，脅塞內諸種羌共為寇盜，眾羌復悉與相應，合步騎三萬人，擊破隴西兵，殺大夏[78]長。遣行征西將軍劉尚、越騎校尉[79]趙代副，將北軍五營[80]、黎陽[81]、雍營[82]、三輔積射[83]及邊兵羌胡三萬人討之。尚屯狄道，代屯枹罕。尚遣司馬[84]寇盱監諸郡兵，四面並會。迷唐懼，棄老弱奔入臨洮南。尚等追至高山。迷唐窮迫，率其精強大戰。盱斬虜千餘人，得牛馬羊萬餘頭。迷唐引去。漢兵死傷亦多，不能復追，乃還入塞。明年，尚、代並坐畏懦徵下獄，免。謁者王信領尚營屯枹罕，謁者耿譚領代營屯白石。譚乃設購賞，諸種頗來內附。迷唐恐，乃請降。信、譚遂受降罷兵，遣迷唐詣闕。其餘種人不滿二千，飢窘不立，入居金城。和帝令迷唐將其種人還大、小榆谷。迷唐以為漢作河橋，兵來無常，故地不可復居，辭以種人飢餓，不肯遠出。吳祉等乃多賜迷唐金帛，令糴穀市畜，促使出塞，種人更懷猜驚。十二年[85]，遂復背叛，乃脅將湟中諸胡，寇鈔而去。王信、耿譚、吳祉皆坐徵，以酒泉太守周鮪代為校尉。明年，迷唐復還賜支河曲。

初，累姐種附漢，迷唐怨之，遂擊殺其酋豪，由是與諸種為讎，黨援益疏。其秋，迷唐復將兵向塞，周鮪與金城太守侯霸[86]，及諸郡兵、屬國湟中月氏諸胡、隴西牢姐羌，合三萬人，出塞至允川[87]，與迷唐戰。周鮪還營自守，唯侯霸兵陷陳[88]，斬首四百餘級。羌眾折傷，種人瓦解，降者六千餘口，分徙漢陽、安定[89]、隴西。迷唐遂弱，其種眾不滿千人，遠踰賜支河首，依發羌[90]居。明年，周鮪坐畏懦徵，侯霸代為校尉。安定降羌燒何種脅諸羌數百人反叛，郡兵擊滅之，悉沒入弱口[91]為奴婢。

11 時西海及大、小榆谷左右無復羌寇。隃麋相[92]曹鳳上言：「西戎為害，前世所患，臣不能紀古，且以近事言之。自建武以來，其犯法者，常從燒當種起。所以然者，以其居大、小榆谷，土地肥美，又近塞內，諸種易以為非，難以攻伐。南得鍾存[93]以廣其眾，北阻大河因以為固，又有西海魚鹽之利，緣山濱水，以廣田蓄[94]，故能彊大，常雄諸種，恃其權勇[95]，招誘羌胡。今者衰困，黨援壞沮，親屬離叛，餘勝兵[96]者不過數百，亡逃棲竄，遠依發羌。臣愚以為宜及此時，建復西海郡縣，規固二榆，廣設屯田[97]，隔塞羌胡交關之路，遏絕狂狡窺欲之源。又殖穀富邊，省委輸之役，國家可以無西方之憂。」於是拜鳳為金城西部都尉，將徙士[98]屯龍耆[99]。後金城長史上官鴻上開置歸義、建威屯田二十七部，侯霸復上置東西邯屯田五部，增留、逢[100]二部，帝皆從之。列屯夾河，合三十四部。其功垂立。至永初[101]中，諸羌叛，乃罷。迷唐失眾，病死。有一子來降，戶不滿數十。

【章　旨】以上記述羌人自王莽末放縱寇亂，至安帝永初中羌豪迷唐病死，其子來降，近九十年的羌人叛亂及東漢平定叛亂的情況。其中述及建武九年班彪上書言羌人叛亂的原因及東漢置護羌校尉事。又述永元十四年曹鳳上書言屯田之利及東漢在黃河兩岸置屯田三十四部事。

【注　釋】❶更始　王莽末年綠林、平林農民軍所立皇帝劉玄年號，西元二三—二五年。劉玄（?—西元二五年），字聖公，南陽蔡陽（今湖北棗陽）人。西漢遠支皇族。初參加平林兵，被推為更始將軍。後合於綠林兵，西元二三年稱帝，年號更始。王莽政權消滅後，遷都長安，內部爭逐激烈。更始三年，赤眉軍入長安，他投降，不久被絞死。傳見本書卷十一。❷赤眉　新莽末年的農民軍。王莽天鳳五年（西元一八年），青徐（今山東東部和江蘇北部）一帶發生大災荒，琅邪（今山東諸城）人樊崇在莒縣（今屬山東）起事。逄安、謝祿等起兵響應，聚眾數萬人。約定：「殺人者死，傷人者償創。」因用赤色染眉標誌，故稱「赤眉軍」。地皇三年王莽派更始將軍廉丹和太師王匡率兵鎮壓，在成昌（今山東東平西）為赤眉所敗。劉玄更始政權建立後，樊崇等表示願意歸向，因未得到適當的安排，赤眉乃於更始二年分兩路進攻更始政權。次年，會師弘農，發展到三十萬人，立漢遠房宗室劉盆子為皇帝，年號「建世」。不久，攻入長安，劉玄投降。建世二年，赤眉軍因饑荒退出長安。次年在新安（今河南澠池縣東）、宜陽（在澠池東南）遭劉秀所部的圍擊，樊崇等投降。❸隗囂　（?—西元三三年），字季孟，東漢初天水成紀（今甘肅秦安）人。新莽末，被當地豪強擁立，據有天水、武都、金城等郡。一度依附劉玄。不久，自稱西部上將軍。建武九年（西元三三年），以屢為漢軍所敗，憂憤而死。傳見本書卷十三。❹建武　東漢光武帝劉秀年號，西元二五—五六年。❺司徒掾班彪　司徒，三公之一，見〈百官志〉。掾，司徒屬官。班彪（西元三—五四年），字叔皮，扶風安陵（今陝西咸陽）人。東漢史學家。祖父班況西漢成帝時為越騎校尉，父班稚，哀帝時為廣平太守。班彪「性沉重好古」，初在天水依隗囂，後到河西，為竇融從事，勸竇融支持光武帝。東漢初，任徐（古縣名，漢置。在今江蘇泗洪南）令，因病免官。他專力從事史學，以司馬遷之《史記》所記史實止於武帝太初年間，乃收集資料，作《後傳》六十餘篇。其子班固繼續修成《漢書》，其女班昭等又補班固未及完成者。傳見本書卷四十。❻涼州部　西漢武帝所置「十三刺史部」之一。東漢治今甘肅張家川回族自治縣。❼益州部　西漢武帝所置「十三刺史部」之一。東漢治今四川廣漢北。中平中移今四川德陽，興平中又移今四川成都。❽騎都尉　官名。次於將軍的武官。漢武帝元鼎二年置，以李陵為之。宣帝時，以騎都尉監羽林騎，屬光祿勳。後掌駐屯騎兵，也領兵征伐。秩比二千石，無定員。東漢沿置。❾幽州部　西漢武帝所置「十三刺史部」之一。東漢治今北京市區西南。❿烏桓校尉　主管烏桓胡人。見本書〈百官志五〉。⓫牛邯　字儒卿，狄道人。初從隗囂，後歸劉秀，為太中大夫。牛邯有勇力、才氣，雄於邊陲。後大司徒司直杜林、太中大夫馬援薦牛邯為護羌校尉，與來歙平隴右。事見本書卷十三。⓬中郎將來歙　中郎將，官名。秦置中郎，至西漢分五官、左、右三署，各置中郎將以統領皇帝的侍衛，隸屬光祿勳。平帝時，又置虎賁中郎將，統領虎賁郎。東漢以後，統兵將領亦多用此稱號。如前期的「使匈奴中郎將」，後期的「北中郎將」等。來歙（？—西元三五年），字君叔，南陽新野（今河南新野）人。初事劉玄為吏，旋歸劉秀，任太中大夫，說隗囂歸漢，後隗囂叛，他以精兵襲破其眾，盡取隴右。建武十一年（西元三五年）率軍入蜀攻公孫述，被公孫述派人刺死。贈中郎將征羌侯印綬，諡節侯。傳見本書卷十五。⓭太守馬援　太守，官名。本為戰國時對郡守的尊稱。西漢景帝時，改郡守為太守，為一郡的最高行政長官。馬援（西元前一四—四九年），字文淵，扶風茂陵（今陝西興平）人。其先趙奢，為趙將，號馬服君，子孫因以為姓氏。西漢武帝時以吏二千石，自邯鄲徙茂陵。王莽末，為新城大尹（漢中太守）。後依附割據隴西的隗囂，繼歸劉秀。參加滅隗囂的戰爭。建武十一年任隴西太守，率軍擊破先零羌。建武十七年，交阯女子徵側、徵貳反，璽書以馬援為伏波將軍，前往平之。建武十九年正月，斬徵側、徵貳，傳首洛陽。封新息侯。後在擊五溪蠻時，病死軍中。初，馬援曾在西北養馬，得專家傳授，發展了馬相法，著有《銅馬相法》。傳見本書卷二十四。⓮天水　郡名。西漢元鼎三年置。治所今甘肅通渭西北。明帝永平十七年改為漢陽郡，移治今甘肅甘谷東南。⓯扶風　即右扶風。官名、政區名。西漢武帝太初元年（西元前一〇四年）改主爵都尉置。分右內史西半部為其轄區，職掌相當於太守。因地屬畿輔，故不稱郡，為三輔之一。治今陝西西安。東漢移治今陝西興平東南。三國魏去「右」字，改轄區為扶風郡，官為扶風太守。作者劉宋時人，故不稱「右扶風」。⓰大允谷　地名。在今青海貴德西，黃河北岸。⓱卑湳　羌族的一支。其住地與先零羌接近。⓲陵易　欺淩。⓳大榆　地名。即大榆谷。在今青海貴德東南，黃河南。⓴中元　東漢光武帝劉秀年號，西元五六—五七年。㉑從事　官名。漢以後三公及州郡長官自辟僚屬，多以從事為稱。如從事史、從事中郎、別駕從事、治中從事之類。㉒監軍掾　監督軍隊的官員，郡守屬吏。㉓渠帥　亦作「渠率」。首領。舊時統治者稱反抗者的首領或部落酋長。㉔允街　縣名。屬金城郡。其地在今甘肅永登南。㉕謁者　官名。始於春秋戰國時，為國君掌管傳達。秦漢沿置。漢制：光祿勳屬官有謁者，少府屬官亦有中書謁者令（後漢改稱中謁者令）。光祿勳所屬的謁者，其長官稱謁者僕射，秩比千石。㉖允吾　在今甘肅永靖西北。漢置，為金城郡治所。㉗唐

谷　李賢注：「唐谷故城在今鄯州湟水縣西也。」唐谷故城在今青海樂都西。㉘長史　官名。秦置。西漢丞相、太尉、御史大夫屬官均有長史。東漢太尉、司徒、司空三公府亦設長史。署理諸曹事，職任頗重，號為三公輔佐。另，兩漢與少數民族鄰接各郡太守的屬官有長史，輔佐太守，掌一郡兵馬。又，兩漢將軍之屬官亦有長史，以總理幕府。㉙白石　縣名。在今甘肅臨夏東南。㉚燒何　羌族的一支。因受盧水胡的驅逼，移居青海湟源一帶，反漢失敗後，遷漢陽、安定、隴西等郡。㉛筭同「算」。計劃；籌謀。㉜盧水胡　匈奴的一支。盧水，即盧溪水，在今青海西寧西。大抵從張掖南貫祁連山，直至西寧西湟中一帶，都是盧水胡原先聚居之地。（林幹《匈奴史》一七三頁）㉝臨羌　縣名。西漢置。治今青海湟源東南，湟水南岸。㉞顯宗　東漢明帝劉莊廟號。㉟長平之暴　指西元前二六〇年（秦昭王四七年，趙孝成王六年）秦大敗趙國的長平之戰，秦將白起阬趙卒四十餘萬的殘暴行為。西元前二六二年秦將白起包圍韓國之上黨，韓上黨郡守馮亭以地獻趙，引起秦、趙在長平（今山西高平西北）的大戰。初，趙將廉頗堅守長平達三年之久，後趙中秦反間計，撤廉頗，改用趙括為將。趙括空談兵法，率軍盲目出擊，秦將白起在正面詐敗後退，另外布置兩支奇兵襲擊趙軍後路。結果趙軍被包圍，困守四十餘日，不能突圍。趙括被秦軍射死，趙軍四十餘萬降秦，皆被阬死。從此趙國實力大為削弱。見《史記・廉頗藺相如列傳》。㊱永平　東漢明帝劉莊年號，西元五八—七五年。㊲竇固　（？—西元八八年），字孟孫，扶風平陵（今陝西咸陽）人。竇融姪。少以尚公主為黃門侍郎，好覽書傳，喜兵法。明帝永平十五年（西元七二年），任奉車都尉，與騎都尉耿忠率兵一萬二千騎，出酒泉塞至天山擊北匈奴呼衍王，追至蒲類海（今新疆巴里坤湖）。又與耿秉等出玉門，擊西域，車師降。後任光祿勳、衛尉。竇固在邊數年，羌胡服其恩信。久歷大位，甚見尊貴。性謙儉愛人，好施。士以此稱之。章和二年卒，謚文侯。傳見本書卷二十三。㊳馬武　（？—西元六一年），字子張，南陽湖陽（今河南唐河縣）人。新莽末參加綠林農民軍。後歸劉秀，參與平定河北尤來、五幡等農民軍。劉秀即位後，任侍中、騎都尉，與虎牙將軍蓋延等擊敗劉永、龐萌等地方割據勢力。曾率軍鎮壓武陵蠻和羌人。封捕虜將軍揚虛侯。為雲臺二十八將之一。傳見本書卷二十二。㊴西邯　水名。本書〈馬武列傳〉李賢注引《水經注》：「邯川城左右有水，自北山出，南經邯亭注于河，蓋以此水分流，謂之東西邯也。」邯川，古水名。在今青海化隆西。有東西二水，自北南流，經古邯川城左右注入黃河，因有東、西邯之稱。下文永平中侯霸置東、西邯屯田五部，即此。㊵歸義侯　朝廷對歸順蠻夷首領的封號。見本書〈百官志五〉。㊶臧　同「贓」。㊷肅宗建初　肅宗，東漢章帝劉炟廟號。建初，章帝的年號，西元七六—八四年。㊸安夷　李賢注：「安夷，縣名，屬金城郡。」其地在今青海西寧樂都之間。㊹略　同「掠」。㊺勒姐　羌族的一支。安夷縣有勒姐嶺、勒姐河，故以為名。㊻吾良　羌族的一支。㊼和羅谷　山谷名。其地在今甘肅蘭州與青海樂都東南交界一帶。㊽度遼將軍　漢時將軍名號。西漢昭帝初置度遼將軍，東漢亦置。《資治通鑑．漢紀十五》，昭帝元鳳三年：「於是拜（范）明友為度遼將軍。」胡三省注：「度遼將軍，蓋使之度遼水以伐烏桓。至後漢，遂以為將軍之號，以護匈奴。」㊾荔谷　在今青海湟中康城一帶。㊿行車騎將軍馬防　行，兼代官職。車騎將軍，西漢文帝元年（西元前一七九年）設。馬防（？—西元一〇一年），字江平，扶風茂陵（今陝西興平）人。伏波將軍馬援次子。妹為明帝皇后，撫養章帝，勞悴過於所生。馬防初為黃門侍郎，章帝即位，拜中郎將，遷城門校尉。建初二年，金城、隴西保塞羌皆反，乃拜馬防行車騎將軍，率軍擊破之。還拜車騎將軍，城門校尉如故。建初四年，封潁陽侯，以特進就第。後拜光祿勳，數言政事，多見採用。馬防兄弟貴盛，奴婢各千人以上，資產巨億，買京師膏腴美田。又大起第觀，連閣臨道，彌亘街路，多聚聲樂曲度，比諸郊廟。賓客奔湊，四方畢至，刺史守令，多出其家。後有司奏馬防兄弟奢侈踰僭，濁亂聖化。悉免就國。永元十三年去世，傳見本書卷二十四。51長水校尉耿恭　長水校尉，掌長水、宣曲胡騎。劉昭注：「長水蓋關中小水名。」耿恭，字伯宗，扶風茂陵人。其先在西漢武帝時以官二千石，由鉅鹿遷茂陵。建威大將軍好時侯耿弇姪。少孤，慷慨大略，有將帥才。永平十七年與奉車都尉竇固擊破車師，朝廷以耿恭為戊己校尉，駐車師後王部金蒲城（金蒲也作「金滿」。在今新疆吉木薩爾）。遭北匈奴圍攻，城中糧盡，煮弩鎧，食其筋革，與部眾堅持不屈，只剩二十六人。建初元年漢軍來援，耿恭與援軍會合，且戰且行，至玉門關時，所部生還者僅十三人。當時人稱其「節過蘇武」。拜騎都尉。建初二年，遷長水校尉。其年秋，金城、隴西羌反，乃以耿恭將五校士三千人，輔助車騎將軍馬防討西羌，屯枹罕城。明年燒當羌降，馬防還京師，耿恭留擊諸羌。燒何羌等十三部落數萬人皆詣耿恭降。後耿恭上言薦竇固，忤馬防。監營謁者李譚承旨奏耿恭「不憂軍事，被詔怨望」。坐徵下獄，免官，歸本郡，卒於家。傳見本書卷十九。52索西城　在今甘肅岷縣東北。李賢注：「故城在今洮州。」王先謙《後漢書集解》引惠棟曰：「〈郡國志〉云：在隴西郡臨洮縣。杜佑云：『索西故城在今岷州和政縣東，亦名臨洮東城。』」53元和　東漢章帝劉炟年號，西元八四—八七年。54郡督烽掾　王先謙《後漢書集解》注引《通鑑》胡注：「督烽掾，郡掾之督烽燧者。」55歸義城　在今青海貴德黃河以北的尕讓。王先謙《後漢書集解》注引《通鑑》胡注：「河北，逢留大河（即青海貴德境之黃河，河水至此有逢留之名）之北也。歸義城本漢所築，以招來諸羌之歸義者。」56闕　王先謙《後漢書集解》注引《通鑑》胡注：「募人間關諸羌，使之自闕也。」57章和　東漢章帝劉炟年號，西元八七—八八年。58張掖　郡名。漢武帝元鼎六年分武威郡置。治今甘肅張掖西北。59酒泉　郡名。漢武帝元狩二年以原匈奴昆邪王地置。治今甘肅酒泉市。60剋期　約定或限定日期。61建威　地名。在今青海西寧南。一說為貴德南的新街。62井臼　汲水舂米。指家務勞動。63狃忕　習慣；

貪。(64)木乘谷　在今青海青海湖東，湟源西北。(65)當煎　或為先零羌的一支，活動在允街附近。(66)當闐　羌族的一支。居今甘肅東南部、青海東部一帶。(67)大小榆谷　地區名。並稱「二榆」。即今青海貴德、尖扎之間黃河谷地。土地肥美，北阻大河，近得西海（今青海湖）魚鹽之利，宜畜牧，羌人居此，藉以強大。(68)永元　東漢和帝劉肇年號，西元八九—一〇五年。(69)鄧訓　（西元四〇—九二年），字平叔，南陽新野人。雲臺二十八將之首太傅高密侯鄧禹之第六子。少有大志，不好文學。明帝即位，以鄧訓為郎中，六年為護烏桓校尉。元和三年為張掖太守。章和二年，公卿推舉鄧訓為護羌校尉。鄧訓以恩德施諸羌，諸羌皆感悅。敗羌豪迷唐，迷唐西徙千餘里。永元四年，病，卒於官。時年五十三。傳見本書卷十六。(70)頗巖谷　不詳具體所在。《資治通鑑》卷四十七，和帝永元元年：「鄧訓發湟中六千人，令長史任尚將之，縫革為船，置於箄上以渡河，掩擊迷唐，大破之，斬首前後一千八百餘級，獲生口二千人，馬牛羊三萬餘頭，一種殆盡。迷唐收其餘眾，西徙千餘里。」以此推之，頗巖谷當在大、小榆谷西千餘里。(71)和帝　（西元七九—一〇五年），名肇。章帝第四子，西元八九—一〇五年在位。(72)蜀郡　郡名。戰國秦置。治今四川成都。(73)祖道　舊時為出行者祭路神，保其一路平安，並飲宴送行。(74)居延　古縣名。本漢初匈奴中地名，指居延澤一帶，為當時河西地區與漠北往來的要道所經。西漢置縣。故城在今內蒙古額濟納旗東南。(75)都尉　官名。《漢書．百官公卿表》：「郡尉，秦官，掌佐守典武職甲卒，秩比二千石。景帝中二年，更名都尉。」都尉，比將軍略低的武官。西漢景帝改郡都尉為都尉，輔佐郡守並掌管全郡的軍事。武帝時又置關都尉、農都尉、屬國都尉於各要地。(76)河橋　故址在今青海貴德西黃河上。(77)代郡　郡名。戰國趙武靈王置。秦、西漢治今河北蔚縣西南。東漢移治今山西陽高西南。(78)大夏　在今甘肅廣河縣西北。(79)越騎校尉　《漢書．百官公卿表》：「越騎校尉掌越騎。」唐顏師古注引如淳：「越人內附，以為騎也。」又引晉灼：「取其材力超越也。」顏師古：「如說是。」清王鳴盛《十七史商榷．越騎》：「案，胡騎、越騎相對為名，以示威服之遠，非必善騎也。」(80)北軍五營　即北軍五校。北軍，漢代守衛京師的屯衛兵。西漢武帝時擴大北軍，改北軍中壘為校尉，又增置屯騎、步兵、越騎、長水、胡騎、射聲、虎賁等七校尉。分屯長安城中和附近各地，並得隨軍作戰。東漢時省中壘，又併胡騎入長水，併虎賁入射聲，置北軍中候以監五營，稱為北軍五校。(81)黎陽　古縣名。西漢置。治今河南浚縣。(82)雍營　即扶風都尉之屯兵。雍，古縣名。秦置。治今陝西鳳翔南。(83)積射　漢代尋跡而射的兵士。本書〈南匈奴傳〉李賢注：「漢有迹射之士，言尋迹而射之。積亦與迹同，古字通也。」(84)司馬　官名。屬官以司馬為號者甚多。《周禮》夏官大司馬之屬，有軍司馬、輿司馬、行司馬。漢宮門及大將軍、將軍、校尉之屬官，都有司馬。邊郡亦置千人司馬，專管兵事。(85)十二年　即東漢和帝永元十二年（西元一〇〇年）。(86)侯霸　此另一侯霸。大司徒侯霸已於建武十三年（西元二七年）春正月去世。(87)允川　古地區名。東漢時曾為燒當羌住地。相當今青海湖東南，貴德西北的黃河以北地區。(88)陳同「陣」。(89)安定　郡名。西漢武帝元鼎三年置。治今寧夏固原。東漢移治今甘肅鎮原東南。(90)發羌　王先謙《後漢書集解》注引《通鑑》胡注：「發羌，羌之別種。」分布在今青海西部、西藏北部地區。(91)弱口　人口中之幼小者。(92)隃麋相　隃麋，古縣名。漢置。因隃麋澤而得名。治今陝西千陽東，東漢曾為侯國。相，侯國的行政長官。(93)鍾存　羌人之別種。(94)田蓄田地、畜牲。蓄，通「畜」。(95)權勇　謂勇猛。(96)勝兵　能充當兵士參加作戰的人。(97)屯田　政府利用軍隊、農民或商人墾種土地，徵取收成以為軍餉，稱「屯田」。有軍屯、民屯、商屯之別。(98)徙士　徙邊之人和士兵。(99)龍耆　古城名。一作「龍支」、「龍夷」。故址在今青海海晏。(100)留逢　即青海貴德黃河以北地。(101)永初　東漢安帝劉祜年號，西元一〇七—一一三年。

【語　譯】滇良是燒當的玄孫。當時正值王莽末年，四周的蠻夷紛紛入侵。到王莽失敗後，羌人於是還據西海為寇。更始、赤眉之際，羌人更加猖狂，於是進犯金城、隴西。隗囂雖然擁有軍隊，卻沒有能力討伐他們，於是採取了撫慰安置的辦法，他們因而發動各部落與漢朝相抗拒。建武九年，隗囂去世，司徒掾班彪上奏說：「今涼州部到處都有歸降的羌人，羌人披頭散髮，衣襟左開，與漢人雜處，風俗既異，語言又不相通，屢次被小官吏、豪強所侵凌、掠奪，怨恨極深，無所依靠，所以導致反叛。蠻夷騷擾作亂，都是這個原因。舊制度，在益州部設置蠻夷騎都尉，在幽州部設置護烏桓都尉，在涼州部設置護羌校尉，都是奉旨持節管理這些民族，處理、化解他們的怨結，每年定期巡視，詢問他們的疾苦。又多次派遣使驛觀察，通報情況，使塞外羌夷成為官吏的耳目，州郡因此可以有所戒備。現在應該恢復過去的制度，以顯示我朝威武強大的邊防。」光武帝採納了班彪的建議，隨即任命牛邯為護羌校尉，像從前一樣，持節管理。牛邯去世，護羌校尉這一官職就撤銷了。建武十年，先零首領與各部落聯合，又進犯金城、隴西二郡，朝廷派遣中郎將來歙等人迎擊，將他們打得大敗。這些事已經寫入〈來歙傳〉。建武十一年夏天，先零羌復入寇臨洮，隴西太守馬援擊敗他們，迫使他們投降。後來他們全部歸順了，將他們遷徙安置在天水、隴西、扶風三郡。第二年，武都的參狼羌反叛，馬援又擊敗他們，迫使他們投降。這些事已經寫入〈馬援傳〉。

2 自燒當至滇良，世世代代居住在黃河以北的大允谷，部落弱小，種人貧困。而先零、卑湳等部落都強大富裕，常常侵犯他們。滇良父子屢次受到他們的欺淩，憤怒已極，而滇良在部落中一貫施恩惠、講信義，很有威信，於是召集起依附他們的部落及其他部落，從大榆進入，乘其不備，進行襲擊，大敗先零、卑湳，殺死他們三千人，奪取了他們的財產牲畜，占據了他們的居住地，滇良部落於是在大榆中定居下來，由此開始強盛。

3 滇良的兒子滇吾立為首領。中元元年，武都的參狼羌反叛，殺害、搶掠漢朝的官吏和百姓，太守與他們交戰，未能取勝。隴西太守劉盱派遣從事辛都、監軍掾李苞，率領五千人趕赴武都，與羌人交戰，斬其首領，殺死、俘虜一千餘人。此時武都兵亦出兵擊敗羌人，斬殺一千餘人，其餘的人全部投降。當時滇吾的依附部落轉而強盛，常常在羌人中稱雄，每當有想要侵犯邊境的，滇吾即傳授他們計謀策略，作為他們的首領。中元二年秋天，燒當羌滇吾與其弟滇岸率領步騎五千人進犯隴西塞。劉盱派兵在枹罕迎擊他們，未能取勝，又在允街與羌人交戰，被羌人打敗，殺死五百餘人。從此以後，守衛邊塞的羌人又都相繼叛亂，騷擾進犯。朝廷派謁者張鴻率領諸郡兵迎擊，戰於允吾、唐谷，失敗，張鴻及隴西長史田颯皆戰死。天水的官兵也在白石為牢姐羌所敗，死者一千餘人。

4 當時燒何羌的首領有一位婦女，名叫比銅鉗，年齡一百多歲，足智多謀，部落裡的人都信服她，向她討取計策。當時他們受到盧水胡的進攻，於是比銅鉗帶領她的部眾來依附漢朝的郡縣。其部落中多有違犯法紀的人，臨羌縣長逮捕了比銅鉗，殺了她的部眾六七百人。顯宗憐憫她，下詔說：「從前齊桓公征伐戎人而對他們不施行仁惠，所以《春秋》貶之為『齊人』。今國家沒有德政，恩惠達不到遠方，比銅鉗等只是一些羸弱無靠的人，有什麼罪過，把他們都殺死！長平之戰，阬殺降兵的暴行，不是帝者的功德，而是由於太守、長吏擅施殘暴、妄加殺戮的過錯。比銅鉗若還活著，當地要給她醫藥，治療休養，讓她召集本部落的人，若有欲歸故地的，厚贈財物，送他們回去。如果有小部落束手前來投靠，願意為朝廷立功的，皆免除其罪。如果有謀劃反叛的人被逮捕，現在還沒有審判完畢，全將他們賜與有功之人。」

5 永平元年，朝廷又派遣中郎將竇固、捕虜將軍馬武等在西邯攻打滇吾，大敗羌人。此事已寫入馬武等人的傳中。滇吾逃到遠方，其餘的人都散亡、歸降，將他們的人七千口遷徙安置在三輔。任命謁者竇林為護羌校尉，駐紮在狄道。竇林受到羌人的信任，滇岸乃到竇林處歸降。竇林被手下官吏所欺騙，錯誤地向皇帝奏報，說滇岸是大首領，朝廷於是按照制度封滇岸為歸義侯，加封號為漢大都尉。明年，滇吾也來歸降，竇林又上奏說他是第一首領，帶著他一起到京進貢朝見皇帝。皇帝對一個部落有兩個首領感到奇怪，懷疑其情不實，於是詰問竇林。竇林無言對答，於是編假話回答說：「滇岸即是滇吾，是隴西語發音不正確的緣故。」皇帝深追察驗，知情況不實，一怒之下，罷免了竇林的官職。正遇上涼州刺史又上奏竇林有貪贓之罪，於是把竇林關進監獄處死。謁者郭襄代任護羌校尉事，郭襄到達隴西，聞聽涼州羌人很強盛，便擅自回到京城，朝廷將其判罪，於是又省罷護羌校尉這一官職。滇吾的兒子東吾立為首領，因為他的父親歸順了漢朝，於是入居塞內，以誠實自守。而其諸弟迷吾等人則屢為寇盜。

6 肅宗建初元年，安夷縣吏搶了卑湳羌人的婦女為妻，這個縣吏被該婦女的丈夫所殺，安夷縣長宗延追他們至塞外，同一部落的羌人恐怕被殺，於是共同殺死宗延，卑湳羌乃與勒姐、吾良二部落結為聯盟，作亂為寇。隴西太守孫純派遣從事李睦與金城兵會合於和羅谷，與卑湳等部落交戰，斬殺俘虜數百人。朝廷於是復拜故度遼將軍吳棠為護羌校尉，駐紮在安夷。建初二年夏天，迷吾與族眾聚集兵力，想反叛出塞。金城太守郝崇追擊他們，戰於荔谷，崇兵大敗，郝崇僅單身輕騎得脫，官兵戰死者二千餘人。於是羌人各部落及屬國盧水胡皆與之相應，反叛漢朝，吳棠不能控制局面，因而被徵回免官。武威太守傅育代為護羌校尉，移居臨羌。迷吾又與封養羌首領布橋等五萬餘人共同進犯隴西、漢陽，朝廷於是派遣代理車騎將軍馬防為統領，長水校尉耿恭為副，征討擊敗了他們。於是臨洮、索西、迷吾等羌人都歸降了。馬防乃修築索西城，徙隴西南部都尉來這裡防守，修復了所有的哨所和瞭望亭。到元和三年，迷吾再次與其弟號吾及諸雜種羌人反叛。秋天，號吾率先帶領少數人馬入侵隴西邊界，郡督烽掾李章追趕他們，活捉了號吾，即將到郡，號吾說：「獨殺我一個人，無損於羌。果真能放我回去，我們一定全部收兵，不再犯塞。」隴西太守張紆暫將號吾放回，羌人立即解散，各回到自己的居地，迷吾退居河北歸義城。傅育不想失信去討伐他們，於是募人去離間各羌胡，使他們自相爭鬥，羌胡不肯，於是又反叛出塞，再去依附迷吾。

7 章和元年，傅育上奏，請求徵調隴西、張掖、酒泉各五千人，由各郡太守率領，傅育自己率領漢陽、金城的五千人，集合二萬兵力，與各郡約定日期攻打羌人，命令隴西兵據守黃河以南，張掖、酒泉兵在他們西邊攔擋。還沒有等到兵力會合，傅育的人馬就單獨進發。迷吾聽到消息，即遷徙部落退去。傅育挑選精銳騎兵三千，極力追擊，夜裡到達建威南的三兜谷，距離羌人只有幾里路了，要等到天亮以後進攻，因而沒有設哨防備。迷吾於是埋伏了三百士兵，趁夜襲擊傅育的兵營，營中沒有準備，驚惶失措，四散逃走。傅育下馬親手奮戰，殺十餘人而死，漢兵死者八百八十人。等到諸郡兵到，羌人已經退去。傅育，北地人。顯宗初年，任臨羌縣長，與捕虜將軍馬武等襲擊羌人滇吾，功勞為各軍之冠；在武威時，他英勇善戰的聲威，聞名匈奴。他為官數十年，俸祿都周濟了朋友，他的妻兒仍然免不了親自打水舂米，操持家務。肅宗下詔追贈褒美他，封他的兒子傅毅為明進侯，食邑七百戶。朝廷於是任命隴西太守張紆代傅育為護羌校尉，率領一萬人馬駐紮在臨羌。

8 迷吾殺了傅育以後，貪圖邊利，仍然進犯邊境。章和元年，又與羌人各部落集合步騎七千人進犯金城塞。張紆派遣從事司馬防率領一千餘騎兵和金城兵與羌人會戰於木乘谷。迷吾兵敗走，通過譯官來表示投降的意願，張紆接受了他們的歸降。於是迷吾帶領部眾來到臨羌縣，張紆暗設伏兵，擺宴招待他們，又在酒中下了毒藥，羌人飲酒醉倒，張紆於是親自擊鼓，伏兵四起，斬殺羌人首領八百餘人。斬下迷吾等五人的頭顱，以祭奠傅育的墳冢。又縱兵攻擊在山谷間的羌人，斬首四百餘人，活捉二千餘人。迷吾的兒子迷唐及其族人面向邊塞號啕大哭，與燒何、當煎、當闐等部落結為聯盟，將子女及金銀婚聘贈送給各部落，化解怨仇，交換人質，率領五千人進犯隴西塞，太守寇盱與他們戰於白石，迷唐處於不利的形勢，引兵退還大、小榆谷，迷唐招集了北面的屬國胡人，又會合了各依附部落，人馬眾多，氣焰熾盛，張紆不能征討他們。永元元年，張紆被徵回免官。朝廷乃以張掖太守鄧訓代為護羌校尉，鄧訓以逐步收買賄賂的方法離間羌人，因此諸羌各部落稍有分化。

9 東吾的兒子東號立為首領。當時正值號吾率領其族眾前來歸降。護羌校尉鄧訓遣兵擊迷唐，迷唐離開大、小榆谷，徙居頗巖谷。和帝永元四年，鄧訓病逝，蜀郡太守聶尚代為護羌校尉。聶尚見前人對羌人屢征不克，想以文德使羌人馴服，於是派遣驛使招呼迷唐，使其還居大、小榆谷。迷唐還大、小榆谷後，讓其祖母卑缺去見聶尚，聶尚親自送她至塞下，為她餞行，祭路神，命令譯官田汜等五人護送至其部落。迷唐反而反叛，於是與諸羌人共同把田汜等人活生生地屠裂致死，以血盟誓，復寇金城塞。永元五年，聶尚因而被徵回免官，居延都尉貫友代為護羌校尉。貫友以為迷唐難以以德招撫，最終還是反叛，於是派遣驛使設計離間諸羌人部落，以財貨引誘他們，諸羌聯盟因此而瓦解。貫友隨即派兵出塞，攻打迷唐於大、小榆谷，俘虜斬殺八百餘人，獲麥數萬斛。於是在逢留大河兩岸修築城塢，作大船，修河橋，想渡河攻擊迷唐。迷唐乃率領部落遠去，依傍賜支河曲居住下來。到永元八年，貫友病逝，漢陽太守史充代為護羌校尉。史充到任後，立即徵發湟中羌胡出塞去攻打迷唐，羌人迎擊，打敗了史充的軍隊，殺死數百人。明年，史充因而被徵還免官，朝廷乃以代郡太守吳祉代為護羌校尉。這年秋天，迷唐率領八千人入寇隴西，殺害數百人，迷唐乘勝深入，脅迫塞內諸羌共為寇盜，眾羌又皆與之相應，會合步騎三萬人，擊敗隴西兵，殺大夏縣長。於是朝廷派遣代理征西將軍劉尚為統領，越騎校尉趙代為副，率領北軍五營、黎陽營、雍營、三輔積射士及邊兵羌胡三萬人前去征討。劉尚屯兵狄道，趙代屯兵枹罕。劉尚派遣司馬寇盱監督諸郡兵馬，四面會合。迷唐畏懼，丟棄老弱人口，奔逃至臨洮以南。劉尚等追至高山，迷唐大為窘迫，只好率其精兵強將奮力拼殺。寇盱斬虜一千餘人，繳獲牛馬羊一萬餘頭。迷唐引兵退去。漢兵死傷也很多，不能再去追趕，於是回兵入塞。明年，劉尚、趙代都以畏懦罪徵還下獄，免官。謁者王信統領劉尚的軍營屯駐在枹罕，謁者耿譚統領趙代的軍營屯駐在白石。耿譚乃懸賞收買羌人，羌人諸部落多來歸附。迷唐畏懼，於是請求投降。王信、耿譚乃受降罷兵，遣迷唐進京朝見皇帝。其剩餘的人眾不滿二千，飢餓貧困，不能自立，進入金城郡居住。和帝命令迷唐帶領其眾還大、小榆谷。迷唐以為漢人已經修了河橋，兵將來去無常，以為故地不能再居住了，乃以部下飢餓為辭，不肯遠出。吳祉等乃多賜迷唐金帛，讓他們購買糧食牲畜，促使他們早些出塞，羌人更加猜疑驚恐。永元十二年，迷唐再次反叛，又脅迫湟中諸胡人部落寇鈔而去。王信、耿譚、吳祉皆因而被徵還，朝廷乃任命酒泉太守周鮪代為護羌校尉。明年，迷唐復還賜支河曲。

10 當初，累姐羌歸附漢朝，迷唐怨恨他們，於是擊殺其首領，由此，與各部落結下怨仇，同黨及援助他的人越來越少。這年秋天，迷唐又一次率兵向邊塞進發，周鮪與金城太守侯霸及諸郡兵馬、屬國湟中的月氏諸胡、隴西的牢姐羌，合兵三萬人，出塞到達允川，與迷唐交戰。在交戰中，周鮪回營自守，只有侯霸的兵馬衝鋒陷陣，斬殺四百餘人。羌眾折傷，部落瓦解，投降者六千餘口。漢朝把這些人分別遷徙到漢陽、安定、隴西三郡。迷唐的力量從此衰弱下去，其部眾不滿一千人，遠遠地越過賜支河首，依附發羌居住下來。明年，周鮪因畏懦被徵還，侯霸代為護羌校尉。居住在安定已歸降的燒何羌脅迫各羌種數百人反叛，郡兵出擊，消滅了他們，全部收沒其老小弱口為奴婢。

11 此時，西海及大、小榆谷左右不再有羌人騷擾作亂。隃麋相曹鳳上奏說：「西戎騷亂為害，一直是前代人的禍患，臣不能記述遠古人的事，就以近年的事來說吧。自從建武以來，凡是犯法之人，常常是燒當羌所為。之所以如此，是因為他們居住大、小榆谷，那裡土地肥美，又接近塞內，諸羌部落容易依靠這些條件為非作歹，官兵難以征服他們。其南邊有鍾存羌以擴充其人力，北邊有大河阻擋，可以固守，又有西海的魚鹽之利，靠山濱水，有利於擴充耕地和牲畜，所以他們能強大起來，常在諸羌中稱雄，仗恃其勇猛，招誘羌胡。現在他們處於衰弱貧困的境地，與同黨及援助者關係破裂，親屬也背叛離去，能勝任兵士參與作戰的人不過數百，逃竄至遠方，依附於發羌部落以棲身。臣愚以為應當抓住這個時機，恢復設置西海郡縣，鞏固二榆之地，廣開屯田，隔塞羌胡往來之路，掐斷這些瘋狂狡詐之人窺測妄想的根源。另外，生產穀物可以富邊，可以節省運輸的勞役，這樣國家就可以不再有西方的憂患了。」朝廷於是任命曹鳳為金城西部都尉，率領徙邊之人和兵士在龍耆屯田。以後金城長史上官鴻上奏開闢歸義、建威屯田二十七部，侯霸又上奏開闢東、西邯屯田五部，又增加留、逢二部，皇帝都採納了這些建議。在大河兩邊列置屯田共三十四部。屯田的功效很快便顯示出來。到安帝永初年間，由於諸羌反叛，乃罷屯田。迷唐失眾，病死。有一個兒子前來投降，其人戶不滿數十。

1 東號子麻奴立。初隨父降，居安定。時諸降羌布在郡縣，皆為吏人豪右所徭役，積以愁怨。安帝永初元年夏，遣騎都尉王弘發金城、隴西、漢陽羌數百千騎征西域❶，弘迫促發遣，群羌懼遠屯不還，行到酒泉，多有散叛。諸郡各發兵儌遮❷，或覆其廬落。於是勒姐、當煎大豪東岸等愈驚，遂同時奔潰。麻奴兄弟因此遂與種人俱西出塞。

2 先零別種滇零與鍾羌❸諸種大為寇掠，斷隴道。時羌歸附既久，無復器甲，或持竹竿木枝以代戈矛，或負板案以為楯，或執銅鏡以象兵，郡縣畏懦不能制。冬，遣車騎將軍鄧騭❹，征西校尉任尚副，將五營及三河❺、三輔、汝南❻、南陽❼、潁川❽、太原❾、上黨❿兵合五萬人，屯漢陽。明年春，諸郡兵未及至，鍾羌數千人先擊敗騭軍於冀⓫西，殺千餘人。校尉侯霸坐眾羌反叛徵免，以西域都護⓬段禧代為校尉。其冬，騭使任尚及從事中郎司馬鈞率諸郡兵與滇零等數萬人戰於平襄⓭，尚軍大敗，死者八千餘人。於是滇零等自稱「天子」於北地，招集武都、參狼、上郡、西河⓮諸雜種，眾遂大盛，東犯趙、魏⓯，南入益州⓰，殺漢中⓱太守董炳，遂寇鈔三輔，斷隴道。湟中諸縣粟石⑱萬錢，百姓死亡不可勝數。朝廷不能制，而轉運難劇，遂詔騭還師，留任尚屯漢陽，為諸軍節度⑲。朝廷以鄧太后⑳故，迎拜騭為大將軍㉑，封任尚樂亭侯，食邑三百戶。

3 三年春，復遣騎都尉任仁督諸郡屯兵救三輔。仁戰每不利，眾羌乘勝，漢兵數挫。當煎、勒姐種攻沒破羌縣㉒，鍾羌又沒臨洮縣，生得隴西南部都尉。明年春，滇零遣人寇褒中㉓，燔燒郵亭㉔，大掠百姓。於是漢中太守鄭勤移屯褒中。軍營久出無功，有廢農桑，乃詔任尚將吏兵還屯長安，罷遣南陽、潁川、汝南吏士，置京兆虎牙都尉㉕於長安，扶風都尉於雍，如西京三輔都尉故事㉖。時羌復攻褒中，鄭勤欲擊之。主簿㉗段崇㉘諫，以為虜乘勝，鋒不可當，宜堅守待之。勤不從，出戰，大敗，死者三千餘人，段崇及門下史王宗、原展以身扞刃，與勤俱死。於是徙金城郡居襄武㉙。任仁戰累敗，而兵士放縱，檻車㉚徵詣廷尉㉛詔獄㉜死。段禧病卒，復以前校尉侯霸代之，遂移居張掖。五年春，任尚坐無功徵免。羌遂入寇河東，至河內，百姓相驚，多奔南度河。使北軍中侯㉝朱寵將五營士屯孟津㉞，詔魏郡㉟、趙國㊱、常山㊲、中山㊳繕作塢候六百一十六所。

4 羌既轉盛，而二千石㊴、令、長多內郡人，並無守戰意，皆爭上徙郡縣以避寇難。朝廷從之，遂移隴西徙襄武，安定徙美陽[40]，北地徙池陽[41]，上郡徙衙[42]。百姓戀土，不樂去舊，遂乃刈其禾稼，發徹室屋，夷營壁，破積聚。時連旱蝗飢荒，而驅蹙[43]劫略，流離分散，隨道死亡，或棄捐老弱，或為人僕妾，喪其太半。復以任尚為侍御史[44]，擊眾羌於上黨羊頭山[45]，破之，誘殺降者二百餘人，乃罷孟津屯。其秋，漢陽人杜琦及弟季貢、同郡王信等與羌通謀，聚眾入上邽城，琦自稱安漢將軍。於是詔購募得琦首者，封列侯[46]，賜錢百萬，羌胡斬琦者賜金百斤，銀二百斤。漢陽太守趙博遣刺客杜習刺殺琦，封習討姦侯，賜錢百萬。而杜季貢、王信等將其眾據樗泉營[47]。侍御史唐喜領諸郡兵討破之，斬王信等六百餘級，沒入妻子五百餘人，收金銀綵帛一億已上。杜季貢亡從滇零。六年，任尚復坐徵免。滇零死，子零昌代立，年尚幼少，同種狼莫為其計策，以杜季貢為將軍，別居丁奚城[48]。七年夏，騎都尉馬賢與侯霸掩擊零昌別部牢羌於安定，首虜千人，得驢騾駱駝[49]馬牛羊二萬餘頭，以畀[50]得者。

元初[51]元年春，遣兵屯河內，通谷衝要三十三所，皆作塢壁，設鳴鼓。零昌遣兵寇雍城，又號多與當煎、勒姐大豪共脅諸種，分兵鈔掠武都、漢中。巴郡[52]板楯蠻[53]將兵救之，漢中五官掾[54]程信率壯士與蠻共擊破之。號多退走，還斷隴道，與零昌通謀。侯霸、馬賢將湟中吏人及降羌胡於枹罕擊之，斬首二百餘級。涼州刺史皮楊擊羌於狄道，大敗，死者八百餘人，楊坐徵免。侯霸病卒，漢陽太守龐參(55)代為校尉。參以恩信招誘之。二年春，號多等率眾七千餘人詣參降，遣詣闕，賜號多侯印綬遣之。參始還居令居，通河西道。而零昌種眾復分寇益州，遣中郎將尹就將南陽兵，因發益部(56)諸郡屯兵擊零昌黨呂叔都等。至秋，蜀人陳省、羅橫應募，刺殺叔都，皆封侯賜錢。又使屯騎校尉(57)班雄(58)屯三輔，遣左馮翊(59)司馬鈞行征西將軍，督右扶風(60)仲光、安定太守杜恢、北地太守盛包、京兆虎牙都尉耿溥、右扶風都尉皇甫旗等，合八千餘人，又龐參將羌胡兵七千餘人，與鈞分道並北擊零昌。參兵至勇士(61)東，為杜季貢所敗，於是引退。鈞等獨進，攻拔丁奚城，大克獲。杜季貢率眾偽逃。鈞令光、恢、包等收羌禾稼，光等違鈞節度，散兵深入，羌乃設伏要(62)擊之。鈞在城中，怒而不救，光等並沒，死者三千餘人。鈞乃遁還，坐徵自殺。龐參以失期軍敗抵罪，以馬賢代領校尉事。後遣任尚為中郎將，將羽林(63)、緹騎(64)、五營子弟三千五百人，代班雄屯三輔。尚臨行，懷(65)令虞詡說尚曰：「使君(66)頻奉國命討逐寇賊，三州屯兵二十餘萬人，棄農桑，疲苦傜役，而未有功效，勞費日滋。若此出不克，誠為使君危之。」尚曰：

「憂惶久矣，不知所如。」詡曰：「兵法弱不攻強，走不逐飛，自然之埶[67]也。今虜皆馬騎，日行數百，來如風雨，去如絕弦，以步追之，埶不相及，所以曠而無功也。為使君計者，莫如罷諸郡兵，各令出錢數千，二十人共市一馬，如此，可捨甲冑，馳輕兵，以萬騎之眾，逐數千之虜，追尾掩截[68]，其道自窮。便人利事，大功立矣。」尚大喜，即上言用其計。乃遣輕騎鈔擊杜季貢於丁奚城，斬首四百餘級，獲牛馬羊數千頭。

6 明年夏，度遼將軍鄧遵[69]率南單于[70]及左鹿蠡王[71]須沈萬騎，擊零昌於靈州[72]，斬首八百餘級，封須沈為破虜侯，金印紫綬，賜金帛各有差。任尚遣兵擊破先零羌於丁奚城。秋，築馮翊北界候塢五百所。任尚又遣假[73]司馬募陷陳士，擊零昌於北地，殺其妻子，得牛馬羊二萬頭，燒其廬落，斬首七百餘級，得僭號[74]文書及所沒諸將印綬。

7 四年春，尚遣當闐種羌榆鬼等五人刺殺杜季貢，封榆鬼為破羌侯。其夏，尹就以不能定益州，坐徵抵罪，以益州刺史張喬領尹就軍屯。招誘叛羌，稍稍降散。秋，任尚復募効功種號封刺殺零昌，封號封為羌王。冬，任尚將諸郡兵與馬賢並進北地擊狼莫，賢先至安定青石岸，狼莫逆擊敗之。會尚兵到高平[75]，因合埶俱進，狼莫等引退，乃轉營迫之，至北地，相持六十餘日，戰於富平[76]上河，大破之，斬首五千級，還得所略人男女千餘人，牛馬驢羊駱駝十餘萬頭，狼莫逃走，於是西河虔人種羌[77]萬一千口詣鄧遵降。

8 五年，鄧遵募上郡全無種羌雕何等刺殺狼莫，賜雕何為羌侯，封遵武陽侯，三千戶。遵以太后從弟故，爵封優大。任尚與遵爭功，又詐增首級，受賕枉法，臧千萬已上，檻車徵棄市，沒入田廬奴婢財物。自零昌、狼莫死後，諸羌瓦解，三輔、益州無復寇儆。

9 自羌叛十餘年間，兵連師老，不暫寧息。軍旅之費，轉運委輸，用二百四十餘億，府帑空竭。延及內郡，邊民死者不可勝數，并涼二州遂至虛耗。

10 六年春，勒姐種與隴西種羌號良等通謀欲反，馬賢逆擊之於安故，斬號良及種人數百級，皆降散。

11 永寧[78]元年春，上郡沈氐種羌五千餘人復寇張掖。其夏，馬賢將萬人擊之。初戰失利，死者數百人，明日復戰，破之，斬首千八百級，獲生口千餘人，馬牛羊以萬數，餘虜悉降。時當煎種大豪飢五等，以賢兵在張掖，乃乘虛寇金城，賢還軍追之出塞，斬首數千級而還。燒當、燒何種聞賢軍還，率三千餘人復寇張掖，殺長吏。初，飢五同種大豪盧忽、忍良等千餘戶別留允街，而首施兩端[79]。建光[80]元年春，馬賢率兵召盧忽斬之，因放兵擊其種人，首虜二千餘人，掠馬牛羊十萬頭，忍良等皆亡出塞。璽書封賢安亭侯，食邑千戶。忍良等以麻奴兄弟本燒當世嫡，而賢撫恤不至，常有怨心。秋，遂相結共脅將諸種步騎三千人寇湟中，攻金城諸縣。賢將先零種赴擊之，戰於牧苑[81]，兵敗，死者四百餘人。麻奴等又敗武威、張掖郡兵於令居，因脅將先零、沈氐諸種四千餘戶，緣山西走，寇武威。賢追到鸞鳥[82]，招引之，諸種降者數千，麻奴南還湟中。延光[83]元年春，賢追到湟中，麻奴出塞度河，賢復追擊戰破之，種眾散遁，詣涼州刺史宗漢降。麻奴等孤弱飢困，其年冬，將種眾三千餘戶詣漢陽太守耿种降。安帝假[84]金印紫綬，賜金銀綵繒各有差。是歲，虔人種羌與上郡胡反，攻穀羅城[85]，度遼將軍耿夔[86]將諸郡兵及烏桓[87]騎赴擊破之。三年秋，隴西郡始還狄道焉。麻奴弟犀苦立。

12 順帝永建[88]元年，隴西鍾羌反，校尉馬賢將七千餘人擊之，戰於臨洮，斬首千餘級，皆率種人降。進封賢都鄉侯。自是涼州無事。

13 至四年，尚書僕射[89]虞詡[90]上疏曰：「臣聞子孫以奉祖為孝，君上以安民為明，此高宗[91]、周宣[92]所以上配湯、武也。禹貢雍州[93]之域，厥田惟上。且沃野千里，穀稼殷積，又有龜茲[94]鹽池以為民利。水草豐美，土宜產牧，牛馬銜尾，群羊塞道。北阻山河，乘阸據險。因渠以溉，水舂河漕[95]。用功省少，而軍糧饒足。故孝武皇帝及光武築朔方[96]，開西河，置上郡，皆為此也。而遭元元無妄之災[97]，眾羌內潰，郡縣兵荒二十餘年。夫棄沃壤之饒，損自然之財，不可謂利；離河山之阻，守無險之處，難以為固。今三郡[98]未復，園陵單外[99]，而公卿選懦[100]，容頭過身[101]，張解設難[102]，但計所費，不圖其安。宜開聖德，考行所長。」書奏，帝乃復三郡。使謁者郭璜督促徙者，各歸舊縣，繕城郭，置候驛。既而激河浚渠為屯田，省內郡費歲一億計。遂令安定、北地、上郡及隴西、金城常儲穀粟，令周數年。

14 馬賢以犀苦兄弟數背叛，因繫質[103]於令居。其冬，賢坐徵免，右扶風韓皓代為校尉。明年，犀苦詣皓自言求歸故地，皓復不遣。因轉湟中屯田，置兩河[104]間，以逼群羌。皓復坐徵，張掖太守馬續代為校尉。兩河間羌以屯田近之，恐必見圖，乃解仇詛盟，各自儆備。續欲先示恩信，乃上移屯田還湟中，羌意乃安。至陽嘉[105]元年，以湟中地廣，更增置屯田五部，并為十部。二年夏，復置隴西南部都尉如舊制。

15 三年，鍾羌良封等復寇隴西、漢陽，詔拜前校尉馬賢為謁者，鎮撫諸種。馬賢續遣兵擊良封，斬首數百級。四年，馬賢亦發隴西吏士及羌胡兵擊殺良封，斬首千八百級，獲馬牛羊五萬餘頭，良封親屬並詣賢降。賢復進擊鍾羌且昌，且昌等率諸種十餘萬詣涼州刺史降。永和[106]元年，馬續遷度遼將軍，復以馬賢代為校尉。初，武都塞上白馬羌攻破屯官，反叛連年。二年春，廣漢屬國都尉擊破之，斬首六百餘級，馬賢又擊斬其渠帥飢指累祖等三百級，於是隴右復平。明年冬，燒當種那離等三千餘騎寇金城塞，馬賢將兵赴擊，斬首四百餘級，獲馬千四百匹。那離等復西招羌胡，殺傷吏民。

16 四年，馬賢將湟中義從兵[107]及羌胡萬餘騎掩擊那離等，斬之，獲首虜千二百餘級，得馬騾羊十萬餘頭。徵賢為弘農太守，以來機為并州刺史，劉秉為涼州刺史，並當之職。大將軍梁商[108]謂機等曰：「戎狄荒服，蠻夷要服[109]，言其荒忽無常。而統領之道，亦無常法，臨事制宜，略依其俗。今三君[110]素性疾惡，欲分明白黑。孔子曰：『人而不仁，疾之已甚，亂也[111]。』況戎狄乎！其務安羌胡，防其大故，忍其小過。」機等天性虐刻，遂不能從。到州之日，多所擾發。

17 五年夏，且凍、傅難種羌等遂反叛，攻金城，與西塞及湟中雜種羌胡大寇三輔，殺害長吏。機、秉並坐徵。於是發京師近郡及諸州兵討之，拜馬賢為征西將軍，以騎都尉耿叔副，將左右羽林、五校士及諸州郡兵十萬人屯漢陽。又於扶風、漢陽、隴道[112]作塢壁三百所，置屯兵，以保聚百姓。且凍分遣種人寇武都，燒隴關[113]，掠苑馬。六年春，馬賢將五六千騎擊之，到射姑山[114]，賢軍敗，賢及二子皆戰歿。順帝愍之，賜布三千匹，穀千斛，封賢孫光為舞陽亭侯[115]，租入歲百萬。遣侍御史督錄征西營兵，存恤死傷。

18 於是東西羌[116]遂大合。鞏唐種[117]三千餘騎寇隴西，又燒園陵，掠關中，殺傷長吏，郃陽[118]令任頵追擊，戰死。遣中郎將龐浚募勇士千五百人頓美陽，為涼州援。武威太守趙沖追擊鞏唐羌，斬首四百餘級，得馬牛羊驢萬八千餘頭，羌二千餘人降。詔沖督河西四郡兵為節度。罕種羌[119]千餘寇北地，北地太守賈福與趙沖擊之，不利。秋，諸種八九千騎寇武威，涼部[120]震恐。於是復徙安定居扶風，北地居馮翊，遣行車騎將軍執金吾張喬將左右羽林、五校士及河內、南陽、汝南兵萬五千屯三輔。漢安[121]元年，以趙沖為護羌校尉。沖招懷叛羌，罕種乃率邑落五千餘戶詣沖降。於是罷張喬軍屯。唯燒何種三千餘落據參䜌[122]北界。三年夏，趙沖與漢陽太守張貢掩擊之，斬首千五百級，得牛羊驢十八萬頭。冬，沖擊諸種，斬首四千餘級。詔沖一子為郎。沖復追擊於阿陽[123]，斬首八百級。於是諸種前後三萬餘戶詣涼州刺史降。

19 建康[124]元年春，護羌從事馬玄遂為諸羌所誘，將羌眾亡出塞，領護羌校尉衛瑤追擊玄等，斬首八百餘級，得牛馬羊二十餘萬頭。趙沖復追叛羌到建威[125]鸇陰河。軍度未竟，所將降胡六百餘人叛走，沖將數百人追之，遇羌伏兵，與戰歿。沖雖身死，而前後多所斬獲，羌由是衰耗。永嘉[126]元年，封沖子愷義陽亭侯。以漢陽太守張貢代為校尉。左馮翊梁並稍以恩信招誘之，於是離湳、狐奴[127]等五萬餘戶詣並降，隴右復平。並，大將軍冀[128]之宗人。封為鄠侯，邑二千戶。

20 自永和羌叛，至乎是歲，十餘年間，費用八十餘億。諸將多斷盜[129]牢稟[130]，私自潤入，皆以珍寶貨賂左右，上下放縱，不恤軍事，士卒不得其死者，白骨相望於野。

21 桓帝建和[131]二年，白馬羌寇廣漢屬國，殺長吏。是時西羌及湟中胡復畔為寇，益州刺史率板楯蠻討破之，斬首招降二十萬人。

22 永壽[132]元年，校尉張貢卒，以前南陽太守第五訪[133]代為校尉，甚有威惠，西垂無事。延熹[134]二年，訪卒，以中郎將段熲[135]代為校尉。時燒當八種寇隴右[136]，熲擊大破之。四年，零吾復與先零及上郡沈氐、牢姐諸種并力寇并、涼及三輔。會段熲坐事徵，以濟南相[137]胡閎代為校尉。閎無威略，羌遂陸梁[138]，覆沒營塢，寇患轉盛，中郎將皇甫規[139]擊破之。五年，沈氐諸種復寇張掖、酒泉，皇甫規招之，皆降。事已具規傳。烏吾種復寇漢陽，隴西、金城諸郡兵共擊破之，各還降附。至冬，滇那等五六千人復攻武威、張掖、酒泉，燒民廬舍。六年，隴西太守孫羌擊破之，斬首溺死三千餘人。胡閎疾，復以段熲為校尉。

23 永康[140]元年，東羌岸尾等脅同種連寇三輔，中郎將張奐[141]追破斬之，事已具奐傳。當煎羌寇武威，破羌將軍段熲復破滅之，餘悉降散。事已具熲傳。靈帝建寧[142]三年，燒當羌奉使貢獻。中平[143]元年，北地降羌先零種因黃巾大亂，乃與湟中羌、義從胡北宮伯玉等反，寇隴右。事已具董卓傳[144]。興平[145]元年，馮翊降羌反，寇諸縣，郭汜[146]、樊稠擊破之，斬首數千級。

24 自爰劍後，子孫支分凡百五十種。其九種在賜支河首以西，及在蜀、漢徼北，前史不載口數。唯參狼在武都，勝兵數千人。其五十二種衰少，不能自立，分散為附落，或絕滅無後，或引而遠去。其八十九種，唯鍾最強，勝兵十餘萬。其餘大者萬餘人，小者數千人，更相鈔盜，盛衰無常，無慮[147]順帝時勝兵合可二十萬人。發羌、唐旄等絕遠，未嘗往來。氂牛、白馬羌在蜀、漢，其種別名號，皆不可紀知也。建武十三年，廣漢塞外白馬羌豪樓登等率種人五千餘戶內屬，光武封樓登為歸義君長。至和帝永元六年，蜀郡徼外大牂夷種羌豪造頭等率種人五十餘萬口內屬，拜造頭為邑君長，賜印綬。至安帝永初元年，蜀郡徼外羌龍橋等六種萬七千二百八十口內屬。明年，蜀郡徼外羌薄申等八種三萬六千九百口復舉土內屬。冬，廣漢塞外參狼種羌二千四百口復來內屬。桓帝建和二年，白馬羌千餘人寇廣漢屬國，殺長吏，益州刺史率板楯蠻討破之。

【章　旨】以上記述自安帝永初元年至獻帝興平元年八十八年間的羌人叛亂，突出寫永初、永和中羌叛的二次高潮及段熲等最終平定叛亂的情況。又述東漢將帥斷盜糧餉，不恤軍兵，造成「士卒不得其死，白骨相望於野」的慘狀。又述羌人自無弋爰劍以後部落多寡強弱，勝兵數量及諸羌內屬等情況。

【注　釋】❶西域　西漢以後對玉門關（在今甘肅敦煌西北）以西地區的總稱。始見於《漢書·西域傳》。有二義：狹義的西域，專指蔥嶺以東，玉門關以西地區而言。廣義的西域，則指凡通過狹義西域所能達到的地方，包括亞洲中、西部、印度半島、歐洲東部和非洲北部地區。西漢武帝派張騫初通西域，宣帝始置西域都護。以後各代西域與中原地區在政治、經濟、文化上有密切的關係。❷徼遮　攔截。徼，同「邀」。❸鍾羌　羌族的一支，大致活動在洮河上游一帶。❹鄧騭　（？—西元一二一年），字昭伯，南陽新野人。鄧禹之孫。妹為和帝皇后。和帝死，安帝即位，太后臨朝，鄧騭為大將軍，專斷朝政。太后死，安帝與宦官李閏合謀誅滅鄧氏，他自殺。事見本書卷十六。❺三河　漢人稱河東、河內、河南三郡為「三河」。河東，郡名。秦置。治今山西夏縣西北。河內，郡名。楚漢之際置。治今河南武陟西南。河南，郡名。漢高祖二年改秦三川郡置。

治今河南洛陽東北。❻汝南　郡名。西漢高祖四年置。治今河南上蔡。東漢移治今河南平輿北。❼南陽　郡名。戰國秦置。治今河南南陽。❽潁川　郡名。秦王政十七年置。治今河南禹州。❾太原　郡國名。戰國秦置郡。治今山西太原西南。❿上黨　郡名。戰國韓置。其後入趙，又入秦。治今山西長治北。東漢末移治壺關。其後屢有遷移。⓫冀　古縣名。秦置。其地在今甘肅甘谷東南。⓬西域都護　官名。西漢宣帝神爵二年置。治今新疆輪臺東野雲溝附近。轄玉門關、陽關以西天山南北，西包烏孫、大宛、葱嶺這一範圍內的西域諸國。初為三十六國，後增至五十國。屬官有副校尉、丞等。王莽天鳳三年（西元一六年）後西域不通，都護府亦廢。東漢曾兩度置西域都護（西元七四—七六年；西元九一—一〇七年），並移治龜茲它乾城（今新疆新和西南大望庫木舊城）。西域都護的設置，對鞏固中原地區與西域在政治、經濟、文化上的關係，發展西域地區的生產，保護東西商路的通暢，都有積極的作用。⓭平襄　縣名。屬漢中郡。西漢置縣。治今甘肅通渭西北。⓮西河　郡名。西漢武帝元朔四年置。治今內蒙古東勝。東漢永和五年移治今山西離石。⓯趙魏　指趙國、魏郡。即今河北南部、河南北部及山東西南部一帶。⓰益州　西漢武帝所置「十三刺史部」之一。東漢治今四川廣漢，中平中移治今四川德陽，興平中又移治今四川成都。⓱漢中　郡名。西元前三一二年秦惠王置，因水為名。治今陝西漢中東。西漢移治今陝西安康，東漢復還舊治。建安後轄境屢減。⓲石　古代重量單位。一石為一百二十斤。東漢一石等於現在二六四〇〇克。⓳節度　調度；指揮。⓴鄧太后　（西元八一—一二一年），名綏。和帝劉肇皇后，太傅鄧禹之孫女。六歲能誦史書，十二歲通《詩》、《論語》，志在典籍，不問居家之事。後晝修婦業，暮誦經典。永元七年選入宮。她身長七尺二寸，姿顏姝麗。八年冬入掖庭，為貴人，時年十六。永元十四年立為皇后。殤帝（劉隆）時，尊為皇太后。臨朝。殤帝崩，定策立安帝，猶臨朝政。永寧二年去世。終年四十一。事見本書卷十上。㉑大將軍　官名。始於戰國，漢代沿置，為將軍的最高稱號。執掌統兵征戰，掌握兵權，職位甚高，多由貴戚擔任。西漢武帝時以大司馬為大將軍所兼官號。其後霍光、王鳳等均以大司馬大將軍預聞政事，為中朝官首領。㉒破羌縣　屬金城郡。今青海樂都碾伯鎮東。㉓褒中　縣名。屬漢中郡。故城在今陝西勉縣東北。㉔郵亭　古時所設供傳送文書的人和旅客歇宿的館舍。㉕京兆虎牙都尉　東漢時駐防關中之官，以防羌人侵犯。㉖故事　舊的典章制度；成例。㉗主簿　官名。漢代中央及郡縣官署均置此官，以典領文書，辦理事務。㉘段崇　字禮高，南鄭人。太守河間鄭廑命為主簿。永初四年，涼州羌反，溢入漢中。廑出屯褒中。虜東攻，廑欲戰，崇諫不可，願固壘待之。廑不聽，出戰，敗績。崇與門下吏王宗、原展及子勃，兄子伯生，推鋒死戰，眾寡不敵，崇等皆死，羌遂得廑，殺之。功曹程信時居守，馳來赴難。冒寇殯，送還鄉里。㉙襄武　縣名。漢置。屬隴西郡。治今甘肅隴西東南。㉚檻車　裝載猛獸或囚禁罪犯的車子。《釋名·釋車》：「檻車，上施闌檻以格猛獸，亦因禁罪人之車也。」㉛廷尉　官名。九卿之一。《漢書・百官公卿表》：「秦官，掌刑辟，有正、左右監，秩皆千石。景帝中六年更名大理，武帝建元四年復為廷尉。哀帝元壽二年復為大理。王莽改曰作士。」鄭樵《通志・職官略・大理卿》：「後漢，廷尉卿，凡郡國讞疑，皆處當以報。」㉜詔獄　奉皇帝詔令拘禁犯人的監獄。㉝北軍中候　北軍，漢代守衛京師的宿衛兵。未央宮在京城西南，其衛兵稱為南軍；長樂宮在京城東面偏北，其衛兵稱為北軍。西漢文帝時合南北軍，其後宮室日增，南軍名沒，北軍名存。東漢沿之，置北軍中候，掌監五營，稱北軍五校（即屯騎、越騎、步兵、長水、射聲）。《續漢志集解・第二十七校補》注引錢大昕：「漢官制以委任為重，不以秩祿之多寡。五營校尉皆比二千石，而中候以六百石監之。」㉞孟津　古黃河津渡名。在今河南孟津東北、孟州西南。㉟魏郡　郡名。西漢高祖十二年置。治今河北臨漳西南。㊱趙國　郡、國名。西漢高祖四年改邯鄲郡置趙國。治今河北邯鄲。建安中又改為郡。㊲常山　郡、國名。西漢高祖三年置郡。治今河北元氏西北。東漢初改為國。常山本為恆山，後為避西漢文帝諱，改恆為「常」。㊳中山　郡、國名。西漢高祖置郡，景帝改為國。治今河北定州。㊴二千石　漢代內自九卿郎將，外至郡守的俸祿等級都是二千石。二千石分三等：中二千石、二千石、比二千石。中二千石，月得一百八十斛；中者，滿也。二千石，月得一百二十斛。比二千石，月得一百斛。東漢二千石稱真二千石。後因稱郎將、郡守和知府為二千石。㊵美陽　古縣名。戰國秦孝公置。治今陝西武功西北。㊶池陽　古縣名。西漢惠帝四年置。治今陝西涇陽西北，俗名迎冬城。㊷衙　縣名。其地在今陝西澄城西北。㊸驅蹴　驅趕；促迫。蹴，亦作「蹵」。㊹侍御史　官名。西漢沿秦置，在御史大夫下，或給事殿中，或舉劾非法，或督察郡縣，或奉使出外執行指定的任務。東漢別置治書侍御史。㊺羊頭山　李賢注：「羊頭山在上黨郡穀遠縣。」在今山西長子東南。㊻列侯　本書〈百官志〉：「列侯，所食縣為侯國。承秦制二十等為徹侯。金印紫綬，以賞有功。功大者食縣，小者食鄉亭，得臣其所食吏民。後避武帝諱為列侯。」㊼樗泉營　在今甘肅天水市西北。㊽丁奚城　古城名。在今寧夏靈武南。㊾駱駞　即駱駝。㊿畀　給予；付與。(51)元初　東漢安帝劉祜年號，西元一一四—一二〇年。(52)巴郡　郡名。秦惠文王滅巴國，置巴、蜀、漢中三郡。巴郡治所在江州，今重慶北嘉陵江北岸。建安六年改巴郡為巴西，改永寧為巴郡。(53)板楯蠻　古族名。古代巴人的一支。秦、漢時分布在巴郡一帶。主要有羅、朴、督、鄂、度、夕、龔七姓。喜歌舞，善弩射，長於狩獵，勇敢善戰，號為「神兵」。(54)五官掾　官名。郡守屬吏。署功曹及諸曹事。(55)龐參　（？—西元一三六年），字仲達，河南緱氏（今河南偃師）人。初仕郡，未知名，河南尹龐奮見而奇之。舉孝廉，拜左校令。安帝永初四年任漢陽太守。龐參在職「能抑強助弱，以惠政得民」。元初元年遷護羌校尉。叛羌懷其恩信，燒當羌號多等皆降。時先零羌僭號北地，詔龐參將降羌及湟中義從胡七千人與行征西將軍司馬鈞期會北地擊之。龐參於路為羌所敗，失期。坐以詐疾徵還下獄，赦出後，為遼東太守。永建元年，遷度遼將軍。四年，入為大鴻臚，後以太尉錄尚書事。龐參忠直，數為左右所陷毀，因災異免。陽嘉四年，復以龐參為太尉。永和元年，以久病罷，卒於家。傳見本書卷五十一。[56]益部　即益州刺史部。[57]屯騎校尉　《漢書・百官公卿表》：「屯騎校尉掌騎士。」東漢掌管宿衛兵，有司馬一人。屬北軍中候。[58]班雄　班超長子。累遷屯騎校尉，後拜京兆尹。[59]左馮翊　官名、政區名。西漢武帝太初元年改左內史置，職掌相當於郡太守，轄區相當於一郡，因地屬畿輔，故不稱郡，為「三輔」之一。治所在長安。東漢移治今陝西高陵南。[60]右扶風　官名、政區名。為三輔之一。見前「扶風」注。[61]勇士　古縣名、城名。西漢置縣。治今甘肅榆中北。[62]要　同「邀」。中途攔截。[63]羽林　即羽林郎，皇帝的侍衛軍。掌宿衛侍從。漢武帝太初元年初置，名曰建章宮騎，後更名羽林騎，取「為國羽翼，如林之盛」之意。故以羽林騎泛指禁衛軍。置羽林中郎將及羽林左、右監以統領之。羽林郎秩同郎中，比三百石。常選漢陽、隴西等六郡良家子為之。[64]緹騎　古代當朝貴官的前導和隨從騎士。南朝梁劉昭注引《漢官》：「執金吾緹騎二百人，持戟五百二十人，輿服導從，光滿道路，群僚之中，斯為壯矣。」王先謙《後漢書集解》引李祖楙：「《說文》，緹，帛丹黃色。蓋執金吾騎以此為服，故名緹騎。」[65]懷　縣名。秦置。治今河南武陟西南。[66]使君　舊稱奉命出使的人。[67]埶　同「勢」。[68]掩截　襲擊攔截。截，同「截」。[69]鄧遵　大將軍鄧騭從弟，封舞陽侯，官度遼將軍。後自殺。[70]南單于　即南匈奴單于。單于，匈奴最高首領的稱號。東漢光武帝建武二十四年，匈奴分裂，南下附漢的稱為「南匈奴」，留居漠北的稱「北匈奴」。南匈奴屯居於朔方、五原、雲中（在內蒙古境內）等郡，東漢分為五部。[71]左鹿蠡王　匈奴官號。有左、右鹿蠡王，在左、右賢王之下。鹿蠡王，《史記・匈奴列傳》作「谷蠡王」。[72]靈州　縣名。西漢惠帝四年置縣。在今寧夏靈武北黃河中沙洲上。[73]假　代理。[74]僭號　舊指非法稱帝。[75]高平　古縣名。西漢置。屬安定郡。治今寧夏固原。[76]富平　古縣名。治今寧夏吳忠西南。東漢為北地郡治所。[77]虔人種羌　羌人的一支，活動在今內蒙古準噶爾旗。[78]永寧　東漢安帝劉祜年號，西元一二〇—一二一年。[79]首施兩端　即首鼠兩端。腳踏兩隻船。[80]建光　安帝年號，西元一二一—一二二年。[81]牧苑　屬漢陽郡。在今甘肅榆中東。[82]鸇鳥　縣名。西漢置。以鸇鳥山得名。故城在今甘肅武威南。[83]延光　東漢安帝劉祜年號，西元一二二—一二五年。[84]假　給予；授。[85]穀羅城　屬西河郡。在今內蒙古準噶爾旗西南。[86]耿夔　字定公，雲臺二十八將建威大將軍好時侯耿弇姪。永元初，為車騎將軍竇憲假司馬，北擊匈奴，轉車騎都尉。永元三年，竇憲復出河西，以耿夔為大將軍左校尉，將精騎八百出居延塞，直奔北單于庭，斬閼氏、名王以下五千餘級，盡獲匈奴珍寶財畜。還，封粟邑侯。竇憲敗，耿夔亦被免官、奪爵。後為長水校尉，拜五原太守，遷遼東太守。

元興元年，貊人入寇郡界，耿夔斬其渠帥，轉雲中太守，拜度遼將軍。後坐法免官，卒於家。傳見本書卷十九。87烏桓　古族名，也作「烏丸」。東胡的一支。秦末東胡遭匈奴擊破後，部分遷烏桓山，因以為名。以游牧射獵為主。漢初附匈奴，武帝以後附漢，遷至上谷、漁陽、右北平、遼西、遼東等五塞外。漢置護烏桓校尉。因受漢族的影響，漸營農業，每年在上谷、寧城等地與漢互市。東漢獻帝建安十二年曹操遷烏桓萬餘部落於中原，部分留居東北，後漸與漢族及其他民族融合。88順帝永建　順帝，名保，安帝子。西元一二五－一四四年在位。永建，順帝年號，西元一二六－一三二年。89尚書僕射　東漢尚書僕射為尚書令的副手，職權漸重，東漢末期分置左、右僕射。90虞詡　字升卿，陳國武平（今河南鹿邑）人。年十二能通《尚書》。辟太尉李脩府。拜郎中。後為朝歌（今河南淇縣）長。永建元年為司隸校尉。劾奏權貴，「百官側目，號為苛刻」。為中常侍張防所疾，虞詡論輸左校，後赦出，拜議郎，數日遷尚書僕射。永和初遷尚書令。以公事去官。朝廷思其忠，復徵之，會病卒。傳見本書卷五十八。91高宗　即商王武丁。92周宣　即周宣王。93禹貢雍州　〈禹貢〉見前注。雍州，古九州之一。《尚書・禹貢》：「黑水西河維雍州。」《爾雅・釋地》：「河西曰雍州。」《周禮・職方》：「正西曰雍州。」黑水所指，自來說法不一，有張掖河、黨河（在今甘肅）、大通河（在今青海）等說。西河或指今山西、陝西間的黃河。94龜茲　古縣名。西漢置。以處龜茲（古西域國名。在今新疆庫車一帶）降人得名。治今陝西榆林北。西漢為上郡屬國都尉治所。有鹽官。東漢桓帝永壽元年安定屬國都尉張奐駐此地，以斷絕南匈奴和東羌的交通。95水舂河漕　水舂，即水碓。利用水力旋動的舂米設備。河漕，以河水運輸物資。96朔方　郡名。西漢武帝元朔二年置。治今內蒙古杭錦旗。轄境相當今內蒙古河套西北部及後套地區。東漢移治今內蒙古磴口北。末年廢。97遭元元無妄之灾　國家遭受到「百六」、「陽九」那樣意想不到的重大災禍。元元，當為「元二」，抄寫致誤。元二者，古代術數家用語。西漢《太初曆》以四千六百十七年為「一元」，即推算曆法的最大週期。西漢末劉歆據《太初曆》造《三統曆》，並用《左傳》、《周易》的哲理予以附會。他據《易傳》將「一元」分為九大段落，說是每段時間內都分布若干次自然災害，即所謂「阸」。逢單數的段落必為旱災，即「陽阸」；逢雙數的段落則必為水災，即所謂「陰阸」。初入元，即第一段落，時間為一百零六年，應有「陽阸」的災歲九，故謂「百六」、「陽九」。這就是所謂的「元二」。後用以指災年或厄運。虞詡上疏把羌人寇鈔的嚴重性，比之為「元二之阸」。不取「元二」為安帝永初「元年、二年」之說。無妄，李賢注引《前書音義》：「無妄者，無所望也。萬物無所望於天，災異之大也。」98三郡　即安定、北地、上郡。永初五年為避寇亂，「隴西徙襄武，安定徙美陽，北地徙池陽，上郡徙衙。」隴西已於延光三年秋還狄道，故只有三郡。99園陵單外　園陵，指長安諸帝陵墓。單外，謂無軍隊固守。100選懦　柔弱怯懦。選，同「巽」。卑順。101容

頭過身　如頭可容，身即可過。比喻得過且過。102張解設難　張大其詞進行辯解，鋪設其詞以提出質問。103繫質　拘禁以為人質。104兩河　王先謙《後漢書集解》引《資治通鑑》胡注：「兩河謂賜支河及逢留大河也。」105陽嘉　東漢順帝劉保年號，西元一三二—一三五年。106永和　東漢順帝劉保年號，西元一三六—一四一年。107義從兵　自願從軍者。108梁商　（？—西元一四一年），字伯夏，安定烏氏（今甘肅平涼）人。東漢初九江太守梁統之曾孫，梁竦孫，梁雍之中子。少以外戚拜郎中，遷黃門侍郎。永建元年（西元一二六年）襲父封乘氏侯。永建三年，順帝選商女及妹入掖庭，商遷侍中、屯騎校尉。陽嘉元年，立其女為皇后，妹為貴人。加梁商位特進，拜執金吾。三年，以梁商為大將軍。梁商每存謙柔，虛己進賢，京師稱為良輔。每有饑饉，輒載租穀於城門，賑與貧餒，不宣己惠。永和六年去世，謚忠侯。傳見本書卷三十四附。109戎狄荒服二句　戎狄、蠻夷指西、南方少數民族。我國古代一般稱四周為北狄、南蠻、東夷、西戎。要服，古五服之一，距離王畿一千五百里至二千里的地區。《尚書・禹貢》，《孔傳》：「綏服之外五百里，要束以文教。」後亦泛指邊遠地區。110三君　即馬賢、來機、劉秉。111人而不仁三句　語出《論語・泰伯》。李賢注引鄭玄：「不仁之人，當以風化之，疾之已甚，是又使之為亂行。」即對不仁的人憎惡太過，也會使其作亂。112隴道　本書〈順帝紀〉永和五年、《資治通鑑》卷五十二，均作「九月，令扶風、漢陽築隴道塢三百所，置屯兵。」113隴關　即隴山之關。在今甘肅清水縣東隴山東坡。後稱大震關。114射姑山　在今甘肅慶陽北。屬北地郡。115亭侯　爵位名。漢代食祿於亭的列侯。116東西羌　羌居安定、北地、上郡、西河者，謂之東羌；居隴西、漢陽，延及金城塞外者，謂之西羌。117鞏唐種　羌人的一支。一度活動在隴西，後遭武威太守趙沖的鎮壓。118郃陽　古縣名。戰國屬魏。秦為合陽縣，屬內史。漢改郃陽縣，屬左馮翊。因在郃水之陽得名，隋移今治。西元一九六四年改曰「合陽」。119罕種羌　羌人的一支。活動於金城郡一帶。120涼部　即涼州刺史部。121漢安　東漢順帝劉保年號，西元一四二—一四四年。122參䜌　縣名。屬安定郡。東漢屬北地郡。123阿陽　縣名。屬漢陽郡。故治在今甘肅靜寧西南。124建康　東漢順帝劉保年號，西元一四四年。125建威　李賢注：「《續漢志》『建威』作『武威』」。126永嘉　東漢沖帝劉炳年號，西元一四五年。127離湳狐奴　皆羌人部落名。128冀　即梁冀（？—西元一五九年），字伯卓，安定烏氏（今甘肅平涼）人。兩妹為順帝、桓帝皇后。其父梁商死後，繼為大將軍。順帝死，他與妹梁太后立沖、質帝，質帝稱其為「跋扈將軍」，後他毒殺質帝，迎立桓帝，專斷朝政二十餘年。執政期間，驕奢橫暴，多建園囿，並強迫人民數千為奴婢，稱「自賣人」。梁太后、皇后先後死。延熹二年，桓帝與宦官單超等五人定議，誅滅梁氏，他因而自殺。傳見本書卷三十四。129斷盜　從中盜竊，貪汙中飽。130牢稟　亦作「牢廩」。糧餉。131桓帝建和　桓帝（西元一三二—一六七年），名志，章帝曾孫，蠡吾侯劉翼之子。建和，桓帝年號，西元一四七—一四九年。[132]永壽　東漢桓帝劉志年號，西元一五五—一五八年。[133]第五訪　字仲謀，京兆長陵（今咸陽）人。司空第五倫之族孫。少孤貧，常傭耕以養兄嫂。有暇則以學文。初仕郡為功曹，舉孝廉，補新都（今成都平原）令。政平化行，遷張掖太守。歲饑，出倉穀賑人，順帝璽書嘉之，由是一郡得全。遷南陽太守。去官，拜護羌校尉。邊境服其威信，卒於官。傳見本書卷七十六。[134]延熹　東漢桓帝劉志年號，西元一五八—一六七年。[135]段熲　（？—西元一七九年），字紀明，武威姑臧（今甘肅武威）人。少習弓馬，尚游俠，輕財賄。長折節好古，舉孝廉，遷遼東屬國都尉，又拜議郎，遷并州刺史、護羌校尉。在邊十餘年，屢破羌眾。入朝官至司隸校尉、太尉。以曲意事宦官，故得保其富貴。光和二年，司隸校尉陽球劾殺中常侍王甫，並及段熲，下獄，自殺。傳見本書卷六十五。[136]隴右　古地區名。泛指隴山以西地區。古代以西為右，故名。約相當今甘肅六盤山以西，黃河以東一帶。[137]濟南相　濟南國的行政長官，其職位相當於太守。濟南，郡、國名。西漢初分齊郡置郡，文帝改為國。景帝平定吳楚七國之亂後復為郡。治今山東章丘。東漢又改為國。[138]陸梁　跳走貌。引申為囂張、跋扈。[139]皇甫規　（西元一〇四—一七四年），字威明，安定郡朝那縣（今寧夏固原）人。初為郡功曹，上計吏，拜中郎將。梁冀誅，公車特徵為太山太守，平太山賊叔孫無忌。後為度遼將軍。黨錮事起，一時賢者多受株連，規恥不得與，乃上書自訟，朝廷不置問。後轉弘農太守，封壽成亭侯，讓封不受。再轉護羌校尉。熹平三年卒，年七十一。所著賦、銘、表、教、書、檄等凡二十七篇。傳見本書卷六十五。[140]永康　東漢桓帝劉志年號，西元一六七年。[141]張奐　（西元一〇四—一八一年），字然明，敦煌淵泉（甘肅安西）人。少遊三輔，師事太尉朱寵，學《歐陽尚書》。後辟大將軍梁冀府。以疾去官。復舉賢良，對策第一，擢議郎。永壽元年遷安定屬國都尉。延熹二年梁冀誅，張奐以故吏免官禁錮。復拜武威太守。後為大司農，轉拜護匈奴中郎將。在官，匈奴降者二十餘萬，又破東羌先零，三州清定。以其不事宦官，故賞不行。後轉太常，以黨錮罪禁錮歸鄉里。張奐在家，收徒千人，著《尚書記難》三十餘萬言。傳見本書卷六十五。[142]靈帝建寧　靈帝（西元一五六—一八九年），名宏，章帝玄孫，解瀆亭侯劉萇之子。建寧，靈帝年號，西元一六八—一七二年。[143]中平　東漢靈帝劉宏年號，西元一八四—一八九年。[144]董卓傳　董卓（？—西元一九二年），字仲穎，隴西臨洮（今甘肅岷縣）人。本為涼州豪強。性粗猛有謀，嘗遊羌中，盡與豪帥相結。膂力過人，為羌胡所畏。桓帝末，以六郡良家子為羽林郎。從中郎將張奐為軍司馬，共擊漢陽叛羌，破之。拜郎中，賜縑九千匹，乃悉分與士兵，無所留。靈帝時為并州牧。昭寧（少帝劉辯年號）元年，率兵入洛陽，廢少帝，立獻帝，專斷朝政。曹操與袁紹等起兵反對，他挾獻帝西遷長安，自為太師。殘暴專橫，縱火焚燒洛陽周圍數百里，使生產受到嚴重破壞。後為王允、呂布所殺。〈董卓傳〉見本書卷七十二、《三國志・魏書》卷六。[145]興平　東漢獻帝年號，西元一九四一一九五年。146郭汜　一名多，張掖人。初為校尉，董卓命其與校尉李傕、張濟略陳留、潁川諸縣。董卓被殺，郭汜等乃與董卓故部曲樊稠、李猛等圍長安，十日城陷。殺司徒王允，呂布敗走，葬董卓。李傕為車騎將軍、池陽侯，領司隸校尉、假節。郭汜為後將軍、美陽侯。樊稠為右將軍、萬年侯。三人專擅朝政。時諸將爭權，李傕殺樊稠，併其眾。郭汜與李傕亦互相猜疑，戰於長安。相攻連月，死者數萬。後李傕部將楊奉叛，乃以獻帝還洛陽。後曹操迎獻帝都許（今河南許昌東）。建安二年，遣謁者僕射裴茂率關西諸將誅殺李傕。郭汜亦為其將伍習所襲，死於郿（今陝西眉縣）。李傕、樊稠事見〈董卓傳〉。

147無慮　大約。

【語譯】東號的兒子麻奴立為首領。起初他跟隨著父親歸順漢朝，居住在安定。當時所有歸降的羌人分布在各郡縣，都遭受著官吏和豪強的奴役，他們積累下憂愁和怨恨。安帝永初元年夏天，朝廷派遣騎都尉王弘徵調金城、隴西、漢陽羌人的近千名騎兵去征討西域，王弘催促急迫，眾羌人擔心屯駐到很遠的地方不能再回來，當行到酒泉時，很多羌人都背叛逃散了。各郡縣發兵攔擋，有的搗毀了他們的廬帳。於是勒姐、當煎大首領東岸等人更加驚恐，乃同時奔逃潰散。麻奴兄弟也因此與同部落的人一起向西，出了關塞。

2 先零羌的別支滇零與鍾羌等各部落大肆搶掠，截斷了通往隴中的道路。這個時候，羌人歸順朝廷已經很久，不再有兵甲器械，於是羌人們有的手持竹竿、樹枝來代替戈矛，有的肩負木板、几案作為盾牌，有的手執銅鏡以象徵兵器，郡縣官吏都畏懼膽怯，無法制伏他們。冬天，朝廷派遣車騎將軍鄧騭為統帥，征西校尉任尚為副將，率領五營兵士及三河、三輔、汝南、南陽、潁川、太原、上黨之兵，共五萬人，屯駐在漢陽。第二年春天，各郡兵馬還沒有來得及趕到，鍾羌的數千人便先在冀縣西打敗了鄧騭，殺死一千餘官軍。護羌校尉侯霸因為眾羌人反叛罪而被徵回免職，朝廷於是任命西域都護段禧接任護羌校尉。這年冬天，鄧騭派任尚與從事中郎司馬鈞率領各郡兵馬與滇零等數萬人戰於平襄，任尚大敗，死亡八千餘人。於是滇零等在北地自稱「天子」，招集了武都、參狼、上郡、西河各雜種羌人，於是兵力大為強盛，往東進犯趙、魏，往南侵入益州，殺死漢中太守董炳，緊接著寇掠三輔，截斷通往隴中的道路。湟中諸縣糧食每石上漲到一萬錢，死亡的老百姓，不可勝數。朝廷不能控制局面，而且運輸非常困難，於是皇帝下詔書要鄧騭回師，留任尚屯駐漢陽，節制調度各軍。朝廷因為鄧太后的關係，迎接並封鄧騭為大將軍，封任尚為樂亭侯，食邑三百戶。

3 永初三年春天，朝廷又派騎都尉任仁督率各郡屯兵援救三輔。任仁屢戰不勝，羌人乘勝進攻，漢兵多次受挫。當煎、勒姐等羌人攻陷破羌縣，鍾羌又攻破臨洮縣，活捉了隴西南部都尉。第二年春天，滇零派人進犯褒中，焚燒郵亭，大肆掠奪百姓。於是漢中太守鄭勤移兵屯駐褒中。軍隊長期在外，未有戰功，反而耽誤了農業生產，於是朝廷命任尚率軍回駐長安，撤回南陽、潁川、汝南的將士，在長安設置京兆虎牙都尉，在雍縣設置扶風都尉，如同從前西京設置三輔都尉的舊例。這時，羌人又進攻褒中，鄭勤欲出戰。主簿段崇勸諫，以為羌人乘勝進攻，銳不可擋，應該堅守，等待時機。鄭勤不聽勸告，出兵迎戰，結果大敗，死亡三千餘人，段崇及門下史王宗、原展以身體擋住兵刃，與鄭勤共同戰死於陣中。朝廷於是把金城郡遷到襄武。任仁出戰屢敗，他的士兵也不守軍紀，因此朝廷把他用檻車囚禁回京，關進廷尉詔獄，死於獄中。段禧病故，朝廷又以原任校尉侯霸再任校尉，遷到張掖駐守。永初五年春天，任尚因為屢戰無功罪，被徵回免職。羌人於是入寇河東，到達河內，百姓驚慌，紛紛向南奔逃，渡過了黃河。朝廷命北軍中候朱寵率領五營士兵屯駐孟津，並下詔書命魏郡、趙國、常山、中山修建塢堡、瞭望亭六百一十六所。

4 這時羌人已經強盛起來，而漢朝的郡守、令、長等官多是內地人，都沒有堅守迎戰的心意，皆紛紛上書，請求把郡縣向內地遷移，以躲避禍患。朝廷接受了他們的請求，於是把隴西郡遷到襄武，把安定郡遷到美陽，把北地郡遷到池陽，把上郡遷到衙縣。老百姓眷戀故土，不願離開老地方，於是便割倒他們的莊稼，拆除他們的房屋，並把軍營壁障推平，損毀所積聚的財物。當時正值連年旱災、蝗災，發生饑荒，再加上官兵驅趕催促，搶劫掠奪，百姓流離分散，路上不斷有人死亡，有的丟棄了老小，有的賣身為人做奴僕婢妾，人口喪失了大半。朝廷又任命任尚為侍御史，在上黨的羊頭山攻打羌人，把羌人打敗，誘殺來歸降的羌人二百多，於是撤銷了孟津的屯兵。這年秋天，漢陽人杜琦和他的弟弟杜季貢、同郡人王信等與羌人合謀，聚眾進入上邽城，杜琦自稱安漢將軍。於是朝廷懸賞，有能得到杜琦首級的，封列侯，賞錢百萬，羌胡人有能殺掉杜琦的，賜金一百斤，銀二百斤。漢陽太守趙博派刺客杜習刺殺杜琦，朝廷於是封杜習為討姦侯，賜錢一百萬。

杜季貢、王信等人率領其眾占據樗泉營。侍御史唐喜率領各郡兵馬征討，將杜季貢、王信的人馬擊破，殺王信等六百餘人，抄沒他們的妻子兒女五百餘人，繳獲金銀綵帛一億以上。杜季貢逃走，投奔了滇零。永初六年，任尚再次被徵回免職。滇零死後，其兒子零昌繼立，零昌尚年齡幼小，同部落的狼莫為其出謀劃策，任用杜季貢為將軍，另外在丁奚城居住。永初七年夏天，騎都尉馬賢與侯霸乘其不備，在安定襲擊了零昌的別部牢羌，斬殺俘虜一千人，繳獲驢、騾、駱駝、馬、牛、羊二萬餘頭，把這些都賞賜給繳獲的兵士。

安帝元初元年春天，朝廷派兵駐紮在河內，打通山谷要衝三十三處，都建築了塢堡，設置鳴鼓。零昌發兵寇掠雍城，此外號多與當煎、勒姐的首領一起脅持其他羌人部落，分兵包鈔搶掠武都、漢中。巴郡的板楯蠻率兵救援，漢中郡的五官掾程信率領勇士和板楯蠻一起擊敗了他們。號多逃走，回去即截斷了隴道，和零昌串通一氣。侯霸、馬賢率領湟中官兵以及歸降的羌胡在枹罕向他們發起進攻，斬殺二百餘人。涼州刺史皮楊在狄道與羌人作戰，大敗，死亡八百餘人，皮楊因此被徵回免官。侯霸病故，漢陽太守龐參接任校尉。龐參用恩惠來引誘羌人。元初二年春天，號多等率七千餘人到龐參那裡投降，龐參打發他們到京城，皇帝賜給號多列侯印綬，讓他們回去。龐參才得以回到令居居住，打通了通往河西的道路。但零昌部落的羌人還在分兵搶掠益州，朝廷於是派中郎將尹就率領南陽的軍隊，並徵調益州部各郡的屯兵，攻擊零昌的同黨呂叔都等人。到了秋天，蜀郡人陳省、羅橫應募，刺殺叔都，他們都受封為侯，得到賞錢。朝廷又命屯騎校尉班雄駐紮在三輔，派左馮翊司馬鈞任征西將軍，督率右扶風仲光、安定太守杜恢、北地太守盛包、京兆虎牙都尉耿溥、右扶風都尉皇甫旗等，合計八千餘人，又有龐參率領羌胡兵七千餘人，和司馬鈞分進合擊，向北方進攻零昌。龐參的部隊到了勇士縣的東面，被杜季貢打敗，於是退兵。司馬鈞獨自前進，攻克丁奚城，取得很大的勝利，繳獲物資眾多。杜季貢率眾偽裝逃跑。司馬鈞命令仲光、杜恢、盛包等人收割羌人的莊稼，仲光等人違背了司馬鈞的調度，散兵深入，羌人設下埋伏，攔腰截擊他們。司馬鈞在城裡，怒而不肯救援，仲光等人全部戰死，損失三千餘人。司馬鈞逃跑回來，因戰敗罪而被徵回，自殺。龐參因耽誤了約定的日期，導致戰敗，免職抵罪，朝廷命馬賢代任校尉。後來派任尚為中郎將，統率羽林軍、緹騎和五營子弟，共三千五百人，接替班雄駐守三輔。任尚臨行時，懷縣縣令虞詡勸任尚說：「您多次奉朝廷命令征討賊寇，三個州的駐軍有二十萬人，農桑荒廢，百姓苦於徭役，卻不見什麼功效，人力物力消耗日益增多。如果這次出征還不能獲勝，實在讓人為您擔心啊。」任尚說：「我擔心恐懼很久了，就是不知該怎麼辦。」虞詡說：「根據兵法，弱者不能攻擊強敵，地上跑的不能追趕天上飛的，這是自然形勢所決定的。如今敵虜都是騎兵，日行幾百里，來如風雨般迅猛，去如離弦之箭般快速，用兩條腿去追，肯定是趕不上的，這就是多年來勞而無功的原因所在。從您的角度著想，不如撤去各郡的部隊，命令他們每人拿出幾千錢，二十人合買一匹馬，這樣，就可以不用盔甲，驅馳輕裝的部隊，用多達萬人的騎兵，追逐幾千人的敵人，追擊攔截，敵虜自然無處可逃。既方便於人，又有利於事。是一定能立大功的。」任尚非常高興，立即上書奏請用其策。派輕騎兵在丁奚城包抄襲擊杜季貢，斬殺四百餘人，繳獲牛、馬、羊數千頭。

6 第二年夏天，度遼將軍鄧遵統率南單于和左鹿蠡王須沈的一萬名騎兵，在靈州襲擊零昌，斬首八百多人，朝廷封須沈為破虜侯，賜他金印紫綬，還賞給將士們數量不等的金銀布帛。任尚派兵在丁奚城打敗先零羌。秋天，在馮翊北邊建築瞭望敵情的塢堡五百所。任尚又派代理司馬招募衝鋒陷陣的士兵，在北地進攻零昌，殺掉他的妻子兒女，得牛、馬、羊二萬頭，燒掉他們的廬帳，斬殺七百餘人，繳獲他們僭號的文書及漢軍戰歿諸將領的印綬。

7 元初四年春天，任尚派當闐部落的羌人榆鬼等五個人刺殺杜季貢，朝廷封榆鬼為破羌侯。同年夏天，尹就因為不能安定益州，被徵回免職抵罪，任命益州刺史張喬統領尹就的駐守部隊。張喬招撫和引誘反叛的羌人，羌人逐漸歸降或散去。秋天，任尚又招募効功部落的號封刺殺零昌，朝廷封號封為羌王。冬天，任尚統率各郡的士兵，和馬賢一起開赴北地，攻打狼莫，馬賢先到達安定郡的青石岸，狼莫迎擊，打敗了馬賢。正好任尚的部隊到達高平，與馬賢會合，一起進軍，狼莫等人退走，於是轉移軍營追趕狼莫，到達北地，雙方相持六十餘日，在富平上河交戰，漢軍大獲全勝，斬殺五千人，使狼莫劫掠的男女一千餘人得以歸還，繳獲牛、馬、驢、羊、駱駝十餘萬頭，狼莫逃走，於是西河虔人種羌一萬一千人到鄧遵那裡投降。

8 元初五年，鄧遵招募上郡全無部落的羌人雕何等刺殺狼莫，朝廷封雕何為羌侯，封鄧遵為武陽侯，食邑三千戶。鄧遵因為是鄧太后堂弟的緣故，所以得到的爵位和封賞很優厚。任尚與鄧遵爭功，又虛報斬殺羌人的數量，受賄枉法，貪贓在千萬以上，被朝廷用檻車押回京城，斬首於鬧市，他的田地、房屋、奴婢和財物都被沒收入官。自從零昌、狼莫死後，諸羌瓦解，三輔、益州不再有羌人入侵的警報。

9 自從羌人叛亂以來的十多年間，連年戰爭，軍隊疲憊不堪，得不到短暫的休息。軍旅費用，輾轉運輸，用錢二百四十餘億，使國庫空虛。災禍延及到內地的郡縣，死亡的邊民，更是不可勝數，并州和涼州已到達耗空的境地。

10 元初六年春天，勒姐羌和隴西羌的號良共同謀劃反叛，馬賢在安故予以反擊，斬殺號良及羌人幾百人，其餘的人，皆投降或逃散。

11 永寧元年春天，上郡沈氏部落的五千羌人再次進犯張掖。同年夏天，馬賢率軍一萬人攻打沈氏羌。初戰失利，損失數百人，第二天再戰，打敗了沈氏羌，斬殺一千八百人，俘虜一千餘人，繳獲馬、牛、羊數以萬計，其餘的羌人全部投降。當時當煎羌的首領飢五等人，趁馬賢的部隊遠在張掖，乃乘虛進犯金城，馬賢回師追擊他們到塞外，斬殺幾千人而後返。燒當羌和燒何羌聽說馬賢的部隊回來了，即率領三千餘人再次進犯張掖，殺害郡縣官吏。當初，飢五同部落的首領盧怱、忍良等一千餘戶另外留在允街，動搖不定，首鼠兩端。建光元年春天，馬賢率兵把盧怱召來殺掉，趁機出兵攻打他們的部落，斬殺俘虜二千餘人，奪取馬、牛、羊十萬頭，忍良等皆逃亡出塞。朝廷璽書封馬賢為安亭侯，食邑一千戶。忍良等人因為麻奴兄弟本來是燒當的嫡傳後代，而馬賢卻對他們不予安撫，所以總是懷恨在心。秋天，他們就勾結起來，一起脅迫並率領各部落的步兵和騎兵三千人，入寇湟中，攻打金城郡各縣。馬賢率領先零羌前往攻打他們，交戰於牧苑，馬賢兵敗，死亡四百餘人。麻奴等人又在令居打敗武威和張掖二郡的軍隊，並脅迫和統率先零、沈氏各部落的四千多戶人家，沿著山麓西行，進犯武威。馬賢追趕到鸞鳥縣，招撫引誘他們，各部落有數千人前來投降，麻奴南下回到湟中。延光元年春天，馬賢追趕麻奴到達湟中，麻奴出塞，渡過黃河，馬賢又緊緊追趕，打敗了他們，各部落人眾逃散，到涼州刺史宗漢那裡投降。麻奴等人孤弱飢困，當年冬天，率其族人三千餘戶到漢陽太守耿种那裡投降。安帝授予麻奴金印紫綬，並賞賜他們每人數量不等的金銀彩緞。這一年，虔人羌與上郡的胡人反叛，進攻穀羅城，度遼將軍耿夔率領諸郡兵馬及烏桓騎兵趕赴進擊，打敗了他們。延光三年秋天，隴西郡重新遷回狄道。麻奴的弟弟犀苦做了羌人的首領。

12 順帝永建元年，隴西鍾羌反叛，校尉馬賢率七千餘人攻打他們，戰於臨洮，斬殺一千餘人，鍾羌首領於是率領其種人全部投降。馬賢進封都鄉侯。從此以後，涼州再無戰事發生。

13 到了永建四年，尚書僕射虞詡上書說：「臣聽說子孫以尊奉祖先為孝，君主以安撫臣民為明，這就是殷商高宗和周宣王能夠配祭商湯和周武王的原因。〈禹貢〉談到雍州地方，那裡的田地屬於上等。而且沃野千里，五穀豐登，又有龜茲的鹽池作為百姓的富利之源。那裡水草豐美，土地適宜於畜牧業生產，牛馬成群，首尾相接，羊群多得塞滿了道路。其北面有大山和黃河作為屏障，占據著險要的地形。利用水渠灌溉農田，用水碓舂米，用水路運輸。用不著花費很大的氣力，就能使軍糧充足。從前孝武皇帝和光武帝修建朔方城，開闢西河，設置上郡，都是為了這一點。但是現在國家遭到『百六』、『陽九』那樣意料不到的重大災禍，眾多的羌人在國境之內亂衝，郡縣遭受了二十餘年的兵荒馬亂。放棄土地肥沃的地區，損耗天然的財富，不能稱為利；離開黃河和大山的屏障，據守在沒有險關要塞的地方，是很難做到牢不可破的。如今三郡尚未恢復，陵園也還沒有堅固的防守，而大臣們柔弱怯懦，得過且過，張大其詞進行辯解，羅列理由進行詰難，只計較費用多少，不考慮國家的安全。皇上應當聖明獨斷，擇善而行。」奏章呈上後，皇帝便下詔書恢復三郡。派謁者郭璜督促那些遷移的郡縣，使之各自回到以前的郡治，修繕城郭，設置偵察敵情的驛亭。繼而攔截河水，疏浚渠道以利屯田，每年節省內地郡縣的費用達一億以上。於是令安定、北地、上郡和隴西、金城等地常年儲存糧食，使之能夠周轉數年。

14 馬賢因為犀苦兄弟多次反叛，所以把他關在令居做人質。當年冬天，馬賢因此被徵回免官，朝廷以右扶風韓皓代任校尉。第二年，犀苦到韓皓那裡自言請求回歸故地，韓皓還是不放他走。於是把湟中的屯田轉移，置於兩河之間，以逼近羌人各部落。後來韓皓也因此被徵回，又由張掖太守馬續代任校尉。兩河間的羌人因屯田逼近他們，害怕總有一天會遭到漢軍的算計，於是他們之間拋棄仇恨，結盟發誓，各自戒備。馬續想先表示恩義和信誠，乃上奏把屯田移回湟中，羌人的心才安定下來。到了陽嘉元年，因湟中土地遼闊，又增置屯田五部，加起來共有十部。陽嘉二年夏天，又如舊制置隴西南部都尉。

15 陽嘉三年，鍾羌人良封等再次進犯隴西和漢陽，皇帝下詔書任命前任校尉馬賢為謁者，前往安撫各羌人部落。馬續派兵進攻良封，斬殺數百人。陽嘉四年，馬賢亦徵發隴西吏士和羌胡兵擊殺良封，斬殺一千八百人，繳獲馬、牛、羊五萬餘頭，良封的親戚部屬一起到馬賢處投降。馬賢又進擊鍾羌的且昌，且昌等人率各部落十餘萬人到涼州刺史那裡投降。永和元年，馬續升任度遼將軍，又由馬賢代任校尉。當初，武都塞上的白馬羌打敗屯田官，連年反叛。永和二年春天，廣漢屬國都尉擊敗他們，斬殺六百餘人，馬賢又進攻並斬其渠帥飢指累祖等三百人，於是隴右再次平定。第二年冬天，燒當羌的那離等三千多騎兵進犯金城要塞，馬賢率軍前往攻擊，斬殺四百餘人，繳獲馬一千四百匹。那離等人又從西招來羌胡，殺死殺傷官吏和人民。

16 永和四年，馬賢統率湟中自願從軍的士兵，以及羌胡的一萬餘騎兵出其不意地進攻那離等人，斬殺那離，殺死和俘虜羌人一千二百多，繳獲馬、騾、羊十萬餘頭。朝廷徵召馬賢，任命他為弘農太守，任命來機為并州刺史，劉秉為涼州刺史，並且同時上任。大將軍梁商對來機等人說：「戎狄屬於荒服，蠻夷屬於要服，是說他們飄忽不定，沒有常規。駕御他們的方法也沒有一定之規，要因時因事制宜，大體要照顧他們的習俗。你們三位的性情一向嫉惡如仇，遇事總要分個是非黑白。孔子說：『對不仁的人，應當加以教化，如果對其憎惡太過，反而會使他作亂。』更何況是戎狄呢！一定要安撫羌胡，防止他們有更大的反常舉動，容忍他們的小過失。」來機等人天性暴虐苛刻，所以不能聽從梁商的話。他們到任後，多次對羌胡進行騷擾和挑起事端。

17 永和五年夏天，且凍、傅難種等羌人部落就起兵反叛，進攻金城，與西塞及湟中混雜種羌胡一起，大舉進犯三輔，殺害郡縣官吏。來機和劉秉都因此而被徵回。朝廷於是調動京城附近各郡和諸州之兵前往征討，任命馬賢為征西將軍，騎都尉耿叔為副，統率左右羽林軍、五校士兵以及各州郡的兵馬共十萬人，駐紮在漢陽。又在扶風、漢陽、隴道建造塢堡三百處，設置屯兵，用來保護和聚集百姓，不使離散。且凍分派本部落的人馬進犯武都，燒毀隴關，搶奪牧苑中的馬匹。永和六年春天，馬賢率騎兵五六千人攻打且凍，到達射姑山，馬賢兵敗，他和他的兩個兒子都戰死。順帝憐憫他，賞賜其家布三千匹，穀物一千斛，封馬賢的孫子馬光為舞陽亭侯，每年收取租稅一百萬錢。派侍御史前往督率清點征西軍營的士兵，撫恤死傷的官兵。

18 於是東西羌得以大會合。鞏唐部落的三千多騎兵進犯隴西，又燒毀園陵，劫掠關中，殺死殺傷郡縣官吏，部陽縣令任頵追擊，戰死。朝廷派中郎將龐浚招募勇士一千五百人，駐守美陽，作為涼州的增援力量。武威太守趙沖追擊鞏唐羌，斬殺四百餘人，繳獲馬、牛、羊、驢一萬八千餘頭，有二千餘羌人投降。皇帝詔書令趙沖節度河西四郡的兵馬。罕種羌一千餘人進犯北地，北地太守賈福和趙沖攻打罕種羌，戰鬥失利。秋天，羌人各部落的八九千騎兵進犯武威，涼州地區人心震驚恐懼。朝廷於是又把安定郡徙居扶風，把北地郡遷往馮翊，派遣代理車騎將軍、執金吾張喬率領左右羽林軍、五校士兵及河內、南陽、汝南等地軍隊共一萬五千人駐守三輔。漢安元年，朝廷任命趙沖為護羌校尉。趙沖招撫反叛的羌人，罕種羌乃帶領其部落中的五千餘戶到趙沖那裡投降。於是撤銷了張喬的軍屯。只有燒何羌的三千多帳落占據參繇縣的北邊。漢安三年夏天，趙沖和漢陽太守張貢乘其不備攻打燒何羌，斬殺一千五百人，繳獲牛、羊、驢十八萬頭。冬天，趙沖又進攻各羌人部落，斬殺四千餘人。皇帝於是下詔書任命趙沖的一個兒子為郎。趙沖繼續追擊到阿陽，斬殺八百羌人。於是羌人各部落先後有三萬餘戶到涼州刺史那裡投降。

19 建康元年春天，護羌從事馬玄被羌族各部引誘，帶領羌人逃亡塞外，兼任護羌校尉的衛瑤追擊馬玄等人，斬殺八百餘人，繳獲牛、馬、羊二十餘萬頭。趙沖又追擊反叛的羌人到建威的鸇陰河。人馬還沒有全部渡過河去，趙沖所率領的歸降的胡人六百餘人就叛變逃走，趙沖率幾百人追趕，遇到羌兵的埋伏，趙沖與他們交戰而死。趙沖雖然死去，但他前後斬殺俘獲許多羌人，羌人從此元氣大傷。永嘉元年，朝廷封趙沖的兒子趙愷為義陽亭侯。任命漢陽太守張貢繼任校尉。左馮翊梁並逐漸以恩惠和信義來招撫引誘羌人，於是離湳、狐奴等部落的五萬餘戶羌人到梁並那裡投降，隴右恢復了平靜。梁並是大將軍梁冀同宗族的人。朝廷封其為鄠侯，享有二千戶的食邑。

20 自從永和年間羌人反叛，到這一年為止的十餘年間，耗用錢八十餘億。將領們大多貪汙糧餉，中飽私囊，都用奇珍異寶賄賂皇帝左右的人，從上到下，懈怠放縱，對軍國大事漠不關心，士兵們不能死得其所，荒野上的白骨到處可見。

21 桓帝建和二年，白馬羌進犯廣漢屬國，殺害郡縣官吏。當時西羌和湟中胡人再次反叛為寇，益州刺史率領板楯蠻征討，打敗他們，斬殺和招降共二十萬人。

22 永壽元年，校尉張貢去世，朝廷任命前南陽太守第五訪代為校尉，第五訪很有威信恩德，西部邊疆平安無事。延熹二年，第五訪去世，朝廷任命中郎將段熲代為校尉。當時燒當羌的八個部落進犯隴右，段熲發動進攻，大獲全勝。延熹四年，零吾又與先零羌和上郡的沈氐、牢姐諸部落合力進犯并州、涼州及三輔地區。正趕上段熲因犯事被徵回，朝廷乃任命濟南相胡閎代為校尉。胡閎軟弱無謀，羌人於是猖獗一時，攻陷兵營和城堡，羌人入寇的禍患日趨嚴重，中郎將皇甫規打敗了他們。延熹五年，沈氐諸部落又向張掖、酒泉進犯，皇甫規予以招撫，沈氐諸部落全部歸降。這件事在〈皇甫規傳〉中已有詳細的記載。烏吾種羌人再次進犯漢陽，隴西、金城各郡的軍隊一起打敗了他們，烏吾種羌各自退回，繼而投降歸順。到了冬天，滇那等五六千人又進攻武威、張掖和酒泉，焚燒民房。延熹六年，隴西太守孫羌擊敗他們，斬殺和淹死的有三千多人。胡閎身患疾病，又由段熲擔任校尉。

23 永康元年，東羌的岸尾等人脅迫同部落的人連續進犯三輔地區，中郎將張奐追擊斬殺了岸尾，這件事已在〈張奐傳〉中有詳細的記述。當煎羌進犯武威，破羌將軍段熲又擊潰他們，其餘的人有的投降，有的逃散。這件事已記載於〈段熲傳〉中。靈帝建寧三年，燒當羌派使者前來貢獻。中平元年，北地歸降的羌族先零種趁著黃巾軍起兵，天下大亂，就和湟中羌、義從胡人北宮伯玉等一起反叛，進犯隴右，這件事已詳記載於〈董卓傳〉中。興平元年，馮翊歸降的羌人反叛，進犯各縣，郭汜、樊稠擊敗他們，斬殺數千羌人。

24 自爰劒以後，他的子孫後代分支共有一百五十個部落。其中九個部落在賜支河首以西，和蜀、漢邊界以北，從前的史書沒有記載其人口數目。唯獨參狼羌在武都，能勝任作戰的有數千人。其中五十二個部落衰弱人少，不能獨立，分散為附屬部落，有的滅絕了，沒有後代，有的遷移到很遠的地方。其餘的八十九個部落，只有鍾羌最為強盛，有能勝任作戰的人十餘萬。其餘大的部落有一萬多人，小者數千人，他們又互相搶掠爭鬥，興盛和衰落變化無常，大約在順帝時羌人能勝任作戰的人總計能達到二十萬人。發羌、唐旄等部落與漢相距遙遠，和他們沒有往來。氂牛、白馬羌在蜀、漢地區，他們的部落分支、名號，已經無法記錄明白。建武十三年，廣漢塞外白馬羌的首領樓登等人帶領同部落的五千餘戶歸附朝廷，光武帝封樓登為歸義君長。到和帝永元六年，蜀郡界外大牂夷種羌首領造頭等人率領同部落的五十餘萬人歸附朝廷，和帝任命造頭為邑君長，賜給印綬。到安帝永初元年，蜀郡界外羌人的龍橋等六個部落一萬七千二百八十人歸附朝廷。第二年，蜀郡界外的羌人薄申等八個部落的三萬六千九百人又連同整個地區歸附朝廷。同年冬天，廣漢塞外的參狼羌二千四百人又來歸附朝廷。桓帝建和二年，白馬羌一千餘人進犯廣漢屬國，殺害郡縣官吏，益州刺史率領板楯蠻擊破進犯的白馬羌。

湟中月氏胡，其先大月氏之別也，舊在張掖、酒泉地。月氏王為匈奴冒頓所殺，餘種分散，西踰葱領❶。其羸弱者南入山阻，依諸羌居止，遂與共婚姻。及驃騎將軍霍去病❷破匈奴，取西河地，開湟中，於是月氏來降，與漢人錯居。雖依附縣官❸，而首施兩端。其從漢兵戰鬭，隨埶強弱。被服飲食言語略與羌同，亦以父名母姓為種。其大種有七，勝兵合九千餘人，分在湟中及令居。又數百戶在張掖，號曰義從胡。中平元年，與北宮伯玉等反，殺護羌校尉泠徵、金城太守陳懿，遂寇亂隴右焉。

【章　旨】以上記述湟中月氏胡。寫其依羌居止、習俗、居地、勝兵數量及對漢朝的服叛情況。

【注　釋】❶葱領　舊對帕米爾高原和崑崙山、喀喇崑崙山脈西部諸山的總稱。舊說以山上生葱或山崖葱翠得名。漢代屬西域都護管轄。❷霍去病　（西元前一四〇—前一一七年），河東平陽（今山西臨汾）人。西漢名將。大將軍衛青姐子。年十八，得武帝寵幸，為侍中。善騎射，從衛青出擊匈奴，為剽姚校尉，與輕勇士八百，去大軍數百里，斬獲首虜甚多。武帝封其為冠軍侯。元狩二年，霍去病為驃騎將軍，將萬餘騎出隴西，其年，兩次大敗匈奴，控制河西地區，打開了通往西域的道路。元狩四年，又和衛青共同擊敗匈奴主力。漢武帝要為他建造府第，他拒絕說：「匈奴未滅，無以家為也。」他前後六次出擊匈奴，解除了自西漢初年以來匈奴對漢王朝的威脅。卒諡景桓侯。傳見《史記・衛將軍驃騎列傳》、《漢書・衛青霍去病傳》。❸縣官　指朝廷。

【語　譯】湟中的月氏胡，原先是大月氏的一個分支，早先在張掖、酒泉一帶居住。月氏王被匈奴冒頓殺死後，其部落分散，向西越過葱嶺。其中體弱無力的南下進入山地之中，依附諸羌族的各部落居住，於是和羌人互通婚姻。等到驃騎將軍霍去病打敗匈奴，取得西河地區，開闢湟中時，於是月氏胡前來歸降，和漢人混雜居住。雖然依附於朝廷，而其態度卻搖擺不定。他們跟隨漢兵出征打仗，其勢力的強弱，也是隨著漢軍的形勢而變化。服飾飲食言語與羌人大致相同，也是依據父名和母姓作為部落的名號。他們的大部落有七個，能勝任作戰的計有九千餘人，分布在湟中和令居。另有幾百戶住在張掖，號稱義從胡。中平元年，與北宮伯玉等一起反叛，殺死護羌校尉泠徵、金城太守陳懿，於是寇亂於隴右。

論曰：羌戎之患，自三代❶尚❷矣。漢世方❸之匈奴，頗為衰寡，而中興以後，邊難漸大。朝規失綏御❹之和，戎帥騫❺然諾之信。其內屬者，或倥傯❻於豪右之手，或屈折❼於奴僕之勤。塞候時清，則憤怒而思禍；桴革❽暫動，則屬鞬❾以鳥驚。故永初之間，群種蜂起。遂解仇嫌，結盟詛，招引山豪，轉相嘯聚，揭木為兵，負柴為械。轂馬揚埃，陸梁於三輔；建號稱制，恣睢❿於北地。東犯趙、魏之郊，南入漢、蜀之鄙，塞湟中，斷隴道，燒陵園，剽城市，傷敗踵係，羽書日聞。并、涼之士，特衝殘斃，壯悍則委身於兵場，女婦則徽纆⓫而為虜，發冢露胔⓬，死生塗炭。自西戎作逆，未有陵斥⓭上國若斯其熾也。和熹⓮以女君親政，威不外接。朝議憚兵力之損，情存苟安。或以邊州難援，宜見捐棄；或懼疽食浸淫，莫知所限。謀夫回遑，猛士疑慮，遂徙西河四郡之人，雜寓關右⓯之縣。發屋伐樹，塞其戀土之心；燔破貲積，以防顧還之思。於是諸將鄧騭、任尚、馬賢、皇甫規、張奐之徒，爭設雄規，更奉征討之命，徵兵會眾，以圖其隙。馳騁東西，奔救首尾，搖動數州之境，日耗千金之資。至於假人⓰增賦，借奉侯王，引⓱金錢縑綵⓲之珍，徵糧粟鹽鐵之積。所以賂遺購賞，轉輸勞來之費，前後數十巨萬⓳。或梟剋⓴酋健㉑，摧破附落，降俘載路，牛羊滿山。軍書未奏其利害，而離叛之狀已言矣。故得不酬失，功不半勞。暴露師徒，連年而無所勝。官人屈竭，烈士憤喪。段熲受事，專掌軍任，資山西之猛性，練戎俗之態情，窮武思盡飆銳㉒以事之。被羽前登㉓，身當百死之陳，蒙沒冰雪，經履千折之道，始殄西種，卒定東寇。若乃陷擊之所殲傷，追走之所崩籍㉔，頭顱斷落於萬丈之山，支革㉕判解㉖於重崖之上，不可校計㉗。其能穿竄草石，自脫於鋒鏃者，百不一二。而張奐盛稱「戎狄一氣所生，不宜誅盡，流血汙野，傷和致妖」。㉘是何言之迂乎！羌雖外患，實深內疾，若攻之不根，是養疾疴於心腹也。惜哉寇敵略定矣，而漢祚亦衰焉。嗚呼！昔先王疆理㉙九土，判別畿荒，知夷貊殊性，難以道御，故斥遠諸華，薄其貢職，唯與辭要㉚而已。若二漢御戎之方，失其本矣。何則？先零侵境，趙充國遷之內地㉛；煎當作寇，馬文淵徙之三輔㉜。貪其暫安之埶，信其馴服之情，計日用之權宜，忘經世之遠略，豈夫識微㉝者之為乎？故微子垂泣於象箸㉞，辛有浩歎於伊川㉟也。

贊曰：金行氣剛㊱，播生㊲西羌。氐豪分種，遂用殷彊㊳。虔劉㊴隴北，假僭涇陽㊵。朝勞內謀，兵僨外攘㊶。

【章　旨】以上為史家之評論：其一，寫羌戎之患由來已久；其二，寫羌人為患的原因及永初之間羌人為患的嚴重程度；其三，寫東漢出擊羌人「得不酬失，功不半勞」；其四，寫段熲平定羌亂的情況；其五，感歎「寇敵略定矣，而漢祚已衰焉」及論兩漢對羌人的政策是根本錯誤的。贊曰又說，羌人勇猛強健，劫掠殺戮，僭號稱王，使東漢朝官勞於內，將士疲於外。

【注釋】❶三代　指夏、商、周三個朝代。❷尚　久遠。❸方　比擬；比方。❹綏御　安撫治理。❺騫　虧損；欠缺。❻倥傯　事多；繁忙。❼屈折　屈身。❽桴革　指戰爭。李賢注：「桴，擊鼓槌也。革，甲也。」❾屬鞬　指佩帶弓箭。屬，佩帶。鞬，盛弓器。❿恣睢　放縱；暴戾。⓫徽纆　捆綁俘虜或罪人的繩索。⓬胔　肉還沒有爛盡的骨殖。⓭陵斥　侵凌。⓮和熹　指鄧太后。⓯關右　關西。指函谷關或潼關以西的地區。⓰假人　假，借。指向百姓借錢物。⓱引　取用。⓲縑綵　彩色的絲織品。⓳巨萬　萬萬為巨萬。⓴梟剋　斬殺制伏。㉑酋健　部落的首領。㉒飆銳　指勇猛精銳的部隊。㉓被羽前登　身負羽旗，衝鋒在前。㉔崩籍　亦作「崩藉」。崩潰瓦解。㉕支革　肢體肌膚。支，古字「肢」。㉖判解　猶剖解。㉗校計　計算。㉘而張奐盛稱四句　戎狄和我們一樣，都是稟受天地之靈氣所生，不應斬盡殺絕，流血汙染原野，傷天地之和諧，導致妖異。此張奐語，在本書〈段熲傳〉。為段熲拜破羌將軍後上書所引張奐的話，以為羌人「誅之不盡，雖降復叛」，欲將羌人斬盡殺絕，故以張奐之言為錯誤。李賢注：「言羌亦稟天之一氣，誅之不可盡也。」㉙疆理　劃分；治理。㉚要　約束；禁止。㉛趙充國遷之內地　西漢宣帝時後將軍趙充國擊先零羌，還，於金城郡置金城屬國以安置降羌。見《漢書・趙充國傳》。㉜煎當作寇二句　建武十一年隴西太守馬援擊破先零羌，徙置天水、隴西、扶風。事見本書卷一、卷二十四。王先謙《後漢書集解》：「案，永平元年，馬武破滇吾，徙七千口置三輔。馬援降先零羌，徙置天水、隴西、扶風三郡。」㉝識微　指看到事物的苗頭而能察知其本質和發展的趨向。《周易・繫辭下》：「君子知微知彰，知柔知剛，萬物之望。」㉞微子垂泣於象箸　《史記・宋微子世家》：「微子開（本名啟，司馬遷避漢景帝諱，改啟為『開』）者，殷帝乙之首子而帝紂之庶兄也。紂既立，不明，淫亂於政，微子數諫，紂不聽。遂亡去」。周武王崩，成王年少，管叔、蔡叔與紂子武庚作亂，欲襲成王、周公。周公東征，殺武庚、管叔，流放蔡叔。「乃命微子啟代殷後，奉其先祀，國於宋。」又：「箕子者，紂親戚也。紂始為象箸，箕子嘆曰：『彼為象箸，必為玉桮；為桮，則必思遠方珍怪之物而御之矣。輿馬宮室之漸自此始，不可振也！』」歎紂用象箸本箕子。此言微子，誤。象箸，象牙筷子。㉟辛有浩歎於伊川　辛有，周大夫。浩歎，長歎；大聲歎息。伊川，伊河所經之地。當今河南嵩縣、伊川縣境。《左傳・僖公二十二年》：「初，平王之東遷也，辛有適伊川，見被髮而祭于野者，曰『不及百年，此其戎乎！其禮先亡矣。』秋，秦、晉遷陸渾之戎于伊川。」披髮，戎狄之俗。句之意謂：中國之地不宜徙戎狄居之，後將為患也。㊱金行氣剛　按照五行學說，金於方位屬西，金性剛硬，故西羌之人性情剛烈。㊲播生　傳布蕃育。㊳殷彊　強盛。彊，同「強」。㊴虔劉　劫掠；殺戮。㊵涇陽　縣名。西漢置。治今甘肅平涼西北。㊶攘　抵禦；抗拒。

【語譯】史家評論說：羌戎為害，自夏、商、周起，由來已久。西漢時，羌人同匈奴相比，雖然顯得頗為弱小，但光武中興以後，羌人對東漢邊境的危害卻逐漸擴大。朝廷的政策，缺乏安撫治理的和平方針，軍隊和將帥，也違背了承諾和信義。那些歸附於朝廷的羌人，有的在大豪強手下繁忙勞累，有的則屈身作為奴僕，終日辛勞，常年困苦。當邊境清靜無戰事時，他們則以憤怒的心情希望發生禍亂；一旦有暫時的戰亂，他們就身掛箭袋，迅如驚鳥，投入對漢人的戰鬥。所以，在安帝永初年間，羌人蜂擁而起。他們各部落之間，化解怨仇，結盟發誓，招引山裡的豪強，進而互相招呼聚集起來，舉起樹枝作兵器，身負木板為盾甲。兵車戰馬，塵土飛揚，囂張於三輔地區；建號立國，狂妄地在北地自稱天子。向東進犯趙、魏的郊野，往南入侵漢、蜀之邊境，阻塞湟中，截斷隴道，焚燒陵園，劫掠城市，漢軍傷亡和戰敗接連不斷，告急的文書日有所聞。并、涼二州之士，首當其衝地被摧殘殺害；強悍的壯丁則投身於戰場，柔弱的女子則被捆綁而為奴虜，墳墓被發掘，屍骨暴露於外，死者與生者皆遭受災殃。自西戎作亂以來，未有侵凌上國如此慘烈之甚者。和熹太后，以女君親政，其威望不能通達外界；朝臣議論，則懼怕兵力損傷，存有苟且偷安之心。有的以為邊疆諸州難以援助，應該放棄；有的則懼怕戰爭殘酷，如同癰疽，感染腐蝕，禍患蔓延，將失去控制。因此，謀士徘徊不定，猛士疑慮不決，於是遷徙西河四郡之人，雜居於關西諸縣。拆毀房屋，砍伐樹木，斷絕其眷戀故土之心；焚毀積蓄，破壞財物，打消其重返故里之念。於是諸將如鄧騭、任尚、馬賢、皇甫規、張奐等人，爭相設計雄偉的規劃，交替奉命征討羌人，徵兵聚眾，以等待時機。他們率軍馳騁，奔走相救，首尾呼應；大軍震動數州之境，軍費日耗千金之多。以至於政府要給百姓增加賦稅，並且向諸侯王借用俸祿，動用國庫中珍藏的金錢縑綵，徵調各地積蓄的糧食鹽鐵。所有用來賂贈的財物、懸賞的開支，以及運輸和慰問前來投奔的人之費用，前後總計花費數十萬萬之巨。有的斬殺制伏羌人的部落首領，摧毀他們的附屬部落，以致投降的俘虜成群於道路，獲得的牛羊滿山遍野。來自前線的軍事報告還未曾上奏戰爭的得失，但羌人的反叛情況卻早已先報告了。所以對羌人作戰，得不償失，成績還抵不上所損耗的一半。戰士暴露於山野，連年征戰而未取得勝利。官吏智屈力竭，戰士悲憤死亡。段熲接受朝廷的委派，專門掌管軍事，他憑藉山西人的勇猛秉性，又熟悉西戎人的習俗情況，竭盡自己的軍事才能，以狂飆般的精銳部隊勇敢地對付羌人。他背負羽旗，身先士卒，親赴百死一生之前沿陣地，蒙受嚴寒，踏冰履雪，經歷千迴百折的崎嶇山路，才殄滅西方的羌人，終於平定了東犯的敵寇。至於那些在衝鋒陷陣中傷亡，在追擊奔走中喪命，頭顱斷落於萬丈高山，肢體分解於重崖之上的人，其數量簡直無法計算。能夠在草木亂石之間穿竄逃出，使自己免於被刀砍箭射的人，真是百無一二。然而張奐卻極力主張：「戎狄和我們一樣，都是稟受天地之靈氣所生，不該斬盡殺絕，流血汙染原野，將損傷天地之和諧，導致妖異出現。」這是何等迂腐的言論啊！羌人作亂雖然屬於外患，實際上是漢朝深深的內憂所致，如果攻打他們不能除根，則是將疾病留在心腹之中。可惜的是，敵寇雖大致平定了，但漢朝的國運也因此而衰竭了。唉！往昔先王劃分九州，治理天下，所以區別近畿與荒遠，因為深知夷貊之人的特殊習性，難以用道德來治理，因此將他們排斥在遠離中原華夏族的地方，減少他們的貢賦，僅僅與他們訂立盟約約束他們而已。像兩漢那樣治理西戎族的方略，是根本錯誤的。為什麼呢？西漢宣帝時，先零羌侵犯邊境，將軍趙充國將他們遷往內地；東漢初，煎當羌作亂，將軍馬文淵將他們內遷至三輔地區。只貪圖暫時的安定局勢，相信羌人能夠被馴服，只考慮日常的權宜之計，忘記了經邦濟世的長遠謀略，這難道是見微知著的人所做的事嗎？所以微子見紂王使用象箸，預感不祥而落淚，辛有預知伊川之地將為戎人所居而太息。

史官評議說：金行之氣剛強，傳布蕃育西羌。氐人首領分化出幾個部落，隨後變得強大猖狂。在隴北劫掠殺伐，在涇陽僭號稱王。朝廷勞累，忙於出謀劃策，士兵疲憊，苦於外擾西羌。

【研　析】作者在本卷引言中說：羌人「性堅剛勇猛，得西方金行之氣」。但羌人部落眾多「互相攻掠，盛衰無常」。又無統一的君長，不能形成一個統一的有力的群體。雖然在發動起事之前，部落之間「解仇結盟」，並無其他約束，相互之間，仍是獨立的，都是以自己的利益為轉移，故容易被東漢分化瓦解、利誘收買、各個擊破。其人雖「堅剛勇猛」，卻不能彌補這一致命的弱點。和匈奴、鮮卑相比，羌人自然是衰弱得多。雖然如此，在光武中興以後，卻成為東漢嚴重的邊患。羌人寇掠東漢的邊境是有的，若東漢政府對此問題處理得當，則不會出現大的問題。羌人寇亂的原因，正如建武九年司徒掾班彪所言：「涼州部皆有降羌，……與漢人雜處，……數為小吏黠人所見侵奪，窮恚無聊，故致反叛。」此言真是一語破的。於是光武帝接受了班彪的建議，設置護羌校尉，後省罷。建武十年，先零羌與諸羌部落相結，寇金城、隴西，漢遣中郎將來歙擊平之。拉開了羌人進犯、東漢出兵鎮壓的序幕。此後羌人時服時叛，戰爭不斷，延續了一百六十年，直至漢獻帝興平元年郭汜、樊稠擊敗馮翊的叛羌，戰爭才算結束。為什麼羌人屢平屢叛呢？作者在論中說：「朝規失綏御之和，戎帥騫然諾之信。其內屬者，或倥傯於豪右之手，或屈折於奴僕之勤。塞候時清，則憤怒而思禍；桴革暫動，則屬鞬以鳥驚。」這就是說：羌人之叛亂是由於東漢王朝對羌人的政策不當，羌人忍受不了東漢官吏和豪強的壓榨和欺凌，憤怒之情不可遏止，即使邊境平安無事時，仍然人心思亂；情況一有變化，則驚若飛鳥，拼死一洩胸中的積憤。羌人之屢平屢叛，實是東漢統治者逼出來的。

在長達一百六十年的時間內，羌人的寇亂有二次高潮。第一次為安帝永初元年夏，由於徵調羌人征伐西域所引起。這次動亂最使東漢王朝吃驚，羌人自稱天子，東犯趙、魏，南入益州，寇鈔三輔，截斷隴道，深入東漢腹地，殺官吏，掠百姓。為鎮壓羌人，東漢政府曾四易護羌校尉，八命征討將帥，徙邊郡於關右避難。戰爭經歷了十二年，至安帝元初五年羌人戰敗瓦解。東漢政府開支軍費二百四十億。元初六年以後，小的戰爭不斷，雙方互有勝負。到順帝永和五年戰爭高潮又起，漢軍屢敗，漢將馬賢戰死，東西羌大會合，寇隴西、燒園陵、掠關中、殺官吏，漢將趙沖戰死，漢羌均疲憊。永嘉元年左馮翊梁並以恩信招誘，羌人五萬戶詣梁並處投降，隴右復平。這次戰爭，東漢政府開支軍費八十億。桓帝建和二年以後羌人各部仍不斷寇掠廣漢，梁、并二州及三輔、酒泉、張掖，均被漢軍擊敗。延熹六年復以段熲為護羌校尉（延熹二年段熲曾為護羌校尉，斬殺羌人一萬餘人）。據本書〈段熲傳〉：他第二次為校尉時，破西羌，殺羌人二萬六千人，俘虜數萬人，奪得馬、牛、羊八百萬頭。西羌平定。朝廷以其有功，遷破羌將軍。破東羌，「凡百八十戰，斬三萬八千六百餘級，獲牛、馬、羊、騾、驢、駱駝四十二萬七千五百餘頭」，東羌悉平。羌人幾乎被段熲斬盡殺絕。中郎將張奐曾說：「羌一氣所生，不可誅盡，山谷廣大，不可空靜，血流汙野，傷和致災。」張奐的話，在當時無人贊同。在二百五十年以後的本書作者，亦以張奐之言為「迂」。

羌人雖無統一的君長，但作者總是以無弋爰劒的後裔為羌人之正統首領，本卷正文每部分都是以無弋爰劒的子孫立為首領，作為開頭之語，並貫穿其事跡於正文之中。由此我們得知羌人自無弋爰劒起，至麻奴兄弟已是二十五代，歷時六百四十餘年。

另外，作者認為兩漢對羌人的政策是根本錯誤的，錯就錯在把羌人遷於內地，有失先王「疆理九土，判別畿荒」之道。最後感歎「寇敵略定矣，而漢祚亦衰焉」，形成兩敗俱傷的悲慘結局。(王明信注譯)

卷八十八

西域傳第七十八

【題　解】本卷是對班固《漢書．西域傳》的補充和延伸。它在《漢書》的基礎上，重點介紹西域各國在東漢階段與中原王朝之間的關係以及他們各自的發展變化。引言部分，概述西域地區的基本情況以及兩漢時期中原朝廷對西域各國的領護或交往阻隔，強調了兩地之間關係的重要性。正文部分，依次分別介紹了拘彌、于窴、西夜、子合、德若、條支、安息、大秦、大月氏、高附、天竺、東離、栗弋、嚴國、奄蔡、莎車、疏勒、焉耆、蒲類、移支、東且彌、車師前後部等國的位置，領屬戶數、人口數，勝任戰事的兵員數等基本情況。介紹了一些國家的氣候特點和出產。其中，比較詳細地記錄了于窴、莎車、車師等幾個大國與東漢朝廷、與其鄰國之間的複雜關係；也介紹了曾向漢廷奉獻過而遠離中土的大秦（羅馬帝國）、天竺（印度）的富庶和佛教的有關情況，具有相當高的認識價值。

1 武帝時，西域內屬，有三十六國❶。漢為置使者、校尉❷領護之。宣帝改曰都護❸。元帝又置戊己二校尉，屯田於車師前王庭❹。哀平❺間，自相分割為五十五國。王莽簒位，貶易侯王，由是西域怨叛，與中國遂絕，並復役屬匈奴❻。

2 匈奴斂稅重刻，諸國不堪命，建武中，皆遣使求內屬，願請都護。光武以天下初定，未遑外事，竟不許之。會匈奴衰弱，莎車❼王賢誅滅諸國，賢死之後，遂更相攻伐。小宛、精絕、戎盧、且末為鄯善❽所并。渠勒、皮山為于窴❾所統，悉有其地。郁立、單桓、孤胡、烏貪訾離為車師所滅。後其國並復立。

3 永平❿中，北虜乃脅諸國共寇河西⓫郡縣，城門晝閉。十六年，明帝乃命將帥，北征匈奴，取伊吾盧地⓬，置宜禾都尉⓭以屯田，遂通西域，于窴諸國皆遣子入侍⓮。西域自絕六十五載，乃復通焉。明年，始置都護、戊己校尉。

4 及明帝崩，焉耆、龜茲⓯攻沒都護陳睦，悉覆其眾，匈奴、車師圍戊己校尉。建初元年春，酒泉太守段彭大破車師於交河城⓰。章帝不欲疲敝中國以事夷狄，乃迎還戊己校尉，不復遣都護。二年，復罷屯田伊吾，匈奴因遣兵守伊吾地。時軍司馬班超⓱留于窴，綏集諸國。

5 和帝永元元年，大將軍竇憲大破匈奴⓲。二年，憲因遣副校尉閻槃將二千餘騎掩擊伊吾，破之。三年，班超遂定西域，因以超為都護，居龜茲。復置戊己校尉，領兵五百人，居車師前部高昌壁。又置戊部候，居車師後部候城，相去五百里。六年，班超復擊破焉耆，於是五十餘國悉納質內屬。其條支⑲、安息⑳諸國至于海瀕四萬里外，皆重譯貢獻。九年，班超遣掾㉑甘英窮臨西海而還。皆前世所不至，山經所未詳，莫不備其風土，傳其珍怪焉。於是遠國蒙奇㉒、兜勒㉓皆來歸服，遣使貢獻。

6 及孝和晏駕，西域背畔㉔。安帝永初㉕元年，頻攻圍都護任尚、段禧等。朝廷以其險遠，難相應赴，詔罷都護。自此遂棄西域。北匈奴㉖即復收屬諸國，共為邊寇十餘歲。敦煌㉗太守曹宗患其暴害，元初㉘六年，乃上遣行長史索班㉙，將千餘人屯伊吾以招撫之，於是車師前王及鄯善王來降。數月，北匈奴復率車師後部王共攻沒班等，遂擊走其前王。鄯善逼急，求救於曹宗，宗因此請出兵擊匈奴，報索班之恥，復欲進取西域。鄧太后㉚不許，但令置護西域副校尉，居敦煌，復部營兵三百人，羈縻㉛而已。其後北虜連與車師入寇河西，朝廷不能禁，議者因欲閉玉門、陽關㉜，以絕其患。

7 延光㉝二年，敦煌太守張璫上書陳三策，以為「北虜呼衍王常展轉蒲類㉞、秦海㉟之間，專制西域，共為寇鈔㊱。今以酒泉屬國吏士二千餘人集昆侖塞㊲，先擊呼衍王，絕其根本，因發鄯善兵五千人脅車師後部，此上計也。若不能出兵，可置軍司馬，將士五百人，四郡[38]供其犁牛、穀食，出據柳中[39]，此中計也。如又不能，則宜棄交河城，收鄯善等悉使入塞，此下計也」。朝廷下其議。

8 尚書陳忠上疏曰：「臣聞八蠻[40]之寇，莫甚北虜。漢興，高祖窘平城之圍，太宗屈供奉之恥[41]。故孝武憤怒，深惟久長之計，命遣虎臣，浮河絕漠，窮破虜庭[42]。當斯之役，黔首隕於狼望之北，財幣糜於盧山之壑，府庫單竭，杼柚空虛，筭至舟車，貲及六畜[43]。夫豈不懷[44]？慮久故也。遂開河西四郡，以隔絕南羌[45]，收三十六國，斷匈奴右臂。是以單于孤特，鼠竄遠藏。至於宣、元之世，遂備蕃臣，關徼不閉，羽檄不行[46]。由此察之，戎狄可以威服，難以化狎。西域內附日久，區區[47]東望扣關者數矣，此其不樂匈奴慕漢之效也。今北虜已破車師，埶必南攻鄯善，棄而不救，則諸國從矣。若然，則虜財賄益增，膽埶益殖[48]，威臨南羌，與之交連。如此，河西四郡危矣。河西既危，不得不救，則百倍之役興，不訾[49]之費發矣。議者但念西域絕遠，卹之煩費，不見先世苦心勤勞之意也。方今邊境守禦之具不精，內郡武衛之備不脩，敦煌孤危，遠來告急，復不輔助，內無以慰勞吏民，外無以威示百蠻[50]。蹙國減土，經有明誡[51]。臣以為敦煌宜置校尉，案舊增四郡屯兵，以西撫諸國。庶足折衝[52]萬里，震怖匈奴。」

9 帝納之，乃以班勇(53)為西域長史，將弛刑士五百人，西屯柳中。勇遂破平車師。自建武至于延光，西域三絕三通。

10 順帝永建二年，勇復擊降焉耆。於是龜茲、疏勒(54)、于窴、莎車等十七國皆來服從，而烏孫、蔥領(55)已西遂絕。六年，帝以伊吾舊膏腴之地，傍近西域，匈奴資之，以為鈔暴，復令開設屯田如永元時事，置伊吾司馬一人。自陽嘉(56)以後，朝威稍損，諸國驕放，轉相陵伐。

11 元嘉(57)二年，長史王敬為于窴所沒。永興(58)元年，車師後王復反攻屯營。雖有降首(59)，曾莫懲革(60)，自此浸以疏慢矣。

12 班固記諸國風土人俗，皆已詳備前書。今撰建武以後其事異於先者，以為西域傳，皆安帝末班勇所記云。

【章旨】以上為本卷的引言，概述西域諸國自西漢武帝至東漢時期與中原王朝之間的關係，以及本卷撰寫的旨趣和依據。重點突出東漢中前期國力強盛、將帥用命，西域各國願意擺脫匈奴的控制而主動內附的情況，和陳忠上疏論述西域對漢王朝安危的重要，其主張值得後人借鑑。

【注釋】❶武帝時三句　武帝（西元前一五六—前八七年），即漢景帝之子劉徹，西元前一四一—前八七年在位。他統治期間，國勢強盛，曾派張騫兩次出使西域，加強了與西域各國的聯繫和交流，並用衛青、霍去病為將，擊敗了匈奴對漢王朝北部地區的騷亂和威脅。詳見《漢書・武帝紀》。西域，漢代對玉門關以西、巴爾喀什湖以東及以南廣大地區的稱呼。後世則泛指葱嶺以東諸國。三十六國，清代學者徐松，對班固《漢書・西域傳》王先謙的《漢書補注》作了改訂，其名目如下：婼羌、樓蘭、且末、小宛、精絕、戎盧、扜彌、渠勒、于闐、皮山、烏秅、西夜、子合、蒲犂、依耐、無雷、難兜、大宛、桃槐、休循、捐毒、莎車、疏勒、尉頭、姑墨、溫宿、龜茲、尉犂、危須、焉耆、姑師、墨山、劫、狐胡、渠犂、烏壘。以上諸城國故址，大部分在我國今日之新疆維吾爾自治區境內。❷校尉　漢時帶兵武官，地位略次於將軍，常隨其職務冠以名號，如掌西域屯兵的戊己校尉等。❸宣帝改曰都護　西漢宣帝劉詢，武帝曾孫，西元前七四－前四八年在位。詳見《漢書・宣帝紀》。都護，漢代時之加官，督護諸國，並以護南北通道，故號都護。都在此處為總、凡、全之意。❹元帝二句　元帝，漢宣帝太子劉奭，西元前四八－前三三年在位，詳見《漢書・元帝紀》。戊己二校尉，元帝時設掌管西域屯田事務的武官，為屯田區的最高長官。有戊校尉和己校尉，通稱戊己校尉。古人以天干配方位，中央為戊己土，因此置校尉居西域之中，故名戊己校尉。車師，漢代西域城國名。分為車師前國和車師後國，前國又稱前部，治今新疆吐魯番一帶；後國治所在務塗谷，故地在今新疆吉木薩爾一帶。前王庭，即車師前部國王管轄的區域及國王治所。❺哀平　西漢哀帝劉欣和平帝劉衎，哀帝西元前七－前一年在位，平帝於西元前一－西元五年在位。哀、平二帝在位時，王莽已掌握實權。❻王莽篡位五句　王莽（西元前四五－西元二三年），字巨君。新王朝的建立者，西元八－二三年在位，漢元帝王皇后弟之子。西漢末，以外戚掌握政權，成帝時封新都侯。平帝立，時年九歲，以莽為大司馬，元皇后以太皇太后臨朝稱制，委政於莽，號安漢公。元始五年（西元五年），毒死平帝，自稱假皇帝，次年立年僅二歲的劉嬰為太子，號孺子。初始元年（西元八年），王莽稱帝，改國號為「新」，年號「始建國」。不僅對國內進行了一系列復古倒退式的改革，激化了社會矛盾；對外夷亦降低其爵位，「定諸侯王之號皆稱公，及四夷僭號稱王者皆更為侯」。改匈奴單于印璽為章、更名「匈奴單于」曰「降奴服于」，和親遂絕。又不能取信於西域各國，西域不少城國叛漢。詳見《漢書・王莽傳》有關內容。匈奴，中國古代北方民族之一，也稱「胡」。先後叫過「鬼方」、「混夷」、「獫狁」、「山戎」等。秦時稱匈奴，散居在大漠南北，過游牧生活。兩漢時代，或戰或和，是漢廷重點處理的外部問題。詳見《漢書・匈奴傳》及本書〈南匈奴列傳〉。❼莎車　古西域國名。位於今新疆莎車一帶，是古絲綢之路南通道的要衝，南疆的重要農產區之一。❽鄯善　古西域國名。本名樓蘭，王居扜泥城（今新疆若羌，治卡克里克）。漢武帝元封三年（西元前一〇八年）內附，昭帝元鳳四年，漢立尉屠耆為王，改樓蘭為鄯善。故地在南疆，不要與今日位於吐魯番東南邊的新疆鄯善相混同。❾于寶　又作「于闐」。古西域國名。在今新疆和田一帶，產美玉。另有清代設立的于闐縣，在此地東南方，與古于闐國並非同一地點。❿永平　東漢明帝劉莊年號，西元五八－七五年。⓫河西　漢代指今甘肅、青海兩省之黃河以西地區，即河西走廊與湟水流域。⑫伊吾盧地　漢代之伊吾盧地，隋朝時設伊吾郡。故地為今新疆哈密一帶。⑬都尉　秦漢時置。比將軍略低一等的武官，除漢景帝時把輔佐郡守且掌全郡軍事的郡尉改稱都尉外，漢武帝時又曾設關都尉、農都尉等。臨時執行某種職務也常設都尉，如搜粟都尉、協律都尉之類。⑭遣子入侍　附屬各國國君派遣自己的兒子到中央皇朝陪侍皇帝，以示臣屬的誠意，表示不背叛，有主動獻上人質的意思。⑮焉耆龜茲　古西域兩個城國名。焉耆，故地在今新疆中部焉耆回族自治縣一帶。龜茲，位於天山南麓，是漢通西域時北道上的重要地點。⑯建初元年春二句　建初，東漢章帝劉炟年號，西元七六—八四年。酒泉，東漢時涼州所屬的一個郡名。下轄福祿、玉門等九城。故地在今甘肅西北部酒泉一帶。太守，是掌管一郡軍政的最高官員，也稱郡守，別稱「二千石」。交河，為西域車師前國首府，因河水分流繞城下而得名。漢元帝初元元年在此設戊己校尉，掌管屯田等事務。故城在今新疆吐魯番西北的雅爾和屯。⑰軍司馬班超　軍司馬為漢代之武官名稱。漢代大將軍管五部，部校尉一人，比二千石，軍司馬一人，比二千石。班超（西元三二—一〇二年），字仲升，扶風安陵（今陝西咸陽）人。班彪之子，班固之弟。他曾率軍擊匈奴，安西域，保護了西域各族的安全及「絲綢之路」的暢通，是東漢時代建立過卓越功勳的著名將領。事詳見本書卷四十七。⑱和帝永元元年二句　永元，和帝劉肇年號，西元八九—一〇五年。大將軍，為漢代權位最高的軍事將領，位同三公，掌征伐背叛之事，多由貴戚充任。竇憲，字伯度，東漢扶風平陵（今陝西咸陽）人。為章帝竇皇后之兄，和帝立，其妹為皇太后，臨朝執政，他初為侍中，後任大將軍，操縱朝政，弟兄橫暴京師，地方官吏如州刺史、郡守、縣令之類多出其門。後和帝依靠宦官鄭眾等誅滅竇氏，他因而自殺。詳見本書卷二十三。⑲條支　又作「條枝」。西域國名。在安息西界，臨西海（今名波斯灣）。故地當在今伊拉克境內。⑳安息　亞洲西部的古國，本為波斯帝國的一個行省，於西元前三世紀獨立。西元前二世紀張騫通西域時，安息領有今全部伊朗高原及兩河流域地區，是羅馬帝國與中國進行貿易的「絲綢之路」的必經之地。西元二世紀末國勢轉衰，西元二二六年被薩桑統治的波斯所取代。㉑掾　又稱掾史、掾吏、掾屬、掾佐。都指佐助、佐治或分曹治事的官吏或人員，猶如近現代之副官、祕書之類。漢代自三公至郡縣都可用掾屬，人員由主官自選，不由朝廷任命，故長官與屬吏有君臣的名分。掾，佐助。㉒蒙奇　古國名。班超任西域都護後，曾與東漢王朝有交通關係，故地在今中亞土庫曼斯坦境內一帶。㉓兜勒　位於中亞細亞的古國名。有人認為是「吐火羅」的另一譯名，又作巴克特里亞或大夏，自西元前二世紀起，曾先後臣服於大月氏、厭噠、突厥諸族，西元八世紀為阿拉伯人所吞併。故地在今阿富汗北部之興都庫什山與阿姆河上游之間。㉔及孝和晏二句　晏駕，皇帝乘坐上朝的車駕晚了，是死去、逝世的諱飾說法。畔，通「叛」。反叛。㉕永初　東漢安帝劉祜年號，西元一〇七—一一三年。㉖北匈奴　匈奴人於東漢光武帝建武二十四年（西元四八年）分裂為兩部，南下附漢的稱為南匈奴，留居大漠以北的稱為北匈奴，仍然與中原王朝作對。北匈奴於和帝時被東漢聯合南匈奴共同擊敗，部分西逃，遠達歐洲，成為那裡一些民族的祖先。㉗敦煌　漢代郡名。屬涼州刺史部管轄，下轄六城，故地在今甘肅鄰接新疆一帶區域。㉘元初　東漢和帝劉肇年號，西元一一四—一二〇年。㉙乃上遣行長史索班　曹宗於是上書朝廷，派遣暫行代理長史索班。行，祿秩高而臨時擔當較低職務。長史，西漢之相國、丞相，後漢之太尉、司徒、司空、將軍府，各有長史，秩千石。另邊陲郡守亦置長史，掌兵馬，秩六百石。㉚鄧太后　和帝的皇后鄧綏，南陽郡新野（今河南新野）人，和帝死，她先後迎立殤帝、安帝，被尊為皇太后臨朝執政，其兄鄧騭居於要職，鄧氏主持朝政二十年。其事詳見本書卷十下。㉛羈縻　籠絡、維持之意。引申為對其籠絡不生異心。羈，馬籠頭。縻，牛韁繩、牛紖。㉜玉門陽關　漢代由中原通向西域的兩個重要關隘。漢代之玉門關，故址在今甘肅敦煌西北小方盤城。武帝時設置，因西域輸入玉石取道於此而得名。關城方形如盤，北面和西面兩面有門，北門外不足百公尺即疏勒河。陽關，亦西漢時所置，因在玉門關之南而得名。故址在今甘肅敦煌西南古董灘附近。㉝延光　東漢安帝劉祜年號，西元一二二—一二五年。㉞蒲類　古代西域國名。故地在今新疆維吾爾自治區東部巴里坤湖（蒲類海）附近。曾為匈奴右部地，後屬姑師。西漢宣帝神爵二年（西元前六〇年），漢軍破姑師，分置車師前後、蒲類前後等八國。東漢後期，唯蒲類前國尚存。人口約二千餘，營畜牧，兼務農，勇猛善戰，能做弓矢，出名馬。㉟秦海　即大秦國。古代羅馬帝國橫跨歐亞兩洲，被中國稱作「大秦」、「犛靬」、「海西」。因其位於西海（今波斯灣）之西，故又稱秦海。㊱寇鈔　也作「寇抄」。攻擊劫掠。寇，侵犯；劫掠。鈔，強取掠奪。㊲昆侖塞　又名昆侖障。西漢時置。故址在今甘肅安西西南。㊳四郡　即下文中的河西四郡。指漢代位於黃河上游以西的武威、張掖、酒泉、敦煌四郡。㊴柳中　東漢時之柳中城。曾是西域都護、戊己校尉屯駐之地。故址在今新疆鄯善魯克沁一帶。㊵八蠻　泛指蠻夷族人八個不同的部落。蠻，中國古代對南方少數民族帶有輕視意味的稱呼。也指八方的蠻夷。㊶漢興三句　指西漢建立初期在對外事務中屈辱求安的不體面的作法。漢初，匈奴冒頓單于不斷攻擾漢朝北方郡縣。漢高祖劉邦七年，匈奴大軍圍攻晉陽（今山西太原），高祖親率大軍三十萬迎戰，「乘勝逐北，至樓煩，會大寒，士卒墮指者什二三。遂至平城，為匈奴所圍」七日，後用陳平祕計，厚賂冒頓的閼氏，方得脫身。史稱「平城之圍」或「白登之圍」。白登山，在今山西大同東北。窘，窘迫；窮困；無計可施。太宗，指漢文帝劉恆，高祖中子，西元前一八〇—前一五七年在位。他為了求得邊境安定，曾「輸遺匈奴甚厚」（見《史記・孝文本紀》），故賈誼上疏言：「匈奴嫚侮侵掠，而漢歲致金絮繒彩以奉之。」故云「屈供奉之恥」。㊷故孝武憤怒五句　漢武帝劉徹，景帝劉啟之子，西元前一四一—前八七年在位。他曾重用衛青、霍去病為將軍，主動攻擊匈奴，打敗北虜主力，控制了河套地區和河西地區，保衛了中國北方經濟的發展和百姓的安定。虎臣，勇猛如虎的大臣。浮河，乘船渡過黃河。絕漠，橫行穿過沙漠。虜庭，指匈奴單于所在地。虜，俘虜、奴僕之意。常作為對敵方的蔑稱，漢時常稱匈奴為北虜。㊸當斯之役七句　為打勝擊敗匈奴這一仗，漢王朝付出了慘重的代價，人力、物資都支出甚多，軍士和百姓獻身他鄉，軍費用於戰爭，使國庫空虛，加重了賦稅的徵收。黔首，平民；庶民。黔，為黑色。一說因古代黎民以黑巾裹頭故稱黔首。狼望，匈奴中之地名。或云，狼望謂狼煙候望之地。古時候境設候望臺，敵人侵犯則燃狼糞舉烽火以報警，故曰狼望。盧山，疑為古代盧龍塞（今河北喜峰口一帶）附近之山。為遠征匈奴須過之地。府，指古代存放財物或文書的地方。庫，本義指存放兵車的建築物，後泛指儲存物品的建築物。杼柚，又作「杼軸」。是舊式織布機上的兩個部件。杼，織布梭。柚，捲織物的軸。古代男耕女織，杼柚常代指婦女的勞動或代指婦女、妻子。筭，同「算」。本指計數的工具；也指計算。漢代有筭賦，按人丁收稅。這裡指連車船都要徵收賦稅。貲，秦漢時對未成年人所課的賦名。這裡指連六畜也都要上稅。李賢注：「武帝時國用不足，筭至車舟，租及六畜，言計其所得以出筭。軺車一筭，商賈車二筭，船五丈以上一筭。六畜無文。以此言之，無物不筭。」㊹懷　想念；歸向懷思。㊺南羌　羌人是古代西方的一個游牧民族，主要生活在今之甘肅、青海及四川西北部一帶，後與漢人雜居，漸習農耕。其在匈奴之南，故稱南羌。㊻至於宣元之世四句　西漢宣帝劉詢與西漢元帝劉奭在位期間（西元前四九—前三三年），匈奴的呼韓邪單于多次入朝，稱臣奉貢，邊境局勢相對安定，沒有戰爭，呈現友好和親的局面。蕃臣，藩屬的大臣。蕃，通「藩」。屏障；藩籬。關徼，設在國境邊界處的關口、關門。羽檄，插有鳥羽的軍事文書，表示軍情緊急。㊼區區　愛慕；思念。㊽殖　生；增加。㊾訾　通「貲」。計量。㊿百蠻　泛指「蠻服」地區以內的居民。古人依據距離京城地區的遠近，把四周地區劃分為「五服」或「九服」。服，指對中央政權的服從程度。蠻服，一說為距京師四千里的地區。其外為「荒服」，都是指未開化的少數民族的聚居地。(51)蹙國減土二句　意謂國家的領土收縮減少是不祥的，在經書中是有明確告誡的。《毛詩》：「昔先王受命，有如召公，日辟國百里，今也日蹙國百里。」(52)折衝　使敵人的戰車後撤。即擊退敵軍。折，挫敗；毀掉。衝，古代戰車的一種。(53)班勇　字宜僚，班超之子，他在東漢平西域之戰中立有大功。本書卷四十七有傳。(54)疏勒　古代西域國名。故址在今新疆維吾爾自治區喀什境內。(55)烏孫蔥領　烏孫本為民族名。最初生活在祁連山和敦煌之間，漢文帝時西遷至今伊犁和伊塞克湖一帶，都赤谷鎮。後又遷至蔥嶺以北，漸與鄰族融合，今之哈薩克族中有烏孫人後裔。此處當指烏孫人居住的伊犁河一帶地方。蔥領，今多作「蔥嶺」。是對帕米爾高原、崑崙山、喀喇崑崙山脈西部諸山的總稱。(56)陽嘉　東漢順帝劉保年號，西元一三二—一三五年。(57)元嘉　東漢桓帝劉志年號，西元一五一

—一五三年。58永興　東漢桓帝劉志年號，西元一五三—一五四年。59降首　投降歸服。首，服；服罪。60懲革　懲罰、革除。

【語　譯】西漢武帝劉徹在位期間，西域地區有三十六個城邦國家內屬中原政權。漢朝為此派出使者及校尉等官員，領導並保護這些小國。宣帝劉詢在位時，改稱朝廷的派出官員為都護。元帝劉奭時，又在西域設置戊己二校尉，駐紮在車師國前部王庭，負責這一帶的屯田事務。漢哀帝劉欣與漢平帝劉衎在位期間，西域地區又自相分割為五十五國。西漢末年，王莽篡位，貶斥壓抑諸侯王的地位，改換西域各王國國王的稱呼印璽，降低他們的級別，由此導致西域各國的怨恨和背叛，與中原王朝政權斷絕了關係，並且又一次歸屬北方強族匈奴人的管轄和役使。

2　匈奴人對西域各族課斂繁重的賦稅，管轄又很嚴厲苛刻，各國君民都難以忍受，在劉秀剛剛建立東漢政權初期的建武年間，西域各國紛紛派遣使臣朝見漢廷，一致要求內屬，懇請希望朝廷設置都護官府領導並保護他們。光武帝劉秀因為當時天下剛剛平定下來，尚且顧不上國境以外的事務，最終沒有答應他們的要求。此後正趕上匈奴的威勢衰弱，對西域各國的控制放鬆，莎車國國王賢趁機滅掉了一些小國，誅殺了他們的國王，賢死以後，西域各國之間互相攻打征伐。小宛、精絕、戎盧、且末諸小國，被強於他們的鄯善國吞併。渠勒、皮山二小國，被于窴國統一，他們的領地被全部占領了。郁立、單桓、孤胡、烏貪訾離諸城國，被車師國所滅。以後，這些被滅掉的國家又都恢復建立了政權。

3　明帝劉莊永平年間，北匈奴竟脅迫西域各國，共同侵犯騷擾漢朝黃河以西的各郡縣，使得這些地方的城門在大白天也都緊閉著。永平十六年，明帝於是命令將帥，統兵北進征討匈奴，奪取了伊吾盧地，並設置了宜禾都尉進行屯田。這樣就打開了與西域地區的交通，于窴等城國都派世子到漢朝京師侍奉皇帝。西域各國自王莽亂政時期阻斷了與中原的交往，歷經六十五載，到這時與中土關係才算是暢通無阻。第二年，漢朝在西域設置都護、戊己校尉等負責西域事務及屯田事宜的管理機構和官員。

4 等到漢明帝劉莊去世之後，焉耆、龜茲等國，攻陷誅殺了都護陳睦，使他的部眾全軍覆沒，匈奴和車師國又圍攻戊己校尉所在地。章帝建初元年春天，酒泉郡太守段彭在交河城把車師軍隊打得大敗。漢章帝劉炟不願意為了對付夷狄的騷擾而使中原的百姓疲憊，致使經濟凋敝，就主動把設在西域的戊己校尉官府機構撤回內地，也不再往那裡派遣都護。建初二年，又停止了在伊吾地區的屯田，撤銷有關機構。匈奴趁機派兵占領並駐守在伊吾地區。當時，東漢的軍司馬班超留守在于窴國，安撫團結那一帶的西域各國。

5 漢和帝劉肇永元元年，大將軍竇憲率兵大敗匈奴。第二年，竇憲乘勢派遣副校尉閻槃率領兩千多名騎兵出其不意地襲擊了匈奴人駐守的伊吾地，打敗了他們。永元三年，班超終於平定了西域，朝廷因而就此任命班超擔任都護之職，駐紮在龜茲國城。朝廷又重新設置了戊己校尉，統領兵士五百人，駐紮在車師前部的高昌壁。朝廷又設置了戊部候，駐紮在車師後部的候城，與戊己校尉相距五百里。永元六年，班超又率兵打敗了焉耆，於是西域五十多個城國全部送國王的世子到漢家為人質，願意內附。那些像條支、安息等位於漢朝京師洛陽四萬里外的瀕臨西海的遙遠的各國，也都經過輾轉翻譯，向中國朝廷奉獻貢品。永元九年，班超派他的掾吏甘英向西一直探尋到西海東岸陸路走不通的地方才返回來。那些地方，都是前代沒有人所到達過的，《山經》裡也沒有詳細介紹過，甘英歸來後向朝廷完備地報告那一帶的風土人情，那裡出產什麼珍奇特異的物產，沒有一件不詳盡的。於是更加遙遠的國家如蒙奇、兜勒等，也都前來歸屬漢廷，派遣使者奉獻貢品。

6 到漢和帝劉肇去世後，西域各國紛紛背叛中原王朝。安帝劉祜永初元年，西域各國軍隊頻繁地攻擊並包圍都護任尚、段禧等所在地區。朝廷認為那裡離內地太遠，道路險阻，難以與中原及時相呼應支援，遂頒布詔令，撤消設在西域的都護。從此時起，漢朝放棄了對西域各國的領護權。北匈奴當即趁機又一次把西域各國收屬在自己的統治之下，共同對漢朝邊境進行侵略達十幾年之久。敦煌郡的太守曹宗憂慮匈奴人及下屬西域各國對邊境地區的侵擾破壞，於元初六年，就上書朝廷得到准許派遣外出執行任務的長史索班，率領一千多人駐紮在伊吾地區對西域人進行招降和安撫，於是車師國前部國王及鄯善國國王來索班處投降。又過了幾個月後，北匈奴又率領車師國後部國王共同攻打索班等人，使其全軍覆沒，並趁勢趕跑了車師國前部國王。

已降漢的鄯善國王也被匈奴等軍隊進攻逼迫得形勢危急，向敦煌太守曹宗請求救援，曹宗以此為由，報告朝廷，請求出兵打擊匈奴，洗雪索班敗死之恥，並打算再次奪取對西域的領護權。臨朝執政的皇太后鄧綏不准許，只是命令設置領護西域副校尉官，駐守在敦煌，另外部署正規軍士三百人緊急駐紮邊境，維持現狀，對西域各國籠絡安撫而已。此後，北匈奴聯合車師後部接連不斷地侵擾劫掠河西地區，漢王朝無法禁阻，負責討論謀劃邊防的官員，有人提出乾脆把通往西域的玉門關和陽關徹底關閉，斷絕與西域的交通，以圖杜絕匈奴人及西域叛國對中原的禍害。

7 安帝延光二年，敦煌郡太守張璫上書朝廷，陳上治理西域的上、中、下三策，他認為「北匈奴的呼衍王帶著部眾經常在蒲類、秦海之間輾轉流動，脅迫控制著西域各國，共同對漢朝邊境郡縣進行侵擾劫掠。現在調用酒泉屬國的將吏和軍士兩千多人集結在昆侖塞，首先打擊呼衍王的勢力，杜絕他們賴以作亂的根本，趁勢調發鄯善國的五千兵士，威脅車師後部，這是上等計策。如果不能出兵，可以設置軍司馬，由他統率將士五百人，由酒泉、張掖、武威、敦煌這河西四郡供給他們耕牛、穀種及糧食，出關占據柳中，這是中等計策。如果又不能實行，就應該放棄交河城，收編歸順漢廷的鄯善等國全體族民，讓他們都遷入邊塞以內居住，這是最下等的計策」。朝廷把張璫的建議下發給群臣討論。

8 尚書陳忠上書說：「臣聽說八方蠻人對中原的侵擾危害，沒有比北匈奴更為嚴重的。漢朝建立初期，高祖在平城之圍中被逼迫得十分狼狽，太宗文帝也屈服於對匈奴供輸財物的恥辱。所以到了武帝時代，對此情況感到無限憤怒，遂發憤圖強，深思國家長治久安之計，派遣勇猛如虎之臣，北進渡過黃河，橫穿沙漠，窮追不捨，搗毀了匈奴王廷。當年打這一仗的時候，多少百姓死亡，隕身在狼望山以北，軍費的巨大開支，就像把物資財貨填在盧山的溝壑中使之腐爛掉一樣，當時國家財政吃緊，國庫空虛，資財竭盡，連婦女們紡線織布的原料都徵用了，織布機閒置無用，原本按人頭徵稅，當時連車船等交通工具以及家養的六畜都要依法折合成『筭賦』『貲賦』給國家上稅。這樣作難道是皇帝不體恤百姓疾苦不使他們懷念自己的恩德嗎？這是因為從國家的長遠利益考慮的緣故啊。於是開闢河西四個郡的領土，用以隔斷匈奴與南羌的聯繫，收服了西域三十六個城國，就像切斷了匈奴人的右臂。因此，匈奴單于孤立無援，只得像老鼠一樣逃竄到很遠的地方藏身。到了宣帝和元帝在位期間，就有了不少作為屏障藩籬般的臣屬之國，匈奴也求和親交好，漢朝邊境安定，邊境上的關隘不必關閉，緊急徵調軍隊的文書也用不著了。由以上史實看來，對付四方的戎狄民族，可以用威勢征服它們，難以用教化親近它們。西域各國內附中原王朝有很長時間了，它們懷著忠心引頸遠望東方，多次叩敲關門要求接納它們，這就是它們不樂意受匈奴控制而仰慕漢朝威德的明證啊。現在，北方的敵人匈奴已經攻破了車師國，接著勢必要向南攻打鄯善國，如果我們對鄯善放棄保護責任而不加以援救，那麼其他各國也將隨著走上這條道路。如果是這樣，那麼敵人的經濟實力就會更加增強，與中原作對的膽量與態勢就會更加孳長，它們的威勢就會發展到臨近南羌，與它們交往勾結。如果這種情況出現，河西四郡就危險了。河西地區的局勢危急，朝廷就不能不派兵去救，那麼，就需要超過現在百倍的戰爭規模，當然會有不可估量的軍費開支。議論此事的人只考慮到西域位置與中原相距特別遙遠，顧及那裡既麻煩又花費太大，卻看不到先祖們苦心經營、勤勞不捨的深遠用心啊。現在邊境上防守的軍事裝備武器設施之類不精良，內地郡縣武裝防衛等設備不健全，一旦敦煌等邊郡孤懸危險，遠道而來向朝廷告急，我們又不能及時救助，這樣對內沒法安撫官吏和百姓，對外又沒辦法對各方蠻夷顯示朝廷的權威。如此結果，必然會使國土面積縮小，這是先人經書中明確告誡警示過的。我認為應該在敦煌地區設置校尉，依照舊例在河西四郡派屯守兵員，用來向西安撫西域諸國。這樣才可能抵禦萬里之外的敵人，使匈奴感到震驚和恐怖。」

9 安帝劉祜採納了尚書陳忠的建議，就任命班勇為西域長史，率領五百名犯法減刑的士兵，西進至柳中縣駐紮下來。班勇於是平定了車師軍隊。自東漢初建武年間到安帝延光年間，中原與西域的交往等關係，三次被阻隔斷絕，三次又重新開通。

10 漢順帝劉保永建二年，班勇又進攻焉耆，並迫使它降服。於是，龜茲、疏勒、于窴、莎車等十七個城國，都來漢廷表示臣服順從，但是烏孫和葱嶺以西的國家，從此與中原斷絕了交往。永建六年，順帝認為伊吾歷來是肥美富庶的土地，又靠近西域，匈奴常常憑藉此處為根據地，對漢朝邊郡進行劫掠侵暴，於是朝廷又下令在伊吾地區進行屯田，就像和帝永元年間那種辦法，設置伊吾司馬一人主管此事。自從順帝陽嘉年間以後，朝廷的威望又漸漸減損，威信降低，西域各國變得驕橫放縱，互相之間進行欺凌征伐。

11 漢桓帝劉志元嘉二年，長史王敬被于窴國消滅。永興元年，車師國後部國王又一次反叛，攻擊漢軍的屯田營地。雖然也有降服的國家，但漢朝對反叛的城國竟沒有加以懲罰，從此以後，西域各國對漢代朝廷就漸漸地疏遠和怠慢了。

12 班固曾記錄過西域各國的風土人情，風俗特點，這些在《漢書·西域傳》中都有詳細完備的記述。現在，我撰寫東漢建武以後的有關西域的不同於前代的各種事情，以此作為本書的〈西域傳〉，這些資料來源都是漢安帝末年班勇所記錄敘述的。

1 西域內屬諸國，東西六千餘里，南北千餘里，東極玉門、陽關，西至葱領。其東北與匈奴、烏孫相接。南北有大山，中央有河。其南山東出金城❶，與漢南山屬焉。其河有兩源，一出葱領東流，一出于窴南山下北流，與葱領河合，東注蒲昌海❷。蒲昌海一名鹽澤，去玉門三百餘里。

2 自敦煌西出玉門、陽關，涉鄯善，北通伊吾千餘里，自伊吾北通車師前部高昌壁❸千二百里，自高昌壁北通後部金滿城五百里。此其西域之門戶也，故戊己校尉更互屯焉。伊吾地宜五穀、桑麻、蒲萄。其北又有柳中，皆膏腴之地。故漢常與匈奴爭車師、伊吾，以制西域焉。

3 自鄯善踰葱領出西諸國，有兩道。傍南山北，陂河❹西行至莎車，為南道。南道西踰葱領，則出大月氏❺、安息之國也。自車師前王庭隨北山，陂河西行至疏勒，為北道。北道西踰葱領，出大宛❻、康居❼、奄蔡❽焉。

4 出玉門，經鄯善、且末❾、精絕❿三千餘里至拘彌⓫。

【章　旨】以上記西域內屬各國的大略位置及範圍，物產和交通的基本情況，有關國家地區間的距離等。

【注　釋】❶金城　漢代郡名。屬涼州刺史部，下轄十城。郡治允吾。故城在今甘肅蘭州西北邊之黃河北岸。❷蒲昌海　即今新疆境內之塔里木盆地東部之羅布泊，地當西域東方之門戶，為當時東西交通主要路線必經之地。羅布泊，為蒙古語「羅布諾爾」音兼意譯，意為「匯入多水之湖」。❸高昌壁　又稱高昌壘或高昌城。故址在今新疆吐魯番東約二十多公里哈拉和卓堡西南，維吾爾語稱「亦都護城」。城垣用夯土築成，略呈正方形，城周約五公里，今尚有部分殘存。❹陂河　循著河道。陂，本義為澤畔障水之岸。又作山坡、旁邊、靠邊解。❺大月氏　也作「月支」。其祖先原居今甘肅敦煌與青海祁連山之間，西漢文帝時被匈奴擊破，西遷至今伊犁河上游，擊大夏，占塞種故地，稱大月氏。其餘那些不能離開的，入祁連山，稱小月支。❻大宛　古西域國名。故地在今中亞塔吉克斯坦境內，王治貴山城（今塔吉克之卡散塞）。下屬城邑大小達七十餘座，以出產汗血馬而著名。漢武帝時，張騫通西域後，曾與中原關係密切，往來頻繁，直到唐代，玄宗時改其地為「寧遠國」。❼康居　古西域國名。東界烏孫，西達奄蔡，南接大月氏，東南臨大宛，約在今哈薩克斯坦境內巴爾喀什湖與鹹海之間，王治在卑闐城，北部是畜牧區，南部是農業區。❽奄蔡　西域古民族名。又稱「闔蘇」，東漢時稱「阿蘭聊」，約分布於今鹹海至裏海一帶，從事畜牧，東漢時曾屬康居；後部分遷至今伏爾加河和頓河下游之間。❾且末　古代西域城國名。故地在今新疆塔里木盆地東南部且末一帶。❿精絕　古代西域國名。漢時約有人口三千餘，主要從事農業。故地在今新疆南部塔克拉馬干沙漠南緣、民豐城北部之尼雅遺址一帶。⓫拘彌　又作「杅彌」、「扜彌」、「寧彌」。古西域國名。治寧彌城。故址位於今新疆于田克里雅河東古拘彌城遺址一帶。

【語　譯】西域內屬漢朝各國的所在範圍，東西長約六千多里，南北寬約一千多里。東邊的極限為玉門關和陽關，西邊到葱嶺。它們的東北部與匈奴人、烏孫人的所居地區相臨接。南北兩部各有大山，中央有河流。南部的山脈向東綿延到金城郡，和漢朝境內的南山相連接。河流有兩個源頭：一個源頭出自葱嶺，然後向東流，一個源頭出於于寘南山之下向北方流，與源出葱嶺的河匯合後，向東流入蒲昌海。蒲昌海又名鹽澤，距離玉門關三百多里。

2　自敦煌西行，出玉門關、陽關，過鄯善國，向北通伊吾有一千多里。從伊吾往北，通車師國前部高昌壁有一千二百里。從高昌壁向北，通車師國後部金滿城有五百里。這些地方是西域與中原交通往來的門戶，所以戊己校尉交替著駐守在這裡。伊吾地方的土壤適合種植五穀、桑麻、葡萄。它的北邊又有柳中地區，都是肥美富庶之地。所以大漢王朝經常與匈奴爭奪車師、伊吾等關鍵地區，以便自己更好地控制西域各國。

3　從鄯善翻越葱嶺到其以西的各國，有兩條道路：傍著南山的北麓，循著河谷向西走，到達莎車，這是南道。南道向西越過葱嶺，就可到大月氏、安息這些國家。從車師前部王庭順著北山方向，循著河谷向西走，便到疏勒，這是北道。北道往西翻越葱嶺，便會到達大宛、康居、奄蔡等國。

4　出玉門關西南行，經過鄯善、且末、精絕這些城國，走三千多里，便到達拘彌國。

1　拘彌國居寧彌城❶，去長史所居柳中四千九百里，去洛陽萬二千八百里。領戶二千一百七十三，口七千二百五十一，勝兵千七百六十人。

2　順帝永建四年，于寘王放前殺拘彌王興，自立其子為拘彌王，而遣使者貢獻於漢。敦煌太守徐由上求討之，帝赦于寘罪，令歸拘彌國，放前不肯。陽嘉❷元年，徐由遣疏勒王臣槃發二萬人擊于窴，破之，斬首數百級，放兵大掠，更立興宗人成國為拘彌王而還。

3 至靈帝熹平❸四年，于窴王安國攻拘彌，大破之，殺其王，死者甚眾，戊己校尉、西域長史各發兵輔立拘彌侍子❹定興為王。時人眾裁有千口。其國西接于窴三百九十里。

【章　旨】以上記拘彌國基本情況，重點突出它在東漢王朝中後期階段的興衰及其與周邊國家和中原王朝之間的關係。

【注　釋】❶拘彌國居寧彌城　拘彌國的王庭在寧彌城。《續漢書》：「寧彌國王本名拘彌。」❷陽嘉　東漢順帝劉保年號，西元一三二—一三五年。❸熹平　東漢靈帝劉宏年號，西元一七二—一七八年。❹侍子　古代藩屬國國王常把自己的兒子送往宗主國的京師陪侍皇帝，一則代國王本人行侍奉皇帝之禮，表明臣屬的身分；二則是以人質的地位表明該國不敢反叛的誠意；三則也向別國表明，該國有靠山，有歸屬，免除其他國家對其產生覬覦之心，這送往京師當人質的兒子便稱為「侍子」。

【語　譯】拘彌國國王住在寧彌城，距離漢朝派遣的西域長史所駐守地柳中有四千九百里，離東漢的京師洛陽一萬二千八百里。領屬族民有二千一百七十三戶，共有人口七千二百五十一人，能服兵役的男丁一千七百六十人。

2 漢順帝永建四年，于窴國國王放前殺死拘彌國國王興，他擁立自己的兒子為拘彌國國王，而且派遣使者到漢朝奉獻貢品。敦煌太守徐由上書朝廷，請求派兵征伐于窴國，順帝赦免于窴王私行廢立拘彌國王之罪，下令把拘彌國王位歸還給拘彌國王室繼承人，但是于窴國國王放前不肯。順帝陽嘉元年，敦煌太守徐由派疏勒國國王臣槃調發二萬名軍人攻擊于窴並打敗了它，斬殺好幾百人，割了首級。疏勒人放縱兵卒對于窴和拘彌大肆劫掠，撤銷于窴之子的拘彌國王資格，另立原拘彌王興的同宗人成國為拘彌國王，疏勒軍隊才撤還回國。

3 到了漢靈帝劉宏熹平四年，于窴國國王安國攻擊拘彌，將拘彌打得大敗，誅殺了它的國王，其餘被殺的人相當多。漢朝派往西域的戊己校尉和西域長史，各自發兵去援救拘彌，幫助拘彌國擁立入侍漢朝的定興為新國王。當時，拘彌國僅僅剩下了千數來口。拘彌國西邊三百九十里與于窴國鄰接。

1 于窴國居西城❶，去長史所居五千三百里，去洛陽萬一千七百里。領戶三萬二千，口八萬三千，勝兵三萬餘人。

2 建武末，莎車王賢強盛，攻并于窴，徙其王俞林為驪歸王。明帝永平中，于窴將休莫霸反莎車，自立為于窴王。休莫霸死，兄子廣德立，後遂滅莎車，其國轉盛。從精絕西北至疏勒十三國皆服從。而鄯善王亦始強盛。自是南道自蔥領以東，唯此二國為大。

3 順帝永建六年，于窴王放前遣侍子詣闕貢獻。元嘉元年，長史趙評在于窴病癰死，評子迎喪，道經拘彌。拘彌王成國與于窴王建素有隙，乃語評子云：「于窴王令胡醫持毒藥著創中，故致死耳。」評子信之，還入塞，以告敦煌太守馬達。

4 明年，以王敬代為長史，達令敬隱覈其事。敬先過拘彌，成國復說云：「于寘國人欲以我為王，今可因此罪誅建，于寘必服矣。」敬貪立功名，且受成國之說，前到于寘，設供具❷請建，而陰圖之。或以敬謀告建，建不信，曰：「我無罪，王長史何為欲殺我？」旦日，建從官屬數十人詣敬。坐定，建起行酒，敬叱左右執之，吏士並無殺建意，官屬悉得突走。時成國主簿❸秦牧隨敬在會，持刀出曰：「大事已定，何為復疑？」即前斬建。

5 于寘侯將輸僰等遂會兵攻敬，敬持建頭上樓宣告曰：「天子使我誅建耳。」于寘侯將遂焚營舍，燒殺吏士，上樓斬敬，懸首於市。輸僰欲自立為王，國人殺之，而立建子安國焉。

6 馬達聞之，欲將諸郡兵出塞擊于寘，桓帝不聽，徵達還，而以宋亮代為敦煌太守。

7 亮到，開募于寘，令自斬輸僰。時輸僰死已經月，乃斷死人頭送敦煌，而不言其狀。亮後知其詐，而竟不能出兵。于寘恃此遂驕。

8 自于寘經皮山，至西夜、子合、德若焉❹。

【章旨】以上介紹東漢時期于寘國的基本情況，突出了它與鄰國拘彌國及東漢王朝的關係，詳細記述了一次歷史事件。有對話，有行動，展示了人物性格，具有文學色彩，是這種枯燥乏味的記述中難得一見的文字。

【注　釋】❶西城　唐代又名西山城。故址在今新疆和田南之「下庫馬提（又名喀拉馬哈常）」古城（在南山中，位於玉龍喀什河西岸），當地人稱為什斯比爾，意譯為「三道牆」。❷供具　擺設酒食的器具。❸主簿　漢代以後，中央各機構及地方郡、縣官府都設有主簿，負責文書簿籍，掌管印鑑，為掾吏之首。❹自于窴二句　皮山，古代西域國名。治皮山城，西邊與西夜鄰接。故地在今新疆維吾爾自治區西南部之皮山縣境，土名叫皮什南。西夜，漢代西域城國名。故地在今新疆莎車南。子合，古西域城國名。在葱嶺以北。德若，古西域城國名。故地在今新疆西南部接近葱嶺一帶的地方。

【語　譯】于窴國國王居住在西城，距離東漢派出的西域長史駐地五千三百里，離東漢京師洛陽一萬一千七百里。領屬臣民三萬二千戶，總人口數八萬三千人，能服兵役的人員有三萬多人。

2 漢光武帝建武末期，莎車國國王賢在位時國勢強盛，攻打並吞併了于窴國，把于窴國國王俞林徙為驪歸王。明帝劉莊永平年間，于窴國的將領休莫霸反抗莎車國的統治，自己立為于窴國王。休莫霸死後，他哥哥的兒子廣德立為于窴國王，此後就滅掉了莎車國，于窴國由弱轉強。從精絕國往西北數到疏勒國，有十三個城國，都表示臣服順從于窴。同時，鄯善王國也開始強盛起來。由此時起，出西域走南道，自葱嶺以東算起，只有于窴和鄯善這兩個國家最為強大。

3 漢順帝劉保永建六年，于窴國王放前派遣他的兒子作為侍子到京師向大漢朝廷奉獻貢品。元嘉元年，西域長史趙評在于窴因患惡性瘡腫而去世。趙評的兒子前往于窴迎回他父親的棺柩，路上要經過拘彌國。拘彌國國王成國與于窴國國王建一向有隔閡，趁此機會就對趙評的兒子說：「于窴國王讓胡人醫生把有毒藥物放在你父親癰瘡的傷口裡，所以致他於死地了。」趙評的兒子相信了成國的話，返回進入邊塞以後，把這情況向敦煌郡太守馬達作了稟告。

4 第二年，朝廷任命王敬為西域長史，敦煌太守馬達命令王敬暗中調查趙評病死的真相。王敬先路過拘彌。拘彌國王成國又一次對漢使說：「于窴國人都想讓我做他們的國王，現在可以藉此罪名殺死建，于窴國就會臣服了。」王敬貪圖建功樹名，而且接受了成國的誘惑之言，前行到達于窴，他陳設了酒宴供具，邀請建來赴宴，而暗中準備謀害建。有人把王敬的陰謀告訴了建，建不相信，說：「我沒有犯罪，王長史為什麼要殺害我？」第二天，建率領著從屬官員數十人到王敬的住處來。坐定以後，建站起身來逐一向上國來的官員敬酒。王敬大聲呵斥身旁的武士抓住他。吏士們本來沒有殺害于窴國王建的意思，故而隨從的屬官得以全部突圍逃走。當時，一同來的拘彌國國王成國的主簿秦牧跟隨王敬同赴宴會，手持鋼刀站出來說：「大事已經定了，為什麼還要遲疑？」就上前斬殺了建。

5 于窴國的侯將輸僰等人於是聚集兵士攻擊王敬，王敬手持于窴國王建的人頭到樓上對兵眾宣告說：「是漢天子命令我誅殺建的。」于窴的侯將等人於是放火焚燒漢兵的營盤和住舍，縱火攻殺漢軍官吏兵士，攻上樓去把王敬斬殺，割下首級懸掛於鬧市示眾。于窴侯將輸僰想自立為于窴國王，被于窴國民殺死，而擁立原國王建的兒子安國為于窴國王。

6 漢敦煌太守馬達聽說了于窴國內發生的事件，打算率領各路郡兵西出關塞去攻打于窴，但桓帝劉志不允許，卻徵召馬達回到內地，而任命宋亮代替他為敦煌郡太守。

7 宋亮到任以後，給于窴人開創自新之路，懸出賞格，招募勇士，讓于窴人自己斬殺侯將輸僰。當時，輸僰已被殺了一個多月，于窴人就割下別的死人的頭，送往敦煌給宋亮看，卻不說明真實情況。宋亮以後知道了此事有詐偽，但終於沒能出兵征討。于窴國憑恃此事知道漢廷難以出兵遠征就對朝廷驕橫起來。

8 從于窴經過皮山，就到達西夜、子合、德若諸國了。

1 西夜國一名漂沙，去洛陽萬四千四百里。戶二千五百，口萬餘，勝兵三千人。地生白草，有毒，國人煎以為藥，傅箭鏃，所中即死。漢書中誤云西夜、子合是一國，今各自有王❶。

2 子合國居呼鞬谷。去疏勒千里。領戶三百五十，口四千，勝兵千人。

3 德若國領戶百餘，口六百七十，勝兵三百五十人。東去長史居三千五百三十里，去洛陽萬二千一百五十里，與子合相接。其俗皆同。

4 自皮山西南經烏秅❷，涉懸度❸，歷罽賓❹，六十餘日行至烏弋山離國❺，地方數千里，時改名排持。

5 復西南馬行百餘日至條支。

【章　旨】以上記西夜、子合、德若三國的基本情況。

【注　釋】❶漢書中誤云二句　本處是糾正《漢書》中記載的訛誤。《漢書・西域傳》：「西夜國，王號子合王，治呼鞬谷。」據下段，子合國治呼鞬谷。清人徐松在《漢書・西域傳・補注》中認為此處有脫文，斷句應為：「西夜國王號子。」下文為「子合王治呼鞬谷」。中間有漏字、漏句。❷烏秅　古西域城國名。故地在今阿富汗境內東北部巴達克山一帶區域。❸懸度　本作「縣度」。縣，古「懸」字。古代西域地名。由於當地多石山，溪谷不通，行人需以繩索相引而渡，故名懸度。❹罽賓　漢代西域國名，梵語叫迦濕彌羅。故地在今阿富汗境內之喀布爾河下游流域克什米爾一帶區域，即巴基斯坦東北部與印度最北部兩國為其所屬權有爭議的那一塊區域。❺烏弋山離國　古代西域城國名，省稱烏弋國。是西域三十六國中最為靠西之國，其地已難確指。

【語　譯】西夜國又名漂沙國，距離東漢京師洛陽一萬四千四百里，管轄著百姓二千五百戶，一萬多人口，能服兵役的有三千人。當地產一種白草，此草有劇毒，西夜國中人取來熬成毒藥，把藥液搽抹在箭鏃上，射中敵人後能令對方馬上斃命。《漢書・西域傳》中誤把西夜、子合記錄成一個國，現在這兩國各自有自己的國王。

2 子合國位於呼鞬谷。距疏勒國城有一千里。領屬三百五十戶，人口有四千，能服兵役的有上千人。

3 德若國領屬百餘戶，有六百七十口人，能服兵役的有三百五十人。距離東漢西域長史的駐地柳中三千五百三十里，距洛陽一萬二千一百五十里。它與子合國相鄰接。它們二國的民風民俗也相同。

4 從皮山向西南方走，經過烏秅，涉過懸度，歷經罽賓，走六十多天路程就到烏弋山離國，土地方圓可達到好幾千里，當時改名叫「排持」。

5 再向西南方向騎馬走一百多天路程就到達條支。

條支國城在山上，周回四十餘里。臨西海❶，海水曲環其南及東北，三面路絕，唯西北隅通陸道。土地暑溼，出師子、犀牛、封牛、孔雀、大雀❷。大雀其卵如甕。

轉北而東，復馬行六十餘日至安息。後役屬條支，為置大將，監領諸小城焉。

【章　旨】以上記條支國簡要情況，突出其位置的險要及出產的奇獸珍禽，還介紹了其與安息國的關係。

【注　釋】❶西海　我國古代所說的西海，因立足點及所指範圍的不同，具體地點有多處，如今日之青海湖西曾設西海郡，還有黑海、紅海、死海也曾被稱為西海。這裡指的是今之波斯灣、紅海、阿拉伯海及印度洋的西北部。總之，凡位於中原之西方的大片水域均曾被稱為西海，要結合上下文意及具體事件來辨析其確指。❷出師子句　師子，即獅子。犀牛，犀科哺乳綱動物，體型粗大，吻上有角，以植物為食。封牛，一種高背的大牛，因其項上隆起肉塊，故又稱峰牛。封為高大、隆起之意。孔雀，一種雉科鳥類，雄鳥體長含尾羽可達二公尺以上，十分美麗。雌鳥無尾屏。大雀，又作「大爵」。古人對鴕鳥的稱呼。郭義恭《廣志》：「大爵頭及身、蹄，都似橐駝，舉頭高八九尺，張翅丈餘，食大麥，其卵如甕，即今之鴕鳥。」

【語　譯】條支國的城建築在山上，城周圍有四十多里。條支國瀕臨西海，海水曲折地環繞著國土地南邊及東邊、北邊，三面沒有道路與境外相通，只有西北角有陸路交通。當地土地潮溼氣候暑熱，出產獅子、犀牛、封牛、孔雀、鴕鳥等。鴕鳥產的蛋像小甕那麼大。

從條支國轉向北再向東，再乘馬行六十多天，就到安息。安息後來統轄了條支，役使那裡的國民。安息並為條支設置了大將，監督、領護下屬的各個小城。

1 安息國居和櫝城，去洛陽二萬五千里。北與康居接，南與烏弋山離接。地方數千里，小城數百，戶口勝兵最為殷盛。其東界木鹿城，號為小安息，去洛陽二萬里。

2 章帝章和元年，遣使獻師子、符拔❶。符拔形似麟而無角。和帝永元九年，都護班超遣甘英使大秦，抵條支。臨大海欲度，而安息西界船人謂英曰：「海水廣大，往來者逢善風三月乃得度，若遇遲風❷，亦有二歲者，故入海人皆齎三歲糧。海中善使人思土戀慕，數有死亡者。」英聞之乃止。十三年，安息王滿屈復獻師子及條支大鳥，時謂之安息雀。

3 自安息西行三千四百里至阿蠻國❸。從阿蠻西行三千六百里至斯賓國❹。從斯賓南行度河，又西南至于羅國❺九百六十里，安息西界極矣。自此南乘海，乃通大秦。其土多海西珍奇異物焉。

【章　旨】以上記安息國基本情況，比較詳細地記錄了距今近二千年前，中國人甘英率外交使團打算沿古絲綢之路出使到歐洲，由於受阻於海未能成行。

【注　釋】❶符拔　又叫「桃拔」。清人俞樾認為即是《山海經・北山經》中之駮馬：「敦頭之山……其中多駮馬，牛尾而白身，一角，其音如呼。」見《俞樓雜纂・讀山海經》。❷遟風　慢風。遟，同「遲」。❸阿蠻國　古國名。有人認為阿蠻是當時安息國中部埃克巴坦那城（今伊朗境內之哈馬丹）古名 Hagmatâna 的音譯。❹斯賓國　古國名。故地在今伊拉克首都巴格達東南底格里斯河左岸。❺于羅國　古國名。故地在今伊拉克東南部幼發拉底斯河下游。有人認為，這就是今稱之「納賈夫」的音譯，也有人認為是「巴士拉」的音譯。

【語　譯】安息國國都位於和櫝城，距離洛陽二萬五千里。它北邊與康居國接壤，南邊與烏弋山離國鄰接。土地面積達數千里見方，下轄數百個小城。國內居民戶口數及可以承擔兵役的人數在西域諸國中是最為繁多而強盛的一個。它東邊的界城叫木鹿城，號稱小安息，距離洛陽有二萬里。

2 東漢章帝劉炟章和元年，安息國派遣使臣向東漢朝廷貢獻獅子和符拔。符拔外形好像麒麟，但是頭上沒有角。和帝劉肇永元九年，西域都護班超派他的屬掾甘英出使大秦國，到達條支。面臨大海想渡海過去，但安息國西面邊界使船的人對甘英說：「海水深遠廣大，往來於海上的人，遇上順風走三個月才能到對岸，若遇上慢風，也有要兩年時間才能渡過去的。所以入海的人都要準備攜帶夠三年吃用的糧食。到了海上，會引發人們思念故鄉及親人的強烈感情，時常有人因憂思生病而去世。」甘英聽了這嚇人的描述，中止了自己的行程。永元十三年，安息國國王滿屈又一次向中原王朝獻上獅子及條支大鳥，當時中原人叫這種鳥為安息雀。

3 自安息國向西行三千四百里，就到了阿蠻國。從阿蠻國再往西走三千六百里就到了斯賓國。從斯賓國往南走，渡過底格里斯河和幼發拉底斯河，再向西南走是于羅國，距斯賓國有九百六十里，安息國的西部邊界就走到盡頭了。從這裡往南乘船入海，就可以通到大秦國。那一片土地出產很多海西地區的珍稀奇特為中土所未曾有的物品。

1 大秦國一名犂鞬，以在海西，亦云海西國。地方數千里，有四百餘城。小國役屬者數十。以石為城郭。列置郵亭，皆堊塈❶之。有松柏諸木百草。人俗力田作，多種樹蠶桑。皆髡頭❷而衣文繡，乘輜軿❸白蓋小車，出入擊鼓，建旌旗幡幟。

2 所居城邑，周圜百餘里。城中有五宮，相去各十里。宮室皆以水精❹為柱，食器亦然。其王日游一宮，聽事五日而後徧。常使一人持囊隨王車，人有言事者，即以書投囊中，王至宮發省，理其枉直。各有官曹文書。置三十六將，皆會議國事。其王無有常人，皆簡立賢者。國中災異及風雨不時，輒廢而更立，受放者甘黜不怨。其人民皆長大平正，有類中國，故謂之大秦。

3 土多金銀奇寶，有夜光璧、明月珠、駭雞犀、珊瑚、虎魄、琉璃、琅玕、朱丹、青碧❺。刺金縷繡，織成金縷罽、雜色綾❻。作黃金塗、火浣布❼。又有細布，或言水羊毳❽，野蠶繭所作也。合會諸香，煎其汁以為蘇合❾。凡外國諸珍異皆出焉。

4 以金銀為錢，銀錢十當金錢一。與安息、天竺❿交市於海中，利有十倍。其人質直，市無二價。穀食常賤，國用富饒。鄰國使到其界首者，乘驛詣王都，至則給以金錢。其王常欲通使於漢，而安息欲以漢繒綵與之交市，故遮閡不得自達。至桓帝延熹九年，大秦王安敦遣使自日南徼外獻象牙、犀角、瑇瑁⓫，始乃一通焉。其所表貢，並無珍異，疑傳者過焉。

或云其國西有弱水、流沙⓬，近西王母⓭所居處，幾於日所入也。漢書云「從條支西行二百餘日，近日所入」，則與今書異矣。前世漢使皆自烏弋以還，莫有至條支者也。又云「從安息陸道繞海北行出海西至大秦，人庶連屬，十里一亭，三十里一置，終無盜賊寇警。而道多猛虎、師子，遮害行旅，不百餘人，齎兵器，輒為所食」。又言「有飛橋數百里可度海北」。諸國所生奇異玉石諸物，譎怪多不經，故不記云。

【章　旨】以上記東漢時期大秦國的基本情況，突出它先進的管理制度、豐富奇特的物產及其對鄰國、對東漢王朝的友善關係。近二千年前，中國人眼中的羅馬帝國是如此進步美好，並留下這比較詳盡的資料，也算難能而可貴了。

【注　釋】❶堊壁　用白土泥牆。堊，白土。壁，以泥塗屋。❷髡頭　光頭；剃去頭髮。❸輜軿　泛指有衣蔽之車。輜車，是有衣蔽帷幕可以坐臥或載物的車。軿車，四面有衣蔽，輜車則前面有衣蔽，後面開戶。在古代中國，多為婦女所乘之車。❹水精　即水晶。又叫石英，是化學成分為二氧化矽的礦物石，有多種色彩，是工業和光學儀器或名貴的工藝品的原料。❺土多金銀奇寶二句　夜光璧，在夜裡能發光的寶玉、寶珠之類，俗稱夜明珠。可能是一種含有螢光的礦物材料。明月珠，也叫夜光珠。因其珠光晶瑩如月光而得名。駭雞犀，通天犀的角。《抱朴子・登涉》：「通天犀角有一赤理如綖，有自本徹末，以角盛米置群雞中，雞欲啄之，至數寸即驚卻退。故南人或名通天犀為駭雞犀。」珊瑚，本是大海中一種腔腸動物，其群體可生成多種形狀，牠們的骨骼老化之後即成為多種多樣的美麗多彩的堅硬物質，可作為裝飾品供人觀賞。虎魄，今多作「琥珀」。是古代的松柏樹脂類物質長期在地層中受高壓而形成的有機塊狀物化石，常與煤層伴生，是藥物，也可加工成名貴的裝飾品。琉璃，本名「璧琉璃」。是天然的各種有光寶石。琅玕，美玉。玉石，石之似珠者。朱丹，亦作「硃丹」、「朱砂」、「丹砂」，一種礦物，正紅色。古人認為，上有丹砂，下邊便會有黃金，即認為丹砂是金礦的伴生物或礦苗。青碧，能夠染青色和青綠色的植物、礦物顏料。❻刺金縷繡二句　刺金縷繡，用金線或金色的線在織物上繡出花樣或圖案。罽，一種毛織物。綾，一種很薄而有彩文的絲織物。❼作黃金塗火浣布　能製作用黃金粉塗染的織品和用火「洗」的布。黃金，這裡指黃金粉末或其他黃色金屬粉末，以其在織物上塗染成圖案或花紋。火浣布，大概是用礦物纖維織成的布，汙玷之後，以火焚燒，則光鮮如新。《神異經》記載，南方有火山，長四十里，廣四五里，生有燒不成灰燼的樹，不分白旦黑夜，火燃不止，遇烈風而火勢不猛，降暴雨而火勢不滅。火中有鼠，重百斤，毛長二尺餘，細如絲，恆居火中，時時外出，而色白，追趕牠用水澆到鼠身上，就會死掉。把火鼠的毛紡成線，織成布。如果髒了，用火燒之，則清潔如初，此布又名火毳。❽水羊毳　一種用水羊細毛織成的紡織品。❾蘇合　香料名。古人認為是由多種香木原料合在一起榨汁熬膏而成，叫做蘇合香。現在知道，蘇合香是一種落葉喬木，樹脂叫蘇合香，可提煉蘇合香油，用作香精中的定香劑。❿天竺　古人對印度的稱呼。⓫瑇瑁　也作「玳瑁」。是一種形狀像龜的爬行動物，產於熱帶海中，甲殼可作裝飾品。⓬弱水流沙　弱水，古人稱水淺或地僻不通舟楫之江河湖泊為弱水。初意謂水弱不能勝舟，後輾轉傳訛，遂有水弱力不能負芥或不勝鴻毛之說。古籍中所載弱水之處甚多，我國境內的多在今新疆、青海、西藏、內蒙古一帶。浮力小，主要是水流太急之故。流沙，即沙漠。因沙漠受狂風吹拂而流動，故稱流沙。⓭西王母　本指古國名。《爾雅・釋地》：「觚竹、北戶、西王母、日下，謂之四荒。」晉郭璞注：「觚竹在北，北戶在南，西王母在西，日下在東。」《穆天子傳》：「自群玉之山以西至於西王母之邦，三千里。」後演化為神話中的女神名。《山海經・西山經》：「西王母其狀如人，豹尾虎齒而善嘯，蓬髮戴勝。」後世戲曲小說中多以其為美貌之女神。其所居之處也多附會為今日新疆境內天池一帶。

【語譯】大秦國的另一個名字叫犂鞬，因為它位於大海（波斯灣、紅海）的西邊，中國也叫它為「海西國」。

它的領土面積方圓有數千里，有四百多座城市。被它役使和領屬的小國有數十個。城市用石塊壘成城郭。國內設置著通郵的亭式建築，牆壁都用白土塗飾粉刷。有出產松柏等各種樹木和多樣植物。百姓習慣勤勞於田間勞作，多種桑養蠶。人們都剃成光頭，不留髮髻，而身穿漂亮的繡花衣服，外出喜歡乘著四周有衣蔽的白色車蓋的小車。每逢出入，還要擊鼓，在車上樹起標誌性的旌旗幡幟。

2 國王所住的城邑，周邊有一百多里。城中有五處宮殿建築群，各相距有十里之遙，這些宮室建築，都用名貴華麗的水晶做柱子，飲食用具也是水晶做的。其國國王每天往遊一處宮殿，在那裡處理政務，辦公五天，而後遊遍這五處宮殿。國王出巡時，經常派一名隨員手持囊袋跟在王車的後面。臣民有上書告狀的，都可以在王車經過時把自己寫的狀紙，投到隨員持的囊袋中。國王到宮殿內後，打開囊袋省閱這些狀紙，判定其曲直。根據國政範圍，劃分部門，各設官吏，分曹理事，各立文檔書記。全國設三十六員將領，都可參加國王召集的集會，共同討論國家大事。大秦國的國王沒有固定不變的所謂「天子」世襲，而都是選拔擁立賢德的人。國內發生災害變異及風雨不順，就廢掉國王而擁立新君。受到放逐的國王甘心接受廢黜而不心懷怨怒。該國人民都長得身材高大，體態勻稱，面目周正，有類似中國人的樣子，所以我們稱那裡為「大秦」。

3 大秦的土地出產貴重的金銀奇寶，有夜光璧、明月珠、駭雞犀、珊瑚、琥珀、琉璃、琅玕、朱丹、青碧等。那裡人會用金縷線刺繡，織成夾有金線的毛織品，會織多種色彩的綾，會做黃金塗和火浣布。又有一種細布，有人說這是水羊毳或是野蠶絲織成的。當地人還會把各種香料合在一起，煎熬其汁製作成蘇合香精。總之，凡是外國的各種珍貴奇異的東西這地方都出產。

4 大秦國用金銀作為錢幣，十枚銀幣相當於一枚金幣。大秦國與安息國、天竺國在海上進行貿易互市，可有十倍的利潤。那裡的人品性質樸率直，老實誠懇，每種貨物在市場上的價格說一不二，從不要謊價。糧食等穀物食品價格經常低賤，國庫充盈，財用豐足。相鄰國家的使者有到大秦國邊境的，就讓他乘坐驛車前往大秦國都，到達以後，就贈給使者金錢。大秦的國王經常想與大漢王朝互通使節，但是，處於兩大國之間的安息國想用漢朝生產的各色絲織品與大秦進行貿易，因而從中故意阻隔遮攔，使大秦不能直接與大漢通使。

到桓帝劉志延熹九年，大秦國國王安敦派遣使臣從漢朝的日南郡境外向中原朝廷獻上象牙、犀角、玳瑁等貢品，兩國才開始有了第一次交往。它所呈送給大漢王朝的貢品，從開列的貢表看，並沒有珍寶異物，所以人們的懷疑，是傳言的過分誇飾。

5 有人說大秦國西邊有漂不起舟船的「弱水」和能夠流動的沙漠，接近神女西王母的居住地，幾乎是太陽落入地平線的地方。《漢書・西域傳》中說「從條支國西行二百多天，就接近太陽入地之處」，那就同今人書中所記載的不同了。前代漢朝的使者，都是走到烏弋國便折返回來，沒有人到達過條支國。《漢書》中又說「從安息陸上道路繞過西海沿北岸走，出海西後到大秦，人民眾多。一路看到接連不斷都是民居。十里一座供休息的亭，三十里一座供驛使食宿的驛站，自始至終一路上沒有遇到盜賊強寇的警報。但是，沿途多猛虎和獅子，傷害行人，假若不是一百多人結伴走，沒有攜帶著兵器，就常會被猛獸吃掉」。又說「那裡有高空架設的飛橋，長數百里，可以渡到海北」。各國所出產的奇特怪異的玉石等諸般物品，還有一些詭異幻怪之事，都使人感覺荒誕不經，所以不再加以記述。

大月氏國居藍氏城，西接安息，四十九日行，東去長史所居六千五百三十七里，去洛陽萬六千三百七十里。戶十萬，口四十萬，勝兵十餘萬人。

初，月氏為匈奴所滅，遂遷於大夏，分其國為休密、雙靡、貴霜、肹頓、都密，凡五部翖侯❶。後百餘歲，貴霜翖侯丘就卻攻滅四翖侯，自立為王，國號貴霜。侵安息，取高附❷地。又滅濮達、罽賓❸，悉有其國。丘就卻年八十餘死，子閻膏珍代為王。復滅天竺，置將一人監領之。月氏自此之後，最為富盛，諸國稱之皆曰貴霜王。漢本其故號，言大月氏云。

【章　旨】以上記大月氏國基本情況，重點記其在東漢時期曾吞併鄰邦達到「最為富盛」的光輝階段。

【注　釋】❶月氏為匈奴所滅四句　秦二世元年（西元前二〇九年），匈奴單于頭曼之子冒頓殺父自立為單于。西漢初期，匈奴逐漸強大，不僅成為漢王朝的主要威脅，而且吞併西域各國，把月氏人趕往大夏。「大夏本無大君長，城邑往往置小長，民弱畏戰，故月氏徙來，皆臣畜之，共稟漢使者。有五翕侯：一曰休密翕侯，治和墨城……，二曰雙靡翕侯，治雙靡城……，三曰貴霜翕侯，治護澡城……四曰肸頓翕侯，治薄茅城……五曰高附翕侯，治高附城。」見《漢書・西域傳上》。此處記載的第五個翖侯名為都密，是本書作者的訂正，詳見下文。大夏本為波斯帝國的一個行省，約在西元前三世紀獨立，國王攸提騰在位期間（約在西元前三世紀末—前二世紀初）國勢強盛，領有北起阿姆河上游、南達印度河流域的廣大地區。後國土分裂，勢衰。月氏人占領時的故地，為今之阿富汗北部一帶。翖侯，本是西域烏孫國的官名，後西域其他國也沿用此名，大約相當於漢朝的將領之意。❷高附　古國名。在今阿富汗北部，都高附城（今喀布爾市）。❸濮達罽賓　均為古代中亞西亞小國名。故地均在今阿富汗國境內。

【語　譯】大月氏國位於藍氏城，西邊鄰接安息，有四十九日行程的距離。東面離西域長史駐地六千五百三十七里，距離洛陽一萬六千三百七十里。全國居民有十萬戶，四十萬口人，可服兵役約十餘萬人。

當初，月支國被匈奴人滅掉，大部分月支人被迫西遷於大夏，把大夏國原居領土分為休密、雙靡、貴霜、肸頓、都密等五部分，每部設一翖侯管轄。以後過了一百多年，貴霜部翖侯丘就卻攻打滅亡了其餘的四部翖侯，自己自立為王，國號叫貴霜。丘就卻又派兵侵略安息，占領了高附國的領土。以後又滅掉了濮達、罽賓，占領它們的全部國土。丘就卻活了八十多歲才死，他的兒子閻膏珍代替他為國王。又派兵滅掉了天竺國，設置一名將領去監管領護天竺國。月氏人自此二王之後，是最為富有最強盛的階段。各國稱呼它都叫做「貴霜王」。漢朝人則依舊稱呼它過去的名號，叫它「大月支」。

高附國在大月氏西南，亦大國也。其俗似天竺，而弱，易服。善賈販，內富於財。所屬無常，天竺、罽賓、安息三國強則得之，弱則失之，而未嘗屬月氏。漢書以為五翖侯數，非其實也。後屬安息。及月氏破安息，始得高附。

【章　旨】以上記高附國的基本情況，此處糾正了《漢書・西域傳》中的一處誤記，說明高附不是大月氏五部翖侯之一。

【語　譯】高附國位於大月氏國西南方，也是一個大國。該國的民風民俗類似天竺國，但是民族性格普遍怯弱，容易對強者屈服。擅長經商做買賣，國內資財豐足，公私財富充盈。依附哪個國家一般不固定，天竺、罽賓、安息三個國家中，誰強大就可得到它，哪一國勢力轉弱了，就會失去它。但是未曾歸屬過月氏。《漢書・西域傳》中把高附作為月氏占領大夏後設置的五部翖侯之一，是不符合歷史事實的。高附後來從屬於安息。等到月氏攻破安息之後，才得到高附國。

1 天竺國一名身毒❶，在月氏之東南數千里。俗與月氏同，而卑溼暑熱。其國臨大水。乘象而戰。其人弱於月氏，脩浮圖❷道，不殺伐，遂以成俗。從月氏、高附國以西，南至西海，東至磐起國，皆身毒之地。身毒有別城數百，城置長。別國數十，國置王。雖各小異，而俱以身毒為名，其時皆屬月氏。月氏殺其王而置將，令統其人。土出象、犀、瑇瑁、金、銀、銅、鐵、鉛、錫，西與大秦通，有大秦珍物。又有細布、好毾㲪❸、諸香、石蜜❹、胡椒、薑、黑鹽。

2 和帝時，數遣使貢獻，後西域反畔，乃絕。至桓帝延熹二年、四年，頻從日南徼外來獻。

3 世傳明帝夢見金人，長大，頂有光明，以問群臣。或曰：「西方有神，名曰佛，其形長丈六尺而黃金色。」帝於是遣使天竺問佛道法，遂於中國圖畫形像焉❺。楚王英始信其術，中國因此頗有奉其道者。後桓帝好神，數祀浮圖、老子，百姓稍有奉者，後遂轉盛。

【章　旨】以上記天竺國的民俗和出產。值得注意的是，印度佛教與東漢王朝的關係，亦即佛教傳入中國的概況。

【注　釋】❶身毒　古代印度的音譯。❷浮圖　梵語「佛」的音譯。佛者，漢語覺的意思，將以覺悟群生也。也作「浮屠」、「佛陀」。除指佛以外，也可指僧人、塔。❸毾㲪　彩紋的細毛毯，用毛或毛麻混紡織成的布、褥子、地毯之類，一般叫做氍毹，細的叫做毾㲪。❹石蜜　用甘蔗煉成的糖，凝結成塊的叫石蜜，輕白如霜者為糖霜，堅白如冰者為冰糖。野蜂釀造的蜜也叫石蜜，或叫崖蜜。此處為前一意。❺帝於是遣使二句　相傳東漢明帝劉莊永平十年（西元六七年），朝廷派使臣蔡愔等赴西域求佛法，在月氏遇到來自天竺的迦葉摩騰和竺法蘭，便迎入中國。當時用白馬馱載經像而歸京師洛陽，次年建寺，以「白馬」命名，今日河南洛陽東郊之白馬寺，是國家級文物保護單位，便是近二千年前佛教傳入中國的實物證明。

【語　譯】天竺國又一名字叫身毒，位於月氏國東南方向數千里外。那裡的民風民俗與月氏國相同，地勢低下，氣候潮溼，終年暑熱。它的國土面臨大水。戰爭時人們騎乘大象去打仗。該國人的性格比月氏人還要怯弱，修煉佛法，信仰佛道，不殺生靈，互不攻伐，遂成為風俗習慣。從月氏國、高附國往西，向南到達西海，向東至磐起國，都是身毒國的領土範圍。身毒國內有數百座城堡，每座城堡都設置官長首領。另外，國土內還有數十個小國，每個小國都設置有國王。各國間雖然小有差異，政策政令並不完全相同，但都以身毒為自己的名號，當時全部都臣屬於月氏國的統治。月氏人殺掉了身毒國國王，而設置了一名大將，令其統轄治理該國民眾。身毒當地出產大象、犀牛、玳瑁、金、銀、銅、鐵、鉛、錫等。西邊與大秦國互通貿易，便有了大秦國產的珍奇寶物。又產細布、好的毾㲪一類織物織品，各種香精香料，石蜜、胡椒、生薑、黑鹽等。

2 和帝劉肇在位期間，身毒多次派遣使臣來東漢王朝奉獻貢品。以後，西域各國反叛漢朝，身毒才斷絕了與漢朝的交往。直到桓帝劉志延熹二年和延熹四年，身毒印度才又接連地從日南郡境外到中原來向漢家朝廷奉獻貢品。

3 世間傳說，漢明帝劉莊曾夢見個金身人，身高體長，頭頂上發光放明。明帝把夢中所見情景向群臣問詢。有人說：「西方有神靈，名字叫佛。他的身形長一丈六尺，並且是黃金色的。」明帝於是就派遣使臣到天竺國去詢問佛家的本義和修煉之法，回來以後便開始在中國繪製佛的形像了。楚王劉英開始信奉佛法，中國由此開始，很有一些人信奉佛學宣示的道理及教義。此後，桓帝劉志喜供神靈，多次供奉祭祀佛像和老子的靈位。百姓們受此影響，漸漸有些人信奉，以後在中華大地信奉佛祖、吃齋念佛的風氣轉而大為興盛起來。

1 東離國居沙奇城，在天竺東南三千餘里，大國也。其土氣、物類與天竺同。列城數十，皆稱王。大月氏伐之，遂臣服焉。男女皆長八尺，而怯弱。乘象、駱駝，往來鄰國。有寇，乘象以戰。

2 粟弋國屬康居。出名馬牛羊、蒲萄眾果，其土水美，故蒲萄酒特有名焉。

3 嚴國在奄蔡北，屬康居，出鼠皮以輸❶之。

4 奄蔡國改名阿蘭聊國，居地城，屬康居。土氣溫和，多楨松❷、白草❸。民俗衣服與康居同。

【章　旨】以上簡要介紹東離、栗弋、嚴國、奄蔡等四國的基本情況，主要記錄其地理位置和物產。文字很簡省。

【注　釋】❶輸　繳納；獻納。❷楨松　楨樹和松樹。都是冬天葉子不凋的樹種。楨樹又名女貞，以其淩冬翠葉不凋而得名。樹枝上能養蠟蟲，以取白蠟，故又稱蠟樹，籽可入藥。❸白草　草中之白色者，似莠而細，成熟時正白色，可作為牛馬食用的飼草。

【語　譯】東離國位於沙奇城，在天竺國東南方三千多里遠，是一個大國。那裡的土壤氣候和物產種類和天竺國相同。有幾十座城市，城市的管理者都稱王。大月氏攻伐它，東離國遂向月氏國稱臣。那裡無論男女，都有漢尺八尺的身高，但是性情怯懦軟弱。出遠門時乘坐大象、駱駝為代步工具，往來於鄰國間。有強敵入侵，就乘著大象作戰。

2 栗弋國從屬於康居國，該國出產名馬、牛、羊和葡萄等多種果品。那裡土壤和水質特別純美，所以出產的葡萄酒特別著名。

3 嚴國在奄蔡國的北邊，隸屬於康居國。該國出產鼠皮能做裘衣，用以獻納給康居國朝廷。

4 奄蔡國改名阿蘭聊國，位於地城，臣屬於康居國。氣候溫和，多生長冬季不凋的楨樹和松樹以及牛羊食用的白草。居民的風俗、服裝樣式和康居國相同。

1 莎車國❶西經蒲犂、無雷至大月氏，東去洛陽萬九百五十里。

2 匈奴單于因王莽之亂，略有西域，唯莎車王延最強，不肯附屬。元帝時，嘗為侍子，長於京師，慕樂中國，亦復參其典法。常敕諸子，當世奉漢家，不可負也。天鳳❷五年，延死，諡忠武王，子康代立。

3 光武初，康率傍國拒匈奴，擁衛故都護吏士妻子千餘口，檄書河西，問中國動靜❸，自陳思慕漢家。建武五年，河西大將軍竇融❹乃承制立康為漢莎車建功懷德王、西域大都尉❺，五十五國皆屬焉。

4 九年，康死，諡宣成王。弟賢代立，攻破拘彌、西夜國，皆殺其王，而立其兄康兩子為拘彌、西夜王。

5 十四年，賢與鄯善王安並遣使詣闕貢獻，於是西域始通。葱領以東諸國皆屬賢。

6 十七年，賢復遣使奉獻，請都護。天子以問大司空❻竇融，以為賢父子兄弟相約事漢，款誠又至，宜加號位以鎮安之。帝乃因其使，賜賢西域都護印綬，及車旗黃金錦繡。敦煌太守裴遵上言：「夷狄不可假以大權，又令諸國失望。」詔書收還都護印綬，更賜賢以漢大將軍印綬。其使不肯易，遵迫奪之，賢由是始恨。

而猶詐稱大都護，移書諸國，諸國悉服屬焉，號賢為單于。賢浸以驕橫，重求賦稅，數攻龜茲諸國，諸國愁懼。

7 二十一年冬，車師前王、鄯善、焉耆等十八國俱遣子入侍，獻其珍寶。及得見，皆流涕稽首❼，願得都護。天子以中國初定，北邊未服，皆還其侍子，厚賞賜之。是時賢自負兵強，欲并兼西域，攻擊益甚。諸國聞都護不出，而侍子皆還，大憂恐，乃與敦煌太守檄，願留侍子以示莎車，言侍子見留，都護尋出，冀且息其兵。裴遵以狀聞，天子許之。

8 二十二年，賢知都護不至，遂遺鄯善王安書，令絕通漢道。安不納而殺其使。賢大怒，發兵攻鄯善。安迎戰，兵敗，亡入山中。賢殺略千餘人而去。其冬，賢復攻殺龜茲王，遂兼其國。鄯善、焉耆諸國侍子久留敦煌，愁思，皆亡歸。鄯善王上書，願復遣子入侍，更請都護。都護不出，誠迫於匈奴。天子報曰：「今使者大兵未能得出，如諸國力不從心，東西南北自在也。」於是鄯善、車師復附匈奴，而賢益橫。

9 嬀塞王自以國遠，遂殺賢使者，賢擊滅之，立其國貴人駟鞬為嬀塞王。賢又自立其子則羅為龜茲王。賢以則羅年少，乃分龜茲為烏壘國，徙駟鞬為烏壘王，又更以貴人為嬀塞王。數歲，龜茲國人共殺則羅、駟鞬，而遣使匈奴，更請立王。匈奴立龜茲貴人身毒為龜茲王，龜茲由是屬匈奴。

10 賢以大宛貢稅減少，自將諸國兵數萬人攻大宛，大宛王延留迎降，賢因將還國，徙拘彌王橋塞提為大宛王。而康居數攻之，橋塞提在國歲餘，亡歸，賢復以為拘彌王，而遣延留還大宛，使貢獻如常。賢又徙于窴王俞林為驪歸王，立其弟位侍為于窴王。歲餘，賢疑諸國欲畔，召位侍及拘彌、姑墨、子合王，盡殺之，不復置王，但遣將鎮守其國。位侍子戎亡降漢，封為守節侯。

11 莎車將君得在于窴暴虐，百姓患之。明帝永平三年，其大人[8]都末出城，見野豕，欲射之。豕乃言曰：「無射我，我乃為汝殺君得。」都末因此即與兄弟共殺君得。而大人休莫霸復與漢人韓融等殺都末兄弟，自立為于窴王，復與拘彌國人攻殺莎車將在皮山者，引兵歸。於是賢遣其太子、國相，將諸國兵二萬人擊休莫霸，霸迎與戰，莎車兵敗走，殺萬餘人。賢復發諸國數萬人，自將擊休莫霸，霸復破之，斬殺過半，賢脫身走歸國。休莫霸進圍莎車，中流矢死，兵乃退。

12 于窴國相蘇榆勒等共立休莫霸兄子廣德為王。匈奴與龜茲諸國共攻莎車，不能下。廣德承莎車之敝，使弟輔國侯仁將兵攻賢。賢連被兵革，乃遣使與廣德和。

先是廣德父拘在莎車數歲，於是賢歸其父，而以女妻之，結為昆弟，廣德引兵去。明年，莎車相且運等患賢驕暴，密謀反城降于窴。于窴王廣德乃將諸國兵三萬人攻莎車。賢城守，使使謂廣德曰：「我還汝父，與汝婦，汝來擊我何為？」廣德曰：「王，我婦父也，久不相見，願各從兩人會城外結盟。」賢以問且運，且運曰：「廣德女壻，至親，宜出見之。」賢乃輕出，廣德遂執賢。而且運等因內于窴兵，虜賢妻子而并其國。鎖賢將歸，歲餘殺之。

13 匈奴聞廣德滅莎車，遣五將發焉耆、尉黎、龜茲十五國兵三萬餘人圍于窴，廣德乞降，以其太子為質，約歲給罽絮。冬，匈奴復遣兵將賢質子不居徵立為莎車王，廣德又攻殺之，更立其弟齊黎為莎車王，章帝元和三年也。時長史班超發

14 諸國兵擊莎車，大破之，由是遂降漢。事已具班超傳。

莎車東北至疏勒。

【章　旨】以上記莎車國在新莽年代及東漢王朝建立初期與中原朝廷及其周邊各國之間的關係，重點記述莎車王賢對西域各國的控制征伐結果卻中計被殺的經過。可以看出，漢廷若不出面領護西域，這些小國間便會互相攻伐爭戰，災亂頻生。由此可知中原王朝對西域的重要作用。

【注　釋】❶莎車國　是古代西域國中占有重要地位的一個國家。故地位於今新疆維吾爾自治區西南部塔克拉馬干沙漠之西

緣，葉爾羌河中游地區，帕米爾高原之東，是古代東西交通陸路的樞紐。現為新疆莎車，又名葉爾羌。❷天鳳　王莽篡位後所用年號，西元一四—一九年。❸檄書河西二句　給河西郡太守發文書，試探中原政權對待他們的態度。檄書，古代官方文書，用木簡，長一尺二寸，多作徵召、曉諭、申討等用，後泛稱這類作用的官方文書為檄，若有急事，則送遞時插上羽毛，稱為羽檄。河西，指黃河上游流經今青海、甘肅、寧夏、內蒙古境內西部一帶地區。漢代稱武威、張掖、酒泉、敦煌為河西四郡。動靜，本指行動與止息。這裡指情況、消息。❹大將軍竇融　大將軍是漢代與文職官員「三公」並稱的最高職位的武官，管征討之事，有時冠以不同名號，多由貴戚充任，權力極大。竇融（西元前一六—西元六二年），字周公，扶風平陵（今陝西咸陽）人。累世為河西官吏。新莽末，為波水將軍，繼降更始帝劉玄。玄敗，歸劉秀，協助攻滅隗囂，被封為安豐侯，任大司空。詳見本書卷二十三。❺西域大都尉　掌管西域的軍事長官。❻大司空　東漢時三公之一，由秦時的御史大夫改稱，掌水土工程之事。❼稽首　古代行的跪拜大禮，有二說：一為行跪拜禮時，頭至地而稍作停留。一說，行跪拜禮時，兩手拱至地，頭低至手，不觸地。❽大人　此指部落首領、渠帥。

【語譯】莎車國向西經過蒲犁、無雷就到大月氏，東邊距離洛陽一萬零九百五十里。

2 匈奴單于趁著王莽之亂，侵占了西域各國。其中唯有莎車國國王延勢力最為強大，不肯歸附臣屬於匈奴的統治。早在西漢元帝劉奭在位期間，延曾作為侍子在漢家朝廷陪侍元帝，他是在京師長安長大的，對中國的文化禮數等方方面面，仰慕喜愛，欽羨之至。他回國即王位之後，也把漢朝的典章制度禮儀法規作為重要參考來治理莎車國。延經常告誡自己的子孫後輩，要世世代代尊奉漢家天子，不可以背叛。西漢末期，王莽天鳳五年，延去世，朝廷給他的謚號為「忠武王」。延的兒子康繼位為莎車國王。

3 東漢光武帝劉秀即位初年，莎車王康率領一些鄰國抗拒匈奴。康擁眾保衛著原漢家派往西域的都護吏士的妻兒等千餘口人，發文書給管理河西事務的官員，以此探聽中原政權對西域的態度，自己主動陳述對漢朝政權思念仰慕願意臣屬的態度和心情。劉秀建武五年，河西大將軍竇融遵照皇帝的旨意立康為漢莎車建功懷德王，任命他為西域大都尉，當時，西域地區的五十五個城國都歸他統屬領護。

4 建武九年，莎車國王康去世，東漢朝廷賜給他的謚號為「宣成王」。康的弟弟賢代替他為莎車國國王。賢命他的兵卒攻打並滅掉了拘彌國和西夜國，把這兩國國王全都殺掉，賢讓他哥哥康的兩個兒子分別去做拘彌國和西夜國的國王。

5 建武十四年，莎車國王賢與鄯善國王安同時派遣使臣到東漢朝廷奉獻貢品，於是，間隔數十年的西域與中原的交往又開始打通。蔥嶺以東的各城國，都歸為莎車國賢的下屬國家。

6 建武十七年，莎車國王賢又一次派遣使臣到中原奉獻貢物，並且請求大漢朝廷派西域都護。光武皇帝劉秀向大司空竇融徵詢意見，竇融認為莎車國王賢父子兄弟曾共同約定，都要一心一意侍奉漢家天子，現在再次對漢表示忠誠，應該給他加封號爵位安撫穩定他。皇帝於是趁他的使者正在京師，就賜給賢西域都護的印璽印綬，以及相應規格的車、旗、黃金、錦繡衣料等。敦煌郡太守裴遵針對此事上書朝廷說：「夷狄與華夏畢竟不是一條心，不能授與他們更大的權力，況且重用了這一個國家，又會使其餘那些國家失望而與朝廷二心。」天子又覺得此言有道理，下詔書收回已經頒賜的西域都護印綬，改賜漢大將軍的印綬。賢的使臣不同意改換，不肯交還都護印綬。裴遵強行從使臣手中奪走。莎車國王賢由此怨恨大漢朝廷。但他對西域各國，仍假稱是漢天子加封的大都護身分，向各國以此名義下發文書。西域各國也就全都臣服歸屬於莎車王賢，稱賢為單于。賢漸漸驕狂橫霸起來，向各國徵收苛重的賦稅，多次攻打龜茲等國，各國對此既愁苦又害怕。

7 建武二十一年冬天，車師國前部國王、鄯善國、焉耆國等十八個國家都派遣本國侍子進入大漢京師陪侍皇帝，獻上他們國家的珍寶。等見到天子的時候，都痛哭流涕，跪下叩頭，希望朝廷派西域都護。光武帝劉秀因為中原地區剛剛安定下來，北邊的胡人地區尚未臣服，無暇顧及西方。便遣返那十八國的侍子，令其回國，給了很厚重的賞賜。當時，莎車國王賢仗恃本國兵力強盛，想兼併西域其他國家，對周邊小國攻擊更加迫急。這些國家聽說東漢朝廷沒有派出都護，而且送去的侍子都被遣還，都更加憂愁恐懼。於是給敦煌太守送去文書，希望把侍子留在內地，這樣向莎車國表示，就說侍子們被留下了，西域都護很快就要派出，希望以此方法能使莎車國有所顧忌而暫時停止對他們的軍事行動。敦煌太守裴遵把這些情況奏聞天子，劉秀准許了這一做法。

8 建武二十二年，莎車國王賢得知漢朝派不出都護到西域，就給位於他東邊的鄯善國王安一封信，讓安把西域與漢朝的交通要道設法阻斷。安沒有接受賢的主張，卻把他派來的使臣殺掉了。莎車王賢十分生氣，派大軍進攻鄯善國。鄯善國王安率軍迎戰，兵敗，只好逃跑到山裡避亂。莎車王賢殺死和劫掠鄯善國的一千多人眾才離開該地。那年冬天，莎車王賢又去攻打龜茲，殺死龜茲王，遂占領了龜茲國領土。鄯善、焉耆等國的侍子長期留住在敦煌郡，憂愁想家，這些侍子都設法逃跑，回到了自己的家鄉。鄯善國王上書漢家天子，願意再把兒子作為侍子派出侍奉皇帝，又請求中原派都護來。朝廷派不出西域都護，實在是受迫於北方匈奴對漢朝威脅的壓力。天子回書給鄯善及西域各國說：「現在，中原無暇派往西域使者和大軍，假若各國守衛本國的能力不能自衛，你們可以向四面八方選擇庇護本國的靠山，那就自便吧。」在此情況下，鄯善國、車師國只得又一次歸附於匈奴，而莎車國王賢更加驕橫。

9 嬀塞國國王自己以為地處偏遠，就殺掉了莎車國王賢派去的使者。賢就派兵攻擊嬀塞國，殺掉了國王，立他們國中的貴人駟韃為嬀塞國王。賢又立自己的兒子則羅為龜茲國國王。賢又覺得他兒子則羅年歲太小，就把龜茲國分出一塊領土另外建立烏壘國，把嬀塞國貴人駟韃遷到烏壘國去當國王，又換了個顯貴之人當嬀塞國王。過了幾年，龜茲國的人起來造反，把則羅和駟韃都殺掉了，而派出使臣到匈奴去，要求匈奴人替他們另立新王。匈奴人立龜茲國的貴人身毒為龜茲王。龜茲國由此之後歸屬於匈奴人。

10 莎車國王賢以大宛國向他繳納的貢物和賦稅減少為理由，自己親率臣服於他的各國軍隊好幾萬人去攻打大宛。大宛國王延留自知不敵，主動迎降。賢趁機將延留帶回莎車，把拘彌國國王橋塞提改派到大宛當國王。但康居國不服，多次派兵攻打大宛，橋塞提在大宛當王一年多，逃回本國，賢又讓他重當拘彌國王。同時，遣返大宛原國王延留回國重新當國王，責令他照常向莎車貢獻。賢又把于寘國國王俞林遷到驪歸國去當國王，而立俞林的弟弟位侍為于寘國王。過了一年多，賢又懷疑下屬西域各國可能要背叛他，召于寘王位侍以及拘彌、姑墨、子合諸國之王見他，到達之後全部殺掉了這些人。賢在這幾國不再立王，只是派大將去鎮守那些國家。于寘國被殺掉的國王位侍的兒子戎逃跑到漢朝歸降，漢封他為守節侯。

11 莎車國派往于窴國的大將君得橫行無道，百姓為此煩惱而怨恨。漢明帝劉莊永平三年，于窴國的部落首領都末出城射獵，見到一頭野豬，都末想射死牠。野豬忽然作人言，說：「不要射我，我才能替你們殺死君得。」都末趁此機會就和自己的兄弟一起殺死了君得。但是于窴國的大人休莫霸又聯合當地的漢人韓融等殺死了都末及其弟兄們。休莫霸自立為于窴王，又與拘彌國的人聯合，攻打並斬殺了莎車國派駐在皮山國鎮守的大將，然後領兵回到于窴。莎車王賢於是派遣自己的太子和國相，率領臣服他們的西域國兵卒二萬人去攻打休莫霸；休莫霸迎上去與來兵大戰，莎車兵失敗逃走，被殺的有一萬多人。莎車王賢又調發所屬各國兵卒好幾萬人，他自己親自率領去進擊休莫霸；休莫霸又一次打敗了莎車國聯軍，斬殺來敵超過一半，莎車王賢隻身逃回本國。休莫霸率于窴兵包圍了莎車國王城，但他中流箭而死，于窴兵才解圍退去。

12 于窴國的國相蘇榆勒等官員共同擁立休莫霸哥哥的兒子廣德為于窴國王。匈奴和歸屬它的龜茲等國共同攻打莎車國，沒有攻下來。于窴國王廣德趁著莎車國衰敗疲憊之際，讓自己的弟弟輔國侯仁率領軍隊去攻打莎車王賢。賢連年遭受戰爭之亂，國力損耗，無法應付多方圍攻，就派使臣與廣德講和。在此之前，廣德的父親已經在莎車國被拘押了好幾年。在這個時候，賢放回了廣德之父，並且把自己的女兒嫁給廣德，兩國結為兄弟友好之邦。廣德領著本國軍隊離開莎車。第二年，莎車的國相且運等官員憂慮國王賢驕橫殘暴，祕密商量定計，打算作為內應在城中謀反，投降于窴國。于窴國王廣德就率領各國兵卒共三萬人攻打莎車國。莎車國王賢據城固守，派遣使臣對廣德說：「我歸還了你的父親，給了你個媳婦，你現在來攻擊我是為什麼呀？」廣德回答說：「大王您是我妻子的父親，好久沒有見面了。希望你我各自只帶兩名隨從，在城外會面並締結盟約。」賢拿這事向國相且運徵詢意見，且運說：「廣德是您的女婿，是至近的親戚，應該出城去見他。」於是賢放鬆了警惕，輕易出城，廣德就趁機逮捕了賢。同時，且運等人趁勢打開了城門，讓于窴國兵進城。廣德俘獲了賢的妻子和兒女，吞併了莎車國。把賢鎖著帶回于窴國，過了一年多殺死了他。

13 匈奴人聽說廣德滅掉了莎車，就派遣五員大將調發焉耆、尉黎、龜茲等十五個國家的兵士三萬多人包圍于窴。廣德請求投降，願意用自己的太子到匈奴做人質，約好每年供給匈奴毛織物和粗絲棉絮。冬天到了，匈奴又派兵帶著賢放在匈奴做人質的兒子不居徵回到莎車立為王。廣德又派兵攻打莎車，殺掉了不居徵，而改立不居徵的弟弟齊黎為莎車王：這是漢章帝劉炟元和三年發生的事情。當時，漢西域長史班超調發西域各國兵士攻擊莎車，莎車潰敗，由此時起，莎車國投降漢朝。詳細情況，記錄在本書〈班超傳〉中。

14 從莎車國往東北方向就可以到達疏勒。

1 疏勒國去長史所居五千里，去洛陽萬三百里。領戶二萬一千，勝兵三萬餘人。

2 明帝永平十六年，龜茲王建攻殺疏勒王成，自以龜茲左侯兜題為疏勒王。冬，漢遣軍司馬班超劫縛兜題，而立成之兄子忠為疏勒王。忠後反畔，超擊斬之。事已具超傳。

3 安帝元初中，疏勒王安國以舅臣磐有罪，徙於月氏，月氏王親愛之。後安國死，無子，母持國政，與國人共立臣磐同產弟子遺腹為疏勒王。臣磐聞之，請月氏王曰：「安國無子，種人微弱，若立母氏，我乃遺腹叔父也，我當為王。」月氏乃遣兵送還疏勒。國人素敬愛臣磐，又畏憚月氏，即共奪遺腹印綬，迎臣磐立為王，更以遺腹為磐稾城侯。後莎車連畔于窴，屬疏勒，疏勒以強，故得與龜茲、于窴為敵國焉。

4 順帝永建二年，臣磐遣使奉獻，帝拜臣磐為漢大都尉，兄子臣勳為守國司馬。

五年，臣磐遣侍子與大宛、莎車使俱詣闕貢獻。陽嘉二年，臣磐復獻師子、封牛。

5 至靈帝建寧元年，疏勒王漢大都尉於獵中為其季父和得所射殺，和得自立為王。三年，涼州刺史孟佗遣從事任涉將敦煌兵五百人，與戊司馬曹寬、西域長史張晏，將焉耆、龜茲、車師前後部，合三萬餘人，討疏勒，攻楨中城，四十餘日不能下，引去。其後疏勒王連相殺害，朝廷亦不能禁。

6 東北經尉頭、溫宿、姑墨、龜茲至焉耆。

【章旨】以上記疏勒國的基本情況，突出其在東漢近二百年間與中原王朝的關係及其內部發生變亂的情況。

【語譯】疏勒國距離漢朝西域長史所駐居的柳中城五千里，離洛陽一萬零三百里。領土內的居民戶數二萬一千家，可服任兵役的青壯年人有三萬多人。

2 漢明帝劉莊永平十六年，龜茲國國王建攻打並殺死了疏勒國國王成，任命自己龜茲國的左侯兜題為疏勒國王。當年冬季，漢朝派軍司馬班超劫持兜題，而立原疏勒國王成哥哥的兒子忠為疏勒王。忠後來反叛朝廷，班超率兵攻擊並斬殺了他。此事的詳細情況已在〈班超傳〉中記明。

3 漢安帝劉祜元初年間，疏勒國王安國因為他的舅父犯了罪，就把他舅父遷往月氏國。月氏國王對臣磐關愛有加，十分親近。後來安國去世，沒有兒子，他母親主持疏勒國政務，與國內民眾一起共同擁立臣磐的同母弟弟的兒子遺腹為疏勒國王。臣磐在月氏聽說此事，向月氏國王請求支援說：「安國沒有留下兒子，這個種族的人，群微勢弱，如果從他母族挑選國王繼承人的話，我還是新立之王遺腹的叔父呢，我應該被立為疏勒王。」月氏國王就派軍隊把臣磐護送回疏勒國。疏勒國中百姓一向敬愛臣磐，又害怕月氏的勢力，今見派兵護送，就共同行動，奪了遺腹的印璽及綬帶，迎接臣磐立為國王。把遺腹降為磐槀城侯。後來莎車國接連背叛于窴，歸屬於疏勒。疏勒國因而日漸強大，所以能夠與龜茲國、于窴國成為勢均力敵的大國了。

4 漢順帝劉保永建二年，疏勒國王臣磐派使臣到漢朝奉獻貢品。漢朝皇帝任命臣磐為漢大都尉，任命臣磐哥哥的兒子臣勳為守國司馬。永建五年，臣磐派他的兒子作為侍子和大宛、莎車的使臣一起到京師向朝廷奉獻貢品。順帝陽嘉二年，臣磐又向大漢朝廷敬獻獅子和封牛。

5 到了漢靈帝劉宏建寧元年，疏勒國國王、漢朝大都尉被他的叔父叫和得的在行獵時射殺，他叔父和得自立為疏勒國王。建寧三年，漢朝涼州刺史孟佗派遣他的從事任涉率領敦煌郡的駐軍五百人，與漢在西域的戊司馬曹寬、西域長史張晏，率領著焉耆國、龜茲國、車師國的前後兩部，共計三萬多人，征討疏勒國。攻打楨中城，包圍四十多天，沒能攻下來，只好領兵離開。從此之後，疏勒國內為爭奪王位接連互相殺害，東漢朝廷亦無法禁止。

6 從疏勒國往東北方行，經過尉頭、溫宿、姑墨、龜茲等地，就到達焉耆。

焉耆國王居南河城，北去長史所居八百里，東去洛陽八千二百里。戶萬五千，口五萬二千，勝兵二萬餘人。其國四面有大山，與龜茲相連，道險阸❶易守。有海水曲入四山之內，周匝其城三十餘里。

永平末，焉耆與龜茲共攻沒都護陳睦、副校尉郭恂，殺吏士二千餘人。至永元六年，都護班超發諸國兵討焉耆、危須、尉黎、山國，遂斬焉耆、尉黎二王首，傳送京師，縣蠻夷邸❷。超乃立焉耆左侯元孟為王，尉黎、危須、山國皆更立其王。至安帝時，西域背畔。延光中，超子勇為西域長史，復討定諸國。元孟與尉黎、危須不降。永建二年，勇與敦煌太守張朗擊破之，元孟乃遣子詣闕貢獻。

【章　旨】以上記焉耆國的基本情況以及在東漢王朝前期和中期階段，焉耆和中原政權之間的關係。

【注　釋】❶險阸　險要的地方。阸，同「厄」。❷縣蠻夷邸　縣，「懸」的古字。蠻夷邸，漢代為蠻夷人在京設置的住處。

【語　譯】焉耆國王住在南河城，往北距離漢之西域長史居住地八百里，往東距洛陽八千二百里。管轄居民一萬五千戶，全國有五萬二千口人，可服任兵役的青壯年有二萬餘人。這個國家四面有大山，國土與龜茲國相連接，道路狹窄險要，容易防守。有海水曲折地流入四面山谷之內，環繞南河城一周，長達三十多里。

漢明帝劉莊永平末年，焉耆國與龜茲國一起攻打並殺害了漢之西域都護陳睦、副校尉郭恂，殺漢軍吏士二千餘人。到和帝劉肇永元六年，漢之西域都護班超調發西域附漢的各國軍隊，討伐叛漢的焉耆、危須、尉黎、山國，捕殺了焉耆、尉黎兩國國王，割下頭顱，傳送到京師，懸掛在少數民族使者在京師居住地的館舍。班超於是立焉耆左侯元孟為焉耆國王，尉黎、危須、山國也都更換了自己的國王。到了安帝劉祜在位時，西域背叛漢朝。安帝延光年間，班超之子班勇為西域長史，又一次討伐並平定了西域各國。焉耆國王元孟與尉黎、危須二國國王不降服漢朝。漢順帝劉保永建二年，班勇與敦煌太守張朗聯合出兵，打敗了不臣服的上述三國，焉耆國王元孟終於派他的兒子前往京師奉獻貢品。

1 蒲類國居天山❶西疏榆谷，東南去長史所居千二百九十里，去洛陽萬四百九十里。戶八百餘，口二千餘，勝兵七百餘人。廬帳❷而居，逐水草，頗知田作。有牛、馬、駱駝、羊畜。能作弓矢。國出好馬。

2 蒲類本大國也，前西域屬匈奴，而其王得罪單于，單于怒，徙蒲類人六千餘口，內之匈奴右部阿惡地，因號曰阿惡國。南去車師後部馬行九十餘日。人口貧羸，逃亡山谷間，故留為國云。

3 移支國居蒲類地。戶千餘，口三千餘，勝兵千餘人。其人勇猛敢戰，以寇鈔為事。皆被髮，隨畜逐水草，不知田作。所出皆與蒲類同。

4 東且彌國東去長史所居八百里，去洛陽九千二百五十里。戶三千餘，口五千餘，勝兵二千餘人。廬帳居，逐水草，頗田作。其所出有亦與蒲類同。所居無常。

【章旨】以上分別介紹蒲類國、移支國、東且彌國等國的基本情況。此處未記與漢朝的關係。

【注釋】❶天山　是亞洲中部的大山系。橫貫我國新疆維吾爾自治區中部，西端延伸入中亞西亞之哈薩克斯坦境內，全長二千五百多公里，寬二百五十至三百公里，是塔里木盆地和準噶爾盆地兩大盆地的分界。❷廬帳　用氈幃做成的居室，如現代之蒙古包。

【語譯】蒲類國位於天山西部之疏榆谷，距離東南方向的漢西域長史駐紮地柳中一千二百九十里，距洛陽一萬零四百九十里。有八百多戶，人口兩千多。可服任兵役的有七百多人。他們都住在毛氈做的帳幕裡，是游牧民族，經常逐水草而遷徙，很懂得一些種田耕作的知識。養有牛、馬、駱駝、羊等牲畜。會製作弓箭。國內出產著名的優種馬。

2 蒲類國原本是一個大國，以前西域各國歸屬匈奴的時候，而蒲類國王得罪了匈奴單于，單于生氣發怒，為打擊該國，把六千多口蒲類國人，遷到匈奴右部十分貧瘠的阿惡地，把這裡叫做「阿惡國」。南離車師國後部有騎行九十多天的距離。剩下的人口又貧又弱，是大遷徙時逃亡到山谷中間的那些人，所以留下來的又成了個蒲類國。

3 移支國居住在蒲類國的區域內，管轄居民一千多戶，有三千多口人，可服兵役的有一千多人。該國的人民勇猛善戰，以侵襲別人劫掠財物為職業。男女都披散著頭髮，過著游牧生活，隨水草而居。不懂種田農耕知識。出產物品都和蒲類國相同。

4 東且彌國東距西域長史駐地八百里，距離洛陽九千二百五十里。有臣民三千多戶，五千多口人，可服兵役的二千多人。住在氈幕廬帳裡，游牧為生，逐水草遷徙，懂得一些農耕田作知識。那地方的物產也和蒲類國相同。他們的居住地不固定。

1 車師前王居交河城。河水分流繞城，故號交河。去長史所居柳中八十里，東去洛陽九千一百二十里。領戶千五百餘，口四千餘，勝兵二千人。

2 後王居務塗谷，去長史所居五百里，去洛陽九千六百二十里。領戶四千餘，口萬五千餘，勝兵三千餘人。

3 前後部及東且彌、卑陸、蒲類、移支，是為車師六國，北與匈奴接。前部西通焉耆北道，後部西通烏孫。

4 建武二十一年，與鄯善、焉耆遣子入侍，光武遣還之，乃附屬匈奴。明帝永平十六年，漢取伊吾盧，通西域，車師始復內屬。匈奴遣兵擊之，復降北虜。和帝永元二年，大將軍竇憲破北匈奴，車師震懾，前後王各遣子奉貢入侍，並賜印綬金帛。八年，戊己校尉索頵欲廢後部王涿鞮，立破虜侯細致。涿鞮忿前王尉卑大賣己，因反擊尉卑大，獲其妻子。明年，漢遣將兵長史王林，發涼州六郡❶兵及羌胡二萬餘人，以討涿鞮，獲首虜千餘人。涿鞮入北匈奴，漢軍追擊，斬之，立涿鞮弟農奇為王。

5 至永寧元年，後王軍就及母沙麻反畔，殺後部司馬及敦煌行事❷。至安帝延光四年，長史班勇擊軍就，大破，斬之。

6 順帝永建元年，勇率後王農奇子加特奴及八滑等，發精兵擊北虜呼衍王，破之。勇於是上立加特奴為後王，八滑為後部親漢侯。陽嘉三年夏，車師後部司馬率加特奴等千五百人，掩擊北匈奴於閶吾陸谷，壞其廬落，斬數百級，獲單于母、季母及婦女數百人，牛羊十餘萬頭，車千餘兩，兵器什物甚眾。四年春，北匈奴呼衍王率兵侵後部，帝以車師六國接近北虜，為西域蔽扞❸，乃令敦煌太守發諸國兵，及玉門關候、伊吾司馬，合六千三百騎救之，掩擊北虜於勒山，漢軍不利。

秋，呼衍王復將二千人攻後部，破之。桓帝元嘉元年，呼衍王將三千餘騎寇伊吾，伊吾司馬毛愷遣吏兵五百人於蒲類海東與呼衍王戰，悉為所沒，呼衍王遂攻伊吾屯城。夏，遣敦煌太守司馬達將敦煌、酒泉、張掖屬國吏士四千餘人救之，出塞至蒲類海，呼衍王聞而引去，漢軍無功而還。

7 永興元年，車師後部王阿羅多與戊部候❹嚴皓不相得，遂忿戾反畔，攻圍漢屯田且固城，殺傷吏士。後部候炭遮領餘人畔阿羅多詣漢吏降。阿羅多迫急，將其母妻子從百餘騎亡走北匈奴中，敦煌太守宋亮上立後部故王軍就質子卑君為後部王。後阿羅多復從匈奴中還，與卑君爭國，頗收其國人。戊校尉閻詳慮其招引北虜，將亂西域，乃開信告示，許復為王，阿羅多乃詣詳降。於是收奪所賜卑君印綬，更立阿羅多為王，仍將卑君還敦煌，以後部人三百帳別屬役之，食其稅。帳者，猶中國之戶數也。

【章　旨】以上主要記載車師國前後部的基本情況，以及其在東漢時期與東漢王朝和北匈奴兩種強大的軍政勢力之間的複雜關係。由於車師等六國地理位置的重要，中原王朝與北匈奴為爭奪其領屬權進行了多次戰爭，從中可以看出，國家的經濟實力和將領的素質在維護國家安全中的重要性。

【注　釋】❶涼州六郡　此處當指涼州所屬的靠近西域地區的六個郡，如：酒泉、張掖、武威、敦煌、隴西、金城之類。涼州，是漢代全國最大的十三個行政區域中最西邊的一個地區。故地在今甘肅全省及青海、陝西部分地區。下轄十二個郡、國。❷殺後部司馬及敦煌行事　後部司馬，指漢軍戊己校尉下屬的負責一定軍政事務的中下級武職官員，由於被派往車師後部進行鎮守，故稱後部司馬。敦煌行事，這裡指曾屬於敦煌郡的前行長史索班。❸蔽扞　屏藩；屏障。蔽，遮蓋；遮擋。扞，護衛；抵擋。也可用為捍蔽。❹戊部候　漢代在西域設置負責鎮守和屯墾職責的戊部和己部兩校尉，通稱為戊己校尉。校尉管轄的軍隊分部，部有候官，是廣義的稱呼。古代迎送賓客的候吏，負責斥候的軍候，占卜吉凶的官，都稱為候官。

【語　譯】車師國前部的國王居住在交河城。城外有條河流到此分成兩股水，繞著城流，而後相交，所以城名為「交河」。離漢家西域長史駐地柳中城八十里，東距洛陽九千一百二十里。領屬民眾一千五百多戶，人口有四千多，可服兵役的青壯年男子有二千人。

2 車師國後部的國王居住在務塗谷，距離西域長史住所柳中城五百里，距離洛陽九千六百二十里。管轄的居民有四千多戶，人口有一萬五千多，能服兵役的三千多人。

3 車師國的前後兩部及東且彌、卑陸、蒲類、移支，被稱作車師六國，北部邊境與匈奴鄰接。車師前部向西與焉耆北道相通，車師後部向西通到烏孫國。

4 光武帝劉秀建武二十一年，車師國與鄯善、焉耆國王都派自己的兒子到漢廷入侍，劉秀把這些侍子遣返回國，諸國只得歸附臣屬於匈奴。明帝劉莊永平十六年，漢朝派兵占領伊吾盧地，通往西域的道路開通，車師國才開始又內屬於漢廷。匈奴派兵攻打車師，車師又投降匈奴。和帝劉肇永元二年，大將軍竇憲擊敗北匈奴，車師國受到震撼，前後兩部的國王分別派出自己的兒子攜帶著貢品進入漢京師去陪侍皇帝。朝廷一併賞賜給車師前後王印璽綬帶和金銀布帛。永元八年，漢朝在西域設置的戊己校尉索頵，想廢掉車師後部國王涿鞮，把破虜侯細致立為後部王。涿鞮不滿於車師前王尉卑大出賣了自己，因此忿而造反，率兵攻擊尉卑大，抓獲了他的妻室和子女。第二年，漢朝派將兵長史王林，調發涼州六郡的軍隊以及羌胡兵共二萬多人，來征討反漢的涿鞮，斬獲敵方一千多人的首級。涿鞮逃入北匈奴，漢軍追擊入北匈奴，將涿鞮斬殺。漢廷立涿鞮的弟弟農奇為車師後部國王。

5 到安帝劉祜永寧元年，車師後王軍就和他的母親沙麻反叛漢朝，殺死了漢朝派去鎮守車師後部的司馬以及敦煌前行長史索班。到安帝延光四年，西域長史班勇率軍進擊軍就，打敗了他，將其斬首。

6 漢順帝劉保永建元年，漢將班勇率車師後部國王農奇之子加特奴及八滑等，調發精銳部隊進擊北匈奴的呼衍王，打敗了他。班勇於是上書順帝，得到朝廷批准，立加特奴為車師後王，封八滑為車師後部親漢侯。順帝陽嘉三年夏天，漢朝派駐車師後部校尉下屬的司馬率加特奴等一千五百人，在閶吾陸谷偷襲攻擊北匈奴，毀壞了他們聚居的氈帳，斬獲數百首級，抓獲了單于的母親、叔母及幾百名北虜婦女，繳獲了十多萬頭牛羊，一千多輛車，很多兵器、用具等雜物。陽嘉四年春天，北匈奴的呼衍王率領軍隊侵犯車師國後部。順帝認為西域車師六國鄰接北匈奴的居住地，是西域地區的屏障藩籬，就命令敦煌太守調發西域各國的軍隊，以及內地的玉門關候、伊吾司馬等武職官員下屬軍隊，合計共六千三百名騎兵趕去救援，在勒山地方偷襲北匈奴，漢軍失利。當年秋天，北匈奴的呼衍王又率領二千人攻擊車師後部，打敗了它。漢桓帝劉志元嘉元年，北匈奴呼衍王率領三千多名騎兵侵犯伊吾，漢軍的伊吾司馬毛愷派遣下屬的吏員和士兵共五百人在蒲類海以東與呼衍王交戰，漢軍五百人全軍覆沒。呼衍王乘勝攻打漢朝設在伊吾的掌管屯守的城市。當年夏天，朝廷派遣敦煌太守司馬達率領敦煌、酒泉、張掖屬國等地吏員兵士四千餘人前去援救伊吾屯城，大軍出關塞後到達蒲類海。呼衍王聽到消息，領兵撤圍而去，兩軍沒有接戰，漢軍四千多人沒有建立任何功勳，又都退回原地。

7 桓帝永興元年，車師後部國王阿羅多與漢軍的戊部候官嚴皓關係不和。後王就憤怒叛漢，攻打並包圍漢軍為屯田而駐紮的且固城，殺死和擊傷那裡的將吏和兵士。車師後部候炭遮領著不反叛的人離開阿羅多，到漢軍官員處請求投降。阿羅多處境困難，帶著他的母親妻兒和部從百餘名騎兵逃跑到北匈奴那裡。敦煌太守宋亮上書皇帝，立原車師後部國王軍就在漢廷敦煌郡做人質的兒子卑君為車師後部國王。後來阿羅多又從北匈奴回到車師後部，與卑君爭奪國王之位，很得到一些後部居民的擁護。漢軍的戊校尉閻詳擔心阿羅多忿而招引來北匈奴的勢力，那將會使西域地區大亂。於是開誠布公告知阿羅多，答應恢復他的王位。阿羅多才到閻詳處請求投降。在此情況下，漢官又收奪回去前所賜給卑君的車師後部國王的印璽和綬帶，更立阿羅多為車師後王。仍舊讓卑君回到其做質子之地敦煌郡，把車師後部的三百帳臣民劃歸在他名下領屬，人歸其役使，稅賦供其食用。所謂帳，就相當於中國的戶數。

1 論曰：西域風土之載，前古未聞也。漢世張騫懷致遠之略，班超奮封侯之志，終能立功西遐，羈服外域❶。自兵威之所肅服，財賂之所懷誘，莫不獻方奇，納愛質，露頂肘行，東向而朝天子。

2 故設戊己之官，分任其事；建都護之帥，總領其權。先馴則賞籯金而賜龜綬，後服則繫頭顙而釁北闕❷。立屯田於膏腴之野，列郵置於要害之路。馳命走驛，不絕於時月；商胡販客，日款於塞下❸。

3 其後甘英乃抵條支而歷安息，臨西海以望大秦，拒玉門、陽關者四萬餘里，靡不周盡焉。若其境俗性智之優薄，產載物類之區品，川河領障之基源，氣節涼暑之通隔，梯山棧谷繩行沙度之道，身熱首痛風災鬼難之域❹，莫不備寫情形，審求根實。

4 至於佛道神化，興自身毒，而二漢方志莫有稱焉。張騫但著地多暑溼，乘象而戰，班勇雖列其奉浮圖，不殺伐，而精文善法導達之功靡所傳述。余聞之後說也，其國則殷乎中土，玉燭和氣❺，靈聖之所降集，賢懿之所挺生，神迹詭怪，則理絕人區，感驗明顯，則事出天外❻。而騫、超無聞者，豈其道閉往運，數開叔葉❼乎？不然，何誣異之甚也！

漢自楚英始盛齋戒之祀，桓帝又修華蓋之飾❽。將微義未譯，而但神明之邪？詳其清心釋累之訓，空有兼遣之宗，道書之流也❾。且好仁惡殺，蠲敝崇善，所以賢達君子多愛其法焉❿。然好大不經，奇譎無已⓫，雖鄒衍談天之辯，莊周蝸角之論⓬，尚未足以槩其萬一。又精靈起滅，因報相尋，若曉而昧者，故通人多惑焉⓭。蓋導俗無方，適物異會，取諸同歸，措夫疑說，則大道通矣⓮。

【章旨】以上是作者的評論。前半部分主要記載漢代通西域的概略經過，感慨在中原之外，竟然有那麼多以前未曾了解的富庶或奇特的地方。後半部分重點探討產生於印度的佛教，其教義與中原一些學說的同異，及其對社會的影響和與人生的關係。

【注釋】❶漢世張騫四句　漢代的張騫胸懷招致遠方民族臣服中原的雄才大略，班超奮發他追求封侯的遠大志向，他們都終於在遙遠的西方建立了功勳，使中原以外區域的國家和民族受到控制約束而臣服。張騫（？—西元前一一四年），西漢漢中郡成固（今陝西城固）人。官大行，封博望侯。武帝建元二年（西元前一三九年），奉漢武帝之命，出師大月氏，約其共同夾攻匈奴。他越過葱嶺，親歷大宛、康居、大月氏、大夏等地。元朔三年（西元前一二六年）方歸漢。在外共十三年，途中曾被匈奴扣留，前後達十一年。元狩四年（西元前一一九年）又奉命出使烏孫，並派副使出使大宛、康居、大夏、安息等地。他的兩次出使，加強了中原和西域少數民族的聯繫，進一步發展了漢朝與中亞各地人民的友好關係，促進了雙方經濟文化的交流和發展。《漢書》卷六十一有傳。班超，班固之弟，班彪次子，「為人有大志，不修細節。……家貧，常為官傭書以供養。久勞苦，嘗輟業投筆歎曰：『大丈夫無它志略，猶當效傅介子、張騫立功異域，以取封侯。安能久事筆研間乎？』」後在西域立功，任都護，封定遠侯，年七十一卒。詳見本書卷四十七。西遐，西部遐遠之地。羈服，控制；制服。羈，馬籠頭。引申為約束控制對方，使其按自己的意志行動。服，服從；臣服。❷先馴則賞籝金二句　在前主動表示臣服順從的，就賞給成筐成籠的金錢和賜給相應的印璽與綬帶，在後而被迫制服的則被繫上繩索而到朝廷宮殿前接受血祭。籝，也作「籯」。筐籠一類的盛物竹器。龜綬，指印文和印紐上穿繫的綬帶。銀印皆以龜作紐。頭顙，即頭顱。指前額，腦門兒。釁，同「衅」、「璺」。用牲血塗在器物上祭祀。北闕，本指古代宮殿北面的門樓，是大臣等候朝見或上書奏事的地方，漢代北闕為未央宮的正門。後通稱帝王宮禁為北闕，也作朝廷的別稱。❸款於塞下　指到塞門下叩敲塞門表示通好或內附。款，敲；叩打。❹若其境俗性智六句　如那個國度中民俗、性情、才智的優越卓異或淺薄澆離，出產那些動物植物等各種品類，國境中山川河流峰巒嶺脈的源頭和走向，氣候節令冷熱變化的相通或隔斷，山間的石蹬階梯，山谷中之棧道，靠繩索方能渡過的懸索橋，還有橫絕沙漠的道路，使人身發燒頭痛、生風災鬧鬼病的地方。《漢書·西域傳》載，成帝時，杜欽（杜周之孫。《漢書》卷六十有傳）曾建議大將軍王鳳，不必把來京謝罪的罽賓國使者護送還國，因為路遠險阻，極不安全。他說，罽賓本漢所立，殺漢使者，今悔過來順，並未派該國的親屬貴人，「故煩使者送至縣度，恐失實見欺。凡遣使送客者，欲為防護寇害也。……又歷大頭痛、小頭痛之山，赤土、身熱之阪，令人身熱無色，頭痛嘔吐，驢畜盡然……臨崢嶸不測之深，行者騎步相持，繩索相引……畜隊，未半阬谷盡靡碎；人墮，勢不得相收視。險阻危害，不可勝言。」送到皮山就可以了，不必送到懸度。又見釋法顯《遊天竺記》：「西度流沙，屢有熱風惡鬼，過之必死。葱領冬夏有雪。有毒龍，若犯之，則風雨晦冥，飛砂揚礫。遇此難者，萬無一全也。」❺其國則殷二句　玉燭，四季氣候調和。言人君德美如玉，可致四季和氣之祥。《爾雅·釋天》：「四時和謂之玉燭。」和氣，指氣候調和、和諧、溫和，如和風時至甘霖時降，即天災罕有之意。《天竺國記》注：「中天竺人殷樂無戶籍，耕王地者輸地利（耕種國有土地的繳納土地的盈利）。又其土合適，無冬夏之異，草木常茂，種田無時節」。❻靈聖之所降集六句　此六句是對佛經中所闡述的經義及事理進行的簡介和評論。大意謂：印度是諸佛降生之地，信徒們集中之處。佛經中記載的怪異之事，在人世中是不會出現的，而對這些事理的感悟驗證，也只能在天外才會出現。為證明此六句的意思，李賢注所引佛經原文為《本生經》：「釋迦菩薩在兜率陁天，為諸天無量無邊諸眾說法，又觀我今何處成道，利益眾生。乃觀見宜於南閻浮提生有大利益。」又云：「誰中與我為父母者。觀見宜於天竺剎利種迦毗羅城白淨王摩邪夫人，可為父母。」

又云：「四生之中，何生利益。觀見同眾生、胎生、我若化生，諸外道等即誹謗我是幻術也。爾時菩薩觀己，示同諸天五衰相現。命諸同侶，波斯匿王等諸王中生，皆作國王，與我為檀越。命阿難及諸人等，同生為弟子。命舍利弗等，外道中生我，成道時當受我化，回邪入正。又有無量眾生，同隨菩薩於天竺受生，多所利益。」《維摩經》：「以四大海水入一毛孔，不撓魚鼈等，而彼大海本相如故。又舍利弗往不思議菩薩，斷取三千大千國界，如陶家輪著者右掌中，擲過恆河沙國界之外，其中眾生不覺不知，又復還本處，都不使人有往來相。」《涅槃經》：「阿闍王令醉象蹋佛，佛以慈善根力，舒其五指，遂為五師（獅）子現，爾時醉象惶懼而退。又五百群賊劫奪人庶，波斯匿王收捉，剜其兩目，棄入坑中，爾時群賊苦痛不已，同時發聲念南無佛。陁達摩佛以慈善根力，雪山吹藥，令入賊眼，皆悉平復如本。」❼叔葉　末世；衰落混亂的時代。叔，在伯仲叔季兄弟排行中位列第三，屬末後地位，引申為末世，末世多為衰亂之期。葉，時期；時代；世。❽漢自楚英二句　本書〈光武十王列傳‧楚王英傳〉載，光武帝與許美人生的兒子劉英，被封為楚王。「英少時好游俠，交通賓客，晚節更喜黃老，學為浮屠齋戒祭祀。」華蓋之飾，指效法道家修飾眉毛。華蓋，有多解，道經中為眉的別名。《雲笈七籤》十一《黃庭內景經‧天中》：「眉號華蓋，覆明珠。」注：「明珠，目也。」此二句意謂漢朝從楚王劉英開始，在祭祀之前，學習佛教徒的祭拜儀禮，先沐浴、獨宿、食素，行齋戒之禮。到桓帝時又按道教徒的習慣，注重修飾眉毛。❾詳其清心三句　詳細考察佛教所倡導的清心寡欲，拋棄雜念，戒除貪欲的訓教，宣揚「空」和「有」的認識論，又與道家所宣傳的教義為一種相同或接近的流派。清心，指忘掉思慮。釋累，指放下拖累人生的私心貪欲。佛教認為：不執著為「空」，執著為「有」。兼遣，不空不有、虛實兩忘。李賢注：維摩詰云：「我及涅槃，此二皆空。」《老子》：「常無，欲觀其妙；常有，欲觀其徼。」二者教義接近，故云佛經是「道書之流」。❿且好仁三句　是對佛學的肯定，意謂佛學宣揚寬仁待人，普度眾生，反對殺生，憎惡殺伐，主張除去社會和人生的弊端，崇尚修德行善，所以賢明通達的仁義君子們，好多人喜愛佛家的教義。蠲，免掉；除去。⓫然好大不經二句　是對佛經的批判。意謂但是佛經中記載的許多事，喜歡用誇張的語句和數字，說一些虛無的荒誕的不合於常規的缺乏根據不合常理的事情，奇異怪譎到無邊無際。比如與釋迦同時的維摩詰與舍利弗問答的《維摩經》中說：「爾時毗邪離有長者子名曰寶積，與五百長者子，俱持七寶蓋來詣佛所，頭面禮足，名以其蓋共供養佛。佛威神力，令諸蓋合成一蓋，徧（遍）覆三千大千國界諸須彌山，乃至日月星宿，并十方諸佛說法，皆現於寶蓋中。」又如：維摩詰三萬二千獅子坐，高八萬四千由旬，高廣嚴淨，來入維摩方丈室，包容無所妨礙。又，四大海水入毛孔，須彌山入芥子等，均屬好大不經之言。不經，不合常理的；荒誕無根據的。⓬雖鄒衍談天二句　鄒衍，《史記》作「騶衍」。戰國時齊國臨淄人。他深觀陰陽消息，作怪迂之變，著〈終始〉、〈大聖〉等篇，共十萬餘言，皆閎大不經。主張時世盛衰興亡，皆隨金木水火土五德為轉移。劉向《別錄》：「鄒衍之所言五德終始，天地廣大，其書言天事，故曰談天。」莊周（約西元前三六九—前二八六年），戰國時宋國蒙人，曾做過蒙地方的漆園吏。他繼承和發展了老子的「道法自然」的觀點，主張齊物我、齊是非、齊大小、齊生死、齊貴賤，宣揚一種「天地與我並生，萬物與我為一」的主觀精神境界。有《莊子》一書傳世。蝸角之論，見《莊子・則陽》：「有國於蝸之左角者曰觸氏，有國於蝸之右角者曰蠻氏，時相與爭地而戰，伏屍數萬，逐北，旬有五日而後反。」上句「談天」，極言其大。下句「蝸角」，比喻極小。⓭又精靈起滅四句　關於精神和靈魂的起源和消滅，因果報應，輪迴轉世諸般學說，好像能明白卻又轉糊塗，難以驗證，所以通達之人反而多疑惑了。精靈起滅指佛教說的生死輪迴無窮已，因報相尋指行有善惡，各種因果報應，各緣業報。⓮蓋導俗無方五句　用向善的宗旨引導世俗人走向善化的道路沒有固定的方法，只要是適合物情的，雖然趣會不同，只要取其共同歸於善，放下那些可疑之說，也就不悖於大道了。大道，大道理；人生大義。

【語譯】 史家評論說：對於西域地區風土人情的記載，是往古以前沒有聽說過的。西漢時代的張騫胸中懷著招致遠方人來臣服的雄才大略，東漢時的班超發揚其建功立業於異域必定封侯的遠大志向，他們都終於能夠在遙遠的西部邊疆建立了功勳，使朝廷對疆域以外的國家能進行約束和控制，而使它們表示歸屬和臣服。那些受到大漢帝國軍勢力量震懾，表現出恭敬地臣服的國家，或者是得到朝廷的賞賜，獲得豐厚的財物，受到安撫懷柔和吸引誘導的地區，沒有一處不向漢朝奉獻它們所在一方的奇珍異產的，它們還向大漢朝廷獻納愛子為人質，以示服從的誠意，派遣使臣或親自出馬，頂風冒雪，曉行露宿，跋山涉水，在艱難途中，有時還得附臂爬行，都奔向東方去朝拜漢家天子。

2 所以大漢朝廷在西域設置了戊己校尉，分管西域各國的事務；又建制西域都護作為一方統帥，總領西域管理大權。西域各國，凡是先主動向漢朝歸順的，就受到朝廷大筐大籠的賞金和賜給相應印綬，承認其合法地位，晚些時候被迫向朝廷歸降臣服的，它們的首領就要被拘繫著頭額到漢京師宮闕前進行血祭。漢朝在西域肥沃的土地上進行屯田種植，還在關鍵重要的道路上分置了郵亭驛站之類設施，為傳遞皇命的人提供食宿之所。那時，身負重要使命的驛使們，不分時月，奔馳在這裡的道路上，接連不斷；外族的大商人和小商販，幾乎天天到漢朝的邊關下叩敲關門，請求與內地進行交往和貿易。

3 在那以後，甘英曾作為漢朝的使臣抵達過條支，曾途經安息，面臨西海而遙望大秦。他到達之地，東距玉門關和陽關已有四萬多里。他所記錄下的向朝廷報告沿途各國情況的材料，沒有不詳盡周備的。像那些國家境內居民風俗是深厚還是淺薄，性情和才智是優秀卓越還是低劣淺陋，所出產的和所蘊藏的各種物品的種類，山川河流峰嶽崖障的來龍去脈，各國氣候節令寒涼暑熱相通還是被地形隔斷而不同，沿途需用梯子才能攀越的高山，需修棧道才能通行的山谷，需靠繩索才能攀援逾越的險路，必須橫穿的沙漠道路等等，還有使人身感燥熱、頭覺脹痛，暴風成災、魔鬼作難等地區，他們都詳備地記錄和描述人的感受和客觀景象，都細加觀察並探求其形成的根源和實質。

4 至於佛教說的神靈變化，最早從身毒興起，但是前漢和後漢的方志書中，沒有提及此事。張騫通西域後的有關身毒的記載，只說那裡的地理氣候暑熱潮溼，人們乘坐著大象進行戰鬥，班勇的記載中雖然列舉出了那裡的人們信奉佛教，反對殺伐屠戮之事，但是對於他們精通文字和文學，善於解釋佛法，能引導人們思維通達的能力功底諸方面特點卻沒有傳播和記述。我從張騫、班勇以後時代人的記述中得知，那個國家比我們中國還要殷實富足，四季雨水調和，和中國古人說的「玉燭」和氣相一致。是神靈和聖賢降生和聚集的地方，賢達的人和具有美好德行的人在這裡降生，神靈活動的蹤跡，各種奇特而詭異的現象，則超出了凡俗之人的認識範圍，非人世間所能有。如果人能感悟到，想要進行明顯地驗證所講述的事情，只能出現在天界之外。佛經中記載著如此眾多奇特的故事，但張騫和班超卻沒有聽說過，難道是他們那時佛理大道注定要閉塞於時運之已去，而對人生之大數的闡釋，要在衰亂之末世才給予凡人以啟迪，解救眾生於苦海嗎？假如不是這樣的話，那些故事為什麼會編得如此詭異，離人間實情如此之遠呢！

5 大漢王朝是從光武帝的兒子楚王劉英開始盛行依佛教的儀式行沐浴齋戒的祭祀之禮的，到桓帝劉志時又時興道家的對眉毛的修飾的習俗。是不是佛家的微言大義尚未翻譯過來，眾人尚不理解，只是先把它尊崇為神明的結果呢？詳細考察佛經中宣揚倡導的清心少思慮，戒貪嗔，去煩惱等訓導教化之語，把人類頭腦認識世間萬物析為「空」和「有」兩大範疇，兼有出世的虛和入世的實兩種態度，這是與道家教義十分接近的，同屬於一個流派。而且佛家倡導寬仁忍讓，憎惡殺生害命，主張除去各種弊端，崇尚善德修福，所以與有儒學傳統的中國人，特別是賢明通達注重修身養性的讀書人、君子人相通，有好多人喜歡上了佛教教義和修行之法了。然而，佛經中許多故事喜歡浮誇其事，誇大其辭，講些虛妄的不可驗證無根據的荒誕故事，奇特詭異到無邊無際，即使中國古代的鄒衍講天之極大，莊周寓言說蝸角之爭比喻是那麼小，這些極度的誇張的手法，還不能概括佛教奇詭不經手法的萬分之一。另外，佛學中宣傳人的靈魂和精神不生不死，講天堂地獄和鬼神，講生死輪迴，因果報應，使人覺得似乎有些明白，而又朦朧不清，所以使通達善於思考的人也產生疑惑了。看來，引導世俗走向正途，對普通百姓進行教化，沒有固定的方法，只要適合性情，盡管有不同的意會，有不同的言論主張，我們採納它們的相同之處，都歸於引人向善之正路。拋棄使人懷疑的說法，那麼，人生之大義，社會之大道，就會通達無礙了。

贊曰：逷矣西胡，天之外區❶。土物琛麗，人性淫虛❷。不率華禮，莫有典書❸。若微神道，何恤何拘❹？

【章　旨】本段是作者的贊語，其觀點明顯地是站在以中原王朝為世界中心，以大漢民族為最優秀的民族而發此議論的。

【注　釋】❶逷矣西胡二句　西方的胡人離我們如此遙遠，遠在天的外邊。逷，同「逖」。遠。《尚書‧牧誓》：「逖矣！西土之人。」❷土物琛麗二句　那裡的土地和物產都是珍寶特別美麗，但那裡的人性民風卻放縱邪惡而浮虛。琛，珍寶。淫，惑亂；邪惡。❸不率華禮二句　他們不奉行華夏之族的禮教，也沒有經典性的書籍著作。率，遵循；服從；楷模。典書，記載法則、典章制度的重要書籍。❹何恤何拘　怎麼能使他們憂慮和拘忌呢。恤，也作「卹」。憂慮；可惜。拘，限制；拘忌。

【語　譯】史官評議說：遠啊！西域地區的胡人簡直是生活在天地之外。那裡土地出產寶物是如此美麗，而人性卻放縱邪惡而虛偽。他們不以中原的禮教作規範，也沒有記錄典章制度的書冊。假如沒有神明的力量來控制他們，那又怎麼能使他們有所憂慮有所拘忌呢？

【研　析】本卷有以下幾點值得一提：

㈠兩漢時期，中國與西域各國的關係是如此之密切與重要，漢廷的外交範圍竟如此之遙遠而廣大。漢代不僅把位於今新疆境內的「車師六國」作為屏障匈奴入侵劫掠內地的藩籬，把其他表示臣服內屬遣子入侍的國家作為臣邦加以領護，這樣既保障了中原的安全，又加強了華夏與西域的聯繫，奠定了今日中國版圖的基礎；而且，大漢王朝還與位於今日中亞西亞、阿富汗、伊朗、伊拉克、地中海地區東部、印度及其附近等地區內的古代國家有過不同程度不同方式的關係，這些國家均曾派使臣到漢代京師詣闕奉獻，表示友好。漢時外交是主動的，武帝時張騫通西域，東漢時班超通西域，班超派甘英出使大秦，雖未能達，而遠謀可嘉。這是國勢強大充滿自信的表現。後世各朝，曾有採取閉關鎖國政策的君主，不是妄自尊大，便是膽怯懼外，與兩千年前的執政者相比，他們便顯得缺乏魄力和自信。而自信力又與綜合國力的強弱密不可分，這在今天也是如此。

㈡西域各國之間，各國內部不同勢力之間，充滿著矛盾和鬥爭，經常發生血腥的廢立鬥爭和征伐，且常常向大國求助。由此可見，國家統一要遠比分割碎裂好。

㈢由本卷中對大秦（羅馬帝國）的記載看，那裡的百姓富足，物產豐盛，管理先進，社會民主，很有些「現代化」的味道。讀者不妨對照閱讀本書的各個帝王本紀。東漢光武時代是爭奪天下的全國戰亂；明帝、章帝時代，尚較清平；和、安之後，外戚干政，宦官專權，社會經濟每況愈下；到了桓帝、靈帝之世，天災更加頻繁，人禍接連不斷，「人相食」的記載不斷出現，終於導致獻帝時的軍閥混戰，東漢滅亡。究其原因，君主專政下的世襲制度是個重要因素：碰上個好皇帝，人民就少受點罪；碰上個昏君，百姓便倒了霉，這全是「人治」的結果。而同時的大秦，卻「會議國事」、「皆簡立賢者」、「受放者甘黜不怨」，是如此文明、民主、先進！與中國歷史上改朝換代的血腥戰爭比，何啻天上地下。因而那裡「其人質直」、「穀食常賤，國用富饒」、「無盜賊寇警」，即使今日世界上之發達國家也未必能臻此佳境，更遑論飢貧之區。有著古老華夏文明的中國，為何沒學到這種先進制度，卻使封建專制制度一直延續了兩千多年，迫使中國百姓時時處於水深火熱之中。即使讀了這一點點大秦史，也使人眼界大開。

㈣東漢時佛教傳入中國，本卷〈天竺傳〉及卷末總論中對佛學的「好仁惡殺，蠲敝崇善」是充分肯定的。儒學尚「和」，佛學崇「善」，都是追求和平、倡導和諧的救世之法，遠比鼓動鬥爭刺激人性中獸性那一面要文明進步得多。所以，把一切宗教都視為迷信邪說，予以取締和鎮壓，未必對社會發展有進步作用。

㈤本卷中的文字比較枯燥之味，形式單一，平鋪直敘。唯卷前引言中的陳忠上疏，〈于窴傳〉中的成國設計，王敬擅權，〈大秦傳〉中的個別描寫，尚有幾分可讀性。〈莎車傳〉中，作者能把那麼多人之間那麼複雜的關係和鬥爭過程結果一一交代清楚，也是難能可貴的。（趙芳遠注譯）

卷八十九

南匈奴列傳第七十九

【題解】本卷敘述東漢一朝匈奴的歷史。卷中兼述南、北匈奴，而以〈南匈奴列傳〉為卷名，前人以為是范曄「以南單于向化尤深，故舉其順者以冠之」。

東漢初，北匈奴仍為朝廷主要邊患。光武初年，沒有閒暇顧及邊境之事。對匈奴採取退讓政策，派使者出使匈奴，贈送金帛，以通宣、元時的舊好。然而單于違逆傲慢，數次侵擾北部邊境。於是朝廷讓邊地百姓內遷，增置緣邊軍隊，修築崗亭候所，以防匈奴。但匈奴侵犯事態日益嚴重，使北部邊地沒有寧日。不久匈奴分裂為南北兩部。

東漢與北匈奴基本上處於敵對狀態。明帝時，竇固、耿忠合兵擊平車師前、後王，切斷北匈奴同西域的聯繫。北匈奴困窘，諸部南下歸漢者逐年增多。和帝時，竇憲、耿秉得南匈奴之助，又大敗北匈奴，逐北三千里，登燕然山，刻石記功而還。以後漢軍又連續大破匈奴，單于遁逃，漢軍出塞五千里始還。此後，由於鮮卑興起，占有匈奴故地，北匈奴部分投漢，部分歸降鮮卑。其餘殘眾或降或叛，出沒於天山南北，繼續與漢爭奪對西域的控制權。其蹤跡直至順帝時才不見於記載。

南匈奴部眾駐牧於漢北邊五原、雲中、定襄、朔方、鴈門、上谷、代、北地八郡之內。建武二十四年，比自立為呼韓邪單于，請求內附。光武帝答應了他的內附之請。漢對於南匈奴歲賜豐厚，設「使匈奴中郎將」

以監護之。明帝以後，更設度遼營，置度遼將軍，協助南匈奴單于抵抗北匈奴來侵和鎮壓族人的叛亂。此後，南匈奴或降或叛，但總是節節南徙，多數集中於并州中部汾河流域一帶。東漢末，曹操擔心匈奴勢力蔓延，始限制其居住地區，採取分化政策，使上層貴族與部眾脫離。此後南匈奴單于僅有虛名，王侯降同編戶，部分匈奴牧民逐步淪為漢族地主的農奴。

1 南匈奴❶醯落尸逐鞮❷單于❸比❹者，呼韓邪❺單于之孫，烏珠留❻若鞮單于之子也。自呼韓邪後，諸子以次❼立，至比季父❽孝單于輿❾時，以比為右薁鞬日逐王❿，部領南邊及烏桓⓫。

2 建武⓬初，彭寵⓭反畔⓮於漁陽⓯，單于與共連兵，因復權立盧芳⓰，使入居五原⓱。光武初，方平諸夏⓲，未遑⓳外事。至六年，始令歸德侯⓴劉颯㉑使匈奴，匈奴亦遣使來獻，漢復令中郎將㉒韓統㉓報命㉔，賂遺金幣，以通舊好。而單于驕踞㉕，自比冒頓㉖，對使者㉗辭語悖慢㉘，帝待之如初。初，使命常通，而匈奴數與盧芳共侵北邊。九年，遣大司馬㉙吳漢㉚等擊之，經歲無功，而匈奴轉盛，鈔暴㉛日增。十三年，遂寇河東㉜，州郡不能禁，於是漸徙幽㉝、并㉞邊人於常山關㉟、居庸關㊱已東，匈奴左部遂復轉居塞內㊲。朝廷患之，增緣邊兵郡數千人，大築亭候㊳，修烽火㊴。匈奴聞漢購求盧芳，貪得財帛，乃遣芳還降，望得其賞。而芳以自歸為功，不稱匈奴所遣，單于復恥言其計，故賞遂不行。由是大恨，入寇尤深。二十年，遂至上黨[40]、扶風[41]、天水[42]。二十一年冬，復寇上谷[43]、中山[44]，殺略鈔掠甚眾，北邊無復寧歲。

3 初，單于弟右谷蠡王[45]伊屠知牙師[46]以次當為左賢王[47]。左賢王即是單于儲副[48]。單于欲傳其子，遂殺知牙師。知牙師者，王昭君[49]之子也。昭君字嬙，南郡[50]人也。初，元帝[51]時，以良家子[52]選入掖庭[53]。時呼韓邪來朝，帝敕以宮女[54]五人賜之。昭君入宮數歲，不得見御[55]，積悲怨，乃請掖庭令求行。呼韓邪臨辭大會，帝召五女以示之。昭君豐容靚飾，光明漢宮，顧景[56]裴回[57]，竦動[58]左右。帝見大驚，意欲留之，而難於失信，遂與匈奴。生二子。及呼韓邪死，其前閼氏[59]子代立，欲妻[60]之，昭君上書求歸，成帝[61]敕令從胡俗，遂復為後單于閼氏焉。

4 比見知牙師被誅，出怨言曰：「以兄弟言之，右谷蠡王次當立；以子言之，我前單于長子，我當立。」遂內懷猜懼，庭會[62]稀闊。單于疑之，乃遣兩骨都侯[63]監領比所部兵。二十二年，單于輿死，子左賢王烏達鞮侯[64]立為單于。復死，弟左賢王蒲奴[65]立為單于。比不得立，既懷憤恨。而匈奴中連年旱蝗，赤地數千里，草木盡枯，人畜飢疫，死耗太半[66]。單于畏漢乘其敝，乃遣使詣漁陽[67]求和親。

於是遣中郎將[68]李茂[69]報命。而比密遣漢人郭衡奉匈奴地圖，二十三年，詣西河[70]太守[71]求內附[72]。兩骨都侯頗覺其意，會[73]五月龍祠[74]，因白[75]單于，言薁鞬日逐夙來欲為不善，若不誅，且亂國。時比弟漸將王[76]在單于帳下，聞之，馳以報比。比懼，遂斂所主南邊八部眾四五萬人，待兩骨都侯還，欲殺之。骨都侯且到，知其謀，皆輕騎亡去，以告單于。單于遣萬騎擊之，見比眾盛，不敢進而還。

5 二十四年春，八部大人[77]共議立比為呼韓邪單于，以其大父[78]嘗依漢得安，故欲襲其號。於是款[79]五原塞[80]，願永為蕃蔽，扞禦[81]北虜[82]。帝用五官中郎將[83]耿國[84]議，乃許之。其冬，比自立為呼韓邪單于。

6 二十五年春，遣弟左賢王莫[85]將兵萬餘人擊北單于弟薁鞬左賢王，生獲之，又破北單于帳下，并得其眾合萬餘人，馬七千匹、牛羊萬頭。北單于震怖，卻地[86]千里。初，帝造戰車，可駕數牛，上作樓櫓[87]，置於塞上，以拒匈奴。時人見者或相謂曰：「讖言[88]漢九世當卻北狄地千里，豈謂此邪？」及是，果拓地焉。北部薁鞬骨都侯與右骨都侯率眾三萬餘人來歸南單于，南單于復遣使詣闕，奉藩稱臣，獻國珍寶，求使者監護，遣侍子[89]，修舊約。

7 二十六年，遣中郎將段郴[90]、副校尉[91]王郁[92]使南單于，立其庭，去五原西部塞八十里。單于乃延迎[93]使者。使者曰：「單于當伏拜受詔。」單于顧望有頃，乃伏稱臣。拜訖，令譯曉使者曰：「單于新立，誠慚[94]於左右，願使者眾中無相屈折也。」骨都侯等見，皆泣下。郴等反命，詔乃聽南單于入居雲中。遣使上書，獻駱駝[95]二頭，文馬[96]十匹。夏，南單于所獲北虜薁鞬左賢王將其眾及南部五骨都侯合三萬餘人畔歸，去北庭[97]三百餘里，共立薁鞬左賢王為單于。月餘日，更相攻擊，五骨都侯皆死，左賢王遂自殺，諸骨都侯子各擁兵自守。秋，南單于遣子入侍，奉奏詣闕。詔賜單于冠帶[98]、衣裳[99]、黃金璽[100]、盭緺綬[101]，安車[102]羽蓋[103]，華藻[104]駕駟[105]，寶劍[106]弓箭，黑節[107]三，駙馬[108]二，黃金、錦繡、繒布[109]萬匹，絮[110]萬斤，樂器鼓車[111]，棨戟[112]甲兵，飲食什器。又轉河東米糒[113]二萬五千斛[114]，牛羊三萬六千頭，以贍給之。令中郎將置安集[115]掾史[116]將弛刑[117]五十人，持兵弩[118]隨單于所處，參辭訟[119]，察動靜。單于歲盡輒遣奉奏，送侍子入朝，中郎將從事一人將領詣闕。漢遣謁者[120]送前侍子還單于庭，交會[121]道路。元正[122]朝賀，拜祠陵廟[123]畢，漢乃遣單于使，令謁者將送，賜綵繒千匹，錦[124]四端[125]，金十斤，太官[126]御食醬及橙、橘、龍眼、荔支；賜單于母及諸閼氏、單于子及左右賢王、左右谷蠡王、骨都侯有功善者，繒綵合萬匹。歲以為常。

【章　旨】以上敘述匈奴分裂為南北二部的始末。由於匈奴內部在單于繼位問題上發生矛盾，建武二十四年，薁鞬日逐王比被八部大人推舉為單于，繼承其祖父稱號，稱「呼韓邪單于」，請求內附。光武帝答應他的內附之請，幫單于設立單于庭，賜給冠帶、衣裳、印綬，為其設置了官府、從事、掾史。朝廷部署兵力衛護單于。於此匈奴分裂為南北兩部。

【注　釋】❶南匈奴　匈奴，中國古代北方少數民族，亦稱胡。戰國時活動於燕、趙、秦以北地區。秦漢之際，冒頓單于統一各部，勢盛，統轄大漠南北廣大地區。東漢光武帝建武二十四年（西元四八年）分裂為二部，南下附漢的稱為南匈奴，屯居朔方、五原、雲中（今內蒙古自治區境內）等郡，東漢末分為五部。❷醢落尸逐鞮　醢落尸逐，匈奴姓。「鞮」漢語意為「孝」。匈奴謂「孝」為「若鞮」，自呼韓邪單于降後，與漢親密，見漢帝謚號常為孝，慕之。至其子復珠累若鞮單于以下皆稱「若鞮」，南單于比以下直稱「鞮」。❸單于　匈奴最高首領稱號。全稱「撐犁孤塗單于」，匈奴語，「撐犁」為「天」，「孤塗」為「子」，「單于」為「廣大」之意。西漢五鳳元年（西元前五七年）匈奴一度分裂，五單于並立。東漢初，匈奴南北分裂，有北單于、南單于。❹比　（西元一八—五六年），匈奴南單于名。《東觀漢記》：「單于比，匈奴頭曼十八代孫。」稽侯珊孫，烏珠留子。❺呼韓邪　名稽侯珊，匈奴單于，頭曼單于八代孫，虛閭權渠單于子，西元前五八—前三一年在位。西漢元帝時與漢和親，娶宮女王昭君。頭曼即冒頓單于父，自頭曼單于至比，父子相承十代，以單于相傳乃十八代也。❻烏珠留　名囊知牙斯，匈奴單于，西元前八—西元一三年在位，呼韓邪單于子。❼以次　按次序。❽季父　最小的叔父。❾輿　匈奴比單于叔父。❿薁鞬日逐王　匈奴貴族稱號。分左右，低於谷蠡王，為「六角之一」。由單于子弟擔任。領匈奴西部。置僮僕都尉，統治西域各國。⓫烏桓　古民族名。也作「烏丸」，東胡族的一支。秦末漢初東胡遭匈奴擊破後，部分遷烏桓山，因以為名。以游牧射獵為生。漢初附匈奴，武帝以後附漢，遷至上谷、漁陽、右北平、遼西、遼東等五塞外。西漢時置護烏桓校尉，東漢沿置。受漢族影響，後漸營農業。每年在上谷、寧城等處與漢朝互市。⓬建武　東漢光武帝劉秀年號，西元二五—五六年。⓭彭寵　字伯通，東漢人。彭弘子。更始時為漁陽太守，後歸光武，封「建忠侯」，賜號大將軍。光武至薊，寵上謁，自負其功，帝授之不能滿，以此懷不平。及光武即位，寵獨無所加，愈怏怏，為朱浮所譖，發兵反。寵蒼頭兒子密殺寵夫婦，持頭詣闕，夷其宗族。⓮畔　古同「叛」。⓯漁陽　郡名。戰國時燕地。秦漢置漁陽郡（今北京密雲）。⓰盧芳　字君期，東漢安定三水人。王莽時，天下咸思漢德，芳由是詐稱武帝曾孫劉伯始，起兵據安定，自稱西平王。會匈奴句林王將兵來降，迎芳入匈奴，立為漢帝，留數年。光武即位後，五原人李興等至單于庭迎接芳入塞，居於九原縣。盧芳外依匈奴，內因興等，廣略邊郡，據有五原、朔方、雲中、定襄、鴈門諸郡。其部將欲使之降漢，乃亡入匈奴。後復入居高柳，遣使請降，朝廷詔立芳為代王，使和集匈奴。未及，仍叛亡，死匈奴中。⑰五原　郡名。西漢置。治今內蒙古包頭。東漢初，匈奴南單于分部眾屯於此，東漢末年廢。⑱諸夏　周代分封的中原各個諸侯國。泛指中原地區。⑲遑　閒暇。⑳侯　爵名。戰國楚、秦皆置。秦稱徹侯，為二十等爵最高一級。西漢沿置，因避武帝名諱，改稱通侯、列侯，金印紫綬。西漢時其食邑多者萬戶，少者數百，皆為縣侯。東漢又有都鄉侯、鄉侯、都亭侯、亭侯等。後世亦為諸封侯者之泛稱。㉑劉颯　東漢時官拜中郎將，封「歸德侯」。建武六年，光武帝令其出使匈奴，以修舊好。㉒中郎將　官名。秦代置，中郎長官，隸郎中令。兩漢沿置，掌宮禁宿衛，隨行護駕，佐郎中令（光祿勳）考核選拔郎官，亦常奉詔出使。東漢還增設「使匈奴中郎將」。㉓韓統　東漢時官拜中郎將。建武六年，奉命出使匈奴，賂遺金帛予單于以通其舊好。㉔報命　即回訪。代表朝廷出使外邦。㉕驕踞　傲慢不恭。㉖冒頓　頭曼單于子。約西元前二〇九—前一七四年在位。初質於月氏。秦二世元年（西元前二〇九年）殺父自立。即位後，率三十餘萬眾東敗東胡，西逐月氏，南併樓煩、白羊河南王，復占秦時所失河南塞，平定樓蘭、烏孫等西域二十六國。數侵擾漢邊郡，漢高帝七年（西元前二〇〇年），漢高祖劉邦曾被其困於平城白登山（今山西大同）。此後漢與結和親之約，遣公主為閼氏，歲贈幣帛，開放關市，終文帝、景帝之世不變。㉗使者　奉命辦事之人。㉘悖慢　違逆不敬、背理傲慢。㉙大司馬　漢武帝時置，為加於官銜前的一種稱號，以冠大將軍、驃騎將軍、車騎將軍等。初授此官者多是功勳卓著的大臣，後則常授與顯貴外戚，成為掌朝廷中樞的中朝領袖官號。綏和元年（西元前八年）出居外朝，罷置為官，不再冠諸將軍，賜金印紫綬，置官屬，秩萬石，位列三公之首，與丞相（大司徒）、御史大夫（大司空）並為宰相，共同主持政務。東漢改名太尉。東漢末與太尉並置，位在三公之上。㉚吳漢　字子顏，東漢南陽宛人。家貧，為亭長。王莽時，亡命至漁陽，以販馬為業。後歸光武，拜偏將軍，勇武有智謀，諸將鮮有能及者。伐蜀，與公孫述戰，八戰八克。後擊匈奴，位至大司馬，封「廣平侯」，卒後諡「忠」。㉛鈔暴　抄掠侵暴。㉜河東　黃河流經山西境，自北而南，故稱山西境內黃河以東的地區為「河東」。㉝幽　西漢武帝所置「十三刺史部」之一。東漢時治今北京市區西南。㉞并　西漢武帝所置「十三刺史部」之一。領太原、上黨、雲中、定襄、鴈門、代等六郡。東漢治今山西太原西南古城營。㉟常山關　地名。即飛狐關，又作「蜚狐」。屬代郡轄。在河北淶源北，跨蔚縣界。兩崖峭立，一線微通，迤邐蜿蜒，百有餘里，漢初酈食其說高祖拒蜚狐之口，東漢建武十二年，盧芳與匈奴連兵寇邊，詔王霸與杜茂治飛狐道皆此地。治今之黑石嶺，南通紫荊、倒馬，西入大同。㊱居庸關　長城重要關口。在北京市西北。

建於兩山夾峙的深谷中，形勢險要，為北京通往內蒙古主要通道。自古為兵家必爭之地。㊲塞內　邊境之內。㊳亭候　古用作探視瞭望的崗亭，以監視敵方動靜。㊴烽火　古時邊防報警點的煙火。㊵上黨　郡名。秦朝時治今山西長治，西漢時移治今山西長子，東漢末又移治長治。㊶扶風　又稱右扶風。政區名，西漢太初元年（西元前一〇四年）改主爵都尉置，分右內史，西半部為其轄區，職掌相當於郡太守。因地屬畿輔，故不稱郡，為三輔之一。治今西安西北。東漢移治今陝西興平。屬司隸校尉部。㊷天水　郡名。漢置。治平襄，東漢時移治今甘肅伏羌南，後改治今甘肅通渭西南。㊸上谷　郡名。戰國時燕國置。秦治今河北懷來東南大古城。㊹中山　本周諸侯國名。春秋白狄別族之鮮虞地，戰國時為中山國，被趙武靈王所滅。其地在今河北定縣、唐縣一帶。漢高祖時設郡，景帝三年置諸侯國。㊺谷蠡王　匈奴官名。冒頓單于設置，分左右，位在屠耆王之下，居於單于庭左右，各有分地。管理軍事和行政，多由單于子弟擔任。㊻伊屠知牙師　呼韓邪單于與王昭君所生子。初，封為右日逐王。呼韓邪立為單于二十八年後死。按匈奴俗，昭君又復嫁呼韓邪與前閼氏所生子雕陶莫皋。呼韓邪死前，曾約令雕陶莫皋傳國與弟伊屠知牙師。雕陶莫皋立，號復株累若單于，欲傳國於其子，遂殺伊屠知牙師。㊼左賢王　匈奴語稱「左屠耆王」。單于下的最高官職。冒頓單于自領中部，另設左、右賢王分領東西二部。由單于子弟擔任。匈奴尚左，左賢王常以太子為之。漢人稱左、右屠耆王為左、右賢王。㊽儲副　國之副君。指太子。㊾王昭君　西漢南郡秭歸（今屬湖北）人。顏色皎潔，獻於孝元帝。歷五六年不幸納。昭君心有怨曠，偽不飾其形容。元帝每歷後宮，疏略不過其處。西元前三三年，匈奴呼韓邪單于入朝，提出和親，她自願遠嫁匈奴，元帝遂命她出塞和親。被單于封為「甯胡閼氏」。呼韓邪死，其前閼氏子代立，她從胡俗，又成為復株累若單于閼氏。昭君有子曰世違，單于死，世違繼立。昭君問世違：「汝為漢也，為胡也？」世違曰：「欲為胡耳。」昭君乃吞藥自殺。㊿南郡　戰國時置。初治今湖北荊州北紀南城，後移治今湖北荊州。(51)元帝　即劉奭（西元前七六－前三三年），西漢皇帝。宣帝子。好儒術，先後任貢禹、薛廣德、韋玄成、匡衡等為丞相。宦官弘恭、石顯專權，任石顯為中書令，賞賜錢達一萬萬。統治期間，賦役繁重，西漢開始由盛而衰。(52)良家子　舊指良家的子女。漢代把技藝、商賈、工匠等都劃在良家之外。(53)掖庭　亦作「掖廷」。宮中官署名。掌後宮貴人采女事，以宦官為令丞。秦代名永巷，漢武帝太初元年改為「掖廷」。東漢分為二，設掖庭令，永巷令。(54)宮女　被徵選在宮廷裡服役的女子。(55)見御　得到帝王臨幸。(56)顧景　亦作「顧影」。自顧其影。有自矜、自負之意。(57)裴回　即徘徊。留戀不捨貌。(58)竦動　驚動；震動。(59)閼氏　漢代匈奴單于、諸王妻的統稱。(60)妻　作動詞用。意為娶為妻子。(61)成帝　即劉驁（西元前五一－前七年），字太孫。元帝子。西漢皇帝。即位後以母舅王鳳為大司馬大將軍領尚書事，總攬朝政。王氏諸舅皆為列侯。耽於酒色，趙飛燕、趙合德姐妹專寵後宮。營建昌陵，費以巨億，以致天下匱竭，百姓流離，餓死於道路者數以百萬計。各地人民反抗鬥爭此起彼伏，西漢王朝迅速衰落。(62)庭會　猶朝會。(63)骨都侯　漢時匈奴官名。冒頓單于設置，分左右，由異姓貴族擔任，位在谷蠡王之下，是單于的輔政近臣。《史記・匈奴列傳》：「置左右賢王，左右谷蠡王，左右大將，左右大都尉，左右大當戶，左右骨都侯。」亦省稱「骨都」。(64)烏達鞮侯　單于輿之子，封左賢王。建武二十二年（西元四六年），單于輿死，烏達鞮侯繼立為單于，當年死。(65)蒲奴　烏達鞮侯單于弟，封左賢王。建武二十二年，烏達鞮侯單于死，蒲奴繼立為單于。不久，匈奴分裂為南北兩部，蒲奴繼續為北匈奴單于。(66)太半　三分損一為太半。(67)漁陽　郡名。戰國燕置。秦漢治今北京市密雲。(68)中郎將　官名。秦代置，為中郎長官，隸郎中令。兩漢沿置，掌宮禁宿衛，隨行護駕，佐郎中令（光祿勳）考核選拔郎官，亦常奉詔出使。東漢還增設使匈奴中郎將。(69)李茂　東漢時官拜中郎將。建武二年，日逐王遣使詣漁陽請和親，朝廷命李茂復匈奴報命。(70)西河　郡名。西漢元朔四年（西元前一二五年）置。治今內蒙古準噶爾旗西南、陝西府谷西北。東漢永和五年（西元一四〇年）移治今山西。屬并州。(71)太守　官名。西漢景帝時改郡守置，為郡的最高行政長官，掌民政、司法、軍事、財賦等，可以自辟僚屬，秩二千石。東漢沿置。(72)內附　歸附朝廷。(73)會　時機。(74)龍祠　古代匈奴單于祭祀天地鬼神的活動。(75)白　陳述。(76)漸將王　匈奴貴族稱號，分左右。在日逐王、溫禺鞮王之下，為六角之一。皆單于子弟充任，次第當為單于者也。(77)大人　古代北方部族首領之稱。(78)大父　祖父。(79)款　至；到。(80)塞　邊界上險要地方。(81)扞禦　防禦；抵抗。(82)北虜　古代對北方匈奴等少數民族的蔑稱。此特指北匈奴。(83)五官中郎將　官名。秦置。西漢隸光祿勳，主中郎，秩比二千石。東漢時，部分侍郎、郎中亦歸其統率。執掌宿衛殿門，出充車騎。東漢初年或參與戰事。又協助光祿勳典領郎官選舉，有大臣喪事，則奉命持節策贈印綬或東園祕器。(84)耿國　字叔慮。東漢耿弇弟，光武時為中郎將。時烏桓、鮮卑屢寇塞外邊境，耿國素有籌策，向朝廷數言邊事。及匈奴薁鞬日逐王比自立為呼韓邪單于，款塞稱藩，願扞禦北虜，議者以為不可許，耿國認為應該按宣帝故事接受他們，帝從其議。由是烏桓、鮮卑保塞自守，匈奴北庭遠遁，中國少事。官至大司馬。(85)莫　呼韓邪單于比弟，封為左賢王。後繼位為單于，稱丘浮尤鞮單于，西元五六—五七年在位。(86)卻地　退避。(87)樓櫓　古代軍中用以瞭望、攻守的無頂蓋的高臺。建於地面或車、船之上。(88)讖言　古代巫師、方士等以讖術所作的預言。(89)侍子　古代屬國之王或諸侯遣子入朝陪侍天子，學習文化，所遣之子稱「侍子」。(90)段郴　東漢人，拜中郎將。建武二十六年（西元五〇年），以朝廷使者身分出使南單于，幫單于設立單于庭，由此匈奴分裂為南北兩部。以後北單于常進攻南單于，朝廷詔令南單于徙居於西河美稷。為段郴設置了官府、從事、掾史，命其駐守於西河郡，以衛護南單于。(91)副校尉　官名。西漢宣帝地節二年初置，秩比二千石，丞一人，司馬、候、千人各二人。92王郁　官副校尉。建武二十六年，以朝廷使者副手身分出使南單于，幫單于設立單于庭，由此匈奴分裂為南北兩部。後朝廷命其駐守於西河郡，協助中郎將段郴護衛南單于。93延迎　延請迎接。94慙　同「慚」。95駱駞　即駱駝。駞，同「駝」。96文馬　有斑紋的馬。97北庭　指漢代北單于所統治之地。98冠帶　帽子與腰帶。99衣裳　古時「衣」指上衣，「裳」指下裙。後亦泛指衣服。100璽　印，自秦代以後專指帝王的印信。101盭緺綬　盭，草名。以盭草染綬著色，因以為名。漢諸侯王制：盭，綠色。緺，《說文》：「紫青色」也。102安車　古代可以乘坐的小車。古代車多立乘，此為坐乘，故稱「安車」。供年老的高級官員及貴婦人乘用。高官告老還鄉或徵召有重望的人，往往賜其乘安車。安車多用一馬，禮尊者則用四馬。103羽蓋　古時以鳥羽為飾的車蓋。104華藻　指有彩飾之車。105駕駟　四匹馬駕的車。106寶劒　原指稀有而珍貴的劍，後來泛指一般的劍。劒，同「劍」。107黑節　以黑色所飾的節杖。108駙馬　皇太子或有相當級別的官員駕輿的馬。109繒布　《說文》：繒，帛也。古代對絲織品的總稱。布，棉、麻、苧、葛等織物的通稱（古時無棉布）。110絮　古代指絲纖維。特指熟絲。111鼓車　載鼓之車。古代皇帝出外時的儀仗之一。112棨戟　有繒衣或塗上油漆的木戟。古代官吏所用的儀仗，出行時作為前導，後亦列於門庭。113米糒　即米糧。114斛　中國舊量器名，亦是容量單位。一斛本為十斗，後來改為五斗。115安集　安定輯睦。116掾史　官府中佐助官吏的通稱。117㢮刑　亦作「弛刑」。指弛刑徒。118兵弩　兵刃和弓弩。泛指武器。119參辭訟　聽其辭訟。120謁者　官名。始置於春秋。戰國時，為國君掌管傳達。秦漢沿置。漢制，郎中令屬官有謁者，少府屬官有中書謁者令（後改稱中謁者令）。謁者掌賓贊受事，員額至七十人，其長官稱「謁者僕射」。121交會　會合；相交。122元正　正月元日；元旦。語出《尚書・舜典》：「月正元日，舜格于文祖。」123陵廟　祖墓和宗廟。124錦　有彩色花紋的絲織品。125端　古代布帛長度名。杜預：「二丈為一端，二端為一兩，所謂匹也。」126太官　官名。秦置太官令、丞，屬少府。兩漢因之。掌皇帝膳食及燕享之事。

【語　譯】南匈奴醢落尸逐鞮單于比，是呼韓邪單于的孫子，烏珠留若鞮單于的兒子。自呼韓邪以後，他的兒子們按次序繼位，到比的叔父孝單于輿時，封比為右薁鞬日逐王，統領匈奴南部及烏桓地區。

2　建武初年，彭寵在漁陽叛漢，單于與彭寵連兵一處，於是又暫時立盧芳為王，讓他入居五原。光武帝初年，正忙於平定中原地區，沒有閒暇顧及邊境之事。至建武六年，才開始令歸德侯劉颯出使匈奴，匈奴也派使者來貢獻物品。朝廷又令中郎將韓統回訪匈奴，贈送金幣，以通好漢宣帝、漢元帝時的舊日友情。然而單于驕橫無禮，把自己比作冒頓單于，對漢朝使者言詞違逆傲慢，但光武帝待他還同以前一樣。當初，漢與匈奴常信使往來，而匈奴數次與盧芳共同侵擾漢朝的北部邊境。建武九年，光武帝派遣大司馬吳漢等人進攻匈奴，歷年沒有功效，而匈奴勢力更加強盛，抄掠侵擾日益嚴重。建武十三年，又侵犯劫掠河東郡，地方州郡不能遏制這種勢頭，於是逐漸遷徙邊地百姓到常山關、居庸關以東居住，匈奴左部便又轉而入居邊塞以內。朝廷非常擔憂，增加緣邊地區軍隊，每郡都增至數千人，規模修築崗亭候所、烽火台。匈奴聞知漢朝懸賞購求盧芳，因為貪圖財帛，便讓盧芳回去降漢，希望得到賞賜。但盧芳以自動返回為功，不說是匈奴命他回歸，匈奴單于又恥於向漢朝說明他遣回盧芳的用心，因而漢朝沒有給其獎賞。匈奴為此而惱怒，更深入搶掠內地。建武二十年，匈奴南進至上黨、扶風、天水等郡。建武二十一年冬，又侵犯劫掠上谷、中山二郡，燒殺擄掠大量人口財物，使北部邊地沒有安寧的時候。

3 當初，單于的弟弟右谷蠡王伊屠知牙師依次序應當升為左賢王。左賢王就是單于的繼承人。單于想傳位給自己的兒子，便殺掉伊屠知牙師。伊屠知牙師，是王昭君的兒子。王昭君，字嬙，南郡人。當初漢元帝時，以良家子女的身分送入皇宮。當時呼韓邪單于來朝見，漢元帝詔令賜給他五個宮女。王昭君入宮數年，沒有得到漢元帝的臨幸，心中素有悲怨，便向掖庭令請求隨呼韓邪單于遠行。呼韓邪臨行之前，漢元帝大會群臣，命令召喚五個宮女上殿讓呼韓邪觀看。王昭君姿容出眾，妝飾豔美，光彩照人，自顧其影，左右徘徊，震驚了所有在座的人。漢元帝也大吃了一驚，想要留下昭君，但又怕失信，難於啟口，最後還是將昭君送給了呼韓邪單于。王昭君到匈奴後，生了兩個兒子。呼韓邪死後，其前閼氏所生之子雕陶莫皋立為單于，想娶昭君為妻，昭君上書漢成帝請求歸漢，成帝發出詔令，讓昭君隨匈奴風俗，於是，昭君又成為復株累若單于的閼氏。

4 比見伊屠知牙師被殺，口出怨言說：「如果從兄弟相繼上說，右谷蠡王應當依次序立為單于；如果從子繼父位來說，那我是前單于的長子，我應當立為單于。」於是心懷猜懼，單于庭的朝會很少去參加。由此受到單于的猜忌，便派遣兩名骨都侯監督比所統領的將士。建武二十二年，單于輿死，其子左賢王烏達鞮侯繼立為單于。烏達鞮侯不久又死去，其弟左賢王蒲奴立為單于。比沒能立為單于，心懷憤恨。匈奴居住地區連年鬧旱災蝗災，赤地數千里，草木全部枯死，人畜因飢餓疾病，損失三分之二。單于怕漢朝乘著他們衰弱時進攻，便派遣使者到漁陽請求和親。於是朝廷派中郎將李茂出使匈奴。比祕密派漢人郭衡進獻匈奴地圖，建武二十三年，比到西河太守那裡去請求內附。兩骨都侯發覺了比的企圖，趕上五月龍祭，便報告單于說，薁鞬日逐王早有不軌之心，如果不殺掉他，將要禍亂國家。當時比的弟弟漸將王在單于帳下，聽說這件事後，騎快馬去向比報告。比心中害怕，遂收聚所統領南邊八部四、五萬人，準備兩骨都侯返回時殺掉他們。兩骨都侯快趕到時，發覺了比的陰謀，輕騎逃跑，報告了單于。單于派遣騎兵一萬進攻比，後見比部眾強盛，不敢進而回。

5 建武二十四年春，八部大人一起議立比為呼韓邪單于，因為其祖父曾經依附漢朝得以安定，所以想繼承其稱號。於是到五原塞請求內附，願永遠為漢朝的藩屏，抗禦北邊匈奴。光武帝採納了五官中郎將耿國的建議，答應他的內附之請。這年冬天，比自立為呼韓邪單于。

6 建武二十五年春，呼韓邪單于派遣其弟左賢王莫率兵萬餘人進攻匈奴北單于的弟弟薁鞬左賢王，將他活捉，又擊敗北單于帳下將士，共俘獲他的部眾一萬餘人，馬七千匹，牛羊萬頭。北單于震動恐懼，後退千里。當初，光武帝時製造一種戰車，用數頭牛駕馭，車上修有高樓，設置於塞上，用以抵禦匈奴。當時人見到這種車都互相議論說：「讖言說，漢朝立國九代時將使匈奴退出千里，難道說的就是這時嗎？」至此，果然開拓地域上千里。北部薁鞬骨都侯與右骨都侯率部眾三萬餘人來歸順南單于。南單于又遣使至朝廷，向漢朝奉藩稱臣，並進獻國中珍寶，請求漢朝派遣使者監護其國，並派遣侍子，修訂舊時友好約定。

7 建武二十六年，朝廷派遣中郎將段郴、副校尉王郁出使南單于，幫單于設立單于庭，單于庭離五原西部塞八十里。南單于迎接漢朝使者。使者說：「單于應該跪拜接受詔書。」單于顧望猶豫再三才伏地稱臣。拜完以後，命令翻譯告知漢使者說：「單于剛剛繼位，面對左右部下還很羞慚，希望使者不要當眾羞辱。」骨都侯等人見到這種情景都潸然淚下。段郴等回朝覆命，詔令准許南單于入居雲中。南單于派遣使者上書朝廷，獻駱駝二頭、有斑紋的馬十匹。這年夏天，南單于所獲北匈奴薁鞬左賢王及南部五骨都侯部眾共三萬餘人叛歸舊地，居於距北單于庭三百餘里處，共立薁鞬左賢王為單于。一個多月後，其內部互相攻擊，五個骨都侯都死了，左賢王自殺，各骨都侯之子都擁兵自守。秋天，南單于派遣其子入侍朝廷，並彙報上奏。朝廷下詔令，賜給南單于冠帶、衣裳、黃金做的璽印、紫青色綬帶、有羽蓋的安車、四匹馬駕的華車、寶劍弓箭、三把黑色的節、二匹駙馬、黃金、錦繡、繒布上萬匹、絮上萬斤、樂器鼓車、棨戟甲兵、飲食器具。又轉運河東米、乾糧二萬五千斛，牛羊三萬六千頭，以供給單于衣食之用。令中郎將設置安集掾史，使其率領弛刑徒五十人，手持兵器弓弩跟隨單于左右，參與辭訟，觀察動靜。單于每到年末要遣使往京師奏報，送侍子入朝，讓中郎將從事一人帶領到京師。漢朝廷派遣謁者送前侍子回單于庭，兩路人眾在路上交會。元旦朝賀，祭拜陵廟後，漢朝廷才遣單于使者返回，令謁者率人相送，賜與彩繒千匹、錦四端、金十斤，太官御食醬以及橙、橘、龍眼、荔枝等物品。賜予單于母親及諸位閼氏、單于之子及左右賢王、左右谷蠡王、各骨都侯有功勞有善行者，賜予彩繒共一萬匹，每年以此為常制。

1 匈奴俗，歲❶有三龍祠❷，常以正月、五月、九月戊日❸祭天神❹。南單于既內附，兼祠漢帝，因會諸部，議國事，走馬及駱駝為樂。其大臣貴者左賢王，次左谷蠡王，次右賢王，次右谷蠡王，謂之四角；次左右日逐王❺，次左右溫禺鞮王❻，次左右漸將王❼，是為六角：皆單于子弟，次第當為單于者也。異姓大臣左右骨都侯，次左右尸逐骨都侯，其餘日逐、且渠❽、當戶❾諸官號，各以權力優劣、部眾多少為高下次第焉。單于姓虛連題❿。異姓有呼衍氏、須卜氏、丘林氏、蘭氏⓫四姓，為國中名族，常與單于婚姻。呼衍氏為左，蘭氏、須卜氏為右，主斷獄聽訟，當決輕重，口白單于，無文書簿領焉。

2 冬，前畔五骨都侯子復將其眾三千人歸南部，北單于使騎追擊，悉獲其眾。南單于遣兵拒之，逆戰不利。於是復詔單于徙居西河⓬美稷⓭，因使中郎將段郴及副校尉王郁留西河擁護之，為設官府、從事⓮、掾史⓯。令西河長史⓰歲將騎二千，弛刑五百人，助中郎將衛護單于，冬屯夏罷。自後以為常，及悉復緣邊八郡。

3 南單于既居西河，亦列置諸部王，助為扞戍。使韓氏⓱骨都侯屯北地⓲，右賢王屯朔方⓳，當于⓴骨都侯屯五原，呼衍骨都侯屯雲中㉑，郎氏㉒骨都侯屯定襄㉓，左南將軍㉔屯鴈門㉕，栗籍㉖骨都侯屯代郡㉗，皆領部眾為郡縣偵羅㉘耳目。北單于惶恐，頗還所略漢人，以示善意。鈔兵每到南部下，還過亭候，輒謝曰：

「自擊亡虜薁鞬日逐耳，非敢犯漢人也。」

4 二十七年，北單于遂遣使詣武威㉙求和親，天子㉚召公卿㉛廷議㉜，不決。皇太子㉝言曰：「南單于新附，北虜懼於見伐，故傾耳而聽，爭欲歸義耳。今未能出兵，而反交通北虜，臣恐南單于將有二心，北虜降者且不復來矣。」帝然之，告武威太守勿受其使。

5 二十八年，北匈奴[34]復遣使詣闕，貢馬及裘[35]，更乞和親，并請音樂，又求率西域[36]諸國胡[37]客與俱獻見。帝下三府[38]議酬荅之宜。司徒掾[39]班彪[40]奏曰：

6 「臣聞孝宣皇帝[41]勑邊守尉曰：『匈奴大國，多變詐。交接得其情，則卻敵折衝[42]；應對入其數，則反為輕欺。』今北匈奴見南單于來附，懼謀其國，故數乞和親，又遠驅牛馬與漢合市[43]，重遣名王，多所貢獻，斯皆外示富強，以相欺誕也。臣見其獻益重，知其國益虛，歸親愈數，為懼愈多。然今既未獲助南，則亦不宜絕北，羈縻[44]之義，禮無不荅。謂可頗加賞賜，略與所獻相當，明加曉告以前世呼韓邪、郅支[45]行事。

7 「報荅之辭，令必有適[46]。今立稾草[47]并上，曰：『單于不忘漢恩，追念先祖舊約，欲修和親，以輔身安國，計議甚高，為單于嘉之。往者，匈奴數有乖亂，呼韓邪、郅支自相讎隙，並蒙孝宣皇帝垂恩救護，故各遣侍子稱藩保塞。其後郅支忿戾[48]，自絕皇澤[49]，而呼韓附親，忠孝彌[50]著。及漢滅郅支，遂保國傳嗣，子孫相繼。今南單于攜眾南向，款塞[51]歸命。自以呼韓嫡長，次第當立，而侵奪失職，猜疑相背，數請兵將，歸埽北庭，策謀紛紜，無所不至。惟念斯言不可獨聽，又以北單于比年貢獻，欲修和親，故拒而未許，將以成單于忠孝之義。漢秉威信，總率萬國，日月所照，皆為臣妾[52]。殊俗百蠻[53]，義無親疏，服順者褒賞，畔逆者誅罰，善惡之效，呼韓、郅支是也。今單于欲修和親，款誠已達，何嫌而欲率西域諸國俱來獻見？西域國屬匈奴，與屬漢何異？單于數連兵亂，國內虛耗，貢物裁以通禮，何必獻馬裘？今齎雜繒五百匹，弓鞬韇丸[54]一，矢四發，遣遺單于。又賜獻馬左骨都侯、右谷蠡王雜繒各四百匹，斬馬劍[55]各一。單于前言先帝時所賜呼韓邪竽[56]、瑟[57]、空侯[58]皆敗，願復裁賜[59]。念單于國尚未安，方厲武節，以戰攻為務，竽瑟之用不如良弓利劍，故未以齎[60]。朕[61]不愛小物於單于，便宜所欲，遣驛[62]以聞。」

8 帝悉納從之。二十九年，賜南單于羊數萬頭。三十一年，北匈奴復遣使如前，乃璽書[63]報荅，賜以綵繒，不遣使者。

9 單于比立九年薨[64]，中郎將段郴將兵赴弔，祭以酒米，分兵衛護之。比弟左賢王莫立，帝遣使者齎璽書鎮慰[65]，拜授璽綬，遺冠[66]幘[67]，絳[68]單衣[69]三襲，童子佩刀[70]、緄帶[71]各一，又賜繒綵四千匹，令賞賜諸王、骨都侯已下。其後單于薨，弔祭慰賜，以此為常。

【章　旨】以上敘述匈奴分裂後北匈奴的情況。北匈奴單于由於勢窮力孤，幾次遣使請求與漢和親，朝廷分析了北匈奴的情況，擔心接受北匈奴內附會引起南匈奴的猜忌，所以以賞賜物品的方式，婉辭了其內附要求。

【注　釋】❶歲　一年。❷三龍祠　匈奴祭祀天神之處。匈奴風俗，每年有三次龍祠，常以正月、五月、九月戊日祭祀天神。祭祀之時會集各部落，議論國事，賽馬及駱駝為戲。❸戊日　天干的第五位，用作順序第五的代稱。❹天神　指天上諸神，包括主宰宇宙之神及主司日月、星辰、風雨、生命等神。❺日逐王　匈奴貴族稱號。位在左右賢王、左右谷蠡王之下。❻溫禺鞮王　匈奴貴族稱號。位在左右賢王、左右谷蠡王、左右日逐王之下。❼漸將王　匈奴貴族稱號。位在左右賢王、左右谷蠡王、左右日逐王、左右溫禺鞮王之下。❽且渠　匈奴官名。秦漢時，匈奴自左右賢王下分二十四部，部各置官屬。且渠與日逐王、當戶等諸官號各以權力大小、部眾多寡為高下次第。有大且渠與且渠。大且渠為高官，有左右之別。且渠則與都尉、當戶等為諸王、大臣官屬。❾當戶　匈奴官名。秦漢時，匈奴有大當戶、當戶。大當戶有左右之別，為匈奴高官，位在大將、大都尉之下。當戶則為諸王、大臣自置官屬。❿虛連題　即「攣題氏」匈奴的顯貴氏族，在匈奴常為統治者。⓫呼衍氏句　匈奴四大名族，常與單于婚姻。呼衍氏為左，蘭氏、須卜氏為右，主斷獄聽訟。⓬西河　古地區名。春秋時衛地。原指衛國西境的黃河沿岸地區，即今河南浚縣、滑縣及其迆南、迆北一帶。⓭美稷　漢置縣。故城在今內蒙準噶爾旗西北。東漢光武帝徙南單于居西河美稷，即此。漢靈帝中平中南徙於茲氏界，尋廢。⓮從事　官名。西漢元帝時置。為各州屬官，秩百石。東漢沿置，稱從事史，由各州長官辟署。⓯掾史　官名。漢以後中央及各州縣皆置掾史，分曹治事。多由長官自行辟舉。⓰長史　官名。戰國時秦國始置，掌顧問參謀。秦漢沿置。西漢時丞相、太尉、御史大夫府及大將軍、車騎將軍等主要將軍幕府皆置，為所在府署諸掾屬之長，秩皆千石。掌府中諸務，並佐府主參與國政，其中丞相長史職權尤重。東漢三公府、諸主要將軍府皆沿置，秩千石。⓱韓氏　匈奴部族名。⓲北地　郡名。戰國時秦國置。治今甘肅寧縣，東漢末地入羌胡。⓳朔方　郡名。西漢置。治今內蒙古杭錦旗，東漢移治今內蒙古磴口。東漢末年廢。⓴當于　匈奴部族名。㉑雲中　郡名。原為戰國趙地，秦時置郡。治今內蒙古托克托東北。㉒郎氏　匈奴部族名。㉓定襄　郡名。漢置。今山西右玉以北至綏遠及蒙古喀爾喀右翼四子部落之地。治今內蒙古和林格爾，後漢移治今山西右玉，漢靈帝末年廢。㉔左南將軍　南匈奴官職名號。㉕鴈門　即「雁門」。郡名。戰國時趙國置，秦因之。今山西舊代州寧武之北部及朔平南部、大同東部北部皆其境。漢亦為鴈門郡。治今山西右玉。東漢移郡治今山西代縣。㉖粟籍　匈奴部族名。㉗代郡　古國名。戰國屬趙。秦為代郡。漢初為代國，尋為代郡。治桑乾。後漢移郡治今山西陽高。㉘偵羅　亦作「偵邏」。偵察巡邏。㉙武威　郡名。西漢元狩二年（西元前一二一年）以匈奴休屠王地置。一說昭、宣帝時分張掖郡置。治今甘肅武威。屬涼州。㉚天子　古以君權為神所授，故稱帝王為天子。㉛公卿　三公九卿的合稱，後泛指中央政府高級行政官員。㉜廷議　在朝廷上商議決定政事。㉝皇太子　已經確定繼承皇位的皇子。㉞北匈奴　東漢光武帝建武二十四年（西元四八年）分裂為二部，南下附漢的稱為南匈奴，留居漠北的稱為北匈奴。㉟裘　皮衣。㊱西域　漢代以後對今甘肅玉門關以西地區的通稱。狹義指葱嶺以東。㊲胡　中國古代對北邊或西域民族的統稱。㊳三府　指太尉、司徒、司空三公府。㊴司徒掾　掾，屬官統稱。漢代三公府及其他重要官府皆置掾、史，分曹治事。掾，為曹長。史，屬副貳。㊵班彪　（西元三—五四年）字叔皮，東漢扶風安陵（今陝西咸陽）人。性沉重好古，年二十餘，在天水依附隗囂。著《王命論》，欲以感之，隗囂始終不悟。遂避地河西，為竇融從事，勸竇融支持光武帝。東漢初，舉茂才。任徐令，因病免官。專力從事史學，以《史記》所記史實止於漢武帝太初年間，乃收集史料，作《後傳》六十餘篇。後子班固繼其業，其女昭等又補充固所未及完成者。遂成《漢書》。後為望都長，卒於官。㊶孝宣皇帝　即漢宣帝劉詢（西元前九二—前四九年），戾太子孫。幼遭巫蠱之禍，生長民間。元平元年，霍光與大臣廢昌邑王賀後，被迎立為帝。初委政霍光。光死親政，致力整頓吏治，強化皇權。招撫流亡，假民公田，設置常平倉，蠲免和減輕租賦，以此安定民生，恢復生產。匈奴呼韓邪單于降漢，消除匈奴對漢的威脅。又設置西域都護，政令從此頒於西域。統治期間號稱「中興」，然重用宦官和外戚許、史與王氏。廟號中宗。㊷折衝　使敵人的戰車後撤。衝，衝車。戰車的一種。㊸合市　又稱「胡市」。兩漢時設在邊境關口與邊疆少數民族的交易場所。以內地的繒絮、金、錢、米、蘖酒等交換北部少數民族的牛馬、裘革及土特產。㊹羈縻　籠絡藩屬而不使其生異心。㊺郅支　匈奴單于。呼韓邪單于之兄，名呼屠吾斯。漢宣帝五鳳元年，獨立為郅支骨都單于。元帝初叛漢。建昭三年，為西域副校尉陳湯攻殺，斬郅支及名王以下千餘級。見《漢書・陳湯傳》與〈匈奴傳〉。㊻適　恰好；得體。㊼稾草　草稿。初步寫出的文稿。㊽忿戾　蠻橫無理，動輒發怒、忿恨。㊾皇澤　皇帝的恩澤。㊿彌　更加；越發。(51)款塞　本指叩塞門。謂外族前來通好。(52)臣妾　古代對奴隸的稱謂。男稱「臣」，女稱「妾」。(53)百蠻　古代南方少數民族的總稱。後也泛稱其他少數民族。(54)弓鞬韇丸　盛弓箭的器具。《方言》：「臧弓為鞬，臧箭為韇。」(55)斬馬劍　漢寶劍名。其利可以斬馬，故稱。以其藏於尚方，後世俗稱「尚方寶劍」。(56)竽　古代吹奏樂器。像笙，有三十六簧。(57)瑟　古代絃樂器，似琴。長近三公尺，古有五十根絃，後為二十五根或十六根絃，平放演奏。(58)空侯　即「箜篌」。古樂器名。(59)裁賜　調酌量賜予。

60齎 以東西給人。61朕 自秦始皇起專用作皇帝自稱。62驛 此處指驛使。63璽書 古代以泥封加印的文書。秦以後專指皇帝的詔書。64薨 古代稱諸侯或有爵位的大官死去曰「薨」。65鎮慰 安撫慰問。66冠 古代官員戴的帽子。《說文》：弁冕之總名也。67幘 古代的頭巾。68絳 赤色。69單衣 古代官吏的服裝。或為朝服。70童子佩刀 謂小刀也。71緄帶 《說文》：「緄，織成帶也。」

【語譯】 匈奴風俗，每年有三次龍祠，常以正月、五月、九月戊日祭祀天神。南單于既已內附漢朝，便一起祭祀漢朝皇帝，常乘祭祀之時會集各部落，議論國事，以賽馬及駱駝為娛樂。其大臣最貴者是左賢王，其次是左谷蠡王，再次是右賢王，再次是右谷蠡王，以上稱為「四角」；以下是左右日逐王，其次是左右溫禺鞮王，再次是左右漸將王，以上稱為「六角」，上述官職都是單于子弟擔任，按次序應當任單于的人。異姓大臣有左右骨都侯，其次是左右尸逐骨都侯，其餘還有日逐、且渠、當戶等官號。都以其權力大小、部眾的多少為高下次序。單于姓虛連題。異姓有呼衍氏、須卜氏、丘林氏、蘭氏四姓，是匈奴中的望族，常與單于聯姻。呼衍氏為左，蘭氏、須卜氏為右，執掌斷獄聽訟，應當判決罪過大小時，口頭報告單于，沒有文書簿記。

2 這年冬天，以前叛漢的五骨都侯的兒子又率其部眾三千人投歸南單于，北單于派騎兵追擊，將其部眾全部俘獲。南單于派遣兵將抵禦，迎戰不利。於是朝廷詔令南單于徙居於西河郡美稷縣。命中郎將段郴及副校尉王郁駐守在西河郡衛護單于，為其設置了官府、從事、掾史。令西河長史每年率領騎兵二千、弛刑徒五百人，協助中郎將段郴衛護單于，冬天駐屯，夏天罷歸。自此之後以為常制，並全部收復緣邊八郡。

3 南單于居住於西河郡後，也列置其各部王。協助戍守。命令韓氏骨都侯屯駐北地。右賢王屯駐於朔方，當于骨都侯屯駐於五原，呼衍骨都侯屯駐於雲中，郎氏骨都侯屯駐於定襄，左南將軍屯駐於鴈門，栗籍骨都侯屯駐於代郡，都統領部眾為郡縣偵察巡邏。北單于見此情況，非常惶恐，放回了一些被其擄掠的漢人以示好意。其出外擄掠之兵每經過南匈奴亭候處，都解釋說：「我們是在進攻逃跑的薁鞬日逐王，不敢冒犯漢人。」

4 建武二十七年，北單于派遣使者到武威來請求與漢和親，天子召集公卿在朝堂商議，沒有結果。皇太子進獻建議說：「南單于隸附，北匈奴害怕我們去討伐，所以非常關注動靜，想與南匈奴爭著歸順正義。現在朝廷沒有出兵討伐北匈奴，反而與之交往通使，臣恐怕南單于將要生二心，而北匈奴降者再也不會來了。」光武帝以為有道理，於是詔書告誡武威太守，不要接納北匈奴使者。

5 建武二十八年，北匈奴又派遣使者到京師。進貢馬匹及皮裘，再次請求和親，並請求賜予樂器，又請求率西域諸國客人都來進獻貢物，朝見皇帝。光武帝將這件事交三府商議，草擬回答匈奴使者的對策。司徒掾班彪上奏說：

6 「臣聽說，過去孝宣皇帝詔令邊地郡守都尉說：『匈奴是個大國，反覆無常，好行欺詐。與交接，若能知道其真情，則可以卻敵致勝；我們的對策如果墜入其詭計之中，則反而被輕視欺侮。』現在北匈奴見南單于歸附，害怕打他的主意，所以幾次請求和親，又遠遠地驅趕牛馬來與漢朝通關市交易，鄭重地選派名王，多所貢獻，這都是外示其富強，用以相欺詐的。臣每見貢獻愈重，則知道其國愈加虛弱，請求和親次數愈多，心中的恐懼也就更甚。但現在我們既然尚未獲助於南單于，則也不宜絕交於北匈奴，從羈縻籠絡之義說，禮無不答。臣認為可稍加賞賜，大體與其所貢獻相當，明言告知，朝廷會用以前對待呼韓邪、郅支二單于之例行事。

7 「回答的言詞，一定要得體。現在把我擬的草稿一併奏上。草稿如下：『單于不忘漢恩，追念先祖時的舊約，希望修好和親之事，以保護自身、安定國家，此議甚好，對單于此舉，朕表示嘉獎讚美。以前，匈奴數次發生糾紛內亂，呼韓邪、郅支二單于自相仇怨，都蒙孝宣皇帝垂恩救護，所以都派遣侍子入朝，俯首稱藩保衛邊塞。其後郅支單于橫蠻暴戾，自絕漢朝皇恩，而呼韓邪單于親附漢朝，更加忠心孝順。及至漢朝消滅郅支單于，呼韓邪單于遂得以保全其國，下傳單于之位，使子孫相繼。現在南單于帶領部眾南下，前來歸順。自以為是呼韓邪之嫡長子，按次序應當得立為單于，而遭人侵奪失去職位，以致互相猜疑為敵，幾次請求兵將，想回歸故地，掃滅匈奴北單于庭，計劃周密，無所不至。漢廷認為他這種話不能輕信，又由於北單于連年貢獻朝見，欲修好和親，因而拒絕他的請求，想以此成全單于忠孝之義。漢朝秉持威信，統率萬國，日月所照之地，都是漢朝的臣民。漢朝對待不同習俗的眾多蠻族，從道義上沒有親疏之分，服順者給予褒賞，叛逆者予以誅罰，善惡不同的結局，呼韓邪、郅支二單于便是例子。現在單于欲修好和親之事，忠誠之心已經上達，有什麼理由率西域諸國來貢獻呢？西域諸國附屬匈奴，與附屬漢朝有什麼區別？單于幾經兵亂，國內物資缺乏，進貢通行的禮物即可，何必還要貢獻馬匹皮裘呢？現在備有雜繒五百匹，弓鞬韇丸一套，箭四發，派遣使者送與單于。另賜予貢獻了馬匹的左骨都侯、右谷蠡王雜色繒各四百匹，斬馬劍各一柄。單于前次說，先帝時所賜予呼韓邪的竽、瑟、箜篌都已損壞，希望能再賜予一套。考慮單于國家尚未安定，正在激勵武節，以攻戰為要務，竽、瑟等物的用處不如良弓利劍，所以未讓使者帶去。對於單于，朕不吝惜小物，如有想要的東西，遣驛使通報朝廷便是。」

8 光武帝全部採納。建武二十九年，賜南單于羊數萬頭。建武三十一年，北匈奴又同以前一樣派遣使者來進獻，朝廷用璽書報答，賞賜彩繒，不派遣使者回訪。

9 南單于比在位九年後死去，中郎將段郴率兵前去弔唁，用酒米祭祀，並分兵衛護南單于庭。比的弟弟左賢王莫繼立為單于，光武帝派遣使者攜帶璽書前去安撫慰問，授予他璽綬，並送給他冠巾，紅色單衣三套，童子佩刀、緄帶各一件，又賜彩繒四千匹，令賞賜給眾王、骨都侯以下等人。此後凡是單于去世，弔祭慰問賞賜，都以此為常例。

1 丘浮尤鞮單于莫，中元[1]元年立，一年薨，弟汗[2]立。

2 伊伐於慮鞮單于汗，中元二年立。永平[3]二年，北匈奴護于丘[4]率眾千餘人來降。南部單于汗立二年薨，單于比之子適[5]立。

3 醯僮尸逐侯鞮單于適，永平二年立。五年冬，北匈奴六七千騎入于五原塞，遂寇雲中至原陽❻，南單于擊卻之，西河長史馬襄❼赴救，虜乃引去。

4 單于適立四年薨，單于莫子蘇❽立，是為丘除車林鞮單于。數月復薨，單于適之弟長❾立。

5 胡邪尸逐侯鞮單于長，永平六年立。時北匈奴猶盛，數寇邊，朝廷以為憂。會北單于欲合市，遣使求和親，顯宗❿冀⓫其交通，不復為寇，乃許之。

6 八年，遣越騎司馬⓬鄭眾⓭北使報命，而南部須卜骨都侯等知漢與北虜交使，懷嫌怨欲畔，密因⓮北使，令遣兵迎之。鄭眾出塞，疑有異，伺候果得須卜使人，乃上言宜更置大將，以防二虜交通。由是始置度遼營⓯，以中郎將吳棠⓰行度遼將軍⓱事，副校尉來苗⓲、左校尉⓳閻章⓴、右校尉張國㉑將黎陽虎牙營㉒士屯五原曼柏㉓。又遣騎都尉㉔秦彭㉕將兵屯美稷。其年秋，北虜果遣二千騎候望朔方，作馬革船，欲度迎南部畔者，以漢有備，乃引去。復數寇鈔邊郡，焚燒城邑，殺略甚眾，河西城門晝閉。帝患之。

7 十六年，乃大發緣邊兵，遣諸將四道出塞，北征匈奴。南單于遣左賢王信隨太僕㉖祭肜㉗及吳棠出朔方高闕㉘，攻皐林㉙溫禺犢王㉚於涿邪山㉛。虜聞漢兵來，悉度漠去。肜、棠坐㉜不至涿邪山免，以騎都尉來苗行度遼將軍。其年，北匈奴入雲中，遂至漁陽，太守廉范㉝擊卻之。詔遣使者高弘㉞發三郡兵追之，無所得。

8 建初㉟元年，來苗遷㊱濟陰㊲太守，以征西將軍耿秉㊳行度遼將軍。時皋林溫禺犢王復將眾還居涿邪山，南單于聞知，遣輕騎與緣邊郡及烏桓兵出塞擊之，斬首數百級，降者三四千人。其年，南部苦蝗，大飢，肅宗㊴稟給其貧人三萬餘口。七年，耿秉遷執金吾㊵，以張掖太守鄧鴻㊶行度遼將軍。八年，北匈奴三木樓訾㊷大人稽留斯㊸等率三萬八千人、馬二萬匹、牛羊十餘萬，款五原塞降。

9 元和㊹元年，武威太守孟雲㊺上言北單于復願與吏人合市，詔書聽雲遣驛使迎呼慰納之。北單于乃遣大且渠伊莫訾王㊻等，驅牛馬萬餘頭來與漢賈客交易。諸王大人或前至，所在郡縣為設官邸㊼，賞賜待遇之。南單于聞，乃遣輕騎出上郡，遮略生口，鈔掠牛馬，驅還入塞。

10 二年正月，北匈奴大人車利㊽、涿兵㊾等亡來入塞，凡七十三輩㊿。時北虜衰耗，黨眾離畔，南部攻其前，丁零寇其後，鮮卑擊其左，西域侵其右，不復自立，乃遠引而去。

11 單于長立二十三年薨，單于汗之子宣(51)立。

12 伊屠於閭鞮單于宣，元和二年立。其歲，單于遣兵千餘人獵至涿邪山，卒與北虜溫禺犢王遇，因戰，獲其首級而還。冬，孟雲上言：「北虜以前既和親，而南部復往鈔掠，北單于謂漢欺之，謀欲犯塞，謂宜還南所掠生口，以慰安其意。」肅宗從太僕袁安[52]議，許之。乃下詔曰：「昔獫狁[53]、獯粥[54]之敵中國，其所由來尚矣。往者雖有和親之名，終無絲髮[55]之效。墝埆[56]之人，屢嬰塗炭[57]，父戰於前，子死於後。弱女乘於亭障[58]，孤兒號於道路。老母寡妻設虛祭[59]，飲泣淚，想望歸魂於沙漠之表，豈不哀哉！傳曰：『江海所以能長百川者，以其下之也[60]。』少加屈下，尚何足病[61]？況今與匈奴君臣分定，辭順約明，貢獻累至，豈宜違信，自受其曲。其敕度遼及領中郎將龐奮[62]倍雇[63]南部所得生口，以還北虜。其南部斬首獲生，計功受賞如常科[64]。」於是南單于復令薁鞬日逐王師子將輕騎數千出塞掩擊北虜，復斬獲千人。北虜眾以南部為漢所厚，又聞取降者歲數千人。

13 章和[65]元年，鮮卑入左地擊北匈奴，大破之，斬優留[66]單于，取其匈奴皮而還。北庭大亂，屈蘭[67]、儲卑[68]、胡都須[69]等五十八部，口二十萬，勝兵八千人，詣雲中、五原、朔方、北地降。

14 單于宣立三年薨，單于長之弟屯屠何[70]立。

15 休蘭尸逐侯鞮單于屯屠何，章和二年立。時北虜大亂，加以飢蝗，降者前後而至。南單于將并北庭，會肅宗崩，竇太后[71]臨朝[72]。其年七月，單于上言：「臣累世蒙恩，不可勝數。孝章皇帝聖思遠慮，遂欲見成就，故令烏桓、鮮卑討北虜，斬單于首級，破壞其國。今所新降虛渠[73]等詣臣自言：『去歲三月中發虜庭，北單于創刈[74]南兵，又畏丁令、鮮卑，遯[75]逃遠去，依安侯河西。今年正月，骨都侯等復共立單于異母兄右賢王為單于，其人以兄弟爭立，並各離散。』臣與諸王骨都侯及新降渠帥雜議方略，皆曰宜及北虜分爭，出兵討伐，破北成南，并為一國，令漢家[76]長無北念。又今月八日，新降右須[77]日逐鮮堂[78]輕從虜庭遠來詣臣，言北虜諸部多欲內顧，但恥自發遣，故未有至者。若出兵奔擊，必有響應。今年不往，恐復并壹[79]。臣伏念先父歸漢以來，被蒙覆載[80]，嚴塞明候，大兵擁護，積四十年。臣等生長漢地，開口仰食，歲時賞賜，動輒億萬，雖垂拱[81]安枕[82]，慙無報效之地。願發國中及諸部故胡新降精兵，遣左谷蠡王師子[83]、左呼衍日逐王須訾[84]將萬騎出朔方，左賢王安國、右大且渠王交勒蘇[85]將萬騎出居延[86]，期十二月同會虜地。臣將餘兵萬人屯五原、朔方塞，以為拒守。臣素愚淺，又兵眾單少，不足以防內外。願遣執金吾耿秉、度遼將軍鄧鴻及西河、雲中、五原、朔方、上郡太守并力而北，令北地、安定太守各屯要害，冀因聖帝威神，一舉平定。臣國成敗，要在今年。已勑諸部嚴兵馬，訖九月龍祠，悉集河上。唯陛下裁哀[87]省察！」太后以示耿秉。秉上言：「昔武帝單極[88]天下，欲臣虜匈奴，未遇天時[89]，事遂無成。宣帝之世，會呼韓來降，故邊人獲安，中外為一，生人休息六十餘年。及王莽篡位[90]，變更其號[91]，耗擾不止，單于乃畔。光武受命，復懷納之，緣邊壞郡得以還復。烏桓、鮮卑咸脅歸義，威鎮四夷，其效如此。今幸遭天授，北虜分爭，以夷伐夷，國家之利，宜可聽許。」秉因自陳受恩，分當出命效用。太后從之。

16 永元[92]元年，以秉為征西將軍[93]，與車騎將軍[94]竇憲[95]率騎八千，與度遼兵及南單于眾三萬騎，出朔方擊北虜，大破之。北單于奔走，首虜二十餘萬人。事已具竇憲傳。

17 二年春，鄧鴻遷大鴻臚[96]，以定襄[97]太守皇甫稜[98]行度遼將軍。南單于復上求滅北庭，於是遣左谷蠡王師子等將左右部八千騎出雞鹿塞[99]，中郎將耿譚遣從事將護之。至涿邪山，乃留輜重[100]，分為二部，各引輕兵兩道襲之。左部北過西海[101]至河雲[102]北，右部從匈奴河[103]水西繞天山[104]，南度甘微河，二軍俱會，夜圍北單于。單于大驚，率精兵千餘人合戰。單于被創，墮馬復上，將輕騎數十遁走，僅而免脫。得其玉璽，獲閼氏及男女五人，斬首八千級，生虜數千口而還。是時南部連剋獲納降，黨眾最盛，領戶三萬四千，口二十三萬七千三百，勝兵五萬一百七十。故事中郎將置從事二人，耿譚以新降者多，上增從事十二人。

18 三年，北單于復為右校尉[105]耿夔[106]所破，逃亡不知所在。其弟右谷蠡王於除鞬[107]自立為單于，將右溫禺鞬王、骨都侯已下眾數千人，止蒲類海[108]，遣使款塞。大將軍竇憲上書，立於除鞬為北單于，朝廷從之。四年，遣耿夔即授璽綬，賜玉劍四具，羽蓋[109]一駟[110]，使中郎將任尚[111]持節衛護屯伊吾[112]，如南單于故事[113]。方欲輔歸北庭，會竇憲被誅。五年，於除鞬自畔還北，帝遣將兵長史[114]王輔[115]以千餘騎與任尚共追誘將還斬之，破滅其眾。

19 單于屯屠何立六年薨，單于宣弟安國[116]立。

20 單于安國，永元五年立。安國初為左賢王而無稱譽。左谷蠡王師子素勇黠多知，前單于宣及屯屠何皆愛其氣決[117]，故數遣將兵出塞，掩擊北庭，還受賞賜，天子亦加殊異。是以國中盡敬師子，而不附安國。安國由是疾師子，欲殺之。其諸新降胡初在塞外，數為師子所驅掠，皆多怨之。安國因是委計降者，與同謀議。安國既立為單于，師子以次轉為左賢王，覺單于與新降者有謀，乃別居五原界。

單于每龍會[118]議事，師子輒稱病不往。皇甫棱知之，亦擁護不遣，單于懷憤益甚。

21 六年春，皇甫棱免，以執金吾朱徽[119]行度遼將軍。時單于與中郎將杜崇[120]不相平，迺上書告崇，崇諷[121]西河太守令斷單于章，無由自聞。而崇因與朱徽上言：「南單于安國疏遠故胡，親近新降，欲殺左賢王師子及左臺且渠劉利[122]等。又右部降者謀共迫脅安國，起兵背畔，請西河、上郡、安定為之儆備[123]。」

22 和帝下公卿議，皆以為「蠻夷反覆，雖難測知，然大兵聚會，必未敢動搖。今宜遣有方略[124]使者之單于庭，與杜崇、朱徽及西河太守并力，觀其動靜。如無它變，可令崇等就安國會其左右大臣，責其部眾橫暴為邊害者，共平罪誅。若不從命，令為權時[125]方略，事畢之後，裁行客賜[126]，亦足以威示百蠻」。帝從之。於是徽、崇遂發兵造[127]其庭。安國夜聞漢軍至，大驚，棄帳而去，因舉兵及將新降者欲誅師子。師子先知，乃悉將廬落[128]入曼柏城。安國追到城下，門閉不得入。朱徽遣吏曉譬和之，安國不聽。城既不下，乃引兵屯五原。崇、徽因發諸郡騎追赴之急，眾皆大恐，安國舅骨都侯喜為[129]等慮并被誅，乃格殺安國。

23 安國立一年，單于適之子師子立。

24 亭獨尸逐侯鞮單于師子，永元六年立。降胡五六百人夜襲師子，安集掾[130]王恬[131]將衛護士與戰，破之。於是新降胡遂相驚動，十五部二十餘萬人皆反畔，脅立前單于屯屠何子薁鞬日逐王逢侯[132]為單于，遂殺略吏人，燔[133]燒郵亭[134]廬帳，將車重向朔方，欲度漠北[135]。於是遣行車騎將軍鄧鴻、越騎校尉[136]馮柱[137]、行度遼將軍朱徽將左右羽林[138]、北軍五校士[139]及郡國積射[140]、緣邊兵，烏桓校尉[141]任尚將烏桓、鮮卑，合四萬人討之。時南單于及中郎將杜崇屯牧師城[142]，逢侯將萬餘騎攻圍之，未下。冬，鄧鴻等至美稷，逢侯乃乘冰度隘[143]，向滿夷谷。南單于遣子將萬騎，及杜崇所領四千騎，與鄧鴻等追擊逢侯於大城塞，斬首三千餘級，得生口及降者萬餘人。馮柱復分兵追擊其別部，斬首四千餘級。任尚率鮮卑大都護[144]蘇拔廆[145]、烏桓大人勿柯[146]八千騎，要擊逢侯於滿夷谷，復大破之。前後凡斬萬七千餘級。逢侯遂率眾出塞，漢兵不能追。七年正月，軍還。

馮柱將虎牙營留屯五原，罷遣鮮卑、烏桓、羌胡兵，封蘇拔廆為率眾王，又賜金帛。鄧鴻還京師，坐逗留失利，下獄死。後帝知朱徽、杜崇失胡和，又禁其上書，以致反畔，皆徵下獄死，以鴈門太守龐奮行度遼將軍。逢侯於塞外分為二部，自領右部屯涿邪山下，左部屯朔方西北，相去數百里。八年冬，左部胡自相疑畔，還入朔方塞，龐奮迎受慰納之。其勝兵四千人，弱小萬餘口悉降，以分處北邊諸郡。南單于以其右溫禺犢王烏居戰[147]始與安國同謀，欲考[148]問之。烏居戰將數千人遂復反畔，出塞外山谷間，為吏民害。秋，龐奮、馮柱與諸郡兵擊烏居戰，其眾降，於是徙烏居戰眾及諸還降者二萬餘人於安定[149]、北地。馮柱還，遷將作大匠[150]。逢侯部眾飢窮，又為鮮卑所擊，無所歸，竄逃入塞者駱驛不絕。

26 單于師子立四年薨，單于長之子檀立。

27 萬氏尸逐鞮單于檀[151]，永元十年立。十二年，龐奮遷河南尹[152]，以朔方太守王彪[153]行度遼將軍。南單于比歲遣兵擊逢侯，多所虜獲，收還生口前後以千數，逢侯轉困迫。十六年，北單于遣使詣闕貢獻，願和親，脩呼韓邪故約。和帝以其舊禮不備，未許之，而厚加賞賜，不荅[154]其使。元興[155]元年，重遣使詣敦煌[156]貢獻，辭以國貧未能備禮，願請大使，當遣子入侍[157]。時鄧太后臨朝，亦不荅其使，但加賜而已。

28 永初三年夏，漢人韓琮隨南單于入朝，既還，說南單于云：「關東水潦[158]，人民飢餓死盡，可擊也。」單于信其言，遂起兵反畔，攻中郎將耿种[159]於美稷。秋，王彪卒。冬，遣行車騎將軍何熙[160]、副中郎將龐雄[161]擊之。四年春，檀遣千餘騎寇常山[162]、中山，以西域校尉[163]梁慬[164]行度遼將軍，與遼東太守耿夔擊破之。

事已具僅、夔傳。單于見諸軍並進，大恐怖，顧讓[165]韓琮曰：「汝言漢人死盡，今是何等人也？」乃遣使乞降，許之。單于脫帽徒跣[166]，對龐雄等拜陳，道死罪。於是赦之，遇待如初，乃還所鈔漢民男女及羌所略轉賣入匈奴中者合萬餘人。五年，梁慬免，以雲中太守耿夔行度遼將軍。

29 元初[167]元年，夔免，以烏桓校尉鄧遵[168]為度遼將軍。遵，皇太后[169]之從弟[170]，故始為真將軍[171]焉。

30 四年，逢侯為鮮卑所破，部眾分散，皆歸北虜。五年春，逢侯將百餘騎亡還，詣朔方塞降，鄧遵奏徙逢侯於潁川郡[172]。

31 建光元年，鄧遵免，復以耿夔代為度遼將軍。時鮮卑寇邊，夔與溫禺犢王呼尤徽[173]將新降者連年出塞，討擊鮮卑。還，復各令屯列衝要。而耿夔徵發煩劇[174]，新降者皆悉恨謀畔。

32 單于檀立二十七年薨，弟拔[175]立。耿夔復免，以太原太守法度[176]代為將軍。

33 烏稽侯尸逐鞮單于拔，延光[177]三年立。夏，新降一部大人阿族等遂反畔，脅呼尤徽欲與俱去。呼尤徽曰：「我老矣，受漢家恩，寧死不能相隨！」眾欲殺之，有救者，得免。阿族等遂將妻子輜重亡去，中郎將馬翼[178]遣兵與胡騎追擊，破之，斬首及自投河死者殆盡[179]，獲馬牛羊萬餘頭。冬，法度卒。四年，漢陽太守傅眾[180]代為將軍。其冬，傅眾復卒。永建元年，以遼東太守龐參[181]代為將軍。

34 先是朔方以西障塞[182]多不修復，鮮卑因此數寇南部，殺漸將王。單于憂恐，上言求復障塞，順帝從之。乃遣黎陽營兵出屯中山北界，增置緣邊諸郡兵，列屯塞下，教習戰射。

35 單于拔立四年薨，弟休利[183]立。

36 去特若尸逐就單于休利，永建三年立。四年，龐參遷大鴻臚，以東平相[184]宋漢[185]代為度遼將軍。陽嘉二年，漢遷太僕，以烏桓校尉耿曄[186]代為度遼將軍。永和元年，曄病徵[187]，以護羌校尉馬續[188]代為度遼將軍。

37 五年夏，南匈奴左部句龍王[189]吾斯[190]、車紐[191]等背畔，率三千餘騎寇西河，因復招誘右賢王，合七八千騎圍美稷，殺朔方、代郡長史。馬續與中郎將梁並[192]、烏桓校尉王元[193]發緣邊兵及烏桓、鮮卑、羌胡合二萬餘人，掩擊破之。吾斯等遂更屯聚，攻沒城邑。天子遣使責讓單于，開以恩義，令相招降。單于本不豫謀，乃脫帽避帳，詣並謝罪。並以病徵，五原太守陳龜[194]代為中郎將。龜以單于不能制下[195]，逼迫之，單于及其弟左賢王皆自殺。單于休利立十三年。龜又欲徙單于近親於內郡，而降者遂更狐疑。龜坐下獄免。大將軍梁商[196]以羌胡新反，黨眾初合，難以兵服，宜用招降，乃上表曰：「匈奴寇畔，自知罪極，窮鳥困獸，皆知救死，況種類繁熾，不可單盡。今轉運[197]日增，三軍疲苦，虛內給外，非中國之利。竊[198]見度遼將軍馬續素有謀謨[199]，且典邊[200]日久，深曉兵要[201]，每得續書，與臣策合。宜令續深溝高壁，以恩信招降，宣示購賞[202]，明其期約[203]。如此，則醜類[204]可服，國家無事矣。」帝從之，乃詔續招降畔虜。商又移書續等曰：「中國安寧，忘戰日久。良騎野合[205]，交鋒接矢，決勝當時，戎狄之所長，而中國之所短也。強弩乘城[206]，堅營固守，以待其衰，中國之所長，而戎狄之所短也。宜務先所長，以觀其變，設購開賞，宣示反悔，勿貪小功，以亂大謀。」續及諸郡並各遵行。於是右賢王部抑鞮等萬三千口詣續降。

38 秋，句龍吾斯等立句龍王車紐為單于。東引烏桓，西收羌戎及諸胡等數萬人，攻破京兆虎牙營[207]，殺上郡都尉及軍司馬[208]，遂寇掠并[209]、涼[210]、幽[211]、冀[212]四州。乃徙西河治離石[213]，上郡治夏陽[214]，朔方治五原。冬，遣中郎將張耽[215]將幽州烏桓諸郡營兵，擊畔虜車紐等，戰於馬邑[216]，斬首三千級，獲生口[217]及兵器牛羊甚眾。車紐等將諸豪帥骨都侯乞降，而吾斯猶率其部曲與烏桓寇鈔。六年春，馬續率鮮卑五千騎到穀城擊之，斬首數百級。張耽性勇銳，而善撫士卒，軍中皆為用命。遂繩索相懸，上通天山，大破烏桓，悉斬其渠帥，還得漢民，獲其畜生財物。夏，馬續復免，以城門校尉[218]吳武[219]代為將軍。

39 漢安[220]元年秋，吾斯與薁鞬[221]臺耆、且渠伯德等復掠并部。

40 呼蘭若尸逐就單于[222]兜樓儲先在京師，漢安二年立之。天子臨軒[223]，大鴻臚持節拜授璽綬，引上殿。賜青蓋駕駟、鼓車、安車、駙馬騎、玉具[224]刀劍、什物，給綵布二千匹。賜單于閼氏以下金錦錯雜具，軿車馬[225]二乘。遣行中郎將持節護送單于歸南庭。詔太常[226]、大鴻臚與諸國侍子於廣陽城門[227]外祖會，饗賜[228]作樂，角抵[229]百戲[230]。順帝幸[231]胡桃宮臨觀之。冬，中郎將馬寔[232]募[233]刺殺句龍吾斯，送首洛陽[234]。建康[235]元年，進擊餘黨，斬首千二百級。烏桓七十萬餘口皆詣寔降，車重牛羊不可勝數。

41 單于兜樓儲立五年薨。

42 伊陵尸逐就單于居車兒[236]，建和[237]元年立。至永壽[238]元年，匈奴左薁鞬臺耆、且渠伯德等復畔，寇鈔美稷、安定[239]，屬國都尉[240]張奐[241]擊破降之。事已具奐傳。

43 延熹[242]元年，南單于諸部並畔，遂與烏桓、鮮卑寇緣邊九郡，以張奐為北中郎將[243]討之，單于諸部悉降。奐以單于不能統理國事，乃拘之，上立左谷蠡王。桓帝詔曰：「春秋大居正[244]，居車兒一心向化，何罪而黜！其遣還庭。」

44 單于居車兒立二十五年薨，子某[245]立。

45 屠特若尸逐就單于某，熹平[246]元年立。六年，單于與中郎將臧旻[247]出鴈門擊鮮卑檀石槐[248]，大敗而還。是歲，單于薨，子呼徵[249]立。

46 單于呼徵，光和[250]元年立。二年，中郎將張脩[251]與單于不相能，脩擅斬之，更立右賢王羌渠為單于。脩以不先請而擅誅殺，檻車徵詣廷尉[252]抵罪。

47 單于羌渠[253]，光和二年立。中平四年，前中山太守張純[254]反畔，遂率鮮卑寇邊郡。靈帝詔發南匈奴兵，配幽州牧劉虞[255]討之。單于遣左賢王將騎詣幽州。國人恐單于發兵無已，五年，右部醯落與休著各胡白馬銅[256]等十餘萬人反，攻殺單于。

48 單于羌渠立十年，子右賢王於扶羅[257]立。

49 持至尸逐侯單于於扶羅，中平[258]五年立。國人殺其父者遂畔，共立須卜[259]骨都侯為單于，而於扶羅詣闕自訟[260]。會靈帝崩[261]，天下大亂，單于將數千騎與白波[262]賊合兵寇河內[263]諸郡。時民皆保聚，鈔掠無利，而兵遂挫傷。復欲歸國，國人不受，乃止河東。須卜骨都侯為單于一年而死，南庭遂虛其位，以老王[264]行國事。

50 單于於扶羅立七年死，弟呼廚泉[265]立。

51 單于呼廚泉，興平[266]二年立。以兄被逐，不得歸國，數為鮮卑所鈔。建安[267]元年，獻帝[268]自長安[269]東歸，右賢王去卑與白波賊帥韓暹[270]等侍衛天子，拒擊李傕[271]、郭汜[272]。及車駕還洛陽，又徙遷許[273]，然後歸國。二十一年，單于來朝，曹操因留於鄴[274]，而遣去卑[275]歸監其國焉。

【章　旨】以上敘述明帝到質帝時，南北匈奴勢力的消長以及朝廷應付匈奴各勢力時叛時降的複雜情況。明帝時，北匈奴衰竭，部眾離叛，不能自立，便遠遁而去。和帝以後，漢軍連續大破匈奴，單于遁逃。此後，鮮卑占有匈奴故地，北匈奴部分投漢，部分歸降鮮卑。殘眾出沒於天山南北，基本上退出了歷史舞臺。南匈奴內附後，勢力不斷增強，但又出現了安國、逢侯、句龍王吾斯、車紐等的叛亂。朝廷時撫時剿，直到東漢後期，勢力消弱，最後一任單于呼廚泉，因為兄長被國人驅逐，不能歸國，隨獻帝還洛陽，曹操將其留於鄴城。

【注　釋】❶中元　東漢光武帝劉秀年號，西元五六－五七年。❷汗　丘浮尤鞮單于莫弟。即位後稱「伊伐於慮鞮單于」。西元五七－五九年在位。❸永平　東漢明帝劉莊年號，西元五八－七五年。❹護于丘　北匈奴酋長名。❺適　呼韓邪單于比之子，即位後稱「醢僮尸逐侯鞮單于」。西元五九－六三年在位。❻原陽　縣名。漢置。屬雲中郡。故城在今內蒙古呼和浩特東南。❼馬襄　東漢人，漢明帝時任西河長史職。❽蘇　丘浮尤鞮單于莫之子，即位後稱「丘除車林鞮單于」。即位當年去世。

❾長 醢僮尸逐侯鞮單于之弟，即位後稱「胡邪尸逐侯鞮單于」。❿顯宗 即明帝劉莊（西元二八—七五年），字子麗。東漢光武帝劉秀第四子。在位期間，遵奉光武制度，整頓吏治，嚴明法令，禁止外戚封侯預政。提倡儒術，省減租徭，修治汴河，民生比較安定。數發兵進擊北匈奴，遣班超經營西域，西域諸國皆遣子入侍。後世史家將其與章帝統治時期並稱為「明章之治」。廟號顯宗。⓫冀 希望；希求。⓬越騎司馬 官名。《漢官儀》：「越騎司馬一人，秩千石」。⓭鄭眾 字仲師，東漢鄭興子。年十二，從父受《左氏春秋》，明《三統曆》，作《春秋難記條例》，兼通《易》、《詩》，知名於世。永平初為給事中，持節使匈奴，不拜。單于怒，圍守閉之，欲迫脅使服。鄭眾拔刀欲自盡，單于乃止。後拜武威太守，謹修邊備，匈奴不敢犯。遷左馮翊，政有名跡。建初中為大司農，以情正稱於世。受詔作《春秋刪》十九篇。卒於官。經學家稱為「鄭司農」，亦稱「先鄭」。⓮因 相就；趨赴。⓯度遼營 永平八年（西元六五年），明帝設置度遼營，以中郎將吳棠行度遼將軍事，以監護南匈奴。⓰吳棠 東漢人。明帝永平八年，設置度遼營，以中郎將吳棠行度遼將軍事。永平十六年，漢軍彙集擊匈奴，吳棠坐不至涿邪山，免為庶人。章帝建初元年，復拜為護羌校尉，因西羌諸部叛不能制，坐徵免。⓱度遼將軍 漢代將軍名號。初設於漢昭帝元鳳三年（西元前七八年），因遼東烏桓反，以中郎將范明友為度遼將軍，率騎兵擊之。因須渡過遼水，所以以「度遼」為號。東漢明帝時復置，與使匈奴中郎將、護羌校尉、護烏桓校尉同掌西北邊防及匈奴、鮮卑、烏桓、西羌諸部事。⓲來苗 東漢人，明帝時任騎都尉。永平十六年，任代理度遼將軍職，後遷任濟陰太守。⓳校尉 官名。秦漢為統兵武官，略次於將軍，高於都尉。出征時臨時任命，領一校（營）兵，有司馬、候等屬官。亦或冠以名號，如討虜校尉、輕騎校尉等。又有常設的專職校尉，依其具體職務冠以名號，秩二千石。⓴閻章 東漢人，官左校尉。明帝時率黎陽虎牙營駐屯五原曼柏以防北匈奴。㉑張國 東漢人，官右校尉。明帝時率黎陽虎牙營駐屯五原曼柏以防北匈奴。㉒黎陽虎牙營 《漢官儀》：「光武以幽、冀、并兵克定天下，故於黎陽立營，以謁者監領兵騎千人。」㉓曼柏 縣名。漢置，後漢因之，屬五原郡。故城在今內蒙古準噶爾旗西北。㉔都尉 官名。高級武官，地位稍低於校尉，或冠以驍騎、車騎、軍門、彊弩、復土等名號，皆有事時臨時設置，事訖即罷。㉕秦彭 字伯平，東漢茂陵人。明帝時擢為開陽城門候，拜騎都尉。隨駙馬都尉耿秉北征匈奴，章帝即位，遷山陽太守，後轉潁川太守，皆有善政。㉖太僕 官名。西周始置，秦、漢為九卿之一，掌御用車馬和畜牧業，秩中二千石。新莽改稱太御。東漢復原名，除御用車馬外，兼掌兵器製作。㉗祭彤 字次孫。東漢祭遵從弟，早孤，以至孝見稱於世。光武初，以祭遵緣故拜黃門侍郎。遵卒，以為偃師長，後出守遼東幾三十年，多次擊破和驅走鮮卑。又招其大都護偏何使擊敗匈奴，自是邊無寇警。鮮卑、烏桓皆入貢。彤質直厚重，勇力絕人，永平中徵為太僕，後伐北匈奴，不見虜而

還，自恨無功，嘔血死。㉘高闕　即「高闕塞」。在內蒙古鄂爾多斯右翼、黃河外騰格里湖之東北，當陰山之西。《水經注》：河水自屠申澤又屈而東流，為北河，東經高闕南，趙武靈王并陰山下到坑闕為塞，山下有長城，連山刺天，此山中斷據，望若闕然，故名闕口，有城謂之高闕戍，漢衛青將三萬騎，出高闕擊匈奴，即此也。㉙皋林　北匈奴貴族。㉚溫禺犢王　匈奴貴族稱號之一。㉛涿邪山　在外蒙古西部。漢天聰二年公孫敖出西河，與路博德會涿邪山。㉜坐　定罪。㉝廉范　字叔度，東漢杜陵人。父遭亂，客死於蜀。范年十五，西迎父喪，至葭萌，船觸石破沒，范抱柩俱溺，眾傷其義，求得之，竟免於死。歸故里，喪服竟，詣京師受業，事薛漢。永平初為鄧融功曹，後辟公府。會薛漢坐楚王事誅，范獨往收殮之，由是顯名。舉茂才，遷雲中太守，匈奴不敢犯。後遷蜀郡，百姓歌之。免歸鄉里，廣田地，積財粟，悉以賜宗族故友，世稱其好義。㉞高弘　東漢人，明帝永平十六年，北匈奴寇邊，入雲中，至漁陽。高弘以「使者」身分發三郡兵追討之。㉟建初　東漢章帝年號，西元七六—八四年。㊱遷　古代稱調動官職，一般指升職。㊲濟陰　郡名。治今山東定陶。㊳耿秉　字伯初。東漢耿國子，博通書記，能說《司馬兵法》。明帝時累拜駙馬都尉，與竇固等伐匈奴，又攻破車師。章帝時拜度遼將軍。匈奴懷其恩信。復拜征西將軍，副竇憲擊北匈奴，大破之。登燕然山，刻石勒功，封「美陽侯」。秉性勇壯，軍行時常披甲居前，休止不結營部，然軍紀嚴明，士卒皆樂為死。卒諡「桓」。匈奴聞秉死，舉國號哭，或至剺面出血者。㊴肅宗　即章帝劉炟（西元五六—八八年），東漢明帝第五子。即位後一改明帝苛察，事從寬厚。少好儒術，建初四年，令諸儒於白虎觀討論《五經》異同，令班固等據以作《白虎通義》。著《胎養令》，以獎勵人口生育。在位期間，社會民生尚稱安定，生產有所發展。後世史家將其與明帝統治時期並稱為「明章之治」。然外戚竇憲驕擅，帝待以寬容，遂開外戚專政之始。廟號肅宗。㊵執金吾　官名。西漢太初元年（西元前一〇四年）由中尉改置，秩中二千石。掌京師治安、督捕盜賊，負責宮廷意外、京城以內的警衛，戒備非常水火之事，管理中央武庫，皇帝出行則掌護衛及儀仗。東漢沿置。㊶鄧鴻　東漢鄧禹少子，好籌策。永平中為小侯，議邊事，帝以為能，拜將長吏。章帝時為度遼將軍。永元中與大將軍竇憲出擊匈奴，有功，徵行車騎將軍。後坐逗留下獄死。㊷三木樓訾　北匈奴部族名。㊸稽留斯　北匈奴三木樓訾部首領。㊹元和　東漢章帝劉炟年號，西元八四—八七年。㊺孟雲　東漢人，章帝時任武威太守。元和元年。孟雲主持與北匈奴通商互市。㊻伊莫訾王　北匈奴貴族稱號。㊼官邸　由公家提供的官員的住所。㊽車利　北匈奴大人，元和二年（西元八五年），入塞降漢。㊾涿兵　北匈奴大人。元和二年，入塞降漢。㊿輩　等；類。(51)宣　伊伐於慮鞮單于汗之子，即位後稱「伊屠於閭鞮單于」。西元八五—八八年在位。(52)袁安　字邵公，東漢汝陽人。微時客居洛陽，值大雪，洛陽令按行至袁安門前，大門關閉無行跡，令人除雪入戶，見安僵臥，曰：「大雪人皆餓，不宜於人。」令以為賢，舉為孝廉。累拜楚郡太守。時以楚王英謀叛事，牽連者眾，袁安按獄出四百餘家。徵為河南尹。在任政號嚴明。遷太僕，進司徒。和帝時，竇太后兄竇憲擅權，安與竇憲屢相難折，守正不移。每朝會進見，乃與大臣言國家事，未嘗不嗚咽流涕，卒於位。53獫狁　古族名。亦稱「玁狁」、「葷粥」、「熏育」、「葷允」等。《史記》：黃帝北逐葷粥。殷周之際，主要分布在今陝西、甘肅北境及內蒙古西部。從事游牧。西元前八世紀，周宣王迭次出兵防禦獫狁的進襲，並在朔方築城壘。春秋時被稱作戎、狄。54獯粥　也作「獯鬻」、「葷粥」。堯時稱匈奴為「熏粥」。55絲髮　猶絲毫。形容細微。56墝埆　謂險要之地。57塗炭　陷入泥沼，墜入炭火。比喻極其艱難困苦。58亭障　亦作「亭鄣」。古代邊塞要地設置的堡壘。59虛祭　虛設靈位祭奠死者。60江海所以能長百川二句　見老子《道德經》：「江海所以能為百谷王者，以其善下之，故能為百谷王。」61病　損害；禍害。62龐奮　東漢人，安帝時為遼東屬國都尉、鴈門太守行度遼將軍，後遷河南尹。63倍扈　加倍賞報。扈，賞報。64常科　通常的規格。65章和　東漢章帝劉炟年號，西元八七—八八年。66優留　北匈奴單于。蒲奴單于之子，後被鮮卑人所殺。67屈蘭　北匈奴部族名。68儲卑　北匈奴部族名。69胡都須　北匈奴部族名。70屯屠何　胡邪尸逐侯鞮單于長之弟，即位後稱「休蘭尸逐侯鞮單于」。西元八八—九三年在位。71竇太后　即章德竇皇后（？—西元九七年），東漢扶風平陵（今陝西咸陽）人。章帝皇后，竇融曾孫女。建初二年，選入長樂宮，次年立為皇后。和帝即位，尊為太后，臨朝聽政。兄憲，弟篤、景，並擅威權，橫行不法。永元四年，和帝與宦官鄭眾合謀誅除竇氏，被迫歸政。後憂懼而死。72臨朝　臨御朝廷處理政事。特指太后攝政稱制。73虛渠　北匈奴貴族。74創刈　謂因受懲治而畏懼、戒懼。75遯　同「遁」。76漢家　漢室；漢朝。77右須　北匈奴部族名。78鮮堂　人名。79并壹　合併為一體。80覆載　覆蓋與承載，謂保護容納。比喻帝王的恩德。81垂拱　垂衣拱手，謂不動手，不做事。82安枕　安睡。借指沒有憂慮和牽掛。83師子　亭獨尸逐侯鞮單于之子，即位後稱「亭獨尸逐侯鞮單于」，西元九四—九八年在位。84左呼衍日逐王須訾　南匈奴豪帥。85右大且渠王交勒蘇　南匈奴豪帥。86居延　即居延海。在今蒙古國土爾扈特部北境。分東西二泊，為張掖河所匯。87裁哀　謂出以同情、憐憫之心作出決斷。88單極　窮盡；竭盡。單，通「殫」。89天時　猶天命。90篡位　封建時代特指臣子奪取君位。91變更其號　漢賜單于印文曰「匈奴單于璽」。無「漢」字。王莽改曰：「新匈奴單于章」。92永元　東漢和帝劉肇年號，西元八九—一〇五年。93征西將軍　官名。東漢永元間置，同雜、偏、裨等號「將軍」。94車騎將軍　官名。西漢初設將車騎士，故名。後遂為高級武官稱號，位次大將軍，且文官輔政者亦加此銜。東漢權勢尤重，但地位仍低於大將軍、驃騎將軍，高於衛將軍。95竇憲　字伯度，東漢扶風平陵（今陝西咸陽）人。生年不詳。妹為章帝皇后。章帝死，和帝即位，太后臨朝，他為侍中，操縱朝政。不久任車騎將軍。永元元年率兵擊敗北匈奴，直追至燕然山。後任大將軍，刺史守令等地方官吏多出其門，弟兄橫暴京師。永元四年，和帝與宦官鄭眾定議誅滅竇氏，他因而自殺。事見本書卷二十三。96大鴻臚　官名。西漢武帝時改典客為大鴻臚，東漢沿置。原掌接待少數民族等事，為九卿之一。後漸變為贊襄禮儀之官。97定襄　郡名。漢置。今山西右玉以北至綏遠及蒙古喀爾喀右翼四子部落之地。治成樂（今內蒙古和林格爾），後漢移治善無（今山西右玉南）。漢靈帝末年廢。98皇甫稜　東漢人，和帝永元二年，以定襄太守遷度遼將軍。永元六年免。99雞鹿塞　軍事要塞名，古代貫通陰山南北交通要塞。舊址在今內蒙古磴口縣（巴彥高勒）西北哈隆格乃峽谷南口。100輜重　裝載於車運輸的軍用物資。101西海　湖名。即今蒙古國阿爾泰山以東，柯爾多東南之杜爾格湖。102河雲　地區名。即今蒙古國吉爾吉斯湖以西至科布多河之間一帶地區。103匈奴河　即今蒙古國西部杭愛山脈西南端烏能烏蘇境河。104天山　古名「白山」，又名「雪山」。冬夏有雪，故名，匈奴謂之「天山」，唐時又名「折羅漫山」。其脈起於新疆疏勒西北葱嶺之烏赤別里山，分二支，一支西北入俄羅斯中亞細亞者，曰「薩阿剌嶺」。一支東北迤，為「廓克沙里嶺」，即天山之脈，迤邐而東，隨地異名，分阿克蘇河、帖克斯河之源者，為汗騰格里山，天山主峰。又東為那拉特山，橫分新疆為南北二路，是為天山西段，自此而東分二支，一支順海都河東南下者，曰「闊克帖克山脈」，即《漢書》所謂「北山」也。餘脈直至哈密以東，其北一支為柏格朵拉鄂山，亦東延至鎮西而止，又北一支在博羅塔拉河之南者，為博羅布林噶蘇山，更北入塔城者，為塔爾巴哈臺山脈。105右校尉　武官名。西漢始定為武官名，位略次於將軍，並隨職務冠名號。漢武帝時置八校尉，分掌宿衛京師各部隊之將領。漢以後掌少數民族地區的長官也以此稱。106耿夔　字定公。東漢耿秉弟，和帝時為大將軍左校尉。出居延擊北單于，斬閼氏名王以下五千餘級，出塞五千里而還，自漢出師所未嘗至。封「安粟邑侯」。安帝時擊南單于為先鋒，因功遷度遼將軍，後坐法免。107於除鞬　北匈奴單于弟，以右谷蠡王位自立為單于，即位後號「於除鞬單于」，西元九一—九三年在位。遣使至塞通好漢朝。永元四年，朝廷立於除鞬為北單于，授予璽綬。永元五年，於除鞬叛漢還北，朝廷派兵追擊，誘騙於除鞬返回斬首。108蒲類海　古湖泊名。即今新疆維吾爾自治區東部巴里坤湖。109羽蓋　古時以鳥羽為車蓋飾的車輛。110駟　古代四匹馬駕的車。111任尚　東漢將領，初為西域戊己校尉，安帝時代班超為都護，以嚴刻激起西域各族的反抗，被召還。繼任征西校尉，率軍平定羌人叛亂，在平襄（今甘肅通渭）大敗。後又任中郎將，平定漢羌聯合叛亂。他用騎兵抄襲與收買、分化兼施，先後刺殺亂軍首領杜季貢和零昌。西元一一八年，因和鄧太后弟鄧遵爭功，被鄧太后所殺。112伊吾　古地名。即漢「伊吾盧」地區。治今新疆哈密。113故事　舊日的行事制度。114將兵長史　官名。東漢和帝初置象林將兵長史官。闞駰《十三州志》：「將兵長史居在日南郡，又有將兵司馬，去雒陽九千六百三十里。」後在北部少數民族地區亦設此職。115王輔　東漢平陰人。學《公羊傳》，隱居，以道自娛。建康初詔拜郎中。陳災異，後拜議郎。安帝以公車徵，不行，卒於家。116安國　伊屠於閭鞮單于宣之弟，即位後稱「安國單于」，西元九三—九四年在位。117氣決　謂果敢而有魄力。118龍會　古代匈奴龍庭之會。猶漢朝會。119朱徽　東漢人，官拜執金吾。後代理度遼將軍一職。因與南單于失和，禁絕其上書，以致匈奴反叛，徵召下獄死。120杜崇　東漢人，官中郎將。因與南單于失和，暗示西河太守阻隔單于的奏章，以致匈奴反叛，徵召下獄死。121諷　用含蓄的話語暗示。122劉利　人名。123儆備　警戒防備。124方略　全盤的計劃和策略。125權時　暫時；臨時。126裁行客賜　言以主客之禮裁量賜物，不多與也。127造　到；去。128廬落　廬帳；氈帳。此指部眾；族人。129喜為　人名。安國之舅。130安集掾　官名。王莽時，陳牧等率平林兵起，劉玄投之，陳牧欲其安集軍眾，故權以為官名。事見本書卷十一。131王恬　東漢人，官安集掾。和帝永元六年，亭獨尸逐侯鞮師子立為單于，降胡數百人夜襲之。王恬將衛護士與戰，破之。由此誘發了新降匈奴十五部二十餘萬人的反叛。132逢侯　屯屠何單于之子，封薁鞬日逐王，和帝永元六年，歸降的北匈奴尸迫擁立為單于，攻殺官吏，焚燒郵亭廬帳，驅趕輜重車準備逃往漠北。漢廷派兵進討，前後斬其部眾一萬七千餘，被趕出塞。後亡還，朝廷把其部眾徙於潁川郡。133燔　焚燒。134郵亭　驛館；遞送文書者投止之處。135漠北　指蒙古高原大沙漠以北的地區。136越騎校尉　官名。西漢武帝始置，為北軍八校尉之一，位次列卿。領內附越人騎士，戍衛京師，兼任征伐。秩二千石。東漢初罷，建武十五年改青巾左校尉置，為五校尉之一，隸北軍中候，掌宿衛兵。多以宗室外戚或近臣充任。秩比二千石。137馮柱　東漢人，官越騎校尉。永元六年，歸降的北匈奴反叛，馮柱等兵進討，後率虎牙營留駐五原，進攻烏居戰，迫其部眾投降。旋還朝，遷任將作大匠。138羽林　《漢書·百官公卿表上》：「羽林掌送從，次期門，武帝太初元年初置，名曰建章營騎，後更名『羽林騎』。」後以「羽林騎」泛指禁衛軍。139北軍五校士　漢代守衛京師的屯衛兵。未央宮在京城西南，其衛兵稱南軍；長樂宮在京城東面偏北，其衛兵稱北軍。文帝時合南北軍，其後宮室日增，南軍名沒，而北軍名存。東漢沿之，置北軍中候，掌監五營，稱為北軍五校。140積射　漢代尋跡而射的兵士。積，通「跡」。141烏桓校尉　官名。亦稱護烏桓校尉，西漢武帝始置，掌內附烏桓事務，秩二千石，持節。後不常置。東漢建武二十五年（西元四九年），遼西烏桓朝貢，使居塞內，布於緣邊諸郡，令招徠種人，給其衣食，為漢偵察，助擊鮮卑、匈奴，復置護烏桓校尉，秩比二千石，屯上谷寧城，並領鮮卑。常將烏桓等部兵與度遼將軍、使匈奴中郎將、護羌校尉等協同作戰，戍衛東北邊塞。142牧師城　古地名。在今內蒙古鄂爾多斯左翼前旗。143隘　險要的山口。144都護　官名。西漢宣帝神爵二年（西元前六〇年）設，是加在其他官號上的職稱，由騎都尉兼領，俸二千石。東漢年間為單任官職，監護少數民族地區。[145]蘇拔廆　鮮卑大都護。永元六年，北匈奴日逐王逢侯叛，蘇拔廆與中郎將任尚擊逢侯於滿夷谷，大破之。朝廷封其為「率眾王」。[146]勿柯　烏桓大人。永元六年，北匈奴日逐王逢侯叛，勿柯助中郎將任尚擊逢侯於滿夷谷，大破之。[147]烏居戰　右溫禺犢王之名。[148]考　假借為「拷」。拷打。[149]安定　郡名。西漢置。治今寧夏固原。東漢移治今甘肅鎮原。屬涼州，轄境縮小。[150]將作大匠　官名。西漢時由將作少府改名，亦簡稱「將作」、「大匠」。掌領徒隸修建宮室、宗廟、陵寢及其他土木工程，植樹於道旁。東漢初不設置專官，常以謁者兼領其事，至章帝始真受。[151]檀　胡邪尸逐侯鞮單于之子，即位後稱「萬氏尸逐鞮單于」，西元九八－一二四年在位。[152]河南尹　官名。東漢建武十五年置，為京都雒陽所在河南郡長官，秩二千石。主掌京都事務。[153]王彪　東漢人，以朔方太守行度遼將軍事，後卒於任。[154]荅　回覆。[155]元興　東漢和帝劉肇年號，西元一〇五年。[156]敦煌　郡名。西漢武帝時分酒泉郡置。治今甘肅敦煌。東漢屬涼州。[157]遣子入侍　天子降大使至其國，即遣子隨大使入侍。[158]水潦　大雨成災。[159]耿种　東漢人，拜中郎將，官漢陽太守。安帝時領兵駐美稷。南單于叛，种與之戰，迫使之歸降。[160]何熙　字孟孫，東漢陽夏人。體貌魁梧，善為容儀。舉孝廉為謁者，贊拜殿中，音動左右，和帝嘉之。歷位大司農。永初間南單于與烏桓俱反，以熙行車騎將軍事征之，暴疾卒。[161]龐雄　東漢人，官侍御史。安帝永初三年（西元一〇九年），海賊張伯路等自稱「將軍」，寇濱海九郡，龐雄督州郡兵擊之，伯路等乞降。後遷中郎將。永初三年冬，南單于與烏桓大人俱反。龐雄與耿夔共擊匈奴薁鞬日逐王，破之。後遷大鴻臚。[162]常山　郡名。漢置。治今河北元氏。漢置恆山郡，因避文帝劉恆諱，改常山郡。[163]西域校尉　西域都護下屬官吏，協助西域都護處理西域事務，並直接統帥漢朝在西域的駐軍。[164]梁慬　字伯威，東漢梁諷子。延平初拜西域副校尉，討定龜茲。安帝時擊眾羌，大破之，受到朝廷璽書勞勉，委以四方事，又擊破南單于及烏桓，拜度遼將軍。後坐專擅，徵下獄抵罪。會叛羌寇三輔，起拜謁者，於路上病卒。[165]顧讓　顧，反也。讓，責也。[166]脫帽徒跣　摘掉帽子脫下鞋襪，敬畏恐懼狀。[167]元初　東漢安帝劉祜年號，西元一一四－一二〇年。[168]鄧遵　東漢人，鄧太后、鄧騭從弟。元初元年，以烏桓校尉鄧遵為度遼將軍。因遵為皇太后之從弟，故始為真將軍。多次率兵擊匈奴、先零及叛羌。元初五年，鄧遵募人刺殺叛羌首領狼莫，封武陽侯，食邑三千戶。後帝乳母王聖與中黃門李閏等誣告尚書鄧訪等謀廢立，宗族皆免官，鄧騭與鄧遵皆自殺。[169]皇太后　戰國時列國諸王之母稱太后。漢代諸侯王之母亦稱太后。以後一般用作帝母之稱。[170]從弟　堂弟。[171]真將軍　東漢自置度遼將軍以來，皆權行其事，今始以鄧遵為正度遼將軍，故此稱「真將軍」。[172]潁川郡　秦置。治今河南禹州。[173]呼尤徽　封溫禺犢王。延光三年，新降的阿族等反叛，脅呼尤徽與從。呼尤徽以年老不從，部眾欲殺之，被人相救，得免於死。[174]煩劇　指繁重的事務。[175]拔　萬氏尸逐鞮單于檀之弟，即位後稱「烏稽侯尸逐鞮單于」，西元一二四－一二八年在位。(176)法度　東漢人，官太原太守，安帝建光元年代為將軍，延光三年（西元一二四年）卒於任。(177)延光　東漢安帝劉祜年號，西元一二二－一二五年。(178)馬翼　東漢人，官中郎將。安帝延光三年，匈奴大人阿族等叛，馬翼遣兵追擊，破之，斬獲頗多。(179)殆盡　將死盡；所餘無幾。殆，近也。(180)傅眾　東漢人，官漢陽太守，安帝延光四年代為將軍，其冬卒。(181)龐參　東漢人，官遼東太守。順帝永建元年代為將軍。永建四年遷大鴻臚。(182)障塞　邊塞上險要處修築的防禦城堡。(183)休利　烏稽侯尸逐鞮單于拔之弟，即位後稱「去特若尸逐就單于」，西元一二八－一四〇年在位。後因部眾叛不能制，受朝廷譴責，為五原太守陳龜所逼，自殺，由是單于位空虛三年。(184)東平相　官名。東平侯國相。(185)宋漢　東漢人。官東平相。順帝永建四年，代為度遼將軍。後遷太僕。(186)耿曄　字季玉。東漢耿恭孫，順帝初拜烏桓校尉，時鮮卑寇邊，曄率烏桓及諸郡卒擊破之。鮮卑震怖，數萬人詣遼東降。自後頻出擊，皆克捷，威振北方，遷度遼將軍。(187)病徵　病中被徵召。(188)馬續　字季則。東漢馬嚴子，七歲能通《論語》，十三歲明《尚書》，十六歲治《詩》，博覽群籍，善《九章算術》。順帝時為護羌校尉，遷度遼將軍。所在以恩威稱。(189)句龍王　南匈奴貴族稱號。(190)吾斯　南匈奴豪帥名。陽嘉五年，吾斯叛漢，寇西河，誘右賢王圍美稷，殺朔方、代郡長史，並擁立句龍王車紐為單于，東引烏桓，西收羌戎及諸胡等，寇掠并、涼、幽、冀四州。後被中郎將馬寔募人刺殺之。(191)車紐　南匈奴豪帥名。陽嘉五年，與南匈奴句龍王吾斯叛漢，寇西河，圍美稷，殺朔方、代郡長史。吾斯等立其為單于。乃東引烏桓，西收羌戎及諸胡等，寇掠并、涼、幽、冀四州。為中郎將張耽擊敗後乞降。(192)梁並　東漢人，官中郎將。曾參與馬續等平南匈奴豪帥吾斯、車紐之亂。(193)王元　東漢人，官烏桓校尉。曾參與馬續、梁並等平南匈奴豪帥吾斯、車紐之亂。(194)陳龜　東漢人，任五原太守，後代任中郎將。永和五年，因逼迫南單于及其弟左賢王自殺，獲罪下獄死。(195)不能制下　謂不能控制部下。(196)梁商　（？－西元一四一年），字伯夏，東漢安定烏氏（今寧夏固原）人。少以外戚拜郎中，遷黃門侍郎。順帝永建元年嗣爵乘氏侯。陽嘉元年，其兩女被立為皇后、貴人，遂加位特進，任執金吾。四年，拜大將軍，備受寵信。曾辟名儒周舉等為從事郎中，以籠絡人心。又遣子梁冀等與掌權宦官曹節等結交。後幾為宦官所害。病卒。事見本書卷三十四。(197)轉運　運輸軍資。(198)竊　謙辭。指自己。(199)謀謨　謀劃；制定謀略。孔安國曰：「謨亦謀也。」(200)典邊　主管邊境事務。(201)兵要　用兵的要術。(202)購賞　懸賞；收捕。(203)期約　約定共同信守的事項。(204)醜類　醜類惡物。(205)野合　野戰。(206)乘城　登城。(207)京兆虎牙營　虎牙營即京兆虎牙都尉。〈西羌傳〉：「置虎牙都尉於長安，扶風都尉於雍。」《漢官儀》：「涼州近羌，數犯三輔，京兆虎牙、扶風都尉將兵衛護園陵也。」(208)司馬　高級幕僚，兩漢將軍府置，位僅次於長史，掌參贊軍務，管理本府武職。(209)并　西漢武帝所置「十三刺史部」之一。領太原、上黨、雲中、定襄、鴈門、代等六郡。東漢治今山西太原西南古城營。㉑⓪涼　漢武帝所置「十三刺史部」之一。東漢治今甘肅張家川回族自治縣。㉑①幽　漢武帝所置「十三刺史部」之一。東漢時治今北京市區西南。㉑②冀　漢武帝所置「十三刺史部」之一。東漢治今河北柏鄉北，末期移治今河北臨漳。㉑③離石　縣名。戰國趙地，秦置縣。屬西河郡。在今山西西部，呂梁山西側。㉑④夏陽　秦置夏陽縣。故城在今陝西韓城南。韓信從夏陽以木罌渡軍襲魏安邑，即此。㉑⑤張耽　東漢人，順帝時拜中郎將。性勇銳，善撫士卒。永和五年，張耽率兵擊反叛匈奴車紐等，與之交戰於馬邑，斬首、俘獲甚多。第二年，又大敗烏桓，盡斬其渠帥。救回被掠漢民，獲其牲畜財物。㉑⑥馬邑　縣名。治今山西朔州。㉑⑦生口　指俘虜。㉑⑧城門校尉　官名。西漢武帝始置，秩二千石。掌京城諸城門警衛，領城門屯兵。職顯任重，每以重臣監領。東漢沿置，秩比二千石，位在北軍五校尉之上，多以外戚重臣領之。㉑⑨吳武　東漢人，官中郎將。永和六年，代任度遼將軍。㉒⓪漢安　東漢順帝劉保年號，西元一四二—一四四年。㉒①薁鞮　或作「薁鞬」。㉒②呼蘭若尸逐就單于　即守義王兜樓儲。漢安二年，於洛陽就單于位，西元一四三—一四七年在位。㉒③臨軒　皇帝不坐正殿而御前殿。殿前堂陛之間近簷處兩邊有檻楯，如車之軒，故稱。㉒④玉具　刀劍柄鞘以玉為之。㉒⑤軿車馬　古代一種有帷幔的車，多供婦女乘坐。㉒⑥太常　官名。西漢中元六年改奉常置。掌禮樂、祭祀宗廟、社稷，負責朝會和喪葬禮儀，管理皇帝陵墓、寢廟所在縣邑，每月巡視諸陵，兼掌教育，主持博士及博士弟子的考核與薦舉。秩中二千石，位居九卿之首，多由列侯充任。西漢中期後職權漸分。東漢沿置。㉒⑦廣陽城門　廣陽，洛陽城西面南頭門。㉒⑧饗賜　宴饗賓客，賞賜屬下。㉒⑨角抵　古代體育活動項目之一。類似現代的摔跤。起源於戰國，其稱始於秦漢。晉以後亦稱「相撲」、「爭交」。㉓⓪百戲　古代雜技、樂舞表演的總稱。秦漢時已盛行。包括雜技、幻術和歌舞等。南北朝以後也稱「散樂」。㉓①幸　帝王到達某地稱之為「幸」。㉓②馬寔　東漢人，官中郎將。陽嘉五年，南匈奴豪帥吾斯叛漢，馬寔募人刺殺之。㉓③募　以雇傭的方式招收人員。㉓④洛陽　東漢都城，在今河南洛陽東北白馬寺東。㉓⑤建康　東漢順帝劉保年號，西元一四四年四月起，八月止。㉓⑥伊陵尸逐就單于居車兒　建和元年即單于位，西元一四七—一七二年在位。㉓⑦建和　東漢桓帝劉志年號，西元一四七—一四九年。㉓⑧永壽　東漢桓帝劉志年號，西元一五五—一五八年。㉓⑨安定　郡名。漢置。治高平（今甘肅固原）。㉔⓪屬國都尉　官名。管理屬國事務行政長官。西漢武帝元狩三年（西元前一二〇年）置五屬國於西北邊郡，安置內附匈奴族，沿其舊俗，置匈奴官號。屬官有丞、候、千人等。初隸典屬國，後典屬國併大鴻臚，遂直隸中央，與郡國守略同。宣帝以後，屬國或增置，或廢罷，兼安置羌族。東漢西北、東北、西南等邊境地區皆置，多從諸郡中分置若干縣以安置降附、內附匈奴、羌等少數民族，屬官或設長吏、主簿等員。㉔①張奐　（西元一〇四—一八一年），字然明，敦煌淵泉（今甘肅安西）人。舉賢良對策第一，任為議郎。累遷安定屬國都尉。以恩德感東羌豪帥，獻馬二十匹；先零又遺以金食器，奐悉還之，羌大愧服。遷匈奴中郎將，詔拜大司農。鮮卑聞奐調離，入塞攻掠沿邊九郡。朝廷仍以奐為護匈奴中郎將，督幽、并、涼三州及度遼、烏桓二營。匈奴聞奐至，相率來降。靈帝建寧元年，張奐回京，會竇武、陳蕃欲誅宦官。宦官曹節矯制奐率軍圍竇武，迫武自殺，陳蕃被誅。奐以功封侯，恨為曹節所賣，上書固辭。由是為宦官所忌。曹節等進讒靈帝，下詔切責奐。王寓誣奐結黨，以黨罪免官。閉門不出，與弟子千人講誦儒經，著《尚書記難》三十餘萬字。靈帝光和四年卒於家，年七十八歲。長子張芝，善於書法，以草書為最，世人謂「草聖」。

[242]延熹　東漢桓帝劉志年號，西元一五八－一六七年。

[243]北中郎將　漢末又有四中郎將，皆帥師征伐，不知何時置。董卓為東中郎將，盧植為北中郎將，獻帝以曹操為南中郎將。見本書〈百官志二〉注。

[244]大居正　《春秋》法五始之要，故《經》：「元年春王正月」。言王者即位之年，宜大開恩宥。其居車兒即是桓帝即位之建和元年立，自立以來，一心向化，宜寬宥之。

[245]某　單于居車兒之子，熹平元年即單于位，稱「屠特若尸逐就單于」，西元一七二－一七八年在位。凡言「某」者，史失其名，故稱「某」以記之。夷狄無字，既無典誥，故某者即是其名。

[246]熹平　東漢靈帝劉宏年號，西元一七二－一七八年。

[247]臧旻　東漢射陽人，有幹事才，曾任徐州從事。靈帝時任揚州刺史，時會稽人許生自稱「越王」，臧旻與丹陽太守陳夤討破之。熹平中，因功拜「使匈奴中郎將」，還京師。太尉袁逢問西域諸國土地、風俗、人物、種數，旻口陳其狀，手劃地形。逢奇其才，轉拜長水校尉。終太原太守。

[248]檀石槐　東漢鮮卑部人，勇健有智謀。為部落所畏服。在部族中實行法禁，理平曲直，被推舉為大人，立王庭於彈汗山，盡據匈奴故地，東西長一萬四千餘里，南北長七千里。延熹間寇北部邊境，中郎將張奐擊之乃去。漢欲封為王，檀石槐卻之。分其地為東中西三部，各置大人，服屬於己。靈帝立，屢寇幽并涼三州，光和中卒。

[249]呼徵　屠特若尸逐就單于之子，熹平六年即單于位，稱「呼徵單于」，西元一七七－一七九年在位。與中郎將張脩不相和睦，光和二年，張脩擅自殺之。

[250]光和　東漢靈帝劉宏年號，西元一七八－一八四年。

[251]張脩　東漢人，靈帝時拜使匈奴中郎。脩與呼徵單于不相和睦，光和二年，張脩擅自殺之，罪下獄死。

[252]廷尉　官名。秦始置，為九卿之一。廷尉的職掌是管刑獄，為最高法官。廷尉的主要職責是負責審理皇帝交辦的詔獄，同時審理地方上報的疑難案件。

[253]羌渠　南匈奴右賢王，光和二年（西元一七九年），中郎將張脩殺呼徵單于，立羌渠為單于。即位後稱「羌渠單于」，西元一七九－一八八年在位。後被國人所殺。

[254]張純　東漢人，靈帝時為中山太守。中平四年，純叛漢，與烏桓大人連盟攻薊下，燔燒城郭，擄略百姓，殺護烏桓校尉、右北平太守、遼東太守等，眾至十餘萬。屯肥如縣，自稱「彌天將軍安定王」，移書州郡，告天子避位，入青、冀二州，殺害吏民。朝廷以劉虞為幽州牧。虞設賞求購純。純走出塞，餘皆降散，純

為其客王政所殺。255劉虞　字伯安，東漢東海郯（今山東郯城）人。初舉孝廉，歷任幽州刺史、甘陵相、宗正。靈帝時，前中山相張純與前太山太守張舉等聯合烏桓起兵，乃以幽州牧率軍平叛，以此拜太尉，封容丘侯。董卓秉政，任大司馬，進封襄賁侯。袁紹等起兵討董卓時，以其宗室長者，欲立為主，固拒之。經營青、冀等地多年，所在勸督農植，民生較為安定。後與公孫瓚交惡，發兵攻之。兵敗被殺。事見本書卷七十三。256休著各胡白馬銅　匈奴部落名。257於扶羅　羌渠單于之子，封右賢王，前趙劉元海之祖。中平五年即單于位，稱「持至尸逐侯單于」，西元一八八—一九五年在位。258中平　東漢靈帝劉宏年號，西元一八四—一八九年。259須卜　南匈奴骨都侯。匈奴國人殺羌渠單于，共立須卜為單于。即位一年後死，南單于庭遂虛其單于位，由老王代理國事。260自訟　自我申辯。261崩　君主時代稱帝王死。262白波　東漢末農民暴動自命稱號。《九州春秋》：張角之反也，黑山、白波、黃龍、左校、牛角、五鹿、羝根、苦蝤、劉石、平漢、大洪、司隸、緣城、羅市、雷公、浮雲、飛燕、白爵、楊鳳、于毒等各起兵，大者二三萬，小者不減數千。《典略》：黑山、黃巾諸帥，本非冠蓋，自相號字也。263河內　郡名。秦置。治今河南武陟西。264老王　年老的氏族首領。265呼廚泉　於扶羅單于弟，興平二年即單于位，稱「呼廚泉單于」，西元一九五—二一六年在位。因為兄長被國人驅逐，不能歸國。建安元年，隨獻帝車駕還洛陽，後歸國。建安二十一年，單于來朝見，曹操將其留於鄴城，遣去卑回匈奴監國。266興平　東漢獻帝劉協年號，西元一九四—一九五年。267建安　東漢獻帝劉協年號，西元一九六—二二〇年。268獻帝　即劉協（西元一八一—二三四年），即位時東漢政權已名存實亡，成為軍閥董卓的傀儡。西元一九六年，他被曹操迎都於許（今河南許昌），此後又成為曹操的傀儡。西元二二〇年，曹丕代漢稱帝，他被廢為山陽公。269長安　城名。西漢京城。在今陝西西安西北十二里。270韓暹　東漢人，本為農民軍白波部帥，建安元年，獻帝自長安東歸，韓暹等侍衛天子，抵禦阻擊李傕、郭汜亂軍，護獻帝車駕還洛陽，後為曹操部將。271李傕　（？—西元一九八年），字稚然，東漢北地（今寧夏吳忠）人。為董卓部校尉。初平三年卓被殺後，與郭汜等率部叛亂，攻陷長安，縱兵殺掠，死者萬人，殺司隸校尉黃琬、司徒王允，與汜共專朝政。又與汜相攻，大肆燒殺，致使長安城空。建安三年，被段煨等討殺，夷三族。272郭汜　（？—西元一九七年），東漢末人。為董卓部校尉。初平三年（西元一九二年）卓被殺後，與李傕攻陷長安，縱兵殺掠，死者萬餘人，殺司隸校尉黃琬、司徒王允。與傕共專朝政，為後將軍，封列侯。興平二年（西元一九五年）與傕相攻，劫質公卿。後獻帝東歸，又與傕相阻截，追殺朝官。建安二年（西元一九七年）為其將伍習所殺。273許　許昌的簡稱。如：許都（建安元年曹操迎漢獻帝定都許昌，稱許都。即今河南許昌）；許洛（許昌、洛陽）。274鄴　古地名。今河北臨漳。275去卑　南匈奴右賢王，建安間，李傕、郭汜作亂，去卑侍衛獻帝，阻擊李傕、郭汜。後隨獻帝還洛陽。建安二十一年，呼廚泉單于來朝見，曹操將其留鄴城，遣去卑回匈奴監國。

【語　譯】 丘浮尤鞮單于莫，中元元年繼位，一年後死，他的弟弟汗繼立為單于。

2 伊伐於慮鞮單于汗，中元二年繼位。永平二年，北匈奴護于丘率部眾千餘人來降。南單于立二年後死，前南單于比的兒子適繼位為單于。

3 醯僮尸逐侯鞮單于適，永平二年繼單于位。永平五年冬，北匈奴六七千名騎兵進入五原塞，侵犯劫掠雲中至原陽一帶，南單于將其擊退，西河長史馬襄率兵赴援，北匈奴退走。

4 南單于適立四年後死，前單于莫之子蘇繼位單于，是為丘除車林鞮單于。幾個月後又死去，單于適之弟長繼位為單于。

5 胡邪尸逐侯鞮單于長，永平六年繼位。當時北匈奴勢力仍然很盛，數次侵犯劫掠邊境，朝廷引以為憂患。正好北匈奴單于想與漢通市，遣使者來請求和親，明帝希望與之相交通好，使其不再入寇，便許其和親。

6 永平八年，派遣越騎司馬鄭眾出使北匈奴，而南匈奴須卜骨都侯等聞知漢與北匈奴交往，心懷嫌怨，準備叛漢，祕密派人乘鄭眾北使之便聯繫北匈奴，朝廷令其派兵迎接。鄭眾出塞，懷疑有異，於是派人監視，果然見到須卜骨都侯所使派的人，便上奏疏說，應當重新委派大將，以防止南、北匈奴相交往。因此開始設置度遼將軍營。以中郎將吳棠代理度遼將軍事。副校尉來苗、左校尉閻章、右校尉張國率領黎陽虎牙營將士屯駐五原曼柏。又派遣騎都尉秦彭率兵屯駐美稷。這年秋天，北匈奴果然派騎兵二千守候在朔方，做馬皮船，想要接應南匈奴反叛者，因見漢朝有防備，這才退走。又數次侵犯掠擄邊郡，焚燒城邑，殺掠人口甚多，河西城門為此白晝關閉。孝明帝為之憂患不安。

7 永平十六年，孝明帝於是大發沿邊屯兵，派遣諸將分四道出塞，征討北匈奴。南單于派遣左賢王信，跟隨太僕祭肜及吳棠由朔方高闕出兵，攻打涿邪山的皋林溫禺犢王。北匈奴聽說漢兵來攻，全部度過大漠北逃。祭肜、吳棠因為沒有到達涿邪山獲罪免官，以騎都尉來苗代理度遼將軍一職。這一年。北匈奴入寇雲中，又到了漁陽，漁陽太守廉范率兵將其擊退。明帝詔令使者高弘徵發三郡兵追擊，無所收穫。

8 建初元年。來苗遷任濟陰太守，以征西將軍耿秉代理度遼將軍一職。當時皋林溫禺犢王又率部眾還居涿邪山，南單于聽說後，派遣輕騎與緣邊郡兵及烏桓兵出塞攻擊，斬首數百級，降者三、四千人。這年，南匈奴苦於蝗災，出現大饑荒，章帝賑濟其貧人三萬餘口。建武七年，耿秉遷執金吾，以張掖太守鄧鴻代理度遼將軍一職。建初八年，北匈奴三木樓訾大人稽留斯等率部眾三萬八千人、馬二萬匹、牛羊十餘萬頭至五原塞投降。

9 元和元年。武威太守孟雲上奏疏稱北單于又願與官吏百姓通商互市，詔書准許孟雲遣驛使迎接慰問北匈奴。北單于便派遣其大且渠伊莫訾王等，驅趕牛馬萬餘頭來與漢朝商賈交易。其諸王大人有的先行趕到，所在郡縣都為其開設官邸，給予賞賜優待。南單于聞知此事，便派遣輕騎出上郡，攔截擄掠人口，抄掠牛馬，驅趕入塞。

10 元和二年正月，北匈奴大人車利、涿兵等逃亡入塞，共七十三人。時北匈奴勢力衰竭，部眾離叛，南匈奴攻其前，丁零劫掠其後，鮮卑擊其左，西域侵擾其右，不再能自立，便遠遁而去。

11 南單于長立二十三年後死，前單于汗之子宣即單于位。

12 伊屠於閭鞮單于宣，元和二年立為單于。這一年。單于遣兵千餘遊獵至涿邪山，倉促與北匈奴溫禺犢王相遇，與之交戰，斬獲其首級而還。冬天，孟雲上奏疏稱：「北匈奴以前既已提出和親，而南匈奴又前往抄掠其部眾。北單于認為是漢朝欺騙他，謀劃準備進犯邊塞，我認為應當將南匈奴所擄掠的人口還給北單于，以慰問安撫他。」章帝聽從太僕袁安的建議，准許了他的奏議。於是下詔說：「從前獫狁、獯粥與中國為敵，由來很早了。過去雖有和親之名，最終也沒有絲毫效用。邊地百姓，屢遭塗炭之苦，父親戰於前，兒子死於後。幼女戍守於堡壘，孤兒號哭於道路上。老母寡妻設虛位以祭死者，飲泣吞淚，想望流落於沙漠的遊魂得歸，難道不讓人哀痛嗎！古書中說：『江海所以能納百川的原因，是因為江海處於百川的下游。』稍有屈下，有什麼可憂慮的呢？何況現在匈奴與漢君臣名分已定，名正言順約定分明，貢獻屢至，難道應該違背信用，自致理虧嗎？應令度遼將軍與中郎將龐奮以加倍的報賞，贖回南匈奴所掠人口，還給北匈奴。南匈奴斬首俘獲人口者，計功受賞仍同常例。」這時南單于又令薁鞮日逐王師子率輕騎數千出塞襲擊北匈奴，斬獲千人。北匈奴部眾認為南匈奴受漢朝厚待，又聽說南匈奴接受北匈奴歸降者每年數千人。

13 章和元年，鮮卑攻入左部地區襲擊北匈奴，大破其軍，斬殺優留單于，奪取匈奴的皮革而回。北單于庭大亂，屈蘭、儲卑、胡都須等五十八部，人口二十萬，能當兵打仗的八千人，至雲中、五原、朔方、北地等地歸降漢朝。

14 南單于宣立三年後死，前單于長之弟屯屠何繼單于位。

15 休蘭尸逐侯鞮單于屯屠何，章和二年立。當時北匈奴內部大亂，加上饑荒、蝗災為害，歸降漢者絡繹不絕。南單于將要吞併北匈奴，正好碰上章帝去世，竇太后臨朝聽政。這一年七月，南單于上奏說：「臣世代蒙受恩惠，不可勝數。孝章皇帝深思遠慮，我想立點功績讓皇帝看看，所以令烏桓、鮮卑討伐北匈奴，斬其單于首級，破壞其國。現在新歸降的虛渠等人到臣這裡來自稱：『去年三月間發自北匈奴單于庭，北單于受重創於南兵，又畏懼丁令、鮮卑，遁逃遠去，居住在安侯河以西一帶。今年正月，骨都侯等又共立北單于異母兄右賢王為單于，其部眾因單于兄弟爭立，都已離散。』臣與諸王、骨都侯以及新降的渠帥共議方略，都說應當乘北匈奴分爭之機，出兵討伐，滅北方，成就南方併為一國，以使漢家永遠不用掛念北邊之事。這月八日，新歸降的右須日逐王鮮堂，騎快馬從北單于庭遠來見臣，稱北匈奴諸部都想內附，但以自己主動歸降為恥，所以沒有來。如果我方出兵襲擊，他們一定會響應。如果今年不發兵進討，恐怕其部眾又會互相統一起來。臣追念先父歸順漢朝以來，蒙受大恩，整肅邊塞，嚴明邊塞候所職責，派大兵護衛，已四十年了。臣等生長於漢地，開口仰食，年節時的賞賜，動不動就是億萬，這樣不勞而食，沒有報效之處，實在是慚愧。臣願意徵發國中以及諸部舊眾、新降精兵，派遣左谷蠡王師子、左呼衍日逐王須訾，率萬名騎兵從朔方出擊，左賢王安國、右大且渠王交勒蘇率萬名騎兵從居延出擊，約定日期，於十二月會師於北匈奴之地。臣率領其餘兵力萬人駐屯五原、朔方塞，以為防守。臣素來愚陋淺薄，又兵眾寡少，不足以防守內外。希望派遣執金吾耿秉、度遼將軍鄧鴻以及西河、雲中、五原、朔方、上郡諸位太守並力北伐，令北地、安定二郡太守各屯要害之地，希望憑藉聖帝神威，一舉平定北虜。我國的成敗，關鍵在今年。已命令諸部整頓兵馬，至九月龍祠之時，都集於黃河之畔。希望陛下以同情、憐憫之心作出決斷！」竇太后接到南單于奏章後給耿秉觀看。耿秉上言說：「從前武帝竭盡天下物力，想要讓匈奴臣服，可惜未遇天時，事情終於沒有成功。宣帝在位時，正好呼韓邪單于來降，所以邊地之人獲得安寧，中外成為一統，百姓得以休養生息六十餘年。到王莽篡位後，變更匈奴名號，使其負擔加重，政務受擾不止，單于才反叛。光武帝受天命後，又以禮相待，加以容納，緣邊遭受破壞之郡得以恢復。烏桓、鮮卑都被迫歸順。威鎮四夷，其效用如此。現在有幸得到上天賜予的良機，北匈奴分爭，以夷伐夷，是國家之利，應當准許他們的請求。」耿秉乘便向竇太后陳述，自己身受國恩，從本分講應當出兵為國效力。得到太后准許。

16 永元元年，以耿秉為征西將軍，與車騎將軍竇憲率騎兵八千、度遼將軍所領兵及南單于部眾三萬騎，從朔方出塞，進擊北匈奴，大敗其軍。北單于逃跑，斬首俘虜二十餘萬人，其事已記於〈竇憲傳〉。

17 永元二年春，鄧鴻遷任大鴻臚，以定襄太守皇甫棱代理度遼將軍一職。南單于又上奏疏請求滅掉北單于庭，於是派遣左谷蠡王師子等率左右部八千騎兵從雞鹿塞出擊，中郎將耿譚派從事護衛。兵至涿邪山，便留下輜重，分為二部，各領一軍輕騎襲擊。左部軍從北部越過西海至河雲北，右部軍從匈奴河水西繞過天山，南渡甘微河，二軍會合，乘夜圍攻北單于。北單于大驚，率精兵千餘迎戰。北單于受傷，落馬復上，率輕騎數十人逃走，僅以身免。南匈奴得到了單于的玉璽，俘獲了閼氏及子女五人，斬首八千級，生俘數千人而歸。這時南匈奴接連俘獲納降，部眾最盛，領有戶口三萬四千戶，人口二十三萬七千三百，善戰之兵五萬零一百七十名。按照舊例，中郎將本來設置從事二人，耿譚以新降者很多，上奏朝廷請求增加從事十二人。

18 永元三年，北單于又被右校尉耿夔擊敗，逃走不知去向。其弟右谷蠡王於除鞬自立為單于，率右溫禺鞬王、骨都侯以下部眾數千人，居於蒲類海，遣使至塞通好。大將軍竇憲上奏疏，請立於除鞬為北單于，朝廷准許。永元四年，朝廷派遣耿夔前去授予璽綬，並賜玉劍四把，羽蓋車一駕，使中郎將任尚持節駐屯伊吾衛護，如南單于舊例。正當要輔助其回歸北單于庭時，恰巧趕上竇憲被殺。永元五年，於除鞬叛漢北還，和帝派遣將兵長史王輔帶千餘騎兵與任尚一同追擊，誘騙於除鞬返回，將其斬首，消滅其部眾。

19 南單于屯屠何立六年後死，前單于宣的弟弟安國繼位單于。

20 單于安國，永元五年立。安國最初為左賢王而沒有什麼好的名聲。左谷蠡王師子一向驍勇多謀，前單于宣及屯屠何皆喜愛他的勇敢有決斷，所以數次派他領兵出塞作戰，襲擊北單于，還師後受到賞賜，漢天子也對他另眼相待。因此匈奴國中部眾都敬重師子而不附於安國。安國因此忌恨師子，想要殺掉他。眾多新歸降的北匈奴部眾當初在塞外時，幾次遭到師子驅掠，也大多怨恨師子。安國因而想借助於新降的部眾與之共同謀劃此事。安國立為單于後，師子依次序轉為左賢王，他發覺單于與新降者有陰謀，便另居於五原界。南單于每當龍會議事時，師子常託病不去。皇甫棱聞知此事，也對師子加以衛護，不派遣他前去赴會，單于懷憤更甚。

21 永元六年春，皇甫棱被免官，執金吾朱徽代理度遼將軍一職。當時南單于與中郎將杜崇不和睦，便上奏疏告杜崇。杜崇暗示西河太守截攔單于的奏章，單于沒辦法把音訊傳於朝廷。而杜崇乘便與朱徽上言稱：「南單于安國疏遠故舊部眾，親近新附之人，想要殺掉左賢王師子及左臺且渠劉利等。又右部歸附部眾密謀一同脅迫安國，起兵背叛，請西河、上郡、安定等地早加戒備。」

22 和帝把此議交公卿商議，都認為「蠻夷反覆無常，雖難以測知，但大兵聚會，一定不敢輕舉妄動。現在應當派遣有方略的使者至單于庭，與杜崇、朱徽及西河太守合力一處，觀其動靜。如果沒有什麼意外變故，可以令杜崇等人到安國單于庭會見其左右大臣，責備那些橫暴為邊害的人，一起評議其罪罰。如果不服從命令，令杜崇等人根據情況相機行事，事畢之後，按主客常禮的數量賜與財物，這樣也足以威示百蠻了」。和帝聽從了大臣們的建議。於是朱徽、杜崇發兵前往南單于庭。安國夜聞漢軍開至，大驚，丟棄其帳而逃，起兵並率領新降部眾，準備攻殺師子。師子事先得道，便率領所有部眾進入曼柏城。安國追到城下，城門關閉不能入城。朱徽派遣官吏曉諭他們，為其講和，安國不聽。曼柏城既未能攻下，安國便率兵屯於五原。杜崇、朱徽徵發諸郡騎兵緊緊追趕，匈奴部眾極為恐懼，安國之舅、骨都侯喜為等人擔心與安國一同被殺，便擊殺了安國。

23 安國立一年後被殺，前單于適的兒子師子繼位單于。

24 亭獨尸逐侯鞮單于師子，永元六年立。歸降的北匈奴五六百人夜襲師子。安集掾王恬率衛護將士與之激戰，擊破他們。這時新降北匈奴部眾互相驚擾，十五部二十餘萬人全部反叛，脅迫擁立前單于屯屠何之子薁鞬日逐王逢侯為單于，於是攻殺官吏，焚燒郵亭廬帳，驅趕輜重車向朔方移動，準備逃往漠北。漢朝廷於是派行車騎將軍鄧鴻、越騎校尉馮柱、行度遼將軍朱徽率領左右羽林、北軍五校將士及郡國積射士卒、緣邊戍兵，烏桓校尉任尚率領烏桓、鮮卑，合兵四萬人一同進討。當時南單于及中郎將杜崇屯於牧師城，逢侯單于率萬餘騎兵圍攻，沒能攻克。這年冬天，鄧鴻等軍至美稷，逢侯便乘冰度過關隘，逃向滿夷谷。南單于遣其子率一萬騎兵，及杜崇所領四千騎兵，與鄧鴻等追擊逢侯，一直到大城塞，斬首三千餘級，俘獲人口降者萬餘人。馮柱又分兵追擊逢侯所部人馬，斬首四千餘級。任尚率鮮卑大都護蘇拔廆、烏桓大人勿柯等八千騎兵，於滿夷谷伏擊逢侯，又大敗其軍。前後共斬首一萬七千餘級。逢侯只好率部眾出塞，漢兵不能追趕。永元七年正月，漢軍返回。

25 馮柱率虎牙營留駐五原，遣散鮮卑、烏桓、羌胡兵，封蘇拔廆為「率眾王」，並賜給他黃金和布帛。鄧鴻回到京師，因為逗留不進失利罪下獄處死。後來和帝聽說朱徽、杜崇與南單于失和，又禁絕他對朝廷的上書，以致匈奴反叛，於是把他們徵召入朝下獄處死，以鴈門太守龐奮代理度遼將軍一職。逢侯在塞外，將他的部眾一分為二，自己率領右部屯駐於涿邪山下，左部屯駐於朔方西北，二部相隔數百里。永元八年冬，左部匈奴自相疑叛，返回進入朔方塞，龐奮迎接撫慰，收納安置他們。其善戰之兵四千人，弱小人口萬餘人都投降了，分別安置於北邊諸郡。南單于因為其右溫禺犢王烏居戰當初曾與安國同謀害自己，想拷問情由。烏居戰於是又率數千人反叛，奔出塞外，居於山谷之間，禍害吏民。秋天，龐奮、馮柱與諸郡兵進攻烏居戰，其部眾投降，於是遷徙烏居戰部眾及還降者二萬餘人居於安定、北地。馮柱還朝，遷任將作大匠。逢侯的部眾飢困，又被鮮卑所襲擊，無處而歸，逃亡入塞者絡繹不絕。

26 南單于師子立四年後死，前單于長的兒子檀繼單于位。

27 萬氏尸逐鞮單于檀，永元十年立。永元十二年，龐奮遷任河南尹，以朔方太守王彪代理度遼將軍一職。南單于連年派兵進攻逢侯，多所擄掠俘獲，收受人口前後數以千計，逢侯形勢日漸困迫。永元十六年，北單于派使者至京師進獻貢物，希望與漢和親再修呼韓邪單于時的舊約。和帝因為他們沒按舊例備禮，所以沒有答應，但厚加賞賜，而不派使者回訪。元興元年，北單于又派使者至敦煌奉獻貢物，託辭國內貧困無法依舊例備禮，希望請漢朝派使者出使匈奴，他們也將遣子入侍。當時鄧太后臨朝聽政，也不派使者回訪，只給予賞賜而已。

28 永初三年夏，漢人韓琮隨從南單于入朝，回去後勸南單于說：「關東鬧水災，人民飢餓死亡皆盡，可以乘機進擊漢朝。」單于聽信了他的話，遂起兵反叛，從美稷進攻中郎將耿种。秋天，王彪死。冬天，朝廷派遣行車騎將軍何熙、副中郎將龐雄進擊匈奴。永初四年春，南單于檀派遣千餘名騎兵寇略常山、中山，朝廷以西域校尉梁慬代理度遼將軍一職，與遼東太守耿夔擊敗匈奴。其事已記於〈梁慬傳〉、〈耿夔傳〉。單于見漢朝諸軍並進，大為恐怖，回頭責備韓琮說：「你說漢人死盡了，現在來的是什麼人呀？」便遣使者去請求投降，朝廷准許。單于脫帽赤足，對龐雄等人跪下陳辭，請求死罪。朝廷赦免，待之同以前一樣，南單于便返還其所抄略漢人男女，以及羌族所掠漢人轉賣於匈奴中者萬餘人。永初五年，梁慬被免官，以雲中太守耿夔代理度遼將軍一職。

29 元初元年，耿夔被免官，以烏桓校尉鄧遵為度遼將軍。鄧遵，是鄧太后的堂弟，所以開始以他任正式度遼將軍。

30 永初四年，逢侯被鮮卑人攻破，部眾分散了，都逃歸到北匈奴那裡。永初五年春天，逢侯又率領百餘名騎兵逃回南方，到朔方邊塞投降，鄧遵上奏朝廷允許，把逢侯遷徙到潁川郡安置。

31 建光元年，鄧遵被免官，又以耿夔代任為度遼將軍。當時鮮卑侵犯劫掠邊地，耿夔與溫禺犢王呼尤徽率新附匈奴連年出塞攻討鮮卑。還兵後，仍使其各自屯駐列守於衝要之地。但耿夔徵發頻繁，新降匈奴部眾都心懷怨恨圖謀反叛。

32 單于檀立二十七年後死，其弟拔繼單于位。耿夔又被免官，以太原太守法度代任度遼將軍。

33 烏稽侯尸逐鞮單于拔，延光三年立。這年夏天，新降的一部大人阿族等反叛，他們逼迫呼尤徽與他們一起走。呼尤徽說：「我老了，身受漢家恩惠，寧死也不能隨你們走！」部眾想殺掉他，有人相救，得免於死。阿族等人遂攜帶妻子兒女輜重逃走，中郎將馬翼率兵與南匈奴騎兵一起追擊，大破阿族等，其部眾幾乎全部被斬首或投河而死，漢軍獲馬牛羊萬餘頭。冬天，法度死。延光四年，漢陽太守傅眾代任度遼將軍。這年冬天，傅眾又死。永建元年，以遼東太守龐參代任度遼將軍。

34 以前，朔方以西的營堡多年來未修復，鮮卑因此數次入寇南匈奴地，殺其漸將王。南單于極為憂恐，上奏疏請求修復營堡，順帝答應了他的請求。派遣黎陽營兵出屯中山郡北界，增置沿邊諸郡兵將，列屯於塞下，教練戰射之術。

35 單于拔立四年後死，其弟休利繼單于位。

36 去特若尸逐就單于休利，永建三年繼單于位。永建四年，龐參遷任大鴻臚，以東平相宋漢代任度遼將軍。陽嘉二年，宋漢又遷任太僕，以烏桓校尉耿曄代任度遼將軍。永和元年，耿曄在病中被徵召入朝，以護羌校尉馬續代任度遼將軍。

37 永和五年夏，南匈奴左部句龍王吾斯、車紐等反叛，率三千餘騎兵侵犯劫掠河西，又乘便招誘右賢王，合兵七八千騎圍攻美稷，攻殺朔方、代郡長史。馬續與中郎將梁並、烏桓校尉王元發緣邊兵及烏桓、鮮卑、羌胡兵共二萬餘人，襲擊攻破吾斯等軍。吾斯等人重又屯聚，攻陷城邑。天子派遣使者責備南單于，以仁義開導，命其招降吾斯。南單于本來沒有參與吾斯叛亂，便誠慌誠恐地脫下帽子，離開單于帳去見梁並，致歉請罪。梁並因病被朝廷徵回，五原太守陳龜代任中郎將。陳龜因單于不能控制下屬，一再逼迫，南單于及其弟左賢王被迫自殺。單于休利在位十三年。陳龜又想把單于近親遷徙到內郡去，匈奴降者更加互相猜疑。陳龜因此而獲罪下獄處死。大將軍梁商認為羌胡等反叛不久，部眾剛開始匯合，難以用兵平服，應當用招降的辦法，便上表說：「匈奴寇叛，自知其罪孽深重，如窮鳥困獸一般，都知道自己救死的辦法是困獸猶鬥，何況其種類繁盛，不能全部消滅。現在軍資運輸天天增加，三軍將士疲憊困苦，虛耗內部補給於外，不是對中國有利的事情。我看到度遼將軍馬續素有謀略，況且執掌邊事日久，深通兵要，每次得到馬續書信，與臣的謀策都相吻合。應當令馬續深溝壁壘，以恩信招降，宣示懸賞，明定令約。如果能這樣，則這些頑劣之人就能平服，國家就可以無事了。」順帝聽從了他的建議，便詔令馬續招降反叛的匈奴。梁商又傳信給馬續說：「中國安寧，忘記戰事已經很久了。良騎野戰，交鋒騎射而決勝於當時，是戎狄所擅長的事，但卻是中國的短處。強弩登城，堅營固守，以等待敵人衰竭，是中國所擅長的，卻是戎狄的短處。應當盡力發揮我之所長，以觀其變，懸賞徵購，以宣示於反悔者，不要貪求小功而敗壞長遠的謀略。」馬續及諸郡都遵令而行。於是匈奴右賢王部抑鞮等一萬三千餘口到馬續處投降。

38　這年秋天，句龍吾斯等立句龍王車紐為單于。車紐招引烏桓，西收羌、戎及各胡族等數萬人，攻破京兆虎牙營，殺上郡都尉及軍司馬，寇略擄掠并、涼、幽、冀四州。朝廷遷徙西河郡治到離石，上郡郡治到夏陽，朔方郡治到五原。冬天，派遣中郎將張耽率幽州烏桓諸郡營兵，襲擊反叛匈奴車紐等，與之交戰於馬邑，斬首三千級，俘獲人口及兵器牛羊數量甚多。車紐等人率諸豪帥、骨都侯請降，而吾斯仍然率其部曲與烏桓寇略擄掠。永和六年春，馬續率鮮卑騎兵五千到穀城，進攻吾斯，斬首數百級。張耽性格勇銳，又善待士卒，軍中將士都為他效命。於是以繩索相懸，向上攀援到天山，大敗烏桓，盡斬其渠帥，救回被掠漢民，獲其牲畜財物。夏天，馬續又被免官，以城門校尉吳武代任度遼將軍。

39　漢安元年秋，吾斯與薁鞬臺耆、且渠伯德等又抄掠并州。

40　呼蘭若尸逐就單于兜樓儲，先前已在京師，漢安二年立為南單于。立單于時，漢天子駕臨殿前，大鴻臚持節拜授璽綬，引單于上殿。賜予四匹馬駕馭的青蓋車、鼓車、安車、駙馬騎、玉具刀劍、各種雜物、彩帛二千匹。賜單于閼氏以下人等金錦錯雜用具、駢車二乘。遣行中郎將持節護送單于歸南單于庭。下詔讓太常、大鴻臚與諸國侍子聚會於廣陽城門外，設宴餞別單于，賜以酒食，並設角抵百戲作樂。順帝親至胡桃宮觀看。當年冬天，中郎將馬寔召募勇士刺殺了句龍吾斯，把其首級送到洛陽。建康元年，馬寔又進擊吾斯餘黨，斬首一千二百級。烏桓七十萬餘口都到馬寔駐地投降，輜重車輛、牛羊不可勝數。

41 單于兜樓儲在位五年後死。

42 伊陵尸逐就單于居車兒，建和元年繼單于位。至永壽元年，匈奴左薁鞬臺耆、且渠伯德等又反叛，侵犯擄掠美稷、安定，屬國都尉張奐攻破其軍，迫使其投降。事已記於〈張奐傳〉。

43 延熹元年，南單于諸部又都叛變，與烏桓、鮮卑侵犯劫掠緣邊九郡，朝廷任命張奐為北中郎將進討，單于諸部都投降了。張奐以單于不能統理國事，便將他拘禁，上疏請立左谷蠡王為南單于。桓帝下詔說：「《春秋》褒揚修法守正，居車兒一心向化，有什麼罪而要罷黜呢！放他返回單于庭。」

44 單于居車兒在位二十五年死，其子某繼單于位。

45 屠特若尸逐就單于某，熹平元年即單于位。熹平六年，單于與中郎將臧旻率兵出雁門關進攻鮮卑檀石槐，大敗而回。這一年，單于死，其子呼徵即單于位。

46 單于呼徵，光和元年即位。光和二年，中郎將張脩與單于不和，張脩擅自殺單于，另立右賢王羌渠為單于。張脩因不先請示而擅自誅殺獲罪，朝廷以檻車徵召至廷尉抵罪。

47 單于羌渠，光和二年即單于位。中平四年，前中山太守張純反叛，遂率領鮮卑侵犯劫掠邊郡。靈帝下詔，令徵發南匈奴兵，配合幽州牧劉虞指揮進討張純。單于派遣左賢王率騎兵去幽州。匈奴貴族恐怕單于發兵無休無止，中平五年，右部醢落與休屠各胡白馬銅等十餘萬人反叛，攻殺單于。

48 單于羌渠在位十年，其子右賢王於扶羅繼單于位。

49 持至尸逐侯單于於扶羅，中平五年即單于位。匈奴國人殺其父者於是反叛，共立須卜骨都侯為單于，於扶羅至京師自我申辯。正好遇上靈帝去世，天下大亂，單于率領數千騎兵與白波賊合兵，侵犯劫掠河內諸郡。當時百姓皆屯聚自保，單于抄略無所得，而兵馬有所損失。又想歸國，國人不接納，便駐屯於河東。須卜骨都侯即單于位一年後死，南單于王庭於是空虛單于之位，由老王代理國事。

50 單于於扶羅在位七年後死，其弟呼廚泉繼單于位。

51 單于呼廚泉，興平二年即單于位。因為兄長被國人驅逐不能歸國，數次被鮮卑抄掠。建安元年，獻帝自長安乘車東歸，右賢王去卑與白波賊帥韓暹等人侍衛天子，抵禦阻擊李傕、郭汜。以後跟隨獻帝車駕回到洛陽，又遷徙於許縣，然後歸國。建安二十一年，單于來朝見，曹操乘便將他留在鄴城，而派遣去卑返回匈奴監國。

論曰：漢初遭冒頓凶黠[1]，種眾強熾。高祖威加四海[2]，而窘[3]平城之圍。太宗[4]政鄰刑措[5]，不雪憤辱之恥。逮[6]孝武[7]亟[8]興邊略，有志匈奴，赫然命將，戎旗星屬[9]，候列郊甸，火通甘泉[10]，而猶鳴鏑[11]揚塵，出入畿內[12]，至於窮竭武力，單[13]用天財，歷紀歲以攘[14]之。寇雖頗折，而漢之疲耗略相當矣。宣帝值虜庭分爭，呼韓邪來臣[15]，乃權納懷柔[16]，因為邊衛[17]，罷關徼之儆[18]，息兵民之勞。龍駕[19]帝服，鳴鍾傳鼓於清渭之上[20]，南面[21]而朝單于，朔、易[22]無復匹馬之蹤，六十餘年矣。後王莽陵篡，擾動戎夷[23]，續以更始[24]之亂，方夏幅裂[25]。自是匈奴得志，狼心[26]復生，乘間侵佚[27]，害流傍境。及中興之初，更通舊好[28]，報命連屬，金幣載道[29]，而單于驕踞益橫，內暴滋深[30]。世祖以用事諸華[31]，未遑沙塞之外，忍愧思難，徒報謝而已[32]。因徙幽、并之民，增邊屯之卒。及關東稍定，隴[33]、蜀[34]已清，其猛夫扞將[35]，莫不頓足攘手[36]，爭言衛、霍之事[37]。帝方厭兵，間修文政，未之許也。其後匈奴爭立，日逐來奔，願修呼韓之好，以禦北狄[38]之衝，奉藩稱臣，永為外扞[39]。天子總攬群策，和而納焉。乃詔有司開北鄙[40]，擇肥美之地，量水草以處之。馳中郎之使，盡法度以臨之。制衣裳，備文物，加璽紱之綬，正單于之名。於是匈奴分破，始有南北二庭焉。讎釁[41]既深，互伺便隙，控弦抗戈，覘望[42]風塵，雲屯烏散，更相馳突[43]，至於陷潰創傷者，靡歲或寧[44]，而漢之塞地晏然[45]矣。後亦頗為出師，并兵窮討，命竇憲、耿夔之徒，前後並進，皆用果譎[46]，設奇數，異道同會，究掩其窟穴，躡[47]北追奔三千餘里，遂破龍祠，焚罽幕，阬十角[48]，梏[49]閼氏[50]，銘功封石[51]，倡呼而還。單于震懾屏氣，蒙氈遁走於烏孫之地，而漠北空矣。若因其時埶，及其虛曠，還南虜於陰山[52]，歸西河[53]於內地，上申光武權宜之略，下防戎羯[54]亂華之變，使耿國之筭不謬於當世[55]，袁安之議見從於後王[56]，平易正直，若此其弘[57]也。而竇憲矜[58]三捷之效，忽經世[59]之規，狼戾[60]不端，專行威惠[61]。遂復更立北虜，反其故庭[62]，並恩兩護[63]，以私己福，棄蔑[64]天公[65]，坐樹大鯁[66]。永言前載，何恨憤之深乎！自後經綸[67]失方，畔服不一，其為疢毒68，胡可單69言！降及後世，翫70為常俗，終於吞噬71神鄉72，丘墟帝宅。嗚呼！千里之差，興自毫端，失得之源，百世不磨矣73。

贊曰：匈奴既分，羽書74稀聞。野心難悔，終亦紛紜75。

【章旨】以上是史官的評論和贊語。史官追述了自西漢初年以來匈奴勢力的消長，檢討了兩漢對匈奴的政策，並批評竇憲對南、北匈奴並施恩澤，兩加護持，釀成無窮後患。

【注釋】❶凶黠　兇惡狡詐。❷四海　猶言天下、全國各處。❸窘　窮困。❹太宗　即漢文帝劉恆（西元前二〇二—前一五七年），漢高祖劉邦之子。呂后死後，周勃等平定諸呂之亂，他以代王入為皇帝。執行「與民休息」的政策，減輕田租、賦役和刑獄，使農業生產有所恢復發展。又削弱諸侯王勢力，以鞏固中央集權。史家把他同景帝統治時期並舉，稱為「文景之治」。廟號太宗。❺政鄰刑措　鄰，接近。措，通「厝」。棄置。❻逮　到；及。❼孝武　即漢武帝劉徹。❽亟　屢次。❾戎旗星屬　謂戎旗如眾星之相連屬，言其多。❿候列郊甸二句　謂於長安近郊列置兵將以防敵人入侵。甸，郊外。天子在甘泉宮，而烽火時到甘泉宮也。⓫鳴鏑　即匈奴之箭也。⓬畿內　古稱王都及其周圍千里以內的地區。謂匈奴、白羊、樓煩王在河南，去京師一千餘里，古者王畿千里，言匈奴寇邊即出入畿內。⓭單　通「殫」。盡也。言盡用天下之財。⓮攘　排斥；努力消除。⓯來臣　歸附向朝廷稱臣。⓰權納懷柔　謂暫時施以懷柔安撫之策。⓱邊衛　此指把臣服的呼韓邪部置於邊郡，以防衛北匈奴。⓲儆　告誡；警告。⓳龍駕　天子的車駕。⓴清渭之上　指宣帝接見呼韓邪單于的盛況。李賢注：「案《前書》：宣帝甘露二年正月，呼韓邪朝甘泉宮，漢寵以殊禮，位在諸侯王上。贊謁稱臣而不名。禮畢，使者導單于宿長平。上自甘泉宿池陽宮，詔單于毋謁。左右當戶及群臣皆列觀，及諸蠻夷君長王侯數萬人，咸迎於渭橋下，夾道陳。上登渭橋，咸稱萬歲。」㉑南面　面向南。古代以坐北朝南為尊位。帝王、諸侯見群臣，皆面南而坐，故用以指居帝王、諸侯之位。㉒易　即易水。在河北西部。源出易縣境，入南拒馬河。㉓王莽陵篡二句　謂自宣帝甘露二年至平帝末年，北邊無匈奴之盜。王莽篡位之後，因對邊族採取歧視政策，始開邊隙。㉔更始　新末劉玄年號，西元二三—二五年。㉕方夏幅裂　「方夏」指中國、華夏，與「四夷」相對。更始無道，擾亂方內，諸夏如布帛之裂也。㉖狼心　喻狠毒貪婪之心。㉗侵佚　侵犯襲擊。㉘中興之初二句謂光武建立東漢政權後，對匈奴採取宣帝、元帝時的友好措施。㉙報命連屬二句　報命連屬，言其使者往來不絕。金幣載道，言其對匈奴的賞賜頻繁。㉚而單于驕踞益橫二句　言世祖二年，令中郎將韓統出使匈奴，賂遺金帛以通舊好。而單于驕踞，自比冒頓，對使者辭語悖慢。㉛用事諸華　謂把兵力用於平定中原方面。㉜忍愧思難二句　謂光武帝令韓統出使匈奴，雖然得到的是驕踞悖慢之詞，但仍忍其羞愧，思其患難，但以善言報謝而已。徒，但。㉝隴　甘肅的簡稱。因古為隴西郡地而得名。㉞蜀　四川的別稱。㉟扞將　勇猛的將領。扞，通「悍」。㊱頓足攘手　情急憤怒狀。㊲衛霍之事　即漢武帝時衛青、霍去病北伐匈奴之事。㊳北狄　指北匈奴。㊴外扞　對外防禦。扞，同「捍」。㊵鄙　郊野之處；邊遠的地方。㊶讎釁　怨仇；仇恨。㊷覘望　窺視；觀望。㊸馳突　快跑猛衝。謂以騎兵相衝突。㊹靡歲或寧　沒有一年安寧日子。靡，無；沒有。㊺晏然　安寧；安定。㊻果譎　指果敢而多變的計謀。㊼躡　追蹤；跟隨；輕步行走的樣子。㊽十角　漢代匈奴左右賢王、左右谷蠡王、左右日逐王、左右溫禺鞮王、左右漸將王等十種官爵的總稱。亦指屬於「十角」的王公貴臣。㊾梏　古代拘在罪人兩手的刑具。㊿閼氏　漢代匈奴單于、諸王妻的統稱。(51)封石　刻石立銘。(52)陰山　山脈名。即今橫亙於內蒙古南境、東北接連內興安嶺的陰山山脈。(53)西河　古代指今山西、陝西間黃河南段之西。(54)戎羯　「戎」、「羯」皆為古族名。泛指西北少數民族。(55)使耿國之筭句　指光武帝於建武二十四年，採用五官中郎將耿國的建議，同意南匈奴八部大人共立比為呼韓邪單于，款五原塞，願永為蕃蔽，捍禦北方。(56)袁安之議句　指袁安不同意竇憲欲立北單于的建議。(57)弘　擴充；發揚光大。(58)矜　自大；自誇。(59)經世　治理國事。(60)狼戾　兇狠；暴戾。(61)威惠　猶威福。謂持勢弄權。(62)遂復更立北虜二句　謂永元三年，竇憲上書，請立於除鞬為北單于，朝廷從之。永元四年即授璽綬，方欲輔歸北庭，會竇憲被誅。五年，於除鞬叛變還北，帝遣王輔誘誅之事。(63)並恩兩護　指竇憲主張南北兩匈奴庭俱存的主張為「並恩兩護」。(64)棄蔑　輕蔑而棄絕。(65)天公　指天子、皇帝。(66)坐樹大鯁　謂竇憲請立匈奴北單于庭，遂使匈奴滋蔓，使漢朝留下永遠的邊患。鯁，本指魚骨卡在嗓子裡。引申為病患、禍害。(67)經綸　本指整理過的蠶絲。比喻規劃、管理國家的方略。(68)疢毒　疾疢之毒害。喻禍害。(69)單盡。(70)翫　同「玩」。(71)吞噬　吞食。(72)神鄉　猶神州。指中原大地。(73)千里之差四句　慨歎自竇憲追擊匈奴於燕然山之後，若復南虜於漠北，引侍子於京師，混併匈奴之區，使得專為一部，則荒服無忿爭之跡，邊服息征戍之勤。此之不行，遂為巨蠹。自單于比入居西河美稷之後，種類繁昌，難以驅逼。魏武雖分其眾為五部，然大率皆居晉陽。暨乎左賢王豹之子劉元海，假稱天號，縱盜中原，吞噬神鄉，丘墟帝宅。愍、懷二帝沉沒虜庭，差之毫端，以至於此。百代無滅，誠可痛心也。(74)羽書　古代軍事文書。因插有羽毛表示緊急、必須速遞，故稱。(75)紛紜　事情多而雜亂。

【語 譯】史家評論說：西漢初年，冒頓單于兇惡狡黠，匈奴種族眾多強盛。高祖皇帝威加四海，卻受恥於平城之圍。太宗執政雖然寬減刑法，卻未能雪屈辱之恥。及至武帝急於加強邊略，有平定匈奴之志，赫然命將出擊，戎旗如星相連不斷，哨所列於近郊之區，烽火達於甘泉宮，但仍見匈奴兵鋒揚塵，出入近郊，以至於窮盡天下武力，竭盡天下財物，經歷多年討伐匈奴。匈奴雖然大受折損，但漢的疲勞消耗也大體與之相當。宣帝時正值匈奴內部分爭內鬨，呼韓邪前來稱臣，宣帝便從權宜之計，接納他們，實行懷柔政策，於是匈奴成為漢朝的邊衛，朝廷免去邊關的警備，百姓軍民得以免受征戰的勞苦。當時，宣帝身穿帝服，親臨渭橋，鳴鐘傳鼓於渭水之上，面南而坐，接受呼韓邪單于朝見，朔方、易水之地再也沒有了匈奴軍馬的蹤跡，為時達六十餘年。以後王莽篡位，驚擾了匈奴，隨之又發生了更始帝時期的變故，華夏分裂混亂，從此匈奴重又得志，虎狼之心再生，乘機侵襲，禍害及於鄰境。及至光武帝中興之初，重新與匈奴修舊日友好，報答覆命的使者來往不斷，賞賜匈奴的金幣財物連綿不斷地載運於道路上，但單于卻驕傲悖慢，日益蠻橫，對內地侵擾有增無減。光武帝因正忙於平定中原各割據勢力，沒有閒暇顧及塞外之事，之所以忍受羞愧，是因為匈奴很難對付，只是以好言相報而已。於是遷徙幽、并二州百姓，增置邊境戍卒。及至關東地區漸漸平定，隴、蜀之地也已清平，勇士悍將對匈奴的囂張氣焰沒有不頓足扼腕、義憤填膺的，爭相議論衛青、霍去病征伐匈奴之事。光武帝當時正厭惡兵事，想乘天下安定之時修理文政，沒有允許。此後匈奴各部爭奪單于位，日逐王比前來投奔，希望與漢重修呼韓邪時之好，以抵禦北匈奴南侵之勢，表示願奉藩稱臣，永為漢朝邊衛。天子總攬百官的謀策，附合眾人的言論，決定接納匈奴。便詔令有關官吏開放北邊，選擇肥美之地，依據水草選合適的地方安置他們。設置使匈奴中郎將，用嚴整的法度治理匈奴。為其制定服飾和典章制度，賜予其璽綬，確認單于名號。於是匈奴分崩，開始有南北二單于庭。南北匈奴仇恨既然已深，便互相伺察對方的破綻漏洞，持弓舉戈，觀望時機，如同雲屯鳥散，互相襲擊，以致互相斬殺俘獲創傷者，沒有安寧的歲月，而漢之邊地卻安然無事了。後來朝廷也經常出師，與南匈奴合兵盡力討伐北匈奴，命竇憲、耿夔之輩，前後並進，皆用智巧，設奇謀，分進合擊，襲擊其巢穴，跟蹤追擊其敗軍三千餘里，於是攻破單于庭，焚燒其帳幕，坑殺左賢王等十角貴族，俘獲了閼氏，銘功刻石，高奏凱歌而還。北單于被嚇得息聲摒氣，攜帶蒙氈逃到烏孫那裡去了，而漠北之地空無人煙。如果憑藉當時形勢，乘其地曠人虛之時，遷徙南匈奴還歸陰山，使西河歸為內地，上可以申張光武帝從權而行的謀略，下可以防戎羯之族亂華的變故，使耿國之謀劃收益於當世，袁安之議被後王聽從，平易正直之道，則得以弘揚。但竇憲自負對匈奴三戰三捷的功效，忽略治世的準則，貪殘不端，專斷威福，持勢弄權，又重立北單于之位，使其返居故庭，對南、北匈奴並施恩澤，兩加護持。以一己私利，廢棄天下之事，而釀成無窮後患。後人說起這件事來，會深以為恨的呀！此後國家治理失策，匈奴叛服不一，其所造成的禍害流毒，哪裡能說得盡！延及後世，習以為常，匈奴最終吞噬神州，把帝都變成廢墟。可悲呀！千里之差，起自毫釐，得與失的根源，百世不滅呀。

史官評議說：匈奴分為南北後，很少聽到邊地警報。但其野心難於改悔，最終還是成為禍害。

【研 析】匈奴崛起於北方，活躍了六百年之久，歷秦與兩漢三個王朝。形成了游牧民族與農業民族的對抗之勢。東漢時期，匈奴始終是北境最嚴重的邊患。

從歷史發展的大勢看，匈奴有其自身的優勢，他們有騎射之長，居無定處，以掠奪人口財物為目的，聚散容易，所以在與定居的農業民族對抗中進退自如，機動靈活，得多失少；他們也有其劣勢：其一，匈奴生存的環境惡劣，常有乾旱災害，一旦大災到來，則面臨亡種的危險。其二，他們文化底蘊淺薄，社會制度不健全，不受禮儀約束。其三，由於部眾分散，單于的約束能力比較差，政權容易分裂，造成失控狀態。由於此，往往成為一支破壞力極強的軍事聯盟組織，構成對南方漢族政權的極大威脅。而定居的農業民族總是處於被動之勢，顧慮甚多，防不勝防。

東漢朝廷對匈奴所採取的政策大致有三：其一，對南匈奴以賄賂、安撫、保護、羈縻政策，分化匈奴力量，在邊境形成一個緩衝地帶，盡量減少邊境的損害。其二，對北匈奴虛與委蛇，招撫與打擊並用，以打擊為主，消滅其實力。其三，籠絡烏桓大人、鮮卑酋長，使其從漢助攻匈奴，達到以夷制夷的目的。但無論何種政策，都要付出重大代價，均屬不得已而為之。東漢朝廷在這些政策的掌握上基本是正確的。至於竇憲對南、北匈奴並施恩澤，兩加護持所造成的失誤，也不能像史官評論的那樣歸為一人之錯，視為「無窮後患」，西晉時，匈奴最終吞噬神州，把帝都變成廢墟，難道西晉王朝沒有責任嗎？

中國歷史上，北方少數民族勢力的消長有其必然性，朝廷解決邊患問題，靠的是人謀的力量，充其量也只是在受損程度上有所不同而已，而游牧民族由野蠻進步到文明社會需要一定的時間，這一點已經為歷史所證明。（聶樹鋒注譯）

卷九十

烏桓鮮卑列傳第八十

【題　解】本卷敘述烏桓、鮮卑的歷史。秦末漢初，烏桓役屬於匈奴。武帝時，霍去病擊破匈奴左地，遷烏桓於上谷、漁陽、右北平、遼東、遼西五郡塞外，為漢偵察匈奴動靜，並置護烏桓校尉，監領烏桓。王莽執政，驅烏桓攻匈奴，以烏桓妻子為質，以殺戮為威，烏桓遂降匈奴。東漢初，烏桓與匈奴聯兵，擾亂代郡以東各地。後來匈奴內亂，烏桓乘機攻擊，匈奴轉徙漠北。光武帝籠絡烏桓大人郝旦等，封官賜爵，許其從塞外內遷，駐牧於邊境十郡之內，並置烏桓校尉於上谷寧城。明帝、章帝、和帝三代，漢與烏桓相安無事。西元二世紀中，漢與南匈奴對抗，各郡烏桓或從漢攻匈奴，或與匈奴聯兵攻漢。獻帝初平元年，遼西烏桓大人蹋頓統一了烏桓。在中原內部紛爭中，袁紹因被曹操擊敗，其子袁尚往奔遼西，投靠蹋頓。建安十二年，曹操遠征烏桓，戰於柳城，烏桓敗績，蹋頓及各王以下被斬，降漢者二十餘萬口。曹操使降者萬餘戶徙居中原。殘留故地的烏桓，與鮮卑融合，內徙者逐漸與漢人同化。

秦漢之際，東胡部落被匈奴單于冒頓所破，鮮卑部落遂聚居於鮮卑山（今內蒙古科爾沁右翼中旗西），後遷居饒樂水（今西拉木倫河），從事游牧狩獵。在匈奴分裂為南、北二部以後，東部鮮卑擺脫被奴役的地位，參與反抗匈奴的活動。東漢永元中，北匈奴西遁，鮮卑部落占領了蒙古沙漠以北的匈奴故地，而匈奴殘餘部落留者尚有十餘萬眾，皆自號鮮卑，鮮卑由是漸盛。東漢後期，鮮卑部落大人檀石槐建立了強大的部落聯盟，

「兵馬甚盛……南抄緣邊，北拒丁零，東卻夫餘，西擊烏孫……東西萬四千餘里，南北七千餘里」，分成中、東、西三部。檀石槐死後，部落聯盟很快瓦解。

1 烏桓❶者，本東胡❷也。漢初，匈奴❸冒頓❹滅其國，餘類保烏桓山❺，因以為號焉。俗善騎射，弋獵禽獸為事。隨水草放牧，居無常處。以穹廬❻為舍，東開向日。食肉飲酪，以毛毳❼為衣。貴少而賤老，其性悍塞❽。怒則殺父兄，而終不害其母，以母有族類，父兄無相仇報故也。有勇健能理決鬬訟者，推為大人❾，無世業相繼。邑落各有小帥❿，數百千落自為一部。大人有所召呼，則刻木為信，雖無文字，而部眾不敢違犯。氏姓無常，以大人健者名字為姓。大人以下，各自畜牧營產，不相傜役。其嫁娶則先略⓫女通情，或半歲百日，然後送牛馬羊畜，以為娉⓬幣。壻隨妻還家，妻家無尊卑，旦旦⓭拜之，而不拜其父母。為妻家僕役，一二年間，妻家乃厚遣送女，居處財物一皆為辦。其俗妻後母⓮，報寡㛐⓯，死則歸其故夫。計謀從用婦人，唯鬬戰之事乃自決之。父子男女相對踞蹲⓰，以髡⓱頭為輕便。婦人至嫁時乃養髮，分為髻⓲，著句決⓳，飾以金碧，猶中國⓴有簂步搖㉑。婦人能刺韋作文繡，織氀毼㉒。男子能作弓矢鞍勒㉓，鍛金鐵為兵器。

其土地宜穄[24]及東牆[25]。東牆似蓬草，實如穄子，至十月而熟。見鳥獸孕乳，以別四節。

2 俗貴兵死，斂[26]屍以棺，有哭泣之哀，至葬則歌舞相送。肥養一犬，以彩繩纓[27]牽，并取死者所乘馬衣物，皆燒而送之，言以屬累[28]犬，使護死者神靈歸赤山[29]。赤山在遼東西北數千里，如中國人死者魂神歸岱山[30]也。敬鬼神，祠天地日月星辰山川及先大人有健名者。祠用牛羊，畢皆燒之。其約法：違大人言者，罪至死；若相賊殺者，令部落自相報，不止，詣大人告之，聽出馬牛羊以贖死；其自殺父兄則無罪；若亡畔[31]為大人所捕者，邑落不得受之，皆徙逐於雍狂之地[32]，沙漠之中。其土多蝮蛇[33]，在丁令[34]西南，烏孫[35]東北焉。

3 烏桓自為冒頓所破，眾遂孤弱，常臣伏匈奴，歲輸牛馬羊皮，過時不具，輒沒其妻子。及武帝遣驃騎將軍[36]霍去病[37]擊破匈奴左地，因徙烏桓於上谷[38]、漁陽[39]、右北平[40]、遼西[41]、遼東[42]五郡塞外[43]，為漢偵察匈奴動靜。其大人歲[44]一朝見，於是始置護烏桓校尉[45]，秩[46]二千石[47]，擁節[48]監領之，使不得與匈奴交通[49]。

4 昭帝[50]時，烏桓漸強，乃發匈奴單于[51]冢墓，以報冒頓之怨。匈奴大怒，乃東擊破烏桓。大將軍[52]霍光[53]聞之，因遣度遼將軍[54]范明友[55]將二萬騎出遼東邀[56]

匈奴，而虜已引去。明友乘烏桓新敗，遂進擊之，斬首六千餘級，獲其三王首而還。由是烏桓復寇幽州[57]，明友輒破之。宣帝[58]時，乃稍保塞降附。

5 及王莽篡位，欲擊匈奴，興十二部軍，使東域將嚴尤[59]領烏桓、丁令兵屯代郡[60]，皆質[61]其妻子於郡縣。烏桓不便水土，懼久屯不休，數求謁[62]去。莽不肯遣，遂自亡畔，還為抄盜，而諸郡盡殺其質，由是結怨於莽。匈奴因誘其豪帥[63]以為吏，餘者皆羈縻[64]屬之。

6 光武初，烏桓與匈奴連兵為寇，代郡以東尤被其害。居止近塞，朝發穹廬，暮至城郭，五郡民庶，家受其辜[65]，至於郡縣損壞，百姓流亡。其在上谷塞外白山者，最為強富。

7 建武[66]二十一年，遣伏波將軍馬援將三千騎出五阮關[67]掩擊之。烏桓逆知[68]，悉相率逃走，追斬百級而還。烏桓復尾擊援後，援遂晨夜奔歸，比入塞，馬死者千餘匹。

8 二十二年，匈奴國亂，烏桓乘弱擊破之，匈奴轉北徙數千里，漢南地空，帝乃以幣帛[69]賂烏桓。二十五年，遼西烏桓大人郝旦[70]等九百二十二人率眾向化，詣[71]闕[72]朝貢[73]，獻奴婢[74]牛馬及弓虎豹貂皮。

9 是時四夷[75]朝賀，絡驛而至，天子乃命大會[76]勞饗[77]，賜以珍寶。烏桓或願留宿衛，於是封其渠帥[78]為侯王君長者八十一人，皆居塞內，布於緣邊諸郡，令招來種人，給其衣食，遂為漢偵候，助擊匈奴、鮮卑[79]。時司徒[80]掾班彪[81]上言：「烏桓天性輕黠[82]，好為寇賊，若久放縱而無總領者，必復侵掠居人，但委主降掾史[83]，恐非所能制。臣愚以為宜復置烏桓校尉，誠有益於附集，省國家之邊慮。」帝從之。於是始復置校尉於上谷甯城[84]，開營府[85]，并領鮮卑，賞賜質子，歲時互市焉。

10 及明[86]、章[87]、和[88]三世，皆保塞無事。安帝[89]永初[90]三年夏，漁陽烏桓與右北平胡千餘寇代郡、上谷。秋，鴈門[91]烏桓率眾王無何[92]，與鮮卑大人丘倫[93]等，及南匈奴骨都侯[94]，合七千騎寇五原[95]，與太守[96]戰於九原[97]高渠谷[98]，漢兵大敗，殺郡[99]長吏[100]。乃遣車騎將軍[101]何熙[102]、度遼將軍梁慬[103]等擊，大破之。無何乞降，鮮卑走還塞外。是後烏桓稍復親附，拜其大人戎朱廆[104]為親漢都尉[105]。

11 順帝[106]陽嘉[107]四年冬，烏桓寇雲中，遮截道上商賈車牛千餘兩[108]，度遼將軍耿曄[109]率二千餘人追擊，不利，又戰於沙南[110]，斬首五百級。烏桓遂圍曄於蘭池城[111]，於是發積射士[112]二千人，度遼營[113]千人，配上郡屯，以討烏桓，烏桓乃退。永和五年，烏桓大人阿堅[114]、羌渠[115]等與南匈奴左部句龍吾斯[116]反畔，中郎將[117]張耽[118]擊破斬之，餘眾悉降。桓帝[119]永壽[120]中，朔方烏桓與休著屠各[121]並畔，中郎將張奐[122]擊平之。延熹[123]九年夏，烏桓復與鮮卑及南匈奴寇緣邊九郡，俱反，張奐討之，皆出塞去。

12 靈帝[124]初，烏桓大人上谷有難樓[125]者，眾九千餘落，遼西有丘力居[126]者，眾五千餘落，皆自稱王；又遼東蘇僕延[127]，眾千餘落，自稱峭王；右北平烏延[128]，眾八百餘落，自稱汗魯王：並勇健而多計策。中平[129]四年，前中山[130]太守張純[131]畔，入丘力居眾中，自號彌天安定王，遂為諸郡烏桓元帥[132]，寇掠青[133]、徐[134]、幽、冀[135]四州。五年，以劉虞[136]為幽州牧[137]，虞購募[138]斬純首，北州乃定。

13 獻帝[139]初平[140]中，丘力居死，子樓班[141]年少，從子[142]蹋頓[143]有武略，代立，總攝三郡，眾皆從其號令。建安[144]初，冀州牧袁紹[145]與前將軍[146]公孫瓚[147]相持不決，蹋頓遣使詣紹求和親，遂遣兵助擊瓚，破之。紹矯[148]制賜蹋頓、難樓、蘇僕延、烏延等，皆以單于印綬[149]。後難樓、蘇僕延率其部眾奉樓班為單于，蹋頓為王，然蹋頓猶秉計策。廣陽[150]人閻柔[151]，少沒[152]烏桓、鮮卑中，為其種人所歸信[153]，柔乃因鮮卑眾，殺烏桓校尉邢舉[154]而代之。袁紹因寵慰柔，以安北邊。及紹子尚[155]

敗，奔蹋頓。時幽、冀吏人奔烏桓者十萬餘戶，尚欲憑其兵力，復圖中國。會曹操平河北156，閻柔率鮮卑、烏桓歸附，操即以柔為校尉157。建安十二年，曹操自征烏桓，大破蹋頓於柳城158，斬之，首虜二十餘萬人。袁尚與樓班、烏延等皆走遼東，遼東太守公孫康159並斬送之。其餘眾萬餘落，悉徙居中國云。

【章旨】以上敘述烏桓的歷史。秦末漢初，烏桓役屬於匈奴。武帝時，霍去病擊破匈奴左地，遷烏桓於邊境五郡，烏桓助漢以攻匈奴。東漢初，漢與烏桓相安無事。安帝以後，漢與南匈奴對抗，各郡烏桓叛附不一。獻帝時烏桓大人蹋頓統一了烏桓。建安中，曹操遠征烏桓，蹋頓及各王以下被斬，降漢者二十餘萬。曹操使降者萬餘戶徙居中原。殘留故地的烏桓與鮮卑融合，內徙者逐漸與漢人同化。

【注釋】❶烏桓　古族名。也作「烏丸」，東胡族的一支。秦末漢初，東胡遭匈奴擊破後，部分遷烏桓山，因以為名。以游牧射獵為生。漢初依附匈奴，武帝以後依附漢朝，遷至上谷、漁陽、右北平、遼西、遼東等五郡塞外。西漢時置護烏桓校尉，東漢因之。受漢族影響，後漸營農業。每年在上谷、寧城等處與漢朝互市。❷東胡　游牧民族，活躍在遼河上游西拉木倫河、老哈河流域，屬阿勒泰語系，無文字，以畜牧業為主，兼有狩獵和農業、工商業。東胡崛起後，擊敗燕國，劫掠趙國，勒索匈奴。燕國築長城防禦東胡。趙國大將李牧曾擊敗東胡。匈奴冒頓單于即位後，東胡欲以武力奪取匈奴與東胡之間的中立地帶，被冒頓擊垮。東胡部落聯盟瓦解，政權崩潰。❸匈奴　中國古代北方少數民族，亦稱胡。戰國時活動於燕、趙、秦以北地區。秦漢之際，冒頓單于統一各部，勢盛，統轄大漠南北廣大地區。漢初，不斷南下攻擾，漢朝基本上採取防禦政策。武帝時轉取攻勢，多次進軍漠北，使其受到很大打擊，勢漸衰。宣帝甘露二年呼韓邪單于附漢，翌年來朝。其後六七十年間，漢與匈奴之間經濟文化交流頻繁。東漢光武帝建武二十四年（西元四八年）分裂為二部，南下附漢的稱為南匈奴，留居漠北的稱為北匈奴。南匈奴屯居朔方、五原、雲中（今內蒙古自治區境內）等郡，東漢末分為五部。北匈奴在漢和帝時被東漢和南匈奴所擊敗，部分西遷。❹冒頓　匈奴單于。約西元前二〇九—前一七四年在位。初為質於月氏。秦二世元年（西元前二

○九年）殺父自立。即位後，率三十餘萬眾東敗東胡，西逐月氏，南併樓煩、白羊河南王，復占秦時所失河南塞，平定樓蘭、烏孫等西域二十六國。數侵擾漢邊郡，漢高帝七年（西元前二〇〇年）漢高祖劉邦曾被其困於平城白登山（今山西大同東北）。此後漢與結和親之約，遣公主為閼氏，歲贈幣帛，開放關市，終文帝、景帝之世不變。❺烏桓山　亦作「烏丸山」。《清一統志》：阿祿科爾沁西北有烏聊山，或曰即烏桓山。❻穹廬　古代游牧民族居住的氈帳。❼毳　鄭玄注《周禮》：「毛之縟細者為毳也。」❽悍塞　《說文》：「悍，勇也。」塞，不通。謂性格兇悍，不懂變通。❾大人　古代北方部族首領之稱。❿小帥　古代北方部族首領之稱。⓫略　搶；掠奪。杜預注《左傳》：「不以道取為略。」⓬娉　男人娶妻。⓭旦旦　天天。⓮妻後母　古代北方少數民族習俗，父死可以娶後母為妻。⓯報寡㛐　㛐，即「嫂」字。古代北方少數民族習俗，兄死可以娶寡嫂為妻。⓰踞蹲　蹲坐。⓱髡　剃髮。⓲髻　盤在頭頂或腦後的髮結。⓳句決　漢代烏桓婦女的首飾。⓴中國　初時本指河南及其附近地區，後來華夏漢族活動範圍擴大，黃河中下游一帶，也被稱為「中國」。㉑簂步搖　簂，或為「幗」。婦人首飾。《續漢書．輿服志》：「公卿列侯夫人紺繒幗。」《釋名》：「皇后首飾，上有垂珠，步則搖之。」㉒氀毼　毛毯。《廣雅》：「氀毼，罽也。」㉓勒　馬銜。銜在馬口中的鐵鏈，用以馭馬。㉔穄　穄子。又名「糜子」，不粘的黍類。㉕東牆　一年生草本植物，形似蓬草，子粒如糜子，可食。㉖斂　為屍體穿衣入棺。㉗纓　帶子；繩子。㉘屬累　託付。㉙赤山　山名。在遼東西北數千里。㉚岱山　即泰山。《博物志》：「泰山，天帝孫也，主召人魂。東方萬物始，故知人生命。」㉛亡畔　逃亡叛變。畔，同「叛」。㉜雍狂之地　猶荒遠之地。㉝蝮蛇　屬蛇科。頭呈三角形，體色灰褐而有斑紋，口有毒牙。生活在平原及山野，以鼠、鳥、蛙等為食，也能傷人畜。毒腺的毒液可治痲風病。㉞丁令　古代族名。亦作「丁靈」、「釘靈」。漢代，丁令主要分布在今俄羅斯貝加爾湖以南地區。漢初為匈奴所破。漢宣帝本始二年，丁令人配合漢軍，協同烏孫、烏桓、鮮卑等族擊敗匈奴，並迫其西遷。東漢時，丁令人部分南遷。㉟烏孫　古族名和古國名。又稱「崐彌」，治今新疆溫宿北天山中。一說在新疆特克斯河流域，一說在伊塞克湖東南別代勤山隘西北依什提克，分布在今伊犂河到天山一帶。原游牧於敦煌、祁連間，西漢初為大月氏所破，部落歸附匈奴。匈奴老上單于時，烏孫王借匈奴兵，迫大月氏南徙，據有其地，自立為國。元狩四年（西元前一一九年）張騫第二次出使西域，烏孫王與漢結盟，屬西域都護。漢於赤穀城駐軍、屯田。㊱驃騎將軍　官名。西漢武帝置為重號將軍，僅次於大將軍，秩萬石。東漢位比三公，地位尊崇。㊲霍去病　（西元前一四〇—前一一七年），西漢河東平陽（今山西臨汾）人。大將軍衛青的外甥。母為漢武帝姐平陽公主家奴，與平陽役霍仲孺私通，生霍去病。後霍去病姨母衛子夫立為皇后。霍去病得以入宮，做了保衛皇帝安全的侍中官。武帝反擊匈奴。霍去病四次領兵出擊，戰功赫赫，升任驃騎將軍，食邑五千八百戶，拜為大司馬。西元前一一七年，因病去世，年二十四歲。㊳上谷　郡名。戰國時燕國置。秦治今河北懷來東南大古城。㊴漁陽　秦漢治今北京密雲。㊵右北平　郡名。漢置。今河北東北部承德、唐山一帶。治今河北平泉。後漢治土垠（今河北豐潤東）。㊶遼西　郡名。秦置。今河北北部承德至遼寧錦州一帶。漢因之。治且慮。故城在今河北盧龍東。後漢移治今河北撫寧。㊷遼東　郡名。戰國時燕將秦開破東胡後所置。秦漢時治今遼寧遼陽老城區，轄境相當於今遼寧大凌河以東地區。因地處遼水以東，故名。㊸塞外　指長城以外的地方。㊹歲　即一年。㊺護烏桓校尉　官名。亦稱「烏桓校尉」。西漢武帝始置，掌內附烏桓事務。秩二千石，持節。後不常置。東漢建武二十五年（西元四九年），遼西烏桓朝貢，使居塞內，布於緣邊諸郡，令招徠種人，給其衣食，為漢偵察，助擊鮮卑、匈奴，復置護烏桓校尉，秩比二千石，屯上谷寧城，並領鮮卑。常將烏桓等部兵與度遼將軍、使匈奴中郎將、護羌校尉等協同作戰，戍衛東北邊塞。㊻秩　官吏的職位或品級。㊼二千石　官品等級，因所得俸祿以穀為準，故以「石」稱之。因郡守、王國傅相均秩二千石，所以二千石成為漢代對郡守、國相等一級官吏的通稱。㊽節　古代出使外國所持的憑證。㊾交通　結交；勾結。㊿昭帝　即劉弗陵（西元前九四—前七四年），西漢武帝少子。即位時年僅八歲，霍光、上官桀、金日磾、桑弘羊受武帝遺詔輔政。即位後委政霍光。因海內虛耗，民生凋敝，故採取輕徭薄賦、與民休息的政策，屢次減免租賦，招撫流民。始元六年（西元前八一年）召集郡國賢良文學會議鹽鐵，旋罷榷酤。又與匈奴恢復和親。政治較為安定，社會經濟有所恢復。(51)單于　匈奴最高首領稱號。全稱「撐犁孤塗單于」，匈奴語撐犁為「天」，孤塗為「子」，單于為「廣大」之意。西漢五鳳元年（西元前五七年）匈奴一度分裂，五單于並立。東漢初，匈奴南北分裂，有北單于、南單于。(52)大將軍　官名。始於戰國，漢代沿置，為將軍的最高稱號，執掌統兵征戰。多由貴戚擔任，掌握政權，職位甚高。(53)霍光　（？—西元前六八年），字子孟，西漢河東平陽（今山西臨汾）人。霍去病異母弟。武帝臨終，任為大司馬大將軍，與金日磾、上官桀、桑弘羊同受遺詔，輔佐少主。昭帝即位後，以交結燕王旦謀反罪名殺上官桀等，遂專朝政。及昭帝死，迎立昌邑王劉賀為帝，旋廢之，另立宣帝。前後秉政二十年，遵循武帝法度。注意輕徭薄賦，與民休息，百姓生活較為安定。宣帝即位後歸政，仍掌大權。地節二年（西元前六八年）病卒。後其妻顯毒殺許皇后事發，子霍禹等謀反，族誅。(54)度遼將軍　漢代將軍名號。初設於漢昭帝元鳳三年（西元前七八年），因遼東烏桓反，以中郎將范明友為度遼將軍，率騎兵擊之。因須渡過遼水，所以以「度遼」為號。東漢明帝時復置，與使匈奴中郎將、護羌校尉、護烏桓校尉同掌西北邊防及匈奴、鮮卑、烏桓、西羌諸部事。(55)范明友　西漢人，官中郎將。昭帝元鳳三年冬，烏桓叛漢，寇掠邊城。匈奴遣兵二萬騎進擊烏桓，又入侵漢塞，漢以范明友為度遼將軍，將二萬騎出遼東追擊匈奴，匈奴先行退去。明友遂擊烏桓，烏桓大敗，三王被斬，自此烏桓無力與漢為敵，又復歸附。56邀　阻攔；截擊。57幽州　西漢武帝所置「十三刺史部」之一。東漢時治今北京。58宣帝　劉詢（西元前九一—前四九年），戾太子孫。幼遭巫蠱之禍，生長民間。元平元年，霍光與大臣廢昌邑王賀後，被迎立為帝。初委政霍光。光死親政，致力整頓吏治，強化皇權。招撫流亡，假民公田，設置常平倉，蠲免和減輕租賦，以此安定民生，恢復生產。匈奴呼韓邪單于降漢，消除匈奴對漢的威脅。又設置西域都護，政令從此頒於西域。統治期間號稱「中興」，然重用宦官和外戚許、史與王氏。廟號中宗。59嚴尤　兩漢時期人。王莽遣十二將軍出擊匈奴，嚴尤以討穢將軍出漁陽。後封武建伯，為大司馬。尤有智謀，反對王莽征討四夷的作法，數諫忤莽意，由是策免。下江兵起，以訥言大將軍職擊荊州，後自昆陽敗走，至沛郡，自稱漢將，降忠武侯劉聖。聖以為大司馬，十餘日敗，並死。60代郡　古代國。戰國屬趙，置代郡。秦亦為代郡，漢初為代國，尋為代郡，治今河北蔚縣。後漢移治今山西陽高。61質　抵押或抵押品。62謁　拜見。63豪帥　古代少數民族的首領或部落酋長。64羈縻　籠絡藩屬，使其人不生異心。65辜　災難；禍害。66建武　東漢光武帝劉秀年號，西元二五—五六年。67五阮關　即「紫荊關」。戰國時期為「太行八陘」之一的「蒲陰陘」。漢代稱「五阮關」，北魏時稱「子莊關」，宋代稱「金陂關」，金、元以後因山上長滿紫荊樹而得名「紫荊關」。位於河北易縣西北約九十里的紫荊嶺上，北臨拒馬河，峰巒高聳如列屏障，南有古十八盤山路通河北平原，向西則通往山西高原，自古以來就是軍事要地。68逆知　預知；逆料。69帛　絲織品的總稱。70郝旦　烏桓部首領。西漢末年，匈奴勢力漸衰北遁，烏桓部落徙居包括今赤峰在內及遼西地區，駐帳於柳城（今遼寧朝陽）。光武帝劉秀為鞏固邊境，以「幣帛賂烏桓」，招誘烏桓，為其偵察匈奴動靜，使郝旦助漢擊匈奴，藉此烏桓部落也逐漸強大起來。71詣　到，舊時特指到尊長那裡去。72闕　指京城皇宮。73朝貢　古時謂藩屬國或外國使臣入朝，貢獻方物。74奴婢　古代被役使的男人稱「奴」，女人稱「婢」。75四夷　古代指居於中原周邊地區的少數民族。76大會　謂大規模地會合。77勞饗　設盛宴慰勞。78渠帥　首領；少數民族的部落酋長。79鮮卑　中國古代少數民族，東胡族的一支。漢初各部均受匈奴統治。漢武帝派兵破匈奴東部地區，部分鮮卑南下至西拉木倫河流域烏桓故地。東漢永元元年（西元八九年），北匈奴西遷，鮮卑各部漸入據匈奴故地，吸收北匈奴餘眾十餘萬落。桓帝時，首領檀石槐在漠南北建立部落大聯盟，分為東中西三部。以游牧狩獵為業，居無常處。80司徒　官名。三公之一，西漢哀帝時罷丞相，置大司徒，東漢時稱司徒，名義上與司空、太尉共掌政務，實際上權力已在尚書臺。81班彪　（西元三—五四年），字叔皮，東漢扶風安陵（今陝西咸陽）人。性沉重好古，年二十餘，在天水依附隗囂，著《王命論》。欲以感之，隗囂終不領悟。遂避地河西，為竇融從事，勸竇融支持光武帝。東漢初，舉茂才。任徐令，因病免官。

專力從事史學，以《史記》所記史實止於漢武帝太初年間，乃收集史料，作《後傳》六十餘篇。後其子班固繼其業，其女昭等又補充固所未及完成者。遂成《漢書》。後為望都長，卒於官。82輕黠　輕銳狡黠。83掾史　屬官統稱。漢代三公府及其他重要官府皆置掾、史、屬，分曹治事。掾為曹長，史、屬副貳。故掾史多冠以曹名，如戶曹掾、戶曹史等。84甯城　縣名。屬上谷郡。故址在今河北萬全。《漢書》、《史記》甯都作「甯」，「寧」、「甯」兩字通。85營府　武將的府第。86明　即東漢明帝劉莊（西元二八—七五年），字子麗。漢光武帝劉秀第四子。在位期間，遵奉光武制度，整頓吏治，嚴明法令，禁止外戚封侯預政。提倡儒術，省減租傜，修治汴河，民生比較安定。數發兵進擊北匈奴，遣班超經營西域，西域諸國皆遣子入侍。廟號顯宗。87章　即東漢章帝劉炟（西元五六—八八年），漢明帝第五子。即位後一改明帝苛察，事從寬厚。少好儒術，建初四年，令諸儒於白虎觀討論《五經》異同，令班固等據以作《白虎通義》。頒布〈胎養令〉，以獎勵人口生育。在位期間，社會民生尚稱安定，生產有所發展。後世史家將其與明帝統治時期並稱為「明章之治」。然外戚竇憲驕擅，帝待以寬容，遂開外戚專政之始。廟號肅宗。88和　即東漢和帝劉肇（西元七九—一〇五年），漢章帝第四子。即位時年十歲，竇太后臨朝，后兄竇憲等掌實權。永元四年與宦官鄭眾定計捕殺竇氏及其黨羽後親政。屢派兵征伐匈奴、羌及西域諸國，並發布減免災區租、賦之詔。在位期間，西域都護班超曾派人西使大秦（羅馬帝國），至西海（波斯灣）被阻而還，為漢使所達最西之地。89安帝　即劉祜（西元九四—一二五年），東漢章帝孫，清河孝王劉慶子。即位時年十三，鄧太后臨朝，后兄鄧騭執政。在位期間，政治黑暗，社會動蕩。張伯路等起兵海上，攻擊沿海諸郡，襲殺守令；杜季貢等聯合羌人連年起義，屢敗漢兵。建光元年鄧太后死後親政，與宦官李閏等合謀誅滅鄧騭宗族，自此寵信宦官。廟號恭宗。90永初　東漢安帝劉祜年號，西元一〇七—一一三年。91鴈門　郡名。戰國時趙國置，秦因之。今山西舊代州寧武之北部及朔平南部、大同東部北部皆其境。漢亦為鴈門郡，治今山西右玉。東漢移治今山西代縣。鴈，同「雁」。92無何　烏桓部落酋長，自稱「率眾王」。93丘倫　鮮卑部落酋長。94骨都侯　漢時匈奴官名。冒頓單于設置，分左右，由異姓貴族擔任，位在谷蠡王之下，是單于的輔政近臣。《史記．匈奴列傳》：「置左右賢王，左右谷蠡王，左右大將，左右大都尉，左右大當戶，左右骨都侯。」亦省稱「骨都」。借指匈奴官員或異姓大臣。95五原　郡名。西漢置。治今內蒙古包頭西北。東漢初，匈奴南單于分部眾屯於此，末年廢。96太守　官名。西漢景帝時改郡守置，為郡的最高行政長官，掌民政、司法、軍事、財賦等，可以自辟僚屬，秩二千石。東漢沿置。97九原　縣名。屬五原郡。治今內蒙古包頭西。98高渠谷　古地名。在九原縣。99郡　古代行政建制。周制，天子地方千里，分為百縣，縣有四郡。至秦初置三十六郡，以監其縣。古者縣大郡小，秦以後郡大縣小。100長史　這兒指郡縣地方官員。秦、漢一般指秩六百石以上官吏，縣丞、尉，祿秩雖低，亦可稱長吏。101車騎將軍　官名。西漢初設「將車騎士」，故名。後遂為高級武官稱號，位次大將軍，且文官輔政者亦加此銜。東漢權勢尤重，但地位仍低於大將軍、驃騎將軍，高於衛將軍。102何熙　字孟孫，東漢陽夏人。體貌魁梧，善為容儀。舉孝廉為謁者，贊拜殿中，音動左右，為和帝嘉之。歷位大司農。永初間南單于與烏桓俱反，以熙行車騎將軍事征之，暴疾卒。103梁慬　字伯威，東漢梁諷子。延平初拜西域副校尉，討定龜茲。安帝時擊眾羌，大破之，受到朝廷璽書勞勉，委以四方事，又擊破南單于及烏桓，拜度遼將軍。後坐專擅，徵下獄抵罪。會叛羌寇三輔，起拜謁者，於路上病卒。104戎朱廆　烏桓部落酋長，後歸附漢朝，朝廷任其為親漢都尉。105親漢都尉　都尉，官名。地位稍低於校尉，或冠以驍騎、車騎、軍門、彊弩、復土等名號，皆有事時臨時設置，事訖即罷。西漢武帝時為安置內附匈奴，設屬國都尉，宣帝以後，兼安置羌族。東漢西北、東北、西南等邊境地區皆置，加「親漢」二字。多從諸郡中分置若干縣以安置降附、內附少數民族，屬官或設長吏、主簿等員。106順帝　即劉保（西元一一五—一四四年），東漢安帝之子。永寧元年被立為太子。延光三年被廢為濟陰王。安帝死，宦官江京等立北鄉侯劉懿為帝（即少帝），旋卒。宦官孫程等殺江京迎立其為帝。孫程等十九名宦官封侯。外戚梁商、梁冀相繼為大將軍，朝政操於宦官、外戚之手，政治日益腐敗。107陽嘉　東漢順帝劉保年號，西元一三二—一三五年。108兩　通「輛」。109耿曄　字季玉，東漢耿恭孫。順帝初拜烏桓校尉，時鮮卑寇邊，曄率烏桓及諸郡卒擊破之。鮮卑震怖，數萬人詣遼東降。自後頻頻出擊，皆克捷，威振北方，遷度遼將軍。110沙南　縣名。漢置。後漢因之，屬雲中郡。故城在今內蒙古鄂爾多斯左翼後旗。111蘭池城　城邑名。在沙南縣（今內蒙古托克托東南），屬雲中郡。112積射士　漢代尋跡而射的兵士。積，通「跡」。113度遼營　東漢明帝永平八年設置，以中郎將吳棠行度遼將軍事，以監護南匈奴。114阿堅　烏桓大人。永和五年，與南匈奴左部句龍吾斯共同叛漢，被中郎將張耽擊敗斬首。115羌渠　烏桓大人。永和五年，與南匈奴左部句龍吾斯反叛，被中郎將張耽擊敗斬首。116句龍吾斯　南匈奴左部酋長。永和五年，與烏桓大人阿堅、羌渠等反叛，被中郎將張耽擊敗斬首。117中郎將　官名。秦置，為中郎長官，隸郎中令。兩漢沿置，掌宮禁宿衛，隨行護駕，佐郎中令選拔郎官，亦常奉詔出使。東漢還增設使匈奴中郎將。118張耽　官拜中郎將。永和五年，烏桓大人阿堅、羌渠與南匈奴左部句龍吾斯反叛，被張耽擊敗。119桓帝　即劉志（西元一三二—一六七年），東漢章帝曾孫。本初元年被梁太后與兄大將軍梁冀迎立為帝。在位期間，梁太后臨朝，梁冀專權，朝政昏亂，民不聊生。各族叛亂蜂起。延熹二年與宦官單超等合謀誅滅梁氏，封單超等為縣侯，自後權歸宦官，政治更趨黑暗。大臣陳蕃、李膺等聯合太學生，反對宦官干政，被宦官誣指共為部黨。下詔逮捕黨人，禁錮終身，史稱「黨錮」。120永壽　東漢桓帝劉志年號，西元一五五—一五八年。121休著屠各　匈奴部落名。122張奐　（西元一〇四—一八一年），字然明，敦煌淵泉（今甘肅安西）人。舉賢良對策第一，任為議郎。累遷安定屬國都尉。以恩德感動羌豪帥，獻馬二十匹；先零又遺以金食器。奐悉還之。羌首大愧服。遷匈奴中郎將，詔拜為大司農。鮮卑聞奐調離，入塞攻掠沿邊九郡。朝廷仍以奐為護匈奴中郎將，督幽、并、涼三州及度遼、烏桓二營。匈奴聞奐至，相率來降。靈帝建寧元年，張奐回京，會竇武、陳蕃欲誅宦官。宦官曹節矯詔奐率軍圍竇武，迫武自殺，陳蕃被誅。奐以功封侯，恨為曹節所賣，上書固辭。由是為宦官所忌。曹節等進讒靈帝，下詔切責奐。王寓誣告奐結黨。以「黨罪」免官。閉門不出，與弟子千人講誦儒經，著《尚書記難》三十餘萬字。靈帝光和四年（西元一八一年）卒於家，年七十八歲。長子張芝，善書法，以草書為最，世人謂「草聖」。123延熹　東漢桓帝劉志年號，西元一五八—一六七年。124靈帝　即劉宏（西元一五六—一八九年），東漢章帝玄孫。初襲父爵為解瀆亭侯。永康元年桓帝死，被竇太后及其父竇武迎立為帝，時年十二。在位期間，竇武與陳蕃謀誅宦官事敗，宦官繼續掌政。黨禁再起，捕殺李膺、杜密等百餘人。公開標價賣官鬻爵，並增天下田畝稅百錢，大修宮室。政治黑暗，民不聊生。中平元年爆發全國規模的黃巾之亂，東漢王朝趨於崩潰。125難樓　烏桓部落酋長，自稱為王。126丘力居　烏桓部落酋長，自稱為王。127蘇僕延　烏桓部落酋長。自稱峭王。助袁紹攻打公孫瓚，袁紹賜與單于印綬。128烏延　烏桓部落酋長，據右北平，有眾八百餘，自稱「汗魯王」。曹操征烏桓，烏延等人逃奔遼東，為遼東太守公孫康所殺。129中平　東漢靈帝劉宏年號，西元一八四—一八九年。130中山　本周諸侯國名。春秋白狄別族之鮮虞地，戰國時為中山國，被趙武靈王所滅。其地在今河北定縣、唐縣一帶。漢高祖時設郡，景帝三年置諸侯國。131張純　前中山太守，東漢靈帝中平四年（西元一八七年）叛漢，逃入丘力居部眾之中，自稱「彌天安定王」，為諸郡烏桓的統帥，抄掠青、徐、幽、冀四州。中平五年，被幽州牧劉虞募人斬殺。132元帥　古代少數民族的首領或部落酋長。133青　西漢武帝時所置「十三刺史部」之一。東漢治今山東淄博臨淄鎮北。134徐　西漢武帝所置「十三刺史部」之一。東漢治今山東郯城。135冀　漢武帝所置「十三刺史部」之一。東漢治今河北柏鄉北，末期移治今河北臨漳。136劉虞　字伯安，東漢東海郯（今山東郯城）人。初舉孝廉，歷任幽州刺史、甘陵相、宗正。靈帝時，前中山相張純與前太山太守張舉等聯合烏桓起兵，乃以幽州牧率軍鎮壓，以此拜太尉，封容丘侯。董卓秉政，任大司馬，進封襄賁侯。袁紹等起兵討董卓時，以其宗室長者，欲立為主，固拒之。經營青、冀等地多年，所在勸督農植，民生較為安定。後與公孫瓚交惡，發兵攻之。兵敗被殺。事詳本書卷七十三。137牧　即「刺史」。官名。西漢武帝始置，分全國為十三部（州），各置刺史一人，秩六百石。無治所，奉詔巡行諸郡，以六條問事，省察治政，黜陟能否，斷理冤獄。東漢時沿置，有固定治所，實際上成為比郡守高一級的地方行政長官。靈帝時，改刺史為「州牧」，掌握一州的軍政大權。[138]募 以雇傭的方式招收人眾。[139]獻帝 即劉協（西元一八一—二三四年），即位時東漢政權已名存實亡，成為軍閥董卓的傀儡。西元一九六年，他被曹操迎都於許（今河南許昌），此後又成為曹操的傀儡。西元二二〇年，曹丕代漢稱帝，他被廢為山陽公。[140]初平 東漢獻帝劉協年號，西元一九〇—一九三年。[141]樓班 烏桓酋長丘力居子，蹋頓從弟。丘力居死，樓班年幼，蹋頓代立為王。後難樓、蘇僕延率眾擁樓班為單于，蹋頓為王。曹操征烏桓，在柳城破蹋頓，樓班、烏延等人逃奔遼東，為遼東太守公孫康所殺。[142]從子 姪兒。[143]蹋頓 東漢烏桓部人，世據遼西。有武略，總攝三郡。建安初，助冀州袁紹擊公孫瓚，破之，袁紹賜與單于印綬。尋遼東諸部共奉其從弟樓班為單于，蹋頓為王。袁紹子袁尚敗奔蹋頓，幽冀人奔烏桓者甚眾，欲憑之以圖中原，為曹操破於柳城，被斬。其餘眾悉徙居中原。[144]建安 東漢獻帝劉協年號，西元一九六—二二〇年。[145]袁紹 （？—西元二〇二年），字本初，東漢汝南汝陽（今河南商水縣）人。出身於四世三公的世家大族。初為司隸校尉。何進召董卓誅宦官，卓未至而事洩，進被殺，他盡殺宦官。卓至京師專朝政，他投奔冀州（今河北中南部），號召起兵討卓，並據有其地，稱冀州牧。後破公孫瓚，逐漸占有冀、青、幽、并四州。建安五年在官渡（今河南中牟）為曹操大敗，不久病死。其子袁譚、袁尚互相攻擊，先後為曹操所滅。事詳本書卷七十四。[146]前將軍 古代軍銜，始於戰國，秦漢魏晉南北朝沿置。位在大將軍、驃騎將軍之下。[147]公孫瓚 字伯珪，東漢末遼西令支（今河北遷安）人。初為遼東屬國長史，曾反擊烏桓貴族的侵擾和鎮壓青徐黃巾軍。後割據幽州（今河北北部），與袁紹連年作戰。建安四年（西元一九九年）為袁紹所敗，自焚死。事詳本書卷七十三。[148]矯 假託；詐稱。[149]印綬 印信和繫印信的絲帶。古人印信上繫有絲帶，佩帶在身。[150]廣陽 漢置廣陽國。東漢為郡，三國魏為燕國。故治今北京大興。[151]閻柔 東漢廣陽人。幼年失落於烏桓、鮮卑中，為其部眾所服。殺烏桓校尉邢舉以自任。袁紹撫之，以定北邊。及曹操平定河北，閻柔率鮮卑、烏桓部眾歸順。曹操以為烏桓校尉。[152]沒 流落。[153]歸信 猶歸依。[154]邢舉 東漢人。任烏桓校尉，被閻柔殺而代之。[155]尚 即袁尚，字顯甫，東漢袁紹子。袁紹死，尚嗣位，與兄袁譚相攻擊，曹操乘間征討，袁尚敗，奔遼東，為公孫康所殺。[156]河北 泛指黃河以北的地區。[157]校尉 官名。秦漢為統兵武官，位略次於將軍，高於都尉。出征時臨時任命，領一校（營）兵，有司馬、候等屬官。亦或冠以名號，如討虜校尉、輕騎校尉等。又有常設的專職校尉，依其具體職務冠以名號。秩比二千石。[158]柳城 漢置，後漢省。故城在今遼寧朝陽南十二台營子。東漢末廢。[159]公孫康 東漢公孫度子，父死，康嗣位。袁紹敗，其子袁尚奔遼東，公孫康斬之，送首級與曹操，封為襄平侯，拜左將軍。

【語　譯】烏桓原來稱東胡。漢初，東胡被匈奴單于冒頓滅掉，殘餘部落退保烏桓山，因而稱為「烏桓」。烏桓善於騎射，以射獵鳥獸為業。他們居無常處，尋找有水草的地方放牧為生。平日以氈帳為房屋，門向東開以向著太陽。他們吃動物肉喝牛羊奶，用野獸皮毛做衣服。其風俗尊重青年鄙視老人，性格兇悍執拗。生氣時殺自己的父兄，但從來不傷害自己的母親，這是因為母親有自己的氏族，而父親沒有氏族為他報仇的原故。其中勇敢健壯、能處理爭鬥訴訟的，便被推舉為大人，但不能世襲相傳。每個部落都有自己的小帥，數百上千戶自成一部。大人有事相召時，便刻木傳信，雖然沒有文字，但部眾都不敢違犯。姓氏沒有一定的稱呼，常用大人強健者的名字作姓。大人以下，部眾各自畜牧生產，互相之間不負擔勞役。烏桓的嫁娶風俗是先把女子搶過來成親，在夫家住上半年或一百餘日，然後以牛馬羊等牲畜作為聘禮，女婿隨妻回家。女婿到妻子家後，對妻家的人不管尊卑，天天都要拜見，但不拜妻子的父母。女婿在妻家做一二年僕役後，妻家才準備豐厚的禮物送女子回夫家，房屋及所用的財物都為她置辦齊全。其風俗可以娶後母為妻，也可以娶寡居的嫂子為妻，但其死後要和其過去的丈夫安葬在一起。烏桓人內外的事都由婦人決定，只有爭鬥作戰由男人自己決定。父子、男女之間平時相處便相對蹲踞而坐，以剃去頭髮為輕快方便。女人到出嫁時才蓄髮，分梳為髮髻，上邊佩戴句決，飾以金、碧等物，如同中原女子的「幗」、「步搖」等首飾。女子能在皮革上刺繡彩色花紋，織毛毯。男人能製造弓矢、馬鞍、馬銜等物，煉鐵製作兵器。那裡的土地適合種禾穄和東牆。東牆是類似於蓬草的植物，結實如同穄子，每年到十月成熟。烏桓人以觀察鳥獸懷孕哺乳來分辨四季。

2　烏桓的風俗以戰死為光榮，用棺木收殮屍首，眾人哭泣舉哀，但到下葬時卻以歌舞相送。養一隻肥犬，用彩繩牽繫，連同死者生前所乘馬匹及其他衣物都燒掉以送死者，說是以這些託付給犬，使牠保護死者靈魂回歸赤山。赤山在遼東西北數千里，如同中原人死者靈魂回歸岱山一樣。尊敬鬼神，祭祀天、地、日、月、星辰、山川及祖輩大人有勇健名聲的。祭祀用牛羊，完事以後便將其燒掉。其內部共同約定法令：違犯大人話語的，要治死罪；如果有互相殺害的，令其部落自相報復，不能止息的，便去報告大人。大人准許他們用馬、牛、羊等牲畜賠償受害的一方；有自殺其父兄的不治罪；如果有叛逃被大人追捕的，各部落都不得接納他，這樣的人都要被驅逐到荒遠的地方，此地處於沙漠之中，有許多蝮蛇，在丁令西南、烏孫東北。

3 烏桓自從被冒頓擊破以後，部眾寡弱，常年臣服於匈奴，每年繳納牛馬羊皮，過時不置辦齊備，妻兒便要被匈奴收去做奴隸。等到漢武帝派驃騎將軍霍去病攻破匈奴左部以後，便把烏桓遷徙至上谷、漁陽、右北平、遼西、遼東等五郡塞外，為漢朝探聽監視匈奴動靜。烏桓大人每年朝見漢家皇帝一次，於是開始設立護烏桓校尉一官，品秩二千石，持節監察統領烏桓，使其不得與匈奴往來通氣。

4 漢昭帝時，烏桓逐漸強盛，於是發掘匈奴單于墳墓，以報當年冒頓滅己之仇。匈奴聞知大怒，便東進擊破烏桓。大將軍霍光聽到這個消息，派度遼將軍范明友率領二萬騎兵出遼東截擊匈奴，但這時匈奴已經退走。范明友乘烏桓新敗之機，進兵擊之，斬首六千餘級，斬獲其三王的首級而還。於是烏桓又抄掠了幽州一帶，范明友屢次擊破其軍。漢宣帝時，烏桓才漸漸降附保塞。

5 到王莽篡位後，想進擊匈奴，發動十二部軍，命東域將嚴尤率領烏桓、丁令兵駐屯代郡，並將其妻兒都扣在郡縣當作人質。烏桓不服水土，害怕長期屯駐代郡，幾次請求回去。王莽不許，於是烏桓自己逃跑，回去後到處抄掠搶劫，各郡縣便將烏桓人質全部殺掉，從此與王莽結下怨仇。匈奴乘機招誘其豪帥用為官吏，剩下的都加以籠絡使其歸屬於己。

6 東漢光武帝初年，烏桓與匈奴合兵一處，抄掠漢朝邊境，代郡以東的地方受害尤其嚴重。他們的住地靠近邊塞，早晨從他們住的氈帳出發，晚上就能到達邊境的城郭，五郡的百姓都蒙受了他們的危害，以至於郡縣損壞，百姓流亡。駐在上谷郡塞外白山的烏桓部落最為富裕強盛。

7 建武二十一年，朝廷派遣伏波將軍馬援率三千騎兵出五阮關突襲烏桓，烏桓事先得到消息，全部相繼逃走，漢軍追擊斬殺百餘人而還。烏桓又尾隨馬援軍後進行襲擊，馬援率軍星夜奔逃而歸，到進入邊塞以後，戰馬死掉一千多匹。

8 建武二十二年，匈奴國中發生動亂，烏桓乘其衰弱擊破匈奴。匈奴向北遷徙數千里，漢南地區空曠無人，光武帝便送給烏桓錢物布帛。建武二十五年，遼西烏桓大人郝旦等九百二十二人率眾歸順朝廷，到京師朝貢，獻奴婢、牛、馬及弓、虎、豹、貂皮等物。

9 這時四方的少數部族到朝廷朝賀的絡繹而至，光武帝下令舉行盛大宴會招待他們，並賞賜給他們珍寶等物。烏桓有些願意留在京師宿衛的，封他們的首領為侯王君長的八十一人，都使他們居住塞內，分布於沿邊諸郡。命令他們招來自己的族人，由國家供給其衣食，於是這些人為漢朝偵察邊境情況，幫助攻擊匈奴、鮮卑。這時，司徒掾班彪上奏章說：「烏桓天性輕佻狡猾，慣做盜賊，如果長期放縱而沒有統一管理他們的人，一定會再次抄掠邊郡居民，烏桓的事只委託給主降掾史，恐怕這不是他們所能控制的。臣的愚見認為，應當重新設置烏桓校尉，這會有益於烏桓的歸附，免除國家的邊患。」光武帝聽從了他的建議。於是在上谷甯城重新設置烏桓校尉，開設營府，兼帶統領鮮卑之事，賞賜他們的質子，每年按時與他們在邊境交易。

10 到東漢明帝、章帝、和帝三代，烏桓保守邊塞，與漢家相安無事。安帝永初三年夏，漁陽烏桓與右北平胡人千餘人進犯代郡、上谷等地。當年秋天，鴈門烏桓率眾王無何，與鮮卑大人丘倫等，以及南匈奴骨都侯，合兵七千騎進犯五原郡，與五原太守在九原高渠谷交戰，結果漢兵大敗，烏桓等殺害五原郡的長官。漢朝於是派車騎將軍何熙、度遼將軍梁慬等人進擊，大破烏桓等兵。無何向朝廷請求投降，鮮卑逃回塞外。此後烏桓又逐漸親附漢朝，於是朝廷任命其大人戎朱廆為「親漢都尉」。

11 順帝陽嘉四年冬，烏桓進犯雲中郡，攔劫路上商人車、牛千餘輛，度遼將軍耿曄率領二千餘人追擊，未能取勝，又與烏桓在沙南交戰，斬殺烏桓五百人。烏桓於是將耿曄圍困在蘭池城，朝廷派遣積射士二千人，度遼營士卒上千人，配置在上郡屯守，用來征討烏桓，烏桓這才退走。永和五年，烏桓大人阿堅、羌渠等與南匈奴左部句龍吾斯反叛，中郎將張耽擊敗他們，將其斬首，剩下的部眾全部投降了。桓帝永壽年間，朔方烏桓與休著屠各一起叛漢，中郎將張奐發兵進攻，將其平定。延熹九年夏，烏桓又與鮮卑以及南匈奴抄掠漢朝沿邊九郡，一起反叛朝廷，張奐進兵討伐，其部眾逃出塞外。

12 靈帝初年，上谷有個叫難樓的烏桓大人，其部眾九千餘戶，遼西有叫作丘力居的，其眾五千餘戶，都自稱為王；又有遼東的蘇僕延，有部眾千餘戶，自稱「峭王」；右北平烏延，有部眾八百餘戶，自稱「汗魯王」：

這些人都勇猛強健而且很有計謀。中平四年，前中山太守張純叛漢，逃入丘力居的部眾之中，自稱「彌天安定王」，成為諸郡烏桓的統帥，抄掠青、徐、幽、冀四州。中平五年，朝廷以劉虞為幽州牧，劉虞懸賞召募人斬殺張純，北部四州才平定下來。

13 獻帝初平年間，丘力居死，其子樓班年小，其姪蹋頓有武略，代立為王，總攝三郡烏桓，部眾都聽從他的號令。建安初年，冀州牧袁紹與前將軍公孫瓚爭鬥，相持不下，蹋頓派人到袁紹那裡請求和親，隨後便派兵幫助袁紹攻打公孫瓚，擊破公孫瓚。袁紹假託皇帝詔令，賜給蹋頓、難樓、蘇僕延、烏延等人單于印綬。此後，難樓、蘇僕延率領其部眾擁戴樓班為單于，蹋頓為王，但蹋頓仍然主持烏桓大計。廣陽人閻柔，從小流落於烏桓、鮮卑中，被其部眾所信服，閻柔憑藉鮮卑部眾，殺烏桓校尉邢舉，自任烏桓校尉。袁紹於是拉攏撫慰閻柔，以安定自己的北邊。到袁紹之子袁尚兵敗，逃奔投靠蹋頓。當時幽、冀二州官民逃奔烏桓的有十萬餘戶，袁尚想憑藉烏桓兵力，再圖謀進取中原。正好趕上曹操平定黃河以北地區，閻柔率領鮮卑、烏桓部眾歸順曹操，曹操立刻以閻柔為烏桓校尉。建安十二年，曹操親征烏桓，在柳城大破蹋頓，將其斬殺、俘獲斬殺烏桓二十餘萬人。袁尚與樓班、烏延等人都逃奔遼東，遼東太守公孫康將他們全部斬首，然後送其首級給曹操。烏桓剩下的部眾萬餘戶，都遷徙至中原。

1 鮮卑者，亦東胡之支也，別依鮮卑山❶，故因號焉。其言語習俗與烏桓同。唯婚姻先髡頭，以季春月大會於饒樂水❷上，飲讌❸畢，然後配合。又禽獸異於中國者，野馬、原羊❹、角端牛，以角為弓，俗謂之角端弓者。又有貂❺、豽❻、鼲子❼，皮毛柔蠕❽，故天下以為名裘❾。

2 漢初，亦為冒頓所破，遠竄遼東塞外，與烏桓相接，未常通中國焉。光武初，匈奴強盛，率鮮卑與烏桓寇抄北邊，殺略吏人，無有寧歲。建武二十一年，鮮卑與匈奴入遼東，遼東太守祭肜[10]擊破之，斬獲殆盡，事已具肜傳，由是震怖。及南單于[11]附漢，北虜孤弱，二十五年，鮮卑始通驛使。

3 其後都護[12]偏何[13]等詣祭肜求自效功[14]，因令擊北匈奴左伊育訾[15]部，斬首二千餘級。其後偏何連歲出兵擊北虜，還輒持首級詣遼東受賞賜。三十年，鮮卑大人於仇賁[16]、滿頭[17]等率種人詣闕朝賀，慕義內屬[18]。帝封於仇賁為王，滿頭為侯。時漁陽赤山烏桓[19]歆志賁[20]等數寇上谷。永平[21]元年，祭肜復賂偏何擊歆志賁，破斬之，於是鮮卑大人皆來歸附，並詣遼東受賞賜，青徐二州給錢歲二億七千萬為常。明章二世，保塞無事。

4 和帝永元[22]中，大將軍[23]竇憲[24]遣右校尉耿夔[25]擊破匈奴，北單于逃走，鮮卑因此轉徙據其地。匈奴餘種留者尚有十餘萬落，皆自號鮮卑，鮮卑由此漸盛。九年，遼東鮮卑攻肥如[26]縣，太守祭參[27]坐[28]沮[29]敗，下獄死。十三年，遼東鮮卑寇右北平，因入漁陽，漁陽太守擊破之。延平元年，鮮卑復寇漁陽，太守張顯[30]率數百人出塞追之。兵馬掾[31]嚴授[32]諫曰：「前道險阻，賊埶[33]難量，宜且結營，先令輕騎偵視之。」顯意甚銳，怒欲斬之。因復進兵，遇虜伏發，士卒悉走，唯授力戰，身被十創，手殺數人而死。顯中流矢，主簿[34]衛福[35]、功曹[36]徐咸[37]皆自投赴顯，俱歿於陣。鄧太后[38]策書[39]褒歎，賜顯錢六十萬，以家二人為郎[40]；授、福、咸各錢十萬，除[41]一子為郎。

5 安帝永初中，鮮卑大人燕荔陽[42]詣闕朝賀，鄧太后賜燕荔陽王印綬，赤車參駕[43]，令止烏桓校尉所居甯城下，通胡市[44]，因築南北兩部質館[45]。鮮卑邑落百二十部，各遣入質。是後或降或畔，與匈奴、烏桓更相攻擊。

6 元初二年秋，遼東鮮卑圍無慮[46]縣，州郡合兵固保清野[47]，鮮卑無所得。復攻扶黎[48]營，殺長吏[49]。四年，遼西鮮卑連休[50]等遂燒塞門，寇百姓。烏桓大人於秩居[51]等與連休有宿怨，共郡兵奔擊，大破之，斬首千三百級，悉獲其生口牛馬財物。五年秋，代郡鮮卑萬餘騎遂穿塞入寇，分攻城邑，燒官寺，殺長吏而去。乃發緣邊甲卒、黎陽營[52]兵，屯上谷以備之。冬，鮮卑入上谷，攻居庸關，復發緣邊諸郡、黎陽營兵、積射士步騎二萬人，屯列衝要。六年秋，鮮卑入馬城[53]塞，殺長吏，度遼將軍鄧遵[54]發積射士三千人，及中郎將馬續[55]率南單于，與遼西、右北平兵馬會，出塞追擊鮮卑，大破之，獲生口及牛羊財物甚眾。又發積射士三千人，馬三千匹，詣度遼營屯守。

7 永寧元年，遼西鮮卑大人烏倫[56]、其至鞬[57]率眾詣鄧遵降，奉貢獻。詔封[58]烏倫為率眾王，其至鞬為率眾侯，賜綵繒各有差[59]。

8 建光[60]元年秋，其至鞬復畔，寇居庸[61]，雲中太守成嚴[62]擊之，兵敗，功曹楊穆[63]以身捍嚴，與俱戰歿。鮮卑於是圍烏桓校尉徐常[64]於馬城。度遼將軍耿夔與幽州刺史龐參發廣陽、漁陽、涿郡[65]甲卒，分為兩道救之；常夜得潛出，與夔等并力並進，攻賊圍，解之。鮮卑既累殺郡守，膽意轉盛，控弦[66]數萬騎。延光[67]元年冬，復寇鴈門、定襄[68]，遂攻太原[69]，掠殺百姓。二年冬，其至鞬自將萬餘騎入東領候，分為數道，攻南匈奴於曼柏[70]，薁鞬日逐王[71]戰死，殺千餘人。三年秋，復寇高柳[72]，擊破南匈奴，殺漸將王[73]。

9 順帝永建[74]元年秋，鮮卑其至鞬寇代郡，太守李超[75]戰死。明年春，中郎將張國[76]遣從事[77]將南單于兵步騎萬餘人出塞，擊破之，獲其資重二千餘種。時遼東鮮卑六千餘騎亦寇遼東玄菟[78]，烏桓校尉耿曄[79]發緣邊諸郡兵及烏桓率眾王出塞擊之，斬首數百級，大獲其生口牛馬什物，鮮卑乃率種眾三萬人詣遼東乞降。三年，四年，鮮卑頻寇漁陽、朔方。六年秋，耿曄遣司馬將胡兵數千人，出塞擊破之。冬，漁陽太守又遣烏桓兵擊之，斬首八百級，獲牛馬生口。烏桓豪人扶漱官勇健，每與鮮卑戰，輒陷敵，詔賜號「率眾君」。

10 陽嘉元年冬，耿曄遣烏桓親漢都尉戎朱廆率眾王侯咄歸[80]等，出塞抄擊鮮卑，大斬獲而還，賜咄歸等已下為率眾王、侯、長，賜綵繒各有差。鮮卑後寇遼東屬國[81]，於是耿曄乃移屯遼東無慮城拒之。二年春，匈奴中郎將[82]趙稠[83]遣從事將南匈奴骨都侯夫沈等，出塞擊鮮卑，破之，斬獲甚眾，詔賜夫沈金印[84]紫綬[85]及縑綵各有差。秋，鮮卑穿塞入馬城[86]，代郡太守擊之，不能克。後其至鞬死，鮮卑抄盜差稀。

11 桓帝時，鮮卑檀石槐[87]者，其父投鹿侯[88]，初從匈奴軍三年，其妻在家生子。投鹿侯歸，怪欲殺之。妻言嘗晝行聞雷震，仰天視而雹入其口，因吞之，遂妊身[89]，十月而產，此子必有奇異，且宜長視[90]。投鹿侯不聽，遂棄之。妻私語家令收養焉，名檀石槐。年十四五，勇健有智略。異部大人抄取其外家牛羊，檀石槐單騎追擊之，所向無前，悉還得所亡者，由是部落畏服。乃施法禁，平曲直，無敢犯者，遂推以為大人。檀石槐乃立庭[91]於彈汗山[92]歠仇水[93]上，去高柳北三百餘里，兵馬甚盛，東西部大人皆歸焉。因南抄緣邊，北拒丁零，東卻夫餘[94]，西擊烏孫，盡據匈奴故地，東西萬四千餘里，南北七千餘里，網羅山川水澤鹽池。

12 永壽[95]二年秋，檀石槐遂將三四千騎寇雲中。延熹[96]元年，鮮卑寇北邊。冬，使匈奴中郎將張奐率南單于出塞擊之，斬首二百級。二年，復入鴈門，殺數百人，大抄掠而去。六年夏，千餘騎寇遼東屬國。九年夏，遂分騎數萬人入緣邊九郡[97]，並殺掠吏人，於是復遣張奐擊之，鮮卑乃出塞去。朝廷積患之，而不能制，遂遣使持印綬封檀石槐為王，欲與和親。檀石槐不肯受，而寇抄滋[98]甚。乃自分其地為三部，從右北平以東至遼東，接夫餘、濊貊[99]二十餘邑為東部，從右北平以西至上谷十餘邑為中部，從上谷以西至敦煌[100]、烏孫二十餘邑為西部，各置大人主領之，皆屬檀石槐。

13 靈帝立，幽、并、涼三州緣邊諸郡無歲不被鮮卑寇抄，殺略不可勝數。熹平三年冬，鮮卑入北地，太守夏育[101]率休著屠各追擊破之。遷育為護烏桓校尉。五年，鮮卑寇幽州。六年夏，鮮卑寇三邊。秋，夏育上言：「鮮卑寇邊，自春以來，三十餘發，請徵幽州諸郡兵出塞擊之，一冬二春，必能禽滅。」朝廷未許。先是護羌校尉田晏[102]坐事論刑被原，欲立功自效，乃請中常侍[103]王甫[104]求得為將，甫因此議遣兵與育并力討賊。帝乃拜晏為破鮮卑中郎將。大臣多有不同，乃召百官議朝堂[105]。議郎[106]蔡邕[107]議曰：

14 「書戒猾[108]夏，易伐鬼方[109]，周有玁狁[110]、蠻荊[111]之師，漢有闐顏[112]、瀚海[113]之事。征討殊類，所由尚矣。然而時有同異，埶有可否，故謀有得失，事有成敗，不可齊也。

15 「武帝情存遠略，志闢四方，南誅百越[114]，北討強胡，西伐大宛[115]，東并朝鮮[116]。因文[117]、景[118]之蓄，藉天下之饒，數十年間，官民俱匱[119]。乃興鹽鐵酒榷[120]之利，設告緡重稅之令[121]，民不堪命，起為盜賊，關東[122]紛擾，道路不通[123]。繡衣直指之使，奮鈇鉞而並出[124]。既而覺悟[125]，乃息兵罷役，封丞相[126]為富民侯[127]。故主父偃[128]曰：『夫務戰勝，窮武事，未有不悔者也。』夫以世宗神武，將相良猛，財賦充實，所拓廣遠，猶有悔焉。況今人財並乏，事劣昔時乎！

16 「自匈奴遁逃，鮮卑強盛，據其故地，稱兵十萬，才力勁健，意智益生。加以關塞不嚴，禁網多漏，精金良鐵，皆為賊有；漢人逋逃，為之謀主，兵利馬疾，過於匈奴。昔段熲[129]良將，習兵善戰，有事西羌，猶十餘年。今育、晏才策，未必過熲，鮮卑種眾，不弱于曩時。而虛計二載，自許有成，若禍結兵連，豈得中休？當復徵發眾人，轉運無已，是為耗竭諸夏，并力蠻夷。夫邊垂之患，手足之蚧搔(130)；中國之困，胷背之瘭疽(131)。方今郡縣盜賊尚不能禁，況此醜虜而可伏乎！

17 「昔高祖忍平城之恥(132)，呂后(133)棄慢書之詬(134)，方之於今，何者為甚？

18 「天設山河，秦(135)築長城(136)，漢起塞垣(137)，所以別內外，異殊俗也。苟無蹙(138)國內侮之患則可矣，豈與蟲螘(139)狡寇計爭往來哉！雖或破之，豈可殄盡(140)，而方令本朝為之旰(141)食乎？

19 「夫專勝者未必克，挾(142)疑者未必敗，眾所謂危，聖人(143)不任，朝議有嫌，明主不行也。昔淮南王安(144)諫伐越曰：『天子之兵，有征無戰。言其莫敢校也。如使越人蒙死以逆執事(145)，廝輿(146)之卒，有一不備而歸者，雖得越王之首，而猶為大漢羞之。』而欲以齊民(147)易醜虜，皇威辱外夷，就如其言，猶已危矣，況乎得失不可量邪！昔珠崖(148)郡反，孝元皇帝(149)納賈捐之(150)言，而下詔曰：『珠崖背畔，今議者或曰可討，或曰棄之。朕(151)日夜惟思，羞威不行，則欲誅之；通于時變，復憂萬民。夫萬民之飢與遠蠻之不討，何者為大？宗廟(152)之祭，凶年(153)猶有不備，況避不嫌之辱哉！今關東大困，無以相贍(154)，又當動兵，非但勞民而已。其罷珠崖郡。』此元帝所以發德音(155)也。夫卹民救急，雖成郡列縣，尚猶棄之，況障塞之外，未嘗為民居者乎！守邊之術，李牧善其略(156)，保塞之論，嚴尤申其要(157)，遺業猶在，文章具存，循二子之策，守先帝之規，臣曰可矣。」

20 帝不從。遂遣夏育出高柳，田晏出雲中，匈奴中郎將臧旻[158]率南單于出鴈門，各將萬騎，三道出塞二千餘里。檀石槐命三部大人各帥眾逆戰，育等大敗，喪其節[159]傳[160]輜重，各將數十騎奔還，死者十七八。三將檻車[161]徵下獄，贖為庶人[162]。冬，鮮卑寇遼西。光和元年冬，又寇酒泉[163]，緣邊莫不被毒[164]。種眾日多，田畜射獵不足給食，檀石槐乃自徇行[165]，見烏侯秦水[166]廣從[167]數百里，水停不流，其中有魚，不能得之。聞倭[168]人善網捕，於是東擊倭人國，得千餘家，徙置秦水上，令捕魚以助糧食。

21 光和[169]中，檀石槐死，時年四十五，子和連[170]代立。和連才力不及父，亦數為寇抄，性貪淫，斷法不平，眾畔者半。後出攻北地[171]，廉[172]人善弩[173]射者射中和連，即死。其子騫曼年小，兄子魁頭立。後騫曼長大，與魁頭爭國，眾遂離散。魁頭死，弟步度根立。自檀石槐後，諸大人遂世相傳襲。

【章旨】以上敘述鮮卑的歷史。匈奴分裂為南、北二部後，鮮卑曾助漢攻匈奴。東漢中期，鮮卑部落占領了蒙古沙漠以北的匈奴故地，並融合了匈奴餘種十餘萬落，由是漸盛。東漢後期，鮮卑對朝廷時附時叛，以叛為主，為害邊境數十年。以後檀石槐統一鮮卑，活動範圍東西一萬二千餘里，南北七千餘里，分成中、東、西三部，建立了強大的部落聯盟。檀石槐死後，部落聯盟很快瓦解。

【注釋】❶鮮卑山　古山名。在今內蒙古自治區科爾沁右翼中旗西，本地人稱為「蒙格」。一說在俄羅斯西伯利亞伊爾庫次克北、通古斯卡河南。相傳古鮮卑族因居此山而得名。❷饒樂水　即今遼河上游西拉木倫河。❸飲讌　亦作「飲宴」。聚在一起飲酒吃飯。❹原羊　一種野生羊。郭璞注《爾雅》：「原羊似吳羊而大角，出西方。」《前書音義》：「角端似牛，角可為弓。」角端牛，以角為弓，俗謂之角端弓者。❺貂　哺乳動物的一屬。種類很多，毛皮黃黑色或帶紫色，是很珍貴的衣料，中國東北特產之一。❻豽　古同「貀」。猴類動物。❼鼲子　鼠的一種，體小，背部灰色，腹部白色，尾毛蓬鬆。毛皮柔軟如絨，可作衣物。俗稱「灰鼠」。❽柔蝡　同「柔軟」。❾裘　皮衣。❿祭肜　字次孫，東漢祭遵從弟。早孤，以至孝見稱於世。光武初，以祭遵緣故拜黃門侍郎。遵卒，以為偃師長，後出守遼東，幾三十年，多次擊破和驅走鮮卑。又招其大都護偏何，使擊敗匈奴，自是邊無寇警，鮮卑、烏桓皆入貢。肜質直厚重，勇力絕人，永平中徵為太僕，後伐北匈奴，不見虜而還，自恨無功，嘔血死。⓫南單于　匈奴分裂為南北二部後，南部之王稱為南單于。⓬都護　官名。漢宣帝置西域都護，總監西域諸國，並護南北道，為西域地區最高長官。其後廢置不常。⓭偏何　鮮卑都護，臣屬漢廷，助漢攻打匈奴和赤山烏桓，斬殺烏桓大人歆志賁。⓮效功　立功以報效恩遇。⓯左伊育訾　北匈奴部落名。⓰於仇賁　鮮卑大人，建武三十年（西元五〇年），率部眾至京，願臣屬。光武帝封為王。⓱滿頭　鮮卑大人，建武三十年，率部眾至京，願臣屬。光武帝封為侯。⓲內屬　謂歸附朝廷為屬國或屬地。⓳赤山烏桓　烏桓一部，屯聚於漁陽郡赤山一帶。⓴歆志賁　漁陽赤山烏桓大人。光武帝時，歆志賁屢犯上谷。永平元年（西元五八年），鮮卑都護偏何攻破歆志賁，將其斬殺。㉑永平　東漢明帝劉莊年號，西元五八－七五年。㉒永元　東漢和帝年號，西元八九－一〇五年。㉓大將軍　官名。始於戰國，漢代沿置，為將軍的最高稱號，執掌統兵征戰。多由貴戚擔任，掌握政權，職位甚高。㉔竇憲　字伯度，東漢扶風平陵（今陝西咸陽）人。生年不詳。妹為章帝皇后。章帝死，和帝即位，太后臨朝，他為侍中，操縱朝政。不久任車騎將軍。永元元年（西元八九年）率兵擊敗北匈奴，直追至燕然山。後任大將軍，刺史守令等地方官吏多出其門，弟兄橫暴京師。永元四年，和帝與宦官鄭眾誅滅竇氏，憲自殺。事見本書卷二十三。㉕耿夔　字定公，東漢耿秉弟，和帝時為大將軍左校尉。出居延擊北單于，斬閼氏名王以下五千餘級，出塞五千里而還，自漢出師所未嘗至。封安粟邑侯。安帝時擊南單于為先鋒，因功遷度遼將軍，後坐法免。㉖肥如　本春秋肥子國，應劭曰：「肥子奔燕，燕封於此，故曰肥如。」漢置縣。故城在今河北盧龍北。㉗祭參　東漢祭肜子。從竇固擊車師有功，稍遷遼東太守。永平中鮮卑入境，參坐沮敗，下獄死。事詳本書卷二十。㉘坐　定罪。㉙沮　同「阻」。阻止；阻遏。㉚張顯　東漢漁陽太守。延平元年，鮮卑抄掠漁陽，張顯率數百人出塞追擊，遇敵伏兵，身中流矢，其主簿衛福、功曹徐咸以身護蔽，得免死。鄧太后聞知，下策書褒獎，賜錢六十萬，任二子為郎官。㉛兵馬掾　官名。即分管兵馬事屬官。漢以後中央及各州縣皆置掾史，分曹治事。多由長官自行辟舉。㉜嚴授　東漢漁陽人，為郡兵馬掾。元初中，鮮卑寇漁陽，跟從太守張顯率吏士追擊出塞。敵伏兵發，授身被十創，沒於陣。敵射中張顯，顯墜馬，主簿衛福、功曹徐咸以身擁蔽，並被害。數人同受到鄧太后嘉獎。㉝埶　古通「勢」。㉞主簿　官名。漢代中央及郡縣官署均置，典領文書簿籍，經辦事務。㉟衛福　東漢漁陽太守張顯主簿。元初中，鮮卑寇漁陽，跟從太守張顯率吏士追擊出塞。敵伏兵發，射中張顯，顯墜馬。衛福以身擁蔽，並被害。受到鄧太后嘉獎。㊱功曹　即功曹史，官名。漢代郡守的屬官，相當於郡守的總務長，除掌人事外，並得與聞一郡的政務。㊲徐咸　東漢漁陽太守張顯功曹。元初中，鮮卑寇漁陽，跟從太守張顯率吏士追擊出塞。敵伏兵發，射中張顯，顯墜馬。徐咸以身擁蔽，並被害。受到鄧太后嘉獎。㊳鄧太后　漢和帝的皇后，和帝死後，她廢和帝長子，立生下僅百日的嬰兒為帝，即殤帝。殤帝死後，她又迎立年僅十三歲的安帝即位，她以太后的身分臨朝聽政，以其兄鄧騭為大將軍輔政，鄧氏一門權傾一時。重用宦官，宦官專權局面逐漸形成。她死後，安帝與宦官李閏合謀，誅滅了鄧氏。㊴策書　指古代書寫帝王任免官員等命令的簡策。㊵郎　郎官泛稱。戰國至秦有郎中，為君王侍從近官，宿衛宮廷，參與謀議，備顧問差遣。西漢依職責不同，有郎中、中郎、侍郎、議郎等，無定員，多至千餘人。執掌守衛皇宮殿廊門戶，出充車騎扈從，備顧問應對，守衛陵園寢廟等。東漢於光祿勳下設五官、左右中郎將署，主管諸中郎、侍郎、郎中，實為儲備官吏人才的機構，其郎官多達二千餘人。㊶除　授予官職。㊷蕪荔陽　鮮卑部落酋長，安帝永初間，蕪荔陽至京師朝賀，鄧太后賜與蕪荔陽王印綬，赤車參駕，令其居寧城以阻烏桓，由是雙方修好，開胡市，入質子，鮮卑一百二十部歸順。㊸參駕　配有副馬的車。參，通「驂」。㊹胡市　兩漢時設在邊境關口與邊疆少數民族的交易場所。以內地的繒絮、金、錢、米、蘗酒等交換北部少數民族的牛馬、裘革及土特產。㊺質館　築館以受降質。㊻無慮　西漢置縣，為西部都屬治。屬遼東郡。故城即今遼寧北寧東南。㊼清野　謂收斂積聚，不令寇得之也。㊽扶黎　縣名。屬遼東屬國。在今遼寧朝陽東南。㊾長吏　此指州縣長官的輔佐。㊿連休　鮮卑酋長。元初四年（西元一一七年），連休等焚燒漢邊塞城門，抄掠百姓。烏桓大人於秩居與漢郡兵奔襲連休，大破其軍。(51)於秩居　烏桓大人，與鮮卑酋長連休有怨，助漢大破連休軍，斬首一千三百級，將其人口、牛馬、財物全部繳獲。(52)黎陽營　《漢官儀》：「中興以幽、冀、并州兵克定天下，故於黎陽立營，以謁者監之。」(53)馬城　縣名。漢置。屬代郡。故城在今河北懷安北。54鄧遵　東漢人，鄧太后、鄧騭從弟。元初元年，以烏桓校尉鄧遵為度遼將軍。因鄧遵為鄧太后之從弟，故始為真將軍。多次率兵擊匈奴、先零及叛羌。元初五年，鄧遵募人刺殺叛羌首領狼莫，封武陽侯，食邑三千戶。後帝乳母王聖與中黃門李閏等誣告尚書鄧訪等謀廢立，宗族皆免官，鄧騭與鄧遵自殺。55馬續　字季則，東漢馬嚴子。七歲能通《論語》，十三歲明《尚書》，十六歲治《詩》，博覽群籍，善《九章算術》。順帝時為護羌校尉，遷度遼將軍。所在以恩威稱。56烏倫　鮮卑大人。永寧元年（西元一二〇年），率眾投漢，進貢品。朝廷封其為「率眾王」。57其至鞬　鮮卑大人。永寧元年，率眾投漢，進貢品。朝廷封其為「率眾侯」。58詔封　以皇帝詔書形式頒發的委任狀。59有差　不一；有區別。60建光　東漢安帝劉祜年號，西元一二一—一二二年。61居庸　在北京昌平西北，北去延慶五十里，關門南北相距四十里，兩山夾峙，巨澗中流，懸崖峭壁，稱為絕險，即《呂氏春秋》「九塞」之一也。又謂之「軍都關」，亦曰「薊門關」，北齊改為「納款關」。62成嚴　東漢人，官雲中太守。建光元年，鮮卑寇居庸關，成嚴擊之，兵敗，戰歿。63楊穆　東漢人，官功曹。建光元年，鮮卑寇居庸關，雲中太守成嚴擊之，兵敗，功曹楊穆以身捍嚴，與成嚴俱戰歿。64徐常　東漢人，官烏桓校尉。建光元年秋，鮮卑圍徐常於馬城，度遼將軍耿夔與幽州刺史分道救之，常乘夜潛出，與夔等攻賊，解馬城之圍。65涿郡　西漢置。治今河北涿州。66控弦　拉弓；持弓。借指士兵。67延光　東漢安帝劉祜年號，西元一二二—一二五年。68定襄　郡名。西漢置。治今內蒙古和林格爾，東漢移治今山西右玉南，靈帝末年廢。69太原　郡名。戰國後期秦國置。治今山西太原西南古城營。70曼柏　縣名。西漢置。東漢因之，屬五原郡。故治在今內蒙古準噶爾旗西北。71日逐王　匈奴貴族稱號。分左右，位在谷蠡王之下。72高柳　西漢置。東漢末省，晉復置，後魏於縣置高柳郡，北齊省。故治在今山西陽高。73漸將王　匈奴貴族稱號。分左右，位在谷蠡王之下。74永建　東漢順帝劉保年號，西元一二六—一三二年。75李超　東漢人，官代郡太守。順帝永建元年秋，鮮卑其至鞬寇代郡，李超戰死。76張國　東漢人，官中郎將。順帝永建元年，鮮卑其至鞬寇代郡，將張國遣兵騎萬餘人出塞，擊破之。77從事　官名。西漢元帝時置，為各州屬官，秩百石。東漢沿置，稱從事史，由各州長官辟署。78玄菟　郡名。西漢元封三年（西元前一〇八年）置。治沃沮（也作「夫租」）。今朝鮮咸鏡南道咸興）。昭帝時移治今遼寧新賓西南。東漢時復內徙，移治今瀋陽東。79耿曄　東漢人，官烏桓校尉。順帝永建年間，鮮卑頻寇代郡、漁陽、朔方。耿曄發沿邊諸郡兵及烏桓兵擊之，斬獲頗豐。80咄歸　烏桓王侯，陽嘉元年（西元一三二年）冬，隨烏桓親漢都尉戎朱廆出塞抄擊鮮卑，斬獲大批鮮卑部眾。朝廷賜咄歸為「率眾王」。81遼東屬國　原邯鄉，西部都尉，安帝時改為屬國都尉，另轄郡外六城。屬國，漢為安置歸附的少數民族而設的行政區劃，也指內屬漢朝的少數民族部族或部落。在一定範圍劃定屬國的轄區，大者領有五六城，小者一二城。在屬國內，「本國之俗」保持不變。屬國設有都尉、丞、候、千人等官，由漢人或內屬少數民族的首領充任。屬國都尉秩比二千石，直屬中央，其治民領兵權如郡太守。

(82) 匈奴中郎將　官名。西漢時常遣中郎將使匈奴，稱「匈奴中郎將」。東漢建武二十六年（西元五〇年）遣中郎將段郴等使南匈奴，授南單于璽綬，令入居雲中，始置使匈奴中郎將以監護之，因設官府、從事、掾史。後徙至西河，又令西河長史每年將二千，弛刑徒五百人，助中郎將衛護單于，冬屯夏罷。自後遂為常制。

(83) 趙稱　東漢人，拜中郎將。順帝陽嘉二年春，趙稱遣兵出塞擊鮮卑，破之，斬獲甚眾。

(84) 金印　金質印璽。

(85) 紫綬　紫色絲帶。古代高級官員用作印組，或作服飾。

(86) 馬城　故城在今河北懷安北。

(87) 檀石槐　東漢鮮卑部人，勇健有智謀。為部落所畏服。在部族中實行法禁，理平曲直，被推舉為大人，立王庭於彈汗山，盡據匈奴故地，東西長一萬四千餘里，南北長七千里。延熹間屢寇北部邊境，中郎將張奐擊之乃去。漢廷欲封其為王，檀石槐卻之。分其地為東中西三部，各置大人，服屬於己。靈帝立，屢寇幽并涼三州，光和中卒。

(88) 投鹿侯　鮮卑貴族稱號。

(89) 倭身　即懷孕。倭，同「妊」。

(90) 長視　謂愛護。

(91) 庭　古代指少數民族處理政務的地方，猶官署。

(92) 彈汗山　即今內蒙古大青山。

(93) 歠仇水　今名東洋澗。在今內蒙古商都附近。

(94) 夫餘　古族名。亦作「扶餘」、「鳧臾」。西漢時亦稱所建的政權為「夫餘」。在今東北松花江中游的平原上。居民從事農業，產五穀；又出馬、貂、赤玉、大珠。用柵作城，有宮室、倉庫、牢獄。部落首領有「馬加」、「牛加」等稱號；所住邑落有豪民，名下戶皆為奴僕；法律嚴苛。西漢時屬玄菟郡，東漢末改屬遼東郡。

(95) 永壽　東漢桓帝劉志年號，西元一五五—一五八年。

(96) 延熹　東漢桓帝劉志年號，西元一五八—一六七年。

(97) 緣邊九郡　東漢時指經常受到北方少數民族騷擾的玄菟、遼東、遼西、右北平、漁陽、上谷、鴈門、定襄、五原郡。

(98) 滋　更加；愈益。表示程度。

(99) 濊貊　中國古代北方少數民族名。濊族（古朝鮮居民），依濊水而居，故名。貊族（高句麗居民），以農耕為主，兼事狩獵，有法禁，無大君長，官有侯、邑君、三老。秦漢以後，「濊」、「貊」往往連稱，或異寫作「穢貉」、「薉貊」。

(100) 敦煌　郡名。西漢武帝時分酒泉郡置。治今甘肅敦煌。東漢屬涼州。

(101) 夏育　東漢人，官北地太守，遷護烏桓校尉。靈帝熹平六年，夏育出高柳擊鮮卑，大敗，檻車徵下獄，贖為庶人。

(102) 田晏　東漢人，官護羌校尉。坐事論刑被原，欲立功自效，乃請中常侍王甫求得為將，拜「破鮮卑中郎將」，出雲中擊鮮卑，大敗，喪其節、傳、輜重。檻車徵下獄，贖為庶人。

(103) 中常侍　官名。秦始置，西漢沿置。出入宮廷，侍從皇帝，常為列侯至郎中的加官。東漢時則專用宦官為中常侍，以傳達詔令和掌理文書，權力極大。

(104) 王甫（?—西元一七九年），東漢宦官。靈帝初為長樂食監，受中常侍曹節等矯詔為黃門令，將兵誅殺大將軍竇武等人，因遷中常侍。後與曹節誣奏渤海王劉悝謀反，封冠軍侯。由此操縱朝政，父兄子弟皆為公卿列校、牧守令長，布滿天下。光和二年，與養子永樂少府萌、沛相吉並為司隸校尉陽球收捕，磔屍於城門。105議朝堂　謂在朝廷中議論決定。106議郎　官名。西漢置。隸光祿勳。為高級郎官，不入值宿衛，執掌顧問應對，參與議政，指陳得失，為皇帝近臣。東漢更為顯要，常選任耆儒名士、高級官吏，除議政外，亦或給事宮中近署。107蔡邕　字伯喈，東漢陳留圉（今河南杞縣）人。好辭章、數術、天文，善音律，工琴藝。靈帝時辟司徒橋玄府。後任郎中，校書東觀。熹平四年（西元一七五年），奉命與五官中郎將堂谿典、光祿大夫楊賜等勘正《六經》文字。自書丹於碑，使工鐫刻，立於太學門外，世稱「熹平石經」。後遭宦官陷害，亡命江海十餘年。董卓擅政時，召為祭酒，遷尚書，拜中郎將，封高陽鄉侯。及董卓被誅，為司徒王允收付廷尉治罪。自請黥首刖足，續成漢史。不久，死於獄中。事見本書卷六十下。108猾　亂。109鬼方　古族名。亦稱「媿氏」、「鬼方氏」、「鬼方蠻」等。殷周時，活動於今陝西西北邊境，為殷周的強敵。殷武丁時曾和鬼方有三年的長期戰爭。《易・既濟》：「高宗伐鬼方，三年克之。」在周的先人幫助下才阻止了鬼方的侵襲。西周時，鬼方仍經常侵擾周的邊境。周以後不見於記載。110獫狁　古族名。亦稱「玁狁」、「葷粥」、「熏育」、「葷允」等。《史記》：黃帝北逐葷粥。殷周之際，主要分布在今陝西、甘肅北境及內蒙古西部，從事游牧。西元前八世紀，周宣王迭次出兵防禦獫狁的進襲，並在朔方築城壘。春秋時被稱作戎、狄。111蠻荊　古代稱長江流域中部荊州地區，即春秋楚國的地方少數民族。112闐顏　即「杭愛山」，在蒙古中西部。113瀚海　即今俄羅斯貝加爾湖。《漢書》武帝使大將軍衛青擊匈奴，至斬首萬餘級。使霍去病擊匈奴，封狼居胥山，登臨瀚海。114南誅百越　古代南方越人分布在今浙、閩、粵、桂等地，因部落眾多，故總稱「百越」。武帝時，南越王趙興上書，請求內附，廢除邊關。遭丞相呂嘉的反對。呂嘉發動政變，殺南越王趙興及漢使。武帝遂於元鼎五年（西元前一一二年）派兵伐南越，平定呂嘉之亂，廢南越王國，在其地置南海、儋耳、珠崖、鬱林、合浦、蒼梧、交阯、九真、日南九郡，直屬中央。115西伐大宛　大宛，古國名。為西域三十六國之一，北通康居，南面和西南面與大月氏接，產汗血馬。大約在今俄羅斯費爾干納盆地。武帝太初元年（西元前一〇四年），大宛同漢反目，誅殺漢使，武帝遣李廣兩度西征，擊敗大宛，獲汗血。見《史記・大宛列傳》、《漢書・西域傳上・大宛國》。116東并朝鮮　朝鮮，古族稱。「朝鮮」的名稱始見於商、周時期，是濊貊系民族之一。《管子》：「八千里之發朝鮮。」《山海經》：「朝鮮在列陽東，海北山南，列陽屬燕。」等記載。《東國輿地勝覽》中記載，朝鮮「東表日出之地」，「早明朝鮮之謂也」。西漢初，中國人衛滿率千餘人進入朝鮮北部，被擁立為朝鮮王，成為漢王朝的藩屬國。至衛右渠時，漢武帝以衛右渠所「誘漢亡人滋多」為由，遣使譴責衛右渠，遭右渠拒絕，致使兩國關係惡化。元封二年（西元前一〇九年）。武帝滅衛氏王朝，在其地設置樂浪、臨屯、玄菟、真番四郡，歸西漢政府管轄。117文　即西漢文帝劉恆（西元前二〇二—前一五七年），漢高祖劉邦之子。呂后死後，周勃等平定諸呂之亂，他以代王入為皇帝。執行「與民休息」的政策，減輕田租、賦役和刑獄，使農業生產有所恢復發展。又削弱諸侯王勢力，以鞏固中央集權。史家把他同景帝統治時期並舉，稱為「文景之治」。廟號太宗。118景　即西漢景帝劉啟（西元前一八八—前一四一年），文帝子，西元前一五七—前一四一年在位。繼續實行「與民休息」的政策，改田賦「十五稅一」為「三十稅一」。進行「削藩」，引發吳楚七國之亂。亂平後，把諸侯王任免官吏的權力收歸中央，王國行政由中央所任官吏處理，鞏固中央集權。歷史上把他和文帝統治時期稱為「文景之治」。119匱　缺乏；空乏。120鹽鐵酒榷　榷，專也。指鹽鐵酒的專賣制度。元狩四年（西元前一一九年）起，武帝下令將鹽鐵的生產和銷售收歸中央，由大農令東郭咸陽等領天下鹽鐵，敢私鑄錢賣鹽者釱左趾，並沒收器物和產品。121設告緡重稅之令　緡，即穿錢的繩子。又指成串的銅錢，千錢為一緡。元狩四年，武帝下詔「算緡」，凡商人及高利貸者均向政府呈報財產、車、船數額，每兩緡（二千錢）納稅「一算」（一百二十錢），凡抗拒稅收或瞞產漏稅者，罰之戍邊一年，收其產。有向政府告發的，稱「告緡」，以被告者財產之半獎給告發者。令下後，政府沒收的「財物以億計，奴婢以千萬數，田，大縣數百頃，小縣百餘頃。宅亦如之，於是商賈中家以上大率破」。122關東　指函谷關以東地區。123道路不通　武帝天漢二年，泰山、琅邪群賊徐勃等阻山攻城，道路不通。124繡衣直指之使二句　指琅邪徐勃起事後，武帝使直指使者暴勝之等人，衣繡仗斧，分部逐捕。鈇鉞，斫刀和大斧。並出，多路出擊。125覺悟　由迷惑而明白。126丞相　官名。始於戰國，為百官之長，亦稱相邦。秦代以後為封建官僚組織中的最高官職，輔佐皇帝，綜理全國政務。西漢初，稱為相國，後改丞相，與太尉、御史大夫合稱三公。西漢末改為大司徒，東漢末復稱丞相。127富民侯　漢武帝封丞相車千秋為富民侯，以明休息，思富養人。128主父偃　（西元前二〇〇—前一六八年），西漢臨淄（今屬山東）人。初學縱橫術，晚乃學《易》、《春秋》百家之言。元光時上書言事，拜郎中，一歲四遷為中大夫。大臣畏其口，賂遺累千金，或謂偃太橫。偃曰：「丈夫生不五鼎食，死即五鼎烹耳，吾日暮，故倒行逆施之。」武帝時，偃諫伐匈奴之役。後以告齊王與姐奸事，族誅。129段熲　字季明，東漢姑臧人。會宗從曾孫。少習弓馬，尚游俠，長乃折節好古。桓帝時為護羌校尉，破羌寇有功，與皇甫雋、張奐被譽為「涼州三明」。建寧中徵拜侍中，進太尉。後因日蝕而自劾，詣廷尉。陽球奏誅王甫並及熲，遂飲鴆死。130蚧搔　即疥瘡。蚧，通「疥」。131瘭疽　局部皮膚炎腫化膿的瘡毒。常生於手指頭或腳趾頭。中醫學上稱「蛇頭疔」，俗稱「蝦眼」。杜預注：「疽，惡創也。」132平城之恥　漢初匈奴不斷侵擾長城以南邊郡。高祖七年（西元前二〇〇年），匈奴南犯晉陽（今山西太原）。高祖率三十萬軍迎戰，被圍困於平城白登山（今山西大同東南），後採用陳平計脫險。此後，漢朝迫於國力不足，對匈奴採取和親政策，藉以緩和匈奴的侵擾。133呂后　（西元前二四一—前一八〇年），名雉，單父（今山東單縣）人。漢高祖皇后。為人殘忍而有謀略，曾助高祖殺韓信、彭越等異姓諸侯王。其子惠帝即位後，她掌握實權，毒死趙王如意。惠帝死後，臨朝稱制，分封呂氏子姪為王侯。她死後，諸呂欲發動叛亂，被平定。134慢書之詬　詬，恥也。《漢書》：考惠、高后時，冒頓寖驕，乃為書，使使遺高后曰：「孤僨之君，生於沮澤之中，長於平野牛馬之域，數至邊境，願遊中國。陛下獨立，孤僨獨居。兩主不樂，無以自虞，願以所有，易其所無。」高后怒，欲擊之。季布諫，高后乃止。135秦　秦國。開國君主為秦襄公，因護送周平王東遷有功，被周分封為諸侯。春秋時建都於雍（今陝西鳳翔），占有今陝西中部和甘肅東南端。秦穆公曾攻滅十二國，稱霸西戎。戰國時秦孝公任用商鞅變法，國力富強，並遷都咸陽，成為戰國七雄之一。之後，疆域不斷擴大。西元前二二一年秦王政統一中國，建立秦朝。136長城　中國古代軍事工程。始建於春秋、戰國時代。秦始皇統一中國後，以過去的秦、趙、燕三國的北方長城作為基礎，修繕增築，成為西起臨洮，東至遼東的萬里長城。137塞垣　本指漢代為抵禦鮮卑所設的邊塞。後亦指長城、邊關城牆。138蹶　即「蹷」。困窘。139蟲螘　比喻卑賤的人。螘，同「蟻」。140殄盡　完全消滅。141旰　晚。142挾　懷抱；懷有。143聖人　指品德最高尚、智慧最高超的人。144淮南王安　漢高祖子劉長封淮南王。文帝時劉長謀反，謫徙蜀郡，途中不食而死。劉長子劉安襲封號。安好文學，喜神仙之術，傳說甚多，故一般所稱淮南王多指劉安。145執事　有差事的人。此指朝廷之事。146廝輿　微賤之人。《漢書音義》：「廝，微也。輿，眾也。」147齊民　謂治理人民。148珠崖　地名。在海南海口市瓊山區東南。漢武帝元鼎六年定越地，以為南海、蒼梧、鬱林、合浦、交阯、九真、日南、珠崖、儋耳郡。後珠崖等數郡反叛，賈捐之上疏請棄珠崖，以恤關東，元帝從之，乃罷珠崖郡。事見《漢書・武帝紀》及〈賈捐之傳〉。後以「珠崖」泛指南部邊疆地區。149孝元皇帝　即元帝劉奭（西元前七六－前三三年），西漢宣帝子。愛好儒術，先後任貢禹、薛廣德、韋玄成、匡衡等為丞相。宦官弘恭、石顯專權，任石顯為中書令，賞賜達錢一萬萬。統治期間，賦役繁重，西漢開始由盛而衰。150賈捐之　字君房。西漢賈誼曾孫，元帝時上書言得失，召待詔金馬門。珠崖反，朝議大發軍，捐之以為不當擊，遂罷珠崖郡。帝數召見，言多納用。因數次上言中書令石顯之短，以故不得官，後稀復見。捐之欲謀京兆尹一職，即與長安令楊興共為〈薦顯奏〉，以求顯向上進言。顯知，白於帝，遂下獄棄市。151朕　皇帝的自稱。秦滅六國以後，天子始自稱「朕」。152宗廟　古代帝王、諸侯祭祀祖宗的廟宇。153凶年　荒年。154贍　周濟。155德音　詖詞。指皇帝發出的赦免、嘉獎一類的詔令。156李牧善其略　《史記》：李牧，趙之北邊良將也。常居代、鴈門備匈奴，以便宜置吏，市租不入幕府，為士卒費，謹烽火，邊無失亡也。157嚴尤申其要　《漢書》王莽發三十萬眾，十道出擊匈奴。莽將嚴尤諫曰：「匈奴為害，所從來久，未聞上代有征之者也。後世三家周、秦、漢征之，然皆未有得上策者也。周宣王時獫狁內侵，至於涇陽，命將出征之，盡境而還，是得中策。武帝選將練兵，深入遠戍，兵連禍結三十餘年，是為下策。秦始皇不忍小恥，築長城之固，以喪社稷，是為無策。」班固曰：「若乃征伐之功，秦、漢行事，嚴尤論之當也。」158臧旻　東漢人，拜匈奴中郎將。靈帝熹平六年，臧旻率南單于出鴈門擊鮮卑，大敗，檻車徵下獄，贖為庶人。159節　古代出使外國所持的信物。160傳　驛站所備的車。161檻車　用柵欄封閉的車，用於囚禁犯人。162庶人　秦漢後泛指無官爵的平民。163酒泉　郡名。西漢元狩二年（西元前一二一年）匈奴昆邪王降後置。因郡治城下有泉，泉味如酒得名。治祿福縣。轄境相當今甘肅河西走廊西部。其後分武威、酒泉地置張掖、敦煌郡，其轄境僅及今甘肅疏勒河以東、高臺以西地區。164被毒　遭受危害。165徇行　巡行。166秦水　河水名。在今甘肅清水縣北，今曰「後川河」，注於清水河。167從　古同「縱」。168倭　古代稱日本為「倭」。《晉書・四夷》：「倭人在東南大海中，依山島為國，地多山林，無良田，食海物。舊有百餘小國相接……今倭人好沉沒取魚，亦文身以厭水禽。」169光和　東漢靈帝劉宏年號，西元一七八—一八四年。170和連　檀石槐子，檀石槐死，和連繼承大人位。性貪婪，執法不公，部眾離叛過半。出兵攻打北地時被人射死。171北地　郡名。戰國時秦國置。東漢移治今寧夏吳忠。172廉　縣名。漢置。屬北地郡。治今甘肅固原東北。173弩　一種用機械力量射箭的弓。

【語　譯】鮮卑也是東胡的一支，因其另依鮮卑山，所以稱為「鮮卑」。鮮卑言語習俗與烏桓相同。唯獨成婚時先要剃去頭髮，在季春三月，部眾大會於饒樂水邊，飲宴後，互相婚配。其居住地與中原不同的野獸有野馬、原羊、角端牛等，用角端牛角製成的弓，俗稱「角端弓」。又有貂、豽、鼲子等，皮毛柔軟，因而天下以這幾種毛皮為名裘。

2　西漢初，鮮卑也被冒頓擊破，遠逃至遼東塞外，與烏桓相接，還沒有與中原相通。東漢光武帝初年，匈奴強盛，率領鮮卑與烏桓抄掠漢朝北部邊境，殺害擄掠官吏百姓，邊境沒有安寧的時候。建武二十一年，鮮卑與匈奴進犯遼東，遼東太守祭肜進兵大破敵軍，將鮮卑、匈奴士卒斬殺俘獲殆盡，事情已記在〈祭肜傳〉中，鮮卑因此驚恐震動。南單于歸附漢廷後，北匈奴勢單力弱，建武二十五年，鮮卑開始和漢廷通驛使。

3　此後，鮮卑都護偏何等人到祭肜那裡請求自效立功，祭肜便派他們去攻打北匈奴左伊育訾部，斬首二千餘級。以後，偏何連年出兵攻打北邊的匈奴等族，回師時常常拿首級到遼東太守處領取賞賜。建武三十年，鮮卑大人於仇賁、滿頭等率部眾至京師朝賀，敬仰仁義，願臣屬漢廷。光武帝於是封於仇賁為王，滿頭為侯。當時漁陽赤山烏桓歆志賁等屢次進犯上谷，永平元年，祭肜又送財物給偏何，請他攻打歆志賁。偏何進兵攻破歆志賁，將其斬殺，這時鮮卑大人都來歸附，到遼東領受賞賜。於是青、徐二州每年給錢二億七千萬，以為定制。東漢明帝、章帝二代，鮮卑保塞，平安無事。

4 東漢和帝永元年間，大將軍竇憲派遣右校尉耿夔擊破匈奴，北匈奴單于逃走，鮮卑因此遷徙占據匈奴故地。匈奴剩下的還有十餘萬戶，都自稱鮮卑，鮮卑從此漸漸強盛。永元九年，遼東鮮卑攻打肥如縣，太守祭參被人參奏阻兵不前之罪，下獄後被處死。永元十三年，遼東鮮卑進犯右北平，接著入寇漁陽，漁陽太守將其擊敗。延平元年，鮮卑又抄掠漁陽，太守張顯率兵數百人出塞追擊。兵馬掾嚴授勸諫說：「前邊道路險阻，敵人情況不好估計，應當暫且紮營，先令輕騎偵察前邊情況。」張顯銳意進取，因而發怒要殺嚴授。於是繼續進兵，果然遇到敵人的伏兵，士卒大都逃跑，只有嚴授拼力死戰，身中十傷，親手殺數人而死。張顯身中流矢，其主簿衛福、功曹徐咸，親身趕赴張顯遇難之處，二人都戰死陣中。鄧太后聞知後，下策書褒揚讚歎，賞賜張顯錢六十萬，任命他家二人為郎官；賞賜嚴授、衛福、徐咸錢各十萬，各任命一子為郎官。

5 東漢安帝永初年間，鮮卑大人燕荔陽至京師朝賀，鄧太后賜給他燕荔陽王的印綬，以及三匹馬駕馭的紅色車輛，命令他居住在烏桓校尉駐地寧城，開通胡市，並修築南北兩處質館，以備接受鮮卑的質子。於是鮮卑邑落一百二十部，各遣入質。此後鮮卑時降時叛，與匈奴、烏桓互相攻擊。

6 元初二年秋，遼東鮮卑圍攻無慮縣，州郡合兵固守，堅壁清野，鮮卑一無所得。鮮卑又攻打扶黎兵營，殺死長官。元初四年，遼西鮮卑連休等人焚燒邊塞城門，抄掠百姓。烏桓大人於秋居等與連休有宿怨，便與漢朝郡兵奔襲連休，大破其軍，斬首一千三百級，將其部眾、牛馬、財物全部繳獲。元初五年秋，代郡鮮卑萬餘騎兵通過邊塞入寇，分頭攻打塞內城邑，焚燒官署，殺死長官，然後離去。朝廷於是調發沿邊州郡甲卒、黎陽營的屯兵駐紮在上谷郡以防備鮮卑。當年冬天，鮮卑入寇上谷，攻打居庸關，朝廷又發沿邊諸郡、黎陽營的屯兵、積射士等步騎共二萬人，分頭駐屯衝要之地。元初六年秋，鮮卑入寇馬城塞，殺死長官，度遼將軍鄧遵調發積射士三千人，中郎將馬續率領南匈奴單于部眾，與遼西、右北平二郡兵馬會合，出塞追擊鮮卑，大破其軍，俘獲部眾及牛羊財物甚多。又朝廷調發積射士三千人，馬三千匹，趕往度遼將軍駐地屯守。

7 永寧元年，遼西鮮卑大人烏倫、其至鞬率部眾向鄧遵投降，進奉貢品。朝廷下詔封烏倫為「率眾王」，其至鞬為「率眾侯」，賜給他們不同數目的彩色繒布。

8 建光元年秋，其至鞬又叛，入寇居庸關，雲中太守成嚴進擊其至鞬，兵敗，其功曹楊穆用身體護衛成嚴，與成嚴一起戰死陣中。鮮卑於是將烏桓校尉徐常圍困在馬城。度遼將軍耿夔與幽州刺史龐參調發廣陽、漁陽、涿郡的甲卒，分為兩路救助徐常。徐常乘夜晚暗中出圍，與耿夔等人合力並進，猛攻敵人部眾，終於解圍。鮮卑既屢次殺害郡守，膽量愈來愈壯，有騎兵數萬人。延光元年冬，又入寇鴈門、定襄，攻打太原，殺掠百姓。延光二年冬，其至鞬親率萬餘騎兵從東領的候所進入，分兵數路，在曼柏攻打南匈奴，南匈奴薁鞬日逐王戰死，被殺千餘人。延光三年秋，其至鞬又入寇高柳，擊破南匈奴，殺了漸將王。

9 東漢順帝永建元年秋，鮮卑其至鞬入寇代郡，太守李超戰死。第二年春，中郎將張國派遣從事率領南匈奴步騎萬餘人出塞擊破其至鞬，繳獲其輜重二千餘種。時遼東鮮卑六千餘騎兵也入寇遼東、玄菟郡，烏桓校尉耿曄調發沿邊諸郡兵，以及烏桓率眾王出塞攻擊，斬首數百級，繳獲大批部眾、牛馬、各種物資，鮮卑首領率領其部眾三萬人至遼東請求投降。永建三年、四年，鮮卑頻頻入寇漁陽、朔方。永建六年秋，耿曄派遣司馬率領胡兵數千人出塞擊破鮮卑。當年冬天，漁陽太守又派遣烏桓兵進擊，斬首八百級，繳獲牛馬、生口。烏桓豪富扶漱官勇猛健壯，每與鮮卑交鋒，總能攻破敵軍，朝廷下詔賜其號為「率眾君」。

10 陽嘉元年冬，耿曄派遣烏桓親漢都尉戎朱廆率領眾王侯咄歸等人，出塞抄擊鮮卑，結果斬獲大批鮮卑部眾而還，朝廷分別賜予咄歸以下眾人為率眾王、侯、長，各賞賜不同數目的彩色繒布。鮮卑後來入寇遼東屬國，耿曄移駐遼東無慮城以抵禦鮮卑。陽嘉二年春，匈奴中郎將趙稠派遣從事率領南匈奴骨都侯夫沈等，出塞進攻鮮卑，攻破其軍，斬殺俘獲甚多，朝廷下詔，賜與夫沈等人金印紫綬及不同數目的彩色縑布等物。當年秋天，鮮卑穿過邊塞入寇馬城，代郡太守進攻鮮卑，未能取勝。後來，其至鞬死去，鮮卑抄掠稍見稀少。

11　東漢桓帝時，鮮卑大人檀石槐，他的父親投鹿侯，曾參加匈奴軍三年，妻子在家生下一子。投鹿侯回家後覺得奇怪，要將這個孩子殺掉。他妻子說，曾經在白天走路時聽到雷聲，仰天觀看，有冰雹進入口中，便將冰雹吞下，隨之就懷孕在身，十月之後生產，這個孩子一定有奇異的地方，應當好好愛護。投鹿侯不允許，使人將這孩子扔掉。其妻私下告訴管家收養她的兒子，起名叫檀石槐。檀石槐十四五歲時，長得勇猛健壯，而且很有智謀。別部大人抄掠他外祖父家的牛羊，他單騎追趕，所向無前，將所失去的牲畜全部追回，部落中的人對檀石槐都很畏服。檀石槐遂實行法禁，能理平曲直是非，部眾沒有敢違犯的，因此被推舉為大人。檀石槐於是立王庭於彈汗山歠仇水上，該地在高柳北三百餘里，其兵馬很強盛，東西部大人都來歸附。檀石槐向南抄掠漢朝沿邊諸郡，向北擋住丁零，向東擊退夫餘，向西擊敗烏孫，占據全部匈奴故地，東西長一萬四千餘里，南北長七千餘里，在此之內的山川、水澤、鹽池都被網羅進去。

12　永壽二年秋，檀石槐率領三四千騎兵抄掠雲中。延熹元年，鮮卑抄掠北部邊境。當年冬天，朝廷命令匈奴中郎將張奐率領南匈奴單于出塞進攻鮮卑，斬首二百級。延熹二年，鮮卑又入寇鴈門，殺數百人，大肆抄掠而去。延熹六年夏，鮮卑一千多騎兵入寇遼東屬國。延熹九年夏，鮮卑騎兵數萬人分兵入寇沿邊九郡，並殺害擄掠百姓官吏，朝廷又派張奐進兵攻打鮮卑，鮮卑出塞退走。朝廷對鮮卑的憂患越來越重，但不能征服它，於是派遣使臣帶著印綬封檀石槐為王，想與他通親結好。檀石槐不肯接受，對漢邊境的抄掠反而更加厲害。檀石槐遂將其地自分為三部，從右北平以東至遼東，連接夫餘、濊貊二十餘個邑落為東部，從右北平以西至上谷十多個邑落為中部，從上谷以西至敦煌、烏孫二十餘個邑落為西部。每部設置大人統領，都臣屬檀石槐。

13　靈帝即位以後，幽、并、涼三州沿邊諸郡，沒有一年不被鮮卑抄掠，漢人被殺害擄掠的不計其數。熹平三年冬，鮮卑入寇北地郡，太守夏育率休著屠各追趕，擊破了進犯的鮮卑。朝廷遷升夏育為護烏桓校尉。熹平五年，鮮卑入寇幽州。熹平六年夏，鮮卑入寇幽、并、涼三州邊境。當年秋天，夏育上奏疏說：「鮮卑進犯邊境，從春天以來，已經三十餘次，臣請徵發幽州諸郡兵出塞攻擊鮮卑，經過一二年時間，一定能夠擒滅。」

朝廷沒有批准。此前，護羌校尉田晏犯法判罪被赦免，這時想立功贖罪，便請中常侍王甫為他說情，想再任將領，王甫因此建議派遣兵將，使田晏與夏育共同征討鮮卑。桓帝任命田晏為破鮮卑中郎將。大臣對此多有不同看法，桓帝於是召集百官在朝堂商議此事。議郎蔡邕建議說：

14 「《尚書》告誡蠻夷亂擾華夏，《周易》記載討伐鬼方，周代有征伐獫狁、蠻荊之師，漢代有出兵闐顏山、瀚海征討匈奴之事。征討異族，已經很久遠了。然而時事有同異，形勢有變化，所以謀劃有得失，事情有成敗，不能等齊劃一。

15 「武帝心懷遠大謀略，志在開闢四方，南誅百越，北討強胡，西伐大宛，東併朝鮮。憑藉文帝、景帝二世的物資積蓄，依仗天下的豐富物產，數十年間，官家百姓俱都感到匱乏了。於是施行鹽鐵酒專賣之法，設置『告緡』重稅的法令，百姓負擔沉重痛苦不堪，起為盜賊，函谷關以東地區動亂不安，道路斷絕。於是朝廷派出的繡衣直指之使，高舉斧鉞而出。不久，武帝覺悟了，便止息兵事，免除勞役，封丞相為富民侯。所以主父偃說：『務求戰勝，窮究武事，沒有不後悔的。』以世宗的神武，將相的良猛，財賦的充實，所開拓的廣遠，尚且後悔，何況現在人財兩缺、形勢遠壞於當時呢！

16 「自從匈奴逃走，鮮卑強盛起來，占據了匈奴故地，號稱兵眾十萬，才力強勁勇健，更加富於智慧。加以我們的關塞不嚴，禁網多有漏洞，精鋼良鐵，都為盜賊所有，漢人逃亡，成為鮮卑的主謀之人，其兵器鋒利，馬匹疾速，超過匈奴。從前段熲是個良將，習兵善戰，征討西羌，仍用了十餘年。現在夏育、田晏的才略，未必超過段熲；鮮卑的部眾，不弱於過去的羌人；而苦思瞑想計議了二年，自許可以成功，倘若兵連禍結，難道還能半途休兵？一定還會再次徵發人眾，運輸不止，這是耗竭中原各地財力而全力用於對付蠻夷呀。邊陲的憂患，是手足之疥瘡；中原的困乏，是胸背的惡瘡。當今郡縣的盜賊尚且不能禁制，何況鮮卑這些醜虜能降伏嗎！

17 「從前高祖忍受平城之恥，呂后忘卻冒頓傲慢書信的汙辱，拿之與現在相比，哪一個為重呢？

18 「上天造就的山河，秦朝修築長城，漢朝修起關塞牆垣，這是用來分別內外，區分不同的風俗的。沒有被侵奪國土的禍患就可以了，難道去與卑賤的人計較長短嗎！即使能擊破他們，但怎麼能為了將他們全部滅絕，而使本朝為之憂慮而廢寢忘食呢？

19 「一心求勝者不一定能夠取勝，有所顧慮的不一定就戰敗，眾人所認為危險的，聖人便不去做，朝議疑惑的，明主便不去實行。過去淮南王劉安諫阻伐越時說：『天子之兵，雖是征討，但未必作戰。是說沒人敢對抗。假如越人冒死迎戰王師，軍中賤役之人中萬一有一個投降於越人者，雖然能獲得越王的首級，但仍然是大漢的羞辱。』而想以平民易換醜虜，使皇威有辱於外夷，就如同淮南王說的那樣，已經存在危險了，何況現在的得失不可預計呢！從前珠崖郡反叛，孝元皇帝採納賈捐之的意見，下詔說：『珠崖背叛，現在議論的人有的說可以討伐，有的說應該放棄其郡。我日夜思考，若是羞愧於皇威不能施行，便想誅滅他們；但通於時變，又憂慮萬民。萬民的飢餓與不討伐遠方蠻夷，哪一件事為大？宗廟的祭品，荒年時尚且不能齊備，何況是躲避沒有仇怨的恥辱呢！現在關東百姓極為困乏，無以救助，又要動兵，就不僅僅是勞民而已了。應該罷置珠崖郡。』這是元帝詔發仁德之音的緣故。撫恤百姓救助危急，雖是成郡成縣，尚且可以放棄，何況邊塞之外，從來沒有百姓居住過的地方呢！守衛邊境的辦法，李牧善於籌劃謀略，保衛邊塞的論斷，嚴尤深通其要領，他們遺下的功業仍在，文章俱存，遵循此二人之策，恪守先帝的做法，臣認為就可以了。」

20 靈帝不聽，於是派夏育從高柳出兵，田晏從雲中出兵，護匈奴中郎將臧旻率領南匈奴單于從鴈門出兵，每人率領一萬騎兵，三路進軍，出塞二千餘里。檀石槐命令三部大人各率所領部眾迎戰，夏育等人大敗，丟棄了出使的節杖、輜重，他們各率數十名騎兵逃回，漢軍死者十之七八。三將被用檻車押至京師入獄，用錢贖罪，免為庶人。這年冬天，鮮卑入寇遼西。光和元年冬，鮮卑又入寇酒泉，沿邊各地沒有不遭受其害的。鮮卑的部眾日益增多，靠種田、畜牧、射獵已經不能滿足食用需要，檀石槐便親自巡行，見烏侯秦水縱橫數百里，河內水停不流，河中有魚，但沒有辦法捉到。聽說倭人善於結網捕魚，便東進攻擊倭人國，抓到倭人千餘家，遷徙至秦水上，命令他們捕魚以補糧食的不足。

21 光和年間，檀石槐死，時年四十五歲，其子和連繼承大人位。和連才力比不上他的父親，也數次入寇抄掠，他生性貪淫，執法不公平，部眾離叛的達到一半。後來和連出兵攻打北地，廉縣有善於用弩箭的人射中了和連，當時就死掉了。因為他的兒子騫曼年幼，於是姪子魁頭代立為大人。騫曼長大後，與魁頭爭奪大人位，鮮卑的部眾因此而離散了。魁頭死後，其弟步度根立為大人。自檀石槐以後，鮮卑諸大人開始世代相傳襲。

論曰：四夷❶之暴，其埶互彊矣。匈奴熾❷於隆❸漢，西羌猛於中興❹。而靈獻之間，二虜迭盛，石槐驍猛，盡有單于之地，蹋頓凶桀❺，公據遼西之土。其陵跨中國，結患生人者，靡世而寧焉。然制御上略，歷世無聞，周、漢之策，僅得中下。將天之冥數❻，以至於是乎？

贊曰：二虜首施❼，鯁❽我北垂❾。道暢則馴，時薄❿先離。

【章　旨】以上是史家評論和贊語。本書作者概括了兩漢時期北部邊境匈奴、西羌、烏桓、鮮卑交互強盛的大致走勢，指出烏桓、鮮卑首鼠兩端，朝廷清明時它們便馴服，時勢危急時便背離的本性。還委婉批評了兩漢對這些民族的政策。

【注　釋】❶四夷　古代指居於中原四周邊沿地區的少數民族。❷熾　興盛；昌盛。❸隆　蓬勃發展；隆盛。❹中興　指光武帝劉秀推翻王莽新政權，恢復劉氏皇統。❺凶桀　兇暴；兇悍。❻冥數　舊謂上天所定的氣數或命運。❼首施　在兩者之間猶豫不決又動搖不定。同「首鼠兩端」。❽鯁　阻塞；堵塞。❾北垂　亦作「北陲」。北方邊境地區。❿薄　急迫；迅速。

【語　譯】史家評論說：四夷的殘暴，其勢是強者交替出現啊。匈奴興盛於前漢盛世，西羌猛於光武中興之時。

而靈帝、獻帝之間，烏桓、鮮卑交互強盛，檀石槐驍勇威猛，占有了匈奴全部故地，蹋頓兇狠狡黠，公然占據遼西之土。他們侵擾中原，給百姓帶來禍患，沒有安寧的時候。然而歷世朝廷始終沒有駕馭的上策，周代、漢代時的策略，施行起來僅僅能得其中下。難道是上天的安排才形成這種局面？

史官評議說：烏桓、鮮卑二虜首鼠兩端，作梗於我朝北方邊境地區。朝廷治道通達時它們便馴服，時勢危急時它們便先背離。

【研　析】東漢時期，北部邊境烏桓、鮮卑興起，為患邊塞，使東漢的邊境問題更加複雜。一是首先要解決匈奴之患。為此，朝廷以賄賂、安撫、羈縻政策籠絡烏桓大人、鮮卑酋長，以期其從漢助攻匈奴。二是北匈奴瓦解後，烏桓、鮮卑崛起，占領了匈奴故地，成為漢朝新的邊患，時附時叛，騷擾邊郡。朝廷不得不隨時調整政策，招撫與打擊並用，但無論何種政策，都要付出重大代價，而且效果均不理想。三是一些中原分裂勢力，總想依靠烏桓、鮮卑力量，壯大自己，戰勝對手，使民族矛盾複雜化，解決邊境問題的代價更為慘重。對以上情況，檢討朝廷所採取的政策，總是有得有失，為以後史家的批評留下了話柄。

那麼今天應如何看待這一問題呢？論者以為，首先，以游牧民族與農業民族的對抗來看，總是以游牧民族占居主導地位。他們以騎射之長，以掠奪人口財物為目的，自然進退自如，機動靈活，得多失少；而定居的農業民族總是處於被動之勢，顧慮甚多，防不勝防，無論如何防範，總要付出沉重代價。其次，中國歷史上北方少數民族勢力的消長有其規律：弱以變強，強以侵夏，夏以其容，夷以漢化。至於人謀的力量，充其量也只是推動與延緩其過程而已。（聶樹鋒注譯）

◎新譯新語讀本

王毅／注譯　黃俊郎／校閱

《新語》乃漢初學者陸賈於天下初定，為總結歷史教訓、鞏固漢朝政權，應劉邦之命所撰寫的著作。書中闡述「秦所以失天下，漢所以得之者何，及古今成敗之故」，提出了各種進步的思想，融會貫通，博采眾家之長，開啟漢代文化思想發展的道路。而其語言精煉優美，講究對稱和韻律，也是漢代文章之典範。本書以明刊李廷梧本為據，參酌各家版本加以校正，並詳為導讀和注譯解析，以為現代讀者研讀之用。

◎新譯新書讀本

饒東原／注譯　黃沛榮／校閱

《新書》乃是集西漢學者賈誼學說大成的著作，其觀點新穎、內容鴻博，所述皆切中時弊。賈誼文章議論風發，氣勢縱橫，歷來膾炙人口。然其文章風格高古，一般讀者難於閱讀，本書注釋詳盡，語譯淺近通俗，書首寫有導讀，篇有篇旨，段有段意，凡具中等文化程度之讀者，均可讀懂。另外，本書還附錄了賈誼現存的賦五篇及〈陳政事疏〉等奏疏，幫助讀者了解賈誼著作與思想之全貌。

◎新譯淮南子

熊禮匯／注譯　侯迺慧／校閱

《淮南子》為西漢淮南王劉安集結門下文思敏捷、善為文辭的快手，有計劃地編寫出總結前代帝王用黃老之術治國的經驗，以供漢武帝治身治國參考的鉅作。書中闡述天地之理、人間之事和帝王之道，內容十分豐富。《淮南子》在思想上可說是秦漢黃老道學的集大成者，在文學成就上，也被視為西漢前期散文之代表作，寫作手法精彩紛呈，是今人認識西漢初年政治、社會、思想的重要依據。

◎新譯春秋繁露

朱永嘉、王知常／注譯

西漢大儒董仲舒「罷黜百家，獨尊儒術」的建議獲得漢武帝的認同，開啟了中國兩千年儒術獨尊的局面，同時影響到歷代政治制度，甚至中國人的思維模式。這樣一位影響深遠的儒者，他的思想全部記載在《春秋繁露》之中。書中除了闡述《春秋》一經的思想外，還引入當時廣泛流行於民間的陰陽五行之術數文化，完整呈現出一代大儒的思想體系。本書注譯深入詳明，是今人研讀《春秋繁露》的最佳依據。

◎新譯論衡讀本

蔡鎮楚／注譯　周鳳五／校閱

漢朝是一個天人感應思想和讖緯神學興盛的時代，而王充卻干犯大不韙，疑古論今，勇於挑戰權威。他所著的《論衡》一書，以「疾虛妄」為主軸，內容論及自然、社會、性命、知識等，處處展現其獨到的見解和勇於批判的精神，是王充睿智深邃的學識與膽略相結合的產物，也顯示出他在中國思想史上的獨特之處。本書博採眾家之長，兼顧宏觀審視與微觀考察的方法，對《論衡》進行詳明的注譯與客觀的闡述，開創《論衡》研究的新局面。

◎新譯潛夫論

彭丙成／注譯　陳滿銘／校閱

《潛夫論》為東漢思想家王符以儒家仁政愛民思想為主而兼採各家，總結上古至兩漢之歷史經驗教訓，對東漢後期之各種「衰世之務」進行廣泛而深入之批評與檢討。本書各篇仍依王符舊次，重新分章標點，務使眉目清晰。書前「導讀」頗能反映大陸近年研究王符之成果，注釋力求簡明，譯文則務在通俗，俾使讀者一目了然。

◎新譯申鑒讀本

林家驪、周明初／注譯　周鳳五／校閱

《申鑒》一書是由東漢末年著名政論家、思想家和史學家荀悅所著，目的在「申述歷史的經驗教訓，以供皇帝借鑒」。書中全面而有系統地闡述了他的政治觀與社會觀，在歷史、思想及社會學上都有參考的價值。本書正文以四部叢刊影印本為底本，並參校其他善本，注譯簡明易讀，提供現代讀者研究之便。